Diehl

**Armin Seiler**  **Marketing**

Armin Seiler

# Marketing

## BWL in der Praxis IV

**orell füssli** Verlag AG

6., überarbeitete Auflage 2001

© 2000 Orell Füssli Verlag, Zürich

Alle Rechte vorbehalten

Umschlaggestaltung: Christine Vonow, Zürich
Lektorat: Jürg Raissig, Killwangen
Karikaturen: Serdar Ursavaş, Zug
Graphiken: Christoph Gall, Winterthur
Gestaltung, Satz und Lithos: ComArt, CH - 6330 Cham
Druck und Bindearbeiten: J. P. Himmer, D - 86167 Augsburg
Printed in Germany

ISBN 3-280-02644-X

―――

Die Deutsche Bibliothek – CIP-Einheitsaufnahme

**Seiler, Armin:**
Marketing / Armin Seiler. - Zürich: Orell Füssli, 2000
(BWL in der Praxis; 4)
ISBN 3-280-02644-X

# Inhaltsübersicht

| | |
|---|---|
| Inhalt | 6 |
| Vorwort | 15 |
| 1 Marketing – die heutige Unternehmensphilosophie | 18 |

### Teil I – Marketingstrategien  59
| | |
|---|---|
| 2 Markt- und Konkurrenzanalyse | 68 |
| 3 Entwicklung von Marketingstrategien | 108 |
| 4 Beurteilung von Marketingstrategien | 144 |

### Teil II – Marketinginstrumente  191
| | |
|---|---|
| 5 Produkt- und Sortimentspolitik | 198 |
| 6 Neuentwicklung von Produkten | 234 |
| 7 Preispolitik | 260 |
| 8 Distributionspolitik | 302 |
| 9 Kommunikationsmix | 348 |
| 10 Werbung und Verkaufsförderung | 368 |
| 11 Public relations und persönlicher Verkauf | 410 |

### Teil III – Marketingspezialgebiete  441
| | |
|---|---|
| 12 Marktforschung | 446 |
| Marketing und Intuition | 496 |
| 14 Konsumentenverhalten | 502 |
| 15 Internationales Marketing | 548 |
| 16 Marketing und Ethik | 588 |

### Anhang  621
| | |
|---|---|
| Bildnachweis | 622 |
| Literaturverzeichnis | 624 |
| Firmenverzeichnis | 629 |
| Register | 632 |

# Inhalt

| | |
|---|---|
| 14 | Vorwort |
| 18 | **1 Marketing – die heutige Unternehmensphilosophie** |
| 22 | Überholte Unternehmensphilosophien |
| 22 | Produktionsorientierung: Diktat der Produktion |
| 27 | Technologieorientierung: Diktat der Technik |
| 28 | Verkaufsorientierung: Diktat des Verkaufs |
| 29 | Marketing – Folge von Umweltveränderungen |
| 33 | Kritik am Marketinggedanken |
| 37 | Umsetzung der Marketingidee |
| 37 | Marktanalyse: Kunden verstehen lernen |
| 38 | Marketingstrategien: Eigene Fähigkeiten umsetzen |
| 40 | Marketingmittel: Kundengerecht konzipieren |
| 41 | Marketingkontrolle: Kundenzufriedenheit feststellen |
| 43 | Wahrnehmung der Marketingaufgabe |
| 43 | Marketingverantwortung auf oberster Führungsebene ansiedeln |
| 46 | In der Marketingabteilung Product- und/oder Accountmanager einsetzen |
| 49 | Die Gründung von Call Centers prüfen |
| 50 | Marketing für Konsum- und Investitionsgüter |
| 56 | Zusammenfassung |
| 59 | **Teil I – Marketingstrategien** |
| 61 | Einleitung |
| 68 | **2 Markt- und Konkurrenzanalyse** |
| 70 | Erfassen des Marktes |
| 70 | Marktgröße bestimmen |
| 72 | Marktsegmente festlegen |
| 73 | Marktanteil wichtiger Anbieter eruieren |
| 75 | Analyse der Kunden |
| 76 | Kunden beschreiben |
| 77 | Kaufakt studieren |
| 79 | Kaufentscheidung untersuchen |
| 80 | Produkteinsatz beobachten |

| | |
|---|---|
| **Beurteilung von Produktfluss und Absatzmittlern** | 81 |
| Marktabdeckung von Absatzmittlern einschätzen | 82 |
| Leistung verschiedener Absatzmittler vergleichen | 85 |
| **Sichtung weiterer Marketinginstrumente** | 86 |
| Serviceleistungen erfassen | 87 |
| Preiskonditionen ermitteln | 88 |
| Kommunikationsinstrumente erkennen | 90 |
| **Ableitung kritischer Erfolgsfaktoren** | 92 |
| **Bewertung der Konkurrenzfähigkeit** | 94 |
| Entscheidende Konkurrenten bestimmen | 95 |
| Konkurrenten charakterisieren | 97 |
| Stärken und Schwächen analysieren | 100 |
| **Zusammenfassung** | 106 |

## 3 Entwicklung von Marketingstrategien 108

| | |
|---|---|
| **Wahl von Marktsegmenten** | 110 |
| Markt plausibel segmentieren | 111 |
| Attraktive Zielsegmente festlegen | 114 |
| **Bestimmung der Produktpositionierung** | 118 |
| Kunden klar charakterisieren | 119 |
| Position eindeutig wählen | 123 |
| **Festlegung von Zielen** | 129 |
| Quantitative Ziele setzen | 129 |
| Marktgröße fundiert prognostizieren | 131 |
| **Formulierung der Strategie** | 138 |
| **Zusammenfassung** | 142 |

## 4 Beurteilung von Marketingstrategien 144

| | |
|---|---|
| **Eignung für den Markt** | 148 |
| Strategie entspricht Marktsegmentierung | 148 |
| Bedürfnisse der Zielkunden werden erfüllt | 153 |
| Wettbewerbsvorteile sind klar erkennbar | 154 |
| **Eignung für das Unternehmen** | 159 |
| Strategie stimmt mit Leitbild überein | 160 |
| Wachstumsvorstellungen werden erreicht | 161 |
| Strategie entspricht relativen Stärken | 167 |
| Marktanteilsposition wird berücksichtigt | 169 |

| | | |
|---|---|---|
| 170 | Eignung in Bezug auf die Konkurrenz | |
| 171 | Kunde erkennt Unterschiede | |
| 172 | Marktführer «greift sich selbst an» | |
| 173 | Marktherausforderer zielt auf die Kehrseite der Stärke | |
| 174 | Angriffe über die Flanken erfolgen überraschend | |
| 176 | Flexible Anbieter wählen die «Guerilla»-Strategie | |
| 177 | Schwächere Anbieter suchen die Zusammenarbeit | |
| 180 | Eignung für Rentabilität | |
| 182 | Harmonischer Marketingmix | |
| 185 | Einfache Kommunikation | |
| 188 | Zusammenfassung | |

## 191 Teil II – Marketinginstrumente

193 Einleitung

### 198 5 Produkt- und Sortimentspolitik

200 Umfassender Produktbegriff

201 **Veränderungen am formalen Produkt**
202 Produktqualität an Bedürfnisse anpassen
205 Attraktives Design festlegen
207 Vorteile der Marke evaluieren
213 Kundengerechte Verpackung wählen

215 **Veränderungen am erweiterten Produkt**
216 Gestaltungsmöglichkeiten sind fast grenzenlos
221 Gestaltungsausmaß an Strategie anpassen
222 Umsetzung beeinflusst Kundenbindung

227 **Veränderung von Produktmix und -linie**
227 Produktmix periodisch überprüfen
229 Länge und Position einer Produktlinie definieren

232 Zusammenfassung

### 234 6 Neuentwicklung von Produkten

239 **Entwicklungsprozess**
239 Ideen suchen
241 Frühe Vorauswahl treffen
243 Produktkonzept entwickeln und testen

| | |
|---|---|
| Marketingstrategie wählen | 244 |
| Wirtschaftlichkeit überprüfen | 245 |
| Marketingaspekte bei der Entwicklung beachten | 246 |
| Produkt austesten | 247 |
| Über Produkteinführung entscheiden | 249 |
| **Erfolgsfaktoren** | **250** |
| In Gesamtstrategie einbetten | 251 |
| Rahmenbedingungen für Innovation schaffen | 252 |
| «Time to market» beachten | 255 |
| **Zusammenfassung** | **258** |

## 7 Preispolitik  260

| | |
|---|---|
| **Sichtung von Einflussfaktoren** | **261** |
| Preis reguliert Angebot und Nachfrage | 262 |
| Anzahl der Marktteilnehmer beeinflusst Preisniveau | 265 |
| Kostenstruktur setzt Preisgrenzen | 268 |
| Gesetze fördern fairen Wettbewerb | 271 |
| Psychologie ist immer dabei | 273 |
| Produktlebenszyklus wirkt sich auf Preisniveau aus | 274 |
| Marketingziele diktieren Preisniveau | 276 |
| **Festlegung der Preispolitik** | **278** |
| Marktleader wählen oft kostenorientierte Preise | 278 |
| Dominante Marktleader tendieren zu nachfrageorientierten Preisen | 280 |
| Marktmitläufer suchen vielfach konkurrenzorientierte Preise | 280 |
| Die nutzenorientierte Preispolitik ist immer anzustreben | 281 |
| Der Gewinnzuschlag richtet sich nach dem Rentabilitätsziel | 283 |
| Preisdifferenzierungsmöglichkeiten stets prüfen | 286 |
| Produktlinienaspekte mit berücksichtigen | 288 |
| **Durchsetzung im Markt** | **291** |
| Preistransparenz für den Kunden schaffen | 292 |
| Absatzmittler für Preispolitik gewinnen | 294 |
| Gewisse Preiskompetenzen delegieren | 297 |
| Marktgerechte Transferpreise anstreben | 297 |
| **Zusammenfassung** | **300** |

## 8 Distributionspolitik  302

| | |
|---|---|
| **Distributionsformen** | **303** |
| Unternehmen nutzen zunehmend verschiedene Absatzwege parallel | 306 |
| Absatzmittler üben immer wieder andere Funktionen aus | 308 |
| Distributionsformen sind im Umbruch | 311 |

| | |
|---|---|
| 316 | **Wahl der Distribution** |
| 316 | Belieferungsleistungen festlegen |
| 318 | Intensität der Distribution wählen |
| 322 | Einzelne Absatzmittler evaluieren |
| | |
| 325 | **Führung von Absatzmittlern** |
| 325 | Rollen klar definieren |
| 328 | Machtverhältnisse verstehen |
| 330 | Partnerschaften entwickeln |
| 332 | Leistung evaluieren |
| 333 | Konflikte lösen |
| | |
| 336 | **Physische Distribution** |
| 337 | Infrastruktur festlegen |
| 342 | Auftragsentwicklung rationell gestalten |
| 343 | Lagerbewirtschaftung optimieren |
| | |
| 346 | Zusammenfassung |

## 348  9 Kommunikationsmix

| | |
|---|---|
| 352 | **Kommunikationsprozess** |
| | |
| 356 | **Planung der Kommunikation** |
| 356 | Ziele mit Marketingstrategie in Übereinstimmung bringen |
| 358 | Mitteleinsatz auf die zu erreichenden Ziele abstimmen |
| 360 | Mixwahl auf Marktverhältnisse ausrichten |
| | |
| 366 | Zusammenfassung |

## 368  10 Werbung und Verkaufsförderung

| | |
|---|---|
| 369 | **Werbung** |
| 376 | Werbeziele quantifizieren |
| 379 | Werbebudget nach Zielen richten |
| 381 | Werbebotschaft durch den Fachmann gestalten |
| 385 | Werbemedien nach Wirkung aussuchen |
| 388 | Steuerung der Werbeimpulse produktspezifisch festlegen |
| 391 | Werbewirkung stets kontrollieren |
| | |
| 394 | **Verkaufsförderung** |
| 396 | Bedeutung nimmt zu |
| 397 | Variantenreichtum ist immens |
| 400 | Zuordnung von Veranstaltungen zu Produkten ist schwierig |
| 403 | Aktionsplanung ist notwendig |
| 405 | Erfolgskontrolle bringt Erkenntnisse |
| | |
| 408 | Zusammenfassung |

## 11 Public relations und persönlicher Verkauf — 410

### Public relations — 411
Instrumente sind zahlreich — 414
Gründliche Vorbereitung ist entscheidend — 416
Wirksamkeit durch Befragung überprüfen — 418

### Persönlicher Verkauf — 419
Aufgaben sind zahlreicher als man denkt — 420
Verkäuferpersönlichkeit ist stark produkteabhängig — 422
Verkaufsprozess beginnt mit der Vorbereitung — 426
Verkaufsorganisationen müssen wirtschaftlich sein — 429
Verkaufsführung ist mehr als «Zeitmanagement» — 433

### Zusammenfassung — 438

## Teil III – Marketingspezialgebiete — 441

Einleitung — 443

## 12 Marktforschung — 446

### Problemformulierung — 449

### Sichtung von Sekundärdaten — 450

### Setzen von Zielen — 453

### Wahl der Marktforschungsmethode — 456
Persönliche Befragung: Situationsgerecht interviewen — 457
Schriftliche Befragung: Mit kleinem Rücklauf rechnen — 461
Telefonische Befragung: Einfache Fragen stellen — 462
Tests: Repräsentative Anordnung wählen — 464
Beobachtung: Eher verdeckt durchführen — 466
Panels: Für Leistungsbeobachtung verwenden — 467
Omnibusumfragen: Kosten teilen — 470
Gruppendiskussionen: Qualitative Erkenntnisse erarbeiten — 471

### Spezifizierung der Daten — 472
Gesuchte Informationen notieren — 472
Notwendige Analysen entwerfen — 473
Genaue Fragestellung formulieren — 475
Mögliche Antworten durchdenken — 475
Klare Wortwahl treffen — 476
Natürliche Fragebogenstruktur wählen — 478
Gründliche Überprüfung sicherstellen — 479

### Stichprobenwahl — 480
Einfache Zufallswahl: Repräsentativ und teuer — 482

| | | |
|---|---|---|
| 482 | Schichtung: Schichtenhomogenität entscheidet | |
| 483 | Quotenauswahl: Von Quotenmerkmalen abhängig | |
| 484 | Klumpenauswahl: Selten repräsentativ | |
| 485 | Konzentrationsverfahren: Selten repräsentativ | |
| 486 | **Durchführung der Feldarbeit** | |
| 488 | **Datenanalyse** | |
| 492 | **Bericht erstatten** | |
| 494 | **Zusammenfassung** | |
| 496 | ## Marketing und Intuition | |
| 502 | ## 14 Konsumentenverhalten | |
| 506 | **Umfeldeinflüsse** | |
| 507 | Kulturelles Umfeld ist nicht global | |
| 510 | Soziales Umfeld hat große Bedeutung | |
| 514 | «Familien»-Umfeld wirkt noch lange | |
| 517 | «Organisations»-Umfeld beachten | |
| 520 | **Marketinganstrengungen** | |
| 522 | **Momentansituation** | |
| 523 | **Persönliche Faktoren** | |
| 523 | Motivationselemente sind zahlreich und oft unbewusst | |
| 526 | Gruppierung anhand von Persönlichkeitsmerkmalen wird für Positionierung genutzt | |
| 529 | Mit individuellen Wahrnehmungen rechnen | |
| 535 | Mit positiven Stimuli den Lernvorgang unterstützen | |
| 539 | **Entscheidungsfindung** | |
| 539 | Bedürfnisse aktivieren | |
| 540 | Informationssuche unterstützen | |
| 540 | Bewertung des Konsumenten | |
| 542 | Kaufentscheidung analysieren | |
| 543 | Bewertung nach dem Kauf nicht vergessen | |
| 546 | **Zusammenfassung** | |
| 548 | ## 15 Internationales Marketing | |
| 552 | **Marktwahl** | |
| 552 | Motive für die Expansion ins Ausland ergründen | |

| | |
|---|---|
| Mögliche Länder evaluieren | 553 |
| Eigentliche Marktwahl treffen | 555 |
| **Strategien für den Markteinstieg** | **556** |
| Export birgt wenig Risiko | 558 |
| Lizenzvergabe verlangt wenig Kapital | 561 |
| Lohnherstellung erlaubt raschen Markteinstieg | 564 |
| Joint Ventures vereinfachen Marktzugang | 565 |
| Eigene Produktionsstätte bietet Gewinnpotenzial | 567 |
| **Marktanpassung** | **569** |
| Produkt wird eher im erweiterten Bereich angepasst | 575 |
| Preise werden meistens lokal modifiziert | 576 |
| Liefer- und Zahlungsbedingungen sind vielfach speziell | 577 |
| Absatzmittler werden noch gründlicher evaluiert | 580 |
| Voll standardisierte Kommunikation ist sehr selten | 582 |
| **Zusammenfassung** | **586** |

## 16  Marketing und Ethik · 588

| | |
|---|---|
| **Verantwortungsvolle Marketingphilosophie** | **592** |
| **Kundenorientierte Produktpolitik** | **595** |
| **Faire Preispolitik** | **598** |
| Ausnützung von Monopolsituationen vermeiden | 599 |
| Marktverhalten nicht durch Absprachen fixieren | 601 |
| Exklusivvereinbarungen von Fall zu Fall beurteilen | 604 |
| Manipulation von Kunden stets überprüfen | 606 |
| **Kommunikation und Ethik** | **607** |
| **Durchsetzung ethischer Werte** | **610** |
| Mit gutem Beispiel vorangehen | 611 |
| Grundsätze etablieren | 613 |
| Richtlinien erlassen | 614 |
| Ausbildungsprogramme durchführen | 615 |
| Beförderungs- und Entlöhnungssystem überprüfen | 616 |
| **Zusammenfassung** | **618** |

## Anhang · 621

| | |
|---|---|
| Bildnachweis | 622 |
| Literaturverzeichnis | 624 |
| Firmenverzeichnis | 629 |
| Register | 632 |

# Vorwort

Band IV unserer Reihe «BWL in der Praxis» ist sowohl für Berufsleute als auch für Studierende gedacht. Er wurde für den Ingenieur geschrieben, der sich mit Markt und Konkurrenz auseinandersetzen muss; er ist für die Führungskraft geeignet, die sich um die Optimierung von Produktions- und Verkaufsstandpunkten bemüht; er richtet sich aber auch an den Marketingverantwortlichen, der anhand von Beispielen aus der Praxis Impulse für das eigene Tun erhalten möchte.

Im Gegensatz zu Werken, die sich größtenteils mit ausgewählten Bereichen des Marketing befassen, ist der Inhalt des Buches so gestaltet, dass der Leser einen Überblick über das gesamte Gebiet des Marketing erhält. Zwar sind Grundkenntnisse, wie sie in unseren Bänden *Accounting*, *Financial Management* und *Planning* vermittelt werden, für das Studium dieses Buches nützlich, aber sie sind keine Voraussetzung; der Stoff ist einfach und verständlich dargestellt.

Unseren Band *Marketing* aus dem Jahr 1991 haben wir stark überarbeitet. Die wichtigsten Änderungen betreffen die Perfektionierung beziehungsweise Erweiterung eines Produkts und die Entwicklung neuer Produkte; diese Themen wurden, ihrer heutigen Bedeutung entsprechend, eingehender behandelt. Die Entwicklung in den Bereichen Informatik und Telekommunikation brachte einige Veränderungen mit sich (E-Commerce, Telesales, Call Center, Direct Marketing); darauf gehen wir ebenso ein wie auf die bereits sichtbaren Umbruchtendenzen in der Distribution (Euro Logistik, Supply Chain Management). Zugleich haben wir unsere Darstellung des «Internationalen Marketing» ausgebaut.

Den grundsätzlichen Aufbau unseres Buches haben wir jedoch beibehalten: Nach wie vor wird im ersten Kapitel gezeigt, warum sich das Marketing als Unternehmensphilosophie in der Praxis durchgesetzt hat. Die markanten Unterschiede zu einer produktions-, verkaufs- und neuerdings auch technologiebestimmten Denkweise werden erläutert und es wird dargestellt, warum erfolgreiche Unternehmen den Kunden ins Zentrum ihres Handelns stellen. Das Kapitel 1 ist sowohl eine Übersicht als auch eine Einleitung.

Erst die darauf folgenden Ausführungen gruppieren wir in Teile. Der erste Teil behandelt Marketingstrategien. Zunächst wird erläutert, welche Markt- und Konkurrenzanalysen notwendig sind, um sinnvolle Strategien entwickeln zu können. Anschließend wird der Frage nachgegangen, was erfolgreiche Marketingstrategien auszeichnet und wie sie entwickelt und beurteilt werden.

Der zweite Teil ist den verschiedenen Marketinginstrumenten gewidmet. Es wird gezeigt, welche Überlegungen der Marketingfachmann anstellt, wenn er ein Produkt überarbeitet oder neu gestaltet. Der Neuentwicklung von Produkten widmen wir ein eigenes Kapitel. Darüber hinaus wird dargestellt, wie Preise festlegt und Absatzkanäle ausgewählt werden. Schließlich wird erläutert, welche Kommunikationsinstrumente zur Verfügung stehen, wie sie eingesetzt werden und wie ihre Wirkung überprüft wird; dieser Themenkreis wird in zwei Kapiteln behandelt.

Der dritte Teil befasst sich mit drei Spezialgebieten des Marketing: Marktforschung, Konsumentenverhalten und internationales Marketing. Die Ausführungen der überarbeiteten Fassung konzentrieren sich hauptsächlich auf die Kenntnisse, die ein Marketinganwender benötigt, wenn er mit dem jeweiligen Spezialisten zusammenarbeitet. Ein Exkurs über Ethik im Marketing rundet das Gesamtbild ab.

Für den europäischen Leser mag es eine Besonderheit sein, dass auf das Kapitel 12 ein nicht nummeriertes Kapitel folgt. Dies hat einerseits mit einem gewissen Aberglauben unsererseits zu tun, zielt aber andererseits zugleich darauf ab, die Aufmerksamkeit des Lesers auf die außerordentlich wichtigen Ausführungen über «Marketing und Intuition» zu lenken.

Wir verzichten weitgehend auf trockene, theoretische Abhandlungen und Definitionen. Die Vermittlung von Grundüberlegungen und Vorgehensweisen bei der Lösung spezifischer Probleme steht im Vordergrund. Mit den zahlreichen neuen und aktualisierten Beispielen aus der Praxis geben wir dem Leser zudem Einblick in die Anwendung des Marketing – ein Vorbild ist ja bekanntlich zehnmal wertvoller als eine Vorschrift. Mit den farbig hinterlegten Beispielen werden einzelne Überlegungen näher erläutert, ohne dass der Gesamtzusammenhang der Ausführungen unterbrochen wird. Zur anschaulichen Darstellung verschiedener Sachverhalte fügen wir dem Text Abbildungen und Grafiken bei. Bilder, Karikaturen und Anekdoten sorgen für etwas Auflockerung.

Abschließend möchte ich mich an dieser Stelle bei allen bedanken, die durch ihre aktive Unterstützung und Beratung wesentlich zur Entstehung dieses Buches beigetragen haben. Mein besonderer Dank gilt meinen direkten Mitarbeitern. Das sind zum einen jene, die bereits bei der ersten Auflage intensiv mitgearbeitet haben – Elke Herstatt, Serdar Ursavas, Guido Steiner, Wolfgang Tautschnig, Martin Müller und Oliver

Bühler –, aber auch jene, die für die Neufassung viele Stunden und manches Wochenende geopfert haben: Chantal Rathgeb, Petra Hinderling, Christoph Gall, Stefan Lauenstein, Gregor Battilana, Haldun Kuru und Heidi Demuth.

Zürich, Mai 2000                                                             *Armin Seiler*

# 1

# Marketing – die heutige Unternehmensphilosophie

Marketing ist heute nicht mehr nur ein Fachgebiet, sondern auch eine unternehmerische Denkweise, die den Kunden mit seinen Wünschen und Anforderungen in den Mittelpunkt aller Aktivitäten stellt. Marketing als Führungsphilosophie besagt, dass ein Unternehmen vor allem vom Markt her gesteuert werden muss. Sämtliche Tätigkeiten einer Organisation haben sich auf die Bedürfnisse und Erwartungen des Marktes respektive der Kunden auszurichten.

Mit über 300 Brotsorten deckt Migros jeden Kundenwunsch ab

Marketing befasst sich also nicht allein mit dem Absatz von Produkten, wie fälschlicherweise oft angenommen wird, sondern setzt bereits bei der Produktkonzeption ein. Marketingmaßnahmen stellen zudem sicher, dass Produktionsstrukturen und Betriebslogistik so flexibel aufgebaut und gehandhabt werden, dass die Bedürfnisse der Kunden optimal befriedigt werden können. Dies soll natürlich nicht auf Kosten des finanziellen Erfolgs geschehen. Marketing ist im Gegenteil dafür verantwortlich, dass Preisniveau und Kostenstruktur so aufeinander abgestimmt sind, dass langfristig eine angemessene Rentabilität erzielt wird.

> Vor Jahren operierte die skandinavische Luftfahrtgesellschaft SAS in der Verlustzone. Wie die meisten Konkurrenten konzentrierte sich SAS damals einseitig auf Kostenreduktionen und auf den Kauf der neuesten und wirtschaftlichsten Flugzeuge. Auf die Bedürfnisse der Kunden dagegen wurde wenig Rücksicht genommen; man reduzierte das Personal beim Check-in sowie den Service im Flugzeug. Als keine Besserung der Gewinnsituation eintrat, wurde das Management ausgewechselt. Die neuen Verantwortlichen entschieden dann, aus der SAS eine kundenorientierte Gesellschaft zu machen: Der Kundenservice erfuhr starke Verbesserungen, mehr Destinationen wurden angeflogen, Abflug- und Landezeiten genauer als bei anderen Fluggesellschaften eingehalten; ein Check-in-Service in Hotels wurde eingeführt, das Personal zu ständigen Serviceverbesserungen angehalten und in entsprechenden Ausbildungskursen weiter geschult. 1985/86 erzielte SAS, die in der Zwischenzeit den Namen «Business Airline» erhalten hatte, einen Gewinn von etwa sFr. 400 Mio., was damals rund die Hälfte des gesamten Gewinns aller europäischen Fluglinien ausmachte.
>
> Heute bieten die meisten Airlines die oben erwähnten Leistungen an, so dass diese keine besonderen Wettbewerbsvorteile mehr darstellen. Deshalb sind zwei Tendenzen entstanden: zum einen Billigstangebote auf stark frequentierten Routen (zum Beispiel Zürich – London, Frankfurt – Paris), zum anderen das Bestreben, noch bessere und kundenfreundlichere Dienstleistungen anzubieten. SAS schlug den zweiten Weg ein und richtete 1998 zum Beispiel spezielle Lounges ein, in denen die Passagiere mehr Platz, stimmige Farben und Möbel, ideale Lichtverhältnisse sowie PCs mit Internetanschluss vorfinden. In der Business Class Lounge stehen zudem Schreibgeräte sowie Fernsehen, Telefone, Fax- und Kopiergeräte zur Verfügung.
>
> Die Fluggesellschaften arbeiten aber auch in Form von Allianzen immer enger zusammen. SAS bildet heute mit Air Canada, Lufthansa, United Airlines, Austrian Airlines, Varig und Thai Airways International die «Star Alliance». Flugpläne werden abgestimmt und die technische Infrastruktur sukzessive angeglichen; der Erfahrungsaustausch zu gegenseitigem Nutzen beginnt zu spielen. Der Name SAS tritt in den Hintergrund und die Kunden buchen vermehrt auch ihre Ferienarrangements bei der Star Alliance.

Viele erfolgreiche Unternehmen geben an, ihr Erfolg sei primär das Resultat einer marktorientierten Denkhaltung (IBM, General Electric, Swissair, Nestlé, Daimler Benz, Procter & Gamble, ABB, Microsoft, McKinsey & Company, Metro usw.). Diese sei so tief in der Organisation verankert, dass es meist auch gelinge, auf Marktveränderungen frühzeitig und gezielt zu reagieren.

Kundenbedürfnisse können sich schnell ändern, zum Beispiel wenn ein erfolgreiches Konkurrenzprodukt neu lanciert wird. Ein auf den Markt ausgerichtetes Unternehmen ist daher ständig gezwungen, seine Produktpalette, Serviceleistungen, Preispolitik, Werbemaßnahmen und allenfalls auch Verteilstrukturen zu überprüfen und rechtzeitig an neue Gegebenheiten des Marktes anzupassen. Marketing als Unternehmensphilosophie bedeutet somit auch, stets für solche Anpassungsprozesse gerüstet zu sein.

In Kapitel 1 betrachten wir zunächst diese grundlegende unternehmerische Denkhaltung etwas genauer. Wir tun das, indem wir die sich am Kunden orientierende Marketingphilosophie mit anderen Führungsauffassungen vergleichen, zum Beispiel mit der, die sich an der Produktion orientiert und die leider immer noch häufig anzutreffen ist. Letztere betrachtet die Kunden hinsichtlich ihrer Bedürfnisse als uniform und nimmt keine marketingspezifischen Differenzierungen vor.

Das Marketingkonzept geht vom Konsumenten als Individuum aus

Anschließend wollen wir kurz darstellen, welche Umweltveränderungen dafür verantwortlich waren, dass sich das Gedankengut des Marketing durchsetzen konnte. Dann werden wir einige kritische Aussagen zum Thema Marketing etwas genauer betrachten und abklären, inwieweit sie berechtigt sind.

Nach diesen grundsätzlichen Überlegungen gehen wir der Frage nach, wie die Idee des Marketing in den Unternehmen umgesetzt wird. Wir stellen den Marketingprozess dar beziehungsweise schildern, welche Tätigkeiten vom Marketing wahrgenommen werden müssen und welche Organisationsformen gewährleisten, dass diese Aktivitäten in der Praxis auch tatsächlich ausgeübt werden können.

Wir beenden das Kapitel mit der Feststellung, dass die Marketingphilosophie für alle Unternehmen Gültigkeit beanspruchen darf. Die Unterscheidung zwischen Dienstleistungs-, Konsum- und Investitionsgüter-Marketing hat keinen Einfluss auf die grundlegende Denkhaltung. Kapitel 1 ist deshalb als eigentliches Einführungs- und Übersichtskapitel gedacht.

## Überholte Unternehmensphilosophien

Erfolgreiches Marketing setzt ganzheitliches Denken voraus. Es erfordert, dass je nach Marktverhältnissen die geeigneten Schwerpunkte gesetzt werden. Diese können mehr beim Verkauf, mehr bei der Forschung und Entwicklung oder mehr bei der Leistungserstellung liegen. Das Marketing kennt insofern keine von vornherein gegebenen Prioritäten; darin besteht ein Hauptunterschied zu den im Folgenden dargestellten Führungsphilosophien der Produktions-, Produkt-, Technologie- und Verkaufsorientierung.

Sicher gibt es auch Marktkonstellationen, in denen ein produktionsorientiertes Unternehmen erfolgreich operieren kann. Aber Kundenbedürfnisse und Konkurrenzverhältnisse können sich so abrupt und stark ändern, dass ein allein auf die Leistungserstellung ausgerichtetes Unternehmen kaum rechtzeitig darauf reagieren kann.

### Produktionsorientierung: Diktat der Produktion

Diese führungsphilosophische Grundhaltung geht davon aus, dass Kunden auf die Produkte des Unternehmens grundsätzlich positiv reagieren. Die Produkte werden vom Ingenieur entwickelt, in der Fabrikation gefertigt, preislich kalkuliert und schließlich vom Marketing abgesetzt. Die Hauptaufgabe des Marketing liegt hier in der Steigerung der verkauften Menge, um die Effizienz von Produktion und Distribution zu verbessern.

Das Effizienz- und Auslastungsdenken kann sogar so weit gehen, dass es zu Äußerungen wie dieser kommt: «Die Kunden sollen doch froh sein, dass wir so kostengünstig wie möglich fabrizieren. Da können wir nicht auch noch jeden Sonderwunsch erfüllen!»

Im Zentrum produktionsorientierter Unternehmen steht demnach die Leistungserstellung. Die Kunden haben gefälligst das zu kaufen, was das Unternehmen produziert. Im Bedarfsfall hat das Marketing so lange nach zusätzlichen Produktideen zu suchen, bis die vorhandenen Produktionskapazitäten wieder voll ausgelastet werden können. Eine Reduktion der Kapazitäten oder die Durchführung wesentlicher Umstellungen wird erst erwogen, wenn schlechte Ergebnisse dazu zwingen.

Mit Hilfe der folgenden Abbildung kann die veraltete Auffassung, dass die Produktion im Mittelpunkt stehen müsse, gut illustriert werden. Tätigkeiten des Rechnungswesens, die Führung von Mitarbeitern, arbeitspsychologische Überlegungen oder die Betriebsinformatik werden aus der Optik der Leistungserstellung gesehen und betrieblichen Effizienzkriterien unterworfen.

Die Leistungserstellung als Mittelpunkt des Unternehmens

Eine Produktionsorientierung ist aber nur dann zweckmäßig, wenn die Nachfrage das Angebot übersteigt und die Konsumenten zudem jede beliebige Produktversion kaufen. Sie ist allenfalls noch zu vertreten, wenn aufgrund optimierter Herstellungskosten mit einer starken Marktausweitung gerechnet werden kann. In allen andern Fällen jedoch bewährt sich diese produktionsorientierte Führungsphilosophie auf Dauer nicht.

Zahlreiche Industrien leiden heute unter Überkapazitäten. Der Grund dafür liegt nicht in einer Marktschrumpfung, sondern darin, dass mehr Kapazitäten aufgebaut wurden, als der Markt verkraften konnte. Solche Überkapazitäten zeigen sich gegenwärtig etwa in der Flugindustrie und Unterhaltungselektronik, im Bankgeschäft, in der Automobilindustrie und der Transportbranche. In diesen Industriezweigen hatte das Denken im Sinne der «Erfahrungskurve» stets einen hohen Stellenwert. Dieses Denken zielt primär darauf, die Marktstellung so aggressiv auszubauen, dass dank dem entstehenden Mehrvolumen die Herstellungskosten pro Stück gesenkt werden können. Empirische Untersuchungen belegen denn auch, dass bei einer Verdoppelung der kumulierten Produktionsmenge die Selbstkosten pro Stück um 20 bis 30 % gesenkt werden können.[1]

---

[1] Mehr Details dazu in Seiler, *Planning*, BWL in der Praxis III, Kapitel 9.

Der Effekt
«Erfahrungskurve»
bewirkt tiefere
Selbstkosten

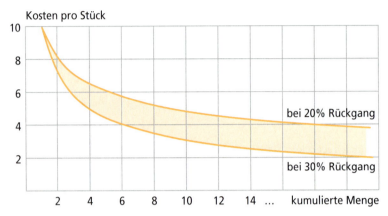

In produktionsorientierten Unternehmen nimmt der Produktionsleiter eine Schlüsselstellung ein. Das führt recht oft dazu, dass zum Beispiel eher in den Maschinenpark investiert wird als ins Lager, mit dem sich aber die Lieferfristen verkürzen ließen. Der Produktionsleiter denkt und handelt kostenorientiert; die am Markt erzielbaren Preise und letztlich auch der Betriebsgewinn interessieren ihn weniger. Bei Neuinvestitionen liegt ihm vor allem daran, die Investitionskosten möglichst tief zu halten. Ob aber der Markt die Produkte aufnimmt, ob sie zu angemessenen Preisen abgesetzt werden können oder ob dadurch die Rentabilität des gesamten Unternehmens günstig beeinflusst wird, sind für ihn zweitrangige Fragen. Den Produktionsleiter interessiert vor allem der sogenannte Deckungsbeitrag.

 **Deckungsbeitrag:** Differenz aus Umsatz und variablen Kosten oder Beitrag, den das Unternehmen zur Deckung der fixen Kosten erwirtschaftet.

Produktionsorientierte Unternehmen sind oft bereit, zusätzliche Mengen zu Grenzkosten abzusetzen, damit sich die Auslastung der Kapazitäten verbessert und die durchschnittlichen Herstellungskosten pro Stück weiter sinken.[1] Nachteilige Wirkungen auf den Markt werden vernachlässigt oder mit der Bemerkung abgetan: «Wenn *wir* diesen Auftrag nicht realisieren, tut es ein anderer.»

---

[1] Siehe dazu Seiler, *Accounting,* S. 227ff. und 287ff.

## Produktorientierung: Diktat der Entwicklung

Diese Grundhaltung beruht auf der Überzeugung, dass für den Kauf die Relation zwischen Qualität und Preis entscheidend ist und dass es demnach genügt, sich auf die Verbesserung der Qualität zu konzentrieren.

Die meisten Unternehmen sind stolz auf die hohe Qualität ihrer Produkte. Die Qualität von Konkurrenzprodukten wird bestenfalls als gleichwertig angesehen, oft unter Berufung auf Untersuchungen der eigenen Techniker. Sind zudem nur wenige Reklamationen von Kunden zu verzeichnen, so sieht man kaum eine Notwendigkeit, genauere Marktbeobachtungen anzustellen.

Die Marketingmittel Preis, Distribution und Kommunikation haben im Vergleich zum Produkt und dessen Qualität eine geringe Bedeutung. «Warum die Werbeanstrengungen vergrößern oder den Verkauf an Marktveränderungen anpassen, wenn die Kunden mit dem Produkt doch zufrieden sind? Das verursacht nur unnötige Kosten.» So oder ähnlich könnten die Worte eines rein produktorientierten Unternehmers klingen.

> Die Verantwortlichen der Filmindustrie Hollywoods hatten seinerzeit Bedenken, das Filmgeschäft könne durch die Verbreitung des Fernsehens an Bedeutung verlieren. Die Filmgesellschaften gerieten aber dann nicht wegen der zunehmenden Beliebtheit des Fernsehens in Schwierigkeiten, sondern weil sie engstirnig nur ihr eigenes Produkt sahen. Die Produzenten in Hollywood erkannten zwar die Zukunftschancen im TV-Geschäft, verzichteten aber zunächst aus Überheblichkeit und Selbstzufriedenheit auf ein entsprechendes Engagement. Es wurde missachtet, dass die Verbreitung des Fernsehens eine Gelegenheit war, das Unterhaltungsgeschäft auszudehnen. Statt kundenbezogen verhielt sich Hollywood produktbezogen.
> Erst als die Geschäftsresultate schlechter wurden und damit der Handlungsbedarf akuter, besann sich die Filmindustrie auf ihre Stärken und begann, eigene Fernsehfilme und TV-Produktionen herzustellen. Das Kinoerlebnis wurde – auch dank neuer Technologien – reaktiviert und erlebt heute eine zweite Blütezeit; an ihr konnten jene Filmgesellschaften mitverdienen, die rechtzeitig dem Wandel im Markt und den veränderten Bedürfnissen der Kunden Rechnung getragen hatten.

Produktorientierte Unternehmen werden meist von Ingenieuren und Technikern dominiert. Diese neigen dazu, sich so auf ihre eigenen Entwicklungen und Produktverbesserungen zu versteifen, dass sie veränderte Bedürfnisse und Wünsche des Marktes kaum realisieren. Im Extremfall werden sogar aufwendige Verbesserungen an einem Produkt vorgenommen, das vom Markt her betrachtet bereits die letzte Phase seines Lebenszyklus erreicht hat.

> Die Investitionen der großen Hersteller von Agrochemikalien in Forschung und Entwicklung laufen noch immer auf Hochtouren. Zu wenig beachtet wird, dass sich aufgrund gentechnologisch veränderter Sorten – wie Soja, Mais, Weizen – bei Herbiziden, Pestiziden, Fungiziden usw. bereits heute deutliche Umsatzrückgänge abzeichnen.

In produktorientierten Unternehmen werden zwar oft hervorragende, technisch überlegene Produkte entwickelt und hergestellt, doch vergisst man darüber, dass diese an sich perfekten Erzeugnisse auch auf ein entsprechendes Marktpotenzial treffen müssen, um rentabel zu sein.

Was nützt der beste Schiffsdieselmotor von Sulzer, wenn keine dieselgetriebenen Schiffe mehr gebaut werden? Was nützt die beste Koordinaten-Fräsmaschine der Starrag, wenn sie wegen des CNC-Fräsens nicht mehr gefragt ist?

Die folgende Abbildung zeigt die «Spruce Goose», ein Wasserflugzeug, das nur einmal zum Einsatz kam. Es wurde vom texanischen Milliardär Howard Hughes gebaut, der sich damit den Wunsch erfüllte, das größte Wasserflugzeug aller Zeiten zu besitzen. Als Attraktion kann man das 1947 ganz aus Sperrholz konstruierte «fliegende Boot» heute in McMinnville, Oregon, besichtigen – ein eindrückliches Beispiel für eine rein produkt-, aber nicht marktbezogene unternehmerische Leistung.

Die 1947 gebaute «Spruce Goose» von Howard Hughes kam nur einmal zum Einsatz

Eine ausgeprägte Produktorientierung wäre nur dann als Führungsphilosophie gerechtfertigt, wenn das Produkt stets auf genügend Nachfrage stößt. Von einer solchen Idealvoraussetzung darf heute aber immer weniger ausgegangen werden: Es ist statistisch erwiesen, dass die Lebensdauer von Produkten laufend abnimmt. So rechnet die Elektronikindustrie größtenteils nur noch mit einer Produkt-Lebensdauer von weniger als drei Jahren.

### Technologieorientierung: Diktat der Technik

Diese Grundhaltung hat sich erst im letzten Jahrzehnt entwickelt. Sie besagt, dass es für ein Unternehmen vor allem darauf ankomme, über passende und hochentwickelte Technologien zu verfügen. Für den Unternehmenserfolg sei es vorab entscheidend, diese Technologien richtig zu managen. Sei der technologische Vorsprung gesichert, ließen sich auch erfolgreiche Produkte erzeugen und vermarkten.

> Viele hervorragend eingerichtete Bäckereien mussten in den letzten Jahren erleben, dass sie gegen die Großverteiler nicht bestehen konnten. Sie waren zwar technologisch auf dem neusten Stand, doch bildet im Markt für Backwaren die Distribution das entscheidende Kriterium. Und hier haben Großverteiler wie Aldi, Migros und Coop einen deutlichen Vorsprung.

Eine Technologieorientierung ist nur dann zweckmäßig, wenn das technologische Know-how auch für den Markterfolg ausschlaggebend ist. Sind jedoch andere Faktoren wie etwa Unternehmensgröße, Kundenzugang, Distribution, Marktauftritt, Serviceleistungen usw. wichtiger, hilft eine reine Technologieorientierung allein wenig.

Hinzu kommt, dass sich gerade Technologiespezialisten oft nur widerwillig von «ihrer» Technologie trennen. Viele Unternehmen machten beispielsweise die Erfahrung, dass ihre Informatiker der zweiten oder dritten Generation sich gegen modernere und stärker standardisierte Informatik-Lösungen sträubten. Oft gelang es dann nur dank externer Unterstützung und neuer Mitarbeiter, diese internen Widerstände zu überwinden.

Ein technologieorientiertes Management kann nur überleben, wenn es sich auch nach den Kundenbedürfnissen richtet. Falls sich diese noch nicht ausreichend klar abzeichnen, ist zumindest abzuschätzen, ob das

Anwendungspotenzial der neuen Technologie so groß sein wird, dass ein entsprechendes Betätigungsfeld und damit die notwendige Rentabilität entstehen kann.

### Verkaufsorientierung: Diktat des Verkaufs

Diese Grundhaltung geht davon aus, dass die Verkäufe laufen, wenn alles unternommen wird, das Interesse am Produkt zu wecken. Die Produkte sollen «verkauft» und nicht «gekauft» werden. Ziel eines Verkaufskonzepts ist der Abschluss des Kaufakts und weniger die Zufriedenheit des Käufers nach dem Kauf.

> Versicherungsvertreter sollen oft davon ausgehen, dass im Markt kein starkes Bedürfnis nach Versicherungsschutz bestehe. Daher sei es notwendig, potenzielle Kunden aufzusuchen und mit Überredungskunst zum Abschluss einer Versicherung zu bewegen.
> Auch in der Politik stellt man sehr oft eine «Verkaufsorientierung» fest. Der Gewinn der Wahlen steht im Vordergrund. Um dieses Ziel zu erreichen, werden Versprechungen abgegeben, die nachher nicht eingehalten werden können. Ziel ist nicht die Zufriedenheit des Wählers nach der Wahl, sondern der Gewinn der Wahlen an sich.

Verkaufsorientierte Unternehmen konzentrieren sich meist auf kurzfristige Umsatzerfolge. Der einzelne Auftrag und die Maßnahmen zur Ausdehnung der dazu notwendigen Geschäftsaktivitäten stehen im Vordergrund. Führungskräfte werden eher aufgrund von Umsatzzahlen und weniger aufgrund ihres Beitrages zu den langfristigen Rentabilitätszielen entschädigt. Impulse für Produktmodifikationen werden zwar registriert, aber kaum berücksichtigt. Werbemaßnahmen sollen vor allem die Verkäufe verbessern und weniger den langfristigen Aufbau einer Marke unterstützen.

Die Bedürfnisse des Verkäufers und nicht etwa die des Käufers stehen im Mittelpunkt. Wenn das Marketingkonzept sagt: «Finde Wünsche und erfülle sie», so meint das Verkaufskonzept: «Erfinde Produkte und verkaufe sie.» Das Marketingkonzept geht von den vorhandenen und potenziellen Kunden aus und strebt an, den Kunden und seine Wünsche so gut zu kennen, dass sich das Produkt «von selbst verkauft». Umgekehrt setzt das Verkaufskonzept alle erdenklichen Mittel ein, um möglichst viele Verkaufsabschlüsse zustande zu bringen.

# Marketing – Folge von Umweltveränderungen

Der Ursprung der Marketingidee lässt sich nicht genau eruieren. Zwar wurden erste Marketinginstrumente bereits im letzten Jahrhundert verwendet – wie das Werbeplakat von Nestlé in der folgenden Abbildung zeigt –, aber das heißt noch nicht, dass Marketing als Unternehmensphilosophie bereits existierte. Auch heute wird Werbung oft mit Marketing gleichgesetzt, obschon die Werbung eigentlich nur eines von vielen Marketinginstrumenten darstellt.

Mit der Industrialisierung begann auch die Massenproduktion von Gütern. Die Unternehmen gewannen an Größe und Komplexität, verloren aber häufig ihre Kundenorientierung. Im Mittelpunkt des unternehmerischen Denkens stand die Produktion, insbesondere die Frage nach günstigen Herstellkosten und damit nach Ausdehnung der Kapazitäten. Es war die klassische Zeit der «Produktionsorientierung». Eine bewusste Vorgehensweise zur Absatzförderung bestand noch nicht und drängte sich auch nicht auf, da das Primat im Markt eindeutig beim Verkäufer lag (Verkäufermarkt). Er konnte bestimmen, an wen er seine Produkte verkaufte oder besser «verteilte».

Aus den Anfängen des Marketing: Werbung für Nestlé-Kindernahrung aus dem Jahr 1897

Erst allmählich entwickelten sich Spezialisten, die mit dem Absatz der einzelnen Produkte befasst waren. Es setzte sich die Einsicht durch, dass nicht nur die Produktion, sondern auch der Verkauf und die Warenverteilung systematisiert und optimiert werden mussten. So verschob sich das Schwergewicht in Richtung Absatzbereich, die «Verkaufsorientierung» begann die «Produktionsorientierung» zu ergänzen und in einzelnen Fällen sogar abzulösen.

Dennoch konnte noch nicht von Marketing im heutigen Sinne gesprochen werden. Die aufkommenden Fachgebiete der Werbung und Marktforschung bezweckten primär, den Absatz der eigenen Produkte zu fördern; dem Kunden und seinen Bedürfnissen besser zu entsprechen, war noch kein Kriterium.

Nach dem Zweiten Weltkrieg setzte in Europa ein wirtschaftlicher Aufschwung ein, der einen noch nie dagewesenen Nachfrageüberhang mit sich brachte. Die Unternehmen konzentrierten sich nach wie vor auf die Optimierung von Investitionen, Produktion und Absatz. «Produktionsorientierung» und allenfalls «Verkaufsorientierung» hatten weiterhin zentrale Bedeutung. Als Folge des technischen Fortschritts und der zunehmenden Spezialisierung wuchs das Angebot aber stärker als die Nachfrage und überflügelte diese etwa in den 60er Jahren.

Nun begann die Suche nach Märkten, auf denen der wachsende Ausstoß an Gütern abgesetzt werden konnte. Der Verkäufermarkt wandelte sich so zu einem Käufermarkt, das heißt zu einem Markt, auf dem die Käufer dominieren. Diese haben hier das Primat und suchen aus, wo sie kaufen wollen oder nicht. Gleichzeitig verschärfte sich die Konkurrenz und es entstand ein Verdrängungswettbewerb, bei dem sich heute die einzelnen Unternehmen immer weniger über ihre Produkte allein profilieren können. In vielen Branchen sind die Qualitätsunterschiede zwischen einzelnen Produkten denn auch kaum mehr wahrnehmbar.

Vor allem europäische Unternehmen stießen damit auf ein Problem, mit dem sich amerikanische Firmen bereits seit einiger Zeit auseinandergesetzt hatten. Bereits gegen Ende der 40er Jahre hatten nämlich in den USA innovative Gesellschaften einen Führungsstil entwickelt, der sich an den Bedürfnissen der Kunden orientierte. Die Idee des Marketing war geboren.

**Idee des Marketing:** Ausrichtung aller unternehmerischen Tätigkeiten auf die Befriedigung von Kundenbedürfnissen unter Sicherstellung der langfristigen Rentabilitätsziele.

Es waren vor allem Hersteller von Konsumgütern wie General Mills, Procter & Gamble, Pillsbury und General Foods, die den Marketingbegriff in diesem umfassenden Sinn auslegten.

Ein **Konsumgut** ist ein Produkt, das von Einzelpersonen oder Haushalten für den persönlichen Bedarf gekauft wird. Beispiele: Nahrungsmittel, Kosmetikprodukte, Waschmittel, Kleider, Haushaltsmaschinen, Autos.

Die Hersteller von Investitionsgütern wurden erst später von der Marketingidee beeinflusst; einer der ersten marketingorientierten Hersteller von Investitionsgütern war General Electric.

Ein **Investitionsgut** ist ein Produkt, das von Organisationen mit dem Ziel gekauft wird, ihrerseits Produkte oder Dienstleistungen zu erzeugen, die dann von Dritten nachgefragt werden.

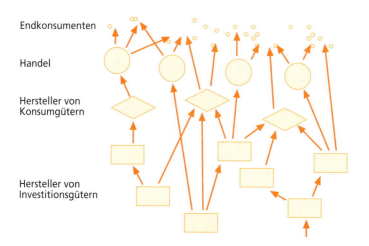

Konsumgüter, nicht aber Investitionsgüter, landen bei Endkonsumenten

Noch später wandten sich auch Dienstleistungsunternehmen vermehrt dem Marketing zu. Fluggesellschaften zum Beispiel erkannten, dass sie nicht nur die Beförderung in der Luft anzubieten hatten, sondern auch dem damit zusammenhängenden Umfeld angemessene Beachtung schenken mussten, wenn sie Kunden für sich gewinnen wollten (Service an Bord, Flugsicherheit, Pünktlichkeit, Bequemlichkeit usw.).

In einem **Dienstleistungsunternehmen** wird kein physisches Produkt, sondern eine Dienstleistung erzeugt. Banken, Versicherungen, Beratungsunternehmen, Krankenhäuser und Verwaltungen gehören dazu. Sie können Konsumgüter erzeugen (wie es etwa die SBB tut) oder Investitionsgüter (wie es etwa ein Treuhandbüro tut).

Große Schwierigkeiten, die Vorteile des Marketing für sich zu erkennen, hatten lange Zeit die nicht gewinnorientierten Organisationen, beispielsweise Wohlfahrts- und Gesundheitsorganisationen sowie kulturelle oder religiöse Institutionen. Immerhin werden heute auch in diesen Non-profit-Organisationen zunehmend die Grundsätze des Marketing beachtet.

Der Prozess des Marketing läuft permanent und erfordert immer wieder Neuorientierungen: Umweltveränderungen, wie etwa der Wandel des Wertesystems bei den Konsumenten, ihr sich veränderndes Konsum- und Informationsverhalten stellen die Marketingleute ständig vor neue Herausforderungen. Politische Veränderungen können im internationalen Geschäft von einem Tag auf den anderen ein totales Umdenken erfordern. Marketing beinhaltet auch die Fähigkeit, solche Trends frühzeitig zu erkennen und sich ihnen schnell anzupassen.

Eine der tiefgreifendsten Veränderungen in jüngster Zeit stellt wohl das neue und erst am Anfang seiner Entwicklung stehende Medium Internet dar, mit dem wir uns in verschiedenen Abschnitten näher befassen werden.[1]

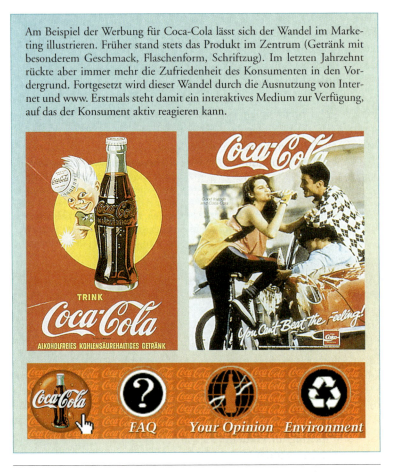

Am Beispiel der Werbung für Coca-Cola lässt sich der Wandel im Marketing illustrieren. Früher stand stets das Produkt im Zentrum (Getränk mit besonderem Geschmack, Flaschenform, Schriftzug). Im letzten Jahrzehnt rückte aber immer mehr die Zufriedenheit des Konsumenten in den Vordergrund. Fortgesetzt wird dieser Wandel durch die Ausnutzung von Internet und www. Erstmals steht damit ein interaktives Medium zur Verfügung, auf das der Konsument aktiv reagieren kann.

[1] Siehe dazu «Gründung von Call Centers prüfen» in Kapitel 1, «Distributionsformen sind im Umbruch» in Kapitel 8 und «Werbung» in Kapitel 10 (Stichwort: Direct Marketing).

# Kritik am Marketinggedanken

Je mehr sich das Marketing als Führungsphilosophie durchsetzte, desto häufiger waren auch kritische Stimmen aus unterschiedlichen Kreisen zu hören. Mittelständische Konsumentenorganisationen verstanden sich als Kraft gegen das Marketing. Linksgerichtete Intellektuelle übten grundsätzlich Kritik an der freien Marktwirtschaft, rebellierende Jugendliche warfen den Unternehmen vor, ihr Marketingverhalten beeinträchtige das Wohl des Individuums oder gar der Gemeinschaft. Die folgenden Fragen artikulieren verbreitete Vorwürfe.

Schafft Marketing unnötige Bedürfnisse? Kritiker behaupten: «Marketinganstrengungen richten sich gar nicht auf die Befriedigung bestehender Bedürfnisse, sondern sind vor allem dazu da, neue und zum Teil überflüssige Bedürfnisse zu kreieren.»

Dass einige Unternehmen versuchen, neue Bedürfnisse zu schaffen, ist unbestritten. Das ist aber leichter gesagt als getan. In Gesprächen mit Marketingverantwortlichen kann immer wieder festgestellt werden, dass der Aufwand zur Schaffung neuer Bedürfnisse in der Regel unverhältnismäßig hoch ist. Auch die Erfolgschancen sind bescheiden; die Praxis zeigt stets aufs Neue, dass sich Marketinganstrengungen primär nur dort lohnen, wo Bedürfnisse bereits offenkundig oder zumindest latent vorhanden sind.

> Als Procter & Gamble vor einiger Zeit Mütter befragte, ob sie ihr Kind mit Papierwindeln wickeln würden, lehnten die befragten Frauen entrüstet ab. Sie realisierten nicht, dass Papierwindeln komfortabel, hygienisch und ökonomisch sein können. Procter & Gamble glaubte jedoch an die Produktidee und konnte die Mütter schnell davon überzeugen, dass «Pampers»-Windeln optimal auf latent vorhandene Wünsche zugeschnitten waren. Auch Mikrowellenöfen setzten sich erstaunlich schnell durch: Der Wunsch, Speisen in kurzer Zeit zubereiten zu können, war ebenfalls schon latent vorhanden und musste nicht erst von Marketingprofis kreiert werden.

Ist das Marketing für Produkte verantwortlich, die gesamtwirtschaftlich nicht optimiert wurden? «Das Marketing schafft Billigprodukte und Wegwerfartikel, ist aber auch für (zu) hohe Preise verantwortlich», heißt es.

Die Tendenz zu kurzlebigen und damit billigen Produkten ist eher die Folge unseres Wohlstandes als das Resultat von Marketinganstrengungen. Unsere Grundbedürfnisse nach Nahrung, Wärme oder Geborgenheit sind weitgehend befriedigt, so dass wir uns zunehmend auf Sonderwünsche und Modeströmungen ausrichten. Wegen des rasanten technischen Fortschritts veralten Produkte schneller. Wegwerfpackungen werden den wieder verwendbaren Packungen vorgezogen, weil die Benutzer bequem geworden sind. In letzter Zeit konnten sich allerdings – dank des gewachsenen Bewusstseins für Umweltprobleme – einige Unternehmen mit umweltfreundlicheren Verpackungen durchsetzen.

Die folgenden Beispiele, die beliebig erweitert werden könnten, illustrieren die rasch wachsenden Produktpaletten.

| früher | heute |
|---|---|
| Tageszeitung | Zeitungen, Fernsehen, Radio, Internet, Teletext, Datenbanken usw. |
| Rohmilch | pasteurisierte Milch, UHT-Milch, teilentrahmte Milch, aromatisierte Milch, Energy Milk, Magermilch mit Kulturen usw. |
| Telefon | verschiedene Farben und Formen von Telefonen, Autotelefone, Handys, portable, drahtlose Telefone, Telefone mit Speicher, multifunktionale Displays, Telefone mit Zugang zum Internet usw. |

Übersieht ein marktorientiertes Unternehmen neue technologische Chancen? «Die Konzentration auf Kundenbedürfnisse führt dazu, dass man zu wenig an neue technologische Durchbrüche denkt», wird argumentiert.

Es sind vor allem Anhänger der «Technologie-Push-Theorie», die sich so äußern. Sie sind der Auffassung, dass zuerst eine neue Technologie entwickelt werden muss, bevor ein neues Produkt entstehen kann. In der Tat ist die moderne Elektronik-Industrie (Mikroprozessor) nicht durch Beobachtung von Kundenwünschen, sondern im Laboratorium entstanden; gleiches gilt für die Entwicklung der Biotechnologie.

Die rentable Vermarktung technologischer Neuerungen ist aber wiederum stark von den Kundenbedürfnissen geprägt. Wie könnte der Personal Computer Triumphe feiern, wenn er nicht beim Benützer auf Bedürfnisse gestoßen wäre? Damit ein neues Produkt Erfolg hat, müssen eben technologische Entwicklungen mit den Marktbedürfnissen in Übereinstimmung gebracht werden. Ein Beispiel für die gelungene Kombination einer neuen Technologie mit bestehenden Kundenbedürfnissen ist die Entwicklung der Katalysatortechnik im Autobau.

Marketing-Pull und Technologie-Push werden durch die Marketingphilosophie vereint

Verführt die Werbung zum Kauf von Produkten, die man gar nicht benötigt? «Die Werbung ist verführerisch und wir stehen ihrem Trommelfeuer hilflos gegenüber», ist eine Kritik, die man häufig hört.

Dieser Vorwurf gilt nicht der Marketingidee an sich, sondern eher der Verkaufsorientierung. Verkaufsorientierte Unternehmen sind an kurzfristigen Erfolgen interessiert; sie beachten zu wenig, dass ein nach dem Kauf zufriedener Kunde das Produkt immer wieder erstehen wird. Mit der Marketingorientierung wird eine dauerhafte Kundenzufriedenheit angestrebt: Preisniveau und Produkteigenschaften sollen den Kundenwünschen entsprechen. Ein zufriedener Kunde wird auch später wieder nach dem Produkt greifen; ein Kunde, der sich hingegen nur von der Werbung «verführen» ließ, wird das Produkt kaum noch einmal kaufen.

Vorwürfe richten sich auch immer wieder gegen eine unterschwellige Beeinflussung durch animierende Hintergrundmusik, Farbgebung und Düfte.[1]

---

[1] Siehe dazu Kapitel 14.

Antwort der amerikanischen Werbeindustrie auf häufige Vorwürfe (vgl. Reibstein, *Marketing Concepts, Strategies and Decisions*, S. 20)

## THIS AD IS FULL OF LIES

**Lie no 1: Advertising makes you buy things you don't want**

Advertising is often accused of inducing people to buy things against their will. But when was the last time you returned home from the local shopping mall with a bag full of things you had absolutely no use for? The truth is, nothing short of a pointed gun can get anybody to spend money on something he or she doesn't want.

No matter how effective an ad is, you and millions of other American consumers make your own decisions. If you don't believe it, ask someone who knows firsthand about the limits of advertising. Like your local Edsel dealer.

**Lie no 2: Advertising makes things cost more**

Since advertising costs money, it's natural to assume it costs you money. But the truth is that advertising often brings prices down.

Consider the electric calculator, for example. In the late 1960s, advertising created a mass market for calculators. That meant more of them needed to be produced, which brought the price of producing each calculator down. Competition spurred by advertising brought the price down still further.

As a result, the same product that used to cost hundreds of dollars now costs as little as five dollars.

**Lie no 3: Advertising helps bad products to sell**

Some people worry that good advertising sometimes covers up for bad products.

But nothing can make you like a bad product. So, while advertising can help convince you to try something once, it can't make you buy it twice. If you don't like what you've bought, you won't buy it again. And if enough people feel the same way, the product dies on the shelf.

In other words, the only thing advertising can do for a bad product is help you find out it's a bad product. And you take it from there.

**Lie no 4: Advertising is a waste of money**

Some people wonder why we don't just pull all the money spent on advertising directly into our national economy.

The answer is we already do.

Advertising helps products sell, which holds down prices, which helps sales even more. It creates jobs. It informs you about all the products available and helps you compare them. And it stimulates the competition that produces new and better products at reasonable prices.

If all that doesn't convince you that advertising is important to our economy, you might as well stop reading.

Because on top of everything else, advertising has paid for a large part of the magazine you're now holding. And that's the truth.

**ADVERTISING.**
**Another word for freedom of choice.**
American Association of Advertising Agencies

Man könnte lange über derartige Vorwürfe und ihre Berechtigung diskutieren. Das wäre sicher interessant, würde aber nichts an der Tatsache ändern, dass erfolgreiche Unternehmen die Idee des Marketing als Unternehmens- und Führungsphilosophie verwirklicht haben.

# Umsetzung der Marketingidee

Damit ein Unternehmen marketingorientiert handeln kann, muss es über entsprechende organisatorische Strukturen, Ablauf- und Führungsprozesse verfügen. Nur so kann es sicherstellen, dass sich seine Tätigkeiten nach den Bedürfnissen und Wünschen der Kunden richten. Nur so lässt sich eine ausreichende Rentabilität gewährleisten.

Die Umsetzung der Marketingidee erfordert zunächst einen Führungsprozess, der garantiert, dass Kundenbedürfnisse systematisch erfasst und in darauf zugeschnittene Marketingmaßnahmen umgesetzt werden. Der im Folgenden beschriebene Prozess soll sicherstellen, dass die Verwirklichung der Marketingidee nicht nur sachgerecht ist, sondern auch rechtzeitig erfolgt.

Die folgende Übersicht will gleichzeitig illustrieren, wie unser Lehrbuch aufgebaut ist.

Marketingprozess zur Umsetzung der Marketingidee

## Marktanalyse: Kunden verstehen lernen

Ausgangspunkt der Marketingidee ist der Kunde mit seinen Bedürfnissen und Wünschen. Die Umsetzung der Marketingidee bedeutet daher in erster Linie, den Kunden zu verstehen und seine Beweggründe zu analysieren. Diese Aufgabe ist nicht immer einfach, vor allem dann nicht, wenn es um die Voraussage künftiger Bedürfnisse geht.

> Die 501-Jeans von Levi war ein «Muss» für die Bekleidungsindustrie. Man konnte sie bei praktisch jeder Gelegenheit tragen; sie entwickelte sich zum Klassiker schlechthin. Jedermann, ob Banker, Student, Opa oder Hausfrau, trug Levi's. Sukzessive wurden die Jeans damit aber für Kids und Teenager uninteressant, denn sie konnten sich mit der 501 nicht mehr von ihren Eltern abheben und die eigene Persönlichkeit nicht mehr unterstreichen. Mehr und mehr stieg die Nachfrage nach Hosen, die überlang und besonders weit geschnitten waren oder mehr Taschen hatten.
> Erfolgsgewohnt und in blindem Traditionsglauben verschlief die Firma Levi Strauss den Generationswechsel ihrer Kunden. Bereits 1997 wiesen Marktforscher das Unternehmen auf die trendigen neuen Entwicklungen und auf seine mangelnde Innovationsbereitschaft hin. Man machte sich aber nichts aus solchen Ermahnungen und arbeitete weiter wie zuvor. Erst 1999 erklärt Firmenchef Robert Haas: «Wir haben unsere Kunden aus den Augen verloren und wir waren nicht so flink, wie wir hätten sein müssen.»[5]
> Levi Strauss büßte die Marktleaderposition in den USA und in Europa ein und musste 11 der 22 Produktionsstätten in Nordamerika schließen, was zur Entlassung von rund 6000 Mitarbeitern führte.

Die Marktanalyse ist eine dauernde Aufgabe. Nicht nur die Wünsche der Kunden verändern sich, sondern auch die verschiedenen Marktteilnehmer ändern im Laufe der Zeit ihre Aktivitäten und Präferenzen. Konkurrenten lancieren neue Produkte, ändern ihr Preisverhalten oder variieren ihre Werbe- und Verkaufsanstrengungen. Neue Handelsorganisationen, Kundenberater usw. treten auf und schaffen neue Marktkonstellationen. Aufgabe der Marktanalyse ist es, solche Gegebenheiten zu erfassen und die Auswirkungen auf das eigene Unternehmen sichtbar zu machen (siehe Kapitel 2).

## Marketingstrategien: Eigene Fähigkeiten umsetzen

Marketingstrategien bilden die Brücke zwischen Marktbedürfnissen und den Möglichkeiten eines Unternehmens, diese rentabel zu befriedigen. Bei der Entwicklung von Marketingstrategien geht es also um das mög-

---

[5] *Der Spiegel*, September 1999.

lichst optimale «matching» der eigenen Fähigkeiten mit den spezifischen Anforderungen bestimmter Kundengruppen. Dabei sollen Wettbewerbsvorteile geschaffen werden, die möglichst substanziell und anhaltend sind.

> Vor 20 Jahren stellte Salomon ausschließlich Skibindungen her. Dann analysierte das Unternehmen den Markt der Skischuhe. Man erkannte, wie mühsam Einstieg und Schließmechanismus und wie schlecht Passform und Kälteisolation waren. Daraufhin entschieden die Verantwortlichen, mit einem mängelfreien Produkt in den Markt für Skischuhe vorzudringen. Dank einer alternativen Bestimmung der Schuhgröße konnte eine bessere Passform geschaffen und dank einer stärkeren Luftpolsterung eine bessere Isolation erreicht werden. Salomon benützte weitgehend die gleichen Absatzkanäle wie zum Verkauf der Skibindungen. Der bereits bekannte Markenname Salomon wurde auch für die Schuhe verwendet; zudem versprach der Hersteller den Kunden Vorteile durch die abgestimmte Kombination von Schuh und Bindung.
> Dank dieser Bemühungen wurde Salomon innerhalb weniger Jahre zur Nummer zwei im Skischuhmarkt. Als das Unternehmen zehn Jahre später seine Skis lancierte, wählte man das gleiche Vorgehen. Obwohl die Preise höher lagen als jene der führenden Skianbieter, setzte sich auch der Salomon-Ski durch.
> Salomon gehört heute zur adidas-Salomon AG, zum weltweit zweitgrößten Unternehmen der Sportartikelbranche. Die Firma ist heute auf allen bedeutenden Märkten der Welt vertreten und besitzt etwa 12 % Anteil am globalen Sportartikelmarkt. Diese starke Position wäre für Salomon allein nicht erreichbar gewesen. Der Zusammenschluss verbesserte die Ausgangslage beim Einkauf und Absatz der Produkte, die Aufwendungen für die Administration konnten reduziert und die Abhängigkeit von Marktschwankungen (Winter-/Sommerprodukte) verringert werden.

Marketingstrategien beschreiben nicht nur die Ziele, die ein Unternehmen im Markt erreichen will, sondern charakterisieren auch, wie auf diese Ziele hingearbeitet werden soll. Sie zeigen damit, wie ein Unternehmen seine Produkte im Markt profiliert und sich selbst darin positioniert (siehe Kapitel 3).

Aus erfolgreichen Marketingstrategien allgemeingültige Folgerungen abzuleiten, ist sehr schwierig. In der Praxis finden sich immer wieder Beispiele dafür, dass Unternehmen trotz unterschiedlicher Strategien im selben Markt erfolgreich sind. Dennoch lassen sich gewisse Merkmale und Grundverhaltensweisen feststellen (siehe Kapitel 4).

Marketingstrategien müssen so gewählt werden, dass Unternehmen rentabel arbeiten. Die Forderung nach bedarfsgerechten Produkten darf die langfristige Existenz eines Betriebs nicht gefährden. Unternehmen müssen daher ihre Zielkundschaft und die Art, wie sie deren Bedürfnisse befriedigen, so wählen, dass Gewinne erzielt werden. Dies kann eine sehr schwierige Aufgabe sein und allenfalls tiefgreifende Veränderungen notwendig machen.

### Marketingmittel: Kundengerecht konzipieren

Mit der Wahl und Ausgestaltung der Marketingmittel (Teil II) entscheidet ein Unternehmen, wie es seine Marketingstrategie im Detail verwirklichen will. Dabei geht es etwa um die folgenden Fragen.

◆ **Produktpolitik:** Welche Eigenschaften soll das Produkt haben? Welches Qualitätsniveau wird angestrebt? Wie wird das Produkt verpackt? Kann die Verpackung rezykliert werden? Welche Serviceleistungen, welche Garantien werden erbracht? Soll das Produkt unter einer besonderen Marke vertrieben werden? (Siehe Kapitel 5.)
Wie verläuft die Entwicklung neuer Produkte? Welche Vorkehrungen trifft ein Unternehmen, damit seine Produkte auf die Kundenbedürfnisse abgestimmt und zugleich wirtschaftlich sind? (Siehe Kapitel 6.)

◆ **Preispolitik:** Auf welchem Preisniveau soll verkauft werden? Wie setzen sich Rabatte und Skonti gegebenenfalls zusammen? Wie soll auf Veränderungen von Konkurrenzpreisen reagiert werden? Wie und wann sollen Schwankungen bei den Herstellungskosten an die Kunden weitergegeben werden? Wie werden Ersatzteile, Serviceleistungen und Installationsaufwendungen verrechnet? (Siehe Kapitel 7.)

◆ **Distributionspolitik:** Auf welchen Wegen sollen die Produkte den Kunden erreichen? Welche Leistungen werden von den möglicherweise eingesetzten Absatzmittlern erwartet? Wie sollen die Absatzmittler geführt und entschädigt werden? Welche Lieferbereitschaft wird angestrebt und wie wird sie erreicht? Soll mit Spediteuren oder mit eigenen Transportmitteln gearbeitet werden? (Siehe Kapitel 8.)

◆ **Kommunikationspolitik:** Wie und durch wen sollen die Produkte verkauft werden? Wie geht man mit Reklamationen und Terminverschiebungen um? Wie werden die Produkte bekannt gemacht? Wie soll den Kunden der Produktnutzen erklärt werden? Sind spezielle Anreize notwendig? (Siehe Kapitel 9, 10 und 11.)

Marketingmittel können je nach Markt variieren, wie auch die Kunden unterschiedliche Profile aufweisen. Da alle Mittel auf eine definierte Kundenzielgruppe ausgerichtet werden, sollten sie harmonisch aufeinander abgestimmt sein. Kunden beispielsweise, die nach einer exklusiven Qualität suchen, würden sich von einer «marktschreierischen» und breitangelegten Billigpreispolitik kaum angesprochen fühlen. Ebenso wird der Juwelier an der Bahnhofsstraße in Zürich mit seinen Luxusprodukten kaum sowohl exklusive Kunden als auch «Teenies, Studis und Junggebliebene» anvisieren.

## Marketingkontrolle: Kundenzufriedenheit feststellen

Da sich Markt und Umwelt ständig verändern, ist es nötig, periodisch zu überprüfen, ob die geplanten Ziele erreicht wurden. Falls Abweichungen festgestellt werden, kann dies zu einer Korrektur der Marketingmaßnahmen führen.

Marketingkontrolle wird auf allen Stufen ausgeübt. Auf der Stufe der Unternehmensleitung beispielsweise wird überprüft, ob die angestrebte Umsatzentwicklung erreicht wurde oder ob ein Marktanteilsgewinn erzielt werden konnte. Auf der Stufe der Verkaufsleitung interessiert es vor allem, ob auch tatsächlich Neukunden in der geplanten Anzahl akquiriert wurden oder ob die große Handelsorganisation Y das Produkt in ihr Sortiment aufgenommen hat.

Die Marketingkontrolle beschränkt sich aber nicht allein auf die quantitative Erreichung eines Zieles, sondern sie befasst sich auch mit der Zufriedenheit der Kunden nach dem Kauf. Beispielsweise versucht man, aus Reklamationen neue Erkenntnisse zu sammeln und sie bei der Gestaltung der künftigen Marketingmittel zu verwenden.

---

**Der Umstands-Faktor**

Stellen Sie sich vor, Sie kaufen sich ein Paar Schuhe. Kurze Zeit später löst sich eine Sohle und Sie bringen die Schuhe zurück ins Geschäft. Auf dem Weg dorthin bleiben Sie im Stau stecken und suchen anschließend 15 Minuten nach einem Parkplatz. Sie erklären dem Verkäufer ihr Problem. Der sagt: «Wir stehen hinter unserer Ware!», und gibt Ihnen ein neues Paar Schuhe.

*Frage 1:* Sind Sie zufrieden?

*Antwort:* Nein, genau genommen nicht. Sicher, Sie haben ein neues Paar Schuhe und der Verkäufer war recht freundlich, aber Sie haben auch viel Zeit geopfert und eine Menge Ärger gehabt. Kurz gesagt, die ganze Übung war sehr umständlich.

*Frage 2:* Was hätte der Verkäufer tun sollen?

*Antwort:* Er könnte mehr tun, als nur die Schuhe zu ersetzen. Er hätte beispielsweise ein Paar Socken dazugeben können, um Sie für Ihre Umstände zu entschädigen. Statt zu sagen: «Wir ersetzen minderwertige Ware sofort, wenn der Kunde reklamiert», sollte die Aussage lauten: «Wir bedauern die Umstände, die Sie gehabt haben und wollen Sie wirklich als zufriedenen Kunden behalten.»

Wie dieses Schuhgeschäft steht auch ein Kellner im Restaurant zu den Produkten. Auch er tut mehr, als der Kunde verlangt, wenn er den Salat, den ein Gast bestellt hat und mit dem er nicht zufrieden ist, nicht berechnet.

*Frage 3:* Was ist aber jetzt mit dem Umstands-Faktor?

*Antwort:* Ersetzen Sie dem Gast noch mehr! Spendieren Sie ihm einen Drink oder ein Dessert oder irgendetwas, das ihn zufrieden stimmt.

*Auszug aus einem Handbuch für Kellner-Ausbildung*[1]

---

[1] Firnstahl, «My Employes are My Service Guarantee», in: *Harvard Business Review*, 7/8 1989, S. 28ff.

## Wahrnehmung der Marketingaufgabe

Die Art und Weise, wie Marketing in einem Unternehmen gelebt und umgesetzt wird, lässt sich selten aus dem Organigramm allein ableiten. Meist muss man persönlich erleben, wie Kundenbedürfnisse von den verantwortlichen Führungskräften aufgenommen und umgesetzt werden. Insbesondere interessiert, ob auch in Technik und Produktion die Kundenoptik vorherrscht, oder ob hier ausschließlich technische Spitzenlösungen respektive maximale Kapazitätsausnutzungen im Vordergrund stehen.

Sichtbarste äußere Zeichen eines marktorientierten Unternehmens sind: Die Marketingverantwortung wird auf oberster Führungsebene wahrgenommen, und organisatorisch ist sichergestellt, dass einzelne Personen gewissermaßen als «Kundenanwälte» im Unternehmen agieren können. Auch die Zusammenfassung der Kundenbetreuung in sogenannten Call Centers fördert die Kundenorientierung.

> Das schönste Kundengeschenk kostet nichts. Ob es an Weihnachten, Ostern oder bei irgendeinem Treffen abgegeben wird – stets ist es umsonst und stets ist es willkommen. Es ist kaum Zeit nötig, um dieses Geschenk einzupacken und mitunter bleibt es ein Leben lang in Erinnerung. Es ist zeitlos, kommt nie aus der Mode und wirkt immer.
> Es trägt den Namen «ein Lächeln».
>
> *Aus «Bits & Pieces», Dezember 1999, S. 15*

### Marketingverantwortung auf oberster Führungsebene ansiedeln

Eine erfolgreiche Umsetzung der Marketingidee erfordert vor allem eine enge Koordination zwischen den einzelnen Verantwortungsbereichen in einer Organisation. Was nützt die Erhebung von Konkurrenzdaten, wenn die Abteilungen, die diese Information nutzen können, nicht darüber informiert werden? Was bringt die Erforschung von Kundenbedürfnissen, wenn die eigenen Serviceleistungen nicht adäquat sind?

Die Unternehmen müssen daher durch ihre Organisationsstrukturen sicherstellen, dass die für das Marketing verantwortlichen Personen sich gegenüber ihren Fachkollegen aus der Produktion, der Technik, dem Finanzwesen oder der Administration auch durchsetzen können. Voraussetzung dafür ist, dass das Marketing auf der höchsten hierarchischen Führungsebene angesiedelt wird.

In den meisten Unternehmen wird unmissverständlich festgelegt, wer die eigentliche Verantwortung für das Marketing trägt. Im Kleinstbetrieb ist es in der Regel der Geschäftsführer selbst. Er stellt sicher, dass die angebotenen Produkte den Marktbedürfnissen entsprechen; er sorgt dafür, dass die Preise konkurrenzfähig sind; er ist dafür verantwortlich, dass in Tageszeitungen auf spezielle Angebote gegebenenfalls aufmerksam gemacht wird etc. Betrachtet man die Organisation eines Kleinbetriebs, so findet man selten eine Abteilung für «Kundengewissen».

Organisation einer sehr erfolgreichen Bäckerei/Konditorei (Umsatz rund sFr. 10 Mio.)

Der äußerst erfolgreiche CEO (Chief Executive Officer) von Nestlé, Helmut Maucher, hat das Wort geprägt: «Marketing ist Chefsache!» Er drückte damit aus, dass Marketing nur dann erfolgreich umgesetzt werden kann, wenn der oberste Chef sich persönlich damit befasst. Nur dann orientiert sich ein Unternehmen regelgerecht am Markt und an seinen Kunden.

In kleinen und mittelgroßen Unternehmen findet man meistens eine Marketingdirektion, die unter anderem für den Verkauf zuständig ist. Sie ist den Direktionen Produktion, Finanz/Administration usw. gleichgestellt. Nicht selten wird dabei dem Marketing auch die Forschung und Entwicklung (F & E) unterstellt, womit die Ausrichtung neuer Produkte auf die Marktbedürfnisse erleichtert wird. Zudem hat dies den Vorteil, dass die F & E-Abteilung sehr rasch technische Verkaufsunterstützung bereitstellen kann – ein Erfordernis, das vor allem bei technisch anspruchsvollen und wenig standardisierten Produkten von einiger Bedeutung ist.

Mittelgroße Unternehmen besitzen in der Regel mehrere Produktlinien, die sehr oft in unterschiedlichen Märkten verkauft werden. Es kann daher naheliegen, die Marketingverantwortung auf die einzelnen Produktbereiche aufzuteilen. Das folgende Beispiel zeigt dies. Marketing und Produktentwicklung sind in den einzelnen Divisionen angesiedelt, während die Fabrikation und die regionalen Verkaufsgesellschaften für alle Divisionen tätig sind.

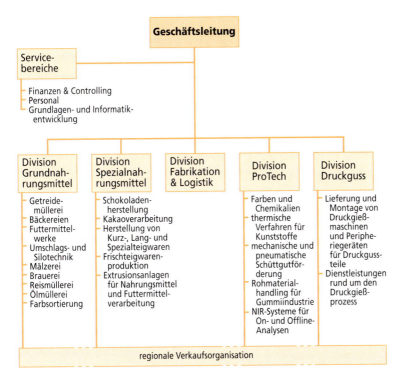

Organisation der Bühler AG (Umsatz 1999 rund sFr. 1,6 Mrd.)

In weltweit tätigen Konzernen wird die Marketing-Verantwortung oft in die Divisionen oder Regionen delegiert. Diese sind dann für Verkauf, Werbung, Verkaufsförderung, Preisgestaltung, Distribution usw. zuständig. Auf höchster Ebene ist meistens nur eine Marketing-Koordinationsstelle und eine Instanz für die allgemeine Öffentlichkeitsarbeit (PR) vorgesehen.

> Im Konzernhauptsitz der Zürich Versicherung wird das einheitliche Auftreten der Firma nach außen sichergestellt. So werden eine gewisse Mindestqualität der Produkte und relative Preisvorstellungen definiert. Aber auch der neue Schriftzug oder der Markenname «Relax» wurden im Headquarter entwickelt. Hingegen wird das eigentliche Marketing (zum Beispiel Planung von Werbekampagnen, Preisfestlegung, Angebotsgestaltung) länderspezifisch in den einzelnen Divisionen durchgeführt.

## In der Marketingabteilung
## Produkt- und/oder Accountmanager einsetzen

Kleinere und mittelgroße Unternehmen benötigen weniger Koordinationsorgane, die sich ausschließlich um ein Produkt, einen Großkunden oder einen spezifischen Markt kümmern. Hier findet man noch am ehesten die klassische, funktionale Marketingorganisation: eine Einheit, die für den Verkauf verantwortlich ist, und eine weitere, die sich gegebenenfalls der Marktforschung, eventuell auch der Werbung oder der Verkaufsförderung annimmt.

Funktionsorientierte, klassische Marketingorganisation

In der funktionsorientierten Marketingorganisation werden Mitarbeiter nach ihren fachlichen Funktionen gegliedert. Sie hat in Unternehmen mit vielen Produktlinien den Nachteil, dass die so wichtige Koordinationsaufgabe quer durch den Betrieb nicht genügend intensiv wahrgenommen wird. Bei größeren Unternehmen findet man deshalb häufig ein sogenanntes Produktmanagement mit Mitarbeitern, die sich ausschließlich um ein einziges Produkt oder eine Produktlinie kümmern. Der Produktmanager ist innerhalb des Unternehmens der «Anwalt» des ihm zugeteilten Produkts. Er plant, koordiniert und überwacht alle Tätigkeiten und Maßnahmen, die mit «seinem» Produkt zusammenhängen. Er besitzt eigentlich eine permanente Projektleitungsfunktion, wobei sich sein Projektteam je nach Aufgabe anders zusammensetzt. Bei der Konzeption einer Produktveränderung arbeitet er mit Leuten aus Marktforschung und Entwicklung zusammen, bei der Vorbereitung einer Verkaufsförderung koordiniert er die entsprechenden Tätigkeiten von Werbung, Produktion und Verkauf.

Ein Produktmanager hat keine Weisungsbefugnis. Er wirkt durch sachliche Überzeugungsfähigkeit und seine Persönlichkeit. Er hat zwar über seinen Vorgesetzten direkten Kontakt zur Geschäftsleitung, wird diesen aber nur in Ausnahmefällen für seine Anliegen nutzen. Ab und zu wird er sich daher die Haare raufen, wenn er gegen die Hierarchie anzurennen versucht.

Unternehmen mit einer großen Anzahl von Produkten gliedern ihr Produktmanagement nach Produktlinien. Solche Firmen setzen sogenannte Produktgruppen-Manager ein, denen die Produktmanager unterstellt sind. Produktmanager gab es früher nur in der Konsumgüterindustrie; heute findet man sie zunehmend auch im Investitionsgüterbereich.

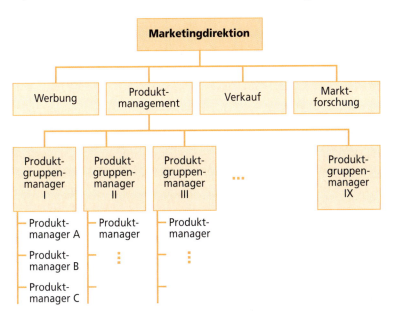

Marketingorganisation mit Produktmanagement

In Großunternehmen kommt es oft vor, dass größere Kunden von verschiedenen Abteilungen mit Produkten beliefert werden. Um trotzdem sicherzustellen, dass alle Tätigkeiten um solche Kunden koordiniert ablaufen, werden Mitarbeiter bezeichnet, die sich dieser Aufgabe annehmen, sogenannte Accountmanager. Der Accountmanager koordiniert alle Tätigkeiten im Unternehmen, die mit dem von ihm zu betreuenden Kunden zu tun haben.

Das Accountmanagement wirkt oft parallel zum Produktmanagement; in der folgenden Skizze wurde allerdings auf das Produktmanagement verzichtet.

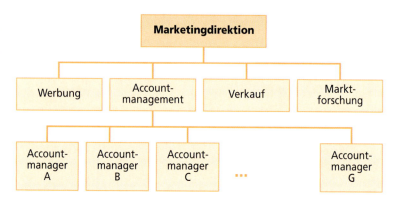

Marketingorganisation mit Accountmanagement

Das Accountmanagement hat im letzten Jahrzehnt stark zugenommen. Zuerst war es die Nahrungsmittelindustrie, die neben dem Produktmanagement Mitarbeiter einsetzte, die sich ausschließlich um die Anliegen und Probleme von Einzelhändlern wie Coop oder um einzelne Warenhäuser wie Jelmoli und Globus kümmerten. Offenbar als Folge des auch in anderen Branchen erfolgten Konzentrationsprozesses auf der Abnehmerseite verbreitete sich die Idee des Accountmanagements. Heute beschäftigen daher viele Unternehmen Verantwortliche, die sicherstellen, dass sämtliche Maßnahmen, die einen wichtigen Kunden betreffen, laufend koordiniert werden.

Diese Koordination kann auch im Hinblick auf einen speziellen Markt (geographischer oder kundentypischer Art) erfolgen. In diesem Fall spricht man aber eher von Markt- und weniger von Accountmanagement.

Beim Reiseunternehmen Kuoni beispielsweise ist das Marketing in eine Matrix gegliedert. Auf der einen Seite finden sich die Verantwortlichen für die beiden Produktgruppen Kuoni (eher exklusive Angebote) und Helvetic Tours (eher billige Angebote), auf der anderen Seite die Verantwortlichen für Kundengruppen (Accounts), für den Detailverkauf (Retailing), für Werbung und für die Zusammenstellung von Reisetouren (Touroperating).

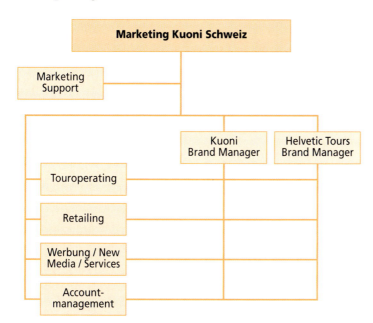

Organigramm der Marketingabteilung von Kuoni

### Die Gründung von Call Centers prüfen

Zahlreiche Unternehmen haben in den letzten Jahren ihre gesamte Kundenbetreuung (Verkauf, Verkaufsunterstützung, After-Sales-Services, Reklamationsbearbeitung) zusammengelegt. Die Gründe dafür werden im Folgenden erläutert.

◆ **Kundenorientierung:** Die Ausrichtung auf Kunden ist in einem Call Center besonders intensiv, denn man befasst sich dort ausschließlich mit den Anliegen der Kunden. Sukzessive entwickelt das Call Center eine Kultur, bei der der Kunde wirklich zum «König» wird und eine fachlich gute Betreuung erfährt. Darüber hinaus kann im Call Center rasch und effizient gehandelt werden; die Zufriedenheit der Kunden lässt sich direkt registrieren und als Gradmesser für die Unternehmensleistung nutzen.

Oberstes Ziel eines Call Center ist nicht die Anwerbung neuer Kunden, sondern die Pflege und das Halten der bestehenden Kundschaft.

◆ **Telekommunikation:** Dank internationaler Vernetzung stehen Kunden- und andere Daten jederzeit überall zur Verfügung. Der Aufbau eines unter Umständen auch europaweit operierenden Call Centers mit allen Vorteilen (economy of scale, Know-how-Synergien) wird dadurch möglich.

◆ **Datenbanken:** In Datenbanken können unzählige Daten abgespeichert und rasch zugänglich gemacht werden. Dies fördert die Bildung von Call Centers, da mit zunehmender Anzahl direkter Kundenkontakte auch immer mehr Informationen anfallen, die ihrerseits wiederum neue Marketingmöglichkeiten eröffnen.[1]

◆ **Direktverkauf:** Die Kommunikation via Telefon oder Internet (vorläufig noch eher Telefon als Internet) nimmt stark zu. Zum einen funktionieren die weltweiten Kommunikationsnetze hervorragend und werden zugleich immer billiger und zum anderen gewöhnt sich der Konsument zusehends an diese Art der modernen Kommunikation; schließlich ist sogar die von Video begleitete Kommunikation der Zukunft bereits absehbar.

Verschiedene Unternehmen outsourcen ihre Call Centers an spezialisierte Firmen. Dies ist verständlich, dürfte doch ein Dritter noch mehr Kundenorientierung erreichen als das eigene Unternehmen; schließlich lebt er vom Ausmaß der Kundenzufriedenheit. Der Außenstehende ist zudem in der Lage, Dienste wie Verkäuferschulung für alle seine Auftraggeber zu organisieren.

Allerdings ist gut zu überlegen, ob die Kundenbetreuung wirklich an einen Dritten abgetreten werden soll. Es geht ja um eine Funktion, die für den langfristigen Unternehmenserfolg meist sehr kritisch ist. Man denke nur an das sich im Laufe der Zeit ansammelnde Datenmaterial, das dem Unternehmen dann nicht mehr direkt zur Verfügung steht. Und man denke nur an die Wichtigkeit, den Puls des Marktes möglichst unmittelbar zu spüren, wenn es um die Überprüfung der eigenen Leistung geht. Unseres Erachtens gibt es andere Funktionen (inklusive der Produktion einzelner Teile), deren Outsourcing wahrscheinlich naheliegender ist.

---

[1] Wir werden in Kapitel 9 unter «Direct Marketing» darauf zurückkommen.

> Mercedes unterhält in Maastricht ein für ganz Europa tätiges Call Center. Rund um die Uhr können Mercedes-Fahrer dort anrufen. In verschiedenen Sprachen wird Unterstützung angeboten: Ein lokaler Reperaturdienst wird organisiert, die nächste Service-Garage geortet oder dem Anrufer direkt erklärt, was er selbst tun kann. Maastricht wurde unter anderem deshalb als Standort gewählt, weil sich dort das deutsch, französisch und holländisch sprechende Europa trifft.

## Marketing für Konsum- und Investitionsgüter

In der Praxis herrscht vielfach die Meinung vor, der Unterschied zwischen Konsum- und Investitionsgütermarketing hätte mit unterschiedlichen Produkteigenschaften zu tun. Dem ist aber nicht so. Die Trennung basiert vielmehr auf der Unterscheidung, wie und von wem ein Produkt gekauft wird. Beim Schraubenzieher, der von einem Installateur bestellt wird, sprechen wir von einem Investitionsgut. Wenn der gleiche Schraubenzieher von einem Hobbybastler gekauft wird, ist er ein Konsumgut. Auch ein Auto, das von einem Privaten gekauft wird, ist ein Konsumgut. Dies erkennt man meistens bei einer Panne und an der Art, wie dann versucht wird, sie zu beheben …

Pannenbehebung

Produkte, die je nach Kunde Konsum- oder Investitionsgüter sind

| Art des Produkts | Konsumgut | Investitionsgut |
|---|---|---|
| Nahrungsmittel | für den Haushalt | für das Restaurant |
| Auto | für den Privatmann | für den Taxibetrieb |
| Kleider | für die Familie | für die Arbeit |
| Waschmittel | für den Haushalt | für die Wäscherei |
| Elektronikbauteile | für den Bastler | für die Elektrofirma |
| Putzmörtel | für die Eigenreparatur | für den Bauunternehmer |

Konsumgüter werden normalerweise in kleinen Mengen, mehrmals und meistens aus einem Impuls heraus oder aus Gewohnheit gekauft. Investitionsgüter dagegen werden meist erst nach rationaler Abwägung der Vor- und Nachteile durch ein sogenanntes Buying Center (Zentraleinkauf) einer Organisation angeschafft. Konsumgüter werden an Millionen von Endabnehmern vertrieben, Investitionsgüter an eine überblickbare Zahl von Kunden. Der Konsumgüterkauf ist viel stärker von persönlichen Motiven und Vorurteilen geprägt als der Kauf eines Investitionsguts. Das Investitionsgut wird gekauft, um darauf aufbauend Gewinn zu erzielen. Das Konsumgut wird erworben, um persönliche Bedürfnisse und Wünsche zu befriedigen. Der Kauf eines Investitionsguts erfordert vielfach lange Verhandlungen. Der Kauf eines Konsumguts erledigt sich oft spontan in wenigen Sekunden.

Wenige Interaktionen beim Konsumgut, viele beim Investitionsgut

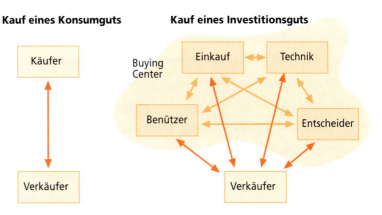

Es sind diese Unterschiede, die dazu geführt haben, dass von einem Konsum- und von einem Investitionsgütermarketing gesprochen wird. Insgesamt kann davon ausgegangen werden, dass der Markt für Konsumgüter etwa gleich groß ist wie der für Investitionsgüter.

Der Markt für Investitionsgüter ist weit weniger transparent und viel komplexer. Man denke nur an die vielen Transaktionen, die nötig sind, um dem Endverbraucher ein Produkt zuzuführen. Ein Hersteller von Autos beispielsweise bezieht seine Autoreifen und andere Investitionsgüter von Lieferanten, die ihrerseits wieder zahlreiche Investitionsgüter (Gummi, Metallteile usw.) von anderen Lieferanten kaufen. Alle diese Hersteller benötigen aber auch Investitionsgüter, die nicht direkt mit dem Auto zusammenhängen, zum Beispiel Maschinen und Anlagen, aber auch Hilfsmittel wie Energie, Schmierstoffe, PTT-Dienste usw. Insgesamt kann man davon ausgehen, dass bei der Herstellung von Investitionsgütern viel mehr Austauschvorgänge stattfinden als bei Konsumgütern – was die Bedeutung des Marketing auch für Investitionsgüter unterstreicht.

Dennoch stehen die Hersteller von Investitionsgütern neuen Marketingideen oft skeptisch und konservativ gegenüber. Viele ihrer Entscheidungsträger haben einen technischen Hintergrund (Ingenieure, technisch ausgebildete Fachleute, technische Kaufleute) und häufig nur eine kurze oder gar keine Verkaufs- oder Marketingausbildung. Das Marketing der Investitionsgüterindustrie ist deshalb deutlich weniger weit entwickelt als das Marketing der Konsumgüterindustrie.

Die komplexen Verknüpfungen im Investitionsgütermarketing führen dazu, dass die hier anzutreffenden Marketingmaßnahmen vielgestaltiger sind als jene bei Konsumgütern; Art und Natur der Maßnahmen sind aber nicht grundsätzlich verschieden. Dennoch existieren fünf fundamentale Merkmale, anhand derer man den Markt für Investitionsgüter von dem für Konsumgüter unterscheiden kann.

◆ **Abgeleitete Nachfrage:** Das Investitionsgut A wird von der kaufenden Organisation weiterverwertet und als Produkt oder Dienstleistung B weitervermarktet. Die Nachfrage nach dem Produkt A hängt also direkt von der Nachfrage nach dem Produkt B ab. Dieser Sachverhalt führt dazu, dass der Hersteller des Investitionsgutes A unter anderem versucht, den Käufer des Produkts B zu beeinflussen. Wenn Stahlhersteller für den Kauf von Waschmaschinen und Tiefkühltruhen werben, so möchten sie dadurch die Nachfrage nach Stahl stimulieren. Die Erfassung des Zielmarktes bedingt beim Investitionsgut daher auch die Berücksichtigung der auf den Kunden folgenden Verarbeitungsstufe.

◆ **Wenig elastische Nachfrage:** Die gesamte Nachfrage nach Investitionsgütern reagiert oft wenig auf Preisveränderungen. Auch wenn sich der Preis für Sicherheitsgurte erhöht, wird der Autokonsum nicht zurückgehen. Es kann jedoch sehr wohl sein, dass die Autohersteller infolge einer drohenden Preiserhöhung viele Gurte noch zu alten Preisen kaufen und an Lager legen.

Der Grund für die geringe Elastizität von Investitionsgütern liegt darin, dass die Kosten eines eingekauften Teils wegen der üblicherweise hohen eigenen Wertschöpfung vielfach nur einen Bruchteil des Verkaufserlöses ausmachen. Auch wenn die Kostenerhöhung eines Einzelteiles überwälzt wird, hat dies kaum Einfluss auf die Gesamtnachfrage. Dies gilt vor allem für kürzere Zeitperioden. Auf lange Sicht können indessen Substitutionseffekte eintreten.

◆ **Fluktuierende Nachfrage:** Die Nachfrage nach Investitionsgütern ist viel größeren Schwankungen unterworfen als die nach Konsumgütern. Dies ist eine Folge der Lagerhaltungspolitik auf den einzelnen Verarbeitungsstufen. Bei einem positiven Nachfrageimpuls des Endabnehmers wird auf allen Vorstufen das Lager sukzessive entsprechend den Nachfrageschüben erhöht. Dies führt dazu, dass die Hersteller von Investitionsgütern eher von temporären Auslastungsschwankungen betroffen sind und deshalb Distribution und Lieferfähigkeit besonders aufmerksam beobachten müssen. In Zeiten rückläufiger Auslastung versuchen sie zudem oft, der Konkurrenz mit Hilfe von Preisnachlässen Kunden abzujagen.

Die noch am Anfang stehenden Anstrengungen für ein übergreifendes Supply-chain-Management könnten hier schon bald für gewisse Nivellierungen sorgen.[1]

◆ **Gute Marktübersicht:** Der Einkäufer von Investitionsgütern kennt normalerweise die verschiedenen Bezugsquellen und kann sie auch hinsichtlich ihres Preis-/Leistungsverhältnisses beurteilen. Andererseits hat der Verkäufer einen besseren Einblick in den Kaufprozess und das Kaufverhalten seiner wenigen Kunden.

◆ **Weniger Datenmaterial:** Investitionsgüterhersteller verfügen selten über ähnlich gute Marktdaten wie Konsumgüterproduzenten. Dies hat zum einen mit der riesigen Zahl von Kaufakten zu tun, die den Konsumgütermarkt kennzeichnen und statistische Rückschlüsse erlauben. Sodann sind Investitionsgüter verschiedener Hersteller weni-

---

[1] Siehe dazu *Planning*, Band III der Buchreihe «BWL in der Praxis», Kapitel 4.

ger gut miteinander vergleichbar als Konsumgüter verschiedener Herkunft.

Neben diesen Hauptunterschieden sei noch erwähnt, dass die Marktkonzentration bei Investitionsgütern normalerweise stärker ausgeprägt ist, weshalb Großabnehmer entsprechende Einkaufsmacht besitzen. Interessant ist auch, dass Abnehmer von Investitionsgütern oft regional konzentriert sind (Beispiele: Uhrenindustrie im Raum Solothurn-Neuenburg-Jura oder im Schwarzwald, Chemie im Raum Basel).

Trotz dieser Differenzen gibt es aber in der Umsetzung des Marketinggedankens keine elementaren Unterschiede zwischen Konsum- und Investitionsgüterherstellern. Beide arbeiten nach den gleichen Marketingregeln und beide setzen die gleichen Marketingmittel ein, wenn auch mit unterschiedlicher Gewichtung. Wir unterscheiden in unseren Ausführungen daher kaum zwischen Konsum- und Investitionsgütern.

# Zusammenfassung

Der Wandel vom Anbieter- zum Käufermarkt hat dazu geführt, dass die einzelnen Unternehmen ihre Tätigkeiten mehr auf die Kunden ausrichten. Nicht mehr das Produkt oder die Produktion, auch nicht mehr der Verkauf oder die Technik, sondern die Wünsche und Erwartungen des Kunden sind Ausgangspunkt sämtlicher Handlungen im Unternehmen. Diese Idee des Marketing hat sich zuerst in der Konsumgüterindustrie, danach in der Investitionsgüterindustrie und ganz zuletzt bei Dienstleistungsunternehmen und kulturellen Institutionen durchgesetzt.

> Eine Familie feierte den 50. Geburtstag eines Onkels. Jedes Familienmitglied erhielt eine Menükarte, nur die achtjährige Molly nicht. Die Erwachsenen unterhielten sich miteinander, aber Molly wurde kaum beachtet.
> Nachdem der Kellner die Bestellungen der Erwachsenen aufgenommen hatte, fragte er auch Molly nach ihren Wünschen.
> «Eine Hot Dog und eine Cola, bitte», antwortete die Kleine.
> «Nein», meinte die Großmutter, «Molly bekommt die Pouletschenkel mit Rüben und Reis.»
> «Und zum Trinken ein Glas Milch», ordnete der Vater an.
> «Willst du lieber Ketchup oder Senf für deine Hot Dog?», fragte der Kellner unbeirrt. Die Eltern waren sprachlos.
> «Ketchup», rief Molly. Dann meinte sie, zur Familie gewandt: «Wisst ihr was? Der Mann hat gemerkt, dass es mich gibt. Für ihn bin auch eine Kundin!»

Die Umsetzung der Idee von der Kundenbeachtung geschieht mit Hilfe des Marketingprozesses. Ausgangspunkt ist eine gründliche Markt- und Konkurrenzanalyse, in deren Zentrum der Kunde und seine Bedürfnisse sowie deren Befriedigung stehen.

Mit der anschließend zu entwickelnden Marketingstrategie wird das Erreichen einer langfristig angemessenen Rentabilität sichergestellt. Die dann zu konzipierenden Marketingmittel sind sichtbarer Ausdruck der gewählten Strategie.

# 1 Marketing – die heutige Unternehmensphilosophie

Über Erfolg oder Misserfolg urteilt die abschließende Marketingkontrolle.

Der Marketingprozess und seine Funktionen

In marketingorientierten Unternehmen sind Kundenorientierung und Streben nach Rentabilität tief in der Organisation verankert. Deshalb ist es selbstverständlich, dass die eigentliche Marketingverantwortung organisatorisch festgelegt und auf oberster Hierarchiestufe angesiedelt ist. Produkt- und Accountmanagement oder gar die Gründung von Call Centers helfen, die konsequente Kundenorientierung zu verwirklichen.

Zwischen Konsum- und Investitionsgütermarketing bestehen grundsätzlich keine Unterschiede; abweichen kann die Bedeutung einzelner Marketinginstrumente oder das Vorgehen bei ihrer Konzeption.

# Teil I

# Marketingstrategien

# Einleitung Teil I

Die Passagiere eines Privatjets hören im Lautsprecher die Ansage des Piloten: «Meine Damen und Herren, ich habe eine gute und eine schlechte Nachricht für Sie. Gut ist, dass wir auf unseren Zeitplan mit 30 Minuten im Vorsprung sind; schlecht ist, dass wir die Richtung verloren haben!»

Auch ein Unternehmen kann sich in einer vergleichbaren Situation befinden – dann nämlich, wenn es sich so auf das tägliche Geschäft konzentriert, dass es darüber die langfristige Marschrichtung aus den Augen verliert. Es wird oft übersehen, dass sich das Umfeld ständig verändert und deshalb stets mit neuen Gegebenheiten, Chancen und Risiken umgegangen werden muss. Die Chancen gilt es rechtzeitig zu erkennen und zu nutzen, die Risiken sind zu vermeiden.

In der strategischen Planung wird die Marschroute eines Unternehmens festgelegt. Am Anfang steht in der Regel eine Analyse der Umwelt und ihrer politischen, technologischen, kulturellen, ökologischen oder marktmäßigen Veränderungen. Aus dieser Analyse ergeben sich neue Geschäftschancen, die es mit den zur Verfügung stehenden Mitteln auf rentable Weise zu nutzen gilt. Gefragt ist das optimale «matching» von Chancen und eigenen Kompetenzen, die stets in Relation zu denen der Konkurrenz zu betrachten sind. In jedem Fall ist davon auszugehen, dass auch andere Firmen neu entdeckte Marktchancen früher oder später wahrnehmen.

Dieser Analyseprozess ist aufwendig und weitläufig; zudem lässt er sich angesichts der Fülle der Faktoren, die im Spiel sind, nur selten ganz systematisch und linear bewerkstelligen. Daher hilft es, wenn die Verantwortlichen ihre Analysen mit einer möglichst zutreffenden Vision von der Zukunft verbinden können. Dank solcher Ausblicke ergeben sich oft Randbedingungen, was wiederum die Suche nach einer optimalen Strategie vereinfacht. Wenn beispielsweise ein Familienunternehmen eine gewisse Größenordnung nicht überschreiten und autark bleiben möchte, kommen Akquisitionen, Zusammenschlüsse oder Forcierung des Wachstums von vornherein nicht in Frage. Entsprechendes gilt in einem zunehmend globalen Markt für rein auf den Binnenmarkt zugeschnittene Strategien.

Die beiden Beispiele zeigen, dass eine Zukunftsvision gar nicht eng definiert sein muss, um den Prozess der Strategiefindung zu vereinfachen. Zudem kann eine Vision durchaus auch qualitative Elemente enthalten, beispielsweise eine stärkere Innovationstätigkeit. Dies würde eine Strategie erfordern, die nach anderen und neuartigen Kundenlösungen verlangt.

In Band III unserer Reihe «BWL in der Praxis» beschreiben wir den Prozess, der zu einer Unternehmensstrategie führt, wie hier illustriert.

Ablauf und Prozess der strategischen Planung[1]

Die in der Regel schriftlich festgehaltene Unternehmensstrategie dient als wegweisender Orientierungspunkt bei der Ausarbeitung funktionaler (Finanz-, Produktions-, Marketing-) oder divisionaler Strategien. Das folgende Beispiel, das wir später weiterentwickeln werden, soll dies verdeutlichen.[2]

---

[1] Siehe Seiler, *Planning*, BWL in der Praxis III, Kap. 8.
[2] Ebd. für Details zum dargestellten Portfolio.

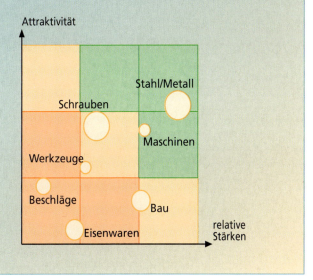

Der Stahlgroßhändler Kiener + Wittlin war in acht zum Teil sehr verschiedenen Märkten tätig. Er handelte nicht nur mit Stahl, Metallen, Sanitär- und Bauprodukten, sondern auch mit Schrauben, Beschlägen, Werkzeugen und Maschinen. In seiner Strategie legte K + W die Bereiche fest, die man stark, mittelstark oder gar nicht weiterentwickeln wollte. Die Sparte «Schrauben» fiel in die Kategorie «mittelmäßig». Folglich konnte der für diese Sparte Verantwortliche im Rahmen der Marketingstrategie nur mit beschränkten Mitteln rechnen.

Die **Marketingplanung** konzentriert sich primär auf die Frage, wie und mit welchen Mitteln die Marktchancen einer bestimmten Produktgruppe oder eines bestimmten Geschäftsbereichs genutzt werden können. Sie wird daher oft auch als Produkt- oder Marktplanung bezeichnet.

Die strategische Planung ist umfassender als die Marketingplanung. Sie kommt aber ohne letztere nicht aus und würde quasi im luftleeren Raum stehen, wenn sie nicht auf Marketing-Inputs aufbaute.

Ein Schlüsselelement jeder strategischen Planung ist die Auseinandersetzung mit Kunden, Markt und Wettbewerb. Es gibt aber auch Unternehmen – vor allem solche, die einfach strukturiert sind –, die nur über eine Marketingplanung verfügen. Strategische Elemente, die über das Marketing hinausgehen, werden dann dem Marketingplan zugeordnet oder von Fall zu Fall behandelt.

> Bis 1980 war American Express hauptsächlich in der Kreditkartenbranche tätig. Die Strategie des Unternehmens entsprach weitgehend der Marketingstrategie. Im Mittelpunkt standen dabei die beiden Fragen: «Wie können neue Kreditkartenkunden akquiriert werden?» und «Wie lassen sich weitere Geschäfte anwerben, die die Kreditkarte von American Express akzeptieren?»
> Ende der 70er Jahre war eine gewisse Marktsättigung erreicht. American Express begann daher, sich nach neuen Geschäftsbereichen umzusehen. Im Zuge der Abklärungen der strategischen Planung wurden zwei interessante Betätigungsfelder ausgemacht: das Kabelfernsehen und die Finanzdienstleistungen.
> In der Folge übernahm man auf diesen beiden neu anvisierten Gebieten bedeutende Unternehmen.
> Heute ist American Express in den folgenden Divisionen tätig: Kreditkarten, Bankgeschäft, Reisebüro und Öffentlichkeitsarbeit. Die strategische Gesamtplanung und die Marketingplanung überlappen sich jetzt viel weniger, als es zuvor der Fall war. Das Marketing wird in den verschiedenen Divisionen separat betrieben. So entwickelt beispielsweise das Marketing der Division Kreditkarten stets neue Strategien mit dem Ziel, Wettbewerbsvorteile gegenüber Konkurrenten wie Master Card oder VISA zu erlangen und zu nutzen. Die strategische Gesamtplanung des Unternehmens legt jedoch unter anderem fest, welche finanziellen Mittel aus der Division Kreditkarten abgezogen und etwa in den Handel mit Wertpapieren investiert werden sollen.

Strategische und Marketingplanung ergänzen sich also gegenseitig. Die strategische Planung stützt sich auf die im Marketing durchgeführten Kunden- und Konkurrenzanalysen. Die Marketingplanung hingegen basiert auf den in der Unternehmensstrategie festgelegten Eckwerten und Randbedingungen.

 Die **Marketingstrategie** beschreibt, wie ein Unternehmen beziehungsweise die einzelnen Divisionen ihre Mittel und Stärken einsetzen sollten, um erkannte Marktchancen zu nutzen und substanzielle, dauerhafte Wettbewerbsvorteile zu erzielen.

Dass Anbieter im gleichen Markt tätig sind, heißt keineswegs, dass sie auch vergleichbare Strategien verfolgen. Jede Marketingstrategie muss auf die spezifischen Möglichkeiten und Fähigkeiten eines Unternehmens abgestimmt werden. Hinzu kommt, dass die Komplexität eines Marktes normalerweise so hoch ist, dass verschiedene Fachleute die Marketingchancen unterschiedlich beurteilen.

> Der Elektronik-Großhandel ist eine stark serviceorientierte Branche. Der Marktführer in den USA, Hamilton-Avnet, steht in harter Konkurrenz zu Arrow Electronics. Hamiltons Marketingstrategie könnte verkürzt mit den Worten «kundenbezogene Dienstleistung um jeden Preis» und Arrows Strategie mit «kundenbezogene Lieferleistung zu vernünftigem Preis» bezeichnet werden.
> Die Verschiedenartigkeit dieser Marketingstrategien führt zwangsläufig zu unterschiedlichen Distributionsformen. So hat Hamilton seine Lagerbestände über das ganze Land verteilt, nämlich auf über 50 Orte, und liefert in der Regel Bestellungen noch am gleichen Tag aus. Arrow hingegen führt nur wenige Zentrallager und garantiert, jede Bestellung eines Kunden in spätestens 48 Stunden auszuliefern.
> Beide Unternehmen sind mit ihrer Strategie außerordentlich erfolgreich. Arrow behauptet, bei geringeren Kosten den besseren Kundendienst zu haben. Hamilton dagegen meint, dass ein zentralisiertes System wie bei Arrow nur dann funktionieren könne, wenn die Verschiedenheiten der örtlichen Märkte vernachlässigt würden.[1]

Das obige Beispiel zeigt, wie eine Marketingstrategie sich auf die Konzeption der Marketingmittel auswirkt, etwa, wie in diesem Fall, auf die Distributionslogistik.

Nicht nur der Inhalt einer Marketingstrategie, sondern meist auch das Vorgehen bei ihrer Entwicklung richtet sich nach dem spezifischen Unternehmensprofil. Die Ausgangssituationen sind für verschiedene Unternehmen niemals die gleichen. Ebenso sind die über Markt und Konkurrenz vorliegenden Informationen unterschiedlich und darüber hinaus haben einzelne Aspekte, je nach Situation, einen anderen Stellenwert. Daher gibt es bei der Entwicklung von Marketingstrategien grundsätzlich keine «Patentrezepte».

Üblicherweise wird zuerst der Markt, das heißt Nachfragende und Anbieter, gesichtet und analysiert. Wie detailliert diese Analysen im Einzelfall sein sollen, hängt beispielsweise entscheidend davon ab, ob ein Newcomer in einen etablierten Markt eindringen möchte oder ob es nur um die Erweiterung eines bereits bestehenden Produktprogramms geht.

In Kapitel 2 («Markt- und Konkurrenzanalyse») des vorliegenden Werkes gehen wir eher von einem Neuanbieter aus, der einen Markt erschließen möchte. Unsere Ausführungen sind daher entsprechend allgemein gehalten.

---

[1] Vgl. Davidow, *High Tech Marketing*, S. 91.

In Kapitel 3 ist beschrieben, wie eine Marketingstrategie erarbeitet wird und was sie enthalten soll. Für etablierte Anbieter, die ihre Strategie lediglich überprüfen und nicht neu überarbeiten wollen, sind unsere Überlegungen eher zu ausführlich. Für sie dürfte es in Kapitel 4, «Beurteilung von Marketingstrategien», detailliertere Hinweise geben. Beide Kapitel ergänzen sich, nur die Betrachtungsoptik ist verschieden.

Unsere Ausführungen über die Entwicklung und Beurteilung von Marketingstrategien mögen dem Praktiker vielleicht etwas zu theoretisch erscheinen. Wir wollten aber die Konzeption von Marketingstrategien möglichst systematisch und folgerichtig darstellen.

Mit einer Anekdote über eine kleine Möwe möchten wir nun noch darauf hinweisen, wie wichtig für den Marketing-Strategen auch Faktoren sein können, die kaum etwas mit rationalem Vorgehen zu tun haben.

> An der Westküste von Irland lebte eine kleine Möwe mit dem Namen Jake. Jake war eine sehr intelligente, gesunde, hübsche und fleißige Möwe. Sie hatte aber ein großes Handicap: Sie konnte nicht fliegen und sie hatte niemanden, der ihr das Fliegen hätte beibringen können.
> 
> Im Alter von nur wenigen Monaten hatte Jake seine Eltern und seine beiden Geschwister in einer Sturmböe verloren. Als er älter wurde und erkannte, dass er nicht fliegen konnte, beobachtete er immer wieder seine kleinen Kameraden, wie sie miteinander spielten und sich dabei im Wind wiegten. Er wollte so gerne mitspielen; deshalb sprang hin und her, hüpfte in die Luft und schlug mit den Flügeln – doch das Fliegen wollte ihm einfach nicht gelingen.
> 
> Jakes Kameraden lachten schallend, wenn sie seine unbeholfen und komisch wirkenden Anstrengungen beobachteten. Sie hänselten ihn häufig und dann wurde Jake traurig und weinte.
> 
> Ältere Möwen versuchten oft, Jake zu helfen. «Schlag stärker mit den Flügeln!», «Halt den Kopf gerade!», «Der Rücken muss ganz steif sein!», waren ihre Ratschläge. Jake befolgte sie alle, doch je eifriger er sich bemühte, umso weniger gelangen seine Versuche; er sprang sogar von einem Felsen hinab, landete aber nur auf dem Boden. Schließlich war er völlig deprimiert, hatte überhaupt kein Selbstvertrauen mehr und zog sich immer mehr von seinen Artgenossen zurück.
> 
> Da begegnete Jake eines Tages einer alten, weisen Möwe. Jake erzählte ihr von seinen Schwierigkeiten und sie erteilte Jake diesen Rat: «Klettere auf die höchste und steilste Klippe dieses Strandes. Dort oben, ganz nahe am Abgrund, ist eine geheime Botschaft in einen Felsvorsprung geritzt. Sie musst du finden und dich dann nach ihr richten.»
> 
> Noch nie zuvor war eine Möwe so hoch hinauf geklettert. Doch Jake schaffte es! Und er fand auch die Botschaft: «Alles, an das du wirklich glaubst, kannst du auch erreichen!»

Jake blickte in die gähnende Tiefe: Weit, weit unter ihm lag das Meer, der Abgrund wirkte bedrohlich. Jake schloss die Augen und sagte sich immer wieder: «Ich kann fliegen! Ich glaube fest daran, dass ich fliegen kann.» Der kleine Nichtflieger vertiefte sich derart in diese Suggestion und war so mit der Wiederholung der Aussage beschäftigt, dass er darüber seine Zweifel völlig vergaß und sich einfach fallen ließ.

Und siehe da – die kleine Möwe flog. Es war der schönste Augenblick in ihrem Leben. Jake glitt durch die Lüfte und ließ sich vom Wind treiben, während er immer noch wiederholte: «Ich glaube fest daran, dass ich fliegen kann!»

*Aus «Bits & Pieces», Oktober 1999, S. 16*

2

# Markt- und Konkurrenzanalyse

Markt- und Konkurrenzanalyse sind in der Betriebswirtschaft von zentraler Bedeutung: Sie stellen den wichtigsten Teil der Umweltanalyse dar. Dank ihnen ist es möglich, die gesamte Unternehmenstätigkeit auf den Markt auszurichten. Sie bilden wesentliche Voraussetzungen für die Entwicklung fundierter Unternehmens- und Marktstrategien. Darüber hinaus erlauben sie es, die eigene Leistung mit der der Konkurrenz zu vergleichen.

Marktanalysen können sehr umfangreich ausfallen. Es empfiehlt sich daher, den Detaillierungsgrad solcher Analysen vorweg zu bestimmen – situationsgerecht und zweckgerichtet. In diesem Sinn sollen unsere Ausführungen Anregungen für die Durchführung von Marktanalysen bieten. Mit der Gliederung dieses Kapitels soll zugleich gezeigt werden, wie und in welcher Reihenfolge eine solche Analyse durchgeführt werden kann.

Ablauf einer Markt- und Konkurrenzanalyse

Im Folgenden behandeln wir keine Analysetechniken[1], sondern zeigen anhand von Beispielen, welche Analysen in der Praxis angewendet, welche Einsichten auf diese Weise gewonnen und welche Aussagen daraus abgeleitet werden können.

Im Interesse der Entwicklung gut fundierter Marketingstrategien legen wir großen Wert auf die Erfassung der sogenannten kritischen Erfolgsfaktoren eines Marktes (auf die Definition kommen wir an anderer Stelle zurück) und auf die Beurteilung der eigenen Konkurrenzfähigkeit im Hinblick auf diese Faktoren.

---

[1] Siehe dazu Kapitel 10.

# Erfassen des Marktes

Mit Hilfe von generellen Marktdaten lässt sich meist eine erste Marktübersicht gewinnen, die Auskunft über Marktgröße, Segmentierung und wichtigste Anbieter gibt. Diese erlaubt dann, die folgenden Analyseschritte zielgerichtet und an die Gesamtverhältnisse angepasst durchzuführen.

## Marktgröße bestimmen

Grundsätzlich interessiert nur der Teil des Marktes, der für ein bestimmtes Produkt in Frage kommt. Bietet ein Unternehmen zum Beispiel nur Elektromotoren im unteren Leistungsbereich an, ist sein Markt sicher kleiner als der eines Unternehmens, das mit seinen Motoren den ganzen Leistungsbereich abdeckt; und ein auf Kleinpackungen spezialisierter Nahrungsmittelhersteller wird Restaurants, Kantinen, Krankenhäuser und ähnliche Betriebe, die ihren Bedarf vorwiegend mit dem Kauf von Großpackungen eindecken, nicht zu seinem Markt zählen.

Bei der Definition des Marktes müssen aber auch geographische Begrenzungen beachtet werden: Weltmarkt, Binnenländermarkt (zum Beispiel Skandinavien, EU), Inlandsmarkt, regionaler Markt. Der interessierende Markt wird also von Produktart, Geographie und gegebenenfalls auch Kundencharakteristiken bestimmt. Ausgangspunkt für seine Größe ist also immer eine klare Definition der möglichen Käufer der angebotenen Ware.

Im folgenden Beispiel wird für einen Anbieter von 1-l-Mineralwasserflaschen, die für den Heimkonsum bestimmt sind, der relevante Markt in der Ost- und Zentralschweiz dargestellt.

Relevanter Markt bei der Einführung von Valserwasser

Die Beschränkung auf potenzielle Käufer bedeutet aber nicht, dass man sich um die angrenzenden Märkte nicht zu kümmern braucht. Im oben angeführten Beispiel wird sich der Hersteller dafür interessieren, wie sich der Konsum von 1-l-Flaschen im Vergleich mit dem von 1,5-l-Flaschen entwickelt oder ob der Hauskonsum zu Lasten des Außerhauskonsums an Anteil gewinnt. Besonders hellhörig wird er jedenfalls werden, wenn der Konkurrent X, der nur 1,5-l-Flaschen anbietet, eine Marktuntersuchung über 1-l-Flaschen durchführt. Will ein Hersteller jedoch seine Leistung mit der der Konkurrenz vergleichen, so interessiert ihn nur das für ihn relevante Marktfeld.

Marktdefinitionen und insbesondere Marktmessungen sind nicht immer einfach. Oft liegen keine Zahlen vor, so dass man sich eventuell mit Indikatoren für die Marktgröße begnügen muss. Bei der Abschätzung des künftigen Marktvolumens sind Extrapolationen von Zahlen aus der Vergangenheit zwar sehr verbreitet, aber dieses Verfahren genügt nicht immer. Auf Extrapolationen darf man sich desto eher verlassen, umso zahlreicher die Kunden, umso größer der Markt und umso kürzer die betrachteten Zeiträume sind.

Das folgende Beispiel illustriert, dass eine Extrapolation für den (großen) schweizerischen Softdrinkmarkt insgesamt, aber auch für einzelne etablierte Produkte – wie etwa Coca-Cola oder Rivella – sinnvoll ist.

Problematisch erscheint hingegen das Vorhaben, die Entwicklung der trendigen, noch nicht etablierten Novität «Rivella grün» extrapolieren zu wollen.

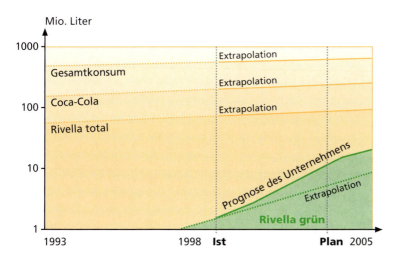

Extrapolationen im schweizerischen Softdrinkmarkt (logarithmische Skala)

Um bei diesem Beispiel zu bleiben: In der Praxis wird oft die Frage diskutiert, ob der relevante Markt nur den für kalorienarme Süßgetränke (Rivella blau, Cola light, Aproz Mineral usw.) oder – weiter gefasst – den gesamten Markt für nichtalkoholische Getränke umfasst. Solche Definitionsfragen haben wohl ihre Berechtigung, wirken aber oft etwas akademisch. Jedes Unternehmen definiert den für seine Produkte relevanten Markt so, dass die Beurteilung der eigenen Leistung und die Erfassung wichtiger Marktveränderungen möglichst einfach erfolgen kann – und dies hängt nicht zuletzt auch davon ab, welche quantitativen Daten über den Markt überhaupt regelmäßig zur Verfügung stehen.

## Marktsegmente festlegen

Jedes Unternehmen fragt sich, wie es «seinen» Markt aufgliedern kann respektive ob es klar abgrenzbare, möglichst homogene Kundengruppen gibt, die mit einem bestimmten Marketingmix (Produkt, Preis, Werbung, Distribution) optimal erreicht werden können. Die Frage lautet also: Gibt es bestimmte Marktsegmente, die sich von anderen so markant unterscheiden, dass sich eine separate Beobachtung lohnt?

> Ein Hersteller von Farbstoffen gliedert seinen Markt nach Anwendungsbranchen: «Textilindustrie», «Papierindustrie», «Malergeschäfte» usw.
> Ein Produzent von Eiscreme konzentriert sich auf den Ort des Konsums: «Mitnahme nach Hause», «Konsum im Restaurant, «Impulskauf und Sofortkonsum».
> Ein Fabrikant von Papiertaschentüchern unterteilt seinen Markt nach Regionen (Schweiz, Deutschland usw.) und innerhalb der Regionen nach Abnehmern von Eigenmarken (Migros, Coop, Aldi) und anderen (Kioske, Warenhäuser, Lebensmittelgeschäfte, Kinos).

Grundsätzlich gilt, dass die Zielkunden – bis hin zum einzelnen Individuum – umso besser definiert und charakterisiert werden können, je feiner sich die Marktunterteilung vornehmen lässt. So gesehen, bildet jeder Käufer potenziell einen Markt für sich allein, denn seine Bedürfnisse und Wünsche sind einzigartig. Je deutlicher dieser Einzelne sich von anderen Käufern unterscheidet, desto besser gelingt es, ein genau auf ihn zugeschnittenes Angebot zu schaffen.

Das maßgeschneiderte Angebot erhöht beim betreffenden Kunden zwar die Konkurrenzfähigkeit, beeinflusst infolge höherer Angebotskosten jedoch die Rentabilität negativ. Die für ein Unternehmen sinnvoll zu bearbeitenden Marktsegmente müssen daher je nach der Kostenstruktur und Preissensitivität am Markt eine bestimmte Mindestgröße aufweisen.[1]

Bei der Aufgliederung in Marktsegmente ist auch darauf zu achten, Marktdaten über Größe und Stellung der Anbieter, die unterschiedlichen Preisniveaus und eventuell auch unterschiedliche Produktkonfigurationen zu erhalten. Erst wenn solche Angaben vorhanden sind, kann später mit der Segmentdefinition gearbeitet werden.

Kundenbedürfnisse ändern sich im Lauf der Zeit. Eine einmal vorgenommene Gliederung des Marktes hat daher nicht für immer Gültigkeit. Unternehmen müssen vielmehr ihre Marktsegmentierung von Zeit zu Zeit überprüfen.

## Marktanteil wichtiger Anbieter eruieren

Bei Marktuntersuchungen fragt man normalerweise frühzeitig nach der Marktstellung der verschiedenen Anbieter. Auf diese Weise erhält man einen ersten Eindruck von den Konkurrenten und ihrer Gefährlichkeit. Dies hat auch den Vorteil, dass bei späteren Analysen die besonders zu beachtenden Wettbewerber bekannt sind.

Zentrale Bedeutung kommt der Größe des Marktanteils eines Unternehmens zu. Je größer der Marktanteil, desto günstiger ist in der Regel die Kostenstruktur und desto eher gelingt es, den Markt im eigenen Sinn zu beeinflussen. Dies gilt insbesondere dann, wenn die Machtstellung der Abnehmer eher bescheiden und die economy of scale groß sind. Vor allem Unternehmen im Investitionsgüterbereich begnügen sich bisweilen mit der Beobachtung der eigenen Umsatzentwicklung. Sie sind zufrieden, wenn sich ihr Umsatz etwas steigert. Sie vernachlässigen die Beobachtung und vergessen, dass der Umsatz bei einer starken Marktausdehnung zwar zunehmen, der Marktanteil aber sinken kann.

> Sony griff den führenden Anbieter für Grafikprojektoren, Barco, mit dem Modell 1270 an; sein Marktanteil in diesem Segment erhöhte sich innerhalb eines Jahres von 4 % auf fast 50 %. Für Barco war zunächst gar nicht so schlimm, weil das Segment im gleichen Jahr um 150 % zulegte. Barcos Umsatz stieg, der Marktanteil aber sank von 51% auf 30 %.

---

[1] Siehe dazu auch Kapitel 3 und 4 des vorliegenden Buches.

Aus diesem Grund lohnt es sich stets zu hinterfragen, wie sich das Verhältnis von Gesamtmarkt zu den wichtigen Anbieter entwickelt.

Stagnierender Umsatz bei wachsendem Gesamtmarkt bedeutet Marktanteilsverlust

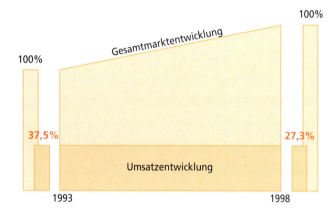

Was das obige Beispiel angeht, so interessieren natürlich insbesondere diese Fragen:

- Wer sind der oder die Marktanteilsgewinner?
- Warum hatten sie Erfolg?
- Wer verliert Marktanteil?
- Welche Ursachen sind für diese Entwicklung verantwortlich?

Mit anderen Worten: Eine gründliche Beobachtung der Marktanteilsentwicklung führt zwangsläufig dazu, dass man sich eingehend mit der Konkurrenz und der relativen Stellung des eigenen Unternehmens auseinandersetzt.

Anzahl und Stellung der verschiedenen Anbieter wirken sich auf die Art und Weise des Wettbewerbs aus. Bei wenigen Anbietern, von denen einzelne über eine starke Marktposition verfügen und die sich daher gegenseitig sorgfältig beobachten, findet man in der Regel stabilere Verhältnisse als in Märkten, in denen viele Anbieter um die Gunst der Käufer wetteifern.

Wenn die Marktanteile der verschiedenen Anbieter von Segment zu Segment stark schwanken, empfiehlt es sich, sowohl die Marktstellung insgesamt als auch die in den einzelnen Segmenten sorgfältig zu betrachten. Möglicherweise kann eine solch detaillierte Unterteilung Segmente aufdecken, in denen die Marktstellung besonders wichtiger Konkurrenten schwach ist: In solchen Fällen kann sich eine Bearbeitung des betreffenden Marktes natürlich besonders lohnen.

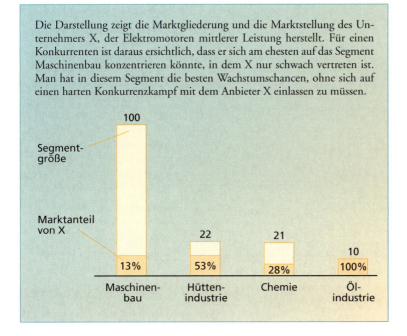

## Analyse der Kunden

Als Markt bezeichnen wir sämtliche Personen und Organisationen, die als Käufer für das zu untersuchende Produkt in Frage kommen. Eine erfolgreiche Marktbearbeitung setzt daher ein tieferes Verständnis der Situation dieser Käufer voraus.

Um dieses Verständnis zu erhalten, könnten sich umfangreiche Untersuchungen aufdrängen, vor allem dann, wenn die Situation in all ihren Aspekten ausgeleuchtet werden soll. Dafür haben sich im Rahmen des Marketing zwei spezielle Fachrichtungen entwickelt: zum einen Untersuchungen des Konsumentenverhaltens, die aufzeigen, wie ein Konsument zu seinen Kaufentscheidungen kommt, und zum anderen Marktforschungstechniken, die sicherstellen, dass der Forschende statistisch gesicherte Aussagen über die Kunden erhält. Auf beide Spezialgebiete kommen wir in Teil III dieses Buches zurück.

In diesem eher einführenden Kapitel wollen wir uns auf einzelne, besonders wichtige Fragestellungen beschränken, zugleich aber auch zeigen, dass zur Entwicklung von Marketingstrategien nicht notwendigerweise umfassende Marktforschungen nötig sind.

> Bei der Sanierung eines kleineren Unternehmens (mit einem Umsatz von sFr. 15 Mio.) aus der Textilindustrie wurde festgestellt, dass der Geschäftsleiter und Hauptaktionär der Firma auch wichtigere Kunden praktisch nie persönlich besuchte. Er meinte, dies wäre mit seiner Stellung als Inhaber unvereinbar und sei Sache der Verkäufer. Er habe sich auf die strategische Ausrichtung des Unternehmens zu konzentrieren. Wie aber soll dieser Geschäftsleiter eine marktgerechte Strategie entwickeln können, wenn er nicht aus eigener Wahrnehmung weiß, wie seine Kunden denken, wie sie sein Produkt bewerten und wie sie die Angebote der Konkurrenz einschätzen?

### Kunden beschreiben

*Die Menschen unterscheiden sich voneinander und haben individuelle Vorlieben und Abneigungen*

Marketing beginnt immer beim Kunden. Mit ihm und seinen Charakteristiken hat sich der Marketingexperte auseinander zu setzen. Dabei begnügt er sich zunächst mit bereits vorhandenen Daten, den sogenannten Sekundärdaten, die nicht erst durch eine spezielle Marktuntersuchung erhoben werden müssen, wie dies bei Primärdaten der Fall ist.

Folgende Fragen sollten gestellt werden: Sind die Kunden Einzelpersonen oder Organisationen? Sind es wenige oder viele? Sind sie stark oder wenig konzentriert? Ist ihre Verhandlungsmacht ausgeprägt oder gering? Weisen sie gemeinsame Charakteristiken auf? Sind sie an geographischen Schwerpunkten zu finden? Haben sie wirtschaftliche Verbindungen miteinander? Stehen sie untereinander in Konkurrenz? Sind sie in einem Verband zusammengeschlossen?

An diesen Fragen wird deutlich, dass man sich frühzeitig für die Kunden interessieren sollte. Je besser man sie nämlich kennt, desto eher wird es später gelingen, die Marketingstrategie an die Kundencharakteristiken anzupassen. Viele Unternehmen gehen sogar so weit, regelmäßig sicherzustellen, dass sogar ihre Entwicklungsingenieure die Kunden persönlich kennenlernen. Allzu viel könnte verlorengehen, wenn ein Produktentwickler die Zielkunden nur «vom Hörensagen» kennt. Die Erfahrung zeigt zudem immer wieder aufs Neue, wie sehr sich Kunden voneinander unterscheiden.

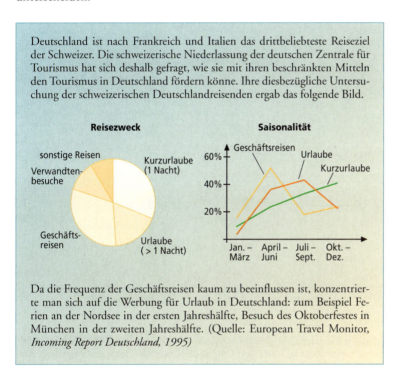

Deutschland ist nach Frankreich und Italien das drittbeliebteste Reiseziel der Schweizer. Die schweizerische Niederlassung der deutschen Zentrale für Tourismus hat sich deshalb gefragt, wie sie mit ihren beschränkten Mitteln den Tourismus in Deutschland fördern könne. Ihre diesbezügliche Untersuchung der schweizerischen Deutschlandreisenden ergab das folgende Bild.

Da die Frequenz der Geschäftsreisen kaum zu beeinflussen ist, konzentrierte man sich auf die Werbung für Urlaub in Deutschland: zum Beispiel Ferien an der Nordsee in der ersten Jahreshälfte, Besuch des Oktoberfestes in München in der zweiten Jahreshälfte. (Quelle: European Travel Monitor, *Incoming Report Deutschland, 1995*)

## Kaufakt studieren

Durch die Beobachtung des Kaufaktes können oft wesentliche Erkenntnisse über die Entscheidungsmechanismen gewonnen werden, die etwa zum Kauf des Produktes A anstelle von B führen.

Der Kaufakt wird durch folgende Fragen charakterisiert: Wer tritt wann und wie oft als Käufer auf? Ist der Kauf vom Wetter, von der Saison oder von anderen Einflüssen abhängig? Wird an einzelnen Tagen oder zu bestimmten Tageszeiten stärker gekauft? Nimmt der Kunde das Produkt nach dem Kauf mit oder wird es später geliefert? Welche Qualität oder Ausführung wird gekauft? Welche Verpackung wird bevorzugt? Lässt sich der Käufer beraten? Gibt es regionale Unterschiede?

Wie stark die regionalen Unterschiede sein können, zeigt die folgende Untersuchung eines Zigarettenherstellers. Man ersieht aus dem Diagramm, dass die Marke A dieses Herstellers vor allem von 16- bis 24-jährigen konsumiert wird. Dies gilt zwar auch für die Marke B desselben Herstellers – allerdings nicht in der Westschweiz, denn hier kommt B bei den Jugendlichen gar nicht an.

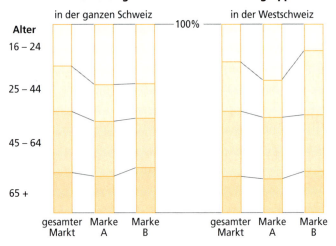

Käuferanalyse eines Zigarettenherstellers nach Regionen, Alter und Marken

Oft machen wir die Feststellung, dass wesentliche Marketingentscheidungen auf vorgefassten Meinungen über Kunden und ihr Verhalten beruhen. Beispielsweise wird davon ausgegangen, dass eine vor Jahren gemachte Beobachtung auch heute noch stimmt oder dass Erkenntnisse von einer Region einfach auf eine andere «transferiert» werden können.

> Ein kleines Mädchen namens Georgia hatte in der Regel sehr dezidierte Ansichten, die sie energisch zum Ausdruck brachte. Ihr Onkel Greg bemerkte diesen Charakterzug und ermahnte sie: «Georgia, Narren sind ihrer Sache sicher, aber weise Menschen haben Zweifel.»
> «Bist du sicher, dass dies stimmt, Onkel Greg?», fragte Georgia.
> «Ja, mein Kind. Ich bin sicher!»
>
> *Aus «Bits & Pieces», Oktober 1999, S. 13*

## Kaufentscheidung untersuchen

Den Marketingverantwortlichen interessiert insbesondere, nach welchen Kriterien sich Kunden für ein Produkt entscheiden. Das ist aber nicht leicht herauszufinden; wir werden dieser Problematik in Kapitel 14 intensiver nachgehen. In diesem Kapitel soll lediglich der Sinn für kaufrelevante Kriterien und ihre Dimensionen etwas geschärft werden.

Es erheben sich die folgenden Fragen: Wer ist an der Kaufentscheidung beteiligt? Wie groß ist der Einfluss dieser Beteiligten? Nach welchen Kriterien urteilen die Beteiligten? Welche Vorentscheidungen fallen an? Welche äußeren Einflüsse wirken auf die Beteiligten? Wird das Produkt zuerst ausprobiert? Informiert sich der Käufer vorweg über verschiedene Produkte? Lässt sich der Käufer von Dritten beraten? Worin liegt das Kaufmotiv? Wie verwendet der Käufer das Produkt?

Je besser man die Kaufentscheidung versteht, desto einfacher wird es sein, auf ein erwünschtes Marktverhalten hinzuwirken. Dabei kann in der Regel nicht generell, sondern nur segmentspezifisch vorgegangen werden. In der Praxis stellt man immer wieder fest, wie unterschiedlich die Entscheidungskriterien in verschiedenen Marktsegmenten sind. Dazu das folgende Beispiel.

---

Die Entscheidungskriterien von Unternehmen, unterteilt in Kundengruppen, sehen beim Kauf von Relais wie folgt aus (1 = von hoher Priorität; 2 = von mittlerer Priorität; 3 = von tiefer Priorität).

|  | Kraftwerke | große Industrieunternehmen | kleine Industrieunternehmen |
|---|---|---|---|
| Preis | 3 | 2 | 1 |
| Zuverlässigkeit | 1 | 2 | 3 |
| Produkt-Design | 2 | 3 | 3 |
| Lieferfrist | 2 | 1 | 1 |
| Konstruktion | 1 | 2 | 3 |
| Service nach dem Verkauf | 2 | 2 | 2 |
| Beziehung zum Verkauf | 3 | 3 | 3 |

Zwischen Kraftwerken und kleinen Industrieunternehmen bestehen bedeutende Unterschiede. Ein Unternehmen wird daher mit seinem spezifischen Produkt kaum beide Kundengruppen gleich erfolgreich bedienen können.

> Daher ist der Vergleich von Marktanteilen innerhalb von Kundengruppen, die sich durch unterschiedliche Entscheidungskriterien auszeichnen, besonders aussagekräftig. Ein hoher eigener Marktanteil bei Kraftwerken und ein tiefer bei kleinen Industrieunternehmen könnte etwa darauf hinweisen, dass die eigenen Relais zwar wesentlich zuverlässiger und besser konstruiert sind als die der Konkurrenz, dafür aber auch mehr kosten.

### Produkteinsatz beobachten

Auch die Beobachtung des Produkteinsatzes hilft festzustellen, welche Entscheidungskriterien von den Kunden herangezogen werden. Hier ist die Optik allerdings eher zukunftsgerichtet; vor allem können Fehler oder Schwierigkeiten beim Produkteinsatz zu einer besseren Anwendung der Marketingmittel anregen.

Es stellen sich Fragen, die auf die folgenden Inhalte abzielen: Wie wird das Produkt weiterverarbeitet? Wie lange steht es im Einsatz? Ist es entbehrlich und in welchem Maß? Was sind die Folgen, wenn es ausfällt? Sind Ersatzprodukte oder Substitutionsprodukte vorhanden? Kann das Produkt problemlos eingesetzt werden oder erfordert seine Verwendung geschultes Personal? Gibt es Schwierigkeiten beim Produkteinsatz? Wenn ja, wie können sie überwunden werden?

> Die Kunden von Distrelec, einem außerordentlich erfolgreichen schweizerischen Handelsunternehmen für elektronische Bauelemente, sind F & E-Abteilungen, Laboratorien, Reparaturwerkstätten, Kleinserienfertiger – vor allem also Kleinstkunden, die keine eigene Lagerhaltung haben. Sie sind daher auf eine Expressbelieferung und ein breites Sortenprogramm angewiesen. Beides wird von Distrelec angeboten. Die Kunden sind bereit, für diese Dienstleistung einen Zusatzpreis zu bezahlen, da sie dadurch auf eine eigene Lagerhaltung verzichten und Bauelemente auch in kleinen Stückzahlen kaufen können. Erst als Distrelec die Bedeutung der raschen Lieferung an kleine Abnehmer erkannte und seine Marketingmittel anschließend auf dieses Bedürfnis ausrichtete, begann sich der Erfolg einzustellen.

Die Frage nach Substitutionsprodukten lässt auch Schlüsse auf die Dauerhaftigkeit einer Kundenbeziehung zu. Je einfacher und rascher ein Kunde auf ein Ersatzprodukt ausweichen kann, desto eher ist ein Anbieter gezwungen, sein Marktverhalten konsequent auf das Konkurrenzprodukt abzustimmen.

# Beurteilung von Produktfluss und Absatzmittlern

Der Produktfluss beschreibt den Weg, den das Produkt vom Hersteller bis zum Kunden nimmt. Die Wahl und die Beobachtung dieses Weges sind wesentlich, wenn ein Unternehmen möglichst viele Kunden erreichen will. Gleichzeitig sind die sogenannten Absatzmittler zu beachten, weil sie die Stärke des Produktflusses wesentlich mitbestimmen. Dies zu tun, ist aber nicht immer einfach, denn der Einfluss der verschiedenen Mittler lässt sich oft nicht ohne weiteres erkennen.

Die folgende Skizze zeigt Produktfluss und Absatzmittler für einen Hersteller von Kanalisations- und Trinkwasserrohren im Zuständigkeitsbereich österreichischer Kommunen. Man erkennt, dass sich der Hersteller kaum allein auf seine Produktqualität verlassen darf, sondern insbesondere seine Beziehungen zum Handel, zum Ingenieur- und Planungsbüro, zum staatlichen Finanzierungsfonds, zum Bauunternehmen und letztlich zum Kunden selbst (etwa der Gemeinde) intensiv zu pflegen hat.

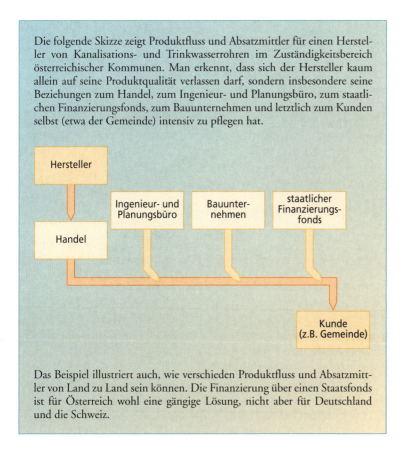

Das Beispiel illustriert auch, wie verschieden Produktfluss und Absatzmittler von Land zu Land sein können. Die Finanzierung über einen Staatsfonds ist für Österreich wohl eine gängige Lösung, nicht aber für Deutschland und die Schweiz.

In den meisten Märkten sind verschiedene Wege denkbar, auf denen das Produkt zum Kunden gelangt. Die Wahl von zweckmäßigen Absatzkanälen basiert auf einem Optimierungsvorgang. Auf der einen Seite will man möglichst viele Kunden erreichen und bei ihnen einen möglichst hohen Umsatz erzielen; auf der anderen Seite soll dies mit möglichst geringen Kosten einhergehen, wobei neben den Transportkosten auch die Margen des Zwischenhandels mit berücksichtigt werden müssen.[1]

Da Produktfluss und Absatzmittler den Markterfolg sehr stark beeinflussen können, lohnt es sich in der Regel, eine diesbezügliche Grobbeurteilung in die generelle Marktanalyse einzuschließen. Dabei interessiert besonders, welche Marktabdeckung durch die verschiedenen Absatzmittler erreicht wird und wie ihre Leistung beurteilt werden kann.

«Im Fluss»

## Marktabdeckung von Absatzmittlern einschätzen

Ziel eines Herstellers ist es, seine Produkte möglichst qualitäts- und zeitgerecht dorthin zu bringen, wo seine Zielkunden einkaufen. Dieser Verkaufspunkt ist aber normalerweise von Kunde zu Kunde verschieden. Daher stellen sich etwa folgende Fragen:

Wie viele Kunden kaufen wo? Wie viele und welche Produkte kaufen sie? Wie viele Kunden werden durch einzelne Absatzkanäle erreicht? Welche Marktabdeckung erzielen die Absatzmittler? Sind die Unterschiede substanziell und falls ja, weshalb?

---

[1] Dazu werden wir uns in Kapitel 7 detaillierter äußern.

2 Markt- und Konkurrenzanalyse

Unter **Marktabdeckung** versteht man das Ausmaß, in dem das eigene Produkt die verschiedenen Verkaufspunkte erreicht. Der Begriff sagt nichts darüber aus, welcher Umsatz an den belieferten Verkaufspunkten erzielt wird.

Im Einzelhandel spricht man von nummerischer und von gewichteter Distribution. Die nummerische Distribution gibt an, in wie viel Prozent der Einzelhandelsgeschäfte der betreffende Artikel geführt wird. Die gewichtete Distribution bewertet diese Läden zudem nach ihrer Bedeutung für den Umsatz, das heißt, sie zeigt, wie viel Prozent des Gesamtumsatzes im Land oder in der Region sie mit der betreffenden Produktkategorie erzielen.

Coca-Cola hat 1999 Fanta Lemon mit einer großen Werbekampagne lanciert. Damit auch das bereits gut eingeführte Produkt Fanta Orange von dieser Kampagne profitieren konnte, wurde seine Verfügbarkeit zwischen 1997 und 1999 mit Hilfe gezielter Maßnahmen verbessert.

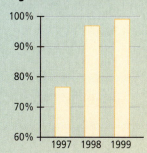

1998 wurde Fanta Orange in nur 4 % mehr Verkaufsstellen angeboten als 1997. Weil diese Verkaufsstellen sehr umsatzstark waren, verbesserte sich die gewichtete Distribution aber um 20 %. 1999 wurde Fanta Orange in 87 % aller Verkaufsstellen angeboten, die 99 % des gesamten Softdrink-Umsatzes (ohne die Warenhäuser und ohne den Großverteiler Migros) erzielten.

*Quelle: ACNielsen SA*

Wie unterschiedlich die Absatzmittler einzelne Marktkanäle bearbeiten, zeigt das folgende Beispiel aus dem deutschen Lebensmittelhandel.

Die Anteile der von einzelnen Großhändlern abgedeckten Kundengruppen sehen wie folgt aus.

| Groß-händler | Lebens-mittel-geschäfte | Waren-häuser | Cash and Carry | Restau-rants | Kantinen, Kranken-häuser | Kino, Theater | Kioske |
|---|---|---|---|---|---|---|---|
| A | 70 % | 100 % | | | | | |
| B | | | 30 % | 40 % | 70 % | | |
| C | | 70 % | | 100 % | 100 % | 30 % | 40 % |

Man erkennt den typischen Lebensmittelgroßhändler A, den auf Großabnehmer spezialisierten Händler B und den auf Verpflegungsstätten ausgerichteten Händler C.

Ein Hersteller von Salzgebäck wird hinterfragen: Sollen alle drei Großhändler beliefert werden? Oder will man «Cash and Carry» direkt beliefern, aber beispielsweise nicht mit B zusammenarbeiten? Oder verzichtet man auch auf eine Geschäftsbeziehung zu C, beliefert keine Kinos, Theater und Kioske, aber statt dessen Restaurants, Kantinen und Krankenhäuser direkt?

Suche ist nicht immer einfach

## Leistung verschiedener Absatzmittler vergleichen

Ist bekannt, welche Marktabdeckung die verschiedenen Absatzmittler erreichen, interessiert darüber hinaus, welche Leistung sie für ein Produkt aufbringen.

Es stellen sich unter anderem folgende Fragen: Was unternehmen die einzelnen Absatzmittler zur Förderung des Absatzes (Kundenbesuche, Verkaufsaktionen, Werbung)? Wie passen sie ihr Angebot an die Bedürfnisse der Kunden an (Beratung, Schulung, Installation)? Wie kundenfreundlich und kulant sind sie (Garantieleistungen, Anpassungsarbeiten, Rabatte, spezielle Zahlungsbedingungen)? Sind sie jederzeit lieferfähig (Lagerhaltung, Transportlogistik)? Unterhalten sie ein Ersatzteillager? Übernehmen sie Wartungs- und Reparaturaufträge? Wie effizient erbringen sie all diese Leistungen? Welche Informationen sammeln sie? Leiten sie diese Informationen vollumfänglich weiter? Wie lassen sich die Leistungen der einzelnen Absatzmittler miteinander vergleichen?

Absatzmittler erhalten normalerweise für ihre Leistung eine Marge auf dem von ihnen getätigten Umsatz. Einige kaufen aber auch auf eigene Rechnung ein und können demzufolge ihre Marge selbst bestimmen. Der Hersteller ist aber in jedem Fall am Endverkaufspreis interessiert.

Er hinterfragt also, zu welchen Kosten die Absatzmittler ihre Leistungen erbringen. Wie hoch wären die Kosten, wenn das Unternehmen die gleiche Leistung selbst erbringen müsste? Entsprechen die erforderlichen Aufwendungen in etwa der vom Absatzmittler erbrachten Leistung?

Jede Marketingstrategie bedingt eine Auseinandersetzung mit dem Thema der Distribution. In bestimmten Fällen kann dies sogar über Erfolg oder Misserfolg am Markt entscheiden. So gibt es einige Industrien, in denen wichtige Anbieter einzelne Absatzkanäle aufgekauft haben, um sich den Zugang zum Kunden zu sichern. Beispiele dafür sind der Stahlhandel, Tankstellennetze, Papierhandel (allerdings nicht in allen Ländern) oder der Handel mit Zement.

> Ein Hersteller von Pommes Chips stellte sich die Frage, ob es nicht besser sei, vom Direktvertrieb auf Großhandelsvertrieb umzustellen. Nachdem er jedoch den folgenden Gesamtkostenvergleich (in Prozent vom Umsatz) durchgeführt hatte, entschied er sich, beim Direktvertrieb zu bleiben. Er konnte nämlich feststellen, dass die von ihm direkt am Verkaufspunkt erbrachte Leistung die bessere war und den minimalen Kostenvorteil eines Vertriebs über den Großhandel mehr als aufwog.

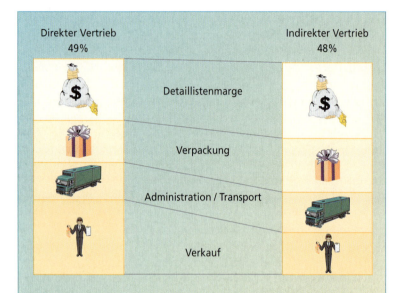

Aus Sicht des Endkonsumenten ist die direkte Distribution nur um 1 % teurer als die indirekte. Die an sich hohen Verkaufskosten beim Direktvertrieb werden durch die Faktoren «Detaillistenmarge», «Kosten für Verpackung zwecks Erreichung gleicher Haltbarkeit» und «Administration/Transport» so gut wie wettgemacht.[1]

Der Hersteller erkannte zudem, dass seine Verkaufskosten (direkte Anlieferung durch den Außendienst) weiter gesenkt werden konnten, wenn er die Auslastung der Lieferfahrzeuge verbesserte. Daher arbeitete er intensiv an der Erweiterung seines Sortiments (mehr Chipsarten, andere Salzgebäcke).

## Sichtung weiterer Marketinginstrumente

Den Marketinginstrumenten sind die Kapitel 5 bis 11 gewidmet. Hier stellen wir lediglich die Frage, mittels welcher Analysen die am Markt eingesetzten Marketinginstrumente üblicherweise bewertet werden. Wir beschränken uns dabei auf den Service (als Teil des Produkts), den Preis und die Kommunikation.

---

[1] Interne McKinsey-Untersuchung zweier amerikanischer Anbieter.

Sinnvolle Marketinglösungen werden oft mit Hilfe des sogenannten Iterationsverfahrens gefunden. Dabei handelt es sich um einen schrittweisen Vorgang, der durch seine ständige Wiederholung zur Annäherung an eine exakte Lösung führt.

Das heißt zum Beispiel, dass dank einer fortlaufenden, sich stets wiederholenden Beobachtung der eingesetzten Marketinginstrumente erkannt werden kann, welche Bedeutung ihnen in einem bestimmten Fall zukommt. Zudem können auf diesem Weg Möglichkeiten gefunden werden, sich wirkungsvoll anders zu verhalten als die Konkurrenz.

### Serviceleistungen erfassen

Bei der Kundenanalyse wird ermittelt, welche Bedürfnisse für welche Kunden charakteristisch sind. Hier will man wissen, ob die Kundenbedürfnisse nach Service durch adäquate Leistungen abgedeckt werden. Dabei geht es wiederum um ein generelles Bild.

Welche Garantien werden von den Anbietern abgegeben? Wann wird welche Beratung durchgeführt? Erfolgen Gratislieferungen oder werden kostenlose Proben abgegeben? Werden Schulungsverträge, Wartungsabsprachen, Reparaturabonnemente, Vorratshaltung von Ersatzteilen usw. angeboten? Gibt es Rahmenverträge für Lieferleistungen? Wie wichtig sind einzelne Serviceleistungen aus Sicht der Kunden?

Entscheidend für die Ermittlung von Marktchancen ist stets der Vergleich der angebotenen Leistungen mit der Bedeutung dieser Leistungen aus der Sicht des Kunden. Dabei muss beachtet werden, dass die Leistungen von den Kunden in der Regel sehr subjektiv wahrgenommen und beurteilt werden.

> Die Fluggesellschaft American Airlines wollte abklären, wie die Wartezeit an ihren Ticket-Schaltern von den Fluggästen bewertet wurde.
> Um die Wartezeit, so wie sie von den Kunden empfunden wurde, zu messen, führte man einen Test durch. Während die einzelnen Kunden am Schalter auf Bedienung warteten, wurden ihre Wartezeiten bis zur Abfertigung registriert. Anschließend befragte man die beobachteten Kunden danach, wie sie die Wartezeit empfunden hatten.[1]

---

[1] Heskett/Sasser/Hart, *Bahnbrechender Service*, S. 108.

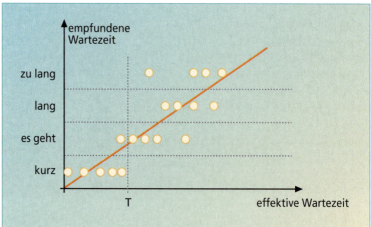

Amercian Airlines konnte auf diese Weise eine Wartezeit T ermitteln, die der durchschnittliche Kunde bereit war, am Ticket-Schalter aufzubringen. Seither kann American Airlines dafür sorgen, dass Kunden nie länger als T warten müssen, indem zum Beispiel ab einer gewissen Anzahl schlangestehender Fluggäste ein zusätzlicher Schalter geöffnet wird.

Ein anderer Ansatz, um den Kundenservice zu verbessern, wird von der Post und einigen Skiliftbetreibern verfolgt: Neben den Schaltern sind Fernsehgeräte installiert, auf denen Video-Clips oder Filme gezeigt werden. Die Kunden sollen dank dieser Unterhaltung ihre Wartezeit als weniger lang empfinden.

## Preiskonditionen ermitteln

Der Preis ist auf den meisten Märkten ein zentrales Element, weil er wesentlich über den Absatzerfolg eines Produktes mitentscheidet. Je preissensitiver ein Kunde ist, umso eher wird er ein Produkt mit tieferem Preis bevorzugen. Der Preis schlägt aber auch voll auf den Reingewinn eines Unternehmens durch – dies im Unterschied zu einer Steigerung des Absatzes, die zu mehr variablen Kosten führt und sich insofern nur «abgefedert», das heißt mittelbar im Reingewinn, niederschlägt.

Je nach der Natur eines gehandelten Guts entscheidet der Preis auch beim Kunden über Erfolg oder Misserfolg. Man denke etwa an einen Aluminiumproduzenten, der Aluminium an Aluminiumfolien-Hersteller liefert, für die die Einkaufspreise des Rohmaterials das entscheidende Kostenelement der Preiskalkulation sind. Auch strategisch spielt der Preis eine wichtige Rolle, da er meist eng mit der Produktqualität zusammenhängt. Ein Unternehmen muss festlegen, wie es sich bezüglich des Preis-Leistungs-Verhältnisses im Umfeld der Konkurrenz positionieren will.

Bei der Analyse der Preisverhältnisse begnügt man sich nicht mit der Frage, auf welchem Niveau die Preise der verschiedenen Anbieter liegen. Vielmehr versucht man zusätzlich, die im Markt wirkenden Preismechanismen zu verstehen und die Preispolitik der Konkurrenz zu ergründen. Dafür sind die folgenden Fragen relevant.

◆ **Preisbildung:** Welcher Preisbildungsmechanismus existiert im Markt? Gehen die Anbieter bei der Preisfestlegung von ihren Kosten aus oder gibt es einen Preisleader, nach dem sich alle richten?

◆ **Preisdifferenzierung:** Kennt der Markt unterschiedliche Preise für gleiche oder sehr ähnliche Qualitäten – zum Beispiel in Abhängigkeit vom Verwendungszweck oder von den geographischen Regionen? Ist eine solche Preisdifferenzierung vertretbar?

◆ **Preisentwicklung:** Wie verhält sich die Preisentwicklung zum allgemeinen Preis- und Kostentrend? Lassen sich daraus Rückschlüsse auf die Gewinnentwicklung in der Industrie, den Auslastungsgrad der Anlagen, die Preisflexibilität am Markt und die Machtverhältnisse zwischen Herstellern und Abnehmern ziehen?

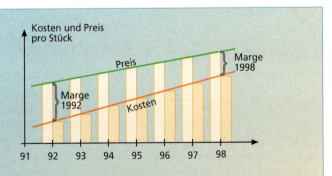

Die Darstellung zeigt eine ungünstige Entwicklung der Marge. Sie deutet an, dass der Konkurrenzkampf unter den Anbietern wahrscheinlich zugenommen hat, dass möglicherweise Überkapazitäten entstanden sind oder dass die Macht der Kunden im Vergleich zu der der Lieferanten zugenommen hat. Der Hersteller muss sich nun überlegen, ob und wie er diesen Prozess beeinflussen kann und welche Konsequenzen das für ihn hat.

◆ **Preissensitivität:** Ist der Kunde vom Produkt abhängig und daher wenig preissensitiv oder kann er sehr schnell und ohne größere Umstellungskosten zu einem anderen Lieferanten wechseln? Welchen Wert hat ein Produkt für den Kunden? Handelt es sich für ihn um einen A-Artikel, dessen Preisentwicklung er verfolgt, oder eher um einen C-Artikel, den er weniger genau beobachtet?

◆ **Preis-Leistungs-Verhältnis:** Vergleicht der Kunde preislich ähnlich gelagerte Angebotspakete tatsächlich miteinander? Wenn nicht, entspricht die Preisdifferenz in etwa dem Wertunterschied, den die Angebotspakete für den Kunden haben?

Die Darstellung der von den Konkurrenten angewandten Preispolitik führt oft auch zu Rückschlüssen auf die anderen Marketingmittel. Beispielsweise bedeutet ein höherer Preis nicht zwangsläufig auch eine bessere Qualität. Es ist vielmehr möglich, dass der mit einem hohen Preis operierende Anbieter ein Kundensegment ansteuert, in dem der Preis relativ unwichtig ist – vielleicht deshalb, weil sich dort der Wettbewerb über Elemente wie Produktdesign, Image, Werbung oder rasche Belieferung abspielt. Dennoch lassen sich aus dem Preisniveau normalerweise Hinweise darauf ableiten, welches Verhältnis die einzelnen Konkurrenten charakterisiert.

### Kommunikationsinstrumente erkennen

Der Einsatz von Kommunikationsinstrumenten richtet sich im Gegensatz zu den bisher betrachteten Faktoren oft wenig nach den Bedürfnissen der Kunden. Es ist äußerst schwierig festzustellen, wie, auf welchen Wegen und mit welcher Intensität ein Kunde angesprochen werden möchte. Kundenbedürfnisse unterscheiden sich in diesem Punkt sehr voneinander. Vielfach sieht sich ein Unternehmen gezwungen, mit der Konkurrenz einigermaßen gleichzuziehen, obwohl der Kunde das benutzte Kommunikationsinstrument (etwa Direct Mail) vielleicht gar nicht besonders schätzt. Man wählt also den Weg des geringen Risikos.

Mittels der Markt- und Konkurrenzanalyse versucht man daher zu erkennen, welche Kommunikationsinstrumente am besten eingesetzt werden sollten und welche Wirkung sie erzielen können.

◆ **Art der Instrumente:** Wo liegt das Schwergewicht? Warum in der Werbung, warum im persönlichen Verkauf? Wie oft wird ein Kunde von den verschiedenen Anbietern besucht? Wie reagiert er darauf? Wann wird kommuniziert? Auf welche Art (zum Beispiel durch eine Verkaufsförderungsaktion) wird vor allem kommuniziert? Wie sprechen Kunden darauf an? Gibt es Kundengruppen, die bevorzugt oder auf eine spezielle Art angesprochen werden sollten? Wieviel Geld wird schätzungsweise für Kommunikation ausgegeben?

◆ **Wirkung:** Wie viele Kunden beachten die Fernsehwerbung? Wieviele Coupons von Inseraten werden zurückgesandt? Erreicht man beim Direktversand die entscheidenden Personen? Werden die Fachzeitschriften auch wirklich gelesen? Welche Umsätze sind Resultat des Besuchs von Außendienstmitarbeitern? Welche Messen sind wichtig und welche Resultate kann man erwarten? Welche «Hit-rate» (Verhältnis von Aufträgen zu Offerten) wird erreicht? Lassen sich hinsichtlich der «Hit-rate» beim Verkauf Unterschiede zwischen den einzelnen Regionen oder Verkäufern feststellen?

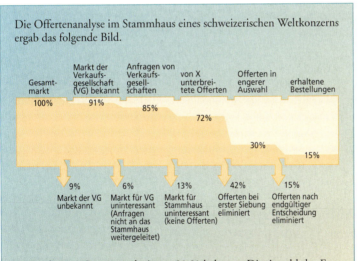

Die Offertenanalyse im Stammhaus eines schweizerischen Weltkonzerns ergab das folgende Bild.

Der weltweite Gesamtmarkt ist zu 91 % bekannt. Die Anzahl der Entscheidungen «Nicht offerieren» ist klein (6 % + 13 %) und 42 % der Offerten überstehen die Vorselektion beim Kunden nicht. Die Hit-rate beträgt 21 % (15 : 72). Da die Erstellung einer Offerte etwa zehn Manntage beansprucht, ist zu überlegen, wie die Anzahl der Entscheidungen gegen eine Offerte zuverlässig und ohne Gefahr von Kundenverlusten erhöht werden könnte. Ziel wäre es, den Gesamtaufwand für die Erstellung eines Angebots zu reduzieren und die Hit-rate zu erhöhen.

Es ist schwierig abzuklären, warum Aufträge verloren gehen, da auf beiden Seiten oft auch psychologische Faktoren mitspielen. Können die Gründe für einen verlorenen Auftrags eruiert werden, sind sie der Reihe nach zu überprüfen und allenfalls weiter zu analysieren (Ursachenanalyse).

Die folgende Übersicht zeigt, welche Ursachen dafür verantwortlich sein können, dass sich neue Konsumgüter im Markt nicht durchsetzen. Zugleich wird veranschaulicht, wie wichtig es ist, den Kaufprozess in die Phasen «Bekanntmachung des Produkts», «Erzielen von Erstkäufen» und «Abschluss von Wiederkäufen» aufzuteilen.

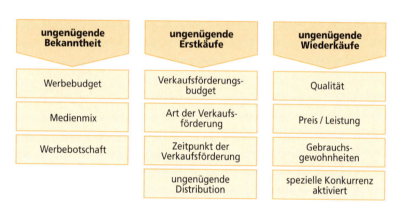

Mögliche Ursachen von Verkaufsschwächen

Zu betonen ist, dass es an dieser Stelle nicht um eine detaillierte Untersuchung der verschiedenen Kommunikationsinstrumente[1] geht. Es sollen hier lediglich eine gewisse Marktübersicht gewonnen und wesentliche Unterschiede im Konkurrenzverhalten aufgedeckt werden.

## Ableitung kritischer Erfolgsfaktoren

Auch eine noch so umfassende Analyse des Marktes bewirkt nichts, wenn daraus nicht Schlussfolgerungen gezogen und in die Tat umgesetzt werden. Aus jeder Analyse müssen die relevanten Faktoren herauskristallisiert werden – Faktoren, die zum Beispiel maßgeblich bestimmen, warum sich ein Konsument so positiv entwickelt, wie ein Unternehmen seinen Zielmarkt auswählt und wie es ihn künftig bearbeiten will.

---

[1] Siehe Kapitel 9.

Als **kritische Erfolgsfaktoren** eines Marktes bezeichnet man die Elemente, die hauptsächlich über den Erfolg oder Misserfolg eines Produkts entscheiden.

Kritische Erfolgsfaktoren sind in jedem Markt wieder anders gelagert. Nach unserer Erfahrung gibt es keine Methode, mit deren Hilfe diese Faktoren für jede Situation eindeutig ermittelt werden könnten. Nützlich sind in jedem Falle Kundeninterviews – vor allem dann, wenn sie sich durch vorausgehende Marktanalysen gut strukturieren lassen. Wie schwierig es aber dennoch sein kann, aus solchen Marktanalysen die richtigen Schlussfolgerungen zu ziehen, zeigt das folgende schematische Beispiel. Ist die Lieferzeit oder der Preis entscheidend für den Erfolg?

Welche Faktoren sind in verschiedenen Marktsegmenten für Elektromotoren mittlerer Leistung für den Absatzerfolg entscheidend?

| Marktsegment | Maschinenbau | Hüttenindustrie | Chemie | Öl |
|---|---|---|---|---|
| 1. | Lieferzeit | Lieferzeit | Lieferzeit | Service |
| 2. | Preis | Bestand | Service | Lieferzeit |
| 3. | Service | Preis | Preis | Preis |
| 4. | Qualität | Service | — | — |

(relative Bedeutung)

Wie gut erfüllt das Unternehmen X die absatzseitigen Erfolgsfaktoren?

| Marktsegment | Maschinenbau | Hüttenindustrie | Chemie | Öl |
|---|---|---|---|---|
| 1. | Lieferzeit 5 | Lieferzeit 5 | Lieferzeit 5 | Service 9 |
| 2. | Preis 7 | Bestand 9 | Service 9 | Lieferzeit 6 |
| 3. | Service 8 | Preis 8 | Preis 7 | Preis 7 |
| 4. | Qualität 7 | Service 10 | — | — |

(relative Bedeutung)

**1** = schlechte Erfüllung      **10** = hervorragende Erfüllung

Im Segment Maschinenbau hat das Unternehmen bei der Lieferzeit die größten Defizite. Bezüglich des Service werden seine Leistungen als gut bis sehr gut beurteilt. Die Serviceleistungen haben aber in dieser Branche weniger Bedeutung als die Lieferzeit. Es empfiehlt sich daher für das Unternehmen, seine Kräfte vermehrt auf kürzere Lieferzeiten zu konzentrieren, um den Bedürfnissen des Marktes besser gerecht zu werden und damit die eigene Position zu verbessern.

Die Herleitung der kritischen Faktoren für den Absatzerfolg ist zwar schwierig, darf aber nicht vernachlässigt werden. Denn erst wenn diese genügend bekannt sind, können sinnvolle Vergleiche mit den Leistungen der Konkurrenz angestellt werden.

> Ein Mann lebte recht gut von den Einkünften aus seinem Hot Dog-Stand. Die allgemeine wirtschaftliche Entwicklung interessierte ihn kaum. Von früh bis spät stand der Alleinunternehmer an der Straßenecke und verkaufte Hot Dogs und Getränke in rauen Mengen – sein Geschäft florierte.
> In den Ferien half sein Sohn, der BWL studierte, beim Verkauf mit. Der hatte in einer Marketing-Vorlesung etwas von Erfolgsfaktoren gehört und meinte: «Vater, hast du keine Zeitung gelesen? Es steht eine Rezession bevor und die Aussichten sind schlecht. Du musst etwas tun.»
> «Wahrscheinlich hat mein gescheiter Sohn recht», dachte der Vater, «schließlich studiert er Ökonomie und verfolgt die wirtschaftliche Entwicklung.» Und so kaufte er weniger Würstchen und Brote ein und stand nur noch den halben Tag an seinem Stand. Und siehe da, sein Umsatz ging fast über Nacht auf 40 % zurück.
> «Du hattest Recht, mein Sohn», meinte der Vater daraufhin, «wir befinden uns wirklich in einer starken Rezession.»
>
> *In Anlehnung an «Bits & Pieces», Oktober 1999, S. 8*

## Bewertung der Konkurrenzfähigkeit

Die Bewertung der Konkurrenzfähigkeit ist ein sehr wichtiger Analyseschritt. Dennoch kommt er in der Praxis immer wieder zu kurz, besonders dann, wenn wenig Markttransparenz vorhanden ist. Dies ist eher bei Investitions- als bei Konsumgütern der Fall. Letztere lassen sich meistens besser vergleichen und sind für Dritte viel leichter zugänglich.

Der Aufwand für eine umfassende Konkurrenzanalyse ist zugegebenermaßen beträchtlich. Er kann jedoch reduziert werden, wenn die Analyse auf die wichtigsten Konkurrenten beschränkt wird. Zudem genügt es meist, die Konkurrenzfähigkeit hauptsächlich in Bezug auf die am Markt entscheidenden Faktoren, also die kritischen Erfolgsfaktoren, zu evaluieren.

Nach unserer Erfahrung ist die genaue Analyse weniger Konkurrenten stets der oberflächlicheren Analyse vieler Anbieter vorzuziehen.

Startschnelligkeit und Beschleunigungsvermögen sind in einem 100-m-Lauf entscheidende Faktoren – nicht so in einem 1500-m-Rennen, wo Ausdauer und Endgeschwindigkeit ausschlaggebend sind. Ein 100-m-Sprinter wird daher seine Konkurrenten anders analysieren als ein 1500-m-Läufer.

**Entscheidende Konkurrenten bestimmen**

Bei dieser Frage sollte man nicht nur an bestehende, sondern auch an potenzielle Konkurrenten denken. Die bestehenden Konkurrenten können in zwei Gruppen eingeteilt werden. Zur ersten gehören solche, die sich nicht stark vom eigenen Unternehmen unterscheiden: Sie visieren ähnliche Kundengruppen an, befriedigen ähnliche Bedürfnisse, verwenden ähnliche Technologien und weisen in etwa vergleichbare Unternehmensstrukturen auf (zum Beispiel BMW und Mercedes). Zur zweiten Gruppe gehören Konkurrenten, die ihre Aktivitäten und ihr Produktprofil anders definieren und andere Kunden und Märkte im Visier haben (etwa Audi, Opel oder Toyota im Vergleich mit BMW und Mercedes).

Welche bestehenden Konkurrenten einer genaueren Analyse unterzogen werden sollen, hängt primär von ihrer Marktstellung und der Frage ab, inwieweit sie mit ihren Aktivitäten das eigene Unternehmen tangieren. Zusätzlich sollte berücksichtigt werden, wie groß die Wahrscheinlichkeit ist, dass sich ein Anbieter zu einem ernst zu nehmenden Konkurrenten entwickelt.

Welche potenziellen Konkurrenten sodann genauer evaluiert werden sollen, ist nicht leicht festzulegen. Die Erfahrung zeigt immerhin, dass

Unternehmen, die in einen Markt diversifizieren, der keine Beziehung zu ihrem angestammten Geschäft oder ihrer angestammten Kundengruppe hat, sehr selten sind. Dass sich SMH an die Entwicklung eines Autos wagte, ist eher eine Ausnahme, die diese Regel bestätigt.

Nach potenziellen Konkurrenten ist daher bei jenen Unternehmen zu suchen, die bereits in einer Beziehung zum untersuchten Markt stehen. Einige Punkte sind dabei von besonderem Interesse.

◆ **Anbieter mit Kundenkenntnis:** Sie verkaufen bereits Produkte im fraglichen Markt und besitzen daher gute Marktkenntnisse, so dass sie – darauf aufbauend – später weitere Produkte herstellen können, die die gleichen Kunden befriedigen.

◆ **Anbieter mit Produktkenntnis:** Sie decken bereits die gleichen Kundenbedürfnisse ab (zum Beispiel in einer anderen Region), waren aber bis heute nicht im selben Zielsegment tätig. In diese Kategorie gehören auch Anbieter, die über das technologische Rüstzeug verfügen, um den eigenen entsprechende Produkte herzustellen.

◆ **Anbieter mit liierten Geschäften:** Hier denkt man vor allem an Unternehmen, die in vor- oder nachgelagerten Geschäftszweigen operieren. Dabei sind vor allem solche Anbieter gefährlich, die in Bereichen aktiv sind, die für den Erfolg des eigenen Produkts große Bedeutung haben. Dies gilt etwa für einen Rohstoffhersteller bei einer knappen Rohstoffsituation oder auch für einen Großabnehmer des eigenen Produkts, der ohne weiteres einen der Konkurrenten übernehmen könnte.

Unter den zukünftigen Konkurrenten sind vor allem jene zu beachten, die Eintrittsbarrieren leicht überspringen können und über gute Ansatzpunkte verfügen, um erfolgreich zu operieren. Zusätzlich ist daran zu denken, dass schwache Konkurrenten ihre Position durch eine Fusion oder Allianz unvermittelt verstärken können.

## Konkurrenten charakterisieren

Bevor man mit der Evaluation beginnt, sollte danach gefragt werden, welche Charakteristiken die verschiedenen Anbieter auszeichnen. Dadurch kann die Auslese der zu evaluierenden Konkurrenten verfeinert werden. Zusätzlich gewinnt man in der Regel Erkenntnisse, die bei der anschließenden Beurteilung helfen. Die Verwendung von Checklisten ist sinnvoll – selbst dann, wenn diese lediglich aufzuzeigen vermögen, wie wenig der Analysierende letztlich über seine Konkurrenten weiß.

Die folgende, in Anlehnung an Michael Porter von der Harvard Business School entwickelte Checkliste soll demonstrieren, wie umfangreich Konkurrenzanalysen sein können. Welche Punkte man im konkreten Fall näher abklärt, hängt von der spezifischen Situation ab (kritische Erfolgsfaktoren, eigene Stärken und unternehmerische Ziele).

## Checkliste für die Konkurrenzanalyse

**Produkte**

- Ruf der Produkte im Markt (Kundensicht)
- Marktposition/Positionierung
- Breite und Tiefe des Produktprogramms
- Einzelprodukte, Systeme
- Preis, Preisführer/Nachfolger, Rabatte
- Qualität, Verpackung, Marke etc.
- Service, Kundendienst, Garantien, Zusatzleistungen
- Lieferzeit/-bedingungen, Reaktionszeit

**Distribution**

- direkt oder indirekt via Absatzmittler
- Art und Qualität der Vertriebskanäle
- besondere Stärken in einzelnen Kanälen
- Fähigkeit, die Kanäle zu bedienen und zu pflegen
- Standorte, Lager, Transportwege und -kosten

**Persönlicher Verkauf**

- Personal (eigenes/fremdes), Fachwissen, Know-how
- Bezahlung, Marge/Provision/Grundgehalt
- Organisation (nach Region, Produkt, Anwendung)
- Schulung (Intensität)
- Verkaufsunterstützung

**Werbung, Verkaufsförderung**

- Werbung: Medienwahl, Intensität, Gestaltung
- Verkaufsförderung: Art, Intensität, Häufigkeit, Einsatzgebiet
- Gesamtausgaben, Trend

**Produktion**

- Kostensituation (Betriebsgrößenersparnis)
- technologisches Niveau, Leistungsfähigkeit und Flexibilität von Anlagen und Ausrüstungen, spezielle Herstellungsverfahren
- Alleinbesitz von Know-how, exklusive Patent- und Kostenvorteile
- Auslastung der Anlagen/Kapazitäten
- Fähigkeit bei Kapazitätserweiterungen, Qualitätskontrolle, Werkzeugbeschaffung usw.
- Eigenherstellung oder Fremdbezug
- Standort (einschließlich Arbeits- und Transportkosten)
- Zugang zu Rohstoffen
- Grad der vertikalen Integration

**F & E**

- Patente und Urheberrechte
- Fähigkeit zu eigener Forschung und Entwicklung (Produktforschung, Verfahrensforschung, Grundlagenforschung, Entwicklung, Nachahmung)
- Zugang zu externen Quellen von Forschung und Technik (zum Beispiel Lieferanten, Kunden, Kooperationspartner)
- Technologie-Stand/Know-how
- eingesetzte Mittel

**Marketing**

- Fähigkeiten in jedem Aspekt des Marketingmix
- Fähigkeiten in Marktforschung und Produktentwicklung

## Checkliste für die Konkurrenzanalyse (Fortsetzung)

**Gesamtkosten**

- relative Gesamtkostensituation
- gemeinsam betriebene Aktivitäten/ mit anderen Geschäftseinheiten geteilte Kosten
- Größenvorteile oder andere Faktoren, die für die Kostenposition des Konkurrenten entscheidend sind

**Finanzielle Situation**

- Mittelzufluss aus der betreffenden Tätigkeit
- Investitionsvorhaben
- kurz- und langfristige Kreditlinie (relativer Fremdfinanzierungsanteil)
- zusätzliche Eigenkapitalkapazitäten in absehbarer Zukunft
- Fähigkeiten des Finanzmanagements

**Organisation**

- Aufbau- und Ablauforganisation
- Art der Unternehmenskultur
- organisatorische Flexibilität
- Übereinstimmung organisatorischer Strukturen mit der Strategie
- Nutzung der Informatik

**Allgemeine Managementfähigkeit**

- Führungsqualitäten des Managements und Fähigkeit, andere zu motivieren
- Fähigkeit, einzelne Funktionen oder Funktionsgruppen zu koordinieren (etwa die Fertigung mit der Forschung)
- Alter, Ausbildung und funktionale Ausrichtung des Managements
- Flexibilität und Anpassungsfähigkeit des Managements

**Personal**

- Geschäfts- und Arbeitsklima, gewerkschaftlicher Organisationsgrad, Personalführung
- Aus- und Weiterbildung
- Personalfluktuation
- Zugang zu Behörden

**Konzernportfolio**

- Fähigkeit des Konzerns, geplante Änderungen in allen Unternehmensbereichen mit finanziellen und sonstigen Mitteln zu unterstützen
- Fähigkeit des Konzerns, die Stärken von Geschäftseinheiten zu ergänzen oder zu vertiefen
- Unternehmensform

**Strategie**

- Ziele, Absichten, Visionen
- Maßnahmen, Entwicklungsstand, Positionierung
- Perspektiven: gestern – heute – morgen

Bisweilen findet man in der Literatur gewisse Faustregeln, nach denen sich angeblich die Bedrohlichkeit eines Konkurrenten ableiten lässt. Skepsis gegenüber solchen allgemeingültigen «Erfahrungswerten» ist jedoch angebracht. So meint zum Beispiel Boston Consulting, dass ein Konkurrent, der weniger als ein Viertel des Marktanteils des führenden Anbieters hat, für letzteren ungefährlich sei oder dass zwei führende Anbieter, deren Marktanteile das Verhältnis von 2 zu 1 aufweisen, diese Situation in der Regel aufrecht erhalten möchten, weil sich eine Veränderung für keinen von beiden lohne.

Bei der Charakterisierung von Konkurrenten sollte man auch darauf achten, ob sich der eine oder andere Anbieter durch spezielle Fähigkeiten auszeichnet und wie diese unter Umständen in einem Referenzmarkt zum Tragen kommen könnten. Es kann eine Fähigkeit sein, die man zunächst in einem anderen Markt erkennt, die aber möglicherweise später auch im eigenen Markt wirksam werden kann.

Für die Charakterisierung der Konkurrenten stützt man sich weitgehend auf vorhandenes Datenmaterial. Die Durchführung eines speziellen Marktforschungprojekts ist meist erst dann angebracht, wenn ein bestehendes spezifisches Problem analysiert werden soll.

Empfehlenswert ist die Einrichtung einer Datenbank über die Konkurrenten. Um sie aufzubauen, könnten zum Beispiel Informationen des Außendienstes «von der Front» gesammelt sowie Reden und Äußerungen des «gegnerischen» Top-Managements ausgewertet werden. Die F & E-Abteilung ihrerseits könnte Konkurrenzprodukte «auseinander nehmen». Lieferanten lassen sich oft gut über Veränderungen bei der Konkurrenz «aushorchen».

### Stärken und Schwächen analysieren

Die Stärken-Schwächen-Analyse vergleicht die eigenen Fähigkeiten mit denen der wichtigsten Konkurrenten. Sie darf nicht isoliert, sondern nur für eine spezifische Situation vorgenommen werden. Entscheidend ist letztlich nicht, ob ein Unternehmen zum Beispiel über auf gewissen Gebieten hoch qualifiziertes Personal verfügt, sondern vielmehr, ob die Art der vorhandenen Qualifikationen in einer bestimmten Situation von Bedeutung ist. Erst dann kann die Frage nach möglichen Konkurrenzvorteilen gestellt werden.

Sinnvoller scheint es, wenn die vorher dargestellten kritischen Erfolgsfaktoren als Maßstab für einen Vergleich zwischen dem eigenen Unternehmen und den wichtigsten Konkurrenten herangezogen werden.

Als Darstellungsmethode findet man sehr häufig das Stärken-/Schwächenprofil. Allerdings wird es in der Regel viel zu wenig auf die kritischen Erfolgsfaktoren des Marktes ausgerichtet.

Ein schweizerischer Hersteller von Schleifmaschinen hat bei einer Kundenbefragung die folgende Gewichtung von Kriteriengruppen festgestellt.

6 = äußerst wichtig  1 = unwichtig

**Gewichtung der Gruppen von Kriterien**

| | 6 | 5 | 4 | 3 | 2 | 1 |
|---|---|---|---|---|---|---|
| technische Produktausprägung | ● | | | | | |
| Service / Garantien / Schulung | | ● | | | | |
| Preis | | | ● | | | |
| Vertrieb, Betreuung durch Vertretung / Agenten | | | ● | | | |
| Kommunikation | | | ● | | | |
| Bekanntheitsgrad / Standort | | | ● | | | |

Für die beiden wichtigsten Kriteriengruppen führte die Firma eine detailliertere Stärken-/Schwächenanalyse durch.
Man verglich das Unternehmen mit dem stärksten Konkurrenten aus Amerika und sprach zudem die Kunden auf die Bedeutung einzelner Aspekte an.

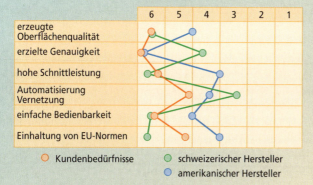

Man erkennt eindeutig, dass das amerikanische Unternehmen auf Genauigkeit, das schweizerische jedoch auf hohe Schnittleistung setzt.

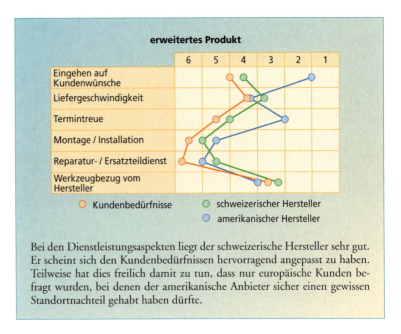

Bei den Dienstleistungsaspekten liegt der schweizerische Hersteller sehr gut. Er scheint sich den Kundenbedürfnissen hervorragend angepasst zu haben. Teilweise hat dies freilich damit zu tun, dass nur europäische Kunden befragt wurden, bei denen der amerikanische Anbieter sicher einen gewissen Standortnachteil gehabt haben dürfte.

Bei innovativen und sich schnell ändernden Märkten kann auch die Anpassungsfähigkeit der Organisation ein kritischer Erfolgsfaktor sein. Oft spricht man von der «time to market», das heißt von der Zeit, die nötig ist, um ein Produktkonzept umzusetzen und schließlich das marktfähige Produkt zu lancieren. Gefahr droht, wenn die Konkurrenz sich dank größerer organisatorischer Flexibilität rascher an Veränderungen des Markts anpassen kann.[1]

Ein Nachteil von Stärken-/Schwächenprofilen liegt darin, dass die einzelnen Kriterien gleich bewertet werden. Unwillkürlich beurteilt das Auge jeden Wert auf der Profilkurve gleich. Der Betrachter einer Kurve geht sogar oftmals so weit, dass er optisch den Durchschnitt aller Werte abschätzt und dann die verschiedenen Unternehmen anhand des Durchschnitts miteinander vergleicht und klassiert. Bei der Aufstellung von Profilen sollte man daher darauf achten, dass die gewählten Kriterien eine ähnliche Bedeutung haben.

Analysen sind stets nur so gut, wie aus ihnen taugliche Verhaltensweisen abgeleitet werden können. Meistens setzt dies umfangreiches Datenmaterial und den Mut voraus, sich auf wenige wesentliche Faktoren zu konzentrieren.

---

[1] Siehe dazu Kapitel 6, «Neuentwicklung von Produkten», S. 255ff.

In dem bereits erwähnten Beispiel von den «Elektromotoren» wurden die Konkurrenten A und B mit dem Unternehmen X verglichen, und zwar hinsichtlich der Fähigkeit, die kritischen Erfolgsfaktoren wahrzunehmen. Die Untersuchung war das Resultat einer Kundenbefragung.

| Markt-segment | Maschinenbau | | | Hütten-industrie | Chemie | Öl |
|---|---|---|---|---|---|---|
| | | **Unternehmen X** | | | | |
| | | **Konkurrent B** | | | | |
| | | **Konkurrent A** | | | | |
| 1. | Lieferzeit | 9 | 4 | 5 | ... | ... | ... |
| 2. | Preis | 7 | 8 | 7 | ... | ... | ... |
| 3. | Service | 7 | 9 | 8 | ... | ... | ... |
| 4. | Qualität | 10 | 10 | 7 | ... | ... | ... |

(relative Bedeutung)

1 = schlechte Erfüllung
10 = hervorragende Erfüllung

Das Diagramm zeigt, dass entscheidende Leistungsunterschiede nur bei den Faktoren Lieferzeit und Qualität vorliegen. Wenn davon ausgegangen wird, dass die Unternehmen B und X ihre Lieferzeiten künftig an die von A angleichen, wird fortan die Qualität über den Erfolg entscheiden. X sollte daher seine Schwäche in diesem Punkt ebenfalls unverzüglich, quasi vorsorglich, zu korrigieren beginnen. Der Wettbewerb spielt sich ja immer im Bereich der Faktoren ab, bei denen sich die Anbieter aus Kundensicht voneinander unterscheiden.

Ohne einen Konkurrenzvergleich wäre diese (zweite) Schwäche hinsichtlich der Qualität wahrscheinlich erst später zum Vorschein gekommen: X hätte das Defizit bei den Lieferzeiten behoben und wäre dann überrascht gewesen, wenn sich trotzdem kein Erfolg eingestellt hätte.

Je nach Situation kann es genügen, den Stärken-/Schwächenvergleich auf ein bestimmtes Problemgebiet zu konzentrieren (zum Beispiel auf die Lieferzeit). Allerdings besteht dann die Gefahr, dass man zwar einem Problem gründlich zu Leibe rückt, aber gleichzeitig ein anderes übersieht – so etwa die Tatsache, dass die Stärken der Konkurrenz auf einer anderen Ebene liegen, etwa im Innovationstempo zu suchen sind, bei dem das eigene Unternehmen nicht mithalten kann.

Aus der im Folgenden illustrierten Untersuchung für den Konsumgüterhersteller M geht eindeutig hervor, dass ein Problem beim Ersteinkauf besteht. Das Unternehmen wird nun unter anderem seine Verkaufsförderungsaktionen mit denen der Konkurrenz vergleichen müssen. Insbesondere gilt es, die Aktivitäten des Leaders A eingehend zu studieren.

Vergleich von Bekanntheitsgrad, Kauf- und Wiederkaufsrate

**Bekanntheitsgrad**
(% der Kunden, die das Produkt kennen)

**Kaufrate**
(% der Kunden, die das Produkt kennen und im Jahr zuvor kauften)

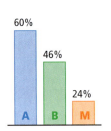

**Wiederkaufsrate**
(Anzahl der Kunden, die das Produkt in den letzten sechs Monaten mindestens zweimal kauften, im Vergleich zu denen, die das Produkt mindestens einmal kauften)

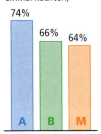

### Künftiges Verhalten abschätzen

Um das künftige Verhalten eines Konkurrenten abzuschätzen, geht man von dessen Zielen aus.

◆ **Finanzielle Ziele und Strategien:** Wie sehen die aktuellen Ergebnisse aus? Sind sie akzeptabel oder sind Anstrengungen notwendig, um die Ergebnisse zu verbessern? Welche Dividenden werden ausgeschüttet? Wie ist das Unternehmen finanziert? Sind Änderungen zu erwarten? Wird aus den finanziellen Resultaten anderer Unternehmensbereiche Druck auf den interessierenden Bereich entstehen?

◆ **Technologische Ziele und Strategien:** Wo liegt das Schwergewicht von Forschung und Entwicklung? Wurden zusätzliche F & E-Mitarbeiter eingestellt? Wurden neue Laboreinrichtungen installiert? Ist mit technologischen Synergieeffekten aus anderen Bereichen zu rechnen? Gibt es neue Patente oder Lizenzen? Wurden technologische Allianzen eingegangen? Wird eine Technologieführerschaft angestrebt?

◆ **Marktziele und Strategien:** Wie ist der Konkurrent im Markt positioniert? Muss damit gerechnet werden, dass er versuchen wird, seine Position zu verändern? Wird er seinen Marktanteil ausdehnen wollen, um seine Kapazitäten besser auszulasten? Ist damit zu rechnen, dass er seine Absatzkanäle wechselt? Will er grundsätzlich Marktleader sein? Auf welche Marketinginstrumente wird er das Schwergewicht legen?

◆ **Personelle Ziele und Strategien:** Aus welcher Art von Managern setzt sich die Führung zusammen? Was sind ihre Erfahrungen, ihre Hintergründe? Wie werden die Führungskräfte entschädigt und motiviert? Woher kommen sie? Besteht Einigkeit unter ihnen? Welchen Einfluss haben Verwaltung und Aktionäre? Welche Dritteinflüsse bestehen (Banken, Berater, Rechtsanwälte)? Gibt es organisatorische Werte und Regeln? Welche Unternehmenskultur verkörpert die Führung?

Wenn man sich auf diese Weise ein Bild von den Zielen und Strategien gemacht hat, erhebt sich die Frage, ob die vorher identifizierten Stärken und Schwächen eine Realisierung der gesetzten Ziele zulassen: Ist die Kostenstruktur vorteilhaft und genügt die Finanzbasis, um einen längeren Preiskampf durchstehen zu können? Sind die F & E-Fähigkeiten geeignet, den technologischen Rückstand in nützlicher Frist aufzuholen? Sind die Austrittsbarrieren so hoch, dass nicht mit dem Abbau von Kapazitäten zu rechnen ist?

Diese Art von Fragestellungen führt nicht nur zum gesuchten Verhaltensprofil, sondern fördert auch wesentlich die Kenntnisse über die Konkurrenten. Gleichzeitig intensivieren sich im Unternehmen die Bestrebungen, die Konkurrenz zu beobachten und relevante Informationen über sie zu sammeln, auszuwerten und zu diskutieren.

Selbstverständlich ist die Motivation eines Anbieters, sich so intensiv mit der Konkurrenz auseinander zu setzen, größer, je weniger Anbieter den Markt prägen und je bedeutsamer die eigene Stellung im Markt ist. Unternehmen werden daher ihre Konkurrenzanalysen nicht für alle Produkte mit der gleicher Tiefenschärfe durchführen.

# Zusammenfassung

Markt- und Konkurrenzanalyse sind die Basis für die Entwicklung der im folgenden Kapitel behandelten Marketingstrategie. Sie können jedoch so umfangreich ausfallen, dass sie mehr Verwirrung als Aufschluss bringen und allzu hohe Kosten für sie anfallen. Der Analysierende muss daher stets hinterfragen, ob sich der in diesem Buch absichtlich so eingehend dargestellte Detaillierungsgrad der spezifischen Situation auch wirklich angemessen ist.

Die skizzierte Vorgehensweise hat sich in zahlreichen Situationen bewährt, insbesondere bei der erstmaligen Auseinandersetzung mit einem Markt. Die letzten beiden Punkte der folgenden Darstellung sind stets die Basis der Entwicklung von Marktstrategien.

Zuerst verschafft man sich eine generelle Marktübersicht. Diese erlaubt es, die Akzente der folgenden Analyse festzulegen. Dabei geht es primär um die Gliederung des Marktes in einzelne Segmente und um die Ermittlung der Marktanteile der wichtigen Anbieter in den einzelnen Segmenten.

Mit Hilfe der Analyse von Kunden, Produktfluss und Absatzmittlern sowie der eingesetzten Marketinginstrumente (Serviceleistungen, Preiskonditionen und Kommunikationsmittel) werden die kritischen Erfolgsfaktoren eines Marktes identifiziert. Damit erhält die Marktanalyse eine klare Zielsetzung und wird nicht zu einer zwar interessanten, aber weitgehend akademischen Pflichtübung.

Die Bestimmung der kritischen Erfolgsfaktoren des Marktes ist schwierig. Sie setzt neben guten Marktkenntnissen auch einschlägige Erfahrung voraus, da es immer um ein Abwägen zwischen Qualität, Preis,

Lieferfrist, Service und andern Produkteigenschaften aus Kundensicht geht. Gut vorbereitete und objektiv durchgeführte Interviews können hier entscheidend zu mehr Klarheit beitragen.

Bei der Festlegung, welche Konkurrenten im Speziellen zu analysieren und beobachten sind, müssen auch die potenziellen künftigen Anbieter mit berücksichtigt werden. Meist handelt es sich dabei um solche, die mit dem betreffenden Markt oder Produkt bereits auf irgendeine Art in Beziehung stehen.

Die zum Schluss erläuterte Evaluierung der Konkurrenzfähigkeit orientiert sich an den kritischen Erfolgsfaktoren des Marktes. Wurden diese korrekt identifiziert, wird sich vor allem der Konkurrent durchsetzen können, der über mehr Stärken zur Wahrnehmung dieser entscheidenden Faktoren verfügt. Dabei darf aber dies niemals außer Acht gelassen werden: Im Lauf der Zeit können sich sowohl diese Faktoren als auch die Fähigkeit der Konkurrenten, sie wahrzunehmen, grundlegend verändern.

# 3

# Entwicklung von Marketingstrategien

Die Firma Zweifel ist bekannt für ihren Frischservice, eine Verkaufsorganisation, die frische Zweifel-Produkte wie «Zweifel-Chips» direkt an alle wichtigen Verkaufspunkte verteilt und die Produkte auch möglichst verkaufswirksam präsentiert.
Das Unternehmen benutzt also nicht die herkömmlichen Distributionswege des Lebensmittelgroßhandels. Es nimmt vielmehr den teureren Weg des Direktvertriebs in Kauf, denn es gehört zu seiner Strategie, qualitativ hochwertige, wirklich frische Produkte anzubieten.
Damit der Kunde den Unterschied zu Konkurrenzprodukten wahrnimmt und bereit ist, den etwas höheren Preis für das garantiert frische Zweifel-Produkt zu bezahlen, stellt das Unternehmen die Produktfrische bei Werbekampagnen stets in den Vordergrund.

Zweifel hat also erkannt, dass die Produktfrische und die Präsentation im Regal für mindestens einen Teil der Käufer so bedeutungsvoll sind, dass dafür auch ein etwas höherer Preis bezahlt wird.

Aber wie kam das Unternehmen zu seiner Verkaufsstrategie? Wie stellte es sicher, dass die verschiedenen Marketingmaßnahmen (Produktfrische, Verkaufs- und Vertriebsorganisation, Preis und Werbung) einander so gut ergänzen?

Im vorliegenden Kapitel gehen wir dieser Frage nach. Wir zeigen, wie ein Unternehmen die Marktabklärungen für die Ausarbeitung einer präzisen Marketingstrategie nutzen kann. Ausgangspunkt ist dabei stets die Wahl der primär anzusprechenden Zielkunden, also die Bestimmung des oder der Marktsegmente mit den größten Absatzchancen.

Marketingstrategien sagen nicht nur aus, welche Zielkunden ein Unternehmen anvisiert, sondern auch, wie ein Unternehmen seine Produkte im Markt «positionieren» will, das heisst, welche Vorteile es seinen Zielkunden im Vergleich zur Konkurrenz anbietet.

Strategien lassen sich umso leichter umsetzen, je klarer sie formuliert und – soweit möglich – durch messbare Ziele konkretisiert werden. Diesen beiden Aspekten sind die letzten zwei Abschnitte der nun folgenden Ausführungen gewidmet.

## Wahl von Marktsegmenten

Unter Marktsegmentierung versteht man die Ausrichtung der unternehmerischen Tätigkeiten auf eines oder mehrere Marktsegmente und insbesondere auch die damit zusammenhängende Ausgestaltung des Produkts. Es wird davon ausgegangen, dass die Kunden innerhalb eines bestimmten Marktsegments ähnliche Bedürfnisse haben und daher mit einem speziell auf sie abgestimmten Marketingmix optimal erreicht werden können. Aber wie ähnlich sind ihre Bedürfnisse tatsächlich? Und: Führt dieses Bestreben nicht dazu, jedem einzelnen Kunden ein auf ihn zugeschnittenes Leistungspaket anbieten zu müssen? Diese Fragen lassen sich nur unter Berücksichtigung der Rentabilität beantworten.

Moderne Produktions- und Vermarktungsverfahren (flexible Fertigungssysteme, E-Commerce) haben dazu geführt, dass große, standardisierte Massenproduktion nicht mehr nötig ist, um die Produktions- und Vertriebskosten in einem vertretbaren Rahmen zu halten. Die angesteuerten Zielgruppen sind daher tendenziell kleiner geworden, während die Segmentierung des Markts zugenommen hat.

Im Hinblick auf die Segmentierung ist es unerlässlich, die Marketingleistung zu überwachen und, wo möglich, quantitativ zu erfassen. Dies kann nicht genügend betont werden. Der Erfolg des gewählten Marketingmix ist von derart vielen Faktoren abhängig, dass ihre Auswirkungen auf das Marktgeschehen unbedingt beobachtet werden sollten. Das ist Aufgabe der Marketingkontrolle, die nur dann sinn- und wirkungsvoll ist, wenn die eigene Leistung mit der der Konkurrenz verglichen wird.

Als **Marktsegment** bezeichnet man einen in sich homogenen Teil des Gesamtmarkts, der sich deutlich von den übrigen Teilen abhebt (Homogenitätsprinzip). Gleichzeitig sollte ein Segment so klar definiert werden und sich so abgrenzen lassen, dass die Leistungen der verschiedenen Anbieter innerhalb dieses Segments transparent gemacht und gemessen werden können (Messprinzip).

Aus obiger Definition folgt, dass qualitative Kriterien zur Charakterisierung eines Segments – etwa Lebensstil oder Persönlichkeitsstruktur des Verbrauchers – zwar theoretisch ins Kalkül zu ziehen sind, aufgrund ihrer fehlenden Messbarkeit aber vernachlässigt werden müssen. Die eher beschreibenden Unterscheidungsmerkmale potenzieller Kunden werden daher weniger bei der Wahl von Zielsegmenten als bei der Bestimmung der Positionierung berücksichtigt.

Jaguar und Fiat stellen Automobile her. Dennoch kann man diese beiden Firmen nicht direkt als Konkurrenten bezeichnen.
Während Jaguar ein Produkt von hoher Qualität und hohem Komfort herstellt und damit eine kaufkräftige Bevölkerungsschicht anspricht, ist das typische Fiat-Auto doch eher ein Verkehrsmittel, das praktisch, sparsam und darüber hinaus relativ kostengünstig ist.
Trotzdem kann es sein, dass sich die Kundschaft von Jaguar und Fiat teilweise überlappt: Personen, die eigentlich zur Zielkundschaft von Jaguar gehören, könnten sich beispielsweise einen Fiat als Zweitwagen anschaffen oder ihn als Geschenk für ihre Kinder in Betracht ziehen.

Jaguar und Fiat sind zweifellos in verschiedenen Marktsegmenten tätig. Dennoch ist es möglich, dass ein Kunde in beiden Segmenten einkauft. Man darf sich also bei der Definition der Zielsegmente nicht so stark einengen, dass solche Möglichkeiten von vornherein ausgeschlossen werden.

## Markt plausibel segmentieren

Selbst wenn die Grundbedürfnisse in einem Markt abgedeckt sind, kommt es vor, dass immer wieder zusätzliche neue Bedürfnisse auftreten. Man spricht in diesem Zusammenhang auch von einem Markt-Lebenszyklus-Modell.

Der Markt durchläuft verschiedene Stadien – von der «Jugend» bis hin zum «Alter». Im Zuge dieser Entwicklung kann sich ein zunächst eher homogener Markt in mehrere Teilmärkte aufsplitten. Die auf diese Weise entstehenden «Untersegmente» unterscheiden sich durch die Art der angebotenen Produkte oder Dienstleistungen respektive durch variierende Bedürfnisse der Konsumenten.

> Der Befriedigung eines Grundbedürfnisses dient zum Beispiel der Einkauf von Nahrungsmitteln. Ist der Bedarf des Menschen an Energie, Vitaminen, Proteinen, Fetten etc. gedeckt, wandelt sich die Nahrungsaufnahme von einer primitiven Form der Bedarfsdeckung in vielfältigere und anspruchsvollere Formen des Genießens (Luxugsüter, Haute Cuisine etc.).
> Ein anderes Beispiel findet sich in der Automobilindustrie. Zu Beginn unseres Jahrhunderts war Ford mit seinem Modell T äußerst erfolgreich. Es war ein schwarzes, standardisiertes Automobil, das – weil relativ erschwinglich – von jedermann gekauft wurde. Als jedoch General Motors in den 20er Jahren begann, verschiedene Autotypen in mehreren Farben und ebenfalls zu erschwinglichen Preisen anzubieten, war es um den Einheitstyp von Ford geschehen. Heute geht die Marktaufteilung natürlich weit über Typen und Farben hinaus: Man denke nur an die verschiedenen Ausstattungen, Antriebsarten und Motorisierungen.

Die Gliederung des Marktes in einzelne Segmente erfolgt in mehreren Schritten. Man hinterfragt zunächst, welches Unterscheidungsmerkmal bei Berücksichtigung der Marktverhältnisse höchste Priorität hat. Dann wird nach dem Merkmal mit der zweithöchsten Priorität gefragt usw. Dieser Gliederungsprozess wird so lange fortgesetzt, wie das Homogenitätsprinzip noch nicht erreicht und zugleich das Messprinzip noch nicht verletzt worden sind.

Meist kann diese Doppelforderung aber nicht erfüllt werden. Um homogene Zielkunden zu erhalten, müsste die Aufspaltung ein größeres Ausmaß annehmen. Damit jedoch dem Messprinzip genüge getan werden kann, darf die Unterteilung nicht allzu weit gehen; schließlich will man möglichst verlässliche Zahlen über Segmentgröße und Marktstellung der Anbieter kontinuierlich und ökonomisch aufbereiten.

In der Praxis wird dieses Dilemma eher zugunsten des Messprinzips gelöst. Das heißt, man nimmt in Kauf, dass die Kunden im Marktsegment zwar nicht so homogen sind, wie man dies gerne hätte, dafür aber quantitativ deutlich erfassbar.[1]

Theoretisch sind viele Gliederungskriterien denkbar, praktisch kommen aber nur wenige in Frage.

- ◆ **Geographische Segmentierung:** Sie kann nach Kontinenten, Regionen, Sprachgebieten, Ortsgrößen, Lieferdistanzen usw. erfolgen.

---

[1] Daraus ergeben sich allerdings oftmals Segmentierungen, bei denen zwar eindeutige Zahlen über Segmentgröße, Marktstellung der Anbieter usw. vorliegen, die aber in sich wenig homogen sind und deshalb ihren Zweck auch nicht wunschgemäß erfüllen.

> Ein Hersteller von Baumaterialien stellte fest, dass seine Konkurrenzfähigkeit mit steigenden Transportkosten stark nachließ. Er definierte daher seine Marktsegmente aufgrund ihrer Distanz zum Produktionsstandort: Kunden a) innerhalb eines Umkreises von 150 km, b) zwischen 150 und 300 km und c) darüber.
> Seine Preis- und Lieferpolitik legte der Hersteller dann für jedes dieser Segmente anders fest.

◆ **Produktbezogene Segmentierung:** Hier sind verschiedene Kriterien – Kapazität, Leistung, Material, Stärke, Funktionen usw. – denkbar. Wesentlich ist, dass bei der Segmentdefinition der Standpunkt des Kunden berücksichtigt wird. Vor allem bei Investitions- und langlebigen Konsumgütern werden Produkteigenschaften zur Gliederung benutzt.

> Der Personenwagenmarkt wird häufig nach Hubraumgrößen segmentiert, wobei dieses Kriterium gut mit dem Preis korreliert.
> Elektromotoren werden nach Leistungsklassen und Wasserleitungen, nach Druckbeanspruchung und Durchmesser gegliedert.

◆ **Segmentierung nach Käuferverhalten/Absatzkanal:** Hierzu gehören Kriterien wie

- Ort des Einkaufs (Shopping Center versus Laden um die Ecke),
- Kauffrequenz,
- Grad der Kaufbereitschaft (von: «Der Kunde hat gar nicht gewusst, dass es dieses Produkt überhaupt gibt», bis hin zu: «Der Kunde hat das Produkt bereits mehrmals getestet») oder
- Verwendungsrate.

> Timex war in den USA die erste Uhr, die außerhalb des traditionellen Fachhandels, zum Beispiel in Drogerien, gekauft werden konnte. Timex segmentierte den Markt nach Absatzkanälen und betrachtete so auch den Markt außerhalb seiner traditionellen Verteilstruktur. Diese Betrachtungsweise gab Timex einen enormen Vorsprung. Als nämlich auch die Konkurrenz ihre Uhren in Drogerien anbieten wollte, waren diese nicht bereit, mehr als eine Marke im Sortiment zu führen.

◆ **Segmentierung nach Kundentypen:** Bei Kunden von Konsumgütern stehen Eigenschaften wie Alter, Geschlecht, Familiengröße und Einkommensklasse im Vordergrund. Bei Investitionsgüterkunden sind es eher Kriterien wie Einkaufspotenzial oder Produktverwendung (zum Beispiel Original Equipment Manufacturer, das heißt Einkauf zum Einbau in ein Produkt versus Einkauf für die eigene Verwendung).

> Die UBS unterteilt ihre Kunden in Firmenkunden und Privatkunden. Die Privatkunden wiederum werden in Groß- und Kleinkunden gegliedert und auch diese Gruppen weiter differenziert. Daraus resultieren etwa bei den Kleinkunden spezielle Angebote für Kinder und Jugendliche, Studenten, Erwachsene und Erwachsene über 60 Jahre. Sobald es sich lohnt, eine definierbare Kundengruppe mit auf sie zugeschnittenen Leistungen zu bedienen, wird es gemacht. Leistungen und Konditionen werden dabei für jede Gruppe individuell zusammengestellt.

Gesellschaften beschränken ihre Segmentierungskriterien in der Regel auf eine eher kleine Anzahl. Es ergibt keinen Sinn, einen Markt in 50 oder mehr Segmente zu zergliedern. Die Anwendung von mehr als zwei oder drei Kriterien führt in der Regel zu kaum noch überblickbaren Verhältnissen.

Die angewandten Segmentierungskriterien müssen natürlich nicht für alle Kundengruppen identisch sein. Begreiflicherweise gelten in den Industriestaaten des Westens andere Kriterien als im Fernen Osten.

### Attraktive Zielsegmente festlegen

Soll ein Unternehmen in einem oder in mehreren Segmenten tätig werden? Nach welchen Kriterien soll ein Segment ausgewählt werden? Grundsätzlich sind das recht schwierige Fragen mit zahlreichen Implikationen: Unter anderem ist ein späterer Segmentswechsel in der Regel mit beträchtlichen Anstrengungen und weitreichenden Konsequenzen verbunden. Man stelle sich beispielsweise vor, VW wolle sich aus dem Markt für Mittelklassewagen zurückziehen und ins Segment der Oberklasse wechseln. Wahrscheinlich wäre das mit dem Namen «Volkswagen» nicht zu bewerkstelligen. Ein solches Vorhaben erfordert eher ein komplett neues Angebotspaket.

Anders verhält es sich mit einem neu entstehenden Markt. Auch hier überlegen sich die Erstanbieter, auf welche Zielkunden sie sich ausrichten wollen. Meistens ist in jungen Märkten die Segmentierung aber noch so wenig ausgeprägt, dass die «Qual der Wahl» sich auf ein Minimum beschränkt oder auf einen späteren Zeitpunkt verschoben werden kann.

Die Anzahl der zu beliefernden Marktsegmente hängt sowohl von unternehmensstrategischen Überlegungen als auch von der aktuellen Marktsituation (Chancen, Konkurrenzverhältnisse) ab. Je mehr Mittel ein Unternehmen für eine Produktgruppe einsetzen kann, je mehr Chancen und je weniger Risiken vorhanden sind, je ökonomischer die Angebotspakete variiert werden können, umso eher werden mehrere Segmente gleichzeitig bearbeitet.

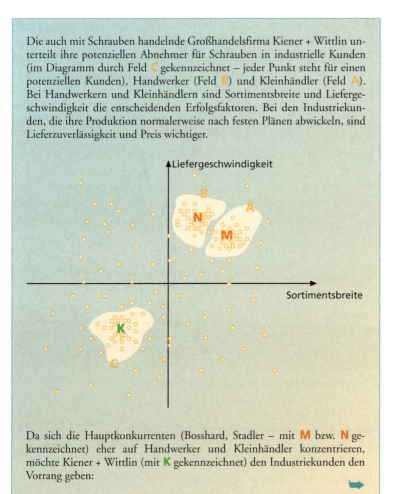

Die auch mit Schrauben handelnde Großhandelsfirma Kiener + Wittlin unterteilt ihre potenziellen Abnehmer für Schrauben in industrielle Kunden (im Diagramm durch Feld C gekennzeichnet – jeder Punkt steht für einen potenziellen Kunden), Handwerker (Feld B) und Kleinhändler (Feld A). Bei Handwerkern und Kleinhändlern sind Sortimentsbreite und Liefergeschwindigkeit die entscheidenden Erfolgsfaktoren. Bei den Industriekunden, die ihre Produktion normalerweise nach festen Plänen abwickeln, sind Lieferzuverlässigkeit und Preis wichtiger.

Da sich die Hauptkonkurrenten (Bosshard, Stadler – mit M bzw. N gekennzeichnet) eher auf Handwerker und Kleinhändler konzentrieren, möchte Kiener + Wittlin (mit K gekennzeichnet) den Industriekunden den Vorrang geben:

> In diesem Segment können die Aufträge nach Plan abgewickelt werden, das Sortiment ist schmaler und die durchschnittliche Auftragsgröße liegt über der der Konkurrenz. Produkte, die Kiener + Wittlin am Lager hat und die nicht innerhalb weniger Stunden geliefert werden müssen, kann das Unternehmen daher in der Regel preisgünstig anbieten.

Welche Faktoren sind bei der Segmentwahl besonders zu berücksichtigen?

Ein wichtiges Auswahlkriterium ist grundsätzlich die langfristig im Segment zu erzielende Rentabilität. Wir halten nicht viel davon, wenn ein Unternehmen die Segmente aufgrund von Deckungsbeiträgen bestimmt: Die erfolgreiche Bearbeitung eines Segments setzt in der Regel eine langfristige Optik voraus. Beziehungen zu Absatzmittlern und Kunden müssen aufgebaut, Produkte adaptiert oder neu entwickelt, Serviceleistungen ausgearbeitet und Produktionsanlagen freigestellt oder sogar zuerst installiert werden. Dies alles weist auf Veränderungen bei fixen Kostenelementen hin und macht früher oder später zusätzliche Investitionen erforderlich.

Bei der Anwendung des Rentabilitätskriteriums geht es vor allem um die Frage, welche Faktoren sich primär auf Umsatz, Kosten und Investitionen auswirken. Diese Faktoren können vielfältiger Natur sein. In der Praxis hat sich die Ansicht durchgesetzt, dass die Attraktivität eines Segments und die relative Stärke des Unternehmens im Vergleich zur Konkurrenz entscheidend sind.

Die **Attraktivität eines Segments** gibt an, wie groß die objektive Chance für einen Hersteller ist, darin langfristig eine gute Rentabilität erzielen zu können.

Das Attraktivitätsniveau wird anhand von Elementen wie Marktpreis, Marktwachstum, Marktgröße, Nachfragemacht der Kunden, Preisempfindlichkeit der Abnehmer oder Preisstabilität im Markt im Vergleich zu den Herstellungskosten bestimmt.

Die **relative Stärkenposition** eines Anbieters gibt an, wie groß seine Chance ist, sich im Verhältnis zur Konkurrenz in einem Marktsegment durchzusetzen.

Kriterien, welche die relative Stärkenposition charakterisieren, sind Elemente wie relativer Marktanteil, relative Kostenposition (inklusive Belieferungs- und Servicekosten), Qualität der Kundenbeziehungen, Knowhow usw. Die Bezeichnung «relativ» bezieht sich dabei stets auf die führende Konkurrenz, weil sie das Leistungsniveau bestimmt.

Ein Kunststoffrohre-Hersteller in Österreich gliederte seinen Markt in vier Segmente: Kanalrohre (Abwasser), Druckrohre (Trinkwasser), Kraftwerksrohre und Industrierohre. Attraktivität und Stärken seines Unternehmens im Vergleich mit denen der Mitwettbewerber bewertete er für die einzelnen Segmente anhand von Kriterien (siehe Grafik – die Länge der Balken gibt die Gewichtung des Kriteriums an; das Kriterium «Marktgröße» etwa wird doppelt so stark gewichtet wie das Kriterium «Konkurrenzintensität»).

In der Praxis hat sich die Haltung durchgesetzt, dass für die Wahl von Marktsegmenten die beiden Kriterien «Attraktivität» und «relative Stärkenposition» gleichwertig sind. Es sollten daher jene Segmente angesteuert werden, in denen diese beiden Kriterien in der Beurteilung positiv abschneiden. Wenn beide Kriterien negativ sind, sollte nicht in das Segment investiert werden. Für die übrigen Fälle hat sich keine allgemeingültige Verhaltensweise durchgesetzt: Hier muss situationsspezifisch entschieden werden.

Zum Schluss sei noch darauf hingewiesen, dass sich die Situation am Markt und das gesamte Umfeld dauernd verändern; Segmente können miteinander verschmelzen. Das bedeutet, dass bei der Segmentwahl unbedingt das Risiko künftiger Veränderungen mitevaluiert werden sollte.

> Es gibt einige schweizerische Unternehmen, die sich unter Wettbewerbsdruck in ein Spezialsegment mit hohen Preisen zurückgezogen haben. Dies mag zu Beginn recht gut gegangen sein. Im Lauf der Zeit musste man aber feststellen, dass die Segmente schrumpften und Anbieter aus Billiglohnländern immer mehr in der Lage waren, auch Spezialsegmente zu beliefern (typische Beispiele sind die Uhren- und die Textilindustrie).
> Der «Birchermüesli-Markt» stagnierte über Jahre hinweg. Durch das Aufkommen der Fitness-Welle eröffnete sich plötzlich ein völlig neues Absatzgebiet: die Vollwertnahrung speziell für Sportler. Die Firma Bio-Familia konnte mit ihrem Produkt «Champion» in das wachsende Segment einsteigen und das Wachstum wohl auch ankurbeln. Sie erkannte den Trend im «Müesli-Markt» richtig und vermochte dadurch ihr Produkt in einem Segment zu positionieren, das vorher ziemlich unbedeutend und daher auch vernachlässigt worden war.

## Bestimmung der Produktpositionierung

Wenn ein Unternehmen ein Produkt in einem Markt beziehungsweise Marktsegment positioniert, so bestimmt es, wie der Zielkunde dieses Produkt im Vergleich zu Konkurrenzprodukten sehen soll. Das Unternehmen legt also fest, ob sich sein Produkt beispielsweise durch spezielle Qualitätseigenschaften, durch verlangte Serviceleistungen oder durch ein gutes Preis-Leistungs-Verhältnis auszeichnen soll.

☞ Als *Positionierung* bezeichnet man den spezifischen Einsatz der Marketinginstrumente eines Unternehmens im Vergleich zu den Konkurrenzfirmen. Dabei sollen die Marketinginstrumente in einer Weise angewendet werden, dass der Zielkunde den Unterschied zu anderen Produkten beziehungsweise Dienstleistungen erkennt, als wesentlich beurteilt und entsprechend einkauft.

Ausgangspunkt der Positionierung ist daher der Zielkunde mit seinen Präferenzen, anhand derer er sich für das eine oder andere Produkt entscheidet. Es muss dem eigenen Produkt gelingen, sich gegen die Konkurrenzprodukte durchzusetzen. In der Regel werden die Positionierungen gewählt, die den eigenen relativen Stärken entsprechen.

«Die aus dem Westen können es einfach nicht lassen! Immer wieder wollen sie uns irgendetwas aufdrängen. Bei Allah, was soll ich damit anfangen?»

## Kunden klar charakterisieren

Die kritischen Erfolgsfaktoren drücken aus, nach welchen Gesichtspunkten sich die Kunden für das eine oder andere Produkt entscheiden. Dieser Entscheidungsprozess läuft aber fast nie nach messbaren Regeln ab. Zudem variiert er von Kunde zu Kunde, das heißt, Kunden, die bereits bei der Segmentwahl in eine relativ homogene Gruppe eingeteilt worden waren, müssen noch differenzierter charakterisiert werden.

Auch kann man davon ausgehen, dass die verschiedenen Anbieter die Hauptkriterien, die zur Segmentierung geführt hatten, mehr oder weniger erfüllen. Daher entscheiden über Erfolg oder Misserfolg stets jene Kriterien zweiten und dritten Ranges, bei denen die Leistungen der einzelnen Anbieter voneinander abweichen. So wird der Käufer eines Mittelklassewagens den Hubraum kaum als entscheidendes Kriterium betrachten; er wird sich vielmehr an Fahrverhalten, Benzinverbrauch, Komfort, Aussehen, Gesamtpreis oder Serviceleistungen orientieren.

Hauptproblem bei der Charakterisierung von Zielgruppen sind Wahl und Gewichtung ihrer Attribute. Deshalb kann sehr wohl eine spezielle Marktforschung gerechtfertigt sein, wie das folgende Beispiel sehr schön zeigt.[1]

Ein amerikanisches Stahlwerk befragte die Kunden im Marktsegment Automobilindustrie, welche Faktoren für ihre Kaufentscheidung ausschlaggebend seien. Anhand von Aussagen über «Dimensionsgenauigkeit», «Lieferflexibilität», «Akzeptanz von Kleinaufträgen» usw. wurden schließlich fünf Faktoren ermittelt, die die Kunden bei ihrer Entscheidung berücksichtigen. Der am meisten genannte Faktor «Managementqualität» stellt eine Zusammenfassung von Fähigkeiten wie «Lieferzuverlässigkeit», «Entwicklung neuer Stahlqualitäten», «Akzeptanz von Auftragsänderungen» usw. dar.

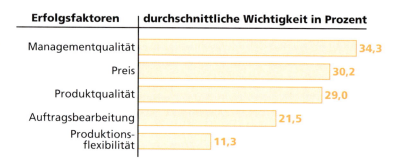

Kritische Erfolgsfaktoren eines Stahlwerkes aus Kundensicht

Die Charakterisierung der Kunden anhand dieser Faktoren ergab fünf Gruppen, die sich in einzelnen Attributen glichen, in anderen völlig verschieden waren.

Wahrnehmung der kritischen Erfolgsfaktoren durch verschiedene Kundengruppen

| Kritische Erfolgsfaktoren | Gruppen | | | | |
|---|---|---|---|---|---|
| | 1 | 2 | 3 | 4 | 5 |
| Managementqualität | 0,593 | −0,370 | 0,186 | 0,150 | 0,670 |
| Preis | 0,603 | 1,891 | 1,209 | 1,286 | 0,753 |
| Produktqualität | 0,602 | 0,582 | 0,538 | 0,745 | 0,210 |
| Auftragsbearbeitung | 1,556 | 1,242 | 1,203 | 1,050 | 1,933 |
| Produktionsflexibilität | −0,905 | −1,800 | 0,549 | −0,681 | 1,160 |

Durchschnittswert der Gruppenmitglieder

---

[1] Bennion, *Industrial Marketing Management*, S. 9ff.

Beispielsweise sind sich die Gruppen 1 und 5 bezüglich Managementqualität und Preis sehr ähnlich, desgleichen die Gruppen 3 und 4. Die Gruppen 1 und 5 sowie die Kundengruppen 3 und 4 unterscheiden sich aber hinsichtlich der Produktionsflexibilität stark voneinander. Dies veranschaulicht die nachstehende zweidimensionale Darstellung.

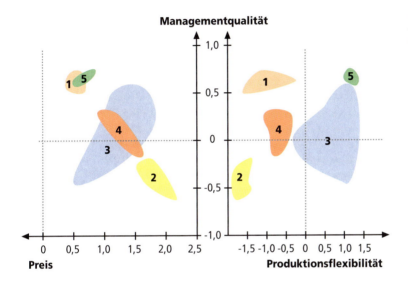

Darstellung der verschiedenen Kundenpräferenzen

Das betreffende Unternehmen entschloss sich dann zu einer Konzentration auf drei Gruppen, indem man die Gruppen 1 und 5 sowie 3 und 4 zusammenfasste beziehungsweise indem man sich nur auf die drei wichtigsten Attribute – nämlich Managementqualität, Preis und Produktqualität – konzentrierte. Dies ergab vereinfacht folgende Charakterisierung:

Die Kundengruppen 1 und 5 waren bereit, einen hohen Preis zu akzeptieren, wenn dafür bei hoher Produktqualität besondere Serviceleistungen (Managementqualität) geboten werden würde. Die Kundengruppe 2 war ausgesprochen preissensitiv; sie wünschte aber keine besondere Serviceleistung und Produktqualität. Die Kundengruppen 3 und 4 lagen zwischen diesen beiden Extremen.

Das Beispiel wollen wir im nächsten Abschnitt bei der Wahl der Positionierung fortsetzen.

Welche allgemein gültigen Gegebenheiten lassen sich aus dem Beispiel zusätzlich ableiten?

◆ **Wenige Faktoren:** Die Charakterisierung von Zielgruppen anhand der kritischen Erfolgsfaktoren wird sehr komplex, sobald mehr als drei Faktoren beobachtet werden.

◆ **Genaue Präferenzen:** Die Einteilung der Kunden in einzelne Gruppen ist nicht einfach und kann eine spezielle Marktuntersuchung notwendig machen.

◆ **Periodische Überprüfung:** Die Gruppeneinteilung der Kunden kann sich sehr schnell ändern. Zum Beispiel können für die Kunden andere Attribute an Relevanz gewinnen oder es werden Konkurrenten bezüglich eines Attributes gleichwertig, so dass das nächstwichtige Attribut beim Kunden den Ausschlag zum Kauf gibt.

Die Charakterisierung von Zielgruppen anhand der für den Markt spezifischen, kritischen Erfolgsfaktoren ist also nicht einfach. In der Praxis stützt man sich daher oft auf Attribute, bei denen man «nicht allzu falsch» liegen kann und die später bei der Positionierung berücksichtigt werden können.

Dazu gehören beispielsweise das Preis-/Qualitäts-Verhältnis, die Einteilung in Produktklassen (das heißt von geringwertigen Güterklassen des täglichen Bedarfs bis zu hochwertigen, komplexen Güterklassen) sowie spezifische Produktanwendungen (zum Beispiel «Linea, die Margarine für Linienbewusste») oder das Preis-/Image-Verhältnis.

Gibt es diese Zielgruppe noch?

Eine Untersuchung (1999) betreffend Bekleidungsgeschäfte in der Zürcher Innenstadt ergab – unabhängig von der Art der Bekleidung – drei hauptsächliche Unterscheidungsmerkmale, nämlich «Preisniveau», «Dienstleistungsgrad», «Unterhaltungs- und Erlebniswert».
Da Preisniveau und Dienstleistungsgrad eng miteinander korreliert waren, charakterisierten die Faktoren «Dienstleistungsgrad» und «Unterhaltungswert» den Markt recht gut.

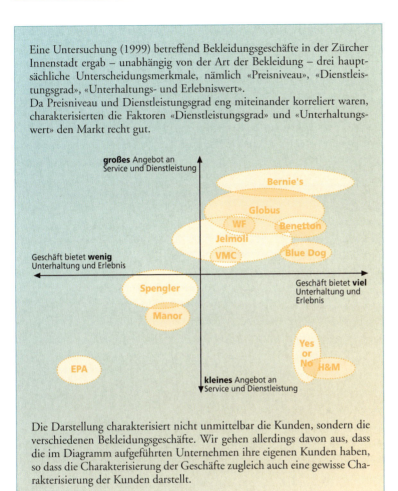

Die Darstellung charakterisiert nicht unmittelbar die Kunden, sondern die verschiedenen Bekleidungsgeschäfte. Wir gehen allerdings davon aus, dass die im Diagramm aufgeführten Unternehmen ihre eigenen Kunden haben, so dass die Charakterisierung der Geschäfte zugleich auch eine gewisse Charakterisierung der Kunden darstellt.

## Position eindeutig wählen

Hier geht es um die Einordnung des eigenen Angebots im Vergleich zur Konkurrenz und aus Sicht der einkaufenden Kunden. Dabei denken wir an das Gesamtangebot (Produkt, Preis, Distribution, Kommunikation), also nicht nur an das Markenimage, wie es ab und zu der Fall ist. Die Positionierung ist immer das Resultat der gesamten Marketinganstrengungen und nicht nur die Folge gut gewählter Werbe- und PR-Aktivitäten, wie oft von Werbeagenturen behauptet wird.

Die Wahl der Positionierung jedoch sollte unter Rentabilitätsgesichtspunkten erfolgen. Die Berechnung der Rentabilität ist indessen sehr schwierig oder gar unmöglich, so dass man sich mit qualitativen Überlegungen zufrieden geben muss.

Für die Wahl der Positionierung ist nicht etwa die Sicht des Technikers oder des Verkäufers maßgebend, sondern allein die Sicht des Kunden, und der beurteilt den Anbieter aufgrund der aktuellen Leistungen, weiß allerdings meistens nicht, wie groß dessen Fähigkeit ist, seine Leistungen zu verändern. Man muss also hinterfragen, inwieweit das aktuelle Bild auch künftig relevant sein wird.

Um den Prozess der Positionswahl zu illustrieren, benützen wir wiederum das bereits vorher verwendete Beispiel des amerikanischen Stahlunternehmens. Die folgende Darstellung veranschaulicht, wie Kunden die verschiedenen Anbieter A, B, E, F, G, H und das eigene Unternehmen X bezüglich der drei Attribute «Managementqualität», «Preis» und «Produktqualität» klassieren.

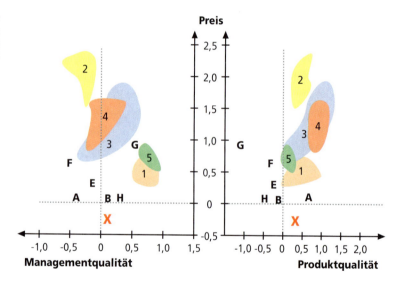

Klassierung der verschiedenen Stahlwerke aus Kundensicht

Man erkennt die hervorragende Position des Unternehmens G bezüglich der Gruppen 1 und 3 und in Bezug auf die Faktoren «Managementqualität» und «Preis». Anbieter G hat aber eine sehr schlechte Position bei der «Produktqualität». Gleichzeitig wird deutlich, wie schlecht diese drei kritischen Erfolgsfaktoren – aus Kundensicht – von den anderen Anbietern, einschließlich dem eigenen Unternehmen X, wahrgenommen werden.

Falls die Konkurrenz diesen Sachverhalt früher oder später auch erkennen würde, musste mit Veränderungen gerechnet werden.

Das Unternehmen X beschloss daher, sich auf die Management- und Produktqualität zu konzentrieren. Grundlage für diese Entscheidung war einerseits die recht gute Klassierung bezüglich der Managementqualität und andererseits die im Vergleich zur Konkurrenz viel schlechtere Kostenstruktur.

Als Zielgruppen wurde in erster Linie die Gruppen 1 und 5 und in zweiter Linie die Gruppen 3 und 4 festgelegt. Das Unternehmen verbesserte Produktionsplanung und -steuerung; die Lieferzuverlässigkeit erhielt intern mehr Gewicht; die Qualitätskontrolle wurde verschärft und der Außendienst begann sich stärker um die Kunden der Gruppen 1 und 5 zu kümmern. Die Bearbeitung der Kunden der Gruppe 2 wurde hingegen vernachlässigt.

Entscheidend für den Markterfolg bei einer bestimmten Zielgruppe ist die eigene Konkurrenzfähigkeit im Hinblick auf die für diese Gruppe wesentlichen Erfolgsfaktoren. Dabei ist die künftige Konkurrenzfähigkeit ausschlaggebend: Man muss also stets hinterfragen, welche Veränderungen nicht nur im eigenen Unternehmen, sondern vor allem auch bei der Konkurrenz anstehen.

> Ein kleiner Junge war mit zwei älteren und stärkeren Freunden in eine hitzige Auseinandersetzung verwickelt. Da zog er plötzlich mit der Spitze seines Schuhs einen Strich in den Kiesboden und drohte den beiden Größeren: «Wagt es ja nicht, diese Linie zu überqueren!»
> Die so Angesprochenen schauten sich kurz an, schmunzelten nur und waren mit einem Satz auf der anderen Seite der Linie.
> Da lächelte auch der tapfere Kleine und meinte: «Jetzt seid ihr endlich auf meiner Seite!»
>
> *Aus «Bits & Pieces», August 1998, S. 1*

> Ein Hersteller von Elektromotoren mit einer im Vergleich zur Konkurrenz auch künftig schlechten Kostenstruktur sollte beispielsweise nicht versuchen, in den in der nachfolgenden Grafik gezeigten Kundengruppen A oder B Fuß zu fassen. Besser wäre es für ihn, sich auf die mittelgroßen und kleineren Kunden wie C und D zu konzentrieren, bei denen Produktqualität, technische Verkaufsunterstützung und Kundenbeziehungen wichtiger sind.

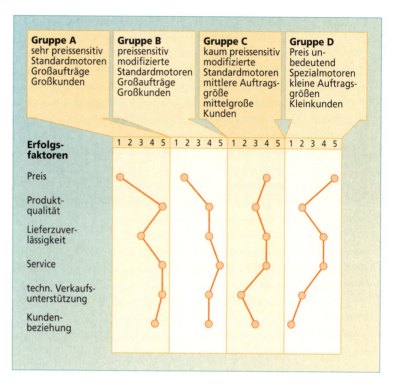

Positionierungen orientieren sich immer an der Konkurrenz. Deshalb benützen die Unternehmen oft das etablierte Image eines führenden Konkurrenten, um ihr eigenes im direkten Vergleich mit ihm aufzubauen.

> Apple Computer hatte sich ursprünglich mit der Inkompatibilität seiner Produkte zu IBM absichtlich vom großen Konkurrenten distanziert. Diese Strategie hatte allerdings keinen Bestand, da zu viele Software-Systeme nur auf IBM-PCs, nicht aber auf den Macs liefen. Apple musste schließlich eine Kehrtwendung machen und begann, die Kompatibilität anzustreben und gemeinsam mit IBM entsprechende Entwicklungsarbeiten durchzuführen.
>
> Jamaica hat sich als «Hawaii der Karibik» positioniert: Der Kunde soll alle Vorzüge von Hawaii finden, dies aber in räumlicher Nähe zu den USA.

Ein spezielles Mittel für diese Art der Positionierung ist die vergleichende Werbung, die in den USA erlaubt ist: Der Konkurrent wird explizit erwähnt und die Eigenschaften seines Produkts mit denen des eigenen verglichen (zum Beispiel Coke versus Pepsi).

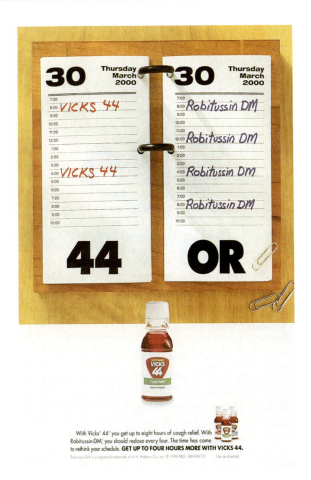

Vergleichende Werbung

Wann ist ein Produkt gut positioniert? Gibt es Erfahrungswerte, die in der Praxis verwendet werden?

Erfahrungswerte gibt es unseres Wissens nicht. Als Faustregel dürften auf eine gute Positionierung aber die unten angeführten Kriterien zutreffen.

◆ **Wichtiges Bedürfnis:** Das Produkt sollte so positioniert sein, dass mindestens ein zentrales Bedürfnis der Zielkunden vollumfänglich befriedigt wird.

◆ **Wenig Konkurrenz:** Die Position sollte von der Konkurrenz noch nicht oder nur schwach belegt sein.

◆ **Erkennbare Position:** Die Position beziehungsweise die Produktvorteile, die aus ihr erwachsen, sollten den Kunden leicht verständlich gemacht werden können.

Wenn solche Bereiche gefunden werden, gibt es zwei Möglichkeiten, sie zu besetzen: Einerseits kann eine im Markt befindliche Marke so umpositioniert werden, dass sie auch in den neuen Bereich passt, und andererseits kann der neue Bereich mit einer völlig neuen Marke belegt werden.

Wichtig ist es, diese Hauptfehler zu vermeiden: Man sollte keine Position anstreben, die zwar vielversprechend ist, aber vom verfügbaren Produkt nicht befriedigend ausgefüllt werden kann. Darüber hinaus sollte man bedenken, dass auch die Konkurrenz den Markt ständig beobachtet und ihrerseits in der Lage ist, auf Veränderungen zu reagieren. Es ist daher kaum sinnvoll, wenn sich alle Hersteller auf dieselbe Position stürzen – zum Beispiel alle Zigarettenhersteller auf den Markt der nikotinarmen Glimmstengel, alle Autohersteller auf den Benzinmotor mit einem Kraftstoffbedarf von nur noch rund drei Litern auf 100 km oder alle Milchverarbeiter auf sogenannte «Energy Drinks».

Großunternehmen haben wegen ihres breiten Tätigkeitsfeldes oft Mühe, sich klar zu positionieren – dies vor allem dann, wenn sie sich in einem Bereich über die Serviceleistungen, in einem anderen über die Produktqualität und in einem dritten über den Preis von der Konkurrenz abheben wollen. Erfolgt der Marktauftritt dann noch unter dem gleichen Markennamen, schwappen die unterschiedlichen Imageprofile von einem Markt in den andern hinüber. Damit wird, aus Kundensicht, eine klare Positionierung zum Problem.

> Das UBS Group Marketing äußerte sich 1998 wie folgt über die Positionierung der Marke UBS:
>
> ◆ **UBS** ist die Bank, die weltweit qualitativ herausragende Dienstleistungen erbringt und sich durch vollkommene Kundenbetreuung auszeichnet.
>
> ◆ **UBS** bietet ihren Zielgruppen in jeder Beziehung effiziente Dienstleistungen an.
>
> ◆ **UBS** schafft Mehrwerte für Kunden, Mitarbeiter, Aktionäre und die Öffentlichkeit durch ausgeprägte fachliche Kompetenz. Sie respektiert bei allen ihren Tätigkeiten hohe ethische Grundsätze.
>
> ◆ Die Marke **UBS** steht für Qualität, Kompetenz, Innovation, Fairness und Integrität.

# Festlegung von Zielen

Ausdruck jeder durchdachten Marketingstrategie sind Zielsetzungen, nach denen der eingeschlagene Weg beurteilt werden kann. Auch wenn die Festlegung von Zielen schwierig ist, sollte sie nicht unterlassen werden. Sie zwingt nämlich die Beteiligten, sich gründlich mit dem Markt auseinanderzusetzen und, falls nötig, die Marketingstrategie zu modifizieren.

> Im Spätherbst reichte das Atari-Management dem Mutterunternehmen Warner Communications das Budget für das kommende Jahr ein: Darin waren ein Umsatz von US$ 1 Mrd. und seit vier Jahren zum ersten Mal wieder ein Gewinn vorgesehen.
> Im März des folgenden Jahres verlangte Warner ein neues Budget von Atari. Es wurde im April vorgelegt; der Umsatz war diesmal mit US$ 500 Mio. und der Gewinn mit US$ 5 bis 100 Mio. angegeben.
> Bereits im Juni wies Atari aber einen Verlust von US$ 497 Mio. aus. Die Reaktion von Warner erfolgte sofort: Der Großteil von Atari wurde abgestoßen.[1]

## Quantitative Ziele setzen

Welches vorrangige Ziel sich ein Unternehmen setzt, hängt zunächst einmal vom Aufwand ab, der für die Erarbeitung quantitativer Zielsetzungen anfällt. Je größer er ist, umso eher wird man sich beispielsweise allein mit dem Umsatzziel begnügen.

Im Weiteren hängt die Zielbestimmung von der Bedeutung des Produkts oder des Marktes für das betreffende Unternehmen ab. In einem ferngelegenen «Auslastungs»-Markt wird man seine Ziele weniger detailliert erarbeiten als im sensitiveren Heimmarkt. Andererseits wird man sich für ein bedeutendes Schlüsselprodukt nicht einfach nur mit der Fixierung des Umsatzziels begnügen, sondern differenzierter vorgehen.

In quantitativer Hinsicht sollten die nachstehend aufgeführten Ziele präzisiert werden, die in der Reihenfolge ihrer Bedeutung aufgelistet wurden.

---

[1] Aus Tailor, *Competitive Marketing Strategies*, S. 10.

◆ **Umsatz:** Eine Marketingstrategie ohne Umsatzziel ist nicht viel wert, denn einerseits sind in diesem Fall die Implikationen für Produktion, Lager, Verkaufsanstrengungen usw. nicht genügend erkennbar und andererseits würde der Maßstab zur Bewertung der Strategie fehlen. Je nach Art des Produkts ist eine Unterteilung des Umsatzes nach Menge und Preis zweckmäßig.

◆ **Marktanteil:** Dem Marktanteil kommt strategisch eine hohe Bedeutung zu. Er zeigt die Stellung des eigenen Unternehmens im Markt im Verhältnis zu der der Konkurrenten. Zugleich erlaubt die Größe des Marktanteils eine erste Beurteilung der angestrebten strategischen Position des Unternehmens.[1]

◆ **Reingewinn:** Für zentrale Produkte und Märkte beziehungsweise für Produktlinien, die relativ eigenständig produziert und vertrieben werden, ist die Berechnung eines Reingewinnziels sinnvoll. Dabei denken wir sowohl an das mit der angestrebten Marktposition angepeilte Gewinnziel als auch an die jährlichen Gewinnzahlen. Reingewinnziele sind umso wichtiger, je mehr Investitionen in den Markt erforderlich sind.

◆ **Rentabilität:** Sofern die für das Produkt oder den Markt notwendigen Investitionen relativ leicht ermittelt werden können oder wirklich bedeutsam sind, sollten auch Rentabilitätsziele angegeben werden. Dies ist allerdings eine Forderung, die dem Marketingfachmann in der Regel eher fremd ist. Er denkt vor allem in Marktanteils-, Umsatz- und Deckungsbeitragszahlen. Reingewinn- oder eben Rentabilitätszahlen vernachlässigt er meist.

In jedem Fall sind wir der Meinung, dass sowohl quantitative als auch qualitative Ziele gesetzt werden sollten. Eine diffuse Beschränkung auf die letzteren trifft man in der Praxis leider immer wieder an: «Wir wollen im nächsten Jahr unseren Umsatz weiter steigern», oder: «Im Jahr 2001 soll der Durchbruch in Deutschland gelingen.» Dies sind jedoch keine klaren Zielsetzungen, mit denen ein Mitarbeiter etwas anfangen kann. In der Regel beweisen sie nur, dass man den Markt und die in ihm vertretenen Unternehmen viel zu wenig kennt oder nicht den Mut hat, sich konkret über die eigenen Absichten zu äußern.

---

[1] Siehe Seiler, *Planning*, Band III dieser Buchreihe, Kapitel 9 über «Strategische Planung».

3 Entwicklung von Marketingstrategien 131

Klare Zielsetzungen?

## Marktgröße fundiert prognostizieren

Die größte Schwierigkeit bei der Bestimmung vernünftiger Zielsetzungen betrifft den Markt. Dieser Problematik wollen wir anhand der folgenden Frage auf den Grund gehen.

Welche Kunden gehören zum Markt und welche nicht (Marktabgrenzung)?

Die Beantwortung bereitet besonders dann Schwierigkeiten, wenn die Definition des Marktsegments unklar ist, das heißt, wenn verschiedene Personen etwas anderes unter dem entsprechenden Marktsegment verstehen. Die zunehmende Vielfalt der Produkte macht die Frage der Abgrenzung nicht gerade leichter.

> Sollte ein Hersteller von Wanderschuhen auch die Nachfrage nach Berg-, Kletter-, Trekking-, Cross-, Lauf- oder Turnschuhen zu seinem Markt zählen?
>
> Sollte ein auf Italienreisen spezialisiertes Reisebusunternehmen auch die Nachfrage für Busreisen nach Österreich und Slowenien berücksichtigen oder gar die Bedürfnisse von per Eisenbahn reisenden Fahrgästen?
>
> Sollte ein großer Fußballclub wie FC Bayern München neben seinem Fanpublikum, den im Raum München lebenden Fußballzuschauern und den Fernsehsportfanatikern auch die Fußballfans aus dem Ruhrgebiet, die Fans von Real Madrid oder gar die Besucher der Formel-I-Rennen in Hockenheim als mögliche Kunden betrachten?

Die mögliche Anzahl von Marktdefinitionen ist in jedem Fall groß. Dies verhält sich vor allem dann so, wenn auch zeitliche Dimensionen (die kurzfristige, mittelfristige oder langfristige Nachfrage) mit berücksichtigt werden.

 Als **Marktnachfrage** nach einem Produkt bezeichnet man das Gesamtvolumen der Nachfrage, das von einer definierten Kundengruppe in einem definierten geographischen Gebiet innerhalb einer definierten Zeitperiode voraussichtlich generiert wird.

Aus dieser Definition ergibt sich, dass zwei Hersteller eines gleichen Produkts ihren Markt ganz unterschiedlich messen können. Die Ergebnisse hängen nämlich davon ab, wie die Kundengruppen und die räumliche Marktausdehnung jeweils definiert werden.

Es hat sich eingebürgert, als Zeitperiode stets von einem Jahr auszugehen. Einzig bei Produkten mit kurzer Lebensdauer – meistens nicht mehr als drei Jahre –, denkt man, wenn man von der Marktgröße spricht, ab und zu an die Nachfrage für die gesamte Lebensdauer.

Als **Marktpotenzial** bezeichnet man den maximalen Umsatz, der bei optimalen Marketinganstrengungen und breiter Produktpalette für alle Produktanbieter erreichbar ist.

Marktpotenzial, Marktvolumen und Absatzvolumen

Das Marktpotenzial ist also auf jeden Fall größer als die Marktnachfrage. Diese Tatsache ist vor allem dann von Belang, wenn ein Hersteller mit der Frage konfrontiert wird, ob er durch die Einführung eines zusätzlichen Produkts an das vermutete Potenzial herankommen kann.

Zur Umsatzabschätzung ist die Bestimmung des eigenen Absatzvolumens nötig. Das Absatzvolumen wird wie folgt bestimmt:

Absatzvolumen = Marktpotenzial * Marktdurchdringung * Marktanteil

Der Umsatz ergibt sich anschließend durch Multiplikation des Absatzvolumens mit dem durchschnittlichen Verkaufspreis pro Einheit:

Umsatz = Absatzvolumen * Preis pro Stück

Diese gedankliche Aufgliederung kann bei der Schätzung des Umsatzes sehr hilfreich sein. Der Marktanteil ist von der Intensität und Wirksamkeit der Marketinganstrengungen eines Unternehmens abhängig. Die Marktdurchdringung hängt hingegen von den Marketinganstrengungen der Branche und von der Zeit (Diffusionsprozess) ab, während das Marktpotenzial vorwiegend von gesamtwirtschaftlichen Größen beeinflusst wird.

Das folgende Beispiel zeigt, wie gravierend die Auswirkungen sein können, wenn es ein Unternehmen unterlässt, sein Marktvolumen korrekt zu definieren.

Allgäuer Alpenmilch, heute eine Tochtergesellschaft der Nestlé, lancierte im Markt für Dauerbackwaren in Deutschland eine neue Produktlinie. Der Gesamtmarkt wurde auf DM 820 Mio. geschätzt und man ging davon aus, dass im ersten Jahr ein Anteil von 8,2 % respektive ein Umsatz in Höhe von DM 66,5 Mio. zu erzielen sei. Genauere Abklärungen ergaben jedoch dies:

◆ 15 % des Markts wurden von Großhandelsorganisationen bedient, die vom Außendienst der Allgäuer Alpenmilch nicht besucht und auch nicht beliefert wurden.

◆ 18 % des Markts entfielen auf kleine Einzelhandelsgeschäfte (zum Beispiel Kioske), die vom Außendienst ebenfalls nicht besucht wurden und daher möglicherweise erst in einer zweiten Phase indirekt (via Großhandel) die neue Produktlinie aufnehmen würden.

◆ 20 % der Einzelhandelsgeschäfte würden die neue Produktlinie im ersten Jahr mit großer Wahrscheinlichkeit nicht aufnehmen; sie wollten zuerst abwarten, wie sich das Geschäft entwickeln würde.

◆ Insgesamt konnte Allgäuer Alpenmilch daher für das erste Jahr nur von einer Marktdurchdringung von 47 % beziehungsweise einem Marktvolumen von DM 385 Mio. ausgehen.

◆ Das Produktsortiment von Allgäuer Alpenmilch umfasste zudem nicht die ganze Angebotspalette (zum Beispiel keine Produkte mit geringer Haltbarkeit); der für das erste Jahr relevante Markt musste daher um weitere 21 % niedriger veranschlagt werden.

◆ Schließlich enthielt das Produktsortiment von Allgäuer Alpenmilch keine Kleinpackungen, die rund 6 % des Gesamtmarktes ausmachten.

So betrug das für Allgäuer Alpenmilch im ersten Jahr relevante Marktvolumen letztlich nur noch DM 164 Mio.
Das Umsatzziel von DM 66,5 Mio. für das erste Jahr war also äußerst unrealistisch, hätte es doch mit der vorhandenen Produktpalette und in den erreichbaren Geschäften einen Marktanteil von 40,5 % bedeutet.
Allgäuer Alpenmilch erreichte mit seiner neuen Produktlinie im ersten Jahr denn auch nur einen Umsatz von knapp DM 20 Mio.

Wie werden sich der Markt und der Umsatz in Zukunft entwickeln (Markt- und Umsatzprognose)?

Bei einer großen Anzahl von Endverbrauchern (vor allem bei Konsumgütern) wird für die Erstellung von Markt- und Umsatzprognosen meist das sogenannte Top-down-Verfahren, bei einer kleinen Anzahl (also eher bei Investitionsgütern) das Build-up-Verfahren angewandt.

◆ **Das «Top-down»-Verfahren:** Dieses «von oben nach unten» gehende Verfahren wurde bereits am Beispiel von Allgäuer Alpenmilch dargestellt. Dabei kann eine Untergliederung in beliebig viele Stufen vorgenommen werden, wie in der folgenden Grafik dargestellt.

Top-down-Verfahren zur Schätzung des Absatzvolumens für Instantkaffee

Eine solche Untergliederung bedeutet, dass für die Schätzung des zukünftigen Absatzvolumens die Entwicklung aller verwendeten Faktoren bekannt sein muss beziehungsweise zu prognostizieren ist. Oft gelingt dies aber nicht für jeden einzelnen Faktor. Man sucht deshalb dann nach Drittgrößen, die mit dem betreffenden Faktor in Beziehung stehen und leichter quantifiziert werden können. Die Art der Beziehung wird meist empirisch ermittelt. Als Drittgrößen werden vor allem gesamtökonomische Werte verwendet, so etwa das Bruttosozialprodukt, der Einzelhandelsumsatz, das Investitionsvolumen, die Geburtenraten oder die Anzahl von Baubewilligungen.

> In der Papierindustrie wird der Papier- und Kartonverbrauch anhand des Verkaufs pro Kopf und der Bevölkerungszahl eines Landes prognostiziert. Der Verbrauch pro Kopf wiederum wird über den Drittfaktor «reales Bruttoinlandsprodukt pro Kopf» vorhergesagt. Die Beziehung wird mit einer Regressionsanalyse empirisch ermittelt.[1]

---

[1] Perspektivstudie des VSPF (Verband für schweizerische Papier- und Papierstofffabrikanten) unter Mitwirkung der Prognos AG, Basel, für das Jahr 1990.

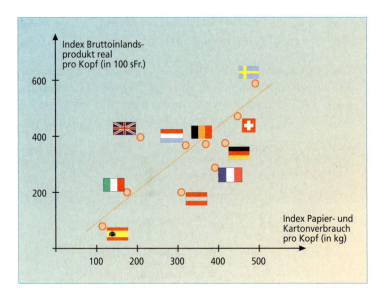

Aufgrund empirischer Untersuchungen wird gelegentlich auch eine Kombination von Drittfaktoren benutzt. Beispielsweise wurde in den 80er Jahren in den USA die Kaufkraft für Konsumgüter einer Region anhand eines aus drei Faktoren zusammengesetzten Index bewertet: Das verfügbare private Einkommen wurde zu 50 %, der Einzelhandelsumsatz zu 30 % und der Anteil der betreffenden Region an der Gesamtbevölkerung zu 20 % berücksichtigt.

◆ **Das Build-up-Verfahren:** Dieses Verfahren wird auch Marktaufbauverfahren genannt. Es setzt voraus, dass die potenziellen Käufer des Produkts bekannt sind. Für jeden einzelnen dieser Käufer (allenfalls auch Käufergruppen) wird dann das Einkaufspotenzial und der zu erwartende Absatz geschätzt. Die Summe ergibt das gesamte Marktpotenzial und den eigenen Absatz.
Das Problem der Unterscheidung des Marktpotenzials von dem für ein Unternehmen relevanten Marktvolumen stellt sich bei diesem Vorgehen kaum, da bei der Betrachtung der einzelnen potenziellen Kunden die Frage, ob der Kunde für eine Belieferung in Frage kommt oder nicht, automatisch beantwortet wird. Das Hauptproblem liegt hier in der Erfassung aller potenziellen Käufer und in der Abschätzung ihres Einkaufspotenzials.
Es ist ratsam, sich nicht allein auf die Aussage des Außendienstes zu verlassen, denn ihm sind kaum je alle potenziellen Käufer bekannt.

Die Konsultation von Branchenregistern oder der Versand eines Fragebogens kann hilfreich sein.
Von Build-up spricht man auch, wenn nur die größten Kunden einzeln beurteilt und addiert werden und die übrigen Kunden als ein Block in die Schätzung einfließen.

◆ **Prognosetechniken:** Sowohl beim Top-down- als auch beim Build-up-Verfahren sind einzelne Größen (Indizes, Marktanteile, Marktpotenzial eines Kunden, Preisentwicklung usw.) zu prognostizieren. Dabei werden die folgenden Methoden benutzt:

- **Trendanalysen:** Auf der Basis von Zahlen aus der Vergangenheit wird die Zukunft extrapoliert. Im einfachsten Fall wird das durchschnittliche Wachstum der Vergangenheit für die Prognose verwendet. In komplizierteren Fällen müssen zuerst Schwankungen zyklischer oder saisonaler Art eliminiert werden, um nur die Grundtendenz der Entwicklung extrapolieren zu können. Jede Extrapolation kann jedoch zu falschen Werten führen, wenn sich ein angenommener Trend nicht oder anders einstellt.

- **Meinungsäußerungen:** Es werden die Aussagen gut informierter Personen für die Prognose benutzt. Bei der Vorhersage von gesamtwirtschaftlichen Entwicklungen werden zum Beispiel die Angaben von Konjunkturforschungsstellen verwendet. Autohersteller befragen ihre Vertreter und Händler. Außendienstler geben ihre Meinung zur Marktentwicklung ab, gegebenenfalls aufgrund einzelner Kundenbefragungen.

- **Marktuntersuchungen:** Mit einer direkten Befragung der Kunden wird versucht, die Zukunft zu prognostizieren. Mit solchen Befragungen werden oft Marktforschungsinstitute beauftragt.[1]

- **Markttests:** Vor allem bei neuen Produkten oder in neuen Märkten kann ein direkter Markttest wertvolle Hinweise darauf geben, wie sich der Käufer voraussichtlich verhalten wird.

Neben diesen systematisch ermittelten Prognosen werden aber immer wieder auch solche abgegeben, die recht willkürlich erscheinen. Diese

---

[1] Siehe dazu Kapitel 10.

sind jedoch mitunter gar nicht so schlecht, wenn nämlich der Prognostizierende über langjährige Erfahrung und realitätsnahes Denken verfügt.

Der in einem Unternehmen angewendete Zielsetzungsprozess hängt unter anderem von der Unternehmenskultur ab. Manche Unternehmen prognostizieren eher konservative, andere eher optimistische Ziele.

> Peter besuchte die erste Schulklasse. Der Lehrer fragte: «Welche Farbe hat ein Apfel?» Die meisten Kinder antworteten: «Rot», einige sagten: «Grün», Peter aber meinte: «Weiß!» Der Lehrer versuchte zu erklären, dass Äpfel rot, grün oder manchmal auch gelb sein könnten, aber niemals weiß. Doch Peter präzisierte: «Schauen Sie einen Apfel doch mal von innen an!»
>
> *Aus «Bits & Pieces», Juli 1999, S. 3*

## Formulierung der Strategie

Mit der Formulierung der Strategie soll sichergestellt werden, dass die Realisierung der Ziele möglichst koordiniert und wirkungsvoll erfolgt. Eine gut ausformulierte Strategie sollte die folgenden Punkte berücksichtigen.

◆ **Marktchance:** Man muss erkennen, auf welche Zielkunden (Marktsegmente) die Strategie ausgerichtet ist und welche spezifischen Bedürfnisse befriedigt werden sollen.

◆ **Wettbewerbsvorteil:** Man muss verstehen, wo und wodurch sich ein Unternehmen entscheidende Wettbewerbsvorteile verspricht. Dabei ist auszudrücken, wie sich die Konkurrenz diesbezüglich verhält.

◆ **Ziele:** Man muss überblicken, welche Ziele (Umsatz, Marktanteil, eventuell Gewinn, Rentabilität) innerhalb welcher Fristen erreicht werden sollen.

◆ **Mix-Leitlinie:** Man muss ableiten können, welche Marketingmittel in der Hauptsache eingesetzt werden sollen und wie sie harmonisch aufeinander abgestimmt werden können. (Zur Harmonie der Marketingmittel werden wir uns im nächsten Kapitel eingehender äußern.)

◆ **Realisierungsidee:** Man muss präzisieren, welche Zwischenziele man eventuell bis wann erreichen will oder welche Mittel man zur Verfügung zu stellen bereit ist.

Die ersten beiden dieser fünf Aspekte sind die entscheidenden. Sie charakterisieren die eigentliche Idee, die hinter einer Strategie steckt. Die Erfahrung zeigt aber, dass auch die restlichen drei Punkte bedeutsam sind. Sie bringen nämlich zum Ausdruck, wie diese Idee von den Verantwortlichen umgesetzt werden soll.

Die folgende Frage soll illustrieren, wie wichtig die Vorgabe der zu wählenden Schwerpunkte ist. Eine gut definierte Marketingstrategie lässt eine Variantenbreite, wie sie in der Grafik unten auf dieser Seite dargestellt ist, nicht zu.

Soll das Schwergewicht bei der Einführung eines neuen Produktes in den ersten Jahren auf dem Preis und/oder der Verkaufsförderung liegen?

Das folgende Diagramm zeigt grundsätzliche Möglichkeiten einer Produkteinführung: Bei relativ niedrigem Preis spricht man von «Penetration», bei relativ hohem Preis von «Abschöpfung». Unterstützt man die Markteinführung mit relativ starken Verkaufsförderungsmaßnahmen, geht man «schnell», sonst «langsam» vor.

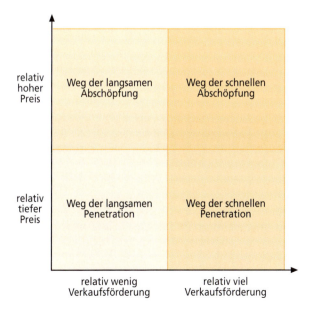

◆ **Schnelle Abschöpfung:** Dieser Weg ist dann zweckmäßig, wenn davon ausgegangen werden kann, dass die Erstkunden einen hohen Preis bezahlen und das Unternehmen frühzeitig eine hohe Markenpräferenz aufbauen will.

◆ **Langsame Abschöpfung:** Sie wird angestrebt, wenn die Größe des Markts beschränkt ist, nur wenig Konkurrenz erwartet wird und die potenziellen Kunden das Produkt bereits ein wenig kennen und auch bereit sind, einen hohen Preis dafür zu bezahlen.

◆ **Schnelle Penetration:** Hier besteht das Ziel darin, rasch Marktanteile zu gewinnen, um später aus einer starken Marktposition heraus operieren zu können. Der Weg einer schnellen Penetration wird gewählt, wenn der Markt eine gewisse Größe aufweist, die Käufer preisbewusst sind und noch wenig vom Produkt wissen, mit großer Konkurrenz gerechnet wird und dank des größeren Volumens die Herstellungskosten pro Einheit stark zurückgehen werden.

◆ **Langsame Penetration:** Bei preisbewussten Käufern in einem größeren Markt mit tendenziell weniger Konkurrenz wird der Weg der langsamen Penetration gewählt.

---

Für ein Unternehmen der Kunststoffrohrindustrie wurde beispielsweise eine auf Qualitätsvorteilen basierende Marketingstrategie wie folgt ausgearbeitet.

| | |
|---|---|
| **Marktchance:** | Primär Segment X in allen Durchmessern und im ganzen Land. Sekundär Segment Y in den Regionen A, S und K bis 2001, dann im ganzen Land. Stets nur für Durchmesser über 300 mm. |
| **Wettbewerbsvorteil:** | Korrosionsfestigkeit, Dichtheit und Duktilität, zusätzlich im Segment X einfache Verlegung, keine Preiskonzession. |
| **Ziele:** | Umsatz für Segment X im Jahr 2004: 50 Mio. Umsatz für Segment Y im Jahr 2001: 25 Mio. Umsatz für Segment Y im Jahr 2004: 80 Mio. Cashflow-Rate im Jahr 2001: 10 %. Cashflow-Rate im Jahr 2004: 14 %. |

| | |
|---|---|
| **Mix-Leitlinie:** | Preiserhöhungen im Segment Y von rund 20 % im Vergleich zu 1999. Organisation des Verkaufs nach Segmenten. Einstellung von technischen Verkäufern für beide Segmente. Erhöhung des Werbe- und Verkaufsförderungsbudgets für Segment Y auf 2 Mio. für das Jahr 2001 und 3 Mio. für das Jahr 2004. |
| **Realisierungsidee:** | Reorganisation abgeschlossen und Preiserhöhung durchgeführt bis 30.6.2000 |

Qualitätsstrategie bis 30.6.2000 realisiert

# Zusammenfassung

Die Entwicklung einer Marketingstrategie beginnt in der Regel mit der Wahl eines oder mehrerer Marktsegmente, in denen man aktiv werden möchte. Dabei werden vor allem solche Segmente gewählt, die zum einen attraktiv sind und in denen das Unternehmen zum anderen über gute relative Stärken verfügt.

Der Prozess der Marktsegmentierung erfolgt in mehreren Schritten. Zuerst wird das Unterscheidungsmerkmal mit der höchsten, dann das mit der zweithöchsten Priorität eruiert. Diese immer feiner differenzierende Marktaufteilung wird so lange fortgeführt, wie das Homogenitätsprinzip noch nicht erreicht ist und zugleich das Messprinzip noch nicht verletzt wird. Da die Marketingkontrolle nur funktionieren kann, wenn Marktgröße und Marktanteil kontinuierlich beobachtet werden, hat das Messprinzip in der Regel höhere Priorität als das Homogenitätsprinzip.

Am häufigsten werden Segmentierungen nach Produkten, Absatzkanälen beziehungsweise Käuferverhalten, geographischen Merkmalen und Kundentypen vorgenommen.

Mit der Positionierung legt ein Unternehmen fest, woran die Kunden sein Produkt im Vergleich zu den Konkurrenzprodukten erkennen sollen. Ausgangspunkt dieser Bestimmung ist natürlich der Zielkunde mit seinen Wünschen und Bedürfnissen. Dabei ist zu bedenken, dass die vordringlichen Wünsche meist von allen Anbietern gleich gut befriedigt werden, so dass der Wettbewerb über sekundäre Kriterien ausgetragen wird. Die eigentliche Positionierungswahl berücksichtigt die eigene Konkurrenzfähigkeit hinsichtlich solcher Kriterien.

Die Umsetzung von Marketingstrategien ist um so einfacher und in der Regel auch erfolgreicher, je genauer die zu erreichenden Ziele quantitativ festgelegt werden. Nach Möglichkeit sollten ein Umsatz- und ein Marktanteilsziel bestimmt werden. Dies erfordert meistens eine fundierte Prognose über die Größe des künftigen Marktvolumens. Bei einer großen Anzahl von Endverbrauchern wird dazu eher das Top-down- und bei einer kleinen Anzahl eher das Build-up-Verfahren angewendet.

Eine Marketingstrategie ist nur so gut, wie sie von den Mitarbeitern des betreffenden Unternehmens verstanden wird. Der letzte wichtige Schritt besteht daher in der Formulierung. Sie sollte zwar knapp und prägnant sein, andererseits aber die wichtigen Grundüberlegungen (Zielkunden, Wettbewerbsvorteile), die zu erreichenden Ziele, die Schwerpunkte des Marketing-Mix und die Realisierungsidee zum Ausdruck bringen.

Bei der Formulierung der Strategie ist gut zu überlegen, wie ausführlich sie sein soll. Einerseits ist man bestrebt, möglichst alle Überlegungen festzuhalten, die zur Strategie und den Zielsetzungen geführt haben. Andererseits besteht aber die Gefahr, dass die Schwerpunkte durch die Aufzählung zu vieler Details verwischt werden und die Kommunikation erschwert wird.

# Beurteilung von Marketingstrategien

Eine allgemeingültige Marketingstrategie gibt es nicht. Eine Strategie kann in einem Fall gut, in einem anderen aber völlig fehlgerichtet sein. Alles hängt davon ab, wer in welcher Situation und an welchem Ort von ihr Gebrauch macht. Diese Aussage mag zwar den nach Systematik und Regeln strebenden Anwender etwas bedrücken, aber sie wird verständlich, wenn man sich die vielen Faktoren vergegenwärtigt, die den Erfolg eines Produkts oder einer Dienstleistung ausmachen.

Das Produkt einer erstklassigen Vermögensverwaltungsgesellschaft besteht nicht nur darin, dass die Kauf- und Verkaufsaufträge für Wertpapiere speditiv, korrekt und günstig abwickelt werden, sondern es beinhaltet auch die Zusicherung, dass sich die Gesellschaft stets so um das Vermögen der Kunden kümmert, als wäre es ihr eigenes. Sie wird daher ihre Kunden über Markttendenzen, Kaufgelegenheiten, Risiken usw. informieren. Günstige Anlagemöglichkeiten, die sie dank ihrer Bemühungen hat, wird sie weitergeben. Kontinuierlich wird sie über die Anlagen Bericht erstatten. Die erreichten Resultate wird sie mit dem Marktdurchschnitt vergleichen und stets hinterfragen, ob dem einzelnen Kunden mit einer anderen Anlagepolitik besser gedient wäre.

Manchmal versteht man nicht, warum der Kunde ein bestimmtes Produkt kauft, obwohl zahlreiche Hersteller das gleiche Produkt zu einem günstigeren Preis anbieten. Technisch ist das Produkt zwar mit dem der Konkurrenz vergleichbar, was der Abnehmer bei einem Vergleich der technischen Daten auch leicht feststellen kann, und trotzdem setzt sich nur das eine Produkt durch. Dem erfolgreichen Unternehmen ist es eben gelungen, aus der technischen Basis ein vollständiges, abgerundetes Produkt zu entwickeln. Das andere Unternehmen hingegen bietet am Markt die technische Basis und nicht ein darauf konzipiertes Produkt an.

Wir kaufen also ein Produkt als Ganzes. Wenn wir zum Beispiel an ein Leichtathletik-Meeting gehen, so kaufen wir damit auch einen Platz in einer sozialen Umgebung und die Möglichkeit, nach einem eventuellen Weltrekord sagen zu können: «Ich war dabei.» Wir erwerben zudem die Atmosphäre, die im Stadion herrscht und uns möglicherweise in gehobene Stimmung versetzt. Etwaige Parkplatzprobleme und Verkehrsstaus nach dem Meeting nehmen wir in Kauf.

Der Student der Eidgenössischen Technischen Hochschule in Zürich beispielsweise, der Betriebswirtschaftslehre als Nebenfach wählt, erwirbt nicht nur eine ausgezeichnete Ergänzungsausbildung, sondern auch eine für die Stellensuche nützliche Zusatzqualifikation. Er besitzt nämlich dann den Nachweis, dass er gelernt hat, sowohl technisch, als auch betriebswirtschaftlich zu denken, und dass er nicht «am Konstruktionsbrett sitzen bleiben» möchte, sondern nach Managementaufgaben strebt. Er zeigt, dass er zusätzliche Kenntnisse erworben hat und anders betrachtet werden muss als der «normale» Absolvent einer technischen Hochschule.

Viele Unternehmen mühen sich jahrelang mit defizitären Produkten ab und suchen ständig nach neuen Lösungen und Produkterweiterungen zur Abrundung ihres Angebots. Die Kosten, die entstehen, wenn ein Produkt vervollkommnet werden soll, betragen oft ein Mehrfaches der Kosten für die Entwicklung des Gerätes.

> Jahrelang schlug sich die General Electric am Computermarkt mit immer neuen Verlusten herum. Ein System nach dem anderen wurde vorgestellt, und man behauptete stets, es sei besser als die Konkurrenzprodukte. Trotz aller Bemühungen des Herstellers wurden die GE-Computer von den Kunden nicht in genügenden Stückzahlen gekauft. Was die Firma auch tat, es verhalf nicht zum ersehnten Erfolg.
> Schließlich setzte die frustrierte GE einen strategischen Krisenstab ein, der ermitteln sollte, warum die Firma nicht genügend Marktanteile erworben hatte, um im Großrechnergeschäft ein lebensfähiger Konkurrent zu bleiben. Angeblich kam die Gruppe zu dem Schluss, dass jedes gewonnene Prozent Marktanteil eine Investition von über US$ 100 Mio. erfordern würde. In der Computerbranche sind die Kosten für die Perfektionierung eines Produkts tatsächlich immens. Auch in den meisten anderen Branchen liegen sie sehr hoch.[1]

Der Personal Computer von Texas Instrument war ein Flop. Die Ex Libris-Ladenkette für Musik und Bücher des Detaillisten Migros erreichte nie jene Marktstellung, die sich der erfolgreiche Großverteiler erhoffte. Die Probleme waren in beiden Fällen die gleichen. Die Techniker erfanden ein Gerät beziehungsweise hatten eine Idee; dem Marketing gelang es aber nicht, daraus ein Produkt zu kreieren. Beide Unternehmen vermarkteten ein Teilprodukt; es gelang ihnen nicht, die Gesamtheit der Bedürfnisse der Zielkunden in befriedigendem Maß abzudecken.

---

[1] Davidow, *High Tech Marketing*, S. 55ff.

# 4 Beurteilung von Marketingstrategien

Schlüsselaufgabe für die Entwicklung eines «Geräts mit Seele» ist die Ausarbeitung einer Marketingstrategie. Sie beschreibt, wodurch sich ein Produkt auszeichnen soll, für welche Zielkunden es bestimmt ist und welche Ziele damit erreicht werden sollen. Dieser Frage wurde in Kapitel 3 nachgegangen. In diesem Kapitel geht es nun nicht um die Entwicklung einer neuen, sondern um die Beurteilung einer bestehenden Marketingstrategie.

Aufgrund unserer Erfahrungen halten wir Marketingstrategien dann für erfolgreich, wenn sie die sechs unten grafisch dargestellten Kriterien in möglichst hohem Maße erfüllen.

Kriterien für erfolgreiche Marketingstrategien

Die ersten Eignungs- oder Analysekriterien sind die Basis für die Entwicklung erfolgreicher Marketingstrategien. Trifft das Kontrollkriterium «Eignung für die Rentabilität» nicht zu, müssen die ersten drei Kriterien nochmals beurteilt werden.

Die anschließenden Ausführungen über die sechs in der Grafik zusammengestellten Kriterien sind so gehalten, dass jemand, der eine Marketingstrategie beurteilen soll, nach der Lektüre in der Lage ist, auf zweckmäßige Weise vorzugehen.

Zugleich wollen wir anhand vieler Beispiele aus dem Alltag aufzeigen, wie vielfältig Strategien in der Praxis sein können.

# Eignung für den Markt

Der Markt ist ein sehr komplexes System. Hier tummeln sich die Kunden mit ihren unterschiedlichen Wunschvorstellungen. Kunden mit ähnlichen Bedürfnissen werden in Gruppen beziehungsweise in Marktsegmenten zusammengefasst. Jedes Angebot eines Unternehmens muss sich für bestimmte Kundengruppen eignen. Ist ein Marketingprogramm zu beurteilen, wird daher zuerst hinterfragt, ob es den Charakteristiken eines oder mehrerer Marktsegmente entspricht, ob und wie gut es auf die spezifischen Bedürfnisse der Zielkundschaft ausgerichtet ist und ob die Strategie geeignet ist, spürbare Wettbewerbsvorteile zu schaffen.

Auch ein altes Fahrrad kann marktgerecht sein

## Strategie entspricht Marktsegmentierung

Bei den folgenden Ausführungen gehen wir von einem spezifischen Angebotspaket aus. Wir betrachten hier also nicht den Fall, dass ein Unternehmen mehrere Produkte, eventuell sogar unter verschiedenen Bezeichnungen, in einem Markt vertreibt.

In der Praxis begegnet man drei grundsätzlichen Strategien, je nachdem, ob sich ein Unternehmen auf den Markt generell, auf ein bestimmtes Segment oder eine Marktnische konzentriert.

◆ **Generelle Strategien:** Wenn eine Firma den gesamten Markt mit ein und derselben Strategie bearbeiten will, so muss sie ein Angebot haben, das möglichst viele Personen anspricht. Ihr Produkt sollte sich also zur Befriedigung von Bedürfnissen eignen, die großen Gruppen der Bevölkerung gemeinsam sind.

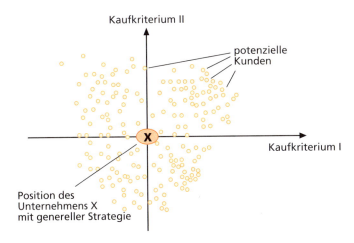

Position bei einer generellen Strategie

Generelle Strategien werden vor allem von Unternehmen verfolgt, die in Märkten operieren, in denen mindestens eines der folgenden Charakteristiken gegeben ist.

- **Grundbedürfnisse:** Produkte, die Grundbedürfnisse befriedigen, werden von einer großen Zahl von Kunden benötigt und sind sich in der Regel sehr ähnlich (Brot, Milch, Butter, Kartoffeln usw.).

- **Ähnliche Segmente:** In Märkten mit wenig ausgeprägter Segmentierung, das heißt, mit einer relativ homogenen Kundschaft, richten sich die Angebote nach dem Gros der Abnehmer und weniger nach einer spezifischen Kundengruppe.

- **Hohe «economy of scale» und hohe Preissensitivität:** Wenn die Kosteneinsparungen bei größeren Produktions- und Verkaufsmengen beträchtlich und die Kunden zugleich sehr preisbewusst sind, kann sich die Ausrichtung auf den durchschnittlichen Marktkunden lohnen. Der Kunde gewichtet nämlich den Preisvorteil möglicherweise höher als den Vorteil, den er von einem Angebot hat, das spezifische Segmenteigenschaften besser erfüllt.

- **Nachfrageüberhang:** Falls die Nachfrage das Angebot übersteigt und in absehbarer Zeit keine Änderung zu erwarten ist, richtet man sich nach den durchschnittlichen Kundenbedürfnissen des Gesamtmarktes. Dies gilt insbesondere auch für Märkte, die erst im Entstehen begriffen sind und in denen sich der Erstanbieter in der Regel im Marktzentrum positioniert.

Immer wieder ist zu erkennen, dass generelle Strategien mit der Zeit von Strategien für ein bestimmtes Marktsegment abgelöst werden.

> Die ersten Taschenrechner, die aufkamen, waren einander noch sehr ähnlich. Mit allen liessen sich die Grundoperationen ausführen und manche verfügten über einen Speicher. Heute sind die Taschenrechner jedoch sehr verschieden. Die einen sind speziell für technisch-wissenschaftliche Benutzer konzipiert, andere für Bankbeamte und wiederum andere eher für Schüler. Manche werden mit Batterien, andere mit Solarzellen und Akkus betrieben. Die Anbieter sind also von einer generellen Strategie für den Taschenrechnermarkt zu differenzierten Strategien für die verschiedenen Segmente übergegangen. Sie haben ihr Angebot – vor allem das Produkt, aber auch den Preis, die Distribution und die Kommunikation – an ihre spezifischen Zielsegmente angepasst.

◆ **Segmentstrategien:** Wir sprechen von Segmentstrategien, wenn sich das Angebot eines Unternehmens auf eine Gruppe von Kunden bezieht, deren Bedürfnisse möglichst homogen sind.

Position bei einer Segmentstrategie

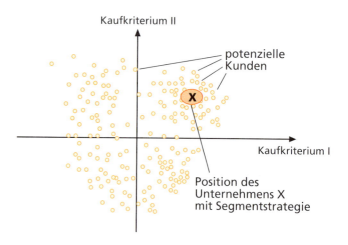

Wenn die Grundbedürfnisse einmal befriedigt sind, werden die Zusatzbedürfnisse wichtiger; darum richten die Unternehmen ihre Marketingaktivitäten heute weit stärker nach Segmentcharakteristiken aus als früher. Märkte, in denen die Unternehmen typische Segmentstrategien verfolgen, sind zum Beispiel der Automarkt (BMW versus Toyota versus Fiat), der Uhrenmarkt (Swatch versus Tissot versus Rolex), der Markt der Vermögensverwaltung (Pictet versus Bank Bär versus Zürcher Kantonalbank)[1], der PC-Markt (Compaq versus Dell versus Apple).

◆ **Marktnischenstrategien:** Strategien, die auf Marktnischen abzielen, sind für viele schweizerische Unternehmen, vor allem solche, die in der Exportwirtschaft tätig sind, von ziemlich großer Bedeutung. Im Gegensatz zu Unternehmen, die auf einer breiten Basis eine ganze Palette von Produkten anbieten, konzentriert sich der Marktnischenbearbeiter auf einzelne Produkte oder relativ eng begrenzte Anwendungsgebiete. Er geht also in die Tiefe und kann seine potenziellen Abnehmer deshalb niemals gut genug kennen.

In seiner Nische ist er der Spezialist und in der Regel ist er sogar alleiniger Anbieter dieser einen Produktspezialität, die von seinen meist ebenfalls bis zu einem gewissen Grad spezialisierten Kunden nachgefragt wird.

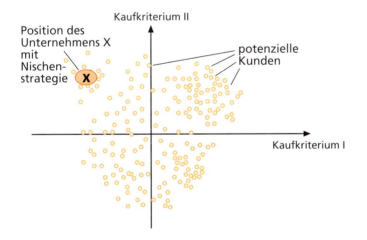

Position bei einer Nischenstrategie

---

[1] Pictet ist vor allem für Pensionskassen und institutionelle Anleger tätig, die Bank Bär betreut vorwiegend den Privatkunden mit einem Vermögen von sFr. 1 Mio. und mehr, die Zürcher Kantonalbank kümmert sich eher um den Durchschnittskunden.

> Ein Beispiel für die erfolgreiche Bearbeitung einer Marktnische ist die Firma Wander mit ihrem Produkt Isostar. Isostar wurde in den 70er Jahren in den Forschungslabors von Wander entwickelt. Es ist ein sogenanntes isotonisches Getränk, was besagen soll, dass der osmotische Druck von Isostar dem des menschlichen Blutes entspricht. Wander behauptet deshalb, dass isotonische Getränke den beim Sport eintretenden Wasserverlust schneller ausgleichen, was heute zumindest umstritten ist. Tatsache ist jedoch, dass die potenziellen Kunden – nämlich die Leistungs- und Hobbysportler – meinen, Isostar verhelfe wirklich zu besseren Leistungen. Das dürfte ein Hauptgrund dafür sein, dass Isostar zum Marktführer unter den «Sportlergetränken» wurde. Zu Beginn der Einführung wurde das Getränk nur in Apotheken und Drogerien verkauft. Den Zielkunden wurde es als Wettkampfverpflegung bei Sportveranstaltungen bekannt gemacht. Auf diesem Gebiet hatte die Firma Wander durch ihr Produkt Ovomaltine schon jahrzehntelange Erfahrung.
>
> Im Jahr 1983 wurde die Marketingstrategie für Isostar aufgrund von vorangegangenen Marktanalysen überarbeitet. Das Getränk wurde nun in einer speziellen Dose angeboten, die sich optisch deutlich von den Dosen anderer Softdrink-Hersteller unterschied. Gleichzeitig wurde die Distribution umorganisiert. In Deutschland übernahm Wasa, eine andere Novartis-Tochter, den Vertrieb im Lebensmittelhandel, der Fachhandel (Drogerien, Sportgeschäfte etc.) wurde von Wander bedient. Die Werbung wurde stark ausgedehnt, die Verteilung an Sportveranstaltungen beibehalten. Dank dieser Maßnahmen stiegen die Bekanntheit und die Verkäufe von Isostar in den nächsten Jahren stark an und die Firma Wander erreichte in ihrer Nische zumindest in Deutschland, Österreich und der Schweiz eine klare Leaderposition. Da das Geschäft mit Sportgetränken stark zunahm, wurde es Anfang der 90er Jahre auch für andere Anbieter immer interessanter. Isostar schien sich ein wenig auf den Lorbeeren auszuruhen, während sich andere Anbieter wie Gatorade oder Sponser auf Wettkampfplätzen immer aktiver zeigten. Man kann deshalb heute kaum noch von einer Nischenstrategie sprechen.

Bei der Beurteilung einer Marktnischenstrategie sollte auch die Attraktivität der Nische generell evaluiert werden. Ist sie zu hoch, besteht die Gefahr, dass die Konkurrenz dies erkennt und ebenfalls in der Nische tätig werden will. Grundsätzlich kann man sagen, dass sich Nischenstrategien bewähren, wenn die nachfolgend aufgeführten Kriterien erfüllt sind.

- **Leichte Verteidigung:** Da immer mit Konkurrenten zu rechnen ist, sind jene Nischen ideal, die sich gegen etwaige Angriffe von Dritten erfolgreich verteidigen lassen – beispielsweise weil ein Großanbieter bei der Befriedigung entscheidender Kundenbedürfnisse keine Vorteile aufgrund seiner Größe hat.

- **Spezialisierte Kunden:** Je spezieller die Kundenbedürfnisse in einer Nische sind, um so größer ist die Chance, dass sie von den übrigen Anbietern übergangen oder vernachlässigt wird.

- **Nicht zu groß, nicht zu klein:** Die Nische sollte nicht so groß sein, dass sich auch andere Anbieter darin betätigen wollen. Umgekehrt muss sie eine gewisse Größe besitzen, damit sie rentabel beliefert werden kann.

- **Entspricht den eigenen Möglichkeiten:** Es ist von Vorteil, wenn die Nische vom eigenen Unternehmen besonders gut bearbeitet werden kann.

Eine Marktnischenstrategie ist vor allem für kleine und mittlere Unternehmen interessant, die selten die Kraft haben, sich im Hauptsegment einem Kampf zu stellen. Auch kleinere Sparten eines größeren Unternehmens verfolgen oft eine Marktnischenstrategie. Das gleiche gilt für Neuanbieter, die in einer Nische in aller Ruhe Erfahrung und Know-how sammeln können. Zudem können sie sich auf die Zeit vorbereiten, in der ihre Aktivität aus der Marktnische herauswächst. Stark zunehmende Mengen und infolge des wachsenden Konkurrenzdrucks schwindende Margen sind Anzeichen dafür, dass man sich entscheiden muss, wann und wie man die Nische verlassen will.

Diese drei grundsätzlichen Vorgehensweisen (generell – Segment – Nische) sind natürlich nicht immer in ihrer Reinform ausgeprägt. Es gibt auch Anbieter, die ihr Produkt auf zwei oder drei Segmente ausrichten. Sie nehmen an, dass die Segmente verschmelzen werden, oder sie hoffen, dass sich um ihr Leistungspaket herum ein neues Segment bilden wird.

## Bedürfnisse der Zielkunden werden erfüllt

Ob nun eine Marketingstrategie neu entwickelt oder nur beurteilt werden soll – Ausgangspunkt ist immer der Zielkunde. Daher gilt es zu hinterfragen, wie der durchschnittliche Zielkunde zu beschreiben ist. Lässt er sich am besten anhand demographischer oder volkswirtschaftlicher Aspekte (Kaufkraft, Region), psychographischer (Lebensstil, Persönlichkeitsstruktur) und verhaltensbezogener Kriterien oder der Art der Produktverwendung charakterisieren? Entscheidend sind natürlich die Gegebenheiten, die den Zielkunden von anderen Kunden unterscheiden.

Man fragt insbesondere nach den Bedürfnissen, die aus Sicht des Kunden am vordringlichsten befriedigt werden müssen. Es geht dabei auch um die Einschätzung ihrer Wichtigkeit, also nicht nur um die bloße Feststellung der Bedürfnisse. Nach unserer Erfahrung genügt es meistens, wenn man diese Bedürfnisse mit Hilfe einer begrenzten Kundenbefragung eruiert: Es geht hier ja ausschließlich um die Überprüfung und nicht um die Entwicklung einer Marketingstrategie. Daher kann sich die Befragung auf die Ermittlung von Abweichungen der Kundenbedürfnisse vom vorgegebenen Leistungsangebot konzentrieren.

Bei diesem Schritt ist zu bedenken, dass man sich oft nicht allein auf den Endverbraucher konzentrieren darf. Absatzmittler können ebenso bedeutsam sein, sofern sie beim Kaufentscheid eine wichtige Rolle spielen. So entscheidet beispielsweise ein Einzelhändler über die Produktaufnahme und die Präsentation im Laden, berät der Architekt den Bauherrn bei der Auswahl der Handwerker und teilt der Werkstattinhaber dem Stammkunden seine Ansicht über die Reparaturanfälligkeit verschiedener Automarken mit. Eine Marketingstrategie muss also sowohl den Bedürfnissen der Endverbraucher als auch denen der Absatzmittler entsprechen.

Da sich Bedürfnisse mit der Zeit ändern, wird jedes Unternehmen ab und zu überprüfen, ob seine Produkte diesen Bedürfnissen noch genügen oder ob sich möglicherweise aus Veränderungen neue Marktchancen ergeben haben. Interessant ist dabei, wenn aus ersten Tendenzen bereits auf künftige Bedürfnisse geschlossen werden kann, denn die Chance, als erster mit einem angepassten und aktuellen Produkt auf den Markt zu kommen, wird dadurch größer.

> Auf die stark zunehmende Zahl von Haushalten, in denen alle Personen berufstätig sind, haben viele Anbieter von Mahlzeiten reagiert. Die Firma «Spaghetti-Pot» etwa, eine Restaurantkette an der amerikanischen Westküste, offeriert ein Standardmenü, das nach Hause mitgenommen wird: Spaghetti, kleine Salate, Reibkäse und Knoblauchbrot. Das Essen wird in zwei Minuten zubereitet, während der Kunde wartet. Es kann gleich nach der Ankunft zu Hause verzehrt werden – und es schmeckt angeblich, als wäre es daheim gekocht worden.

### Wettbewerbsvorteile sind klar erkennbar

Die Kunst des Marketing besteht in der Schaffung von substanziellen und anhaltenden Wettbewerbsvorteilen. Diese Vorteile müssen für den

Zielkunden wahrnehmbar sein. Er muss erkennen, auf welche Weise sich das Angebot von dem des Konkurrenten unterscheidet.

**Differenzierung** bedeutet, etwas zu schaffen, das im Markt als einzigartig angesehen wird. Der Zielkunde muss möglichst klar erkennen können, wie sich das Angebot vom Konkurrenzangebot abhebt.

Wir sprechen also nicht von Differenzierung, wenn sich der Marketing-Mix nur in Nuancen von dem der Konkurrenz unterscheidet. Normalerweise genügt es daher nicht, eine andere Kommunikationspolitik zu verfolgen, um sich von der Konkurrenz abzuheben; andererseits wird die Kommunikation jede Differenzierung, ob beim Produkt, bei der Distribution oder beim Preis, unterstützen müssen.

◆ **Hauptdifferenzierung im Produkt:** Unter einem Produkt versteht man das gesamte Leistungspaket – inklusive Service, Verpackung, Markenname, Produktimage. Daraus ergeben sich sehr viele Differenzierungsarten in Bezug auf Produktqualität, Sortimentsbreite und -tiefe sowie Service, wie die folgenden Beispiele zeigen.

- **Service:** Caterpillar Tractor, einer der führenden Hersteller von Baumaschinen, bietet seinen Kunden die Garantie, dass Ersatzteile weltweit innerhalb von 48 Stunden geliefert werden. Kann dieses Versprechen nicht eingehalten werden, so erhält der Kunde das betreffende Teil kostenlos.

- **Qualität:** Der schwedische Zelthersteller Hilleberg setzt stark auf das Kriterium der Qualität. Dank vierfacher Silikonbeschichtung besitzen die Zelte eine Wasserfestigkeit, die keines der Konkurrenzprodukte erreicht. Der Trekkingkunde ist deshalb auch bereit, für diesen Vorteil tiefer in die Tasche zu greifen.

- **Neuheit:** Das Ziel von Hennes & Mauritz ist es, seinen Kunden stets die allerneuesten Modetrends in den jeweils aktuellen Farben zu präsentieren. Weil sie große Mengen produziert, kann diese Firma zudem viel tiefere Preise als die Konkurrenz anbieten.

- **Qualitätsimage:** Die klassierten Weine aus dem Bordeaux-Gebiet genießen auf der ganzen Welt einen hervorragenden Ruf. Das traditionelle Herstellungsverfahren wird nur dann modifiziert, wenn eine neue Methode ein gleich gutes Produkt wie die alte liefert.

- **Anwendung:** Apple lancierte den Mac als den «Computer für uns Laien». Die Benützerfreundlichkeit war so groß, dass dem Erstanwender der Einstieg ins System leicht gemacht wurde. Die Werbung betonte stets, dass man keinen Berg von Handbüchern brauche, um den Mac einsetzen zu können. Dank des Windows-Betriebssystems zog die Konkurrenz zu Beginn der 90er Jahre aber gleich, was zu großen Problemen bei Apple führte. Mit dem i-mac hat Apple jedoch wiederum eine neue Computergeneration lanciert, die neben dem poppigen Aussehen den Vorteil hat, dass man das Netzkabel nur noch in die Steckdose einzustecken braucht und sofort zu arbeiten beginnen kann (Programme fertig installiert, Drucker angeschlossen etc.). Apple hat die Bedienungsfreundlichkeit der Software also auf die Hardware ausgedehnt und auf diese Weise einen Großteil der verlorenen Marktanteile zurückerobert.

Produktdifferenzierungen erfordern in der Regel technische Veränderungen. Sie lassen sich daher nicht von heute auf morgen durchführen, können aber von der Konkurrenz auch nicht sofort kopiert werden, während beispielsweise Preisangleichungen sofort erfolgen können.

◆ **Hauptdifferenzierung im Preis:** Eine preisliche Differenzierung, die sich langfristig bewähren soll, bedingt eigentlich immer eine günstige Kostenstruktur. Sie erfordert meistens Produktionsanlagen von effizienter Größe, das energische Ausnutzen von Einsparungsmöglichkeiten, die strenge Kontrolle von variablen und Gemeinkosten sowie Kostenminimierungen in Fixkosten-Bereichen wie Forschung und Entwicklung, Service, Verwaltung, Außendienst und Werbung.
In der Regel ist auch ein hoher Marktanteil oder der Zugang zu günstigen Rohstoffen (möglicherweise dank Rückwärtsintegration) notwendig.[1] Eventuell wird das Produktdesign an einen möglichst einfachen Herstellungsprozess angepasst oder man stellt ein breites Sortiment von ähnlichen Produkten zum Zweck der Kostenverteilung her. Viele Produzenten sind dazu übergegangen, die Lieferanten in den Optimierungsprozess einzubeziehen, zum Beispiel wenn es um «Just in time»-Lieferungen geht. Niedrige Kosten werden so zum roten Faden in der gesamten Strategie, obwohl Qualität, Service und andere Aspekte nicht außer Acht gelassen werden. Für Porter[2] ist dies eine

---

[1] Siehe Theorie der Erfahrungskurve in Kapitel 9 unseres Bandes *Planning*.
[2] Porter, *Wettbewerbsstrategien*, S. 62ff.

der wichtigsten Wettbewerbsstrategien. Er spricht von einer Strategie der Kostenführerschaft, die in der Regel ein Durchschnittsprodukt voraussetze, das möglichst auf dem ganzen Markt angeboten werde.

> Ikea hat sich im letzten Jahrzehnt in der Schweiz zum zweitgrößten Möbelverkäufer vorgearbeitet. Die Möbel sind im Vergleich zur Qualität äußerst preiswert. Die dafür notwendige Kostenstruktur erreicht das Unternehmen durch seine Größe und die Konzentration auf ein beschränktes Sortiment, durch günstigen Holzeinkauf und die günstige Herstellung (ursprünglich in Skandinavien, dann aber zunehmend in den osteuropäischen Staaten), durch niedrige Transportkosten (Versand von später montierbaren Einzelteilen, also geringes Transportvolumen) und nicht zuletzt durch die Tatsache, dass die Kunden die Produkte abholen und zu Hause selber montieren.

◆ **Hauptdifferenzierung in der Distribution:** Auch hier gibt es wieder eine Palette von Differenzierungsmöglichkeiten, die wir mit einigen Beispielen illustrieren.

- **Direkt-Vertrieb:** Zweifel liefert seine verschiedenen Chips-Produkte direkt an den Detailhandel. Das gleiche Prinzip verfolgt Hilti im Gebiet der Befestigungstechnik. Beide Unternehmen nehmen die höheren Distributionskosten zugunsten eines raschen Lieferdienstes und der Vorteile, die aus der direkten Kundenbearbeitung entstehen, in Kauf.

- **Spezielle Absatzkanäle:** Die sogenannten Reformprodukte wurden ursprünglich ausschließlich über die Reformhäuser distribuiert. Erst als die Großverteiler erkannten, dass hier eine Gefahr droht, eröffneten sie eigene Reformecken in ihren Läden und erhielten damit auch Zugang zu diesen Produkten.

- **Spezielle Herstellungsstandorte:** Um ihren aus Russland stammenden Wodka «Stolichnaya» von der Konkurrenz abzuheben, wählten die Importeure in den USA, Pepsico, folgenden Anzeigentext: «Die meisten amerikanischen Wodkas sehen russisch aus», mit den Beispielen: «Samovar: Made in Schenley, Pennsylvania; Smirnoff: Made in Hartford, Connecticut; Wolfschmidt: Made in Lawrenceburg, Indiana.» Weiter hieß es dann: «Stolichnaya ist anders – russisch», und auf dem Flaschenetikett las man: «Made in

Leningrad, Russia.» Daraufhin schnellten die Verkaufszahlen von Stolichnaya in die Höhe. Die Werbung musste also zuerst klarmachen, dass die russischen Namen der Konkurrenten für Produkte standen, die in den USA hergestellt wurden. Danach erst konnten sie ihr Produkt als den «echt russischen Wodka» präsentieren.

- **Spezielle Verkaufsstandorte:** Für viele Modeschöpfer gehört es zum Image, in Weltstädten wie Paris, London, Rom oder New York Verkaufsstellen zu unterhalten. Diese Läden liegen dann meist an der berühmtesten Straße der Stadt wie zum Beispiel den Champs-Elysées in Paris oder der Fifth Avenue in New York. Durch die Exklusivität der Städte und der Lage der Läden in diesen Städten wird die Exklusivität der Marken unterstrichen.

Auch die Differenzierung durch die Distribution erfordert Zeit. Die Beziehung zum Absatzmittler muss aufgebaut werden und die potenziellen Kunden müssen sich möglicherweise zuerst an die neuen Vertriebskanäle gewöhnen.

◆ **Keine Hauptdifferenzierung in der Kommunikation:** Viele der Beispiele zeigen, wie wichtig die Kommunikation der Merkmale ist, die ein Produkt von dem der Konkurrenz unterscheiden (zum Beispiel Wodka «Stolichnaya»). Der Kunde muss darauf aufmerksam gemacht werden, dass er es hier mit einem anderen Produkt zu tun hat. Die Kommunikation unterstützt daher die Differenzierung, die mit einem anderen Marketinginstrument erzielt werden soll.
Der Versuch, die Hauptdifferenzierung über die Kommunikation zu erreichen, genügt in der Regel nicht, um sich einen substanziellen und anhaltenden Wettbewerbsvorteil zu erarbeiten. Dies gilt unabhängig von der Höhe des Werbebudgets.

---

Ein Golfspieler rief beim Chicago Golf Club an und erklärte, dass er auf den «100 großartigsten Golfplätzen» spiele und unbedingt auch diesen Club in seine Liste aufnehmen wolle. Obwohl es sich um einen wirklich exklusiven Club handelte, erlaubte man ihm unter diesen speziellen Umständen ein Spiel. Nachher fragte ihn ein Club-Mitglied: «Auf wie vielen Plätzen müssen Sie nun noch spielen, um die "großartigsten 100" zu vervollständigen?» – «Auf 99», antwortete der Mann.

*Aus «Bits & Pieces», Juli 1999, Seite 22*

> W. H. Davidow[1] veranschaulicht dies mit einem Beispiel aus der Computerbranche: «Werbetest von Upstart: In unserem Gerät verwenden wir denselben Mikroprozessor wie IBM, aber dank unserer cleveren Techniker läuft alles ein kleines bisschen schneller. Das Betriebssystem ist fast identisch und läuft auch schneller. Natürlich gibt es reichlich Software. Unser PC verwendet größtenteils dieselben Programme, die für IBM geliefert werden. Wie groß er ist? Na, seine Schuhnummer ist kleiner als die des IBM-Gerätes – er braucht 10 % weniger Platz auf Ihrem Schreibtisch. Wo man ihn kaufen kann? Sehen Sie sich ihn bei Ihrem nächsten Upstart Systems-Vertragshändler an. Um ihn zu finden, rufen Sie 1-800-Upstart an. Upstart ist übrigens 10 % billiger als IBM in seiner meistverkauften Systemkonfiguration …»
> … Mit solchen Verkaufsargumenten als Zauberflöte machten die Rattenfänger der Personal Computer-Industrie Anfang der 80er Jahre Millionen von Dollar für ihren Feldzug locker und führten Investoren, Großhändler und Firmenmanagements in einen blutigen Zermürbungskrieg. Aber die meisten blieben verkrüppelt und zum Untergang verurteilt zurück. Warum? Weil die Kopien des IBM-PC, die nur ein kleines bisschen besser sein sollten, in Wirklichkeit überhaupt nicht besser waren – jedenfalls nicht langfristig. Binnen weniger Monate hatten sich sämtliche Vorzüge, die sie je besessen haben mochten, verflüchtigt. Der Preisvorsprung schmolz zusammen. Die neuesten Produkte von IBM liefen schneller. Und selbst die besten der neuen Personal Computer konnten das eigentliche Trumpf-As von IBM, das Firmenimage, nicht ausstechen. Marginale Produktdifferenzierung oder «ein bisschen besser sein als die Konkurrenz» genügt meistens nicht.

## Eignung für das Unternehmen

Auch wenn eine Strategie hervorragend an den Markt angepasst ist, bedeutet das noch lange nicht, dass sie auch erfolgreich ist. Im gleichen Markt kann eine Strategie für die eine Firma positive Resultate bringen, während eine andere Firma mit ihr scheitert. Dies hängt mit den Fähigkeiten zusammen, die ein Unternehmen zur Verwirklichung seiner Strategie hat. Stärken und Schwächen lassen sich nicht beliebig schnell verändern. Meistens dauert es sogar sehr lange, eine ausgeprägte Schwäche zu beheben. Daher kommt auch die Meinung, dass Unternehmen besser beraten sind, ihre Stärken weiter auszubauen, als ihre Schwächen zu korrigieren.

---

[1] Davidow, *High Tech Marketing*, S. 66ff.

### Strategie stimmt mit Leitbild überein

Ein Unternehmen wird in zweifacher Hinsicht von seinem Leitbild geprägt. Einerseits machen sich Kunden und Außenstehende ein Bild von der betreffenden Firma und erwarten dann zu Recht, dass das Angebot diesem Bild entspricht – oft sogar auch noch dann, wenn das Unternehmen sich bemüht, dieses etablierte Bild zu verändern.

> Die amerikanischen Autos verbrauchen in der Regel mehr Benzin als japanische oder europäische. Ein Käufer, der primär auf minimalen Benzinverbrauch Wert legt, wird voraussichtlich von vornherein den Kauf eines «Amerikaners» ablehnen.
> Volvo hatte früher das Image, starke, robuste, fast traktorähnliche Autos herzustellen. Heute will Volvo immer noch sichere und zuverlässige Autos anbieten; zugleich sollen sie aber sportlich-elegant und für das mittlere Portemonnaie erschwinglich sein. Letzteres muss Volvo nun seinen potenziellen Kunden überzeugend kommunizieren.

Andererseits sind die internen Auswirkungen des Unternehmensleitbildes wahrscheinlich noch wichtiger: Dieses Leitbild muss schließlich von den Mitarbeitern umgesetzt werden, das heißt, sie sollten mit der Zeit eine Verhaltensweise entwickeln, die dem Leitbild möglichst genau entspricht. Eine auf Billigstangebote spezialisierte Firma wird daher eine Führungskultur entwickeln, die primär auf Kostenkontrolle abzielt. Umgekehrt wird eine auf Service spezialisierte Gesellschaft sich in ihrem Denken und Handeln stark vom Anspruch der Kunden leiten lassen.

Ist doch selbstverständlich!

Jede Marketingstrategie muss daher mit dem Unternehmensleitbild und den in ihm enthaltenen Gesamtzielen übereinstimmen. Wenn sich ein Unternehmen beispielsweise auf den Schweizer Markt beschränken will, hat es keinen Sinn, ein Produkt zu entwickeln, dessen Erfolg nur gesichert ist, wenn es in ganz Europa vertrieben wird.

### Wachstumsvorstellungen werden erreicht

Wachstum ist für viele Unternehmen ein vorrangiges Ziel. Es gibt viele Gründe für diese Haltung, so etwa die Erkenntnis, dass die Herstellungskosten in der Regel mit zunehmendem Ausstoß sinken (Erfahrungskurve), oder die Chance, fixe Kosten besser auszunutzen und so höhere Renditen zu erzielen oder die Möglichkeit, Mitarbeiter zu befördern und auf diese Weise weiter zu entwickeln. Es ist also verständlich, wenn viel mehr von Expansions- als von Desinvestitionsstrategien die Rede ist.
Im Folgenden besprechen wir, wie Unternehmen wachsen, wie sie ihre Position halten und wie sie sich aus einem Markt zurückziehen.

Welche Möglichkeiten besitzt ein Unternehmen, wenn es wachsen will?

Unternehmen können grundsätzlich auf vier Arten wachsen. Man unterscheidet, ob das Wachstum mit bestehenden oder mit neuen Produkten, in angestammten oder in noch fremden Märkten erreicht wird.

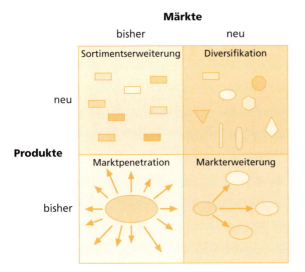

Strategiemöglichkeiten für Wachstum

◆ **Diversifikation:** Sie gehört streng genommen nicht in den Bereich der Marketingstrategien, sondern eher in den übergeordneten Bereich der Gesamtstrategie. Eine Diversifikation birgt zwei unsichere Elemente: ein neues Produkt und dazu einen neuen Markt. Diversifikationen sind daher riskante Expansionsvorhaben und verlangen hohe Aufmerksamkeit. Sie absorbieren in der Regel stets mehr Management-Ressourcen, als man in dem Moment erwartet, in dem man sich für die Diversifikation entscheidet.

◆ **Marktpenetration:** Eine bessere Marktpenetration wird erzielt, wenn bei den anvisierten Kunden ein höherer Marktanteil ohne wesentliche Ausdehnung des Sortiments erzielt wird. Die folgenden Beispiele aus dem PC-Markt illustrieren, wie in der Praxis versucht wird, den Marktanteil zu verbessern.

- **Spitzenqualität:** Compaq erreichte seine führende Stellung im PC-Markt vor allem dank der konsequenten Ausrichtung auf Qualität. Dies funktionierte hervorragend, solange es genügend Kunden gab, die die Qualität von Compaq entsprechend schätzten.

- **Kampfpreise:** Dell Computer erreichte seine gute Marktposition bei PCs in erster Linie dank tiefer Preise. Diese Preise basierten aber auf einer guten Kostenstruktur (zum Beispiel geringe F & E-Kosten), so dass man vielleicht nicht von «Kampf»-Preisen sprechen darf. Texas Instruments erreichte seine führende Position bei Transistoren und Taschenrechnern vor allem dank der niedrigen Preise bei vergleichbarer Qualität. Diese Strategie wurde einige Jahre durchgehalten; auf Gewinne wurde verzichtet.

- **Spezielles Design:** Apples Anteil am PC-Markt sank von Mitte der 80er Jahre bis etwa Mitte der 90er Jahre kontinuierlich. Diese Abwärtstendenz konnte erst mit der Lancierung des i-Mac definitiv gebrochen werden. Dieser neue PC besticht neben seiner Ausrichtung auf den Einfachanwender durch sein spezielles Design und die ungewöhnliche Farbgebung.

Die Beispiele illustrieren auch sehr anschaulich, wie sich die Kundenbedürfnisse im Laufe der Zeit ändern beziehungsweise wie der Kunde seine Entscheidungskriterien ändert, wenn er feststellt, dass die von ihm gewünschte Eigenschaft mehr oder weniger bei allen Lieferanten zu bekommen ist.

◆ **Sortimentserweiterung:** Expansive Strategien zeichnen sich oft durch die ständige Einführung neuer Produkte im bestehenden Markt aus. Dies geschieht vor allem dann, wenn die eigene Marktpenetration stark und der Markt mit Produkten gesättigt ist. Besteht zudem eine große Markentreue, so kann das unter dem gleichen Namen lancierte neue Produkt vom vorhandenen Image profitieren.

In der Regel versuchen Anbieter zuerst, das Angebot innerhalb der bestehenden Produktpalette auszudehnen, sei es, dass sie neue Geschmacksrichtungen, andere Verpackungsgrößen oder modifizierte Leistungsvarianten lancieren. Danach können auch ganz andere Produkte hinzukommen.

> Ein Beispiel dafür ist die Ausdehnung des Angebots an Mobiltelefonen in den letzten Jahren. Noch Anfang der 90er Jahre gab es nur wenige Modelle. Heute bietet jeder der Marktführer – Nokia, Motorola und Ericsson – mehr als zehn verschiedene Mobiltelefonmodelle an. Diese Modelle sprechen je nach Design und technischen Eigenschaften unterschiedliche Kunden an. Neuerdings bieten diese Hersteller auch Funkmodems für Notebooks an, ferner Zubehör, das es erlaubt, die erweiterten Funktionen der Mobiltelefone zu nutzen (zum Beispiel die Tastatur zum Schreiben von E-Mails oder Großdisplays zum Anzeigen von Internet-Seiten).
>
> Manche Bekleidungsunternehmen haben ihre Produkte in einem bestimmten Marktsektor lanciert und dann in weitere Segmente expandiert; schließlich diversifizierte man die Marke in verwandte Gebiete, zum Beispiel Ralph Lauren-Sportbekleidung, Ralph Lauren-Businesswear oder Ralph Lauren-Parfüm.

◆ **Markterweiterung:** Wenn Unternehmen über ein konkurrenzfähiges Produktsortiment verfügen, der Markt aber gesättigt ist, so stellt sich die Frage, ob die bestehenden Produkte auf einem neuen Markt angeboten werden sollen; der neue Markt kann eine andere Region sein, oder es kann sich um eine neue Kundengruppe handeln.

- **Neue Kundengruppe:** Dies setzt in der Regel voraus, dass die Marketingmaßnahmen entsprechend geändert werden. Meistens sind große Anpassungen nötig, sonst hätten einzelne Kunden aus der neuen Kundengruppe das Produkt schon gekauft. Wir denken also an Änderungen wie umfassendere Garantieleistungen, ausgedehntere Service- und Unterhaltsdienste, neue Distributionskanäle, einen stark veränderten Kommunikationsmix oder an ein anderes

Preisniveau. Dass es manchmal nur kleinerer Anpassungen bedarf, um an neue Kunden zu gelangen, zeigt das folgende Beispiel.

> Johnson & Johnson stellten das führende Baby-Shampoo her. Als die Geburtenziffern zu sinken begannen, machte man sich Gedanken. Die Marktforschung ermittelte, dass gelegentlich auch andere Familienangehörige das Haarwaschmittel benutzten. Man entschloss sich, das Shampoo als mildes Shampoo für Erwachsene zu lancieren. Rasch wurde das «Baby Shampoo» von Johnson & Johnson zur führenden Marke auf dem Gesamtmarkt für Haarwaschmittel.

- **Neue Regionen:** Ein junges Unternehmen konzentriert sich in der Regel zuerst auf den Binnenmarkt, bevor es ins Ausland expandiert. Sind erste Exporte erfolgreich, so wird es vielleicht eine Verkaufsgesellschaft im Ausland gründen oder sogar überlegen, ob es dort produzieren soll.

Sieben Entwicklungsphasen einer regionalen Ausdehnung[1]

| Phase | Fokus Marktaktivitäten |
|---|---|
| 1. **national** | Binnenmarkt |
| 2. | Export- und Importgeschäft, Lizenzen, Franchising |
| 3. | Vertretung Ausland |
| 4. | Tochtergesellschaft Ausland, Joint Ventures |
| 5. **international** | Umsatz im Ausland größer als Umsatz im Inland |
| 6. | Konzentration auf internationale Aktivitäten in ausgewählten Märkten |
| 7. **global** | Konzept Weltmarkt |

Europäische Unternehmen, beispielsweise ABB, Siemens, Nestlé oder Bayer, entwickelten sich von nationalen und internationalen zu multinationalen Unternehmen, bevor sie global operierten; demgegenüber verfolgten japanische Unternehmen meist den direkten Weg vom nationalen zum globalen Unternehmen.

Eine globale Strategie eignet sich für Märkte, die ähnliche Bedürfnisse und ähnliche Charakteristiken (Kaufkraft, Grad der Industrialisierung usw.) aufweisen. Die Problematik liegt darin, dass die Bedürf-

---

[1] H. P. Wehrli, «Globale Strategien im Kontext von Führung und Organisation», in: *Die Unternehmung*, 3/88, S. 178ff.

nisse in den einzelnen Ländern nie genau gleich sind und man sich fragen muss, ob der Marketingmix von Land zu Land variiert werden muss (siehe auch Kapitel 14).

Nach diesen Betrachtungen zum Wachstum geht es nun um die Frage, wann eine Strategie zum Halten des Marktanteils sinnvoll ist.

Hat das Unternehmen sein Ziel am Markt erreicht oder ist mit den zur Verfügung stehenden Mitteln nur noch ein beschränktes Wachstum möglich, so empfiehlt sich eine Strategie zum Halten des Marktanteils. Dies bedeutet aber nicht, dass ein Unternehmen seine Aktivitäten einfach überall etwas reduziert; vielmehr ist in den meisten Fällen eine gezielte Veränderung des Marketingmix erforderlich. Während in der Wachstumsphase der Marktanteil das Hauptziel ist, ist es jetzt die Rentabilität. Meistens gehen die relativen Ausgaben für die Absatzförderung zurück und das Innovationstempo wird verlangsamt. Neuigkeiten, die auf den Markt gelangen, betreffen eher das erweiterte Umfeld und weniger den Kern eines Produkts. Veränderungen in der Kommunikation sind wahrscheinlicher als Veränderungen in der Distribution. Bei der Preisfestlegung kommt dem kurzfristige Denken mehr Bedeutung zu.

Im Folgenden führen wir Beispiele für mögliche Veränderungen auf.

◆ **Veränderungen im Produktumfeld:** Veränderung von Farbe, Abmessung, Formgebung, Hinzufügung zusätzlicher Funktionen, Verbesserung der Haltbarkeit, Abgabe zusätzlicher Garantien, Mitlieferung von Ersatzteilen, im Lieferumfang inbegriffene Schulung.

◆ **Veränderungen bei der Kommunikation:** Neue Werbebotschaft, anders geartete Verkaufsförderungsangebote, Intensivierung der Anstrengungen des persönlichen Verkaufs.

> Die Michelin-Reifen-Gesellschaft lancierte den Michelin-Guide (einen Drei-Sterne-Restaurantführer) mit der Idee, den Autofahrer dazu zu bringen, mehr Kilometer zu fahren. Im Führer wurden besonders viele gute Restaurants im Süden von Frankreich genannt, um so die Einwohner von Paris dazu zu bringen, in den Süden zu fahren.

Strategien zum Halten des Marktanteils findet man eher in «reifen» als in wachsenden Märkten. In diesen Märkten sind die Wettbewerbspositionen bezogen und Produktinnovationen seltener geworden; die Produktqualitäten sind besser vergleichbar und die Anbieter überzeugt, dass das Halten ihrer Positionen im Verhältnis zum Kampf um Marktanteile – vor allem durch Preiszugeständnisse – besser ist.

Welche Charakteristiken kennzeichnen Melk- oder Desinvestitionsstrategien?

Wenn das Marktvolumen rückläufig ist und/oder dem Produkt keine Chance zum Halten des Absatzes gegeben wird, kann eine Melk- oder gar Desinvestitonsstrategie angezeigt sein.

◆ **Melkstrategie:** Ausgaben werden möglichst vermieden, das Budget für Absatzförderung wird drastisch reduziert. Sämtliche Entwicklungen für Produktverbesserungen werden eingestellt. Ziel der Bemühungen ist es, kurzfristig möglichst viel Cash aus dem Produkt herauszuholen. Randsorten und kleinere Absatzkanäle werden eventuell kurzfristig eliminiert. Man konzentriert sich auf die stärksten Produkte/Marktsegmente. Diese werden solange bearbeitet, wie sie noch einen Beitrag zur Deckung der fixen Kosten erbringen. Ist dies nicht mehr der Fall, so ist es angebracht, von der Melkstrategie zur Desinvestitionsstrategie überzugehen.

◆ **Desinvestitionsstrategie:** Sie wird in zwei Fällen angewendet, entweder wenn ein Produkt keinen Deckungsbeitrag mehr liefert[1] oder wenn ein Unternehmen zu dem Schluss kommt, dass ein Produkt nicht mehr ins Sortiment passt. Die Eliminierung eines Produkts hat immer auch negative Seiten – sei es wegen Garantieleistungen und der damit zusammenhängenden Lagerung von Ersatzteilen oder sei es wegen negativer Reaktionen der Kunden und der Belegschaft. Es ist daher sinnvoll, das Produkt respektive den Marktanteil an ein anderes Unternehmen zu verkaufen oder abzutreten. So ist zumindest gewährleistet, dass die Kunden sich nach wie vor mit dem Produkt eindecken können. Als Alternative kommt auch in Frage, dass das Unternehmen mit der Herstellung aufhört und mit zugekauften Produkten handelt.

Unternehmen haben mit Melk- und Desinvestitionsstrategien in der Regel Mühe. Es fällt ihnen schwer, sich vom Produkt zu trennen und sie

---

[1] Die Frage nach den Opportunitätskosten, also nach dem, wie ein Unternehmen die vom Produkt beanspruchten Ressourcen einsetzen könnte, sollte dabei mit berücksichtigt werden.

halten zu lange daran fest. Oft erkennen sie nicht, dass der Markt schrumpft, und meinen, die Probleme seien vorübergehender Natur. Sie investieren dann in Produktveränderungen, um so den Absatzrückgang vielleicht doch wieder wettzumachen.[1]

### Strategie entspricht relativen Stärken

Der Konkurrenzkampf ist hart. Daher muss ein Unternehmen immer hinterfragen, ob es die Fähigkeiten zu einer erfolgreichen Verwirklichung einer bestimmten Marketingstrategie hat. Es sollte herausfinden, ob es – im Vergleich mit seinen Konkurrenten – auch tatsächlich die für seine Strategie nötigen Stärken besitzt.

Die folgenden beiden Beispiele verdeutlichen, dass Strategien von Unternehmen eigentlich immer auf Stärkenvorteilen aufbauen, und zwar unabhängig davon, ob diese Stärken eher in «harten» (Produktionsanlagen, F & E-Personal) oder eher in «weichen» Faktoren (Kommunikation, time to market) liegen.

> Die führende amerikanische Brauerei Anheuser Busch investierte stets große Summen in ihre Anlagen. Es gehörte zu ihrer Politik, ein qualitativ einwandfreies Bier zu brauen und über die modernsten Anlagen zu verfügen. Als im Hauptsegment von Anheuser ein Angriff von Miller über verstärkte Kommunikation erfolgte, war es ein Leichtes, ihn abzuwehren. Die von Anheuser ebenfalls intensivierte Werbung führte sogar dazu, dass der Konsument auf den Qualitätsvorsprung aufmerksam gemacht wurde; Budweiser konnte seinen Marktanteil ausdehnen.
>
> Philips gelang es, in seinen Forschungs- und Entwicklungsabteilungen viele moderne elektronische Produkte vor den japanischen Konkurrenten zu entwickeln. Es haperte jedoch mit der raschen und erfolgreichen Vermarktung, so dass die fernöstlichen Konkurrenten trotzdem als Erste auf dem Markt auftreten konnten (etwa mit der Compact Disk).

Betriebswirtschaftliche Probleme sind in aller Regel Optimierungsprobleme; dies gilt besonders, wenn es um die Wahl geeigneter Marketingstrategien geht. Marktchancen zu erkennen ist gut, wenn ein Unternehmen auch die spezifischen Fähigkeiten hat, um sie zu nutzen; dabei sind diese Fähigkeiten immer in Relation zur Konkurrenz zu beurteilen.

---

[1] Siehe dazu Forster, *Innovation*, S. 27ff.

Es geht also um die Frage, ob die Konkurrenten – und von diesen die führenden Anbieter – oder das eigene Unternehmen bessere Fähigkeiten zur Umsetzung der gewählten Strategie besitzen. Wenn die Anbieter beispielsweise eine Tiefpreispolitik verfolgen, so interessiert die Frage, wer über die bessere Kostenstruktur verfügt. Wenn sie auf Produktinnovation setzen, so fragt man danach, wer das bessere Entwicklungs-Knowhow hat, wer mehr Gelder in die Forschung und Entwicklung stecken kann oder auch, wer die besseren Patente besitzt.

Die Beurteilung der relativen Stärkenposition ist in der Regel nicht einfach. Meistens sind genauere Abklärungen notwendig. Dabei sollte man sich aber nicht nur von kurzfristigen Überlegungen leiten lassen. Es gibt viele Beispiele, die zeigen, wie ein scheinbarer Nachteil dann doch die Möglichkeit eröffnete, sich langfristig neuartige Wettbewerbsvorteile zu sichern («turn liabilities into assets»).

> ASEA (der schwedische Teil von ABB) war unter dem Druck hoher Arbeitslöhne frühzeitig gezwungen, die Produktion stark zu rationalisieren. Dies führte nicht nur zu einer Kostenstruktur, mit der die Konkurrenz wie etwa BBC (der schweizerische Teil von ABB) bald nicht mehr mithalten konnte, sondern auch zur Entwicklung von Herstellungsrobotern, die anschließend auf dem Markt verkauft wurden. Daraus entwickelte sich das Robotergeschäft von ABB.

ABB-Roboter

## Marktanteilsposition wird berücksichtigt

Betrachtet man die Strategien der verschiedenen Anbieter, so kann man feststellen, dass es insbesondere zweit- und drittrangige Unternehmen sind, die versuchen, ihren Marktanteil zu vergrößern.

Als *Marktherausforderer* wird ein Unternehmen bezeichnet, das den Marktführer und andere Wettbewerber angreift, um einen größeren Marktanteil zu gewinnen.

Dies kann durch Marketingmaßnahmen wie Produktmodifikationen, Preisveränderungen, neue Distributionswege oder veränderte Kommunikationsmittel geschehen. Im Folgenden sind einige Beispiele aufgeführt.

◆ **Innovationen beim Service:** Berühmtes Beispiel ist der Angriff von Avis auf Hertz. Unter dem Motto: «Wir sind nur der Zweite. Wir bemühen uns mehr», wurde der Service von Avis stark verbessert (saubere Mietwagen, rasche Bereitstellung und Abwicklung, gut funktionierendes Reservierungssystem).

◆ **Innovationen bei der Distribution:** Der Direktverkauf von Modeartikeln (Kleidern, Schuhen usw.) in sogenannten «Factory outlet»-Läden umgeht den traditionellen Detailhandel. Da man auf den preisbewussten Käufer abzielt, ist die Ausstattung der Läden meistens einfach.

◆ **Innovationen zur Kostenreduktion:** Die japanische Offensive im Westen (Stahl, Automobile, Elektronik, Uhren) erfolgte grundsätzlich dank niedrigerer Kosten, die einen tieferen Preis am Markt zuließen. Die günstigeren Herstellungskosten waren nie allein die Folge größerer Absatzmengen, sondern stets auch das Resultat produktiveren Arbeitens.

Insgesamt wird ein Herausforderer den Marktleader also stets mit einem zumindest teilweise auf Neuerungen basierenden Gesamtpaket angreifen. In der Regel kann er es nur auf diese Weise schaffen, die nötige Differenzierung vom führenden Konkurrenten herbeizuführen.

Während ein Marktherausforderer also tendenziell nach besserer Marktdurchdringung strebt, ist ein Marktführer eher an einer Markterweiterung interessiert; das dominierende Unternehmen profitiert am meisten, wenn sich der Gesamtmarkt vergrößert.

Als Marktführer bezeichnet man diejenige Firma, die von den anderen Marktteilnehmern als führend angesehen wird. Sie verfügt in der Regel über den größten Marktanteil.

Der Marktführer dient als Orientierungspunkt; er spielt meistens eine führende Rolle bei Preisveränderungen und insbesondere bei der Einführung neuer Produkte. Marktführer besitzen meistens nicht nur eine günstige Kostenstruktur (unter anderem dank ihrer Größe), sondern auch die nötigen F & E-Ressourcen, um technologisch führend zu sein.

Neue Produkte schaden unter Umständen bereits eingeführten Produkten. In einem solchen Fall lohnt es sich, das neue Produkt unter einem neuen Markennamen zu lancieren. Marktführer operieren daher oft mit zwei Produktlinien. In Märkten, die von einem Marktführer dominiert werden, findet man oft Strategien zum Halten des Marktanteils. Der Leader bestimmt das Preisgeschehen und lässt durch sein Verhalten klar erkennen, dass er zwar keine Preiskonfrontation will, aber auch nicht bereit ist, etwas von seinem Marktanteil abzugeben. Wenn zu einem verantwortungsbewussten Marktführer mehrere Marktmitläufer kommen, bleiben die Marktanteile über längere Zeit stabil.

 Marktmitläufer sind Unternehmen, deren Marktanteil nicht dominierend ist und deren Strategie sich an der des Marktführers orientiert.

Solche Unternehmen versuchen nicht, dem Marktführer Kunden abzujagen, sondern bieten ihren Kunden ähnliche Werte an wie er. Diese scheinbare «Passivität» ist Ausdruck eines bewussten Verhaltens: Man möchte keine Vergeltungsmaßnahmen der Konkurrenz provozieren. Dieses am Marktführer ausgerichtete Verhalten trifft man häufig in Industrien mit recht homogenen Produkten (etwa in der Stahl-, Aluminium-, Papier- oder Chemikalienindustrie), wo eine Produkt- und Imagedifferenzierung schwierig ist. Wegen der meistens vorhandenen hohen Kapitalintensität solcher Industrien könnte ein Preiskrieg zudem ruinöse Formen annehmen, was vermieden wird.

## Eignung in Bezug auf die Konkurrenz

Mehrfach haben wir darauf hingewiesen, wie wichtig es ist, sich von der Konkurrenz abzuheben und auf einen substanziellen und anhaltenden

Wettbewerbsvorteil hinzuarbeiten. Will man daher eine Strategie beurteilen, so muss man sie mit den Strategien der stärksten Konkurrenten vergleichen. Dabei ist die Optik der Kunden entscheidend.

Zusätzlich sollte man hinterfragen, wo und wie sich das eigene Unternehmen am besten und sinnvollsten mit der Konkurrenz auseinandersetzen kann. Dieser Frage ist ein großer Teil der nun folgenden Ausführungen gewidmet.

## Kunde erkennt Unterschiede

Es ist wichtig zu bestimmen, in welchen Punkten sich die eigene Strategie von der der Hauptkonkurrenten unterscheiden soll. Dabei interessieren vor allem jene Anbieter, die den Markt dominieren und zudem möglicherweise die gleichen Zielkunden im Visier haben. BMW beispielsweise ist für Mercedes-Benz ein weit wichtigerer Konkurrent als VW, obwohl VW der größere Automobilproduzent ist. Bei der Analyse der Unterscheidungsmerkmale interessieren vor allem jene Aspekte, die für den Markterfolg bei den Zielkunden entscheidend sind, nämlich die kritischen Erfolgsfaktoren.

Sodann gilt es herauszufinden, ob der Zielkunde die Unterschiede auch wirklich wahrnimmt. Dies ist entscheidend, wenn man beurteilen will, ob sich die eigene Strategie durchsetzen kann. Einzelne Interviews mit Kunden können dabei sehr hilfreich sein, denn sie geben Einblick in die Beweggründe für die Kaufentscheidung.

> 7-eleven ist eine amerikanische Kette von Quartierläden, die 24 Stunden am Tag und sieben Tage in der Woche offen sind. Der Name «7-eleven» stammt aus dem Jahr 1946. Damals waren die Läden nur von 7 Uhr morgens bis 11 Uhr abends geöffnet und die Käufer fanden nur das Nötigste für die Befriedigung der Grundbedürfnisse: Brot, Milch, Eier, Gemüse, Konserven, Eis usw.
> 
> Heute sind die Ansprüche der Kunden gestiegen. 7-eleven bietet mittlerweile in weltweit über 18'000 Läden 2500 verschiedene Artikel rund um die Uhr an. Das Artikelsortiment des Unternehmens umfasst neben Lebensmitteln, Zeitschriften, gebräuchlichen Haushaltsgegenständen und Hygieneartikeln sogar warme Imbisse; Dienstleistungen wie Faxen und Fotokopieren runden das Angebot ab.
> 
> Das Sortiment ist nicht so breit wie das eines Supermarkts, aber von allem Nötigen ist zumindest ein Produkt vorhanden. Die Kunden von 7-eleven sind bereit, für die Bequemlichkeit, zu jeder Zeit einkaufen zu können, mehr zu bezahlen.

## Marktführer «greift sich selbst an»

Bei der Beurteilung der Machtverhältnisse unter verschiedenen Anbietern lässt man sich von zwei Grundsätzen leiten.

- ◆ **Grundsatz der Stärke:** Es wird sich das Unternehmen durchsetzen, das mehr Mittel mobilisieren kann. Dieser Grundsatz geht auf den preußischen General Karl von Clausewitz zurück: «Die größtmögliche Zahl von Soldaten sollte am entscheidenden Punkt eingesetzt werden.»

- ◆ **Grundsatz der «Überlegenheit durch Verteidigung»:** Ein angreifendes Unternehmen benötigt bedeutend mehr Mittel als eines, das sich verteidigt. Es ist somit weit schwieriger, an die Spitze zu gelangen, als dort zu bleiben.

Eine sehr oft angewendete Marktführer-Strategie besteht darin, «sich selber anzugreifen», das heißt, Produkte einzuführen, die den marktgängigen Produkten überlegen sind. Wenn der Marktführer ein Innovationstempo einschlägt, dem die Konkurrenz nicht folgen kann, so haben die Mitbewerber keine Aussicht, ihn von der Spitze zu verdrängen.

> Gillette brachte Anfang der 70er Jahre den Doppelklingenrasierer «Trac II» auf den Markt und reduzierte damit den Umsatz des eigenen Einklingenrasierers «Super-Blue-Blade». Das Unternehmen reagierte damit auf die Herausforderung durch den Konkurrenten Wilkinson, der in den 60er Jahren bei der Lancierung von Neuheiten führend war.
> Einige Jahre später präsentierte Gillette das Modell «Atra», den ersten verstellbaren Doppelklingenrasierer – wiederum ein Konkurrenzprodukt für sein Vorgängermodell. Zudem wurde der Billigrasierer «Good News» auf den Markt geworfen, um das Produkt der Firma BIC in diesem Bereich zu bekämpfen. «Good News» war zwar auch eine Konkurrenz für die teureren Modelle von Gillette, hinderte BIC aber daran, eine starke Position auf dem Billigrasierermarkt zu erlangen. Auf diese Weise sicherte sich Gillette auf dem Markt für Nassrasierer einen Anteil von 65 %.[1]
> Bis heute behauptet Gillette seine Marktführerposition. Das Unternehmen zeichnet sich vor allem durch sein Image und seine intensive und gute Kommunikation gegenüber der Konkurrenz aus.

---

[1] Siehe Ries/ Trout, *Positionierung, die neue Wettbewerbsstrategie*, S. 75.

Versäumt es der Marktführer jedoch, «sich selber anzugreifen», so bleibt ihm immer noch die Möglichkeit, die Schritte der Konkurrenz nachzuvollziehen, bevor sie sich auf dem Markt etabliert.

> John DeLorean (Ex-Manager von GM) schreibt zum Beispiel: «Obwohl Ford General Motors in Bezug auf Produktinnovationen überlegen war oder Chrysler General Motors bei den technischen Innovationen überholte, erreichte keiner der Konkurrenten, dass General Motors' Marktanteil von 50 % erheblich schrumpfte.» Wieso? Kurz nach der Einführung von Neuheiten kam GM einfach mit Ähnlichem auf den Markt.[1]

Oft kommen einem Marktleader auch Gesetzgebung oder Normierung (Arzneimittelgesetzgebung, Normen für elektrische Armaturen, Patente, Erfüllung von staatlichen Zulassungsprüfungen usw.) zu Hilfe, wenn es darum geht, seine Position zu festigen. Eher selten findet man beim führenden Unternehmen eine «Strategie der Verfolgung». Damit ist gemeint, dass das Unternehmen zum Beispiel einem Lieferanten mit der Reduzierung der Abnahmemenge droht, wenn er auch die Konkurrenz beliefert, oder den Händlern nahelegt, die Produkte des Konkurrenten nicht zu führen. Auch die Abwerbung führender Mitarbeiter fällt unter diese Art der «Verteidigung».

Dominierende Unternehmen hüten sich oft davor, ihren Marktanteil so auszudehnen, dass sie praktisch ein Monopol besitzen: Meistens steigen dann die Kosten für die Erreichung weiterer Marktanteilsprozente recht schnell an. Die Kunden tendieren dazu, grundsätzlich bei kleinen und schwächeren Konkurrenten zu kaufen – nicht nur «aus Mitleid», sondern weil sie eine alternative Lieferquelle haben möchten; auch hat ein Anbieter mit kleinem Anteil nicht allzu viel zu verlieren, so dass er hart kämpfen wird, um seine Position zu halten. In einzelnen Ländern droht dem Leader zudem eine Klage wegen seiner Monopolstellung.

## Marktherausforderer zielt auf die Kehrseite der Stärke

Ein Angriff auf den Marktführer ist nur dann erfolgversprechend, wenn dafür reichlich Mittel zur Verfügung stehen. Das ist bei Unternehmen auf den «hinteren Rängen» selten der Fall. Für sie kommen eher die weiter unten dargestellten Strategien in Frage.

---

[1] Siehe Ries/ Trout, *Marketing generalstabsmäßig*, S. 76.

Bei einer offensiven Strategie sollte man sich immer gut überlegen, wo man angreifen will. Zielt man auf eine offensichtliche Schwachstelle, so wird sich der Angegriffene mit allen Mitteln verteidigen. Er wehrt sich nämlich nicht nur gegen den Angreifer, sondern korrigiert zugleich seine offengelegte Schwäche.

Das beste Rezept ist daher, eine Schwachstelle zu suchen, die der Angegriffene nicht korrigieren kann, ohne seine Stärke zu gefährden; es geht also um die Suche nach den «Kehrseiten» seiner Stärken. Wenn dort mit vollem Mitteleinsatz attackiert wird, wird der Angegriffene es schwer haben zu reagieren. Er muss seine Stärke erhalten: «The key sources of success are the potential seeds of failure.»

> Shimano etablierte sich im Fahrradmarkt dank seines hervorragenden Wechslers, der so gekonnt propagiert wurde, dass das Unternehmen vor einigen Jahren damit begann, unter dem Namen Shimano ein ganzes Set von Fahrradbestandteilen an die Fahrradhersteller zu vertreiben (Bremsen, Naben, Ketten, Wechsler usw.). Da die Hersteller auf den Shimano-Wechsler angewiesen waren, konnte es sich das Unternehmen leisten, nur noch das ganze Set anzubieten. Von diesem Punkt bis zu der Idee, mit einem Shimano-Fahrrad auf den Markt zu kommen, ist es kein weiter Weg. Die traditionellen Fahrradhersteller befürchten daher, dass Shimano diesen Weg gehen könnte. Die Kehrseite der von Shimano angestrebten Strategie zur Marktdominanz bei Fahrradbestandteilen ist daher der Wunsch traditioneller Fahrradhersteller, es möge ein Bestandteilproduzent auf dem Markt in Erscheinung treten, der Shimano die Stirn bieten kann.

In der Regel ist es schwierig, die Kehrseite einer Stärke zu finden. Sie muss aus Kundensicht so wichtig sein, dass sie beachtet wird. Da ein Marktführer seine Stärken anfänglich gemäß den kritischen Erfolgsfaktoren des Marktes konzipiert, ist anzunehmen, dass ein Plus in den vordergründigsten Kehrseiten der Stärken die Kunden kaum dazu bringen wird, den Lieferanten zu wechseln.

### Angriffe über die Flanken erfolgen überraschend

Ein Angriff «über die Flanken» ist in jedem Fall eine recht kühne Operation, bei der mit hohem Einsatz gespielt wird: Ein Unternehmen versucht, unter Einsatz all seiner Kräfte der Konkurrenz mit einer Neuheit zuvorzukommen. Eine solche Strategie birgt große Gewinnchancen, aber auch große Risiken. Angegriffen werden sollte nur auf unumstrittenen Gebieten. Das bedeutet nicht notwendigerweise, dass nur mit einem neuen Produkt attackiert werden kann. Entscheidend ist vielmehr, dass der Kunde das Produkt dank irgendeiner Neuerung in eine neue Produktkategorie einordnet.

> Als Miller sein «Lite Beer» einführte, gab es noch keinen Markt für kalorienarmes Bier. Heute werden aber in den USA 35 Mio. Fässer gebraut. Miller ist Marktleader; er arbeitete sich im gesamten Biermarkt auf den zweiten Rang vor. Die Einführung von Miller Lite wurde von Werbeanstrengungen begleitet, die damals für den amerikanischen Biermarkt völlig neu waren. Zugleich versuchte Miller, die Hauptkonkurrenten mit Nadelstichen im Hauptmarkt vom Angriff über die Flanken abzulenken.

Der Erfolg der Strategie eines Angriffs über die Flanken hängt weitgehend davon ab, ob man ein Marktsegment als erster besetzen kann. Man muss schnell handeln, bevor die Konkurrenz reagiert; sie muss überrascht werden. Ausgedehnte Markttests müssen unterbleiben, da sonst die Konkurrenz aufmerksam wird und Gegenmaßnahmen einleitet.

Um die erfolgreiche Besetzung eines neuen Marktsegments auch zu nutzen, ist es unbedingt erforderlich, ihm nach dem ersten «Sieg» die nötige Aufmerksamkeit zu widmen. Das Top-Management sollte seine Energie nicht für schwache Produkte verschwenden, sondern die erfolgreichen unterstützen. Das Ziel einer Angriffs-Strategie über die Flanken ist nicht das Halten eines geringen Marktanteils im neuen Segment, sondern der Aufbau einer beherrschenden Stellung. Zu diesem Zweck ist es nötig, schon vor der Lancierung eines Produkts zu planen, wie ein Erfolg genützt werden sollte. Zu diesem Zeitpunkt ist die Konkurrenz nämlich noch schwach und nicht in der Lage, dem neuen Produkt etwas entgegenzusetzen.

### Flexible Anbieter wählen die «Guerilla»-Strategie

Marketingstrategien «nach Guerillaart» sollten vor allem von kleinen Unternehmen angewendet werden, die nicht über die Kraft für eine offensive Strategie oder einen Angriff über die Flanken verfügen. «Größe» ist hier aber ein relativer Begriff; seine Bedeutung steht in engem Zusammenhang mit den Machtverhältnisse am Markt.

> In der «Rotarier»-Ausgabe vom März 1998 wird die Geschichte einer Organisation erzählt, die eine Belohnung von US$ 5000 für einen lebend gefangenen Wolf aussetzte. Dieser Umstand machte Sam und Jim zu Glücksjägern. Tag und Nacht streiften sie auf der Suche nach der wertvollen Beute durch Berge und Wälder.
> Eines Abends schliefen sie erschöpft ein und träumten von dem ihnen bevorstehenden Glück. Plötzlich erwachte Sam und sah, dass sie von etwa 50 Wölfen mit feurigen Augen und fletschenden Zähnen eingekreist worden waren. Umgehend versetzte er seinem Freund Jim einen leichten Stoß und rief: «Jim, wach auf! Wir sind reich!»
>
> *Aus «Bits & Pieces», September 1999, Seite 10*

Für Guerilla-Strategien wird meistens ein kleines Marktsegment gewählt, das leicht zu verteidigen ist. Grundsätzlich wird in diesem Segment eine beherrschende Stellung angestrebt.

Allerdings darf ein «Guerilla-Kämpfer» nicht der Versuchung erliegen, wie ein Marktführer zu handeln. Schließlich liegt sein großer Vorteil vor allem in seiner Flexibilität und damit in seiner Fähigkeit, sich an einem anderen Ort erneut durchzusetzen. Wird er daher in seinem Spezialsegment angegriffen, so muss er auch in der Lage sein, auf seine Marktposition zu verzichten und eventuell sogar sein Produkt aufzugeben. Er darf sich keinesfalls auf einen «Zermürbungskampf» einlassen, da er ihn – mangels entsprechender Ressourcen – mit größter Wahrscheinlichkeit verlieren wird.

> Die Billigstfluglinie «People Express» begann ihren Aufstieg mit einer Guerilla-Strategie. Es wurden zunächst nur einzelne Destinationen ausgesucht und man kämpfte mit Tiefstpreisen gegen die führenden Fluglinien an. Sobald diese Marktführer ihre Preise auf das Niveau der Tarife von «People Express» gesenkt hatten, zog sich «People Express» von diesen Destinationen zurück und attackierte an einem anderen Ort.
> Die gleiche Vorgehensweise wurde danach auch im Transatlantikverkehr angewendet. Ein Ticket für den Flug von New York nach London kostete bei «People Express» US$ 149. Um jedoch die etablierten Konkurrenten nicht frontal anzugreifen, wurden keine Reservierungen entgegengenommen. Auch limitierte man die Anzahl der Flüge, in London wurde der weniger attraktive Flugplatz Gatwick angeflogen und der Service an Bord war äußerst dürftig. Damit fehlte der Anreiz für die etablierten Nordatlantik-Passagiere. So verloren die traditionellen Fluggesellschaften nur wenige Fluggäste. Es waren vielmehr neue Passagierkategorien, die begannen, mit «People Express» zu fliegen und dessen Kapazitäten zu füllen.
> Der Niedergang von «People Express» trat erst ein, als das Unternehmen so groß geworden war und so viele Destinationen in den ganzen Vereinigten Staaten anflog, dass es sich nicht mehr zurückziehen konnte und dem Kampf stellen musste. Dieser Kampf war aber aufgrund der mangelnden finanziellen Ressourcen von «People Express» gar nicht zu gewinnen.

**Schwächere Anbieter suchen Zusammenarbeit**

Für schwächere Anbieter empfiehlt es sich zu überlegen, ob sie nicht ihre Position durch Zusammenarbeit mit einzelnen oder mehreren Konkurrenten substanziell verbessern können. Formen einer solchen Zusammenarbeit gibt es viele.

◆ **Absprachen:** Sie können auf irgendeinem Gebiet getroffen werden. Häufig kommen jedoch Absprachen über das Verhalten am Markt zum Tragen. So legt man zum Beispiel Verkaufsgebiete fest, die ohne Einwilligung der Konkurrenten nicht verlassen werden dürfen, oder man legt die Produktionsmengen fest, die die einzelnen Anbieter (beispielsweise die OPEC, Organisation erdölexportierender Länder) nicht überschreiten sollen, oder man einigt sich auf Mindestpreise, die nicht unterschritten werden sollen.
Absprachen solcher Art haben zum Ziel, Kriege zwischen den Konkurrenten zu vermeiden, Kriege, die letztlich zum Schaden aller wären. Die freie Marktwirtschaft funktioniert unter solchen Umständen aber nicht mehr.

> Ein typisches Beispiel für eine solche Absprache war das schweizerische Bierkartell. Im Kartellvertrag vereinbarten die Brauereien, für Mindestpreise im Detailhandel zu sorgen, im Gastgewerbe keine Abwerbung zu betreiben, das Bier in einheitliche Flaschen abzufüllen und keine ausländischen Biere in Lizenz herzustellen.
> Wie eine solche – heute verbotene – Absprache die Entwicklung von Unternehmen beeinflussen kann, zeigt die Geschichte der Brauerei Hürlimann Ende der 70er Jahre. Durch die Kartellvereinbarungen daran gehindert, von einer regionalen zu einer nationalen Marke zu avancieren, verlegte sich Hürlimann auf die Strategie des Wachstums durch Akquisition anderer Brauereien. So wurden von 1977 bis 1984 die Brauereien Uster, Erlen (Glarus), Baumberger (Langenthal), Hof (Wil) und Löwenbräu (Zürich) übernommen. Die modern ausgebaute Hürlimann AG übernahm deren Verkaufsgebiete und produzierte für alle. Die lokalen Brauereien wurden stillgelegt.

Kartelle gehören der Vergangenheit an. Der Wunsch nach Absprachen hat wenig Chancen auf Realisierung, insbesondere wenn sich in- und ausländische Anbieter frei gegenüberstehen und die Macht der Abnehmer so groß ist, dass sich ein Kartell nicht durchsetzen kann. In einzelnen Fällen wurden zudem so drastische Bußgelder verhängt, dass man sich gut überlegen sollte, ob man es wirklich riskieren will, gegen die Kartellgesetze (insbesondere in den USA und in der EU) zu verstoßen.

> Roche und andere Pharma-Unternehmen hatten von 1990 bis 1999 die Preise für Vitamine auf dem US-Markt abgesprochen. Das amerikanische Departement of Justice verurteilte Roche deswegen zur Zahlung eines Bußgelds von US$ 500 Mio. Damit war aber die Auseinandersetzung vor Gericht noch nicht beendet: Auch die Kunden forderten mittels Zivilklagen Schadenersatz. Diese Sammelklagen führten zu einem Gesamtvergleich, der Roche weitere US$ 632 Mio. kostete.

Ab und zu tritt der Fall ein, dass in Branchen, die zuvor jahrelang ruhig waren, ein Unternehmen plötzlich eine aggressive Wachstumsstrategie betreibt und das Gleichgewicht im Markt stört. Dies hat meistens einen extrem harten Kampf um die Marktanteile zur Folge, bei dem einige Firmen auf der Strecke bleiben. Diese Entwicklung trat zum Beispiel ein, als in den USA die Preisbindung für Flüge aufgehoben wurde und die Preise massiv sanken.

- **Zusammenarbeitsvertrag:** Meistens einigt man sich dahingehend, dass sich jedes Unternehmen auf ein bestimmtes Aktivitätsfeld konzentriert. Eine solche Vereinbarung kann generell oder nur für einzelne Märkte gelten. Man hofft, dass durch diese Art der Zusammenarbeit ein größerer Wettbewerbsvorteil gegenüber der übrigen Konkurrenz entsteht. Es liegt auf der Hand, dass keine Zusammenarbeit mit dem Hauptkonkurrenten gesucht wird. Ideal hingegen ist es zum Beispiel, bei der Produktion mit einem Konkurrenten zu kooperieren, der seine Produkte auf einem anderen Markt verkauft. Die Zusammenarbeit kann selbstverständlich auch ohne vertragliche Regelung erfolgen, wie das folgende Beispiel illustriert.

> Der in der Schweiz führende Lebensmitteldiscounter Migros verkauft traditionell weder Alkohol noch Tabakwaren. Um diesen Wettbewerbsnachteil gegenüber seinem stärksten Konkurrenten Coop wettmachen zu können, wählt Migros in seinen Einkaufszentren als zweiten Lebensmitteldetaillisten die für alkoholische Getränke und Tabakwaren bekannte Firma Pick Pay aus. Migros-Kunden können somit Alkohol und Tabakwaren am gleichen Ort kaufen wie die Migros-Artikel. Umgekehrt profitiert Pick Pay als Markenartikeldiscounter vom attraktiven Standort neben den Migros-Geschäften, in denen praktisch nur eigene Marken angeboten werden.

- **Finanzielle Verflechtung:** Dies ist die engste Form der Zusammenarbeit zwischen «Konkurrenten», vor allem dann, wenn eine Mehrheitsbeteiligung besteht. Die Ziele von Beteiligungen können sehr verschieden sein, wie die folgenden Beispiele zeigen.

> Die Beteiligung von Swissair an Crossair muss unter dem Aspekt der Abrundung des Angebots gesehen werden. Swissair übernahm die Kontrolle über eine regionale Fluggesellschaft, die ihr Passagiere zuführen konnte.
>
> Als Nestlé die Berner Alpenmilchgesellschaft kaufte, stand der Erwerb von Verfahrens-Know-how und Patenten im Vordergrund: Die Forschungsgesellschaft der Berner Alpenmilchgesellschaft besaß das Uperisationsverfahren zum Ultrahocherhitzen der Milch. Dieses fand denn auch große Verbreitung in der ganzen Welt.
>
> Hauptziel der Beteiligung von ABB an Westinghouse im Kraftwerksbau und in der Energieübertragung war die Erschließung des riesigen US-Marktes.

Die verschiedenen Formen der Zusammenarbeit ergeben sich aber nicht nur aufgrund von marktstrategischen Überlegungen. Sehr gut kann man sich beispielsweise vorstellen, dass der Aufkauf einer Firma günstiger zu stehen kommt als der Bau eigener Produktionsstätten. Oft beteiligen sich Unternehmen auch mit wenigen Prozenten nur deswegen an einer Konkurrenzfirma, um «etwas näher an sie heranzukommen», als «Zeichen einer gewissen Verbundenheit», um «für alle Fälle den Schuh in der Türe» zu haben. Eine ernsthafte Absicht, langfristig und intensiv zusammenzuarbeiten, besteht jedoch nicht.

## Eignung für Rentabilität

Jede Marketingstrategie sollte dazu beitragen, die ökonomischen Zielsetzungen zu erreichen. Bei gewinnstrebenden Unternehmen wird das Erreichen eines Ziels an der Rentabilität gemessen, also am Verhältnis des Gewinns zu den investierten beziehungsweise gebundenen Mitteln.

$$\text{Rentabilität} = \frac{\text{Absatzvolumen} * \text{Reingewinn/Stück}}{\text{investierte Mittel}}$$

$$= \frac{\text{Marktvolumen} * \text{Marktanteil} * (\text{Preis/Stück} - \text{Kosten/Stück})}{\text{investierte Mittel}}$$

Der Marktstratege muss fünf Größen kombinieren, damit seine Strategie zu Rentabilität führt. Wählt er einen kleinen Markt, so muss er tendenziell eine hohe Nettomarge pro Stück erzielen und einen hohen Marktanteil erobern – dies allerdings in Proportion zu den für seine Aktivitäten investierten Mitteln (inklusive den im Nettoumlaufvermögen gebundenen Mitteln). Wählt er einen großen Markt, so kann er sich auch mit einem kleineren Marktanteil begnügen, wenn er entsprechende Margen realisiert (etwa dank einer fokussierten Segmentstrategie).

Die Rentabilität ist quasi die «Nagelprobe» der Marketingstrategie. Eine Strategie, die sich für den Markt (Umsatzoptik), für das eigene Unternehmen (Kosten- und Investitionsoptik) und für die Konkurrenzsituation (Preis-/Leistungsoptik) eignet, führt zu Rentabilität. Ist dies nicht der Fall, dann ist mindestens eines dieser drei Eignungskriterien nicht erfüllt. Die beste Marketingkontrolle ist der Erfolgsnachweis. Stimmt der Erfolg, stimmt auch das Marketing.

Bei der Berechnung der Rentabilität eines Produkts wird sich unweigerlich die Frage stellen, wie ihm Kosten und Investitionen zugerechnet werden müssen.[1]

Oft ist vor allem aus Produktionsabteilungen zu hören, es sei viel zu teuer, auf Kundenwünsche einzugehen; die Mehrkosten, die in der Herstellung, im Service oder in der Arbeitsvorbereitung anfielen, sei der Kunde doch nicht bereit zu bezahlen.

Diese Frage stellt sich in der Tat, aber sie reflektiert und betont im Grunde genommen nur die Uraufgabe des Marketing, nämlich die Zielkunden so auszuwählen und die Leistungen so zu definieren, dass trotz maximaler Ausrichtung auf die Bedürfnisbefriedigung rentabel gearbeitet werden kann! Hier scheidet sich im strategischen Marketing die Spreu vom Weizen. Diese Aufgabe ist zwar schwierig, die vielen Erfolge belegen aber, dass sie lösbar ist.

Wann sollen positive Resultate erreicht werden? Nach wieviel Jahren soll ein neues Produkt zu Rentabilität führen?

Bei der Einführung eines neuen Produkts kann man nicht erwarten, dass es sofort positive Ergebnisse liefert. Je nach Produktlebenserwartung kann das ein bis drei Jahre dauern. Entscheidend ist, dass über die Jahre die kumulierten Ergebnisse dem Rentabilitätsziel entsprechen.

---

[1] Siehe *Financial Management*, Band II unserer BWL-Reihe.

Bei der Rentabilitätsberechnung kommen die uns bekannten Methoden der Investitionsrechnung zur Anwendung. Die Anzahl von Jahren entspricht der Lebenserwartung des Produkts; die späteren Jahre verlieren infolge der Diskontierung stark an Bedeutung. Von der Payback-Methode weiß man, dass Investitionen mit Zukunftscharakter in spätestens drei bis fünf, nur in Ausnahmefällen in bis zu sieben Jahren zurückfließen sollten. Wir halten daher nicht viel von neuen Produkten, die jahrelang mit Verlust verkauft und nur dank der Hoffnung auf eine bessere Zukunft weiter am Leben erhalten werden.

> Das von Ford im Jahr 1958 eingeführte Modell «Edsel» gilt nach der Marketingliteratur als einer der größten Flops. Ford soll dabei einen Verlust von US$ 350 Mio. gemacht haben. Was war geschehen? «Edsel» war für die mittlere Preiskategorie konzipiert worden. Als es auf dem Markt eingeführt wurde, stellte man fest, dass das Marktsegment zu klein war, um vernünftige Renditen erzielen zu können.[1]

## Harmonischer Marketingmix

Zielkunden sind eine möglichst homogene Gruppe von Konsumenten, die mit einem bestimmten Marketingmix optimal angesprochen werden können. Wenn also eine Gruppe homogen genug ist und die Marketingmittel wirklich auf die Bedürfnisse dieser Zielkunden ausgerichtet werden, entsteht automatisch ein Marketingmix, der von den Zielkunden als harmonisch empfunden wird.

In der Praxis stellt man jedoch immer wieder fest, dass diese Harmonie fehlt – sei es, weil die Gruppe der Zielkunden zu unhomogen ist und man daher zu Kompromissen neigt oder weil die einzelnen Marketingelemente zu wenig aufeinander abgestimmt wurden. Das kann vermieden werden, wenn eine Marketingstrategie so gründlich durchdacht und ausführlich formuliert ist, dass sie zugleich die Leitlinie für die Ausarbeitung der Marketingmaßnahmen darstellt.

Jeder Wettbewerbsvorteil nützt nur dann, wenn er von den Zielkunden auch als solcher erkannt wird. Je größer der Wert eines Produkts für

---

[1] Siehe Hartley, *Management Mistakes*, S. 87.

den Kunden ist, umso deutlicher muss man ihm diese Tatsache mitteilen. Es muss also in die Kommunikation investiert werden. Falsch wäre es dann, Abnehmer für ein solches Produkt mittels preislicher Maßnahmen gewinnen zu wollen.

> Die Idee von der schützenlosen Webmaschine wurde von den Gebrüdern Sulzer aufgenommen. Die Sulzer AG hatte anfänglich große Mühe mit der Entwicklung und Einführung des neuen Produkts, das zwar enorm leistungsfähig, aber auch entsprechend teuer in der Anschaffung war. Potenzielle Kunden mussten daher zunächst einmal von der größeren Wirtschaftlichkeit überzeugt werden. Die Einrichtung eines speziellen Service-Büros für die Kunden war nötig: Es löste Layout-Probleme, führte Investitionsrechnungen durch und gab kompetent über alle Fragen von Lärm, Betriebssicherheit, Verschleiß usw. Auskunft. Eine regelrechte Aufklärungskampagne war notwendig, um die Kunden nach und nach für das Produkt zu gewinnen. Sie dauerte einige Jahre und kostete Millionen. Vom heute anerkannten Spitzenprodukt stehen über 100'000 Maschinen in rund 80 Ländern im Einsatz.

Die glaubhafte Demonstration der gewählten Positionierung erfordert, dass die Marketingmittel zielkundengerecht konzipiert werden. Als wir in den letzten Jahren verschiedene Erfolgsprodukte untersuchten, zeigte sich immer wieder, wie gut die Konzeption des Marketingmix durchdacht war. Außenstehende erhielten stets den Eindruck einer Gesamtharmonie. Es gilt also, alle Maßnahmen darauf auszurichten, dass sich der angestrebte Wettbewerbsvorteil im Markt durchsetzt.

Kunden haben in der Regel eine Erwartungshaltung, die respektiert werden muss. So erwartet der Konsumartikelkunde eher, dass preisgünstige, verpackte Güter bei vielen verschiedenen Verkaufsstellen (Supermärkte, Gemischtwarenläden usw.) erhältlich sind. Teurere Güter hingegen sucht er vor allem in wenigen exklusiven Geschäften (Spezialgeschäfte oder eigene Verkaufsstellen des Produzenten).

Der Kunde geht auch davon aus, dass hohe Qualität oder spezielle Serviceleistungen dem Anbieter höhere Kosten verursachen und daher teurer sind. Letzteres muss allerdings nicht sein: Es kann gute Gründe geben, warum ein Anbieter eine höhere Qualität zu einem niedrigeren Preis als die Konkurrenz anbieten kann. Die von den Kunden erwartete Harmonie wird dann durchbrochen. In diesem Fall muss dem Kunden der Grund für die Widersprüchlichkeit verständlich gemacht werden. Versteht er den Grund, so kann er sehr positiv auf das preisgünstige Produkt reagieren.

Anbieter verfallen ab und zu in den Fehler, dass sie ihre Marketingmittel «auf der sicheren Seite» konzipieren. Das heißt, sie wählen eine Produktqualität, die den Bedürfnissen des Kunden zweifelsfrei entspricht, oder sie bieten Serviceleistungen, die der Kunde zwar schätzt, für die er aber im Grunde genommen nicht entsprechend bezahlt. Eine so gewählte Marketingstrategie kann eigentlich nicht als unharmonisch bezeichnet werden. Sie ermöglicht es dem Anbieter aber nicht, sich von der Konkurrenz abzuheben. Außerdem ist sie meistens teuer und dürfte deshalb auch nicht zu der angestrebten Rentabilität führen.

> Dem Möbelbeschlägehersteller Blum aus dem österreichischen Bundesland Vorarlberg gelang es im Lauf der letzten 15 Jahre, zum weltweit größten Hersteller von Möbelbändern und Schubladenführungen aufzusteigen. Wie konnte ein so kleines mitteleuropäisches Unternehmen diese Position erreichen – noch dazu auf einem Gebiet, das technisch nicht allzu hohe Ansprüche stellt?
> Im Mittelpunkt der Marketingstrategie von Blum steht seit eh und je die Qualität. Sie wird in erster Linie durch beste Produktionseinrichtungen und eine sorgfältige Qualitätskontrolle garantiert. Dann geht man aber noch einen Schritt weiter und bezieht die Arbeitsabläufe bei der Montage durch den Möbelbauer mit in die Überlegungen ein.
> Das Unternehmen Blum hat folgerichtig eine spezielle Montagemaschine entwickelt, die es seinen Kunden günstig zur Verfügung stellt. Dank der speziellen Bohrungsabstände ist die Montagehilfe nur für Blum-Scharniere zu gebrauchen.
> Der hohe Qualitätsstandard wird aber auch durch die übrigen Marketingmittel untermauert:
>
> - Verkaufsberater helfen, Probleme bei der Anwendung zu lösen. Dadurch ist gleichzeitig gewährleistet, dass neu entstehende Kundenbedürfnisse frühzeitig erkannt werden.
> - Mit einem speziellen Schulungsprogramm werden Wiederverkäufer im Sinne der Blum-Produktionsphilosophie getrimmt.
> - Klassische Werbung wird kaum gemacht, an Fachmessen ist man aber stets präsent.
> - In den großen Märkten garantiert eine eigene Verkaufsfirma mit einem gut sortierten Lager für rasche Lieferung.
>
> Blum verfolgt eine klare Hochpreispolitik und lässt sich von der Devise «Marge vor Umsatz» leiten. Durch Billigprodukte lässt man sich nicht von dieser Linie abbringen.[1]

---

[1] Interne, nicht veröffentlichte Untersuchung aus dem Jahr 1989.

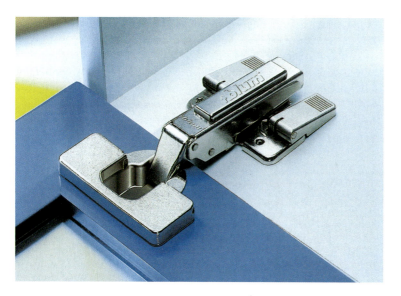

Ein Scharnier aus dem Hause Blum AG

## Einfache Kommunikation

Damit die Mitarbeiter eines Unternehmens überhaupt im Sinne einer Strategie arbeiten können, müssen sie diese gründlich kennenlernen und verinnerlichen. Die Strategie muss deshalb so prägnant formuliert sein, dass jeder sie verstehen kann, und sie muss alle Angaben enthalten, die von den Mitarbeitern benötigt werden, um ihr Handeln darauf ausrichten zu können.

Wenn Avis seinen Kunden sagt: «Wir sind nur Nummer zwei – wir strengen uns mehr an», so weiß jeder Mitarbeiter, dass es auf den Kundendienst ankommt, dass man den Kunden nicht warten lassen darf, dass man alles tun muss, damit das gewünschte Auto pünktlich, sauber und in perfektem Zustand bereitgestellt wird. Der Mitarbeiter wird nicht verwirrt, denn der gesuchte Wettbewerbsvorteil ist klar und eindeutig formuliert. Jedermann weiß, worum es geht.

Insbesondere bei Investitionsgütern trifft man oft auf Strategien, die «mit dem Rechenschieber» gemacht wurden: gut durchdacht, umfassend und außerordentlich genau formuliert. Es sind aber so viele Aspekte und Nuancen darin enthalten, dass den Mitarbeitern die Essenz der Strategie entgeht; sie sehen «vor lauter Bäumen den Wald nicht mehr».

Eine verständliche, gut vermittelbare, klare und einfache Strategie zeigt, dass das Management entschlossen ist, das Unternehmen auf ein bestimmtes Ziel auszurichten.

Erfolgsbeispiele zeigen immer wieder, wie wichtig es ist, eine klare Marschrichtung vorzugeben. Marketingstrategien können sehr unterschiedlich sein – wie anhand vieler Beispiele verdeutlicht wurde. Eines zeichnet erfolgreiche Marketingstrategien aber immer aus: Sie sind leicht verständlich.

> Dank einer geschickten Marketingstrategie gelang es Fiat zu Beginn der 80er Jahre, mit dem Panda in Deutschland die Nummer eins unter den Importmarken zu werden. Dabei hatte der Panda keine technischen Wettbewerbsvorteile; er war weder wirtschaftlich, noch war man der Ansicht, dass die ungewöhnliche optische Form auf Gefallen stoßen würde. So entschloss man sich, unkonventionelle, umweltbewusste und junge Käufer mit dem Motto «die tolle Kiste» anzusprechen. Es gelang – unter anderem mit Hilfe satirisch-ironischer Kurzgeschichten – sukzessive eine Produktpersönlichkeit aufzubauen und Käuferschichten zu gewinnen, die nicht zu den traditionellen Fiatkunden gehörten.
> Mit dem Fiat Multipla wird nun versucht, diese Erfolgsstrategie weiterzuführen. Auch dieses neue Auto lässt aufgrund seines Äußeren nicht unbedingt auf eine erfolgreiche Einführung schließen. Aber unter dem Motto «Schön, dass es Ausnahmen gibt» wird versucht, jene Kunden anzusprechen, die alles daran setzen, keine «08.15»-Menschen zu sein. Ob sich diese Strategie bewährt, wird die Zukunft zeigen.

Im Grunde genommen hat die einfache Kommunikation mit der Fähigkeit zu tun, seine Mittel konzentriert einzusetzen und sich nicht zu verzetteln. Die Konzentration der Kräfte ist ein strategischer Grundsatz; man kann sogar sagen, sie ist die Essenz jeder strategischen Weichenstellung.[1] Hält man sich daran, wird auch die Kommunikation einfach und verständlich.

---

[1] Siehe dazu auch Seiler, *Planning*, Kapitel 11 und 13.

# Zusammenfassung

Nach unserer Erfahrung gibt es keine allgemein gültigen Regeln, die festlegen, welche Marketingsstrategie sich in einer bestimmten Situation mit Sicherheit eignet. Zu zahlreich sind die im Markt wirkenden Einflüsse. Trotzdem haben wir sechs Kriterien vorgestellt, die bei der Beurteilung bestehender Marketingstrategien beachtet werden müssen.

Eignet sich die Strategie für den Markt? Geht sie mit den Bedürfnissen der Zielkunden konform? Mit Hilfe einer beschränkten Kundenbefragung gelingt es normalerweise recht schnell festzustellen, ob das angebotene Leistungspaket den Erwartungen der Kunden entspricht. Je breiter und vielfältiger sich das Spektrum von Kunden präsentiert, desto mehr richten sich die Anbieter nach einzelnen Marktsegmenten aus. Eine Ausnahme kann hierbei der über eine klare Kostenführerschaft verfügende Marktleader darstellen. Für Neuanbieter und kleinere Unternehmen ist möglicherweise eine Marktnischenstrategie sinnvoll.

Ein Kunde sollte erkennen können, welcher Wettbewerbsvorteil ihm geboten wird. Je substanzieller und anhaltender dieser Vorteil ist, desto eher wird der Kunde die Differenzierung als «einzigartig» akzeptieren. Es gelingt in der Regel nicht, sich einzig und allein über die Kommunikation zu differenzieren; Veränderungen am Produkt, am Preis oder bei der Distribution sollten die Kommunikationsbemühungen unterstützen.

Eignet sich eine bestimmte Strategie für ein Unternehmen und entspricht sie zugleich seiner relativen Stärkenposition? Jede Strategie sollte dem unternehmerischen Leitbild entsprechen und auf Stärken basieren, die zur Befriedigung wesentlicher Kundenbedürfnisse nötig sind. Sie sollte aber auch den Wachstumsvorstellungen des Unternehmens und seiner Marktposition entsprechen. Ist der Markt stagnierend oder gar rückläufig, so werden eher investitionsarme Strategien gewählt. Expansive Strategien verlangen eine stärkere Marktpenetration, eine Sortiments- oder eine Markterweiterung.

Der Marktleader verhält sich oft defensiv; dazu gehört auch, dass er «sich selber angreift», das heisst, ein hohes Innovationstempo vorgibt und ständig seine eigenen Produkte ablöst. Offensive Verhaltensweisen prägen hingegen den Marktherausforderer, der vor allem versucht, seinen Angriff auf die Kehrseite der Stärke des Marktleaders zu richten. Angriffe «über die Flanken» müssen so überraschend und wuchtig vorgetragen werden, dass die Konkurrenz nicht rechtzeitig reagieren kann.

Jede Marketingstrategie wird an der Rentabilität gemessen; auch mit neuen Produkten müssen in wenigen Jahren positive Resultate erzielt werden. Der Zwang, sich über Rentabilitätsziele zu äussern, hat den grossen Vorteil, dass man Marktsegmente erkennt, die zu klein sind, um vernünftige Renditen erzielen zu können.

Ein Schlüsselelement bei der Beurteilung bestehender Marketingstrategien ist die Harmonie der eingesetzten Mittel. Ein unharmonischer Mix wird vom Zielkunden schlecht verstanden und ist nicht wirksam, oder er ist zu teuer und daher wenig rentabel.

Jede Marketingstrategie lebt von der Qualität ihrer Umsetzung. Die Verantwortlichen sollten sich daher bemühen, «mit dem Rechenschieber» entwickelte Strategien so prägnant und einfach zu formulieren, dass jeder Mitarbeiter versteht, was von ihm erwartet wird. Dies setzt in der Regel voraus, dass Schwerpunkte gesetzt und die Kräfte nicht verzettelt werden.

# Teil II

# Marketinginstrumente

# Einleitung Teil II

Der Marketingstratege schafft Wettbewerbsvorteile, indem er einerseits Marktchancen identifiziert und andererseits ein Angebotspaket konzipiert, das auf den eigenen Stärken baut. Er definiert die zu erreichende Wettbewerbsposition, regelt das Zusammenspiel von «Artillerie und Infanterie», bestimmt eventuell notwendige «Brückenköpfe» und kommuniziert klare und messbare Ziele.

Mehrere Marketingspezialisten greifen den aufgestellten «Kampfplan» auf und entwerfen die dazu passenden Marketinginstrumente. Beispielsweise bestimmen sie, wie das Produkt im Detail aussehen oder wie es vertrieben werden soll.

Die Anzahl möglicher Marketinginstrumente, mit denen Strategien umgesetzt werden, ist in jeder Situation gewaltig groß. Man gliedert die Marketinginstrumente in der Regel in vier Gruppen – je nachdem ob sie mit dem Produkt, der Preisgestaltung, der Warenverteilung oder der Kommunikation zu tun haben.

Im englischen Sprachraum spricht man von den vier Ps: «product», «price», «place» und «promotion».

| Produkt (product) | | Preis (price) |
|---|---|---|
| • Qualität | • Zusatzausstattungen | • Listenpreis |
| • Design | • Markenname | • Preiszuschläge |
| • Verpackung | • Serviceleistungen | • Rabatte und Nachlässe |
| • Garantien | • Installation | • Zahlungs- und Kreditkonditionen |
| **Distribution (place)** | | **Kommunikation (promotion)** |
| • Verteilkanäle | | • Werbung |
| • Absatzmittler | | • Persönlicher Verkauf |
| • Standorte | | • Verkaufsförderung |
| • Transportmittel und Lagerwirtschaft | | • Publizität |

Gliederung von Marketinginstrumenten

Im operativen Marketing werden die einzelnen Marketingmittel gestaltet, eingesetzt und bezüglich ihrer Wirkung überwacht. Dazu sind in der Regel immer Spezialisten nötig, das heißt F & E-Leute für die Produktentwicklung, Werbeagenturen für die Gestaltung der Informationsvermittlung an den Kunden, Außendienstleute für persönliche Kundengespräche, Logistiker für die Warenverteilung, Produktionsfachleute für die kostengünstige Herstellung und andere mehr.

> Ein Mann besucht einen Facharzt und klagt: «Herr Doktor, mein Ellbogen ist ganz rot und schmerzt wie wahnsinnig. Was soll ich bloß machen?»
> Der Arzt überlegt kurz, macht dann einen Schritt auf den Patienten zu und tritt mit aller Wucht auf dessen Fuß. «Aua», ruft der Patient, «sind Sie übergeschnappt? Was soll das? Warum treten Sie mir auf den Fuß?»
> Der Arzt fragt ohne Anteilnahme: «Spüren Sie den Schmerz im Ellbogen noch?»
> «Nein», antwortet der Besucher, «jetzt schmerzen die Zehen.»
> «Gut, dann der nächste Patient bitte.»
>
> *Aus «Bits & Pieces», Mai 1999, S. 11*

An der Vielfalt der Mittel und den unterschiedlichen Personen, die sich mit ihrer Gestaltung beschäftigen, wird deutlich, wie schwierig es ist sicherzustellen, dass die Marketinginstrumente harmonisch aufeinander abgestimmt sind. Die Aufgabe eines Produktmanagers, der sich dieser koordinativen Herausforderung stellen muss, ist daher nicht leicht. Dazu kommt, dass er sich auch mit der Optimierung des Marketingmix auseinandersetzen muss. So wird er beispielsweise fragen, ob es besser sei, die Kommunikationsanstrengungen zu intensivieren und zugleich die Preise leicht anzuheben oder im Gegenteil wenig in die Kommunikation zu stecken und dafür mit tieferen Preisen zu operieren. Bei solchen Optimierungsfragen wird stets berücksichtigt, welche Ressourcen vorhanden sind, mit welchen spezifischen Umfeldgegebenheiten man es zu tun hat und wo Synergien möglich sind.

◆ **Ressourcen:** Die zur Verfügung stehenden Mittel sind immer beschränkt. Unter dem Strich muss allerdings Rentabilität erreicht werden, was nur möglich ist, wenn die Differenz von Umsatz und Kosten positiv ist.
Die folgende Darstellung zeigt sehr schön, dass hohe Produktqualität, kombiniert mit einem tiefen Preis, zu niedrigeren Kommunikations-

kosten führt, als wenn geringe Qualität zu einem hohen Preis angeboten wird.

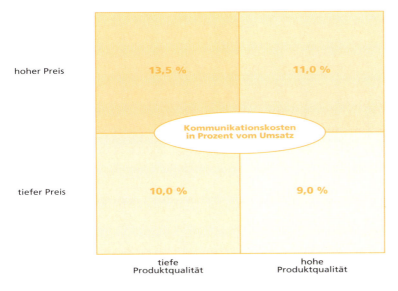

Durchschnittliche Beziehung zwischen Produktqualität, Preis und Kommunikationskosten[1]

- ◆ **Situationen:** Die optimale Kombination ist meistens situationsspezifisch. Eine Aktion zur Förderung des eigenen Absatzes kann sehr erfolgreich sein, wenn sie kurz vor der Einführung eines neuen Konkurrenzprodukts erfolgt. Die gleiche Aktion wäre aber wahrscheinlich unnötig und könnte sich sogar kontraproduktiv auswirken, wenn die Konkurrenz gerade mit Qualitätsproblemen oder Lieferschwierigkeiten kämpft.

- ◆ **Synergie:** Zwischen den verschiedenen Marketingmitteln gibt es immer die Wechselwirkung von Synergie und Dysergie; ein lineares Zusammenspiel der Mittel ist die Ausnahme. Zum Beispiel unterstützt eine sinnvolle Verpackung den Produktabsatz; ein Kundenbesuch, der zeitlich auf die Werbekampagne abgestimmt ist, schafft Synergie; eine Verkaufsförderungsaktion, die das Qualitätsimage des Produktes unterläuft, bringt Dysergie; eine Promotion, die sich für ein tiefpreisiges Produkt eignet, kann bei einem hochpreisigen Produkt negative Reaktionen auslösen.

---

[1] Siehe Buzzell/Gale, *Das Pims-Programm.*

> Ein Hersteller von Fruchtgetränken testet verschiedene Preis-Werbe-Kombinationen in 24 Supermärkten in vier Städten. In zwei Städten wird intensiv, in den beiden anderen wenig geworben. In je zwei Läden in jeder der vier Städte werden die Endverbraucherpreise hoch, durchschnittlich und tief angesetzt. Das Unternehmen kalkuliert, welche Marktanteile es für gleiche wirtschaftliche Ergebnisse pro Variante erwartet und vergleicht diese Hochrechnung mit den erreichten Testmarktresultaten.
>
> | Testvarianten | Werbung | Preis | Marktanteil | | |
> |---|---|---|---|---|---|
> | | | | erwartet | effektiv | Unterschied |
> | A | intensiv | hoch | 11,4 % | 9,0 % | – 2,4 % |
> | B | intensiv | mittel | 13,6 % | 12,4 % | – 1,2 % |
> | C | intensiv | tief | 15,8 % | 17,6 % | + 1,8 % |
> | D | wenig | hoch | 7,8 % | 7,8 % | 0,0 % |
> | E | wenig | mittel | 10,0 % | 10,0 % | 0,0 % |
> | F | wenig | tief | 12,2 % | 11,3 % | – 0,9 % |
>
> Man sieht, dass die Kombination von intensiver Werbung und tiefem Preis nicht nur die beste Marktposition schafft, sondern auch finanziell am interessantesten ist. Dies ist vor allem deshalb so, weil die Kombination der beiden Anreize überproportional stark wirkt.

Die Suche nach dem Optimum der verschiedenen Marketingmittel kann nicht mathematisch erfolgen: Zu zahlreich sind die Einflussgrößen, zu spezifisch sind die Situationen, als dass man mit Modellrechnungen zum Ziel kommen könnte.[1]

Bei der Wahl und Gestaltung der Marketinginstrumente geht man immer von den dominierenden Elementen aus. Wenn die Strategie gut durchdacht ist und verständlich kommuniziert wird, kennen die Mitarbeiter diese Elemente. Die darüber hinaus notwendigen Elemente werden anschließend so konzipiert, dass sie einander harmonisch ergänzen.

Dank ständiger Markt- und Resultatbeobachtungen und mit Markttests wird schrittweise der optimale Marketingmix entwickelt, aber meist erst nach einiger Zeit erreicht. Der Mix bleibt aber nicht konstant, sondern muss kontinuierlich an die Veränderungen im Markt oder eventuell auch im Unternehmen angepasst werden.

---

[1] Ansätze für Optimierungsmodelle gibt es zwar viele, aber in der Praxis haben sie sich unseres Wissens nie durchgesetzt: Wahrscheinlich sind die Annahmen, von denen man dabei ausgeht, im Vergleich zur komplexen Wirklichkeit viel zu einfach.

Die folgenden Kapitel behandeln der Reihe nach das Produkt, die Preisgestaltung, die Distribution und die Kommunikation. Aspekte, die die Produkte betreffen, werden in zwei und solche, die die Kommunikation betreffen, in drei Kapiteln besprochen.

Kommunikation

# Produkt- und Sortimentspolitik

In diesem Kapitel wird das erste Marketinginstrument von einer ganzen Reihe vorgestellt. Für viele Unternehmen ist die Produkt- und Sortimentsgestaltung das wichtigste Marketinginstrument. Ein schlecht konzipiertes Produkt ist selten erfolgreich, auch wenn die übrigen Marketingmittel – Preis, Werbung, Distribution, Verkaufsförderung usw. – noch so brillant gestaltet werden. Die Produkt- und Sortimentspolitik wird daher oft als Eckpfeiler einer jeden Marketingstrategie bezeichnet, auf den sich die übrigen Marketingelemente stützen sollten.

Die Produkt- und Sortimentsgestaltung müssen als marktbezogene Aufgaben betrachtet werden. Vom Markt gehen nämlich wesentliche Impulse für Produktverbesserungen und Neuentwicklungen aus. Daher ist eine optimale Zusammenarbeit zwischen technischen Instanzen und Marktspezialisten erforderlich.

Dies ist vor allem dann offensichtlich, wenn man den Begriff «Produkt» umfassend definiert, das heißt, wenn man das ganze Bündel von Vorteilen, das angeboten wird, als Produkt bezeichnet. Zu einem «Produkt» gehören auch Verpackung, Service, Garantien, Markenimage, Installation, Anwenderschulung usw.

Der für die Technik Verantwortliche ist in der Regel zu weit von den Kunden entfernt, um zu wissen, ob sie die Ersatzteile innerhalb von Stunden oder nur innerhalb von Wochen benötigen, ob sie etwa die Schulungsangebote, die man für ein spezielles Produkt anbietet, schätzen oder wie sich das Markenimage auf die Kaufbereitschaft der Kunden auswirkt.

In diesem Kapitel gehen wir der Frage nach, welche produktpolitischen Möglichkeiten ein Unternehmen hat, um sich im Markt zu profilieren. Dabei gehen wir von einem umfassenden Produktbegriff aus und hinterfragen anschließend, welche Möglichkeiten bestehen, wenn es darum geht, Aspekte wie Qualität, Design, Verpackungsform oder Serviceleistungen zu ändern.

Auch die Neuentwicklung von Produkten ist Teil der Produkt- und Sortimentspolitik. Angesichts der Bedeutung des Marketing für den Erfolg neuer Angebote widmen wir diesem Thema jedoch ein eigenes Kapitel.

# Umfassender Produktbegriff

Kotler[1] unterscheidet drei Ebenen des Produktbegriffes: das Kernprodukt, das formale Produkt und das erweiterte Produkt:

Drei verschiedene Produktebenen

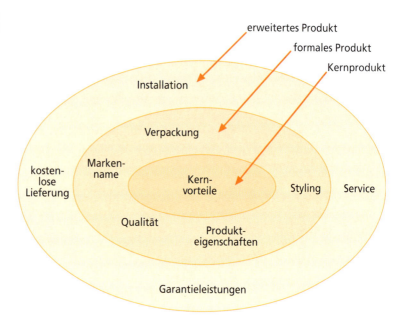

- **Kernprodukt:** Hier geht es um die Frage: «Was wird eigentlich gekauft?» Wichtig ist nicht die Produktbeschreibung des Ingenieurs, sondern das Kaufmotiv des Kunden. Der Kunde erwirbt letztlich nicht nur einen Fotoapparat, sondern auch die Freude am Fotografieren; er will Erinnerungen festhalten und vielleicht sogar eine Art von Unsterblichkeit erreichen. Er kauft im Grunde genommen nicht den Bohrer, sondern das Loch im Metall.
Ein Kundenbedürfnis lässt sich zudem mit Mitteln befriedigen, an die man im ersten Moment gar nicht denkt. Ein Loch im Metall entsteht beispielsweise auch durch Stanzen, Ausbrennen usw. So gesehen, verkauft der Marketingverantwortliche nicht Produkteigenschaften, sondern vielmehr Kernvorteile.

---

[1] Siehe Kotler, *Marketing Management*, S. 363ff.

◆ **Formales Produkt:** Auf der nächsten Ebene findet man das formale Produkt. Darunter versteht man die konkrete physische Einheit, die unmittelbar als Kaufobjekt erkannt wird (zum Beispiel Lippenstifte, Computer), und mit ihr zusammenhängende Eigenschaften. Dazu gehören Qualitätsniveau, Styling, Markenname und Verpackung. Auch die Marke und das Image, das die Marke vermittelt, sind zum formalen Produkt zu zählen.

◆ **Erweitertes Produkt:** Es umfaßt die Gesamtheit der Vorteile, die der Käufer mit dem formalen Produkt erwirbt oder erfährt. Darüber hinaus gehören dazu Dienstleistungen, etwa Gratisinstallationen, Schulung und Beratung, Garantien, kostenlose Lieferung und Abgabe von Informationsmaterial.

> Xerox bietet ein Kernprodukt an: «Blätter vervielfältigen können.» Das formale Produkt, ein Kopierapparat der Marke Xerox, spricht für Qualität. Das erweiterte Produkt umfaßt neben der Gratislieferung und der Installation auch Garantie- und Wartungsleistungen, sowie das ganze Handling des Copyright.

An diesem Beispiel lässt sich bereits die Idee des Systemverkaufs erkennen: Das Unternehmen bietet nicht nur einen Kopierapparat, sondern sogar ein ganzes System an, das unter anderem Marke, Garantie und Reparaturservice umfaßt. Wir kommen später auf die Idee des «Systems» zurück.

Produkte können greifbare Gegenstände sein, aber auch Dienstleistungen, Ideen oder Personen, die gegen Entgelt angeboten werden: ein gutes Abendessen, die Beratung einer Werbeagentur, der rasch organisierte Babysitter, der Telefonauskunftsdienst oder die Taxifahrt – das alles sind Produkte.

## Veränderungen am formalen Produkt

Eine Veränderung eines Kernprodukts bedeutet, dass ein neues Produkt geschaffen wird – es gibt demnach gar keine «Veränderungen». Man denke beispielsweise an den Wechsel von der Schreibmaschine zum Computer. Das Kernprodukt der Schreibmaschine, «Briefe in Druckschrift schreiben», wurde beim Computer mit Programmier- und Rechenmöglichkeiten erweitert. Das Schreiben stellt beim Computer somit nur noch einen kleinen Teil der Möglichkeiten dar. Man kann hier also kaum von einer Veränderung der Schreibmaschine sprechen; es handelt sich vielmehr um eine Produktablösung.

Produktveränderungen betreffen folglich nur das formale und erweiterte Produkt.

Im Folgenden betrachten wir die einzelnen Elemente des formalen Produkts unabhängig voneinander. Das soll aber nicht heißen, dass die Grundregel von der Harmonie der eingesetzten Marketingmittel keine Gültigkeit hat. Im Gegenteil: eine markante Verbesserung der Produktqualität zieht meist auch eine Anpassung im Produktdesign oder eine Veränderung der Verpackung nach sich, denn man möchte den Konsumenten auf das veränderte Produkt aufmerksam machen.

### Produktqualität an Bedürfnisse anpassen

Allein der Kunde entscheidet, ob die Eigenschaften eines neuen Produkts auch tatsächlich neu und positiv sind. Diese Tatsache kann nicht genug betont werden. Die Unternehmen interpretieren den Qualitätsbegriff oft aus ihrer eigenen Optik und sind dann erstaunt, wenn der Kunde für die «bessere» Qualität keinen höheren Preis bezahlen will.

Aus Kundensicht können Qualitätsverbesserungen unterschiedlicher Art sein: Sie können Leistungen, Funktionsfähigkeit, Betriebssicherheit, Haltbarkeit, Störanfälligkeit, Lebensdauer usw. betreffen. Aber auch Änderungen des Designs, die zum Beispiel den Einsatz oder die Wartung eines Produkts vereinfachen, können als Qualitätsverbesserungen betrachtet werden.

Weitergehende Qualitätsveränderungen machen meistens neue Technologien, andere Materialien oder eine andere Konstruktion erforderlich. Die folgenden Beispiele sollen diesen Sachverhalt verdeutlichen.

- ◆ **Neue Technologien:** Das Produkt «Nachrichtenübermittlung» wurde dank moderner Technologien immer zuverlässiger und schneller: aus dem Laufboten wurde der Postdienst, später die Übermittlung per Fax und heute die E-Mail.

- ◆ **Andere Materialien:** Die Form der Tennisschläger hat sich in den letzten 20 Jahren nicht wesentlich verändert. Fortschritte brachten aber neue Materialien: das Holz wurde zuerst durch Aluminium, dann durch Fiberglas und zuletzt durch Graphit abgelöst. Andere Materialien – anderes Spielverhalten: Tennis entwickelte sich zu einer immer schnelleren, dynamischeren und kraftvolleren Sportart.

◆ **Konstruktive Veränderungen:** Bei der elektrischen Schreibmaschine konnten durch den Einsatz des Kugelkopfes anstelle des Wagens die Kapazität erhöht und die Schriftform variiert werden.

Anhand der PIMS-Datenbank[1] wurde die Beziehung zwischen Qualität und Unternehmenserfolg untersucht. Dabei konnte mit Hilfe von Regressionsanalysen eindeutig eine positive Korrelation zwischen diesen beiden Faktoren festgestellt werden. Die Rentabilität eines Unternehmens nimmt also mit der Qualität seiner Produkte zu.

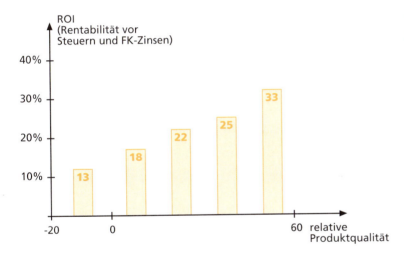

ROI (Rentabilität vor Steuern und FK-Zinsen)

Falsch wäre der Schluss, eine hohe Gesamtkapitalrentabilität sei nur bei hoher Produktqualität möglich. Es gibt Unternehmen, die bei niedriger Qualität hohe Renditen erzielen. Das Schaubild impliziert nur, dass die Chance einer guten Kapitalverzinsung bei hoher Qualität größer ist; ohne auf den hier benützten Index für die relative Produktqualität einzugehen, sei festgehalten, dass die Qualität aus Sicht der Kunden mit Hilfe von Befragungen ermittelt wurde.

---

[1] «Profit Impact of Market Strategies»: Eine amerikanische Datenbank, mit deren Hilfe untersucht wird, wie sich einzelne Marketingfaktoren auf den Erfolg eines Produktes auswirken. Siehe Seiler, *Planning*, Kap. 10.

Später werden wir der Frage nachgehen, wie ein Unternehmen ein neues Produkt evaluiert, bevor es eine Entscheidung über dessen Markteinführung trifft.

Bei Qualitätsveränderungen an bestehenden Produkten ist grundsätzlich in gleicher Weise vorzugehen. Da man in einem solchen Fall den Markt jedoch besser kennt, ist das Risiko einer Fehlevaluation deutlich kleiner. Man beschränkt sich daher auf eine eher grobe Abschätzung, bei der gefragt wird, um wie viel sich der Umsatz verändern muss, damit die Kostenauswirkungen (inklusive Investitionsamortisation) spätestens nach Ablauf einiger Jahre gedeckt sind.

Oft müssen auch die Rückwirkungen auf andere Produkte mitevaluiert werden. Beispielsweise kann eine Qualitätsverbesserung dazu führen, dass der Ersatzbedarf stark zurückgeht (zum Beispiel bei Autobatterien oder Autoreifen). Kunden könnten aber auch von einer teureren Produktklasse in eine verbesserte billigere Klasse abwandern.

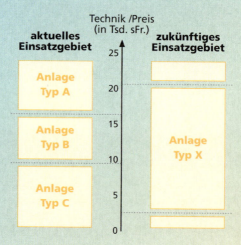

Da dank besserer Technologien viele Produkte immer besser und zugleich auch billiger werden, dehnt sich ihr Einsatzbereich oft in beide Richtungen aus.

Ein internes Strategiepapier von Cerberus (leicht veränderte Darstellung) zeigt eine Schätzung der technologischen Trends für Intrusionsschutzanlagen. Anlagen im mittleren Marktsegment werden künftig ein viel größeres Einsatzgebiet abdecken. Der neue Anlagetyp X wird nicht nur den bestehenden Typ B ersetzen, sondern auch einen Teil des Marktes von Typ A und C übernehmen.

Die Produktqualität wird in der Praxis nicht allein durch Qualitätsverbesserungen variiert; auch Qualitätsminderungen können aus Sicht des Kunden durchaus zweckmäßig sein. Werden beispielsweise Kosten eingespart und die Preise reduziert, so spricht das Produkt neue Käuferschichten an.

## Attraktives Design festlegen

Hauptziel von Designveränderungen ist es, ein Produkt attraktiver zu gestalten. Wenn auch oft die Bezeichnung «kosmetische Anpassung» gebraucht wird, so zeigt die Praxis doch immer wieder, welch hoher Wert der Erscheinungsform eines Produktes zukommt. Die folgenden Beispiele belegen diese Aussage.

Design fördert Attraktivität für den Kunden

Die Erscheinungsform eines Produkts wird durch Form, Farbe, Oberflächenstruktur, Inschriften, Material usw. geprägt. Designänderungen gehen meistens mit entsprechenden Qualitätsanpassungen einher. Allerdings kann eine drastische Modifikation des Produktäußeren den Kunden verärgern – etwa weil das bereits erworbene Produkt dadurch allzu rasch entwertet wird.

> Ein Grund, dass sich seinerzeit viele Menschen zum Kauf des «VW-Käfers» entschlossen haben, lag darin, dass er seine äußere Form behielt und deshalb nicht vorzeitig «unmodern» wurde. Symptomatisch für eine solche Politik waren die von einigen amerikanischen Automobilherstellern abgegebenen Garantien, man werde die Modelle von 1970/71 für mindestens fünf Jahre äußerlich unverändert weiterbauen.
> Der von VW neu lancierte Beetle dürfte davon profitieren.

In der Produktgestaltung wird immer häufiger mit professionellen Designern zusammengearbeitet. Die Konsumgüterindustrie misst dem optischen Erscheinungsbild eine große Bedeutung bei, beispielsweise der Gestaltung und Verpackung von Parfümflaschen. Bei anderen Produkten steht das praktische Handling viel stärker im Zentrum, so zum Beispiel die Verpackung von Milch. Auch bei Investitionsgütern steht das Design eines Produkts traditionell nicht im Vordergrund.

Was prägt das Äußere eines Produkts? Nach welchen Kriterien bewerten es die Kunden?

- **Technische Elemente:** zum Beispiel Verbesserung der Stabilität, einfachere Bedienung, Verbesserung von Lager- und Transportfähigkeit, Gewichtseinsparung, längere Haltbarkeit.

- **Ökonomische Aspekte:** zum Beispiel tiefere Herstellungskosten für den Kunden, kleinere Reparaturanfälligkeit, höhere Anschaffungskosten, Abschreibung von alten Modellen.

- **Anmutungs- und Wahrnehmungswertungen:** zum Beispiel Vertrautheit mit dem Produkt, Prägnanz des Erscheinungsbildes, Eindeutigkeit und Aussagekraft der Informationen, physiologische Auswirkungen, Kundenpräferenzen.

- **Andere Aspekte:** zum Beispiel Einhaltung rechtlicher Gegebenheiten, Wiederverwertung, Umweltverträglichkeit.

Um diese Fülle von Gegebenheiten zu bewerten, sollte man zwischen quantifizierbaren und nicht quantifizierbaren Aspekten unterscheiden. Nicht Quantifizierbares darf nicht von einer Person allein beurteilt werden, weil sie gerade in Anmutungs- und Wahrnehmungsbeurteilungen zu ganz anderen Schlüssen kommen als der durchschnittliche Kunde.

Das folgende Beispiel über Stühle soll illustrieren, mit welcher Phantasie Designer das Bedürfnis «Sitzgelegenheiten» befriedigen.

Sitzmöbelskizzen bekannter Designer

Harry Batoia, 1952

Eero Saarinen, 1956

Eero Aarnio, 1968

Marcel Breuer, 1925

La Corbusier, 1920

Ludwig Mies van de Rohe, 1929

## Vorteile der Marke evaluieren

Als Marke bezeichnet man einen Namen, ein Zeichen, ein Symbol, ein Design oder deren Kombination. Damit kann ein Produkt eindeutig identifiziert werden. Der Markenname ist der aussprechbare Teil der Marke – so etwa: Coca-Cola, VW-Golf, Rolex, Adidas. Das Markenzeichen ist der Teil der Marke, der nicht verbal wiedergegeben werden kann, also ein Symbol, eine Grafik, eine bestimmte Schreibweise. Beispiele sind das Krokodil von Lacoste, das «Swoosh» von Nike, das M von McDonald's, der Stern im Rad von Mercedes-Benz, die Kugel von Pepsi usw.

Bekannte
Markenzeichen

Die Markenbildung beschränkt sich nicht auf den Konsumgüterbereich, obschon sie dort bedeutungsvoller ist als bei den Investitionsgütern. Hier werden weniger die Erzeugnisse, sondern mehr die Hersteller als Marke herausgestellt: IBM, Xerox, Rieter-Spinnmaschinen, ABB-Turbinen, SAP-Software oder Siemens-Steuerungen.

Auch in der Dienstleistungsbranche haben sich Markennamen etabliert. Sie stehen meistens als Symbol für hohe oder besondere Qualität, für Reputation und Service: Migros, Mövenpick, McDonald's, Luzerner Festspielwochen, McKinsey Unternehmensberatung, MUBA (Mustermesse Basel), Rotes Kreuz, Singapore Airlines.

Aus der Markenkennzeichnung hat sich der Begriff des Markenartikels entwickelt. Neben der unverwechselbaren «Markierung» zeichnet er sich durch gleichbleibende Verpackung, gleichbleibende oder verbesserte Qualität, Verbraucherwerbung, hohe Bekanntheit und grossflächige Distribution aus. Während früher auch der vom Hersteller festgelegte Endverbraucherpreis für den Markenartikel typisch war, ist dies heute praktisch nicht mehr der Fall.

 Was sind die Vorteile eines Markenartikels? Warum bevorzugen Kunden einen Markenartikel, obwohl er in der Regel teurer ist?

◆ **Bekanntheit:** Normalerweise fühlen sich die Kunden mit etwas Bekanntem wohler als mit etwas Unbekanntem. Bekanntes verleiht Sicherheit. Im Ausland wird häufig ein Cola bestellt, weil es oft das einzige Getränk ist, das man kennt.

◆ **Vertrauen:** Wenn Kunden einmal Vertrauen zu einem Produkt gefasst haben, so werden sie es immer wieder kaufen. Sie scheuen das Risiko, ihr Vertrauen in ein anderes Produkt zu setzen und eventuell enttäuscht zu werden.

◆ **Differenzierung:** So viele Produkte es auch gibt – sie alle unterscheiden sich voneinander. Die Marke hilft dem Kunden, sich im Produktedschungel besser zurechtzufinden. Der Kunde weiß, dass er bei Mammut keinen Mode-, sondern einen Funktionssportartikel kauft.

◆ **Identifikation:** Eine Marke, die ein bestimmtes Produkt und ein gewisses Image repräsentiert, erlaubt es dem Verbraucher, sich mit etwas zu identifizieren, das seinem Geschmack und Lebensstil entspricht. Dies ist besonders bei Zigarettenmarken deutlich zu erkennen; sie erfreuen sich einer sehr hohen Markentreue.

◆ **Prestige:** Dies mag ein Ausdruck menschlicher Schwäche sein, aber es ist Tatsache, dass wir oftmals ein bestimmtes Produkt verwenden, um die Anerkennung von unseren Freunden und Bekannten zu erlangen. Die Werbung macht sich dieses Phänomen zum Teil zunutze.

Die Markenbildung bringt allerdings das Risiko mit sich, dass die Marke nicht nur dem zufriedenen, sondern ebenso dem unzufriedenen Kunden als Erkennungsmerkmal dient. Deshalb muss der Hersteller bei der Entwicklung einer Marke das Qualitätsniveau besonders sorgfältig im Auge behalten. Er sollte sich dabei von dem Grundsatz leiten lassen, dass es sich nicht lohnt, ein schlechtes Produkt zu fördern. So ist es beispielsweise die Philosophie von Procter & Gamble, die Produktqualität kontinuierlich anzuheben; dabei wird bereits von einer hohen Anfangsqualität ausgegangen. Das Unternehmen geht nicht das Risiko ein, das hohe Qualitätsimage seiner Markenartikel zu verlieren.

Wählt ein Unternehmen den Weg einer Qualitätsminderung, so können kurzfristig zwar Gewinnsteigerungen erwartet werden, langfristig ist aber mit einer Erosion der Marktstellung zu rechnen. Dieser Weg wird daher höchstens dann beschritten, wenn die Eliminierung eines Produkts vorbereitet wird.

Design und Marke erzeugen einen Mehrwert der Produkte. Nicht mehr die Herstellung ist in vielen Branchen entscheidend, sondern Gestaltung, Konzept und Image. Hier liegt oft das Potenzial, sich von der Konkurrenz abzusetzen und einen höheren Preis zu erzielen. Qualität allein reicht in vielen Fällen nicht mehr, denn Qualität bieten zu viele andere auch.

> Die Bekleidungsmarke JOOP! funktioniert nach diesem Prinzip. Joop hat mit der ursprünglichen Tätigkeit von typischen Modehäusern, der Fabrikation von Textilien, nichts mehr zu tun. Das heutige Kerngeschäft ist die Herstellung von Projektionsflächen für die verschiedensten Sehnsüchte und die Bereitstellung von Identifikationsangeboten. Eine wichtige Figur für den großen Erfolg des Unternehmens ist Wolfgang Joop. Er sagte in einem Interview: «Ich bin ja selber ein modischer Artikel. Durch meine Person gebe ich den Produkten den symbolischen Wert.»[1]

Die Unternehmen bemühen sich nicht in jedem Fall darum, aus ihren Produkten Markenartikel zu machen. Während früher alltägliche Güter wie Zucker, Mehl, Früchte, Milch, Salz oder Brot selten unter Markennamen vertrieben wurden, lassen sich heute zwei Tendenzen feststellen: Einerseits treten alltägliche Güter durch spezielle Verpackung und Aufmachung als Markenartikel in Erscheinung (etwa Schrauben und Muttern in speziellen Zellophantüten mit dem Namen des Herstellers oder Verteilers, gestempelte Orangen, St. Galler-Bratwurst, Walliser Brot von der Hausbäckerei, M-Milchdrink von Migros) und andererseits ist eine Tendenz zum markenlosen Angebot zu beobachten, also zum generischen Produkt, das praktisch immer als Billigstangebot auftritt.

 **Generische Produkte** sind markenlose Produkte, die für den Konsumenten eine billige Alternative zum Markenangebot darstellen (zum Beispiel Seifen, Toilettenpapier, Arzneimittel für Krankenhäuser).

Gegnerische Produkte bietet der Einzelhändler im Vergleich zum Markenartikel gut 30 % billiger an. Neben Kostenvorteilen bei Werbung, Verpackung, Verkaufsförderung und Rechtsschutz sind oft aber auch billigere Rohstoffe und kostengünstigere Herstellungsprozesse für den Preisunterschied verantwortlich.

Im Bereich der Markenbildung ist ein Wettbewerb zwischen Hersteller und Verteiler in Gang gekommen. Während früher die Markenbildung weitgehend dem Hersteller überlassen wurde, versuchen heute die Verteiler, eigene Marken anzubieten. Bei dieser Auseinandersetzung hat der Verteiler viele Vorteile: Regalflächen sind im Einzelhandel Mangelware, während die Produktionskapazitäten beim Hersteller oft zu groß sind. Die Zentralisierung des Einkaufs und die Zusammenschlüsse im

---

[1] D. Hug, «Wie die Marke Mehrwert schafft», in: *Tages-Anzeiger*, Zürich, 3.2.1999, S. 33.

Einzelhandel haben die Verhandlungsposition der Verteiler gestärkt. Gleichzeitig haben sie die Möglichkeit, den Absatz der Produkte über die Lagerhaltungspolitik und die Zuordnung der Regalflächen stark zu beeinflussen. Da die Eigenmarken des Verteilers zudem meistens ein günstiges Preis-/Qualitäts-Verhältnis aufweisen, ziehen sie den sparsameren Kunden an.

Handelsmarken sind Marken, die mit dem Namen des Händlers gekennzeichnet werden.

Eigenmarken sind Handelsmarken, die aus der Produktion des Händlers stammen, also nicht zugekauft werden.

Die beiden Begriffe sind klar definiert, doch werden sie in der Praxis meistens synonym verwendet. Es spielt im Grunde genommen keine Rolle, ob der Händler das Produkt, das seinen Namen trägt, zukauft oder selber fabriziert. Beispiele von Handelsorganisationen mit eigenen Marken sind Coop, Aldi, Mühlebach-Papier oder Bossard-Schrauben. Migros wurde von den Markenartikelherstellern anfänglich nicht beliefert und so zur Produktion von Eigenmarken gezwungen; das Unternehmen führte daher lange ausschließlich eigene Marken. Heute setzt es vor allem im Sportbereich auf zugekaufte Markenprodukte.

Hersteller und Verteiler müssen sich Gedanken darüber machen, ob sie für jedes einzelne Produkt einen eigenen Markennamen kreieren oder ob sie ganze Markenfamilien gründen wollen. Sämtliche Varianten sind im Markt vertreten: Procter & Gamble geht den Weg der individuellen Markennamen, Nestlé gruppiert ähnliche Produkte in einzelnen Familien und Heinz oder Hero wiederum haben einen alle Produkte umfassenden Familiennamen gewählt.

Von Markenfamilien spricht man, wenn mehrere Produkte unter derselben Marke angeboten werden. So können Synergien genutzt werden.

Die «Familienbildung» hat grundsätzlich den Vorteil der «Economy of scale», insbesondere bei der Werbung. Der Nachteil liegt darin, dass die dadurch zum Ausdruck kommenden allgemeinen Produktcharakteristika den speziellen Bedürfnissen der Kunden weniger gerecht werden als individuelle Bezeichnungen.

Wenn ganz verschiedene Produkte unter der gleichen Marke angeboten werden, spricht man von Markendiversifikation.

Will ein Unternehmen mehr aus einem etablierten Markennamen herausholen, so betreibt es eine Markendiversifikation. Es versieht weitere Produkte mit dem Markennamen oder will mit der bestehenden Marke ganz neue Gefilde betreten. Es baut auf das Image der eingeführten Marke und hofft, so schneller voranzukommen, die Werbekosten auf einen größeren Umsatz zu verteilen oder den Lebenszyklus der Marke mit neuen Produkten zu verlängern. Eine erfolgreiche Markendiversifikation setzt voraus, dass die Marke bekannt und prestigeträchtig ist und die neuen Produkte zum etablierten Markenimage passen. Eine übermäßig forcierte Markendiversifikation kann allerdings zu einer Verwässerung der Markenidentität führen (over-exposure ist der Tod einer exklusiven Marke).

> Ein gelungenes Beispiel für den Ausbau einer Marke liefert Lacoste: Das vom Tenniscrack René Lacoste lancierte Krokodil war ursprünglich das Kennzeichen der an Tennisspieler verkauften «Chemise Lacoste». Dann wurde es gezielt für die Diversifikation im Freizeitmarkt verwendet. Die latenten Imagebestandteile der Marke – sportlich-modisch, exklusiv, international – wurden profiliert. Die Firma ließ die Grenze zwischen Sport- und Freizeitbekleidung zerfließen. Der niedliche Alligator mit dem eingezogenen Schwanz und dem stets geöffneten Rachen wurde bald zum Erkennungszeichen für lässige und kostspielige Freizeitbekleidung. Die Marke sprach im Freizeitbereich zunächst nur die Besserverdienenden ab ca. 30 Jahren an. Heute ist sie aber auch bei Teenagern, die Wert auf stilvolle, moderne und exklusivere Mode legen, stark im Trend. Dieses letzte Marktsegment dürfte allerdings eher zufällig erobert worden sein.

## Kundengerechte Verpackung wählen

Von einer Verpackung wird heute sehr viel verlangt. Konsumenten, Transportunternehmer, Umweltorganisationen, Produktionsverantwortliche, Abfüller und nicht zuletzt die Produzenten von Verpackungsrohstoffen beeinflussen ihre Gestaltung. Zudem werden viele Produkte, die früher von Verkäufern angeboten wurden, heute in Selbstbedienungsläden, in Showrooms oder an Messen präsentiert. Die Bedeutung der Verpackung als Verkaufsinstrument und Aufmerksamkeitsträger ist daher im Lauf der Jahre gestiegen.

Eine gute Verpackung genügt vielen Kriterien: Erstens erfüllt sie sogenannte «Muss»-Funktionen, zweitens fördert sie den Verkauf und drittens unterstützt sie einige ökonomische Aspekte.

Die folgenden Kriterien sind nach diesen drei Kategorien gegliedert, die sich teilweise überlappen.

◆ **«Muss»-Funktionen:** Dazu gehört immer die ursprüngliche Funktion der Verpackung, nämlich der Schutz des Produkts.

- **Schutz:** Die Verpackung soll das Produkt vor Umwelteinflüssen wie Regen, Sonne, Kälte oder Erschütterung während des Transports oder zu Hause bis zum Gebrauch schützen. Bei gefährlichen Produkten gilt der Schutz in umgekehrter Hinsicht, denn es muss die Umwelt vor dem Produkt (Giftstoffe, spitze Gegenstände) geschützt werden.

- **Haltbarkeit:** Spezielle Verpackungsarten gewährleisten eine längere Frische des Produkts (Milchprodukte, Medikamente).

- **Gesetzliche Auflagen:** Der Gesetzgeber hat gewisse Auflagen erlassen, denen die Verpackung genügen muss (Kennzeichnung giftiger Substanzen, Angabe des Einheitspreises).

Die Hersteller erfüllen solche «Muss»-Funktionen meistens auf eine eigene, sehr spezifische Art und Weise.

◆ **Verkaufsförderungsfunktionen:** Die Möglichkeiten hier sind äußerst zahlreich; die folgenden vier Kriterien sind aber die wichtigsten.

- **Benutzerfreundlichkeit:** Die Verpackung trägt zur einfachen Nutzung des Produkts bei. So kann man etwa sechs kleine Bierflaschen leicht am Griff der Verpackung tragen, wieder verschließbare Verpackungen ermöglichen einen zeitlich gestaffelten Gebrauch usw.

- **Informationsträger:** Die Verpackung soll Auskunft über Inhalt, Produktvorteile, Garantien, Warnungen oder wichtige Hinweise für den Gebrauch geben. Preis, Wert und Verwendung der Ware sollen angedeutet werden und dem Produkt angepasst sein.
  Aufmachung und Text dürfen nicht mehr und sollten nicht weniger versprechen, als das Produkt zu halten vermag. Beispielsweise wäre es wenig sinnvoll, eine teure Seife «billig» zu verpacken oder umgekehrt; die Verpackung muss dem Produkt entsprechen.

- **Aufmerksamkeit wecken:** Die Aufmerksamkeit der Kunden muss gewonnen werden. Eine Verpackung muss erkannt werden. Dies wird durch den kreativen Einsatz von Farbe, Form, Druck, Design und Größe erreicht. Die meisten bekannten Konsumgüter können leicht identifiziert werden. Jeder erkennt eine Cola-Flasche, auch wenn sie zerbrochen ist, ein Päckchen Zigaretten der Marke Marlboro oder eine Tobleroneschachtel.

- **Umweltverträglichkeit:** Die Kunden sind heute umweltbewusst; eine gute Verpackung besteht daher aus wiederverwertbaren Materialien oder Recyclingprodukten (etwa Altpapier). Waschmittelhersteller bieten Nachfüllpackungen an und appellieren damit an das Umweltbewusstsein der Hausfrau.

Je impulsiver der Kauf eines Produkts erfolgt und je weniger der Kaufakt durch verbale Kommunikation mit dem Verkäufer unterstützt wird (etwa im Selbstbedienungsgeschäft), umso wichtiger sind die verkaufsfördernden Funktionen einer Verpackung.

◆ **Ökonomische Funktionen:** Die Verpackung kann, etwa im Hinblick auf die folgenden Aspekte, viel zur Wirtschaftlichkeit beitragen.

- **Transport und Lagerung:** Eine gute Verpackung vereinfacht das Handling. Viereckige Kartonschachteln zum Beispiel sind stapelbar und der Lagerraum kann gut genutzt werden.

- **Strichcode:** Zur effizienteren Auftragsabwicklung, etwa beim Einsatz von Scanningkassen, wird auf jeder Verpackung ein Strichcode angebracht.

Ökonomische Aspekte können sowohl das verkaufende Unternehmen als auch den kaufenden Kunden betreffen.

Bei der Evaluierung von Verpackungsalternativen sind wiederum die entstehenden Kosten – Herstellung, Material, Lager, Abschreibung von Investitionen – mit den zu erwartenden Auswirkungen auf den Umsatz zu vergleichen. Da sich die Umsatzauswirkung nicht gut schätzen lässt, testet man Verpackungen in aller Regel, bevor man über sie entscheidet.

## Veränderungen am erweiterten Produkt

Produkte der hier beschriebenen Art sind verkäuflich. Sollen sie sich durchsetzen, so ist einiges mehr vonnöten. Kotler sagt: «Ob es sich nun um Stahl, Brötchen, die Leistung eines Wirtschaftsprüfers oder um Delikatessen handelt: der Wettbewerb fordert zunehmend, dass der erfolgreiche Anbieter seinem potenziellen Kunden mehr bietet, als nur das generische Produkt. Er muss das generische Produkt mit einem Bündel wertvoller Befriedigungen umgeben, das sein Gesamtangebot von denen der Konkurrenten abhebt! Er muss dem Kunden einen umfassenden Vorschlag machen, der über das Objekt hinausgeht, das vom Fließband kommt.»[1] Dies wird vor allem dann wichtig, wenn sich das Kernprodukt und das formale Produkt der verschiedenen Anbieter stark gleichen.

Die Differenzierung über das erweiterte Produkt wird seit einiger Zeit immer wichtiger. Verschiedene Entwicklungen unterstützen und beschleunigen diesen Prozess:

◆ **Nivellierung technischer Produkte:** Know-how und Technologiezugang sind weltweit viel stärker verbreitet als früher. Konkurrenten verwenden oft identische Rohstoffe und Komponenten, die sie eventuell sogar vom selben Lieferanten beziehen. Produzieren sie dann auch noch mit den gleichen Herstellungsanlagen, können sie ihr technisches Produkt kaum noch von dem des Wettbewerbers abheben.

◆ **Variantenvielfalt:** Der modulare Produktaufbau erlaubt es, dem Kunden viele Produktvarianten anzubieten, die sich oft nur wenig von

---

[1] Siehe Kotler, *Marketing Management*, S. 329.

denen der Konkurrenz unterscheiden. Der Kunde ist mit so vielen Möglichkeiten konfrontiert, dass er fachliche Unterstützung benötigt.

- ◆ **Komplexität technischer Systeme:** Der Benützer verliert das Knowhow zur Bedienung und zum Unterhalt des Produkts immer mehr. Er ist daher auf den Hersteller oder Anbieter angewiesen. Dazu kommt, dass Systeme mit zunehmender Komplexität pannenanfälliger werden und mehr Aufwand zur Instandhaltung und Wartung nötig ist.

- ◆ **Individualisierung der Nachfrage:** Die Abnehmer stellen immer differenziertere Ansprüche. Parallel dazu wächst die Abneigung gegen standardisierte Massenprodukte. Viele Käufer wenden sich von rein kostenorientierten Angeboten ab und wählen öfter ein Produkt, das ihre individuellen Ansprüche befriedigt.

- ◆ **Neue Technologien:** Besonders die Informations- und Kommunikationstechnologie eröffnet dem Service neue, weitreichende Möglichkeiten der Datensicherung und -aufbereitung, der Beratungsqualität und -intensität sowie der effizienten und raschen Befriedigung von Kundenbedürfnissen.

In vielen Märkten verlagert sich der Schwerpunkt des Wettbewerbs vom formalen zum erweiterten Produkt, vor allem in den Branchen, die technisch anspruchsvolle Produkte herstellen und in denen eine technologische Differenzierung nur schwer möglich ist.

Anschließend betrachten wir solche Branchen und zeigen, wie vielfältig die Möglichkeiten zur Gestaltung eines erweiterten Produkts ist. Dann beschäftigen wir uns mit der Frage, wie ein Unternehmen seine erweiterten Leistungen festlegt. Zum Schluss skizzieren wir, in welchem Ausmaß die Qualität des erweiterten Produkts die Kundenbindung beeinflusst.

## Gestaltungsmöglichkeiten sind fast grenzenlos

Das erweiterte Produkt hat viele Facetten und wird von den Konkurrenzunternehmen zum Teil sehr unterschiedlich gestaltet. Eine Billigfluggesellschaft wie Easyjet verzichtet zugunsten ihrer Tiefstpreise weitgehend auf Serviceleistungen. Die traditionellen Gesellschaften wie Swissair, Lufthansa, British Airways hingegen bauen das erweiterte Produkt fast kontinuierlich aus.

> Swissair hat seit eh und je dem Service große Bedeutung beigemessen. Bei Lufthansa erkannte man seine Bedeutung aber erst in den 70er Jahren. Dann wurden jedoch enorme Veränderungen eingeleitet. Beispielsweise wurden in der Business Class bequemere Sitze eingebaut, der Sitzabstand wurde vergrößert und der Musikempfang verbessert.
>
> Folgende Extras waren lange Zeit nicht selbstverständlich: separate Check-in-Schalter, abgeschlossene Kabinen, ein umfangreiches Sortiment von Zeitungen und Zeitschriften, Servicesets mit Bordslippern, Zahnbürste und Zahncreme, Tischdecken und Servietten aus Stoff, alle Mahlzeiten auf Porzellan, freie Getränke in Gläsern, Vorspeisen, Wahl zwischen monatlich wechselnden Hauptgängen, nach jeder warmen Mahlzeit auch Kaffee und Konfiserie, Vorzugsangebote von Duty-free-Artikeln usw.
>
> Heute kann sich eine Fluggesellschaft mit solchen Angeboten kaum noch von der Konkurrenz abheben – sie sind längst Standard geworden. Anschlussflüge (gegebenenfalls via Partnergesellschaften) und Kundenbindungsprogramme sind fast wichtiger.

Swissair-Service im Flugzeug

Die vielen Gestaltungsmöglichkeiten, die sich Unternehmen unter Wettbewerbsdruck einfallen lassen, zu ordnen, ist schwierig. Die von uns im Folgenden gewählte Gruppierung mag daher willkürlich erscheinen; sie erhebt nicht den Anspruch auf Vollständigkeit.

◆ **Technischer Service:** In technisch anspruchsvollen Fragen berät er die Kunden. Gleichzeitig entwirft er Produktmodifikationen für den Anwender, gibt eventuell Installationsvorschriften heraus oder schult Kundenmitarbeiter. Nach erfolgter Inbetriebnahme führt er bei Störungen, eventuell via Telekommunikation, eine computergestützte Ferndiagnose durch. Dies ermöglicht eine schnelle, zielgerichtete Problemlösung. Zudem kann statistisch erfasst werden, welche Probleme in welchen Situationen auftreten. Das so kumulierte Wissen fördert die Entwicklung von Expertensystemen.

◆ **Installationen:** Lieferanten unterstützen ihre Kunden aber nicht nur bei der Installation, sondern gehen oft dazu über, Garantien bezüglich zu erreichender Leistungswerte (Ausschusszahlen, Toleranzgrenzen, Geschwindigkeiten) abzugeben.

◆ **Informationsdienst:** Einzelne Unternehmen haben einen speziellen Informationsdienst eingerichtet, der von den Kunden jederzeit in Anspruch genommen werden kann. Mit Internet, Direct Mailing und umfangreichen Datenbanken eröffnen sich viele neue Wege und Möglichkeiten, mit dem Kunden jederzeit sehr gezielt und nach Bedarf in Kontakt zu treten und ihm die gewünschten Informationen in kürzester Zeit zu übermitteln (zum Beispiel Bankmitteilungen über Aktien- und Wechselkurse).

> Procter & Gamble hat schon vor Jahren eine gebührenfreie Telefonnummer auf alle Verpackungen aufgedruckt. Die Konsumenten können anrufen und sich über Mängel der Produkte beschweren, Information über ihre Verwendung verlangen oder ihren Einsatz besprechen. Bei P & G kümmern sich 75 Angestellte um die Annahme von Gesprächen und die Beantwortung von Briefen. Spezielle Codes ermöglichen es, den Herstellungsort sofort zu identifizieren und nötigenfalls Korrekturmaßnahmen einzuleiten. Aufgrund von Telefongesprächen mit Kunden hat P & G auch neue Kochrezepte auf den Verpackungen einzelner Produkte eingeführt. P & G betrachtet den gebührenfreien Telefonservice als eine Chance, die Probleme der Kunden möglichst schnell zu erkennen und rasch darauf zu reagieren. Auf diese Art kristallisieren sich überdies neue, von den Kunden empfohlene Produktvariationen heraus.

◆ **Schulung, Beratung:** Vor allem bei technisch anspruchsvollen Produkten und bei Kunden, die nicht über ein entsprechendes Knowhow verfügen, sind Beratung und Schulung zu einem entscheidenden Erfolgsfaktor geworden. Dies gilt zum Beispiel im Fall von Maschinen für Formenbauer und Werkzeugmacher.

- **Gesamtgarantien:** Mit der zu Beginn der 90er Jahre eingeführten «total satisfaction guarantee» beschritt Xerox einen ganz neuen Weg. Der Kunde konnte nun selbst entscheiden, ob er innerhalb der Garantiefrist von drei Jahren die ihm gegebene Zusicherung in Anspruch nehmen und sein defektes Kopiergerät durch ein anderes ersetzen lassen wollte. Dabei musste er keinen Grund angeben, warum er mit dem Gerät oder mit der Leistung von Xerox unzufrieden war.

- **Instandhaltung, Ersatzteile:** Viele Unternehmen verfügen über einen eigenen Ersatzteil- und Kundendienst, der sicherstellen soll, dass die gelieferten Produkte einwandfrei funktionieren.
  Die positive oder negative Erfahrung eines Kunden mit dem Instandhaltungsservice kann über künftige Aufträge entscheiden. Dies ist um so eher der Fall, je mehr der Kunde darauf angewiesen ist, dass das von ihm erworbene Produkt (zum Beispiel das Steuer- und Überwachungssystem einer Großanlage oder der Kochherd im Haushalt) einwandfrei funktioniert.
  Die Bedeutung des Instandhaltungsservice nimmt zu, je größer der After-Sales-Umsatz im Vergleich zum Umsatz mit dem eigentlichen Produkt ist. Der Ersatzteilmarkt bedient sich heute immer mehr auch des neuen Mediums Internet.
  Für die Unternehmen stellt der Ersatzteildienst oftmals eine große Belastung dar. Vor vielen Jahren haben sie ihren Kunden eine Ersatzteilgarantie von zum Beispiel 15 oder 20 Jahren gegeben. Dann wurden sie von den immer kürzer werdenden Produktlebenszyklen überrascht, haben eventuell die Fristen ihrer Ersatzteilgarantien nicht angepasst und müssen nun Lager unterhalten, die ohne weiteres 50'000 bis 100'000 Ersatzteile umfassen können.
  Der Instandhaltungsservice benützt heute zunehmend Austauschmodule, das heißt, der Anbieter repariert das defekte Gerät oder Modul nicht vor Ort, sondern ersetzt es durch ein Austauschmodul. Der Kunde verliert weniger Zeit. Das Austauschen geht schneller als das Reparieren. Das defekte Teil wird vom Hersteller zurückgenommen und wieder instand gesetzt. Somit stehen beim Hersteller jederzeit Austauschmodule zur Verfügung. Eine derartige Reparatur kann für den Kunden bei gleicher Gewährleistung und Garantie 40 bis 70 % günstiger sein.[1]

---

[1] Siehe Boutellier, «Successful-Practices im After-Sales-Management», in: *io management*, Nr. 1/2 1999, S. 24f.

> Bei Xerox ist man sicher, dass das Konzept der Austauschaggregate den Service nachhaltig verändern wird. Die große Zahl von teuren Servicetechnikern kann drastisch reduziert werden und der Kunde ersetzt das defekte Modul selbst. Die Fehleranalyse der verschiedenen Teile kann später in wenigen Servicezentralen erfolgen. Dieses Konzept verändert neben den Serviceaufgaben auch die After-Sales-Logistik grundlegend: Xerox beliefert statt der Servicetechniker künftig direkt die Endkunden.

Diese Liste von Möglichkeiten ist bei weitem nicht vollständig. Sie zeigt nur, wie facettenreich das Gebiet ist und wie sehr sich auch das erweiterte Produkt im Laufe der Zeit verändert.

Vielerorts hat die starke Serviceorientierung dazu geführt, dass man sich sehr intensiv mit dem Kunden und seiner Art der Produktverwendung auseinandersetzte und begann, ein System zu verkaufen. Das Verkaufsobjekt besteht nicht mehr aus einzelnen Komponenten, sondern aus dem Know-how, wie man sie zusammenbaut und effizient einsetzt. Man liefert nicht nur Produkte im engeren Sinn, sondern erstellt Dokumentationen, Montage- und Gebrauchsanweisungen, nimmt komplexe Anlagen in Betrieb, schult Kundenmitarbeiter usw. Dies kann bis zum schlüsselfertigen Projekt gehen, bei dem sich der einstige Maschinenlieferant nun zusätzlich mit Bauzonenplanung, Bauausführung, Installation und Inbetriebnahme befasst. Der Systemverkauf ermöglicht zudem, jedem Verkauf weitere Verkäufe folgen zu lassen, die das ursprünglich installierte System erneuern, erweitern und modernisieren.

## Gestaltungsausmaß an Strategie anpassen

Die detaillierte Ausgestaltung eines erweiterten Produktes hängt von der Marketingstrategie ab (wie am Beispiel der Billigfluglinie Easyjet im Gegensatz zur Businessfluglinie Swissair gezeigt wurde). Diese Strategie legt fest, an welche Zielkunden sich das Angebot richtet, welche Wettbewerbsvorteile ihnen geboten werden und wo das Schwergewicht des Marketingmix daher liegt.

Eine wirklich gut durchdachte Marketingstrategie rückt das erweiterte Produkt nur dann in den Vordergrund, wenn es einerseits für den Zielkunden relevant ist und wenn dadurch andererseits eine Wettbewerbsdifferenzierung erreicht werden kann. Fehlt eine dieser beiden Bedingungen, dann wird primär die Rentabilität die Ausgestaltung des erweiterten Produkts bestimmen.

Serviceleistungen sollten nie isoliert von den übrigen Marketinginstrumenten konzipiert werden. Die Gefahr ist viel zu groß, dass sie zu umfangreich ausfallen, zu kostspielig werden und der Marketingstrategie schaden. Man denke nur an die Tiefpreispolitik von Easyjet, die mit einem umfassenden Serviceangebot wohl scheitern würde. Eine Marketingstrategie muss zu Rentabilität führen. Dieser Bedingung hat sich auch die Ausgestaltung des erweiterten Produkts unterzuordnen. Sie muss allerdings stets im Kontext des Ganzen gesehen werden; man darf sie nie allein aus der Optik des Service betrachten.

Unternehmen haben oft Mühe mit der Gestaltung von Servicekomponenten. Auf der einen Seite steht der Verkauf, der möglichst viele Dienstleistungen anbieten will, und auf der anderen Seite stehen Produktion und Finanzen, die ihre Ist-Kosten sehen und argumentieren, dass es für weitere Serviceleistungen keinen Spielraum gebe. Dieser Konflikt ist im Hinblick auf eine einzelne Service-Komponenten nur selten befriedigend zu lösen; erst wenn ihre Stellung im gesamten Marketingmix betrachtet wird – in der auch die Herstellungskosten ein veränderbares Element sind – kommt man zu besseren Lösungen.

Bei Investitions- und Konsumgütern lassen sich formales und erweitertes Produkt relativ gut unterscheiden. Ersteres besteht aus einer physischen Einheit, Letzteres stellt eine zusätzliche Komponente dar, meist in Form von Dienstleistungen. In der Dienstleistungsbranche hingegen ist es oft schwierig festzustellen, wo der formale Teil endet und wo der erweiterte beginnt, weil beide Teile in Form von Dienstleistungen erbracht werden. Der Bargeldbezug mittels Bankomaten an verschiedenen Standorten stellt eine Zusatzleistung (24-Stunden-Service) und zugleich eine Hauptleistung (Bargeldbezug) der Bank dar.

Haupt- und Serviceleistungen in Abhängigkeit von der Branche

In Dienstleistungsunternehmen nimmt der Servicegedanke daher traditionell einen höheren Stellenwert ein als in Industrieunternehmen. Auch sind Untersuchungen über das erweiterte Produkt in dieser Branche viel zahlreicher.

## Umsetzung beeinflusst Kundenbindung

In diesem Abschnitt geht es uns nicht um die Ausgestaltung des erweiterten Produkts, sondern um die Art und Weise, wie sie zustande kommt. Es geht um die Qualität von Serviceleistungen.

> Vor vielen Jahren machte folgende Geschichte die Runde:
>
> Ein Kunde fand in einer Packung Frühstücksgetreide einen schwarzen Käfer. Verärgert schrieb er einen Brief an die Direktion des Herstellers. Er war ziemlich erstaunt, als er bereits drei Tage später einen überschwänglichen Entschuldigungsbrief in der Post fand. Darin wurde ihm versichert, dass man der Sache nachgehen wolle und die interne Kontrolle verschärfen werde. Man hoffe, ihn dank dieser Maßnahmen als Kunden erhalten zu können. Dass der Brief zudem vom Geschäftsführer persönlich unterzeichnet war, berührte den Kunden geradezu.
> Dann bemerkte er, dass an den Brief noch eine innerbetriebliche Mitteilung geheftet war. Darauf stand: «Claudia – schick diesem Spinner doch bitte den ‹Käferbrief›!»

Bestehende Kunden zu erhalten ist immer billiger, als neue Kunden anzuwerben. Aus dieser Erkenntnis heraus haben viele Unternehmen regelrechte Kundenbindungsprogramme eingeführt. Dies sollte jedoch nicht darüber hinwegtäuschen, dass die beste Kundenbindung immer dann entsteht, wenn die vom Kunden wahrgenommenen Leistungen viel besser sind als die erwarteten.

Die Zufriedenheit ist also primär darauf zurückzuführen, dass der Kunde einen großen Unterschied zwischen erwarteter und wahrgenommener Leistung empfindet. Dabei spielt die Leistung beim erweiterten Produkt eine große Rolle, denn hier fällt eine etwaige Diskrepanz besonders ins Auge.

Die erwartete Leistung hängt nicht nur von den eigentlichen Bedürfnissen des Kunden ab, sondern auch von seinen Erfahrungen sowie von den Aussagen Dritter. Die wahrgenommene Leistung hängt von der effektiv gelieferten Qualität ab, aber auch davon, ob der Kunde sie überhaupt in allen Aspekten zur Kenntnis nimmt und zu würdigen weiß, beispielsweise dank einer vorausgegangenen Schulung.

Faktoren, die die Kundenzufriedenheit beeinflussen[1]

Zufriedene Kunden neigen naturgemäß viel mehr dazu, ein Produkt wieder zu kaufen, als unzufriedene. Sie empfehlen das Unternehmen auch häufig weiter, was schließlich zu seinem dauerhaften Erfolg führt. Die Kundenzufriedenheit ist somit als ein Investitionswert zu betrachten. Unter diesem Aspekt betrachtet, sind Investitionen in den Kundendienst und den Service auch ohne Weiteres zu rechtfertigen.

Traditionell galt die Regel: Ab einem bestimmten «Serviceniveau» steigen die Servicekosten so stark, dass sie die dadurch entstehenden Vorteile mehr als aufheben. Diese «Tradeoff»-Sichtweise wurde meistens mit dem folgendem Diagramm illustriert.

---

[1] In Anlehnung an Boone/Kurz, *Contemporary Marketing*, S. 442.

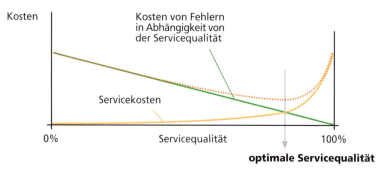

Traditionelle Sicht der optimalen Servicequalität

Diese Sichtweise ist heute überholt, denn man hat mittlerweile erkannt, dass bei der Bestimmung des Optimums nicht allein die eigene Perspektive zählt, sondern dass auch die Auswirkungen auf Seiten des Kunden mit berücksichtigt werden müssen. Der Kunde ist es, der letztlich darüber entscheidet, ob eine Geschäftsbeziehung langfristig von Bestand sein wird.

Werden die Kosten, die dem Kunden entstehen, mit einbezogen, bewegt sich die optimale Servicequalität erfahrungsgemäß auf die Marke von 100 % zu.[1]

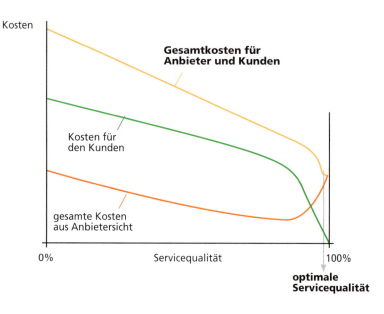

Moderne Betrachtungsweise der «optimalen» Servicequalität

---

[1] Siehe Berry/Parasuraman, *Service Marketing*, S. 30ff.

Ein Unternehmen, das den Service zwar als Eckpfeiler seiner Strategie bezeichnet, ihn aber vernachlässigt, verliert das Vertrauen der Kunden – vor allem dann, wenn die Zuverlässigkeit zu wünschen übrig lässt.[1]

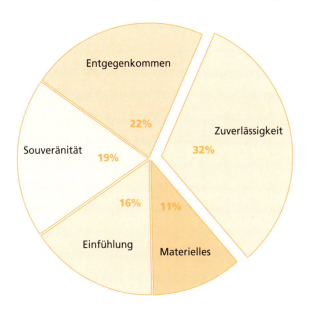

Kriterien für Servicequalität

Die Wechselbeziehung zwischen Kunden, technischen Systemen und Mitarbeitern ist heute vielfach so komplex, dass das Fehlerpotenzial zwangsläufig zunimmt. Es gilt daher, das Qualitätsmanagement stetig zu verbessern und unzufriedene Kunden mit einem geeigneten Service Recovery Management umzustimmen und dem Unternehmen zu erhalten.

**Service Recovery** bedeutet die Wiederherstellung der Kundenzufriedenheit nach Servicefehlern. Man nimmt also an, dass die Zufriedenheit des Kunden durch eine adäquate und sofortige Reaktion des Anbieters wiederhergestellt oder sogar gesteigert werden kann.[2]

Kunden bilden ihre Meinung nicht aufgrund durchschnittlicher Erfahrungen mit einem Unternehmen, sondern aufgrund entweder sehr guter oder sehr schlechter Erlebnisse. Daher ist es entscheidend, wie die Reaktion eines Mitarbeiters in einer «Krisensituation» ausfällt. Die Motiva-

---
[1] Siehe Heskett/Sasser/Hart, *Bahnbrechender Service,* S. 113.
[2] Hart, «The power of unconditional service guaranties», in: *Harvard Business Review,* Juli/August 1988.

tion der Mitarbeiter und ihre Schulung ist beim Service Recovery zentral. Flexibilität, Belastbarkeit und eine angemessene Entscheidungskompetenz sind nötig.

Standardlösungen sind nicht im Sinne des Service Recovery. Jedes Problem hat für jeden Kunden eine andere Bedeutung, es gibt daher nur situativ angepasste Lösungen. Dies stellt hohe Anforderungen an die Mitarbeiter.

Die Grundidee des Service Recovery lautet: Ein bestehender Kunde ist leichter zu halten, als ein neuer zu gewinnen. Diese Haltung hat zwar defensiven Charakter, aber sie schließt die Akquisition von neuen Kunden keineswegs aus. Im Gegenteil – die beiden Ansätze ergänzen sich optimal.

Viele Unternehmen sind heute noch nicht so weit, die Qualität ihrer Dienstleistungen in vollem Umfang für die Bindung der Kunden und die Steigerung der Kundenzufriedenheit zu nutzen. Es wird zwar sehr viel über dieses Thema diskutiert und von den Lieferanten wird ein entsprechendes Verhalten verlangt, selber handelt man aber noch nicht konsequent danach.

Verschiedene interne und externe Umfragen zeigen, dass zahlreiche Unternehmen, insbesondere solche aus der Dienstleistungsbranche, den Service als entscheidenden oder wichtigen Erfolgsfaktor betrachten. Sie erwarten für die Zukunft eine zunehmende Bedeutung von Zusatzleistungen. Der Service wird somit immer mehr zur Aufgabe des Topmanagements. Darum haben viele Unternehmen starke Serviceabteilungen aufgebaut und sie organisatorisch dem Bereich Marketing zugeordnet.

---

Es soll im Jahr 1853 gewesen sein, als eines Tages George Crum, der Küchenchef eines piekfeinen Restaurants in Saratoga Springs (New York), gebratene Kartoffeln für einen Gast zubereitete.

Der überaus pedantische Kunde gab seine Kartoffeln mehrmals mit der Beschwerde zurück, sie seien viel zu dick. Zu guter Letzt soll der zornige Küchenchef sein schärfstes Messer genommen und die Kartoffeln hauchdünn geschnitten haben. Dann frittierte er sie in kochendem Fett. Unerwarteterweise und für Crum ganz überraschend reklamierte der Kunde jetzt nicht mehr. Im Gegenteil – er lobte die Zubereitung und dankte dafür, dass man auf seine Wünsche eingegangen war. Bald wollten auch andere Gäste die «Saratoga chips» bestellen.

Der Rest ist die Geschichte der Kartoffel-Chips.

*Aus «Bits & Pieces», September 1999, S. 6*

# Veränderungen von Produktmix und -linie

Ein Produkt wird oft in verschiedenen Ausführungen vermarktet, die sich durch die Packungsgröße (zum Beispiel bei Lebensmitteln), durch die Abmessungen (zum Beispiel durch die Dicke eines Stahlblechs), durch die Aufmachung (zum Beispiel durch die Farben oder Materialien eines Kleids) oder durch die Ausstattung (zum Beispiel durch den Stoff- statt Lederüberzug eines Sofas) unterscheiden. Meistens spricht man dann von einzelnen Artikeln, Packungsgrößen oder eventuell Sorten.

Wenn man von einer Produktlinie spricht, denkt man meistens an Produkte mit ähnlichem Charakter oder Verwendungszweck.

Suppen, Gewürze oder Fertiggerichte sind zum Beispiel Produktlinien von Maggi; Reisen nach Nordamerika, in den Fernen Osten und ans Mittelmeer sind Produktlinien eines Reisebüros; Herbizide und Fungizide sind Produktlinien eines Anbieters von Agrochemikalien.

Als Produktmix bezeichnet man die Gesamtheit aller angebotenen Güter und Dienstleistungen eines Unternehmens oder einer Division.

Dieser Begriff aus der amerikanischen Literatur hat sich mittlerweile auch bei uns eingebürgert. Nach und nach hat er die hierzulande üblichen Begriffe Leistungsprogramm, Produktprogramm (vor allem in der Industrie) und Sortiment (vor allem im Handel) verdrängt.

Produktmixentscheidungen betreffen stets die Kombination und das Verhältnis der verschiedenen Produkte untereinander. Wenn es um die Breite des Produktmix geht, fragt man nach der Anzahl der verschiedenen Produktlinien. Wenn es um die Tiefe geht, denkt man an die durchschnittliche Anzahl von Artikeln pro Produktlinie. Wenn man von Geschlossenheit spricht, meint man die Ähnlichkeit der Produktlinien in Bezug auf den Endverwendungszweck, das Herstellungsverfahren, den Absatzweg oder andere Dimensionen. Allerdings werden diese Begriffe in der Praxis nicht immer einheitlich verwendet.

## Produktmix periodisch überprüfen

Von Zeit zu Zeit ist zu überprüfen, ob die im Mix enthaltenen Artikel und Produktlinien im Hinblick auf die künftige Umsatzsteigerung, Umsatzstabilität und Rentabilität ausgewogen sind. Die Bedürfnisse und Präferenzen der Märkte wandeln sich unaufhörlich: Konkurrenten treten in Erscheinung oder ändern ihre Produktpalette oder tun beides gleichzeitig. Im eigenen Unternehmen werden neue Erkenntnisse gewonnen. Das Umfeld verändert sich generell, zum Beispiel bieten sich neue Lieferanten an, werden neue Technologien oder Herstellungsverfahren nutzbar, treten gesetzliche und andere Vorschriften in Kraft.

Solche Veränderungen wirken sich auf manche Produkte eines Unternehmens günstig, auf andere ungünstig aus. Es erstaunt daher nicht, wenn Analysen oft ergeben, dass der Großteil des Gewinns einer Firma mit nur wenigen Produkten erwirtschaftet wird und dass sich dieses Bild im Lauf der Zeit ändert. Neue Produkte werden zu Gewinnträgern und lösen die alten ab. Man spricht in diesem Zusammenhang auch vom Lebenszyklus eines Produkts.

Lebenszyklus eines Produkts

| Einführung | Wachstum | Reife | Niedergang |
|---|---|---|---|
| Umsatz | | | |
| | | Geldmittelfluss (aus betrieblicher Tätigkeit) | |
| | | | Nullinie |
| viele Investitionen, wenige Konkurrenten | Kapazitätserweiterungen, neue Konkurrenten | evtl. Überkapazität, Konkurrenten schließen sich zusammen | Kapazitätsabbau, Konkurrenten scheiden aus |

Die Unternehmensleitung überprüft den jeweiligen Produktmix und geht der Frage nach, ob man mit ihm auch künftig wettbewerbsfähig sein wird. Diese Überprüfung erfolgt meistens im Rahmen der strategischen Planung und nach der Portfoliomethode.[1] Nach dieser Methode werden die verschiedenen Produktlinien in solche klassiert, die man ausbauen sollte, dann in solche, die zur Elimination anstehen, und schließlich in solche, die man halten oder vorsichtig forcieren sollte.

---

[1] Siehe dazu Seiler, *Planning*, Kap. 9.

Betrachtet man die Produktpolitik in der Praxis, so sind markante Veränderungen des Produktmix eher die Ausnahme. Anpassungen werden vielmehr graduell und in kleinen Schritten vorgenommen. Diese Vorsicht ist deshalb angebracht, weil mit jeder sprunghaften Veränderung das Risiko verbunden ist, Marktanteile zu verlieren. Darüber hinaus ist kaum eine Organisation in der Lage, größere und abrupte Veränderungen vorzunehmen.

Allerdings findet man in der Praxis genügend Beispiele für gelungene Wechsel: Man denke nur an die wachsende Zahl von Unternehmenszusammenschlüssen, Betriebsschließungen und Abspaltungen.

**Länge und Position einer Produktlinie definieren**

In der Regel trägt ein Manager die Verantwortung für die Produktlinie eines Unternehmen oder einer Sparte.

Im Rahmen der Marketingstrategie befasst er sich primär mit der Frage, wie er seine Linie gegenüber der Konkurrenz im Markt positionieren will und welche Umsätze und Marktanteile er dabei erzielen kann.

Im Rahmen der Produktpolitik legt er dann fest, wie lang und wie kompakt die Linie sein soll.

◆ Lange und tiefe Produktlinien werden dann gewählt, wenn ein hoher Marktanteil und ein starkes Umsatzwachstum als Ziele vorgegeben sind; es wird auf lange Sicht geplant.

◆ Kurze Produktlinien werden gewählt, wenn der Gewinn das Hauptziel ist; man konzentriert sich in einem solchen Fall auf die rentabelsten Artikel; es wird auf kurze Sicht geplant.

Bei der Festlegung des definitiven Angebotsprogramms gilt es, zwischen verschiedenen Interessen abzuwägen.

Auf der einen Seite will man das Angebot möglichst wenig unterteilen, um die Produktions- und Verwaltungskosten pro Einheit möglichst gering zu halten. Dies ist meistens der Standpunkt der Produktionsleitung.

Auf der anderen Seite strebt der Verkauf sehr oft nach einer Verbreiterung der Linie, um den verschiedenen Wünschen der Marktteilnehmer gerecht zu werden. Er will für den Kunden Auswahl- und Vergleichsmöglichkeiten schaffen, um ihn nicht an die Konkurrenz zu verlieren. Die Wahrscheinlichkeit eines Kaufs wächst mit der Breite des Sortiments. Für die Produktion bedeutet dies aber häufigere Umstellungen der Fertigungsanlagen: Tendenziell werden Mehrzweckmaschinen benötigt, es gibt kleinere Serien, umfangreichere Stücklisten, größere Lagerbestände, die Lagerbewirtschaftung wird schwieriger und die Kapitalbindung ist höher.

Gelegentlich gelingt einem Unternehmen ein Kompromiss zwischen den divergierenden Haltungen von Verkauf und Produktion, zum Beispiel indem es das Sortiment mit Hilfe von Zukäufen verbreitert.

Die Länge der Produktlinie entwickelt sich im Lauf der Zeit. Dabei gibt es Unternehmen, die sich zunächst am «oberen Ende» des Marktes etablieren und dann ihre Linie «nach unten» ausdehnen. Andere Unternehmen positionieren sich im Zentrum, um die Möglichkeit zu haben, ihre Linie «nach oben» und/oder «nach unten» zu verlängern.

◆ **Ausdehnung nach unten:** Dieses Vorgehen birgt in der Regel die drei folgenden Risiken.

- **Gegenoffensiven** von Konkurrenten, die am unteren Ende der Linie positioniert sind.

- Ein **Abbröckeln des Qualitätsimage** des Unternehmens und damit die Gefährdung der eigenen Position.

- **Absatzmittler, die sich gegen diese Politik wehren**, da ihre Gewinnspannen am unteren Ende meistens kleiner sind.

◆ **Ausdehnung nach oben:** Auch in diesem Fall muss man mit drei Hauptrisiken rechnen.

- **Konkurrenzreaktionen** von Unternehmen, die weiter oben positioniert sind und nun ein Gegenprodukt am unteren Ende lancieren.

- **Verkaufsprobleme,** weil das Unternehmen oft Mühe hat, ein qualitativ höher stehendes Produkt erfolgreich zu verkaufen.

- **Skepsis bei den Kunden,** die das Unternehmen als Anbieter von Produkten minderer Qualität kennen.

Mitunter lanciert ein Unternehmen unter einem anderen Namen eine zweite Produktlinie am entgegengesetzten Ende seiner Position. Es versucht auf diese Weise, einerseits das Imagerisiko bei der Ausdehnung nach unten und andererseits den schleppenden Verkauf und die fehlende Akzeptanz bei der Ausdehnung nach oben zu vermeiden.

> BMW und Mercedes sind traditionelle Anbieter am oberen Ende des Marktes, während sich Hersteller wie Ford, Opel, VW, Peugeot, Renault und Fiat im unteren und mittleren Bereich tätig sind.
> Interessant ist, dass die Volkswagenwerke mit dem Audi und Toyota mit dem Lexus den Weg einer neuen Marke gingen, um ihren Markt «nach oben» auszudehnen, während andere Automobilhersteller mit eigenen Topmodellen ins obere Marktsegment eindringen wollen, so etwa Nissan mit dem Maxima oder Opel mit dem Omega.

Die Produktlinie kann auch durch die Aufnahme neuer Artikel in den aktuellen Anwendungsbereich verbreitert werden; diese Strategie wird sehr oft gewählt.

Ein gutes Beispiel dafür ist die innovative amerikanische Firma 3M. Nach ihrem Anfangserfolg mit dem Scotch-Klebeband erweiterte 3M diese Produktlinie kontinuierlich, und zwar mit Klebebändern verschiedener Breite und Dicke, beidseitig klebend, farbig usw. Erst danach stieß die Firma in andere Tape-Bereiche vor (mit chirurgischen Tapes, Haarpflege-Tapes, reißfesten Verpackungstapes und elektronischen Tapes).

Ein Unternehmen muss stets darauf achten, dass der Kunde den Unterschied zwischen den einzelnen Artikeln erkennt, sonst verwirrt man ihn. Gleichzeitig kannibalisiert das Unternehmen die angestammten Artikel, das heißt, wegen der neuen Artikel sinkt den Umsatz mit den bereits eingeführten.

Nicht jedes Unternehmen hat freien Spielraum in seiner Produktlinienpolitik. Ein Kohlebergwerk, ein Atomkraftwerk oder eine Ölraffinerie sind in ihren Möglichkeiten viel stärker begrenzt als ein Handelsunternehmen. Generell kann man sagen, dass die Variationsmöglichkeiten zunehmen, je näher ein Unternehmen dem Endverbraucher steht. Mit dieser Nähe steigt auch die Bedeutung der Produktlinienpolitik: beim Kohlebergwerk ist sie von geringer, beim Einzelhandelsgeschäft von ausschlaggebender Bedeutung.

# Zusammenfassung

Wenn man von einem Produkt spricht, denkt man stets an das gesamte Leistungspaket, das ein Unternehmen anbietet. Dazu gehören auch das mit dem Produktnamen verbundene Image und die im Angebot enthaltenen Dienstleistungen wie Gratisinstallation, Ersatzteilhaltung oder technische Beratung. Selbstverständlich haben in diesem Paket die eher formalen und technischen Elemente – Produkteigenschaften, Qualität, Design und Verpackung – eine große Bedeutung. Untersuchungen zeigen auch, dass die Chance, rentable Produkte herzustellen, mit zunehmender Qualität steigt. Die Qualität muss allerdings aus Kundensicht und nicht etwa aus Sicht der Technik beurteilt werden.

Je mehr sich die formalen Elemente von Konkurrenzprodukten gleichen, desto mehr verschiebt sich der Wettbewerb bezüglich des Produktangebots in Richtung des erweiterten Produkts. Der weit gefasste Servicebegriff rückt so ins Zentrum. Dabei muss der angebotene Service in die Marketingstrategie eingebettet werden und dem Kunden aus der ihm eigenen Sicht Nutzen bringen. Besonders ist zu berücksichtigen, dass die vom Unternehmen abgegebenen Serviceversprechungen nach dem Kauf unbedingt eingehalten werden. Die Politik, große Versprechungen zu machen und sie anschließend nicht einzuhalten, ist langfristig unvorteilhaft; besser ist es, dem Kunden einen Service von geringem Niveau anzukündigen, den man anschließend übertreffen kann.

Untersuchungen zeigen, dass die kombinierten Gesamtkosten des Anbieters und des Kunden am geringsten sind, wenn die Servicequalität am höchsten ist. Das heißt, dass ein Anbieter Servicekosten, die über seinem Kosten-/Nutzen-Optimum liegen, in Kauf nehmen sollte, um die Kunden langfristig an sein Unternehmen zu binden.

Da es teurer ist, neue Kunden zu finden, als bestehende zu halten, lohnt es sich, die Kundenzufriedenheit mit einer angemessenen Reaktion wieder herzustellen, wenn es zu Servicefehlern kommt. Ein solches Vorgehen heißt «Service Recovery».

Weil sich das Umfeld ständig verändert und das Produkt innerhalb seines Produktlebenszyklus bewegt, muss der Produktmix regelmäßig überprüft werden. Nötigenfalls müssen einige Produktlinien eliminiert und andere ausgebaut werden. In der Praxis wird der Produktmix meistens in kleinen Schritten verändert, um das mit dem Wechsel verbundene Risiko möglichst klein zu halten.

Unternehmer fragen sich immer wieder, was besser ist – eine angestammte Produktlinie auszudehnen und auf diese Weise neue Kundengruppen zu erschließen, oder eine neuen Linie am anderen Ende des Tätigkeitsspektrums zu positionieren. Diese Frage lässt sich nicht allgemeingültig beantworten; meistens kann eine Entscheidung nur gefällt werden, wenn man auch nicht quantitative Größen, zum Beispiel Konsequenzen für das Image, ins Kalkül zieht.

# Neuentwicklung von Produkten

Nach dem Zweiten Weltkrieg konzentrierte sich International Business Machines (IBM) auf die schnelle und exakte Verarbeitung von Geschäftsinformationen. Mit den zu diesem Zweck entwickelten Großcomputern, den sogenannten Main Frames, eroberte das Unternehmen den Löwenanteil des neu entstehenden Marktes.

1957 lancierte Digital Equipment Corporation (DEC) einen spezialisierten und preisgünstigen Minicomputer. Mit ihm konnte sich DEC sehr rasch im anvisierten Marktsegment etablieren. Der Markt mit den «Minis» entwickelte sich innerhalb weniger Jahre zu einem Milliardengeschäft, in das auch IBM und Firmen wie Data General, Bull, Hewlett Packard, Sun Micro Systems, NCR und ICL einstiegen.

In den 80er Jahren bauten Steven Jobs und Stephen Wozniak in einer Garage ihre ersten Apple Personal Computer. Den Durchbruch schafften sie mit dem Macintosh. IBM folgte mit seinem PC, der dank offener Architektur den Industriestandard setzte und zum führenden Produkt wurde. Heute erzielen auch Firmen wie Compaq, NEC, Dell, Hewlett-Packard, Toshiba und Siemens mit PCs Umsätze in Milliardenhöhe. Die Produkte unterscheiden sich hinsichtlich ihrer Leistung und ihres Miniaturisierungsgrades und werden mit Peripheriegeräten ergänzt.

In den 90er Jahren begann sich die Informatik mit der Telekommunikation zu verbinden. Das Internet dehnt sich heute rasant aus und ermöglicht es, jede Information jedermann und überall zur Verfügung zu stellen. Die damit verbundenen künftigen Innovationen sind kaum absehbar.

Im Moment zeichnen sich etwa folgende Produktentwicklungen ab:

◆ Zusammenwachsen von Telefon und Multimediacomputer zu einem stimmengesteuerten, kabellosen, mobilen Bildtelefon;

◆ Handel mit Informationen über Internetbenutzer;

◆ enormer Zuwachs bei den E-Commerce-Geschäften;

◆ immer kleinere Internet-Computer, die vor allem dem «Surfen» dienen und die benötigte Rechenleistung aus dem Internet beziehen.

Der Begriff «neues Produkt» wird nicht einheitlich verwendet. Die einen bezeichnen bereits etwas als neu, das im Grunde nur eine Variation von etwas Vorhandenem ist. Andere benützen das Wort ausschließlich, wenn es sich um eine grundlegende technische Neuerung handelt, und wieder andere setzen zugleich eine Neupositionierung im Markt voraus.

Mögliche Kategorien (relativ) neuer Produkte[1]

|  | niedrig | | hoch |
|---|---|---|---|
| **hoch** | neue Produktlinien | | Weltneuheiten |
| **Firmenneuheit** | Verbesserung bestehender Produkte | Ergänzungen bestehender Produktlinien | |
| **niedrig** | Kostensenkungen | Repositionierungen | |

**Marktneuheit**

Die Grafik verdeutlicht, dass die meisten der Firmenneuheiten nicht zugleich auch Marktneuheiten sind. Wie dem auch sei: Die Entwicklung und Lancierung «neuer» Produkte ist sehr wichtig, denn ihre Lebenszyklen werden immer kürzer. Ein Unternehmen kann es sich heute kaum mehr leisten, den Prozess der eigenen Innovationen oder Produktakquisitionen zu vernachlässigen.

Zunehmender Anteil von neuen Produkten[2] am Umsatz

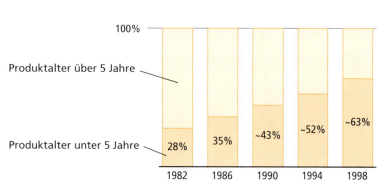

Diese Zahlen weichen je nach Industriezweig stark voneinander ab; Siemens sagte beispielsweise schon 1984, sein Umsatz komme zu 54 % von Produkten, die höchstens fünf Jahre auf dem Markt seien. Die ge-

---

[1] Nach Hill/Rieser, *Marketing Management*, S. 213.
[2] Die Extrapolation für 1994 und 1998 basiert auf den folgenden Untersuchungen: Booz/Allen/Hamilton, *New Product Management*, Duerr, *The Commercial Development of New Products*, und Wind/Mahajan/Bayless, *The Role of New Product Models*.

nannten Zahlen können also niemals als allgemeine Richtlinie verwendet werden. In der Telekommunikationsbranche weisen viele Produkte eine Lebensdauer von bestenfalls zwei bis drei Jahren auf, in der Pharmaindustrie hingegen ist der Aufwand für die Lancierung einer Neuheit so immens, dass eher mit einer Lebensdauer von zehn und mehr Jahren gerechnet wird. Aber auch dies dürfte sich infolge der mikrobiologischen Revolution bald ändern.

Die Forschungs- und Entwicklungsintensität schwankt von Branche zu Branche. Je schneller eine Industrie wächst, umso größer sind in der Regel die F & E-Anstrengungen. Viele neue Produkte und Produktvarianten sind dann die Folge.

| | |
|---|---|
| Pharma | 22,8 |
| Elektronik und Komponenten | 18,3 |
| Computer und Büromaschinen | 14,9 |
| Instrumente | 10,6 |
| Automobil | 10,6 |
| Chemie | 7,4 |
| Elektrische Maschinen | 7,2 |
| Maschinenbau | 5,8 |
| Schiffbau | 4,7 |
| Nahrungsmittel, Tabak | 0,8 |
| Textil, Schuhe, Leder | 0,5 |
| Papier, Druck | 0,5 |

F & E-Intensität in der EU im Jahr 1995 (in Prozent der Wertschöpfung)[1]

Die Pharma-Branche hat 1995 am intensivsten in den F & E-Bereich investiert. Dies erstaunt wenig, da sich die Biotechnologie noch am An-

---

[1] Quelle: OECD, *Science, Technology and Industry Scoreboard 1999*, Table 5.3.1.

fang ihrer Entwicklung befindet und Aussicht auf viele erfolgreiche Produkte hat. An zweiter und dritter Stelle befinden sich die traditionell innovativen Branchen der elektronischen Industrie. Hier sind die Produktlebenszyklen am kürzesten und das Wachstum ist sehr groß. Am wenigsten intensiv geforscht wurde in der Nahrungsmittel-, der Textil- und der Papierbranche. In diesen stagnierenden oder rückläufigen Branchen waren Anstrengungen in Marketing und Produktion wichtiger. Die Entwicklung von neuen Produkten eröffnet allerdings nicht nur Chancen, sondern birgt auch viele Risiken, wie die folgenden Beispiele illustrieren.

> Die Ford Motor Company soll mit der Lancierung ihres legendären Modells Edsel über US$ 100 Millionen verloren haben, ähnlich soll es General Motors mit dem Wankel-Motor ergangen sein.
> Daimler Benz und SMH haben miteinander für insgesamt über DM 1 Mrd. den Smart (ursprünglich Swatch-Mobil) entwickelt. Dieser Zweisitzer wurde als sehr kleines, modisches Stadtauto konzipiert. Das Auto weist viele technische Innovationen auf und auch beim Vertrieb ging man neue Wege. Der Smart wird in mehrstöckigen Glastürmen angeboten, so ähnlich wie Konsumartikel im Regal. Dank intensiver Öffentlichkeitsarbeit bestand zumindest anfänglich großes Kundeninteresse; die Produktion der ersten Monate war bereits nach wenigen Tagen ausverkauft. Die Anfangserfolge waren aber von kurzer Dauer und 1998 erlitten die Hersteller bei einem Umsatz von DM 133 Mio. einen Verlust von DM 141 Mio. Das Jahr 1999 war außerdem von zwei Rückrufaktionen überschattet, so dass statt der geplanten 130'000 Autos nur 80'000 verkauft wurden.
> Auch Philip Morris wollte sich den «Swatch-Effekt» zu Nutze zu machen. Unter dem Namen «Star» wurde eine Zigarette mit verschiedenen Verpackungsdesigns lanciert. Ähnlich wie bei der Swatch-Uhr wurde die Kollektion – das heißt die Verpackung – regelmäßig geändert. Die neue Zigarette verkaufte sich aber ziemlich schlecht und wurde nach einigen Jahren zurückgezogen.
> Ebenfalls erfolglos war Nabisco mit der nicht rauchenden Zigarette «Premiere». Auch die farblose Cola «Crystal Pepsi», die weltweit eingeführt wurde, hielt sich nur einige Monate im Markt.

Es ist sehr schwer herauszufinden, wie viele neue Produkte erfolglos blieben. Untersuchungen sprechen von 30 bis 90 %.[1] Es ist allerdings nicht klar, ob in solchen Zahlen auch die Produkte enthalten sind, die gar nie lanciert wurden.

---

[1] Zum Beispiel nennen Booz/Allen/Hamilton in ihrem Buch *New Product Management* die Zahl von 30 %. Stolz geht in seinem Artikel «Die Reifeprüfung», in: *Handelszeitung*, Nr. 18 vom 5.5.99, S. 73, von 90 % aus.

Im Folgenden gehen wir daher der Frage nach, was in einer Firma unternommen werden kann, um die Entwicklung neuer Produkte erfolgreich zu gestalten – oder aber frühzeitig zu erkennen, dass es besser ist, die Entwicklung gleich einzustellen. Zuerst schildern wir den Entwicklungsprozess, dann behandeln wir die für den Erfolg notwendigen Faktoren.

# Entwicklungsprozess

Die Entwicklung und Lancierung von Produkten durchläuft, schematisch betrachtet, etwa die folgenden acht Stadien, die in der Praxis allerdings nicht immer eindeutig voneinander zu unterscheiden sind.

Ablauf der Produktentwicklung

## Ideen suchen

Fast jedes Unternehmen hat sein eigenes Prinzip, dem es bei der Ideensuche folgt. Das eine geht quasi intuitiv vor und versucht, ein stimulierendes Arbeitsklima zu schaffen, das die Ideenfindung unterstützt. Das andere konstruiert einen organisatorischen Rahmen und benützt systematisch Techniken wie Brainstorming, morphologische Analyse, Synectics, Merkmalsaufzählung usw. Das dritte setzt Prämien für Mitarbeiter aus, deren Ideen als Basis für ein neues Produkt taugen.

Die wichtigsten Quellen, aus denen Ansätze für neue Ideen fließen, lassen sich in zwei Gruppen gliedern.

◆ **Die Marktseite:** Kunden, Konkurrenten, Händler, Verkaufsmitarbeiter, Fachexperten, Marktforschungsinstitute.

◆ **Die Technologieseite:** Erfindungen/Patente, Lieferanten, Fachspezialisten, technische Experten, Hochschulinstitute, Konkurrenten, F & E- und andere Mitarbeiter.

Mehr als zwei Drittel der durch neue Technologien geprägten Produkte sollen entwickelt worden sein, weil Kunden entsprechende Bedürfnisse geäußert haben. Interessant ist dabei, dass die aus Marktwünschen hervorgegangenen neuen Produkte rentabler sein sollen als Produkte, an deren Ausgangspunkt technologische Überlegungen standen.[1]

Die Marketingphilosophie fordert, die Bedürfnisse und Wünsche des Kunden bei der Suche nach Ideen für neue Produkte zu berücksichtigen. Diese Bedürfnisse zu erfassen ist grundsätzlich Aufgabe des Marketing, dem damit eine zentrale Verantwortung bei der Ideensuche zufällt. Durch systematische Kundenbefragungen, Marktuntersuchungen, gezielte Reklamationsauswertungen, Vergleiche mit Konkurrenzprodukten, die Auswertung der Berichte von Vertretern, das Studium der Fachliteratur, Gespräche mit Werbeagenturen, Kontakte mit Forschungslaboratorien und Erfindern nimmt das Marketing diese Aufgabe wahr.

Schon bei der Ideensuche ist die Kommunikation zwischen den markt- und den technologieorientierten Mitarbeitern wesentlich. Falls die Idee vom Markt her in das Unternehmen getragen wird, ist es die Aufgabe der Forschungs- und Entwicklungsmitarbeiter, über die Chance einer technologischen Realisierung zu befinden. Wenn die Idee in der F & E-Abteilung geboren wird, ist es die Pflicht der Marktverantwortlichen, sich zu den Chancen einer späteren Vermarktung zu äußern.

Immer mehr bemühen sich die Unternehmen darum, die Kunden mit ihren Bedürfnissen in den Innovationsprozess einzubinden; damit soll die spätere Marktakzeptanz verbessert werden. Allerdings ist in den USA bereits eine Gegenbewegung im Gang. Die Unternehmen befürchten nämlich, dass sie ihre Kunden am Gewinn beteiligen müssen, wenn das Produkt ein Erfolg wird und die Kunden nachweislich als Ideenlieferanten identifiziert werden können.

---

[1] Siehe zum Beispiel Urban/Hauser, *Design and Marketing of New Products*, S. 29f.

## Frühe Vorauswahl treffen

In der Regel muss ein Unternehmen mehrere Ideen zumindest ein Stück weit entwickeln, um einige wenige Produkte erfolgreich realisieren zu können. Eine Untersuchung, die 1968 von Booz, Allen und Hamilton in 51 Unternehmen durchgeführt wurde, zeigte, dass im Mittel 58 neue Ideen nötig waren, um ein einziges erfolgreiches Neuprodukt zu finden. Nach einer weiteren Untersuchung, die 1981 vom selben Institut durchgeführt wurde, waren es jedoch nur noch sieben neue Inspirationen.[1]

Im Allgemeinen selektionieren Unternehmen ihre Ideen heute wesentlich besser und früher. Der Kostendruck, die kürzeren Produktzyklen und die zunehmende Konkurrenz erlauben ein unnötiges Verschwenden von Kapazitäten nicht mehr. Unternehmen sind besser beraten, fragwürdige Ideen früh zu eliminieren und ihre Kräfte voll und ganz auf die aussichtsreichen zu konzentrieren.

Die Vorauswahl soll sicherstellen, dass nur brauchbare Ideen weiterverfolgt werden. Zuerst wird geprüft, ob die Idee mit der Zielsetzung des Unternehmens übereinstimmt. Firmen formulieren daher konkrete Selektionskriterien, um diese Übereinstimmung zu prüfen.

---

Zu Beginn der 80er Jahre änderten die Papierfabriken Cham-Tenero ihre Strategie grundlegend. Anstelle von Massenpapieren sollten künftig technische Spezialpapiere hergestellt werden. Diese Umorientierung war enorm erfolgreich und führte unter anderem zu einem Kriterienkatalog, an dem sich die neu aufgebaute Entwicklungsabteilung stets orientierte:

- Das Papier soll auf gebleichtem Zellstoff basieren und möglichst auf den bestehenden Anlagen hergestellt werden können.

- Es soll ein Marktpotenzial von mindestens 500 Tonnen in Europa haben und in einem stark segmentierten Markt verwendet werden.

- Die eigene Wertschöpfung soll mehr als 50 % betragen und besondere technische Anforderungen stellen, zum Beispiel in Form von spezifischen Entwicklungen, sehr hohen Qualitätsanforderungen oder fachlicher Kundenbetreuung.

- Das Papier soll maximal etwa 20 % der Herstellungskosten des Kundenprodukts ausmachen.

---

[1] In der Pharmaindustrie allerdings, so heißt es, gebe es unter Tausenden von synthetisierten Substanzen nur eine, aus der letztlich ein Medikament entwickelt werden könne.

Eine weitere Selektion erfolgt meistens aus der Perspektive von «Technik» und «Markt», etwa anhand der unten aufgeführten Kriterien.

◆ **Technik:** Sind die notwendigen Anlagen vorhanden? Verfügt man über das entsprechende Know-how oder kann es nötigenfalls zugekauft werden? Ist eine Entwicklung in vernünftigen Zeiten möglich? Sind zusätzlich Ressourcen nötig? Können sie beschafft werden?

◆ **Markt:** Ist der Markt groß genug? Können vernünftige Margen erzielt werden? Mit welcher Konkurrenz ist zu rechnen? Können bestehende Kunden mit dem neuen Produkt beliefert werden? Können neue Absatzkanäle erschlossen werden?

Möglicherweise beschäftigt man sich schon jetzt mit der Frage, ob das Produkt je eine befriedigende Rentabilität erreichen wird. In dieser frühen Phase ist eine solche Abschätzung aber meistens sehr schwierig.

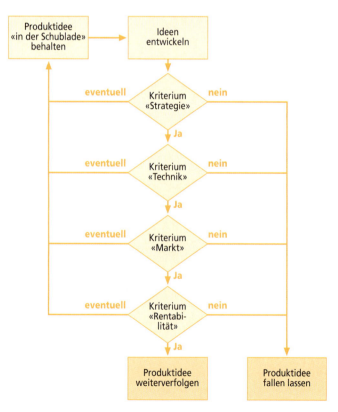

Prozess der Auswahl von Ideen

Mitunter wird argumentiert, dass eine Kriterienliste oder der Zwang zu einer frühen Erfolgsabschätzung die Kreativität einschränke; gute Ideen gingen so verloren. Dies trifft manchmal zu. Unternehmen gehen dieses Risiko in der Regel ein. Sie wissen, dass die F & E-Anstrengungen sich sonst allzu sehr zersplittern und wesentlich teurer, wenn nicht sogar unbezahlbar würden. Zudem fördert eine Vorauswahl meistens die nötige Zusammenarbeit zwischen Marketing und Produktentwicklung.

**Produktkonzept entwickeln und testen**

Die nach der Vorauswahl übrig gebliebenen Ideen werden nun zu einem reifen Produktkonzept entwickelt.

**Produktkonzept** nennt man die theoretische und subjektive Vorstellung, die ein Konsument vom Produkt haben sollte. Dabei geht es um die Schlüsselvorteile des Produkts und darum, wie sie dem Kunden in Abgrenzung gegen Konkurrenzprodukten plausibel gemacht werden sollen.

Im Amerikanischen wird in diesem Zusammenhang von Core Benefit Propositions (CBP) gesprochen. Die CBPs sollen klar, präzise und eindeutig die wesentlichen Elemente eines Produktes bezeichnen. Daraus muss sich unmissverständlich ableiten lassen, welche Vorteile der Kunde erhalten wird, warum diese wichtig und möglicherweise einmalig sind.

> Ein Hersteller von Küchengeräten hat die Idee, eine Softeismaschine zu entwickeln. Diese Idee lässt sich zu verschiedenen Produktkonzepten ausbauen: Soll das Produkt von Haushalten und/oder von Restaurants, Kantinen, Kiosken und ähnlichen Verpflegungsstellen verwendet werden? Soll die Maschine in erster Linie Einzelportionen oder größere Mengen an Softeis herstellen können? Soll sie als Dessertmaschine mit verschiedenen Geschmacksrichtungen oder für eine einzige Qualität konzipiert werden? Bei welchen Anlässen und zu welcher Jahreszeit soll das Gerät benützt werden?

In die Auswahl des Produktkonzepts sind nicht nur die unmittelbar beteiligten Bereiche des Unternehmens involviert, sondern ebenso mögliche Abnehmer und unter Umständen sogar Absatzmittler. Diesem Umstand versucht man mit Hilfe von Marktbefragungen gerecht zu werden; oft wird auch ein Prototyp des Produkts getestet. Letzteres setzt aber voraus, dass der Zielmarkt mit hinreichender Genauigkeit bekannt ist.

> Das Unternehmen, das die Softeismaschine plant, weiß aus Erfahrung, dass für die Amortisation von Absatzförderungsmaßnahmen im Sektor Haushalt mindestens 100'000 Geräte pro Jahr verkauft werden müssen. Im Sektor Restaurants sind es mindestens 5000. Außerdem darf ein Haushaltsgerät nicht mehr als etwa sFr. 300 kosten, will man davon 100'000 Stück verkaufen. Aufgrund solcher und anderer Überlegungen hat das Unternehmen daher beschlossen, sich auf die Entwicklung einer kleinen Softeismaschine mit zwei Geschmacksrichtungen für den Haushaltsbereich zu konzentrieren. Ziel ist der Zwischenverpflegungsmarkt für Kinder. Vor dem Bau eines Prototyps testet das Marketing nochmals die Zielkundschaft. Man zeigt zum Beispiel eine Skizze und beschreibt das Produkt so:
> «Mit dieser hier gezeigten Haushaltsmaschine können Sie in fünf Minuten Vanille- oder Schokoladen-Softeis in Einzelportionen herstellen. Der Nährwert und der Vitamingehalt einer Portion ist mit einem Stück dunklem Brot und einem Apfel zu vergleichen. Das Gerät kostet etwas weniger als sFr. 300. Wenn Sie davon ausgehen, dass Sie in den Sommermonaten pro Woche sechs Einzelportionen herstellen, so wird Sie die einzelne Portion auf etwa sFr. –.50 zu stehen kommen.»

Die Testpersonen werden zu ihrer Reaktion auf dieses Konzept befragt. Primär will man die CBPs überprüfen und entscheidende Argumente für oder gegen einen etwaigen Kauf identifizieren.

### Marketingstrategie wählen

Wir haben bereits darauf hingewiesen, dass bei der Entwicklung von Marketingstrategien insbesondere die Ausrichtung auf die kritischen Erfolgsfaktoren und die zweckmäßige Produktpositionierung wichtig sind. Dies gilt auch für neue Produkte. Allerdings ist die Umsetzung nicht leicht, denn das Produkt ist erst in Umrissen bekannt, und – erst latent vorhandene – Kundenbedürfnisse werden vielfach nur geahnt.

Ist der Markt noch im Entstehen begriffen und gibt es noch keinen anderen Anbieter, dann ist die Positionierung nicht so ausschlaggebend. Der Kunde greift einfach zu dem einzigen neuen Produkt, auch wenn es seinen Wünschen nicht ganz exakt entspricht. Erst später, meistens wenn neue Anbieter auftreten, wird der Markt etwas differenzierter betrachtet. Dann kommt es immer mehr darauf an, sich von Konkurrenzprodukten abzuheben und dem Kunden den eigenen Wettbewerbsvorteil klarzumachen.

Mit anderen Worten: Je jünger ein Markt ist, desto unwichtiger ist die Produktpositionierung. Je reifer ein Markt ist, je mehr etablierte Anbieter beteiligt sind, umso wichtiger ist die richtige Positionierung. Es ist in der Regel auch viel schwieriger, als Neuanbieter in einen bestehenden Markt einzudringen, als einen neuen, latent aber bereits vorhandenen Markt in der Rolle des Erstanbieters aufzubauen.

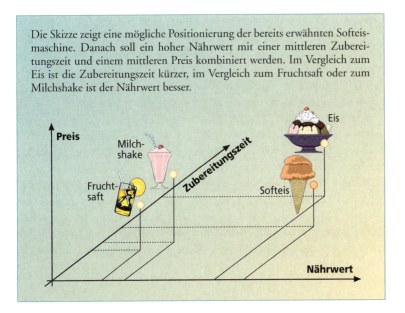

Die Skizze zeigt eine mögliche Positionierung der bereits erwähnten Softeismaschine. Danach soll ein hoher Nährwert mit einer mittleren Zubereitungszeit und einem mittleren Preis kombiniert werden. Im Vergleich zum Eis ist die Zubereitungszeit kürzer, im Vergleich zum Fruchtsaft oder zum Milchshake ist der Nährwert besser.

Die Mitarbeit des Marketing ist in dieser Phase unerlässlich, denn nur so kann sichergestellt werden, dass die technische Produktentwicklung die Kundenbedürfnisse sowie Marktchancen und -risiken berücksichtigt.

Der für ein neues Produkt Zuständige hat meistens erhebliche Mühe, die zu erreichenden Ziele festzulegen, da ihm die Erfahrungszahlen vergangener Jahre fehlen. Trotzdem sollte man sich zu quantitativen Aussagen zwingen, weil sich nur so abschätzen lässt, ob das Produkt in einem vertretbaren Zeitraum rentabel hergestellt werden kann.

## Wirtschaftlichkeit überprüfen

Die F & E-Kosten haben in den letzten Jahren so zugenommen, dass die Wirtschaftlichkeitsprüfung neuer Produkte noch wichtiger geworden ist. Diese Prüfung wird daher im Zuge der Entwicklung mehrmals durchgeführt – eigentlich jedesmal dann, wenn neue Erkenntnisse über den Markt und das Produkt vorliegen.

Für die Berechnung der zu erwartenden Wirtschaftlichkeit benötigt man Schätzungen über Umsatz, Herstellungs-, Verkaufs- und Verwaltungskosten sowie über zusätzliche Investitionen. Meist gelingt es recht gut, die voraussichtlichen Kostenelemente zu prognostizieren. Man benutzt Erfahrungswerte, die von ähnlichen Produkten stammen, und holt Offerten über die zu verwendenden Materialien und Komponenten ein.

Auch über die zusätzlich nötigen Investitionen können meistens brauchbare Aussagen gemacht werden. Man weiß in der Regel, ob die Herstellung auf den eigenen Anlagen möglich ist oder ob Modifikationen oder zusätzliche Kapazitäten erforderlich sind. Ist das der Fall, so können auch hier Richtofferten eingeholt werden.

Schwieriger ist die Evaluierung des künftigen Umsatzes. Oft werden daher Minimal- und Maximalumsätze geschätzt und teilweise über Marktbefragungen verifiziert. Dabei lohnt es sich in der Regel, Preis und Absatzvolumen separat zu schätzen.

Bei einem häufig gekauften Produkt (Lebensmittel, Verbrauchsgüter) wird der Umsatz oft nach Erstkäufen und Wiederkäufen getrennt geschätzt. Während sich der Erstkäufer aufgrund der ihm übermittelten Informationen zum Kauf entschließt, bestimmt beim Wiederkäufer vor allem die Zufriedenheit mit dem Produkt die Wiederkaufsrate. Daher ist eine getrennte Schätzung – und später auch eine separate Umsatzkontrolle – für die beiden Käufertypen sehr empfehlenswert.

Viele Unternehmen erzielen dank intensiver Absatzförderungsmaßnahmen einen hohen Erstumsatz. Sie sind aber dann erstaunt, dass die Wiederkäufe ausbleiben, weil sie den Unterschied zwischen Erst- und Wiederkäufer nicht verstehen.

Bei Gebrauchsgütern (Auto, Radio, Fernsehgerät, industrielle Maschinen und Anlagen usw.) unterscheidet man stärker zwischen dem Erstkauf und dem nach einiger Zeit anfallenden Ersatzkauf. Auch hier ist eine getrennte Schätzung zweckmäßig; man geht dabei von der voraussichtlichen Lebensdauer des Produkts aus.

### Marketingaspekte bei der Entwicklung beachten

Das Schwergewicht der Arbeit liegt in dieser Phase auf der Entwicklungsabteilung. Die Marketingabteilung hilft beim Austesten einzelner Produkteigenschaften, bei der Festlegung des Markennamens und bei der Wahl der Verpackung. Darüber hinaus unterstützt der Verkäufer den Entwickler: Er erklärt, wie verschiedene Produktmerkmale auf die Konsumenten wirken.

Die ersten Prototypen werden, je nach Art des Produkts, mehr oder weniger intensiven Tests unterzogen. Funktionale Tests erfolgen dabei meistens im eigenen Labor.

> Siemens führt vor der Markteinführung neuer Geräte strenge Labortests und Versuche bei ausgewählten Kunden durch. Bei den Tests wird untersucht, ob die neuen Geräte die Spezifikationen, die elektrotechnischen Normen und die Siemens-internen Anforderungen erfüllen. Im Labor wird die Funktionstüchtigkeit unter extremen Bedingungen wie Hitze, hohe Luftfeuchtigkeit oder Elektrosmog getestet. Ein berüchtigter Test ist der «Kugeltest»; dabei lässt man eine Stahlkugel aus einer bestimmten Höhe auf das Gehäuse fallen: Das Gehäuse darf sich nicht verbeulen.
> Versuche mit Prototypen bei Kunden werden diskret durchgeführt, damit die Konkurrenz nichts über das neue Produkt erfährt. 1998 wurde beispielsweise das Börsenhändlertelefon Hicom nur bei einer einzigen Großbank ausgetestet. 100 Prototypen wurden geliefert. Die ständig vor Ort anwesenden Spezialisten von Siemens nahmen alle Kundenreaktionen auf, diagnostizierten und korrigierten Fehler in der Software und ersetzten die zu weichen Stecker.

Die Wahl eines Markennamens ist bedeutungsvoll. Komplizierte Verfahren zur Namensforschung zeigen, ob der Name spezielle Produkteigenschaften suggeriert, Produktvorteile andeutet, leicht aussprechbar und erlernbar ist und sich deutlich von anderen Namen unterscheidet.

Viele Unternehmen bemühen sich um einen Markennamen, der mit der Zeit mit dem Produkt identifiziert wird. Beispiele für solche Erfolge sind Kaffee Hag (koffeinfreier Kaffee) oder Scotchtape (Klebebänder).

Mit der Ausbreitung der Selbstbedienungsläden und der zunehmenden Do-it-yourself-Tätigkeit hat die Verpackung mehr Bedeutung erhalten. Spezielle Verpackungsformen können direkt zu einem Mehrumsatz führen: Man denke nur an Sprühdosen, Fertigmahlzeiten in Servierverpackung, Kindershampoo in Kunststoffflaschen in Tiergestalt oder die neuen Zahnpastatuben aus einem Kunststoff-Aluminiumverbundmaterial. Art und Aussehen der Verpackung sind heute wichtige Elemente, die bereits in die Produktentwicklung einfließen.

## Produkt austesten

Jetzt werden das Produkt und das in der Zwischenzeit weiterentwickelte Marketingprogramm erstmals als Ganzes in einer repräsentativen Verkaufswelt getestet. Informationen über das Verhalten von Anwendern und Absatzmittlern, über Produkt- und Marketingprogramm werden gesucht. Bei völlig neuen Produkten sind ausgedehntere Tests nötiger als bei Varianten bestehender Produkte. Die Testphase dient auch zur Schätzung des Umsatzes.

Die Testmarktresultate hängen von der Testdauer, vom Testumfang und damit von den Testkosten ab. Je größer die für die Herstellung notwendige Investition ist, desto eher wird man das Produkt ausgedehnten Tests unterziehen. Bei Konsumgütern ist der Markttest üblich, bei Investitionsgütern weniger.

Bei Investitionsgütern ist der Test vielfach zu teuer oder gar nicht durchzuführen. Wie sollte beispielsweise ein neues Flugzeug bei den Abnehmern getestet werden? Man versucht dann die Kunden so früh wie möglich einzubeziehen und durch Gespräche, Analysen und Beobachtungen wichtige Erkenntnisse zu gewinnen. Oft begnügt man sich dann mit ausgiebigen Qualitätstests und einem Verwendungstest. Das heißt, dass man das Produkt einzelnen ausgewählten Kunden zur Verwendung überläßt. Das Ziel ist dabei nicht die umfassende Prüfung des gesamten Marketingmix. Man will sich vielmehr über die technischen Gegebenheiten beim Gebrauch orientieren.

Bei der Vorbereitung von Testmärkten sind etwa folgende Entscheidungen zu fällen: In welchen Regionen soll das Produkt getestet werden? Wie lange soll der Test dauern? Welche Informationen will man auf welche Art erhalten? Wie werden diese Informationen ausgewertet?[1]

Dank der Testmärkte können Schwierigkeiten und zusätzliche Chancen rechtzeitig erkannt werden. Gelingt es, Erst- und Wiederkäufer zu separieren, so lassen sich wesentliche Konsequenzen ableiten.

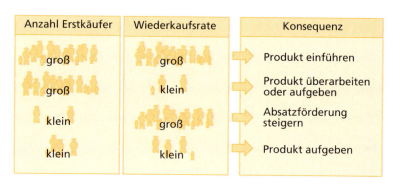

Testmarktergebnisse und Konsequenzen

[1] Siehe dazu Kapitel 11 über Marktforschung.

## Über Produkteinführung entscheiden

Oft hängt mit der Entscheidung zur Einführung der Entschluss zusammen, in die Produktion zu investieren. Beispielsweise erforderte eine neue Jet-Reihe von Boeing Investitionen in Höhe des gesamten Eigenkapitals und die Lancierung eines neuen Personenwagens kann durchaus Investitionen von etwa Euro 1 Mrd. verlangen. Bei solchen Größenordnungen wird deutlich, wie notwendig es ist, alle Abklärungen so gründlich und rechtzeitig durchzuführen, dass das Risiko von Fehlinvestitionen minimiert wird.

Die eigentliche Einführungsentscheidung umfasst auch die folgenden Fragen.

◆ **Timing:** Welches ist der optimale Zeitpunkt für die Einführung eines Produkts?

◆ **Geographische Vorgehensweise:** Soll das Produkt zunächst in nur einer Region oder in mehreren Regionen oder überall gleichzeitig eingeführt werden?

◆ **Details des Marketingmix:** Mit einer wie großen Intensität der Werbe- und Verkaufsförderung soll die Einführung eines Produkts unterstützt werden?

◆ **Frühaufnehmer:** Welche Kunden für das Produkt werden zuerst anvisiert?

---

Die Einführung des ersten Subaru mit Allradantrieb (4WD) in der Schweiz war außerordentlich erfolgreich, und zwar insbesondere, weil Timing und Marketingmix stimmten.

Die im Frühjahr lancierte und breit angelegte Werbung mit dem Skirennfahrer Bernhard Russi fand großen Anklang. Viele Autofahrer hatten einen relativ strengen Winter hinter sich. Die für die Schweiz zunächst bereitgestellten 700 Fahrzeuge waren sofort ausverkauft. Viele potenzielle Konsumenten konnten gar nicht beliefert werden oder mussten Wartezeiten von rund sechs Monaten in Kauf nehmen.

Als Grund für die knappe Disposition wurde die zuvor in Belgien durchgeführte, nicht so erfolgreiche Markteinführung genannt. Bei der Bereitstellung hätte man aber beachten sollen, das sich allradangetriebene Autos in der bergigen Schweiz natürlich viel besser verkaufen lassen als im flachen Belgien.

Unternehmen fragen sich, auf welche Kunden sie ihre Marketinganstrengungen zuerst ausrichten sollen. Kotler meint dazu:[1]
«Es ist nicht einfach, festzustellen, wer die Frühaufnehmer sind. Bisher ist es nicht gelungen, die Existenz einer allgemeinen Persönlichkeitseigenschaft, die Innovationsbereitschaft genannt werden könnte, nachzuweisen. Die meisten Personen tendieren dazu, auf bestimmten Gebieten Innovationsbereitschaft zu zeigen und in anderen Bereichen Nachzügler zu sein, wie zum Beispiel ein Manager, der sich konservativ kleidet, aber große Freude daran hat, ihm bisher unbekannte Speisen zu essen.

Die Aufgabe des Unternehmens ist es, die persönlichen Eigenschaften jener Personen festzustellen, die sich in dem das Unternehmen interessierenden Produktgebiet als Frühaufnehmer erweisen. Es kann sein, dass die Wahrscheinlichkeit, die eine Person zum Frühaufnehmer werden lässt, mit einer leicht identifizierbaren wirtschaftlichen, ausbildungsbezogenen, sozialen oder persönlichen Eigenschaft korrelierbar ist. Es wurde zum Beispiel ermittelt, dass innovationsbereite Landwirte tendenziell besser ausgebildet und effizienter sind. Innovative Hausfrauen, die als erste neue Lebensmittelprodukte ausprobieren, sind geselliger und haben meistens einen höheren sozialen Status als nicht innovative Hausfrauen. Auch gibt es Hinweise dafür, dass ganze Gemeinden, vor allem jene, die einen überdurchschnittlichen Mobilitätsgrad ihrer Einwohner aufweisen, eine größere Bereitschaft zur Aufnahme neuer Ideen zeigen als andere Gemeinden.»

Auch nach der Entscheidung für die Entwicklung kann das Produkt nicht sich selbst überlassen werden. In den meisten Fällen wird der Fortschritt des Produkts mittels einer detaillierten Einführungsplanung überwacht.

## Erfolgsfaktoren

Es gibt viele Erhebungen über erfolgreiche und erfolglose Produkte. Jede dieser Untersuchungen sieht wieder anders aus und betont andere Faktoren. Urban hat vier Studien über erfolgreiche Produkte ausgewertet und die im folgenden Schema dargestellten Erfolgsfaktoren ermittelt.[2]

---

[1] Siehe Kotler, *Marketing Management*, S. 356ff.
[2] Siehe Urban/Hauser, *Design and Marketing of New Products*, S. 52.

| Faktor \ Untersuchung | Booz Allen Hamilton | De Brentani | Cooper & Kleinschmidt | Duerr |
|---|---|---|---|---|
| Übereinstimmung mit Kundenbedürfnis | • | • | • | |
| hoher Wert für Kunden | | • | • | |
| innovative Lösung | | • | • | |
| technische Superiorität | • | | • | |
| großes Marktwachstum | | • | • | • |
| günstige Konkurrenzsituation | • | | | |
| Übereinstimmung mit eigenen Stärken | • | • | • | • |
| gute Zusammenarbeit verschiedener Abteilungen | | • | • | |
| Top-Management-Unterstützung | • | | • | • |
| neue Produkt-Organisation | • | | • | |
| systematischer Entwicklungsprozess | • | | • | • |
| Vermeidung unnötiger Risiken | • | | • | • |

Zugleich hat er 17 Gründe dafür angegeben, warum neue Produkte fehlschlagen. Die meisten haben mit dem Marketing zu tun, einige hängen mit der internen Organisation und dem Management des Produktentwicklungsprozesses zusammen. Drei Faktoren sind in der heutigen Zeit besonders wichtig: die Einbettung in eine Gesamtstrategie, das Innovationsklima und die «Time to Market».

## In Gesamtstrategie einbetten

Die Unternehmensstrategie bestimmt die Marschrichtung einer Gesellschaft. Im Zuge ihrer Entwicklung wird das unternehmerische Umfeld auf Chancen untersucht. Man versucht, genau die Chancen zu identifizieren, deren Realisierung gerade die Stärken benötigt, die im Unternehmen vorhanden sind. Dabei sind die Stärken stets in Relation zum Wettbewerb zu beurteilen. Unternehmen sollten keine neuen Produkte in Bereichen entwickeln, in denen sie keine Chancen erkennen und nicht über Stärken verfügen, die denen der Wettbewerber eher überlegen als unterlegen sind. Dieser Grundsatz ist zwar einleuchtend, wird aber in der Praxis oft verletzt. Die Gründe dafür sind zahlreich; im Vordergrund stehen die nachfolgend genannten.

◆ **Schwierige Analysen:** Das Aufspüren von Chancen, die sich aus Umweltveränderungen ergeben, ist verzwickt; man denke nur an die Fülle von Einflüssen und an die Tatsache, dass es ja um zukünftige Chancen geht.[1] Ebenso schwer ist es meistens abzuschätzen, ob die Konkurrenz über mehr entsprechende Kompetenzen verfügt.

◆ **Mangelnde Kommunikation:** Die Gesamtstrategie wird zu wenig kommuniziert respektive nur in unzureichender Weise in funktionale Pläne umgesetzt. Operative Schritte werden so eingeleitet, dass sie der Strategie zuwiderlaufen können.

◆ **Eigenleben von F & E:** Forschungsabteilungen tendieren mitunter zu einem gewissen Eigenleben. Dies hat wohl mit dem Charakter von F & E-Mitarbeitern zu tun, unter denen es manche Eigenbrötler gibt.

Die Tabelle auf Seite 251 zeigt zwölf Faktoren, die mit dem Erfolg von neuen Produkten korrelieren. Viele dieser Faktoren sind automatisch gegeben, wenn die Neuentwicklung von Produkten in die Gesamtstrategie eingebettet ist, und zwar auch Faktoren wie «Top-Management-Unterstützung», «Vermeidung unnötiger Risiken» oder «gute Zusammenarbeit verschiedener Abteilungen». Voraussetzung ist allerdings, dass die Unternehmensstrategie gut fundiert, sorgfältig entwickelt und in allen Konsequenzen durchdacht ist.

### Rahmenbedingungen für Innovation schaffen

Nicht alle Unternehmen sind gleich innovativ. Der Innovationsgrad ist unabhängig von der Persönlichkeitsstruktur der Mitarbeiter. Allerdings dürften innovative Organisationsstrukturen auch eher kreative Mitarbeiter anziehen. Es stellt sich daher die Frage, wie Unternehmen ihre Inno-

---

[1] Siehe Seiler, *Planning*, Teil I.

vationsfähigkeit fördern können. Dies ist vor allem für jene Gesellschaften wichtig, die in einem Markt operieren, in dem ständig neue Produkte eingeführt werden.

> Eine norwegische Gesellschaft musste vor einigen Jahren feststellen, dass der Umsatz ihres in Büchsen abgepackten roten Lachses stark zurückging. Die Untersuchungen zeigten, dass die Kunden den hellroten Lachs eines Konkurrenten bevorzugten. Verzweifelt rief der norwegische Geschäftsführer seine Werbeagentur zu Hilfe: «Macht irgendetwas! Solange keine Gesetze verletzt werden, könnt ihr alles tun. Bringt nur unsere Verkaufszahlen wieder zurück!»
> Die Agentur übernahm den Auftrag und siehe da – nach ein paar Monaten erreichten die Umsätze immer neue Rekorde.
> «Was habt ihr eigentlich getan?», fragte der Geschäftsführer seine Agentur. «Nicht sehr viel», lautete die Antwort, «wir haben nur die Büchsenaufschrift geändert. Es heißt jetzt: ‹Authentischer roter Lachs aus Norwegen – er wird garantiert nicht hellrot.›»
>
> Leboeuf, «How to Win Customers and Keep Them for Life»

Die folgende Darstellung zeigt Faktoren, die sich auf die Innovationsfähigkeit auswirken. Zum einen sind es «harte» Faktoren wie Organisationsstruktur, Organisationsprozesse und Innovationsstrategie (Ziele, Vorgehensweise), zum anderen sind es «weiche» Faktoren wie Führungsstil, Kommunikation, Unternehmenskultur und Human Ressource Management.

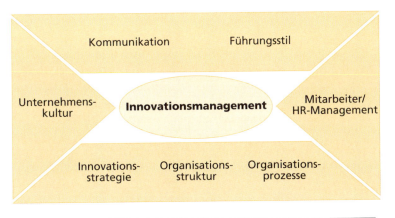

Determinanten des Innovationsmanagements[1]

---

[1] Vgl. Wagner/Kreuter, «Erfolgsfaktoren erfolgreicher Unternehmen», in: *io management*, 10/1998, S. 35.

In einer größer angelegten Studie wurden innovative und weniger innovative Unternehmen aus den USA, Deutschland und Japan hinsichtlich der erwähnten Faktoren untersucht. Dabei zeigte es sich, dass innovative Unternehmen den vier «weichen» Faktoren mehr Bedeutung beimessen als den «harten» Faktoren.

Innovative Unternehmen beachten vor allem «weiche» Faktoren

Unternehmenskultur und Kommunikation sind von höchster Bedeutung, denn sie schaffen ein Klima, das – in Verbindung mit einer definierten Innovationsstrategie – Kreativität, Problemlösungsfähigkeit und Teamgeist begünstigt. Die Gestaltung optimaler Organisationsabläufe wird bei innovativen Firmen als nicht entscheidend angesehen. Man befürchtet eher eine Überorganisation der Prozesse und in der Folge einen Verlust an Flexibilität und Kreativität. Man glaubt, dass sich die Organisationsabläufe teilweise von selbst ergeben, wenn eine entsprechende Unternehmenskultur gepflegt und die Kommunikation ausreichend gefördert wird. Die verhältnismäßig geringe Bedeutung, die dem Führungsstil zukommt, ist die Folge einer konsequenten Dezentralisierung der Verantwortung.

Die informale Unternehmenskommunikation wird in innovativen Unternehmen gezielt gefördert. Diverse Kommunikationsmöglichkeiten wie Pausenecken, Cafeterias, soziale Veranstaltungen, offene Arbeitsräume werden bewusst eingerichtet. Hierarchische Barrieren werden abgebaut. Projektteams, in denen Mitarbeiter unterschiedlicher Bereiche und Hierarchiestufen auf gleicher Ebene zusammenarbeiten, sind häufig anzutreffen. In innovativen Unternehmen besteht oft eine Matrixorganisation, die Mitarbeiter unterschiedlicher Funktionen zur Zusammenarbeit zwingt.[1]

---

[1] Siehe Urban/Hauser, *Design and Marketing of New Products*, S. 606.

Wenn es um die Entwicklung neuer Produkte geht, ist die Zusammenarbeit von Marketing und F & E zentral. Eine Studie[1] stellte sogar eine Wechselwirkung zwischen dem Erfolg neuer Produkte und dem Ausmaß der Harmonie zwischen den beiden Abteilungen fest.

Interessant ist auch die Tatsache, dass innovative Unternehmen viel mehr Wert auf die externe Kommunikation legen als weniger innovative. Die Kommunikation mit anderen Unternehmen, Hochschulen, Fachverbänden und Medien ist viel stärker organisiert und formalisiert.

> Die Phonak AG wird im Allgemeinen als innovative Firma bezeichnet. Der folgende Auszug stammt aus ihrer «Human Relations Strategy» (1999):
> «Wir pflegen ‹Best practice culture›, indem wir an Hochschulen, internationalen Kongressen und anderen Veranstaltungen als Referenten oder Teilnehmende unsere Erfahrungen diskutieren. Wir unterstützen Mitarbeiter, die als Experten, Referenten, Lehrer und als Kommissionsmitglieder die Phonak außen vertreten. In unserem betrieblichen Alltag lassen wir Fehler zu und lernen daraus.
> Die Identifikation mit unseren Produkten ist in unsere ‹Enduser-solving›-Philosophie eingebettet. Kunden und Investoren binden wir in unsere Lernprozesse mit ein. Unseren Blick nach außen unterstützen wir mit einem offenen Haus für Firmenbesuche und -besichtigungen sowie mit Publikationen.»

In der Gewichtung der Erfolgsfaktoren waren sich die innovativen Unternehmen in Japan, in den USA und in Deutschland einig; dies unterstreicht die Bedeutung der obigen Aussagen eindeutig.

## «Time to market» beachten

Je kürzer die Entwicklungszeit für ein neues Produkt ist, umso größer ist auch die Chance, es vor einem Wettbewerber, der möglicherweise an einem ähnlichen Produkt arbeitet, zu lancieren und sich damit eine günstige Marktposition aufzubauen. Die Entwicklungszeit darf allerdings nicht auf Kosten der Erfolgschancen des Produkts verkürzt werden.

Viele Unternehmen betrachten die «time to market» als kritisch. Sie sehen die immer kürzere Produktlebensdauer und sind umso mehr bestrebt, als erste mit einem neuen Produkt auf den Markt zu kommen.

---

[1] Sonder WE, *Managing New Product Innovations*.

Diese Haltung hat sich heute in vielen Industrien durchgesetzt – die vor Jahren oft propagierte «me too»-Strategie hat deshalb stark an Bedeutung verloren.[1]

Europäische und amerikanische Unternehmen haben im vergangenen Jahrzehnt große Anstrengungen unternommen, ihre «time to market» zu verbessern. Mit einigem Schrecken mussten sie dabei feststellen, dass ihnen die japanische Konkurrenz in vielen Fällen überlegen war (Philips beispielsweise soll die Entwicklung der CD vor Sony beendet haben; die Holländer brauchten aber viel mehr Zeit, um das neue Produkt am Markt zu lancieren, so dass die Sony-CD als erste angeboten wurde).

Möglichkeiten zur Zeiteinsparung gibt es viele.[2] Das folgende Beispiel aus der Automobilindustrie illustriert dies.

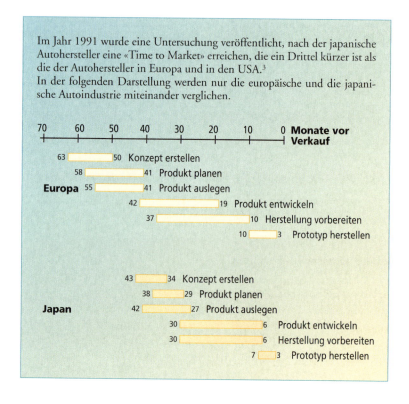

Im Jahr 1991 wurde eine Untersuchung veröffentlicht, nach der japanische Autohersteller eine «Time to Market» erreichen, die ein Drittel kürzer ist als die der Autohersteller in Europa und in den USA.[3]
In der folgenden Darstellung werden nur die europäische und die japanische Autoindustrie miteinander verglichen.

---

[1] «Me too» bedeutet, den Konkurrenten zu beobachten und seine erfolgreichen Neuprodukte möglichst rasch zu kopieren.
[2] K. B. Clark / T. Fujimoto: «Product Development Performance», in: *The World Auto Industry*, 1991.
[3] Siehe zum Beispiel Urban/Hauser, *Design and Marketing of New Products*, S. 69ff.

# 6 Neuentwicklung von Produkten

Time to market?
Neuer Rekord:
13 Monate!

# Zusammenfassung

Wegen der immer kürzeren Produktlebenszyklen wird die Entwicklung neuer Produkte immer wichtiger. Dies gilt insbesondere für F & E-intensive Branchen – so etwa für die Pharma- oder Elektronikindustrie, wo erhebliche finanzielle Mittel in neue Produkte investiert werden und das Risiko für die Unternehmen entsprechend hoch ist.

Die Entwicklung und Lancierung neuer Produkte durchläuft acht mehr oder weniger exakt voneinander unterscheidbare Phasen: Ideensuche, Vorauswahl, Entwicklung und Testen des Produktkonzepts, Wahl der Marketingstrategie, Wirtschaftlichkeitsprüfung, Produktentwicklung, Testen des Produkts und schließlich die Einführung des Produkts.

Neue Ideen kommen meistens entweder von der Technologie- oder von der Marktseite. Neue Produkte, die aus Ideen an der Verkaufsfront entstanden sind, sind meistens die rentabelsten. Daher lohnt es sich, die Kunden und das Marketing in den Innovationsprozess einzubinden.

Um Kosten und Zeit zu sparen ist es wichtig, bereits bei der Vorauswahl die unbrauchbaren Ideen möglichst schnell auszuscheiden. Diese Selektion kann durch im voraus festgelegte strategische, technische sowie markt- und rentabilitätsbedingte Kriterien erleichtert werden.

Nach der Vorauswahl muss ein Produktkonzept entwickelt werden, in dem das Produkt und seine Vorteile aus Kundensicht beschrieben sind. Jetzt gilt es, möglichst schnell eine Marketingstrategie zu erarbeiten, damit das Produkt die Marktbedingungen erfüllt. Dies ist in jungen Märkten, in denen Kundenbedürfnisse erst latent vorhanden sind, zwar schwierig, aber dafür auch weniger wichtig als in reifen Märkten, wo die Konkurrenz ihre Position bereits gefunden hat.

Während der Entwicklung des Produkts muss seine Wirtschaftlichkeit immer wieder überprüft werden. Alle neuen Erkenntnisse aus dem Markt sind zu berücksichtigen; außerdem muss untersucht werden, wie die Herstellung zu realisieren ist. Was die Schätzung des künftigen Umsatzes betrifft, so empfiehlt es sich, von optimistischen wie auch von pessimistischen Szenarios auszugehen.

Die Marketingabteilung spielt zudem eine wichtige Rolle bei der Wahl des Markennamens, bei der Verpackung und bei der Durchführung von Markttests. Die Wahl der Namen ist oft eine sehr delikate

Angelegenheit. Der Name sollte positive Produkteigenschaften suggerieren und negative Assoziationen vermeiden. Die Verpackung muss nicht nur funktional sein, sondern auch ein für den Kunden attraktives Design aufweisen.

Nachdem das neue Produkt die Funktionstests im Labor bestanden hat, wird es in der Regel zunächst ausgewählten Kunden zur Verwendung überlassen, bevor es auf einen Testmarkt gebracht wird. Das Schwergewicht der Tests hängt vom Zeitdruck, den Testkosten und der Art des Produkts ab.

Konsumgüter werden eher in einem repräsentativen Verkaufsumfeld getestet, weil die eingesetzte Kommunikation sowie die Preis- und Distributionspolitik einen großen Einfluss auf den Erfolg haben. Bei Investitionsgütern hingegen ist der Erfolg überwiegend von der Technik abhängig; daher sind hier die Funktionstests und die bei den Kunden gesammelten Erfahrungen wichtiger.

Um das Risiko von Fehlinvestitionen zu reduzieren, müssen vor der eigentlichen Produkteinführung der optimale Einführungszeitpunkt ermittelt, die geographische Vorgehensweise festgelegt, der Marketingmix in allen Details ausgearbeitet und die zuerst anzuvisierenden Kunden definiert werden.

Es ist sehr schwierig, den Erfolg neuer Produkte zu prognostizieren. Man kann jedoch sagen, dass bei erfolgreichen Produkten Marktchancen genutzt werden, die auf den eigenen relativen Stärken aufbauen.

Umfragen bei innovativen Firmen zeigen, dass man dort großen Wert auf eine entsprechende Unternehmenskultur und auf eine gute Kommunikation zwischen den Abteilungen (besonders zwischen Marketing und Entwicklung) sowie auf die Kommunikation mit der Außenwelt legt. Eine gute Kommunikation trägt auch dazu bei, die «Time to Market» für Produkte zu verkürzen.

# 7

# Preispolitik

Die Festlegung einer generellen Preispolitik und die Durchsetzung des Verkaufspreises sind im Einzelfall von großer Bedeutung: Zum einen werden die Kosten für die verschiedenen Marketingelemente (Produkt, Werbung, Verkaufsförderung) über den Preis wieder aufgefangen oder sogar überkompensiert und zum anderen bestimmt der Preis eines Produkts den Markterfolg ganz entscheidend mit.

«Die Zeit, die ich für Preisentscheidungen und -probleme verwenden muss, ist heute um ein Vielfaches höher als noch vor wenigen Jahren.» Diese Aussage eines für die Preispolitik zuständigen Vorstandsmitgliedes eines großen deutschen Unternehmens zeigt deutlich, wie wichtig die Preispolitik in der heutigen Zeit ist. Trotz der unbestritten hohen Bedeutung des Preises muss gesagt werden, dass sich die Preisbildung in der Praxis leider noch allzu sehr nur nach den Kosten richtet und die Gesamtheit der Einflussfaktoren ungenügend berücksichtigt. Dies gilt eher für Investitions- als für Konsumgüter und vor allem dann, wenn das Produkt speziellen Charakter hat. Die für die Preispolitik zuständigen Führungskräfte müssen daher klären: Ist eine kostenorientierte Preispolitik angebracht? Entspricht sie dem Marketinggedanken? Reflektiert sie den Nutzen, den das Produkt dem Kunden bringt? Werden Veränderungen im Markt genügend mitberücksichtigt? Wie stark soll man sich nach der Konkurrenz richten? Stimmt der Preis mit den übrigen Marketingmitteln (Produkt, Distribution und Kommunikation) überein?

Die folgenden Ausführungen beleuchten zuerst die Faktoren, die die Preisfestlegung beeinflussen. Dann wird gefragt, welche Preispolitik man in der Praxis am häufigsten antrifft und welche Probleme bei der Preisdurchsetzung entstehen können.

## Sichtung von Einflussfaktoren

In den Bereich der Preisgestaltung gehören auch die Zahlungskonditionen und gegebenenfalls Krediteinräumungen. Dabei müssen viele externe Faktoren und verschiedene unternehmensinterne Gegebenheiten berücksichtigt werden. In der folgenden Grafik sind die wichtigsten Faktoren genannt; anschließend werden sie einzeln behandelt.

Preisfestlegungsfaktoren

## Preis reguliert Angebot und Nachfrage

Die klassische Preistheorie der Mikroökonomie betrachtet den Preis als Regulierungsfaktor zwischen Angebot und Nachfrage. Ist das Angebot größer als die Nachfrage, wird der Preis gesenkt und die Lager werden geleert. Übersteigt die Nachfrage aber das Angebot, kann die Marge via Preis erhöht werden.

Bei sinkendem Preis wird einerseits mehr Nachfrage aufkommen und andererseits wird das Angebot abnehmen, da die sogenannten «Grenzhersteller» (gerade noch kostendeckend produzierende Firmen) aus dem Markt ausscheiden. Das Gegenteil gilt bei steigendem Preis, wenn neue Anbieter hinzukommen und Nachfrager wegfallen.

Angebots- und Nachfragekurve

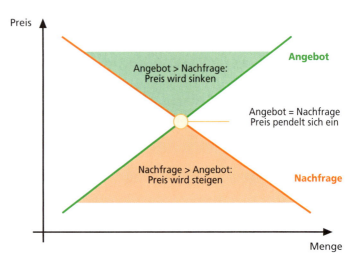

Dieser klassischen Preistheorie liegen fünf Annahmen zugrunde, Annahmen, die in dieser Reinform in der Praxis allerdings nie vorkommen.

◆ **Maximalprinzip:** Alle Marktteilnehmer handeln nach dem Maximalprinzip, das heißt, die Käufer streben nach Nutzenmaximierung, die Anbieter nach Gewinnmaximierung – und beides nicht etwa aus langfristiger, sondern aus kurzfristiger Optik.

◆ **Freie Preisbildung:** Die Preise sind keinen staatlichen oder überbetrieblichen Eingriffen ausgesetzt. Sie werden nicht abgesprochen, sondern können sich frei bilden.

◆ **Reaktionsgeschwindigkeit:** Alle Anpassungsprozesse aufgrund veränderter Bedingungen vollziehen sich äußerst schnell.

◆ **Vollkommene Markttransparenz:** Sowohl Anbieter als auch Nachfrager haben vollkommene Übersicht über die Zahl der Marktteilnehmer und deren Angebots- und Nachfrageverhalten.

◆ **Homogenität:** Im Markt gibt es keine Präferenzen in sachlicher, zeitlicher, örtlicher und persönlicher Hinsicht.

Falls diese fünf Annahmen erfüllt sind, spricht man von einem «vollkommenen Markt». Sobald mindestens eine der Annahmen der Realität nicht entspricht, ist von einem «unvollkommenen Markt» die Rede.

Das hier zum Ausdruck kommende Verbraucherbild eines «homo oeconomicus» verzerrt die Wirklichkeit und vereinfacht die Realität in vielen preispolitischen Fragen.

Verbraucher streben meist weder nach optimalen Lösungen ihrer Konsumprobleme, noch sind sie über ihr Entscheidungsfeld immer hinreichend informiert. Oftmals sind es gerade irrationale oder ökonomisch kaum quantifizierbare Elemente, die das Verhalten der Verbraucher prägen. Letzteres gilt – wie wir im Abschnitt über Marketingziele noch sehen werden – auch für die Anbieter.

Nach der Angebots- und Nachfragetheorie dehnt sich also der Markt aus, wenn der Durchschnittspreis im Markt sinkt. Bei einer großen Ausdehnung spricht man von einem stark elastischen Markt; ergibt sich keine oder höchstens eine kleine Veränderung der Nachfrage, bezeichnet man den Markt als unelastisch.

Als **Preiselastizität e der Nachfrage** definiert man das Verhältnis zwischen einer relativen Preisänderung (dp : p) und der dadurch bewirkten relativen Änderung der Nachfragemenge (dx : x).

$$e = \frac{dx}{x} : \frac{dp}{p}$$

Die Preiselastizität e gibt damit an, um wie viel Prozent sich der Absatz verändert, wenn der Preis um 1 % gesenkt wird.

Streng genommen gilt die Preiselastizität nur für einen bestimmten Punkt auf der Nachfragekurve, es sei denn, diese hätte einen linearen Verlauf. Zugleich ist es sehr schwierig, die Preiselastizität als einzelnen Faktor zu ermitteln, da meistens zusammen mit dem Preis auch andere Elemente des Marketingmix verändert werden. Und schließlich ist zu bedenken, dass die volle Auswirkung einer Preisveränderung erst mit der Zeit zum Tragen kommt, da der Konsument auch eine gewisse Anpassungsfrist benötigt. Die Preiselastizität ist daher langfristig größer als kurzfristig.

Die Preiselastizität hängt zum einen von der Art des Produkts und zum andern von der Art der potenziellen Kunden ab. Die wohl wichtigsten Elemente sind im Folgenden aufgeführt.

- **Notwendigkeit des Produkts:** Je notwendiger ein Produkt für den Konsumenten ist, desto unelastischer ist die Nachfrage. Beispiele: Benzin für den Autofahrer, Reis für den Asiaten, Rauschgift für den Süchtigen. Andererseits gibt es viele Produkte, auf die der Konsument relativ leicht verzichten kann: Essen im Restaurant, Ferien in weit abgelegenen Gegenden, Schmuck.

- **Ausmaß der Marktsättigung:** Je mehr der Markt mit einem Produkt gesättigt ist, desto weniger kann die Nachfrage mit Hilfe einer Preissenkung angehoben werden. Beispielsweise dürfte der Verbrauch an Grundnahrungsmitteln wie Milch, Brot, Öl, Zucker und Mehl nicht oder nur wenig ansteigen, wenn der Preis gesenkt wird.[1] Die Anzahl der verkauften Regenmäntel dürfte kaum stark zunehmen, wenn die Preise um durchschnittlich 10 % gesenkt werden. Die Preissenkung müsste größer sein, bis sich viele Personen dazu entschließen, einen zweiten oder eventuell einen dritten Regenmantel zu kaufen.

---

[1] Es geht hier um den Verbrauch über eine längere Zeitperiode. Preisaktionen für Grundnahrungsmittel sind in der Regel sehr erfolgreich, führen aber meistens nur zu einer zeitlichen Kaufverschiebung.

- **Einkommensprofil der Kundschaft:** Die Nachfrage nach exklusiven Luxusgütern, die überwiegend von Bestverdienenden gekauft werden, wird sich bei einer kleinen Preisänderung nicht ändern. Anders verhält es sich bei Gütern, die infolge einer Preissenkung (Sonderangebot) plötzlich von Personen mit tieferem Einkommen gekauft werden können: Videorecorder, Ferienarrangements im Ausland, Zweitauto.

- **Vorhandensein von Substitutionsprodukten:** Je schneller der Konsument infolge einer Preiserhöhung auf ein Substitutionsprodukt ausweicht, desto elastischer ist der Markt. Beispiele für Substitutionsgüter sind: Tee/Kaffee, Plastik/Metall, Fisch/Fleisch, Eisenbahnfracht/LKW-Transport.

- **Abhängigkeit vom Hauptprodukt:** Die Nachfrage nach Farbe zum Spritzen von Automobilen ist abhängig von der Nachfrage nach Automobilen. Sie reagiert daher recht unelastisch auf Preisänderungen. Das Gleiche gilt für viele Investitionsgüter, die für den Hersteller des Hauptprodukts kostenmäßig unbedeutend sind. Beispiele: Schrauben und Muttern für den Maschinenbauer, Isoliermaterialien für den Kabelhersteller, Papier für den Hersteller von Werbebroschüren, Brot für die Mahlzeit im Restaurant.

Wenn man solche Faktoren betrachtet, wird verständlich, dass verschiedene Kunden auf Preisveränderungen unterschiedlich reagieren können. Dies gilt es zu berücksichtigen, wenn man mittels Preissenkungen in den Genuss einer Marktausdehnung gelangen will.

## Anzahl der Marktteilnehmer beeinflusst Preisniveau

In der klassischen Preistheorie wird nur hinsichtlich der Anzahl der Anbieter unterschieden.

Bei einem einzelnen Anbieter spricht man von einer **monopolistischen,** bei wenigen Anbietern von einer **oligopolistischen** und bei vielen Anbietern von einer **atomistischen** Angebotsstruktur.

Heute hat sich jedoch die Erkenntnis durchgesetzt, dass auch die Anzahl der Nachfrager die Preisbildung wesentlich mitbestimmt. Es sind vor allem die Machtverhältnisse zwischen den verschiedenen Marktteilnehmern, die letzten Endes über den Preis bestimmen.

Marktformen, die die Preispolitik beeinflussen

| Nachfrager \ Anbieter | einer | wenige | viele |
|---|---|---|---|
| einer | bilaterales Monopol | beschränktes Nachfragemonopol | Nachfragemonopol (Monopson) |
| wenige | beschränktes Angebotsmonopol | bilaterales Oligopol | Nachfrageoligopol (Oligopson) |
| viele | Angebots-Monopol | Angebots-Oligopol | Polypol |

In einem durch viele Anbieter und tendenziell eher geringe Nachfrage gekennzeichneten Markt herrscht in der Regel ein harter Preiswettbewerb. Viele Rohstoffe, besonders landwirtschaftliche Produkte, gehören zu dieser Kategorie, vor allem natürlich dann, wenn es keine staatlichen oder überbetrieblichen Regulierungsmechanismen gibt.

Der andere Extremfall, in dem ein einzelner Anbieter (Monopolist) vielen Nachfragern gegenübersteht und praktisch unbegrenzte Macht hat, den Preis festzulegen (staatliche und halbstaatliche Betriebe wie Bahn und Post), ist, jedenfalls in der Schweiz, eher selten. In solchen Fällen verhindern staatliche Kontrollen und Wettbewerbsbehörden die Ausnutzung der Konsumenten. Oft steht ein Markt auch mit andern Märkten in Beziehung, so dass bei einer überbordenden Preispolitik Substitutionseffekte eintreten (so werden zum Beispiel Stahl durch Aluminium, Metall durch Kunststoff, Kohle durch Heizöl ersetzt).

Am ehesten ergibt sich eine Monopolsituation, wenn ein neuartiges Produkt lanciert wird. Sobald aber die Konkurrenten feststellen, dass dieses Produkt hohe Gewinne abwirft, werden sie mit allen Mitteln versuchen, ein vergleichbares oder gar verbessertes Erzeugnis auf den Markt zu bringen.

Zwischen diesen beiden Extremfällen liegen die verschiedenen oligopolistischen Marktsituationen. Besteht auf der Angebotsseite ein Oligopol, so muss der einzelne Anbieter mit Reaktionen der Konkurrenten rechnen. Er wird daher eher von einer aggressiven Preispolitik Abstand nehmen, um zu vermeiden, dass die Konkurrenz massiv zurückschlägt.

Liegt auf der Nachfrageseite ein Oligopol vor, so wird jeder Nachfrager «mit Argusaugen» beobachten, dass sein Konkurrent zu gleichen und nicht zu besseren Konditionen einkauft als er selber. Dies gilt vor allem dann, wenn das eingekaufte Gut für sein Produkt und die damit verbundenen Herstellungskosten wesentlich ist.

Oligopol!

Oligopolistische Märkte zeigen daher recht stabile Preisverhältnisse, wobei gelegentlich scharfe Preiskämpfe aufflackern. In der Regel treten aber schnell wieder stabile Verhältnisse ein, da sich die Mitglieder den neuen Bedingungen rasch anpassen. Recht häufig richten sich in einem oligopolistischen Markt die einzelnen Anbieter oder Nachfrager nach einem Preisleader.

Procter & Gamble ist in den USA der Marktleader für vorgefertigte Lebensmittel. Diese werden über spezialisierte Großhändler an Restaurants, insbesondere an Schnellimbissketten wie McDonald's verkauft (zum Beispiel vorgefertigte Pommes frites, die dann im Restaurant noch fertig frittiert werden). Die Endherstellung ist sehr einfach, so dass der Preis ein wesentliches Element im Markt ist. Die Konkurrenten von P & G sind Kraft, General Foods, Hunt-Wesson Foods und andere. Procter & Gamble bestimmt den Preis, der vor allem von den Kosten für den wichtigsten Rohstoff, das Sojabohnenöl, stark beeinflusst wird.
Einmal geschah es, dass ein neuer Marketingleiter von Hunt-Wesson Foods unter dem Druck steigender Sojabohnenölpreise die Preise der damit vorgefertigten Lebensmittel anhob. P & G und alle anderen Hersteller blieben jedoch bei ihren Preisen. Darauf stoppten alle Großhändler den Einkauf der von Hunt-Wesson mit Öl vorgefertigten Produkte. Zehn Tage verstrichen, ohne dass bei Hunt-Wesson auch nur eine einzige Bestellung eintraf! Der Marketingleiter war deshalb gezwungen, die Preise wieder zu senken – und sofort gingen wieder Bestellungen ein.

> Zwei Wochen später erhöhte Procter & Gamble den Preis und der Rest der Industrie folgte. P & G demonstrierte damit deutlich, wer die Preise im Markt bestimmte. In den folgenden zehn Jahren wagte keiner der Konkurrenten eine Preisänderung gegen den Willen von P & G.[1]

Je unvollkommener ein Markt ist, um so weniger gelten die dargestellten Überlegungen. Lässt sich ein Markt nach Präferenzen unterteilen, kann ein Preis innerhalb gewisser Grenzen verändert werden, ohne dass die Kunden zur Konkurrenz abwandern. Eine Hausfrau wird das tägliche Gemüse auch dann noch in ihrem gewohnten Laden einkaufen, wenn dort eine kleine Preiserhöhung vorgenommen wird: Der Anreiz zur Abwanderung ist, gemessen an der Präferenz, im Stammladen einzukaufen, gering. Art und Stärke von Präferenzen sind wesentliche Faktoren, will man die Preismechanismen verstehen.

### Kostenstruktur setzt Preisgrenzen

Dem Gewinn, also der Differenz zwischen Erlös und Kosten, kommt betriebswirtschaftlich entscheidende Bedeutung zu. Das Gewinnoptimum ist erreicht, wenn der Erlös aus einer zusätzlichen Produktionseinheit gleich groß ist wie die Kosten für diese zusätzliche Einheit.

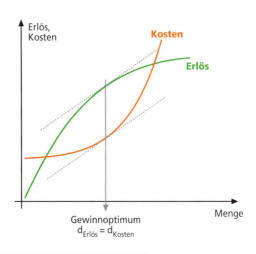

Gewinnoptimum als Resultat von Grenzerlös und Grenzkosten

---

[1] Siehe Taylor, *Competitive Marketing Strategies*, S. 108f.

In der Abbildung wurden die Kostenkurve und die Erlöskurve als nicht linear angenommen, dies unter Berücksichtigung stark ansteigender Kosten im Bereich der Kapazitätsgrenze und der Preiselastizität der Nachfrage. Praktisch bedeutet diese Überlegung, dass ein Unternehmen seine Produktion so lange steigert, wie der Grenzerlös größer ist als die Grenzkosten, oder so lange, wie durch den zusätzlichen Absatz noch ein positiver Deckungsbeitrag erzielt werden kann.

Wenn ein Unternehmen einen sehr hohen Anteil an fixen Kosten hat (wie etwa ein Kraftwerk, eine Raffinerie, ein Stahlwerk oder eine Papierfabrik), wenn es also ohne große Mehrkosten den Ausstoß erhöhen kann, verhält es sich volumenorientiert. Die für eine Volumenausdehnung notwendige Preiskonzession wird durch das Mehrvolumen mehr als ausgeglichen. Andererseits verhält sich ein Unternehmen preisorientiert, wenn es einen hohen Anteil an variablen Kosten hat. Es nimmt sogar eine Volumenreduktion in Kauf, wenn sich die daraus resultierende Preiserhöhung in einem zusätzlichen Gewinn niederschlägt.

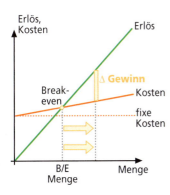
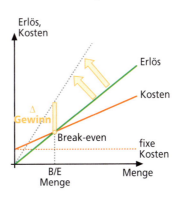

Break-even-Diagramme bei volumen- bzw. preisorientierten Unternehmen

Aus den beiden Diagrammen sind die Gewinnauswirkungen (Δ Gewinn) infolge einer Volumensteigerung respektive einer Preiserhöhung ersichtlich. Ausgangspunkt ist jeweils die Break-even-Menge.

Der **Break-even-Punkt (B/E)** bezeichnet den Punkt, an dem die Umsätze die Gesamtkosten gerade decken. Das Unternehmen erzielt also ein Nullergebnis.[1]

Neben dem Verhältnis von fixen zu variablen Kosten sind auch die «Economy of scale»-Verhältnisse zu beachten.

---

[1] Für Details siehe Seiler, *Accounting*, Kap. 11.

**Economy of scale:** Eine Erhöhung der Produktion kann für einzelne Abteilungen wie Fabrikation, Marketing und Administration eine günstigere Kostenstruktur nach sich ziehen (Einkaufsrabatte, Rationalisierungen), so dass die Selbstkosten pro Produktionseinheit sinken.

Es genügt daher bei Preisentscheidungen nicht, von der gegenwärtigen Kostenstruktur auszugehen. Vielmehr müssen die zukünftigen Verhältnisse betrachtet werden. Eine aggressive Preispolitik und eine damit einhergehende starke Volumenausdehnung kann in einzelnen Fällen dazu führen, dass die Kosten pro Stück etwa gleich viel zurückgehen wie der Preis pro Stück. Das heißt, das erzielte Mehrvolumen schlägt voll – und nicht nur abgefedert – auf den Gewinn durch.

Bei all diesen Überlegungen gehen wir davon aus, dass die Konkurrenzverhältnisse konstant bleiben, was natürlich in der Regel nicht zutrifft. Unternehmen, die mit dem «Economy of scale»-Gedanken spielen und mit aller Kraft versuchen, ihren Marktanteil auszudehnen, haben immer wieder erlebt, dass ihre Konkurrenten genau das gleiche taten. Das Resultat waren große Überkapazitäten, ein harter Preiswettbewerb und schrumpfende Gewinnmargen für alle.[1]

> Zwei Burschen im Teenageralter hatten Falschgeld hergestellt. «Wo können wir nur die 35-Franken-Noten loswerden?», überlegten sie. «Versuchen wir es doch einfach bei Charly im Spirituosenladen! Charly ist alt und etwas schwer von Begriff», meinte der eine.
> Dort angekommen, fragten sie den alten Mann: «Würden Sie uns wohl bitte eine 35-Franken-Note wechseln?» – «Kein Problem!», entgegnete Charly und legte die Note ohne mit der Wimper zu zucken in seine Kasse. Wieder draußen auf der Straße betrachten die beiden Jungen das Wechselgeld und staunten nicht schlecht über das, was sie sahen: Charly hatte ihnen fünf 7-Franken-Scheine herausgegeben ...
>
> *Aus «Bits and Pieces», Mai 2000, S. 7*

Die Unternehmen tun sich oft schwer damit, ihre Kosten in Abhängigkeit von der Auftragsgröße aufzuschlüsseln. Sie ermitteln zwar die durchschnittlichen Kosten für eine Produkteinheit korrekt, denken aber nicht daran, dass sie Großaufträge viel günstiger abwickeln können als Kleinaufträge.

---

[1] In Seiler, *Planning*, Kap. 9, wird näher auf diese Situation eingegangen.

Wie extrem die Verhältnisse sein können, zeigt das folgende Beispiel eines Herstellers von Klimageräten (ABB-Tochter). Das Unternehmen stellte fest, dass es bei größeren Aufträgen viel weniger häufig zum Zuge kam als seine Konkurrenten. Als es seine Auftrags- und Administrationskosten (Kundenbesuche, Erstellung von Offerten, Zusammenstellen der Produktionspapiere, Fakturierung, Versand und Mahnwesen) für kleine und große Aufträge untersuchte, stellte es so große Unterschiede fest, dass es seine Preispolitik unverzüglich überarbeitete.[1]

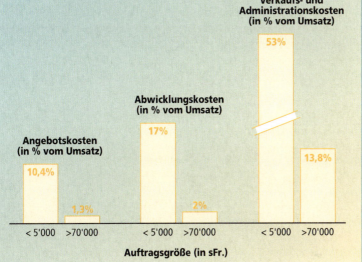

## Gesetze fördern fairen Wettbewerb

In allen Ländern finden sich mehr oder weniger viele gesetzliche Vorschriften, die den freien und fairen Wettbewerb unter den Marktteilnehmern sicherstellen.

◆ **Kartellgesetze:** Damit will der Gesetzgeber verhindern, dass sich Anbieter absprechen und dem Markt ihre Preise in monopolistischer Art und Weise diktieren. Dieser Gedanke fand erstmals 1890 im sogenannten «Sherman Act» in den USA seinen gesetzlichen Nieder-

---

[1] Interne, nicht veröffentlichte Untersuchung für eine Tochtergesellschaft von ABB.

schlag. Das in der Schweiz gültige Kartellgesetz wurde 1962 erlassen und 1995 revidiert und verschärft. Es ist zwar immer noch weniger restriktiv als die entsprechenden Gesetze in den USA und der EU, wurde ihnen aber stark angeglichen.

◆ **Gesetze gegen unlauteren Wettbewerb**: Damit werden unter anderem Irreführungen der Konsumenten verhindert. Auch hier entstanden die ersten Erlasse in den USA – 1914 der Clayton Act und 1936 der Robinson-Partman Act. In der Schweiz wurde das eher lose gehaltene Bundesgesetz gegen unlauteren Wettbewerb (UWG) Ende 1986 so verschärft, dass man heute gegen «Lockvogelangebote» und andere aggressive Verkaufsmethoden vorgehen und beispielsweise gegen Anbieter klagen kann, die Waren unter ihrem eigenen Einstandspreis verkaufen. Jedoch wird in der Praxis von dieser Möglichkeit kaum Gebrauch gemacht.

Erwähnt sei noch, dass in der Schweiz ein Preisüberwacher damit beauftragt ist, Klagen von Konsumenten entgegenzunehmen und mit Verbänden und Angebotsorganisationen selbstständig über bevorstehende Preisveränderungen zu verhandeln.[1]

---

[1] Preisüberwachungsgesetz der Schweiz, vom 20.12.1985, Änderungen 1995.

## Psychologie ist immer dabei

Die Auswirkungen psychologischer Aspekte, die bei der Preisfestlegung mitbeachtet werden müssen, sind nur schwer abzuschätzen. So kann in einzelnen Fällen eine Preiserhöhung die Nachfrage sogar stimulieren – die Verbraucher assoziieren die Erhöhung eventuell mit Qualitätsverbesserungen. Dieser Fall kann insbesondere dann eintreten, wenn andere Qualitätsindikatoren fehlen oder mit dem Produkt noch keine Erfahrungen gemacht wurden.

> Für einzelne Markenartikel – wie zum Beispiel Toblerone-Schokolade, Smirnoff-Wodka oder Chivas-Regal-Whisky – werden höhere Preise festgesetzt, um den Konsumenten an die Produktqualität zu erinnern.
> Interessant war die Reaktion von Smirnow auf den Angriff eines preislich viel günstigeren Wodkas in den USA. Smirnow erhöhte nämlich seinen Preis um US$ 1 und machte klar, dass ein Smirnow eben nicht mit einem anderen Wodka vergleichbar ist. Der Marktanteil von Smirnow ging daraufhin nur ganz geringfügig zurück; das bestätigte die Richtigkeit der eingeschlagenen Preispolitik.

Verbraucher können Preiserhöhungen aber auch als ersten Schritt hin zu einer Entwicklung interpretieren, die steigende Preise oder eine Verknappung des Angebots mit sich bringt. Sie werden sich dann rechtzeitig mit dem betreffenden Produkt eindecken wollen; das kann zu zusätzlicher Nachfrage und damit zu weiteren Preiserhöhungen führen. Dergleichen ist vor allem in den Märkten zu beobachten, in denen die Spanne zwischen den Einkaufs- und den Verkaufspreisen nicht besonders hoch ist; das Unternehmen ist auf einen möglichst günstigen Einkauf fokussiert (beispielsweise im Handel).

Andererseits kann der Kunde bei einer Preissenkung zu der Ansicht kommen, dass das Gut qualitative Mängel habe und gelegentlich durch ein neues Produkt ersetzt werden solle – was zur Folge hat, das die Nachfrage trotz der Preissenkung zurückgeht. Eventuell vermutet der Kunde auch ein billigeres Konkurrenzprodukt als Ursache und sucht danach.

Ins Kapitel «Psychologie» gehören auch all die Preise, die knapp unter einer runden Zahl angesiedelt sind (so zum Beispiel sFr. 1.90, sFr. 19.95, DM 49.58 oder Euro 98.00) oder Preise für Waren, bei denen auf dem Preisschild der «normale» Preis durchgestrichen und ein tieferer verzeichnet wird, oder Angebote, deren Ausschilderung mit Begriffen wie «Jetzt» oder «Nur noch» eingeleitet werden.

Vor einer Preisänderung wird sich ein Unternehmen stets fragen: Wie bewertet der Verbraucher das Produkt? Welchen Ruf hat unsere Firma? Wie sieht der Handel das Produkt? Wie sehen Qualität und Preis des Produkts im Vergleich zu Konkurrenzprodukten aus?

Einzelne Unternehmen versuchen auch, die Reaktion des Konsumenten auf Preisveränderungen mit Hilfe von Marktforschungstechniken exakter zu prognostizieren.[1]

## Produktlebenszyklus wirkt sich auf Preisniveau aus

Die entscheidendsten Faktoren bei der Preisfestlegung sind neben dem Kundennutzen wahrscheinlich die Kostenstruktur, die Preissensitivität und das Konkurrenzverhalten. Diese drei Faktoren verändern sich im Lauf der Lebensdauer eines Produkts relativ stark. Während der Einführungsphase sind die Kosten infolge einer kleinen Produktionsmenge und wenig automatisierter Produktion noch hoch. Mit der Zeit erhöht sich die Produktionsmenge; die Gesamtkosten pro Einheit gehen zurück und das Verhältnis von fix zu variabel verschiebt sich in Richtung fix.

Die Gewinnmarge ist in der Regel in der Wachstumsphase am höchsten, obwohl die Marktpreise infolge des zunehmenden Wettbewerbs

---

[1] Siehe Kapitel 12 und 14.

zurückgleiten. In der «Niedergangsphase» kann die Gewinnmarge negativ werden, die Deckungsbeitragsmarge ist aber immer noch positiv.

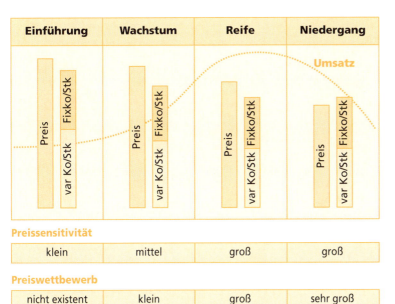

Mögliche Preis- und Kostenentwicklung im Laufe des Produktlebenszyklus

Obiges Schema zeigt: Die zu verfolgende Preispolitik sieht je nach Lebenszyklus sehr unterschiedlich aus. In der Einführungsphase steht das Ziel des Bekanntwerdens im Vordergrund, in der Reifephase hingegen erhält die Gewinnmaximierung hohes Gewicht.

> In seinem Buch *How to Write and Sell Your Sense of Humor* hielt Gene Perret folgende Geschichte über den grossartigen Redner «Doc» Blakely fest:
>
> «Als ich mich für das Vortragsreden zu interessieren begann, besuchte ich in der Nähe meiner Heimatstadt einen Mann, der als phantastischer und lustiger Redner bekannt war. Ich erklärte ihm, dass ich seine Art vorzutragen gerne von ihm erlernen würde, und fragte ihn, ob er mir behilflich sein wolle. Er hörte mir geduldig zu und widmete sich wohlwollend einer meiner Reden, die ich auf Band aufgezeichnet hatte.
> Es schien mir, dass ihm meine Arbeit gefiel, und so fragte ich ihn, ob er mir auf irgendeine Weise helfen könnte. Er wollte wissen, was er als Gegenleistung erwarten könne. Ich bot ihm einen bestimmten Betrag an, aber er war nicht einverstanden. So bot ich ihm mehr an, nämlich einen bestimmten

> Prozentsatz meines Einkommens, aber er stimmte wieder nicht zu. Ich erschrak ein wenig, weil er offensichtlich sehr viel Geld haben wollte, fragte ihn aber schließlich doch nach seinen Vorstellungen.
> Er antwortete: ‹Sie werden hart arbeiten und eines Tages sehr gut sein. Wenn Sie so weit sind, wird ein Nachwuchsredner bei Ihnen erscheinen und Sie um Unterstützung bitten. Mein Preis für meine Hilfe ist, dass Sie mir versprechen müssen, diese Hilfe dann an andere weiterzugeben.›»
>
> *Aus «Bits & Pieces», September 1999, S. 4*

### Marketingziele diktieren Preisniveau

Die Preispolitik muss mit der gewählten Marketingstrategie übereinstimmen. Sie muss sich daher nach den Marketingzielen ausrichten, die ihrerseits wiederum mit den Gesamtzielen des Unternehmens in Einklang stehen müssen. Die folgenden Gedanken sollen diesen Zusammenhang illustrieren.

> Bei den japanischen Herstellern von kleinen Fotokopiergeräten (Canon, Toshiba, Ricoh) spielt der Preis im Kampf um den «Haushalts-» und «Kleinbürokopiermarkt» eine wesentliche Rolle. Dank attraktiver Preise werden potenzielle Abnehmer überhaupt erst auf das Angebot aufmerksam.
>
> Die beiden Autohersteller BMW und Mercedes verfolgen eine Hochpreispolitik, um so den exklusiven Charakter ihrer Fahrzeuge zu betonen, dies im Unterschied zu Ford oder Opel, wo der Preis eine viel neutralere Funktion hat.

Der Marketingleiter eines diversifizierten Großunternehmens kann sich eventuell bei einer Produktlinie eine riskante Preispolitik erlauben, weil er damit das Unternehmen kaum gefährdet. Hingegen wird der Verantwortliche eines Kleinbetriebs vorsichtiger operieren, da der Erfolg oder Misserfolg seiner Tätigkeit für das Unternehmen entscheidend ist. Seine Preispolitik ist möglicherweise darauf ausgerichtet, den großen Konkurrenten nicht zu verärgern. Zwar wird er hie und da einmal ein Preiszugeständnis machen, niemals aber eine offene Konfrontation suchen. Er wird sich der Preisführung des Marktleaders anpassen und versuchen, sich über andere Marketingelemente zu differenzieren.

Ein Unternehmen mit einer bedeutenden Marktstellung wird in der Regel länger zögern, bis es den Preis senkt, als ein Unternehmen, dessen

Marktanteil so klein ist, dass es praktisch nichts verlieren kann (Beispiel: die Gesprächstarife von Swisscom beziehungsweise Diax). Es kann vorkommen, dass ein Großunternehmen besser daran tut, eine zweite Produktlinie als «Kampflinie» zu lancieren, statt den Preis für ein angegriffenes Produkt zu senken. Die Einführung der Economy Class in Flugzeugen konnte man etwa so sehen. Heute verfügen bekannte Fluganbieter sogar über eigene Billigstlinien (zum Beispiel British Airways mit «Go»).

> Die folgende Liste möglicher Marketingziele soll aufzeigen, wie verschieden sie sein können und wie unterschiedlich sie sich auf die Preispolitik auswirken.
>
> - langfristige Gewinnmaximierung
> - kurzfristige Gewinnmaximierung
> - Wachstum/Marktanteil
> - keine Preissensibilisierung von Kunden
> - Marktstabilität
> - Preisführerschaft
> - Grenzanbieter aus dem Markt drängen
> - Abschreckung neuer Anbieter
>
> - Vermeidung von Preisüberwachungskontrollen
> - Unterstützung von Absatzmittlern gewinnen
> - Erwartungen bezüglich höherer Löhne und Lieferantenpreise dämpfen
> - Ruf als fairer Marktpartner etablieren
> - Vertrauen der Konkurrenten erwecken
> - Preissenkungen Dritter zuvorkommen
> - Hochpreismarktsegment erzeugen
> - Marktpenetration fördern

Die Unternehmen stehen oft vor dem Dilemma, sich entscheiden zu müssen, ob sie mit ihrem Produkt einen kurzfristigen oder einen langfristigen Erfolg anstreben wollen. Eine Politik zur Vergrößerung des Marktanteils ist eher langfristig orientiert und bringt zunächst vor allem Kosten mit sich. Wenn nur auf kurzfristigen Gewinn geachtet wird, kann eine Preiserhöhung sehr erfolgreich sein, vor allem dann, wenn der im Markt einsetzende Anpassungsprozess einige Zeit benötigt.

In einem Unternehmen sollten die allgemeinen Marketingziele festgelegt werden, damit der verantwortliche Produktmanager weiß, wie er die Preise festzulegen hat.

## Festlegung der Preispolitik

Da sich die Preispolitik stets nach den Marketingzielen richtet, ist das «preispolitische Manövrierfeld» oft nur klein. Wird beispielsweise eine «Marktleaderstrategie» verfolgt, so orientiert sich die Preispolitik viel stärker an der eigenen Kostenstruktur als bei einer «Marktmitläuferstrategie». Hier hat die Orientierung an der Konkurrenz Priorität. Wenn die Marktstrategie besagt, dass das Produkt in verschiedenen Marktsegmenten unterschiedlich präsentiert wird, so wird man viel eher zum Mittel der Preisdifferenzierung greifen, als wenn in allen Marktsegmenten ein identisches Gesamtangebot offeriert wird.

Kostenstruktur, Preissensitivität der Nachfrage und Konkurrenzverhalten sind entscheidende Faktoren bei der Wahl der Preispolitik. Daraus haben sich drei preispolitische Grundhaltungen, nämlich «kostenorientiert», «nachfrageorientiert» und «konkurrenzorientiert», ergeben, die bei preispolitischen Entscheidungen stets eine gewisse Rolle spielen.

Darüber hinaus muss der Nutzen eines Produkts für den Kunden berücksichtigt werden. Die sich daraus ableitende «nutzenorientierte» Preispolitik repräsentiert den Marketinggedanken am besten. Sie hat sich dementsprechend im letzten Jahrzehnt immer stärker als preispolitische Grundhaltung etabliert.

Im Folgenden werden diese vier preispolitischen Grundausrichtungen betrachtet. Dann werden Überlegungen zum Gewinnzuschlag, zur Preisdifferenzierung und zur Frage, wie verwandte Produkte die Preisbildung beeinflussen, angestellt.

### Marktleader wählen oft kostenorientierte Preise

Eine weitgehend kostenorientierte Preisbildung ist für den Markt- und Kostenführer zweckmäßig, sofern er über die günstigste Kostenstruktur verfügt. Ein Konkurrent mit höheren Kosten wird sich nämlich zweimal überlegen, ob er wirklich eine Preisreduktion initiieren und damit möglicherweise einen Preiskrieg auslösen will.

Verfügt der Marktleader aber nicht über die günstigste Kostenstruktur – was aber eher eine Ausnahme ist –, so eröffnet seine kostenorientierte Preisbildung den Konkurrenten ein beachtliches Manövrierfeld. Verhalten sich die Konkurrenten nämlich still, so erhöhen sich ihre Gewinne und verbessert sich ihre Selbstfinanzierung. Diese Situation erlaubt es, künftige Investitionen aus einer Position der Stärke vorzunehmen. Die Konkurrenz kann auch ihr Marketingbudget erhöhen und so einen Wettbewerbsvorteil im Markt erlangen. Unter Umständen baut sie auf den Kostenvorteil und initiiert eine Preisreduktion, der der Marktleader erst spät und vor allem nur mühsam folgen kann.

Die kostenorientierte Preispolitik geht im Grunde genommen davon aus, dass der Kundennutzen den eigenen Kosten entspricht und dass sich daher der Preis daraus ableiten soll. Der Preis wird in der Regel von einem prozentualen Aufschlag auf die Stückkosten bestimmt, wobei entweder die gesamten Stückkosten (Vollkostenkalkulation) oder die variablen Stückkosten (Teilkostenkalkulation) als Basis dienen. Die Gewinnzuschläge variieren je nach Art der Produkte und berücksichtigen Faktoren wie etwa Investitionsintensität, gesamte Kapitalbindung, Risiko und Konkurrenzintensität.

Obschon die Preisbildung nach der Methode «Kosten plus Gewinnzuschlag» allzu vieles unberücksichtigt lässt, ist sie in der Praxis weit verbreitet, und zwar aus den folgenden Gründen.

◆ **Einfachheit:** Die Preisbildung ist methodisch sehr einfach und jederzeit nachvollziehbar.

◆ **Berechenbarkeit:** Sie baut auf sogenannten «sicheren» Kostendaten und vermeidet die stets «unsicheren» Marktgegebenheiten.

◆ **Verständigung:** Sie kann gegenüber Dritten (Geschäftsleitung, Kunden, Überwachungsorganen) leicht vertreten werden und reduziert so das Handeln um Preise.

◆ **Erwartungshaltung:** Viele meinen, dass mit zunehmenden Kosten unwillkürlich auch eine bessere Qualität (aus Sicht des Kunden) einhergeht. Wenn dies zutreffen würde, dann wäre der aufgrund einer «Kosten-plus»-Kalkulation festgelegte Preis zweckmäßig.

◆ **Überprüfbarkeit:** Schließlich ist die «Kosten-plus»-Preisbildung für öffentliche Aufträge fast institutionalisiert, weil hier kein Marktpreis existiert.

Eine «Kosten-plus»-Preisbildung ist aber in der Regel zu unflexibel. Unternehmen haben beispielsweise Mühe, bei unausgelasteten Kapazitäten den Preis unter ihre Vollkosten sinken zu lassen und so ihren Deckungsbeitrag zu maximieren, oder sie haben Schwierigkeiten, Veränderungen im Markt rechtzeitig zu folgen, zum Beispiel durch die Erschließung eines neuen Marktsegments mit einer anderen Preisstruktur oder durch eine Reaktion auf neue Produkte und Anbieter.

### Dominante Marktleader tendieren zu nachfrageorientierten Preisen

Eine nachfrageorientierte Preispolitik ist zweckmäßig, wenn von einem konstanten Konkurrenzverhalten ausgegangen werden kann. Der Markt kann dann nämlich über die eigene Preispolitik «ausgereizt» werden. Das Unternehmen nutzt die Preiselastizität des Marktes und sucht die Preis-Mengen-Kombination, die maximalen Gewinn abwirft.

Unternehmen mit einer dominanten oder gar beherrschenden Marktposition, wie beispielsweise Intel oder Microsoft könnten eine solche Politik verfolgen. Ihre Optik ist der Gesamtmarkt und ihre Maßnahmen sind darauf ausgerichtet, das gesamte Marktpotenzial zu beeinflussen. Sie profitieren in der Regel mehr von einer Ausdehnung des Gesamtmarkts als davon, ihren kleinen Konkurrenten ein wenig vom Marktanteil wegzunehmen.

Voraussetzung für eine nachfrageorientierte Preispolitik ist die Kenntnis der Nachfragekurve für das entsprechende Produkt. Diese Kenntnis fehlt aber oft. Bei teuren und eher seltenen Produkten (zum Beispiel Schienenfahrzeuge, Großanlagen und Maschinen) ist es kaum möglich, die Preissensitivität durch Tests im Voraus zu ermitteln. Anders verhält es sich bei billigen und häufig gekauften Artikeln, für die die Unternehmen Preistests in verschiedenen Regionen durchführen, um den Verlauf der Nachfragekurve herauszufinden.

### Marktmitläufer suchen vielfach konkurrenzorientierte Preise

Je homogener die angebotenen Produkte und je transparenter die Marktverhältnisse sind, desto eher stellt man in der Praxis eine konkurrenzorientierte Preispolitik fest.

> Ein Reiseanbieter wirbt mit einer Tiefstpreisgarantie. Er garantiert seinen Kunden, dass sie das gleiche Produkt nirgends billiger erwerben können. Sollte das trotzdem der Fall sein, werde dem Kunden die Preisdifferenz zurückerstattet. Dadurch erreicht der Anbieter, dass der Kunde sofort bei ihm bucht und nicht erst zögert und weitere Preisvergleiche anstellt.

Die Gründe, die einen Anbieter dazu bewegen, einem Konkurrenten preislich zu folgen, sind vielschichtig. Es kann einerseits geschehen, um aus betrieblichen Gründen einen bestimmten Preisabstand zu einem bestimmten Konkurrenten einzuhalten, und zwar in Bezug auf höhere wie auch auf tiefere Preise. Andererseits übernimmt ein Anbieter mitunter die Preise seiner Konkurrenz, weil er sich einfach zu schwach fühlt, um sich auf eine Auseinandersetzung einzulassen.

Es kann aber auch sein, dass ein Unternehmen auf eine preisliche Differenzierung gänzlich verzichtet und dass der Wettbewerb über andere Marketinginstrumente (Kommunikation, Produkt, Distribution) ausgetragen wird.

Voraussetzung für eine konkurrenzorientierte Preispolitik ist in jedem Fall, dass die eigenen Kosten langfristig gedeckt und eine annehmbare Rentabilität erzielt werden.

> Die führenden US-Hotelketten Holiday Inn, Howard Johnson und Ramada Inn unterscheiden sich preislich nur wenig. Die beiden letztgenannten Ketten folgen den von Holiday Inn festgelegten Preisen, und zwar nicht, weil sie sich schwächer fühlen, sondern weil sie den Wettbewerb nicht über den Preis, sondern über die Werbung und über die Auseinandersetzung um Buchungen von Konventen oder Seminaren suchen.

Immer wieder gibt es auch Hersteller, die ihre Preise nach der Konkurrenz richten und sich nicht um die Kosten kümmern. Damit wird aber die Marketingkontrolle vernachlässigt und man weiß nicht, mit welchen Produkten der Gewinn erzielt wird. Dies ist strategisch ein großer Nachteil. Die betreffenden Unternehmen wissen nicht, wo sie ihre Ressourcen künftig konzentrieren sollen. Zudem wird es ihnen schwerfallen, die für ihre Anlagenkonstellation optimale Preis-Mengen-Kombination zu bestimmen, denn zu diesem Zweck müssten sie ihren Deckungsbeitrag kennen.[1]

### Die nutzenorientierte Preispolitik ist immer anzustreben

Theoretisch ist dies die beste Preispolitik. Sie entspricht der Idee des Marketing und garantiert eine intensive Auseinandersetzung mit dem

---

[1] Am besten pro Engpasseinheit (siehe dazu Seiler, *Accounting*, Kapitel 11, S. 288 bis 293).

Kunden und seinen Bedürfnissen. Andererseits ist sie am schwierigsten zu realisieren.

Wie soll der Nutzen definiert oder gemessen werden? Weil der Kunde den geforderten Preis zahlt, kommt ausschließlich der von ihm wahrgenommene Nutzen in Frage. Man muss daher herausfinden, wie der Kunde ein Produkt bewertet. Dies erfordert intime Kenntnisse sowohl seiner internen Situation (Kosten, Ziele, Entscheidungsprozesse, Risikoeinstellung, Liquidität) als auch der Marktverhältnisse (Konkurrenz, Nachfrageentwicklung), in denen er operiert.

Kundennutzen?

Bei der Bestimmung des Kundennutzens geht man am besten von einem Referenzwert aus und bestimmt anschließend den sogenannten Differenzwert.

☞ Der Referenzwert entspricht dem Wert, den der Kunde für ein Konkurrenzprodukt insgesamt aufwendet, also dem Einstandspreis plus allen damit zusammenhängenden Kosten wie Installation und Unterhalt.

☞ Der Differenzwert ist die Nutzendifferenz für den Kunden beim Einsatz des zu bewertenden Produkts im Vergleich zum Referenzprodukt. Der Differenzwert kann positiv oder negativ sein, je nachdem, ob das Produkt aus Kundensicht im Vergleich zum Referenzprodukt mehr oder weniger Wert hat.

> Alathon 25 ist ein Polyäthylen-Harz, das für die Herstellung von flexiblen Kunststoffrohren eingesetzt wird. Als Du Pont dieses Harz testete, sah man, dass es zu einer besseren Haltbarkeit der Rohre führte und die Ausschussquoten beim Rohrhersteller von etwa 8 % auf 2 % sinken ließ. Sehr detailliert ermittelte Du Pont den Differenzwert im Vergleich mit den traditionell eingesetzten Harzen. Dabei berücksichtigte man die Nutzendifferenz sowohl beim Rohrhersteller als auch bei der späteren Verwendung. Man berechnete, dass Alathon 25 einen Nutzwert von rund US$ 0,4 pro Pfund besaß – dies bei einem Referenzwert von US$ 0,28. Als Du Pont das Produkt unter dem ermittelten Nutzwert einführte, wurde jedoch nur wenig verkauft. Dies änderte sich auch nicht, als Du Pont den Preis sukzessive wieder auf US$ 0,35 erhöhte. Erst als Du Pont pro Pfund wieder auf US$ 0,38 ging und die Kunden mit Hilfe einer aggressiven Werbekampagne über die durchgeführten Wertanalysen orientierte, stellte sich der Erfolg ein. Schon nach einem Jahr hatte sich der Umsatz verdoppelt.[1]

Das Beispiel zeigt, wie wichtig es ist, sämtliche Marketingmittel einzusetzen. Es illustriert einen weiteren, wesentlichen Vorteil der Nutzenanalyse: den Einblick in die Gegebenheiten bei den Kunden. Die Bestimmung des Kundennutzens ist nicht leicht, vor allem dann nicht, wenn es um Produktvorteile wie bequemere Handhabung, «schönes» Design oder kleinere Emissionen geht. Dieser Umstand sollte aber nicht dazu führen, dass die Auseinandersetzung mit dem Kundennutzen unterbleibt.

Investitionsgüter eignen sich für eine nutzenorientierte Preispolitik in der Regel besser als Konsumgüter. Die Leistung ist eher mess- und quantifzierbar und der Kunde prüft normalerweise auch Alternativen, bevor er sich für einen Lieferanten entscheidet. Er ist daher selber um eine Nutzenabklärung bemüht. Der Absatz erfolgt direkter und die Gegebenheiten beim Kunden sind besser bekannt. Werden Produkte nach Kundenspezifikationen gefertigt, so kommt hinzu, dass sich der Lieferant ohnehin mit den Verhältnissen bei seinem Abnehmer auseinandersetzen muss.

### Der Gewinnzuschlag richtet sich nach dem Rentabilitätsziel

Die Höhe des Gewinnzuschlags richtet sich grundsätzlich nach dem langfristig anzustrebenden Rentabilitätsziel. Dieses ist wiederum von den im Folgenden angeführten drei Faktoren abhängig.

---

[1] Siehe Nagle, *The Strategy of Tactics of Pricing*, S. 107.

◆ **Gebundene Kapitalien:** Je mehr Kapitalien für ein Produkt aufgewendet werden müssen (Lager, Debitoren, Anlagevermögen), desto höher muss die Nettomarge sein. Die Gesamtkapitalrentabilität entspricht in erster Näherung dem Produkt aus Kapitalumschlag und Nettomarge.

◆ **Risiko:** Je höher das eingegangene Risiko ist, desto höher wird in der Regel das Rentabilitätsziel angesetzt.

◆ **Zeithorizont:** Je länger es dauern soll, bis das angestrebte Rentabilitätsziel erreicht ist, desto höher sollte die Rentabilität sein. Das Geld verliert mit der Zeit an Wert und mit zunehmender Zeitdauer wird die Unsicherheit größer.

Selbstverständlich ist diese Liste nicht vollständig und auch Faktoren wie Höhe des Zinsniveaus im Markt oder persönliche Ziele des Kapitalgebers müssen berücksichtigt werden.

Der Gewinnzuschlag darf nicht unabhängig von der Marketingstrategie festgelegt werden. Er muss harmonisch mit ihr übereinstimmen, wie folgende Überlegungen zeigen.

◆ **Abschöpfungsstrategie:**[1] Wird ein im Vergleich zum Produktnutzen hohes Preisniveau gewählt, so zielt man auf die preislich wenig sensitiven Kunden. Man spricht von einer Abschöpfungs- oder Skimming-Preispolitik. Hohe Gewinnmargen werden angestrebt, dies auch auf Kosten des Absatzvolumens. Das anvisierte Marktsegment ist meistens so klein, dass man sich fragen muss, ob die insgesamt erzielten Gewinne überhaupt ausreichen. Eine abschöpfende Preispolitik eignet sich besser für ein Unternehmen mit geringen fixen und hohen variablen Kostenanteilen. Sie ist eher für Märkte zu empfehlen, deren führende Anbieter eine ähnliche Kostenstruktur besitzen und daher nicht in erster Linie volumenorientiert handeln.

◆ **Penetrationsstrategie:** Wird ein im Vergleich zum Produktnutzen tiefes Preisniveau festgelegt, so sollen viele Kunden das Produkt kaufen. Man verzichtet auf hohe Margen, um ein hohes Volumen zu erreichen. Dabei muss man sich darüber im Klaren sein, dass prestigebewusste Kunden nur selten mit tiefen Preisen angelockt werden kön-

---

[1] In der Literatur wird das Wort «Abschöpfung» immer häufiger mit dem amerikanischen Begriff «skimming» ersetzt. Man spricht dann von **Skimmingstrategie**.

nen. Auch in Märkten, wo der Preis im Vergleich zu anderen Marketinginstrumenten nur eine untergeordnete Rolle spielt, dürfte diese Politik wenig Sinn ergeben.
Und schließlich ist sie auch nicht für Märkte zu empfehlen, in denen die Präferenzen der Kunden stark variieren und sehr heterogen sind. Eine Preispolitik zur Penetration des Marktes eignet sich daher vor allem bei «commodity-artigen» Produkten.
Bei einer hohen «Operating-leverage»[1] und einer eher schwachen Konkurrenz favorisiert man in der Regel die Penetrations-Preispolitik. Sie trägt auch dazu bei, das Eindringen von neuen Konkurrenten zu verhindern. Droht einem neuen Produkt beispielsweise durch neue Anbieter Gefahr, so kann es zweckmäßig sein, möglichst viele Konsumenten möglichst rasch vom eigenen Produkt zu überzeugen; der rasche Gewinn von Marktanteil und der Aufbau einer starken Machtposition habe erste Priorität.

◆ **Neutrale Preispolitik:** Ist der Preis im Vergleich zum Produktnutzen weder besonders hoch noch besonders günstig, so spricht man von einer neutralen Preispolitik. Der Preis ist im Vergleich zu anderen Marketinginstrumenten nur von sekundärer Bedeutung.
Eine neutrale Preispolitik wird zudem dann verfolgt, wenn ein Unternehmen am Markt nicht auffallen will und Angst vor Konkurrenzreaktionen hat.

> Die Firma American Express verfolgte mit ihren Kreditkarten stets eine neutrale Preispolitik. Ihr Marketing konzentrierte sich auf ständige Produktverbesserungen und intensive Werbung, aber nicht auf den Preis.
>
> Generell gilt wahrscheinlich, dass innovative Unternehmen wie Du Pont, 3M oder Procter & Gamble sich weniger auf Preiskämpfe einlassen müssen als Unternehmen, die selten mit neuen Produkten auftreten. Ihre Preispolitik ist tendenziell neutral.

Grundsätzlich sollte die Auseinandersetzung mit dem Wettbewerber nie ausschließlich über den Preis erfolgen. Der Marketingfachmann hat so viele Instrumente zur Hand, dass es immer etwas «billig» wirkt, wenn fast ausschließlich mit dem Preis gekämpft wird.

---

[1] Hohe Fixkosten, die infolge höherer Produktionsmengen eine starke «Hebelwirkung» auf den Gewinn ausüben.

### Preisdifferenzierungsmöglichkeit stets prüfen

Ein Markt setzt sich normalerweise aus Käufern zusammen, die sich in zahlreichen für das Preismanagement relevanten Kriterien wie Bewertung des Produktnutzens, Preisbereitschaft, Einkommen oder Präferenzen unterscheiden. Darauf basiert die Idee der Preisdifferenzierung.

Von **Preisdifferenzierung** spricht man, wenn verschiedenen Kunden ein mehr oder weniger gleiches Gesamtangebot zu unterschiedlichen Preisen verkauft wird.

Eine Fluggesellschaft beispielsweise könnte ohne differenzierte Preise kaum mit Gewinn geführt werden. Würde die Fluggesellschaft allen Passagieren den Preis des günstigsten Tickets offerieren, würden die Einnahmen nicht genügen, um die Fixkosten zu decken. Würde andererseits allen Passagieren der Tarif für die erste Klasse verrechnet, so würde bestimmt ein großer Teil der Kunden auf andere Transportmittel umsteigen und es wären wiederum zu wenig Einnahmen vorhanden.

Eine Preisdifferenzierung wird dann möglich, wenn es einem Unternehmen gelingt, den Absatzmarkt in mehrere Teilmärkte aufzuspalten und jeden Teilmarkt zu einem auf ihn zugeschnittenen Preis und mit einem entsprechend modifizierten Angebot zu beliefern. Man kann die folgenden Arten der Preisdifferenzierung unterscheiden.

- **Nach Käufermerkmalen:** Diese Art der Preisdifferenzierung findet man sehr oft, vor allem dann, wenn mit ihr eine Produktdifferenzierung verbunden ist (etwa die Stromtarife für die Industrie und die Haushalte, der Bierpreis in der einfachen Gaststätte und im Luxusrestaurant, die Kinder- und Erwachsenentarife im Dienstleistungsgewerbe, Sonderpreise für Betriebsangehörige).

- **Nach anderen Marketinginstrumenten:** Häufig ist es nötig, eine Preisdifferenzierung mit anderen Marketinginstrumenten zu unterstützen oder überhaupt erst zu ermöglichen. Eine Differenzierung nach dem Vertriebskanal liegt etwa dann vor, wenn das gleiche Produkt im Fachgeschäft teurer ist als im Supermarkt oder wenn, wie beim Möbelhersteller IKEA, bei Selbstabholung und Barzahlung billiger eingekauft werden kann. Von unterstützender Produktdifferenzierung kann gesprochen werden, wenn eine Verpackung leicht verändert oder ein Auslaufmodell wesentlich günstiger angeboten wird. Auch der preisliche Unterschied zwischen der ersten und zweiten

Klasse bei Eisenbahn und Flugzeug wird auf Produktseite durch breitere, bequemere Sitze und eigene Abteile unterstützt.

◆ **Nach Regionen:** Diese Differenzierung ist relativ unproblematisch, da räumliche Entfernungen und Staatsgrenzen oft als «natürliche» ökonomische Grenzen gelten; so werden beispielsweise für den Inlands- und den Auslandsmarkt unterschiedliche Preise festgelegt. Unausgelastete Kapazitäten können ein Grund dafür sein, dass Produkte im Ausland viel billiger angeboten werden als im Inland. Auf diese Weise soll das Preisniveau im Inland geschont werden. Bei voll ausgelasteten Kapazitäten verfährt man umgekehrt; im Ausland werden die Preise viel stärker erhöht als im Inland. Das Unternehmen betrachtet dann seine Marktstellung im Ausland als weniger wichtig und ist bereit, Marktanteile abzugeben. Das Verhalten der Konkurrenten muss allerdings beobachtet werden, weil sie ihren Heimmarkt eventuell vor Preisschwankungen schützen wollen. Sie tun dies möglicherweise, indem sie einfach «den Spieß umkehren» und nun ihrerseits den Auslandsmarkt als «Kapazitätsfüller» behandeln. Darüber hinaus darf man auch jene «mit allen Wassern gewaschenen» Händler nicht übersehen, die im Ausland billig angebotene Produkte aufkaufen, um sie dann wieder ins eigene Land einzuführen.

◆ **Nach Zeiten:** Auch bei einer zeitlichen Differenzierung kann die Kapazitätsauslastung das auslösende Motiv sein (zum Beispiel Sommer- und Winterpreise im Fremdenverkehr, Tag- und Nachtstromtarife, Normal- und Ausverkaufspreise, modische Artikel in und außerhalb der Saison).
Von zeitlicher Preisdifferenzierung kann auch gesprochen werden, wenn dem Käufer mit speziellen Aktionen (etwa bei Lebensmitteln) ein zusätzlicher Kaufimpuls gegeben werden soll. Bietet man neue Produkte zunächst teurer an als zu einem späteren Zeitpunkt, so sammelt man Erfahrungen und kann die Kapazität schrittweise der Nachfrage anpassen. Dies ist vor allem bei Produkten mit voraussichtlich langer Lebensdauer und geringer Gefährdung durch die Konkurrenz (möglicherweise dank eines Patentschutzes) zu empfehlen.

Die vielen Beispiele von Preisdifferenzierungen zeigen, dass Märkte höchst selten vollkommen sind, sondern sich aus Konsumenten zusammensetzen, die ganz unterschiedliche Präferenzen haben. Diesen Sachverhalt macht sich das moderne Marketing mit Hilfe von Marktsegmentierungen zunutze.

Die Differenzierung über den Preis ist vor allem für Gesellschaften mit hohen fixen Kosten wichtig (so etwa für Bergwerke, Eisenbahnunternehmen oder Elektrizitätswerke); nur so gelingt es, die jeweils nötigen Deckungsbeiträge zu erzielen. Diese Taktik ist allerdings nicht leicht zu verwirklichen, da es gelingen muss, die verschiedenen Konsumentengruppen in einzelne Segmente aufzuspalten. Aber ohne detaillierte Kenntnisse der Kundenbedürfnisse und -motive in Verbindung mit kreativen Lösungsansätzen gelingt es meistens nicht.

> Xerox verzichtete anfänglich auf den Billigmarkt für Kopiergeräte. Die Gesellschaft erkannte, dass die großen Gewinne bei den Großmodellen lagen, und man wollte diesen Markt nicht gefährden. Man überließ daher den Kleinkopierermarkt den Japanern, die man nicht als Konkurrenten im angestammten Markt betrachtete – vor allem deshalb nicht, weil sie nicht über die nötigen Verteilkanäle und Serviceorganisationen verfügten. Allerdings beherrschten die japanischen Anbieter Canon, Ricoh usw. das Kleinkopierergeschäft hervorragend; sie sammelten so viel Know-how und finanzielle Substanz, dass sie allmählich auch in das Segment der Großmodelle eindringen konnten. Erst dann reagierte Xerox mit Kleingeräten.
> Ganz ähnlich erging es den amerikanischen Automobil-Großherstellern. Man ließ die «kleinen» Japaner (Toyota, Nissan, Mazda, Honda) gewähren. Damals wäre es den Amerikanern ein Leichtes gewesen, die Neuanbieter aus dem Markt zu verdrängen. Mit einem kleinen, preislich tief genug angesiedelten Modell wäre das problemlos gelungen.[1]

Wir werden noch darauf zurückkommen, dass sich das Marketing in Richtung «Individualisierung» bewegt. Das Angebot wird künftig viel stärker auf die individuellen Bedürfnisse der Kunden ausgerichtet sein und dadurch werden sich auch die Preise immer stärker differenzieren, «individualisieren». Dies gilt nicht nur für im Sinne des Engineering maßgeschneiderte Produkte, sondern auch für Angebote, die in unterschiedlichen Umgebungen (Quartierladen oder Laden in einem Shopping Center) oder zu unterschiedlichen Tageszeiten (Abendverkauf oder Verkauf während des Tages) vertrieben werden.

### Produktlinienaspekte mit berücksichtigen

Die meisten Unternehmen verkaufen mehrere Produkte. Automobilhersteller verkaufen verschiedene Automodelle und Zubehör. Hotels ver-

---

[1] Siehe Nagle, *The Strategy of Tactics of Pricing*, S. 175.

mieten nicht nur Zimmer, sondern auch Konferenzräume. Supermärkte verkaufen verschiedene Produkte (Fleisch, fertige Gerichte usw.) und führen manchmal auch Haushaltsartikel, Spielzeug und Kleider.

Sofern der Verkauf eines Produktes den Verkauf von anderen Produkten der Firma nicht beeinflusst, kann sein Preis frei festgelegt werden. In allen anderen Fällen muss die Produktlinie häufig auch preislich als Ganzes betrachtet werden.

Grundsätzlich kann sich der Verkauf eines Produkts positiv oder negativ auf den Verkauf eines anderen Produkts auswirken. Im ersten Fall spricht man von komplementären, im zweiten von Substitutionsprodukten. Verfügt ein Unternehmen über komplementäre oder Substitutionsprodukte, so wird es nicht darum herumkommen, die Preispolitik für beide aufeinander abzustimmen.

**Komplementäre Produkte** sind solche, die sich gegenseitig ergänzen oder gar bedingen (zum Beispiel Kaffee und Zucker oder Mobiltelefone und Telefongespräche). Im weitesten Sinn sind auch die Produkte in einem Supermarkt komplementär, da die Gemüse kaufende Hausfrau zugleich auch Fleischwaren und Kosmetika erwirbt.

Es ist zweckmäßig, zwischen nicht notwendigerweise komplementären und zwangsläufig komplementären Produkten zu unterscheiden.

◆ **Nicht notwendigerweise komplementär:** Hier hat der Käufer des Hauptprodukts die Wahl, sich für keines, eines oder mehrere der Ergänzungsprodukte zu entscheiden. Der Autokäufer kann zum Beispiel automatische Fensteröffner, Nebelleuchten, eine Heckscheibenheizung oder eine Klimaanlage bestellen. Aber wie sollen die Preise für Ergänzungsprodukte festgelegt werden? Liegen sie zu hoch, werden die Kunden auf die Produkte verzichten oder im Lauf der Zeit Wettbewerber bevorzugen, die diese Artikel oder Eigenschaften zu niedrigeren Preisen anbieten. Sind die Preise zu niedrig, verdient ein Unternehmen nicht mehr viel daran.

> Die japanischen Autohersteller verfolgten von Anfang an die Strategie, den Großteil ihrer Extras in das Hauptprodukt einzubauen und so quasi gratis mitzuliefern. Dies hatte nicht nur positive Auswirkungen auf die Standardisierung der Produktion, sondern es gelang auch, sich deutlich von den europäischen Kleinautoherstellern abzuheben. Diese betrachten

> das Zubehör traditionell als unabhängige Gewinnquelle und verkaufen es zu eher hohen Preisen.
>
> Supermärkte und Discounter offerieren einzelne Produkte oft zu so tiefen Preisen, dass sie kaum noch etwas daran verdienen. Sie locken damit die Kunden ins Geschäft, in der Hoffnung, sie würden dann auch andere Produkte kaufen. Die Margen der anderen Produkte sind eventuell so hoch, dass sie es erlauben, das «Lockvogelprodukt» sogar mit Verlust zu veräußern.

Bei der Festlegung des Preises sollte auch an künftige komplementäre Produkte gedacht werden. Autofirmen beispielsweise haben gelernt, dass ein zufriedener Kunde dazu neigt, sein nächstes Auto wieder beim gleichen Hersteller zu kaufen. Die an Erstkäufer appellierenden Modelle werden eher günstig angesetzt.

◆ **Zwangsläufig komplementär:** Als zwangsläufig komplementär werden Produkte wie Rasierklingen, Filme oder Zubehör für Fotokopiergeräte bezeichnet. Dazu gehören auch Serviceverträge, auf die ein Konsument angewiesen ist. Die Hersteller setzen den Preis für das Hauptprodukt oft niedrig an, um zum Kauf anzuregen. Sie sichern sich den Gewinn durch eine hohe Spanne beim Zubehör, denn es muss ja gekauft werden.

> Für die unterschiedlichen Staubsauger werden unterschiedliche Säcke gebraucht. Deshalb werden die Staubsauger tendenziell billig, die Säcke aber eher teuer verkauft. Hat sich ein Kunde einmal für ein Staubsaugermodell entschieden, muss er später die passenden Säcke kaufen. Selten kümmert er sich bereits beim Kauf eines Staubsaugers um den Preis für die Säcke. Wird diese Strategie übertrieben, verärgert man allerdings den Kunden, was dem Marketinggedanken zuwider läuft.

 **Substitutionsprodukte** sind solche, die sich ohne Weiteres gegenseitig ersetzen können oder einander gar ausschließen: Maggi- und Knorr-Suppen, Zucker und Süßstoff oder erstklassige Hotels wie Dolder und Baur-au-Lac in Zürich.

Die Festlegung der Preise von zwei substituierbaren Produkten erfordert meistens eine gründliche Marktabklärung. Man möchte ja erreichen, dass durch den Vertrieb beider Produkte ein Maximum an Deckungsbeiträgen erzielt wird. Die wenig preissensitiven Käufer sollen das teure Modell stärker berücksichtigen als die anderen Modelle beziehungsweise die Mengennachfrage soll mit Hilfe einer geschickten Preispolitik so gesteuert werden, dass die Herstellungskosten insgesamt minimal ausfallen.

> Toyota hatte zu Beginn der 70er Jahre zwei Produktlinien: Corolla und Corona. Die Produktionskapazitäten für Corolla waren doppelt so groß wie die für Corona. Die Preise für die beiden Linien wurden daher so festgelegt, dass sich die Verkäufe möglichst im gleichen Verhältnis zueinander bewegen sollten. Mit einem entsprechend ausgelegten Marktforschungsprojekt wurde dieses schwierige Preisproblem angegangen.

Die Preisabstände innerhalb einer Produktlinie sollten so festgelegt werden, dass die Linie für eine möglichst große Zahl von Käufern attraktiv wird. Dabei sollten der Preis und der vom Kunden subjektiv wahrgenommene Produktnutzen für alle Artikel etwa im gleichen Verhältnis zueinander stehen.

In der Praxis spricht man oft von «Kannibalisation», vor allem bei der Einführung eines neuen Produkts, das bestehende Produkte substituieren wird. Um diesen «Kannibalisationseffekt» zu verringern, genügt es in der Regel nicht, wenn sich die Produkte nur hinsichtlich des Preises unterscheiden. Besser ist es, die gesamte Positionierung so zu wählen, dass sich die Produkte gegenseitig möglichst wenig tangieren.

## Durchsetzung im Markt

Das Marketingmanagement muss die festgelegte Preispolitik durchsetzen, und zwar beim Kunden wie auch bei einem gegebenenfalls eingeschalteten Absatzmittler. Dies kann besonders dann schwierig sein, wenn äußere Einflüsse zu größeren Preisveränderungen zwingen; denkbar sind hier unausgelastete Kapazitäten, größere Kostensteigerungen, übermäßige Nachfrage oder ein rückläufiger Marktanteil.

Stets muss ein Unternehmen aber mit den Reaktionen der Konkurrenz rechnen. Darum lohnt es sich, das Vorgehen bei der Preisdurchsetzung gründlich zu überdenken und die Preisdurchsetzung nicht gänzlich dem einzelnen Verkäufer zu überlassen.

## Preistransparenz für den Kunden schaffen

Alle preispolitischen Maßnahmen setzen Informationen voraus. Zu welchen Preisen liefert die Konkurrenz? Wie dringend ist der Kunde auf das Produkt angewiesen? Welche Rabatte, Skonti, Umsatz- und Treueboni erhält der Kunde von der Konkurrenz? Welche Nebenleistungen werden dabei mitgeliefert (Garantien, Service, Ausbildung)? Ist der Kunde zugleich auf einen Kredit angewiesen?

Speziell schwierig ist der Vergleich mit dem Konkurrenzprodukt, wenn es sich um komplexe Investitionsgüter handelt. Diese Produkte sind selten problemlos vergleichbar und man kommt nicht darum herum, eine Nutzenbeurteilung für den Kunden durchzuführen.

Ziel der Durchsetzungsmaßnahmen ist es, das eigene Produkt als preisgünstig oder zumindest preiswürdig erscheinen zu lassen. Die dazu eingesetzten Mittel sind primär das Verhandlungsgeschick, Preiszuschläge oder Preisabschläge und die Information der Kunden, damit sie volle Preistransparenz erhalten.

◆ **Verhandlungsgeschick:** Wie viel davon abhängt, zeigt sich immer wieder an den unterschiedlichen Verkaufserfolgen der Außendienstmitarbeiter. Das Verhandlungsgeschick ist unter anderem eine Folge der Qualität der Information und der Fähigkeit des Verkäufers, den Preis zum gesamten Leistungsangebot in Beziehung zu setzen.

> Caterpillar-Traktoren sind für ihre gute Qualität bekannt. Fragt nun ein Kunde, warum er für den Traktor US$ 4'000 mehr bezahlen soll als für den des Konkurrenten, so kann der Verkäufer antworten: «Der Traktor des Konkurrenten kostet US$ 20'000. Für die überlegene Haltbarkeit müssen Sie US$ 3'000 rechnen. US$ 2'000 bezahlen Sie für unsere Zuverlässigkeit. US$ 2'000 ist der Preis für den besseren Service und die längere Ersatzteilgarantie ist US$ 1'000 wert, so dass der Traktor eigentlich US$ 28'000 kosten müsste. Wir geben Ihnen also US$ 4'000 Rabatt, wenn wir einen Preis von US$ 24'000 verlangen.»

◆ **Preiszuschläge und -abschläge:** Sie sollten stets leistungsbezogen angesetzt sein, damit sie gerechtfertigt werden können. In der Praxis kommen sie sehr häufig vor, was dazu führen kann, dass die Preistransparenz im Markt stark eingeschränkt wird.

- **Rabatte:** Der Käufer sieht im Rabatt eine besonders günstige Gelegenheit zum Kauf. Funktions- oder Stufenrabatte werden zur

Deckung spezifischer Handlungskosten gewährt, beispielsweise erhält sie ein Absatzmittler für den Unterhalt eines Ersatzteillagers oder, etwa als Werbekostenzuschuss, für die besondere Präsentation eines Artikels.

Mengenrabatte sollen einen Anreiz zum Kauf größerer Mengen pro Auftrag geben und Mindermengenzuschläge sollen für den relativ höheren Aufwand bei Kleinmengen entschädigen. Treueprämien in Form eines Umsatzbonus gelten die Minderkosten des Lieferanten ab, weil er den Kunden und seine Verhältnisse bereits im Detail kennt. Rabatte müssen regelmäßig überprüft werden, unter anderem weil bei umsatzbezogenen Rabatten die Kundenzahl in höheren Rabattklassen durch inflationäre Prozesse zunimmt, ohne dass es zu einem erhöhten Absatz kommt.

- **Lieferungs- und Zahlungsbedingungen:** Sie sind Teil des Angebotpakets respektive Teil der Preispolitik. Sie sollten echten Leistungen entsprechen und keine verdeckten Preisnachlässe darstellen. Sie spiegeln Faktoren wie Finanzierungsleistung, Kauf- und Zahlungsrisiko, Transport- und Zollkosten, Veränderungen bei den Herstellungskosten infolge der Lieferfrist, des Service, der Garantieleistungen oder der Wechselkursrisiken wider.

Es ist im Sinn des Marketing, dass der Kunde Preis und Nutzen erkennt. In der Praxis ist dies leider oft nicht der Fall. Preise wirken undurchsichtig und sind für den Kunden kaum nachvollziehbar. Darüber hinaus wird der Kunde durch Verkaufspromotionen verunsichert und reagiert deshalb vorsichtig und preisbewusst. Eine auf Langfristigkeit angelegte, vertrauensvolle Beziehung kann kaum entstehen.

---

Die Erteilung von Mobilfunktelefonlizenzen an Diax und Orange leitete 1998 eine für schweizerische Verhältnisse unübliche Marketingschlacht ein. Diax unterbot zuerst Swisscoms günstigste Preise für zwei Stunden Mobiltelefonieren pro Monat um 35 %. Dann kam Orange mit ähnlich günstigen Preisen auf den Markt. Die Monatsgebühren waren bei beiden aber so verschieden strukturiert, dass ein Preisvergleich – auch mit Swisscom – sehr schwierig war. Gratistelefonieren an Wochenenden, Billigpakete (Mobiltelefonkauf und Abonnement) sowie viele Sonderaktionen charakterisierten die nächste Phase. Swisscom musste reagieren. – Und der Kunde? Findet er sich im entstandenen «Preisdickicht» noch zurecht? Bleibt er seinem Dienstleister treu oder richtet er sich nur nach dem preislich günstigsten Angebot?

◆ **Preisaufteilung:** Sie ist ein weiteres Mittel, den Kunden von der eigenen Preispolitik zu überzeugen. So kann es für einen EDV-Anbieter zweckmäßig sein, seine Kosten für Hardware, Software und Service getrennt anzugeben. Er veranlasst den Kunden dadurch, bei einem detaillierten Preisvergleich mit der Konkurrenz insbesondere die Software zu evaluieren.

> In der Baubranche ist es üblich, dass die Preise stets ohne Mehrwertsteuer angegeben werden. Der Bauherr, der diese Praxis nicht kennt, mag sich daran stoßen, wenn der effektive Preis am Ende um 7,5 % (schweizerischer Mehrwertsteuersatz im Jahr 2000) höher ist. Umgekehrt hat er den Vorteil, dass er die echten Preise der Anbieter kennt und ein möglicherweise ausgehandelter Rabatt in voller Höhe zu Lasten des Anbieters und nicht teilweise zu Lasten der Mehrwertsteuer geht.

Besonders schwierig ist die Durchsetzung der Preise bei Ausschreibungen. Hier wird vom Auftraggeber, oft der öffentlichen Hand, eine spezifische Leistungsbeschreibung vorgegeben. Die Anbieter müssen ihre Angebote geheim, gleichzeitig und unabhängig voneinander abgeben. Die Preisangebote sind normalerweise nicht korrigierbar. Der Offerierende muss sich daher bereits im Voraus sehr gründlich mit der Gesamtsituation des Ausschreibenden und mit den potenziellen Mitanbietern auseinandersetzen. Insbesondere wird er hinterfragen, wie sein Produkt die geforderte Leistung erbringen und wo er eventuell Zusatznutzen geltend machen kann. Da er nur selten weiß, wie er im Vergleich zur Konkurrenz steht, wird er seine Offerte auch nach seinen Marktzielen und Kosten richten.

Zu begrüßen ist es, wenn Industriebetriebe und Konsumenten die Anbieter mit überhöhten Preisen nicht mehr zu einer zweiten Offertenrunde einladen, selbst wenn das Produkt qualitativ den Anforderungen entspricht. Sie wirken so dem Bestreben eines Anbieters, in der Offertenrunde seine Chancen zuerst mit einem hohen Preis auszutesten, entgegen.

### Absatzmittler für Preispolitik gewinnen

Für viele Güter ist der Absatz über den Handel oder ein anderes Zwischenglied die alleinige Vertriebsform von nennenswerter Bedeutung; dies gilt zum Beispiel für Lebensmittel, Textilien oder Bücher.

Im **mehrstufigen Markt** treten ein oder mehrere Absatzmittler zwischen den Hersteller und den Endabnehmer.

Grundsätzlich darf ein Hersteller seine preispolitischen Überlegungen nicht allein auf die nachfolgende Marktstufe, also seine direkten Abnehmer, beschränken – auch wenn für ihn mit dem Verkauf seines Produkts der Erlösprozess abgeschlossen ist. Dieser Grundsatz gilt insbesondere für die Hersteller von Markenartikeln. Ihnen kann es nicht gleichgültig sein, ob die Preise auf der Einzelhandelsstufe zerfallen, die Markentreue darunter leidet und ihr Produkt durch das Wirken des Absatzmittlers ein Image erhält, das ihren Intentionen nicht entspricht.

> Lancaster, von der Qualität seiner Kosmetika-Linien überzeugt, beliefert den Parfüm-Discounter Alrodo seit Jahren nicht. Lancaster will verhindern, dass das Billigangebots-Image von Alrodo auf seine Produkte übergreift. Zwar gelingt es Alrodo, auf dem grauen Markt immer wieder an Posten von Lancaster-Produkten heranzukommen, aber eine kontinuierliche Belieferung seiner Kunden erreicht der Discounter nicht.

In der Praxis sind alle möglichen Preiskonstellationen zwischen Hersteller, Absatzmittler und Endverbraucher anzutreffen. Sie sind im wesentlichen eine Folge der Machtverhältnisse zwischen Produzent und Handel.

◆ **Hersteller bestimmt Endpreis:** Im Lebensmittelgeschäft bestand seitens der Hersteller die traditionelle Politik der Preisbindung. Durch die Festlegung des Endverkaufspreises und eine entsprechende Verpflichtung des Zwischenhandels zur Einhaltung dieses Preises wurde der Markt kontrolliert. Unter dem Druck mächtiger Einkaufsgenossenschaften musste die Preisbindung in den 60er Jahren jedoch sukzessive aufgegeben werden. An ihre Stelle trat die Preisempfehlung, die der Preisbindung dann entspricht, wenn der Handel sich an sie hält.
Der Hersteller hat grundsätzlich zwei Aktionsparameter zur Verfügung: Neben dem empfohlenen Endpreis bestimmt er über den Handelspreis auch die Verdienstmarge des Absatzmittlers. Letztere kann ein bedeutsames Wettbewerbsinstrument sein, besonders dann, wenn der Kunde die grundsätzliche Kaufentscheidung gefällt hat und lediglich noch die Wahl der Marke offensteht. Bei annähernder Preis- und Qualitätsgleichheit wird der Händler tendenziell das Produkt empfehlen, das ihm die höchste Spanne bietet.

◆ **Hersteller bestimmt Handelspreis:** Der Hersteller hat keinen Einfluss auf den Endpreis. Letzterer wird vom Handel entweder gewohnheitsmäßig oder gewinnmaximierend festgelegt. Liefert der Hersteller allerdings größere Mengen direkt an einzelne Endkunden – meistens mit längeren Lieferfristen als der Händler –, so entsteht durch seine Preise eine gewisse Referenz; dies muss der Absatzmittler bei den eigenen preispolitischen Maßnahmen mit berücksichtigen. Das gilt für den Handel mit Stahl, Papier und ähnlichen Commodity-Produkten. Des Weiteren wird der Hersteller versuchen, mit kommunikations- und distributionspolitischen Maßnahmen indirekten Einfluss auf den Endverkaufspreis zu nehmen.

◆ **Händler bestimmt Handelspreis:** Das kann vorkommen, wenn die Macht ganz beim Handel liegt. Der Hersteller hat nur die Wahl zwischen Annahme oder Ablehnung dieses Preises.

> Rund 40 % aller Lebensmittel werden in der Schweiz von der Handelskette Migros abgesetzt. Damit ergibt sich eine einmalige Machtposition dieses Großverteilers. Sie sollte aber nicht missbraucht werden, wie das folgende Beispiel zeigt: Damit kleinere Hersteller nicht abhängig werden, empfiehlt Migros diesen Unternehmen, maximal 1/3 ihres Umsatzes an sie zu liefern. Wenn sie diese Empfehlung beachten, sind die Hersteller in der Lage, einen Auftrag von Migros ablehnen zu können, falls er preislich unverantwortbar tief sein sollte.

◆ **Hersteller und Handel maximieren Gewinn gemeinsam:** Die Verteilung des Gesamtgewinns wird über den Handelspreis geregelt, der somit auszuhandeln ist. Dieses «Kollektivmonopol» hat eher theoretische Bedeutung, da die Machtverhältnisse zwischen den Parteien in der Regel ungleich verteilt sind. Das Prinzip der Gemeinsamkeit funktioniert zudem nur dort, wo gegenseitige Exklusivverträge verhindern, dass der Händler einen anderen Hersteller beziehungsweise der Hersteller einen anderen Händler hinzuziehen kann.

Ein Anbieter kann eine Politik der Preisvariation betreiben, indem er die Angebotspreise im Laufe der Zeit systematisch verändert. Preisvariationen können als Nebensaison-, Einführungs- oder regelmäßig als Sonderangebotsaktionen erfolgen. Mit einer Sonderpreisaktion können mehrere Ziele verfolgt werden, zum Beispiel die kurzfristige Überbrückung von Liquiditätsengpässen oder der Abbau überhöhter Lagerbestände; dem Handel wird ein Anreiz gegeben, sein Lager aufzustocken.

## Gewisse Preiskompetenzen delegieren

In der Praxis stellt sich immer wieder die Frage, wie viel Preiskompetenz der Außendienst haben soll. Sie ist nicht allgemeingültig zu beantworten. Grundsätzlich gilt: Je flexibler der Außendienst handeln muss, desto umfassendere Kompetenzen sollte er haben. Außendienstmitarbeiter neigen andererseits zu vorschnellen Preiskonzessionen, so dass das Preisniveau mit zunehmender Kompetenz sinkt. Es gibt auch viele Außendienstmitarbeiter, die eine eher strenge Leitlinie, die nicht unterschritten werden darf, schätzen; in Verhandlungen können sie sich immer wieder auf diese Vorschrift berufen.

Eine gewisse Preiskompetenz sollte aber jeder Verkäufer besitzen, denn der Käufer gerät bei Preiszugeständnissen des Verkäufers oft in psychologischen Zugzwang, der für seinen Kaufentschluss entscheidend sein kann. Die Verhandlungsposition eines Verkäufers wird zudem gestärkt, wenn der Kunde spürt, dass dieser eine gewisse Verantwortung besitzt.

## Marktgerechte Transferpreise anstreben

Ein ganz spezielles preispolitisches Problem liegt immer dann vor, wenn eine bestimmte Einheit eines Unternehmens ein Produkt an eine andere Einheit desselben Unternehmens liefert. Zu welchem Preis soll das Produkt transferiert werden? Oder soll die andere Einheit das Produkt gar bei Dritten einkaufen können?

Als Transferpreis bezeichnet man den Preis, der für eine Transaktion zwischen zwei Einheiten desselben Unternehmens oder derselben Unternehmensgruppe festgelegt wird.

In der Praxis findet man in der Regel eines der drei im Folgenden aufgeführten Verfahren; jedes von ihnen hat seine Vor- und Nachteile.

◆ **Orientierung am Markt:** Der Transferpreis wird so festgelegt, dass das kaufende Gruppenmitglied auch auf dem freien Markt einkaufen könnte. Den Marktpreis kennt man allerdings nur dann, wenn es ein ähnliches Produkt überhaupt gibt und wenn das einkaufende Unternehmen sich gelegentlich auch am freien Markt eindeckt. Tut es dies nämlich niemals, dann werden die potenziellen Lieferanten gar keine Offerten mehr abgeben.

Vom Marktpreis wird in der Regel ein kleiner Rabatt abgezogen, der den geringeren Verkaufs- und Administrationsaufwendungen des Verkäufers Rechnung tragen soll. Falls die einkaufende Einheit bei einem Drittlieferanten günstiger einkaufen kann, gibt man ihr freie Hand, sofern die verkaufende Einheit nicht auf diesen Preis einsteigt. Diese Transferpreispolitik fördert die Eigenständigkeit und die Wettbewerbsfähigkeit der involvierten Einheiten. Ausserdem vermeidet man auf diese Weise langwierige Verhandlungen mit den Steuerbehörden, weil keine Gewinnverschiebungen entstehen.

◆ **Orientierung an der Steuerbelastung:** Die Transferpreise werden so festgelegt, dass die Gewinne primär in Ländern mit einer tiefen Gewinnsteuer anfallen. Diese nach wie vor verbreitete Politik ist aber nicht zu empfehlen. Sie unterminiert die Wettbewerbsfähigkeit, wenn ein nicht konkurrenzfähiges Mitglied dank Steuervorteilen – und somit günstigen Einkaufspreisen – ständig Gewinne ausweist.
Den Steuerbehörden ist diese Verschiebungsmöglichkeit bekannt und sie wird von ihnen bekämpft; dabei kommt es oft zu mühsamen und langwierigen Verhandlungen zwischen den Unternehmen und den Behörden.
Darüber hinaus kann die Orientierung an der Steuerbelastung zu Verzerrungen führen, die nur schwer korrigierbar sind, wenn sich die Verhältnisse irgendwann einmal ändern sollten.

> Ein nicht genanntes Handelsunternehmen für industrielle Zubehörprodukte besitzt ein europäisches Zentrallager in der Schweiz. Fast die Hälfte des Umsatzes wird in Deutschland erzielt, von wo auch das Gros des eingekauften Zubehörs stammt. Abklärungen im Hinblick auf eine Verschiebung des Zentrallagers nach Deutschland ergaben, dass die Einsparungen an Transportkosten kleiner sind als der Steuervorteil, der durch die Gewinnbesteuerung in der Schweiz im Vergleich zu Deutschland entsteht. Auf den Vorschlag, das Zentrallager trotzdem nach Deutschland zu verschieben und dort eine mit der Schweiz vergleichbare Besteuerung auszuhandeln, wollte man nicht eingehen, vor allem deshalb nicht, weil man keine Unruhe unter der Belegschaft im Zentrallager hervorrufen wollte. Auch die anstehenden höheren Kosten für den Umbau des Lagers nahm man in Kauf.

◆ **Orientierung an den Kosten:** Dies ist das einfachste Verfahren, das häufig angewendet wird. Wenn am Markt keine vergleichbaren Produkte existieren, kann sich der Transferpreis eigentlich nur nach den

Kosten richten. Kommt zu den Kosten zudem ein realer Gewinnzuschlag hinzu, so wird das von den Steuerbehörden akzeptiert. Wenn sich der Transferpreis an den Kosten orientiert, hat nicht die Wettbewerbsfähigkeit einer einzelnen, sondern die aller involvierten Einheiten insgesamt Priorität. Die Kooperation der Einheiten untereinander muss trotz Landesgrenzen und einer möglicherweise unübersichtlichen Situation funktionieren.

Hin und wieder findet man auch Preisverfahren, die den Produktabsatz besonders fördern sollen. Die kaufende Einheit wird nur mit einem Teil der Selbstkosten des Herstellenden (plus Gewinnzuschlag) belastet. Die Differenz wird auf einer höheren Organisationsebene absorbiert. Dieses «Dual-pricing» wird jedoch nur in Ausnahmesituationen und während einer beschränkten Zeitperiode angewendet. Ziel ist stets, ein (strategisches) Produkt nicht unter der Eigenständigkeit von Organisationen leiden zu lassen.

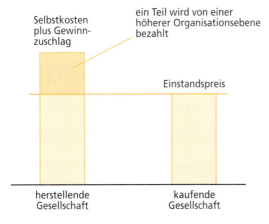

Dual-pricing-Verfahren

> Wie wichtig die Transferpolitik ist, zeigt das Beispiel einer Unternehmensgruppe, die über je eine Produktionsstätte in der Schweiz und in Österreich verfügt. Beide sind selbst für die Transferpreise verantwortlich, die sie ihrer in Deutschland verkaufenden Schwestergesellschaft anbieten. Die Preise werden so festgesetzt, dass die in der Produktionsgesellschaft anfallenden Margen auf solche Produkte größer sind, deren Konkurrenzfähigkeit erfahrungsgemäß besser ist. Da nun die Verkaufsgesellschaft in Deutschland ihrerseits versucht, ein möglichst gutes Resultat zu erzielen, entsteht die groteske Situation, dass sie natürlich vor allem die Produkte forciert, an denen die produzierende Gesellschaft weniger verdient.

# Zusammenfassung

Die Preispolitik hat direkte Auswirkungen auf das Betriebsergebnis. Sie hängt vom Marktmechanismus und den unternehmensinternen Gegebenheiten ab.

Bei Preisentscheidungen sind etliche Faktoren zu beachten: Nachfrage und Angebot; die Anzahl der Marktteilnehmer, die über die Machtverhältnisse am Markt entscheiden; die Kostenstruktur des Unternehmens, weil volumen- beziehungsweise preisorientierte Unternehmen eine jeweils andere Preispolitik verfolgen; gesetzliche Vorschriften wie das Kartellgesetz und das Gesetz gegen unlauteren Wettbewerb; psychologische Aspekte, weil hohe Preise eine hohe Qualität suggerieren; der Produktlebenszyklus und die Marketingziele des Unternehmens.

Grundsätzlich entspricht nur die nutzenorientierte Preispolitik der Marketingidee. Der Preisverantwortliche hinterfragt daher stets, wie groß die Nutzendifferenz zwischen dem eigenen und dem Konkurrenzprodukt für den Kunden ist; doch diese Frage ist nur schwer zu beantworten. Zudem sind die Unternehmen bestrebt, ihre Gewinne zu optimieren, was dazu führt, dass die eigenen Kosten bei der Preisgestaltung oft mit berücksichtigt werden. Von einer rein kostenorientierten Preispolitik spricht man dann, wenn sich die Preise aus Kosten-plus-Gewinnzuschlag errechnen. Die nachfrageorientierte Preispolitik strebt eine optimale Preis-Mengen-Kombination an. Die konkurrenzorientierte Preispolitik hat zum Ziel, ein bestimmtes Preisverhältnis zu einem oder mehreren Konkurrenten zu etablieren.

Preisdifferenzierungen lassen sich eigentlich nur dann mit Erfolg durchführen, wenn sich der Markt in Teilmärkte gliedern lässt. Werden mehrere Produkte im gleichen Markt angeboten, kann der Verkauf eines Produkts den Verkauf eines anderen positiv oder negativ beeinflussen. Man spricht dabei von Komplementär- respektive von Substitutionsprodukten.

Die Durchsetzung einer einmal erarbeiteten Preispolitik ist nicht leicht. Einerseits erfordert es Verhandlungsgeschick, den Kunden zu überzeugen, und andererseits muss der Absatzmittler für die eigenen Preisvorstellungen gewonnen werden. Immer wieder wird auch die Frage diskutiert, welche Preiskompetenz die Außendienstmitarbeiter haben sollen. In der Praxis hat sich die Haltung durchgesetzt, dem Verkäufer eine gewisse Kompetenz zu geben. Sie sollte jedoch auf seine Fähigkeit, mit dieser Kompetenz verantwortungsbewusst umzugehen, und auf die für den Markt erforderliche Preisflexibilität abgestimmt werden.

Die Festlegung von Transferpreisen zwischen selbstständigen Einheiten eines Unternehmens oder einer Unternehmensgruppe ist eine Frage der Führungsphilosophie und der strategischen Ziele. Global operierende Großkonzerne bevorzugen vermehrt eine Politik, die sich am Markt orientiert.

Nathan Rothschild lebte im frühen 19. Jahrhundert in London. Er war der berühmteste reiche Financier seiner Zeit. Als er eines Tages aus seiner Droschke stieg, gab er dem Kutscher ein äußerst bescheidenes Trinkgeld. Der Kutscher tippte an seinen Hut und bemerkte: «Wissen Sie, Mr. Rothschild, Ihre Tochter Julie gibt mir immer viel mehr Trinkgeld als Sie.»
Da murmelte Nathan: «Das ist schon in Ordnung! Sie hat ja einen reichen Vater.»

*Aus «Bits & Pieces», April 1999, S. 10*

# Distributionspolitik

Die Distribution stellt sicher, dass die Kunden das gewünschte Produkt am rechten Ort, zur rechten Zeit, in der richtigen Menge und Qualität, mit den gewünschten Dienst- und Serviceleistungen und zum richtigen Preis erhalten. Dies ist eine komplexe und vielschichtige Aufgabe, die in der Regel den Einsatz von Spezialisten erforderlich macht.

Als **Distribution** bezeichnet man sämtliche Aktivitäten, die mit der Verteilung der Erzeugnisse zusammenhängen.

In der heutigen Wirtschaft gelangen die Erzeugnisse der meisten Hersteller über eine Vielzahl von Zwischengliedern an die Endverwerter. Ausgangspunkt ist der Produktionsstandort und Endpunkt ist die Stelle, an der der Kunde das Produkt übernimmt.

Meistens stehen dem Unternehmen verschiedene Absatzwege (Marktkanäle) offen, um die Distanz zwischen diesen beiden Orten optimal zu überbrücken. Bei der Bestimmung des optimalen Weges kommt es nicht nur auf die Kosten für die Überbrückung an, sondern auch auf die Menge, die durch den einzelnen Kanal fließt. Die Wahl des Absatzweges ist daher für das Unternehmen generell, aber auch für den Einsatz der übrigen Marketingmittel wichtig.

Ein Unternehmen, das sich für einen bestimmten Absatzweg entschieden hat, geht in den meisten Fällen eine längerfristige Verpflichtung ein. Deshalb versucht es, den gewählten Weg mit Hilfe einer geschickten «Führung» zu fördern. Dabei spielen auch die Wahl und Sicherstellung einer bestimmten Lieferbereitschaft eine entscheidende Rolle.

## Distributionsformen

Früher produzierte jeder Haushalt gerade nur das, was seine Mitglieder zum Leben benötigten. Dann erkannte man jedoch, dass die eigenen Mittel zunahmen, wenn man sich auf die Herstellung weniger Güter konzentrierte und dafür andere Güter eintauschte. Spezialisierung und Güteraustausch waren die Folge. Doch wie sollte sich der Austausch zwischen den Haushalten abspielen? Man erkannte bald, dass er sich wesentlich einfacher über eine zentrale Stelle abwickeln ließ, als wenn jeder Haushalt mit jedem verkehrte.

Dezentralisierter und zentralisierter Güteraustausch

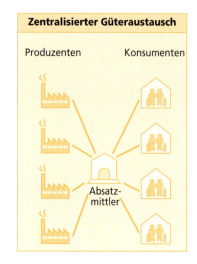

 Als **Absatzmittler** bezeichnet man alle selbstständigen Organisationen und Personen, die zugunsten des Absatzes zwischen einem Produzenten und den Endabnehmern wirken.

Der Absatzmittler ist ein Bindeglied zwischen dem Hersteller und den Endkunden. Mit der obigen Darstellung wird demonstriert, wie sich dank eines Absatzmittlers die Zahl der Kontakte von 16 auf 8 reduzierte.

Trotzdem ist eine zentrale Warenverteilung nicht immer kostengünstiger als eine dezentrale. Verteilungskosten verhalten sich nicht unbedingt proportional zur Zahl der Kontakte. Außerdem erhöht sich die Zahl der Kontakte sofort, wenn mehrere Absatzmittler zwischen Hersteller und Endverbraucher stehen.

Absatzmittler etablieren sich aber nicht nur aus ökonomischen Gründen. Es gibt mindestens drei weitere Faktoren, die sie zu einem festen Bestandteil des Marktgeschehens werden ließen.

◆ **Marktübersicht:** Absatzmittler verbessern die Marktübersicht zugunsten von Produzenten und Konsumenten, indem sie Kenntnisse über die gewünschten Konsum- und die vorhandenen Produktionsmengen vermitteln. Über die eigene Lagerhaltung, die Preispolitik oder die Kommunikation schaffen sie einen Ausgleich zwischen dem in großen Losen produzierenden Hersteller und dem in kleinen Mengen kaufenden Endabnehmer.

◆ **Sortierung:** Absatzmittler erfüllen eine Sortierfunktion. Gleichartige Produkte werden zusammengefasst und den Konsumenten als Ganzes angeboten. Gleichartige Kundenwünsche werden gruppiert und an die Produzenten weitergegeben.

◆ **Automatisierung:** Absatzmittler automatisieren den Austauschvorgang. Mit einem einheitlichen Bestell-, Liefer- und Zahlungssystem wickeln sie den Güteraustausch möglichst rationell ab.

Mit der Zeit begannen sich auch die Absatzmittler zu spezialisieren. Diese Spezialisierung betraf sowohl ihre Funktion (zum Beispiel Lieferung an Grossisten oder an Einzelhändler) als auch die von ihnen geführten Produkte (zum Beispiel Lebensmittel, Papiere, Stahl oder Elektroartikel).

Die Spezialisierung kann so weit gehen, dass sie zum wichtigsten strategischen Element wird, wie das Beispiel von Distrelec zeigt.

> Distrelec ist ein Kleinmengen-Verteiler für elektronische Baukomponenten, Werkzeuge sowie Zubehör für die Industrieelektronik und Miniaturpneumatik. 40'000 Artikel von über 300 Herstellern werden an rund 60'000 Kunden in der Schweiz geliefert.
> Dank eines Lieferbereitschaftsgrades von 98 bis 99 %, eines gut durchdachten Abwicklungsprozederes und zuverlässiger Post werden Lieferungen in kürzester Frist ausgeführt. Die Preise sind wegen der kleinen Mengen und der raschen Belieferung relativ hoch. Der Nutzen für den Kunden liegt vor allem darin, dass er kein eigenes Ersatzteillager benötigt. Größere Positionen für die Produktion disponiert der Kunde nicht über Distrelec, sondern über billigere Anbieter.

Die Bedeutung der Absatzmittler hat in den letzten beiden Jahrzehnten allgemein zugenommen. Das liegt an den höheren Logistikkosten, aber auch am Wunsch der Produzenten nach immer kleinerer Lagerhaltung; je kleiner die Produktlebensdauer ist, umso größer ist das Risiko obsoleter Lagerpositionen. Außerdem ist die Verhandlungsmacht von Absatzmittlern auch dank Zusammenschlüssen und Einkaufskooperationen gestiegen.

Heute befindet sich die Distribution aber im Umbruch. Wir werden gegen Ende dieses Abschnitts darauf zu sprechen kommen. Zunächst erläutern wir, welche unterschiedlichen Absatzwege existieren und welche Art von Absatzmittlern in ihnen operieren.

> Eine Großmutter nutzte den St. Nikolaustag, um wieder einmal mit ihrem sechsjährigen Enkel durch die Stadt zu bummeln. Nachdem die beiden in einem Kaufhaus etwa zehnmal die Rolltreppen hinauf und hinunter gefahren waren und ein paar Weichnachtsgeschenke gekauft hatten, stießen sie am Ausgang auf den Weihnachtsmann. Der schenkte dem Kleinen einen Weihnachtskuchen. «Was sagst du zum Weihnachtsmann?», fragte die Großmutter, als sie sah, wie ihr Enkel genüsslich in den Kuchen biss und einfach weiterging. «Belaste den Kuchen!», antwortete der Kleine trocken und setzte seinen Weg fort.
>
> Aus «Bits & Pieces», Dezember 1999, S. 5

### Unternehmen nutzen zunehmend verschiedene Absatzwege parallel

Grundsätzlich unterscheidet man zwischen direkten und indirekten Absatzwegen, je nachdem, ob die Ware unmittelbar oder über eine oder mehrere Zwischenstufen zum Kunden gelangt.

◆ **Direkte Absatzwege:** Beispiele hierfür sind der Verkauf großer EDV-Anlagen durch den Hersteller an die Kunden, der Gemüseverkauf auf einem Bauernhof an Hausfrauen, der Verkauf von Versicherungspolicen an Private bei Hausbesuchen von Außendienstmitarbeitern, der Verkauf von Autos ab Fabrik an Industriekunden oder Autovermietungsunternehmen oder die Vermietung von Wohnungen via Internet oder Zeitungsinserat, ohne Einschaltung eines Maklers.
Das letzte Beispiel macht deutlich, dass mit dem Begriff «direkt» nicht nur der Warenfluss, sondern auch der Kontakt zwischen Hersteller und Verbraucher gemeint sein kann.

◆ **Indirekte Absatzwege:** Beispiele hierfür sind der Verkauf über Einzelhandelsgeschäfte, Warenhäuser, Apotheken, Fachgeschäfte, Kioske, der Verkauf von Versicherungspolicen über eine Agentur, der Kauf von Elektroapparaten beim Installateur oder der Kauf eines Autos bei einem Händler.

Bei indirekten Absatzwegen sind vielfach mehrere Zwischenstufen involviert. Neben dem Einzelhändler und dem Grossisten übernimmt vielfach ein Agent zugunsten des Herstellers die Verteilung im betreffenden Markt.

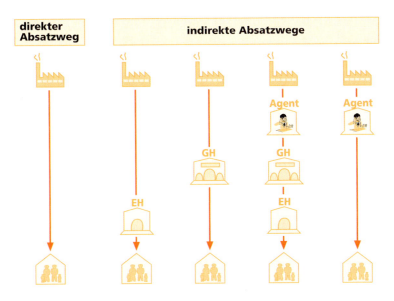

Gebräuchliche Verkaufskanäle (GH = Großhändler, EH = Einzelhändler)

Obwohl der Begriff «Absatzweg» vor allem bei materiellen Gütern verwendet wird, gelten die damit verbundenen Überlegungen auch im Dienstleistungssektor. Die folgenden Beispiele illustrieren, dass auch Dienstleistungsunternehmen auf die Wahl ihrer Absatzwege achten.

> Die Feuerwehr wählt ihre Standorte so, dass sie im Brandfall in möglichst kurzer Zeit alle potenziellen Brandherde im Einsatzgebiet erreichen kann. Banken richten ihre Niederlassungen meist an stark frequentierten Orten ein, an denen sie problemlos erreichbar sind.

Die großen kulturellen Unterschiede innerhalb Europas haben dazu geführt, dass europäische Unternehmen ihre Distribution stets multipler organisiert haben als zum Beispiel ihre amerikanischen Konkurrenten. Heute geht man aber auch in den USA dazu über, verschiedene Distributionswege parallel zu beschreiten. Man hat erkannt, dass die Vorteile einer einheitlichen und einfach zu handhabenden Lösung weniger ins Gewicht fallen als die damit verbundenen Umsatzeinbußen.

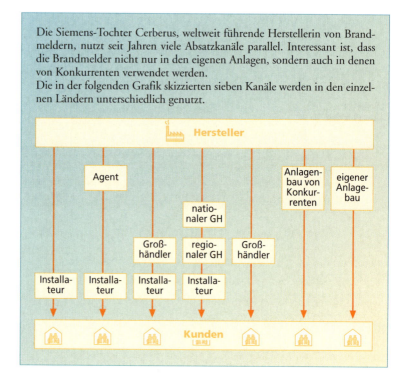

## Absatzmittler üben immer wieder andere Funktionen aus

Eine alte Marketingaussage lautet: «Man kann zwar den Absatzmittler ersetzen, nicht aber dessen Funktionen. Jemand muss sie wahrnehmen; wenn nicht Absatzmittler A, dann eben Absatzmittler B, der Produzent oder der Konsument.» Es geht nicht nur um die physische Warenverteilung, sondern auch um Informationen, die Zahlungsabwicklung und die Übernahme von Risiken. Es stellen sich Fragen der folgenden Art.

◆ **Physischer Warenfluss:** Wie und zu welchen Kosten wird die Ware transportiert? Wo wird sie gelagert? Wie oft wird ausgeliefert? Welche Lieferbereitschaft ist vorhanden, wird sie eingehalten? Wie ist gegebenenfalls der Rückfluss von Retouren, Verpackungsmaterial geregelt?

◆ **Informationsfluss:** Durch wen und wie werden Kundenwünsche ermittelt? Wie gelangen solche und andere Marktinformationen zum Hersteller? Wie werden Kunden kontaktiert? Wie wird über das Angebot orientiert? Werden Informationen über Konkurrenten gesammelt und an den oder die Hersteller weitergegeben?

◆ **Geldmittelfluss:** Wann und in welcher Form wird bezahlt? Wie werden die Leistungen von Absatzmittlern finanziert? Wer mahnt säumige Zahler? Wie wird gemahnt? Wie wird die Kreditwürdigkeit von Kunden geprüft?

◆ **Eigentumsverhältnisse:** Sind die Absatzmittler auf eigene Rechnung tätig, geht die Ware also in ihr Eigentum über? Wer trägt das Risiko von Beschädigungen, von Reklamationen? Wie werden letztere bearbeitet? Wer trägt die Abschreibungskosten für Ladenhüter? Wie werden nicht verkaufte Auslaufmodelle behandelt?

Für die Zusammenarbeit zwischen Produzent und Absatzmittler müssen solche Fragen geregelt sein. Sind diese vier Grundaufgaben ungenau abgesprochen, kommt es oft zu Meinungsverschiedenheiten.

Absatzmittler üben immer wieder andere Funktionen aus

Da die verschiedenen Absatzmittler nicht immer einheitlich benannt werden, kann man sich später auch nicht auf verwendete Begriffe berufen. In der folgenden Begriffszusammenstellung sind der Reisende und die Verkaufsniederlassung mit aufgeführt; sie sind zwar keine Absatzmittler, aber ihre Aufgaben überlappen sich mit denen der Mittler.

## Gebräuchliche Absatzmittler-Formen

- **Reisender (Verkäufer):** Der Reisende steht in einem festen Anstellungsverhältnis zum Unternehmen. Er besucht die Kunden in mehr oder weniger regelmäßigen Abständen und bezieht ein festes Gehalt, zu dem in der Regel eine Provision hinzukommen kann. Seine Spesen gehen zu Lasten des Unternehmens.
- **Verkaufsniederlassung:** Größere Unternehmen besitzen oft eigene Niederlassungen, die für Kundenberatung, Verkaufsabschlüsse und Auslieferung aus eigenen Lagern zuständig sind. Der Grad der Selbstständigkeit und auch die Rechtsform ist von Unternehmen zu Unternehmen sehr unterschiedlich.
- **Handelsvertreter (Agent):** Er ist ein rechtlich selbstständiger Gewerbetreibender, der für mindestens ein Unternehmen Geschäfte vermittelt oder abschließt. Er erwirbt kein Eigentum an der Ware und trägt deshalb auch keinerlei Risiken (wie Verderb der Ware, Preisbewegungen, Mode, Zahlungsunfähigkeit des Kunden). Im Unterschied zu einem Reisenden gestaltet er seine Tätigkeit frei; doch ohne Zustimmung des betreffenden Unternehmens darf er keine Konkurrenzprodukte vertreten. Oft führt er ein Auslieferungslager, um die rasche Belieferung der Kunden sicherzustellen und die Zahl der Kleinstaufträge beim Hersteller zu reduzieren. Als Vergütung für seine Tätigkeit erhält er eine umsatzabhängige Provision, die je nachdem auch mit einem Fixum gekoppelt ist.
- **Kommissionär:** Während der Handelsvertreter im Namen des Unternehmens auftritt, tritt der Kommissionär im eigenen Namen auf. Den Abschluss tätigt er aber in Kommission, das heißt auf Rechnung des Auftraggebers. Als Vergütung erhält er eine umsatzabhängige Kommission, die mit steigendem Umsatz fallen kann. Man findet den Kommissionär vor allem im Wertpapiergeschäft sowie im Handel mit Agrarprodukten und Rohstoffen.
- **Makler:** Mit Ausnahme des Immobilienhandels hat die Tätigkeit des Maklers keine große Bedeutung mehr. Der Makler weist Gelegenheiten zum Abschluss von Verträgen nach.
- **Großhandel:** Der Großhandel kauft Waren und setzt sie entweder unverändert oder leicht modifiziert an Weiterverarbeiter (zum Beispiel das Handwerk) und andere Instanzen (zum Beispiel Behörden und Gaststätten) ab. Seine Tätigkeit konzentriert sich auf Sortimentsbildung, Lagerhaltung, Kreditgewährung und physische Distribution. Dort, wo große Mengen umgeschlagen werden und die Frachtkosten wesentlich sind, spielt das Streckengeschäft eine große Rolle. Dabei läuft die Ware direkt vom Hersteller zum Kunden und der Großhandel beschränkt sich auf die Disposition. Der Hauptgrund, weshalb die Hersteller am Absatz über den Großhandel interessiert sind, liegt darin, dass so ihre Erzeugnisse im Rahmen eines ganzen Sortiments angeboten werden, die Feinverteilung über das Großhandelslager ökonomischer erfolgen kann und das Delkredere-Risiko von dem an Ort und Stelle tätigen Großhändler getragen wird. Neben dem traditionellen «Zustellungsgroßhandel» hat sich «Cash and Carry» als Spezialform entwickelt. Die Wiederverkäufer und Großverbraucher wählen die Erzeugnisse in Form der Selbstbedienung direkt im Lager des Großhändlers. Sie bezahlen bar und besorgen den Warentransport selbst.
- **Einzelhandel:** Der Einzelhändler kauft Waren und verkauft sie direkt an den Konsumenten. Dabei gibt es einen Formenreichtum, der eine Klassierung erschwert. Auf der einen Seite stehen Discounthäuser, Verbrauchermärkte und Warenhäuser, die eher problemlose, standardisierte Massengüter nach dem Prinzip der Selbstbedienung vertreiben. Auf der anderen Seite des Spektrums finden sich Fach- und Spezialgeschäfte, die ein eher differenziertes Warenangebot mit Hilfe von Bedienung und Beratung anbieten. Viele Zwischenformen haben aber zu den unterschiedlichsten Typen von Einzelhändlern geführt. Dies ist nicht nur im Lebensmittelbereich, sondern auch bei anderen Warengruppen (zum Beispiel im Radio-, Fernseh-, Foto- oder Elektronikgeschäft) der Fall. Als Spezialformen des Einzelhandels können Versandhäuser und Warenautomaten bezeichnet werden.
- **Marktveranstaltungen:** Sie sind für einzelne Bereiche von großer Bedeutung, erlauben sie doch die Gewinnung von Informationen über Marktlage, Konkurrenz und Kundschaft. Gleichzeitig dienen sie der Anbahnung und dem Abschluss von Geschäften (Beispiele: Kleinhandelsmessen, Jahrmärkte, Wochen- und Tagesmärkte, Großmärkte, Mustermessen, technische Messen, spezialisierte Messen für Möbel, Bücher, Sportartikel, Weine).

## Distributionsformen sind im Umbruch

Auch wenn Unternehmen ihre Distributionspolitik langfristig planen, ist von Zeit zu Zeit eine Anpassung nötig. Auslösende Momente dafür sind meistens Veränderungen in der Umwelt. Derzeit sind Tendenzen erkennbar, dass sich die Distribution mehr denn je verändern wird.

◆ **Zentralere und zugleich dezentralere Einkäufe:** Die letzten Jahrzehnte waren vom Wachstum der Einkaufszentren auf Kosten des «Tante-Emma-Ladens» charakterisiert; in den Zentren wird weniger häufig, dafür aber in größeren Mengen eingekauft. Diesen Veränderungen lagen Ursachen wie der Wunsch von Berufstätigen nach mehr Freizeit oder die Möglichkeit, alles bequem an einem Ort einkaufen und dann per Auto nach Hause bringen zu können, zugrunde. Diese Tendenz ist auch heute noch vorhanden.

Gleichzeitig kann man aber feststellen, dass sich das lokale Kleingeschäft für Produkte des täglichen Bedarfs (Gemüse, Obst, Fleisch) oder für Spezialitäten, die sich für ein solches Geschäft eignen (hochpreisige Weine, exklusive Spielsachen, Geschenkartikel, spezielle Sportartikel), wieder etabliert. Dies ist zum einen bestimmt die Folge der Standortnähe zum Konsumenten, hat aber auch mit dem Wunsch nach Beratung und Kommunikation zu tun.

> Dieser Doppeltendenz entspricht das Warenhaus Globus mit verschiedenen Spezialgeschäften unter einem Dach recht gut.
> So gibt es im Textilbereich zwar verschiedene Boutiquen – wie Kookai oder Bally – mit je eigenen Verkäuferinnen, bezahlt wird aber an gemeinsamen Kassen. Auf diese Weise können die Kunden die Kleider aus mehreren Boutiquen kombinieren und zusammen anprobieren, müssen aber nur an einem Ort bezahlen. Dasselbe Prinzip existiert im Lebensmittelbereich: Es gibt je eine Spezialabteilung für Fisch, Fleisch, Gemüse, Brot, Käse, Kaffee und Tee. Bezahlt wird nur einmal an einer gemeinsamen Kasse.

◆ **Direkter Zugang zum Konsumenten:** Je direkter der Zugang zum Konsumenten ist, umso mehr Informationen hat der Hersteller über diesen. Die Ablage und Pflege solcher Daten ist heutzutage viel wirtschaftlicher als früher, was den direkten Kundenkontakt fördert.[1]

---

[1] Darauf kommen wir in Kapitel 10 unter dem Stichwort «Direct Marketing» zurück.

Viele Konsumenten haben das Bedürfnis, sich die Artikel in der Ruhe ihres Heims und mit wenig Zeitaufwand auszusuchen. Der Versandhandel, der Direktverkauf und die Bestellung via Telefon entsprechen diesen Wünschen.

◆ **Internet schafft Alternativen:** Der Trend zum Einkauf ohne das Einzelhandelsgeschäft ist bei unkritischen und bekannten Produkten bereits stark im Zunehmen begriffen. Das Schlagwort lautet «E-Commerce» und meint den virtuellen Shop; hier ist über das Internet praktisch bereits alles zu haben.
Für viele Produkte genügen die Installations- und Anwendungsinformationen, die über das Internet erhältlich sind. Es ist daher keine weitere individuelle Beratung durch einen Absatzmittler nötig. Diese Mittler geraten daher immer stärker unter Druck. Im Gegenzug entstehen mehr Informationszwischenhändler. Die im Internet entstandene Datenvielfalt ist derart riesig, dass der einzelne Benutzer Hilfen braucht, um die gewünschten Informationen mit vertretbarem Zeitaufwand finden zu können. Anbieter von Suchmaschinen werden in Zukunft eine noch wichtigere Rolle als heute spielen.
Den eigentlichen Durchbruch wird das E-Commerce dann schaffen, wenn die Preise bei einer Bestellung über das Internet generell unter denen beim Kauf im Einzelhandelsgeschäft liegen. Diese Entwicklung ist zu erwarten, weil die Bearbeitungs- und Präsentationskosten im Netz kleiner sind als beim Kauf im Geschäft. Dagegen werden sich auch jene Einzelhändler nicht wehren können, die ihre Waren zwar bereits im Internet anbieten, aber nicht bereit sind, sie günstiger als im Laden abzugeben.
Die Bestellung via Internet leidet noch an einigen Kinderkrankheiten. Man denke nur an die physische Distribution von Produkten, die nicht digital übermittelt werden können, an die Sicherheit von Zahlungen oder an die Vertraulichkeit der Datenübermittlung. Diese Probleme werden sich aber lösen lassen, so dass es auch von der praktischen Seite her in Zukunft kaum noch Hindernisse geben wird.

> Spar liefert bestellte Lebensmittel in den Regionen Zürich, Winterthur und St. Gallen rund um die Uhr innerhalb von zwei Stunden an den gewünschten Ort (Stand zu Beginn des Jahres 2000). Der Kunde wählt unter 3000 verschiedenen Artikeln, inklusive Frischprodukten. Er zahlt den üblichen Preis und einen Zuschlag von sFr. 10 bar bei Auslieferung.

Ähnlich sind die Angebote der Bon-Appétit-Gruppe über Le Shop oder von Migros über M-Online.

Software für den Palm Handheld von 3Com kann ausschließlich über das Internet bezogen werden. Shareware wird direkt heruntergeladen, kommerzielle Programme sind erst nach Eingabe der Kreditkartennummer zugänglich. Einige Programme stehen kostenlos, aber zeitlich befristet zur Verfügung. Nach einigen Wochen blockieren sie und der Kunde wird aufgefordert, die kostenpflichtige Version zu beziehen.

◆ **«Supply-Chain-Management» setzt sich langsam durch:** Hier geht es um die Optimierung der gesamten Wertschöpfungskette – von der Maschine beim Produzenten bis zur Scanning-Kasse im Einzelhandel. Es wird nicht von jeder Verteilstufe aus der ihr eigenen Sicht, sondern übergreifend optimiert. Der Produzent kann schneller reagieren und die Lagerbestände werden kleiner.

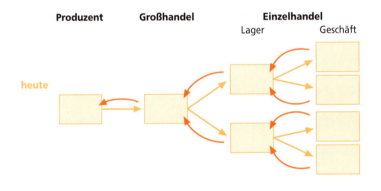

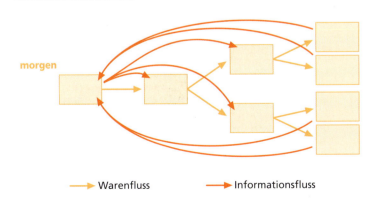

Optimierung entlang der Wertschöpfungskette

Das Supply-Chain-Management wird die Tendenzen zu vertikalen Zusammenschlüssen im Handel weiter verstärken. Ein Beispiel dafür ist die Ankündigung des Arzneimittelgroßhändlers Galenica (1999), in das Apothekengeschäft einzusteigen.

- ◆ **«Eurologistik» macht Distribution günstiger:** Viele Unternehmen optimieren ihre Warenverteilung gesamteuropäisch. Das Resultat sind meistens weniger Lager, Informationsverknüpfung aller Instanzen, zentrale Lagerbewirtschaftung und Einsatz von schnellen Transportmitteln (Flugzeug, LKW). Ob diese Tendenz die Folge des Wegfalls der Ländergrenzen oder das Resultat der Möglichkeit zur Vernetzung der involvierten Stellen (Verkaufsgesellschaften, Absatzmittler, Lagerhäuser, Lieferanten) ist, spielt keine Rolle. Entscheidend ist, dass in allen Fällen die Belieferungsbereitschaft besser und die Distributionskosten günstiger geworden sind.

- ◆ **Rücklaufkanäle ergänzen zunehmend die Warenverteilkanäle:** Wenn man von Distributionskanälen spricht, denkt man zumeist an Wege, auf denen ein Produkt «vorwärts» befördert wird. Zunehmend befassen sich Unternehmen aber auch mit Rücklaufkanälen zum Recycling fester Abfallprodukte. Den Fluss der Materialien in die entgegengesetzte Richtung zu bewegen ist schwierig. Die existierenden Rücklaufkanäle sind oft primitiv und bieten keinen ausreichenden finanziellen Anreiz. Erst wenn der Konsument zu einem Rollenwechsel motiviert wird und selbst beginnt, wie ein Produzent zu agieren, wird sich der rückwärts gerichtete Distributionsvorgang vielerorts durchsetzen.

> Das norddeutsche Maschinenbauunternehmen Körber AG erzielt mit Tabakverarbeitungs-, Papier- und Schleifmaschinen einem Umsatz von Euro 1,2 Mrd. Die Zigarettenmaschinen, die unter dem Namen Hauni vertrieben werden, sind auf der ganzen Welt marktführend. Diese Maschinen sind in der Lage, über 15'000 Zigaretten pro Minute herzustellen und laufen aus diesem Grund mit einer außerordentlich hohen Drehzahl. Die Baugruppen, die den größten Verschleiß aufweisen, sind so konstruiert, dass sie leicht ausgetauscht werden können.
> Universelle, eine Tochterfirma der Körber AG, ist darauf spezialisiert, solche Baugruppen zu überholen. Wenn der Kunde eine abgenützte Baugruppe einschickt, bekommt er unverzüglich eine überholte aus den Beständen von Universelle. Da viele Teile wieder verwendet werden können, bekommt der Kunde für die eingetauschte Baugruppe einen hohen Rabatt.

8 Distributionspolitik 315

Überholte Baugruppen sind wie neu – aber günstiger

Die Distribution war viele Jahre lang mehr oder weniger ein «notwendiges Übel». Heute hat sich die Situation aber grundlegend gewandelt. Man hat erkannt, dass in der Distribution noch zahlreiche Möglichkeiten stecken, sich von der Konkurrenz zu differenzieren. Teilweise war man aber auch überrascht, bei genaueren Abklärungen zu erfahren, welche Kosten bei der Distribution anfallen, und schlussendlich hat man gesehen, welche Chancen vorhanden sind, um die Belieferungsleistungen für die Kunden massiv zu verbessern.

Dazu kommt, dass findige Personen immer wieder neue Distributionsformen lancieren (E-Commerce, Nutzung von Poststellen, Bahnhöfen, Tankstellen usw.), die andere Firmen und ihre Manager zum Umdenken zwingen.

Die Adelphi University in New York bietet Weiterbildung für unterwegs an: Manager, die täglich mit der Bahn zwischen Long Island und Manhattan hin- und herfahren, können einen akademischen Grad erwerben (MBA, Master of Business Administration), indem sie in besonders ausgestatteten Wagen entsprechende Kurse besuchen.

Parallel zur ETH-Lehrveranstaltung «Rentabilität und Liquidität» wird im Internet rund um die Uhr eine elektronische Börse betrieben, an der Studierende ihr Wissen über die Beurteilung des finanziellen Geschehens in den Kauf und Verkauf von Wertpapieren investieren. Die Kursentwicklung ihres «Vermögens» zeigt an, ob ihr Urteil gut oder eher schlecht war.

# Wahl der Distribution

Unternehmen wachsen häufig in eine bestimmte Distributionsform hinein, ohne dass Überlegungen angestellt worden wären, ob sie den Gegebenheiten auch in optimaler Weise entspricht.[1]

In diesem Kapitel wollen wir daher der Frage nachgehen, wie ein Unternehmen seine Distributionspolitik wählt.

Die Ausführungen eignen sich sowohl zur Überprüfung bestehender Vertriebskanäle als auch zur Festlegung der Distributionswege für neue Produkte.

## Belieferungsleistung festlegen

Ausgangspunkt für eine effektive Planung der Absatzwege ist eine klare Beschreibung der Zielmärkte, auf die ein Unternehmen seine Marketinganstrengungen konzentrieren möchte. Es geht also darum, die Kunden aus der Industrie, aus dem Dienstleistungsbereich und solche von öffentlichen Institutionen oder die Endkonsumenten mit ihren jeweiligen Charakteristika zu erfassen.

Was braucht der Zielkunde? Wie orientiert er sich über die Einkaufsmöglichkeiten? Lässt er sich dabei beraten? Wo kauft er schließlich ein? Warum kauft er dort ein? Wann kauft er ein? Wieviel kauft er ein? Kauft er regelmäßig ein? Tendiert er dazu, stets am gleichen Ort und in der gleichen Art einzukaufen? Wie wichtig ist es für ihn, aus einem breit gefächerten Sortiment wählen zu können?

Spezielles Augenmerk ist auf den Aspekt des Service zu legen. Die verschiedenen Absatzmittler unterscheiden sich in der Regel ganz beträchtlich. Dabei gilt es, die folgende Fragen zu beantworten:

Wünscht der Kunde, beraten und umfassend informiert zu werden? Verlangt er Garantien, Schulung, Einarbeitung? Welche Losgrößen bestellt er? Wie müssen sie angeliefert werden? Welche Lieferfristen müssen eingehalten werden? Wie wichtig ist die Lieferzuverlässigkeit? Ist ein anschließender Reparatur- und Unterhaltsdienst notwendig, eventuell sogar ein Pikettdienst rund um die Uhr? Müssen Ersatzteile geliefert werden können? Wenn ja, in welcher Frist? Ist der Kunde auch bereit, für den gewünschten Service angemessen zu bezahlen?

---

[1] Siehe Lambert, *The Distribution Channel Decision*, S. 56ff.

> Als Xerox beschloss, in den Markt für kleine Fotokopiergeräte einzusteigen, hatten sich die japanischen Anbieter Canon, Ricoh, Toshiba bereits in den USA etabliert. Dies mag mit ein Grund dafür gewesen sein, dass sich Xerox damals entschied, eine eigene Einzelhandelskette zur Verkaufsunterstützung ihrer kleinen Kopiergeräte aufzubauen. Man hoffte, den Service, die Kundenberatung, die Produktdemonstration, die Schnelligkeit der Auslieferung und Finanzierungshilfen auf diese Weise deutlicher verbessern zu können, als wenn man sich auf die vorhandenen Vertriebskanäle gestützt hätte. Man war sich darüber im Klaren, dass die Händler jedoch nicht nur Xerox-, sondern auch Büroprodukte anderer Hersteller im Sortiment würden führen müssen. Erst später wurden auch «fremde» Händler mit dem Absatz von Xerox-Kopiergeräten an Büros und Kleinbetriebe betraut.

Aus den so erarbeiteten Zielkundencharakteristika und aus den Zielsetzungen der Strategie lässt sich die anzustrebende Belieferungsleistung ableiten. Dabei sind mindestens die folgenden fünf Aspekte zu regeln.

◆ **Kundenanzahl:** Wie viele Zielkunden sollen erreicht werden? Will man alle erreichen oder genügt es, nur einen Teil anzusprechen? Diese Fragen müssen je nach Region oder Branche möglicherweise unterschiedlich beantwortet werden. Sind die Zielkunden geographisch unregelmäßig verstreut, wird die gesuchte Distributionsform nicht in allen Regionen die gleiche sein können.
Es kann auch sein, dass ein Unternehmen nur langsam in den Markt vordringen will und es daher genügt, zu Beginn nur eine kleine Zahl von Zielkunden zu erreichen.

◆ **Ausmaß der Serviceunterstützung:** Die Festlegung der notwendigen Serviceunterstützung ist nicht leicht, da der Kunde grundsätzlich jeden kostenlosen Service gerne beanspruchen wird. Es kann daher zweckmäßig sein, zuerst festzulegen, für welche Serviceleistungen der Kunde selbst bezahlen soll (zum Beispiel für Ersatzteillieferungen, Reparaturen, Unterhaltsdienste). Anschließend sind die Serviceleistungen zu bestimmen, die im Verkaufspreis enthalten sind. Oft lohnt es sich, vom Serviceausbau der Mitwettbewerber auszugehen und dann zu entscheiden, ob und wie man sich differenzieren möchte.

◆ **Produktverfügbarkeit und Lieferleistung:** Diese Faktoren zu bestimmen ist verhältnismäßig einfach, da die Kunden in dieser Hinsicht meistens recht klare Vorstellungen besitzen, die mit der Verwendungsart des Produkts zusammenhängen.

◆ **Ausmaß der Verkaufsunterstützung:** Welche Maßnahmen zur Unterstützung des Verkaufs – Werbung, Verkaufsförderung, Kundenbesuche, Kundenberatung, Ausstellungen – sollen überhaupt und welche von ihnen vorzugsweise vom Absatzmittler erbracht werden? Bei der Beantwortung dieser Frage sollte nicht nur die Intensität, sondern auch die Qualität der Verkaufsunterstützung beachtet werden.

◆ **Kostenumfang der Distribution:** Es genügt nicht zu sagen, die Distributionskosten sollten möglichst gering sein; die Kosten müssen immer in Relation zur gewünschten Leistung gesehen werden. Daher sollte man überlegen, wie viel die einzelnen Leistungen den Absatzmittler in etwa kosten werden (Lagerhaltung, Kundenfinanzierung, Debitorenrisiko, administrative Abwicklung, Fracht und Zoll, Verkaufsunterstützung, Reparatur-, Unterhalts- und Pikettdienst).

Die genannten fünf Aspekte wird man also immer berücksichtigen. Allerdings wird es sich kaum vermeiden lassen, sie gegeneinander abzuwägen und ein Optimum zu bestimmen. Im Einzelfall wird man auch eher unternehmenspolitische Elemente mit berücksichtigen (zum Beispiel sicherstellen, dass ein Neuanbieter keine Distributionskanäle vorfindet, wenn er sein Produkt lancieren will, oder bestimmte Transport- und Lagereinrichtungen besser auslasten).

> Hügli, ein schweizerischer Suppenhersteller, würde seine Suppen schon lange gern im Lebensmitteldetailhandel vertreiben, der aber fest in den Händen von Knorr und Maggi ist. Die Einzelhändler nehmen keinen dritten Lieferanten auf. Hügli konzentriert sich daher auf den Verkauf an Großkonsumenten. Vor einigen Jahren hat das Unternehmen damit begonnen, in beschränktem Ausmaß auch direkt an Haushalte zu verkaufen. Diese Bestrebungen dürften nun wohl auf das Internet ausgedehnt werden.

### Intensität der Distribution wählen

Durch die Übertragung der Absatzfunktion an Zwischenglieder verliert der Produzent teilweise die Kontrolle darüber, wie und an wen seine Produkte verkauft werden. Mit zunehmender Länge des Absatzweges nimmt der Verlust an Kontrolle und Steuerung des Vertriebs zu. Um die Kontrolle über die Distribution zu behalten, fragt sich der Hersteller zunächst, ob ein Direktvertrieb an die Kunden vertretbar wäre. In vielen

Fällen ist dies zwar von vornherein illusorisch, aber den Gründen dafür nachzugehen, kann helfen, die optimale Distributionsform zu bestimmen.

Verschiedene Gründe sind normalerweise dafür verantwortlich, wenn ein Unternehmen seine Produkte nicht direkt vertreibt.

◆ **Fehlende finanzielle Mittel:** Das direkte Marketing braucht in einzelnen Fällen enorme Mittel. So ist es für den Hersteller von Lebensmitteln undenkbar, so viele Einzelhandelsgeschäfte zu besitzen, dass er seine Produkte genügend breit distribuieren kann. Ein Hersteller von Automobilen wird niemals das ganze Netz von unabhängigen Händlern aufkaufen können, das seine Wagen vertreibt.[1]

◆ **Fehlende Sortimentsbreite:** Der Konsument will aus einem breiten Sortimentsangebot auswählen. Viele Unternehmen müssten daher Produkte zukaufen, um dieser Anforderung gerecht zu werden.

◆ **Ungünstigere Distributionskosten:** Die Kosten für die Feinverteilung hängen stark von der Auslastung der dafür notwendigen Transportmittel ab. Je breiter das den Kunden angebotene Sortiment ist, desto effizienter kann die Verteilung durchgeführt werden.

◆ **Unabhängige Stellung des Zwischenhändlers:** Der Kunde empfindet den Rat eines Zwischenhändlers als objektiver und neutraler als den des Produzenten.

◆ **Ausnützung der lokalen Verhältnisse:** Ein lokal oder regional tätiger Zwischenhändler ist besser in der Lage, sich an die örtlichen Verhältnisse anzupassen, als ein überregional tätiges Unternehmen.

Der direkte Vertrieb kann zweckmäßig sein, wenn eine der folgenden Gegebenheiten vorliegt: Wenige Großkunden, beratungsintensive Produkte, unbedeutende Fracht- und Zwischenlagerkosten, Sortimentsbreite irrelevant, Management des Absatzkanals ist wesentlich für den Erfolg, leicht verderbliche Ware, wenig standardisiertes Produkt, Konkurrenz kontrolliert die bestehenden Absatzkanäle.

Kommt der direkte Vertrieb nicht in Frage, so müssen Absatzmittler eingeschaltet werden. Je nach gewünschter Marktabdeckung wird dabei eine exklusive, selektive oder intensive Distribution gewählt.

---

[1] Siehe dazu die Ausführung über Franchising in Kapitel 14, da diese Zusammenarbeitsform den Konflikt «Kontrolle – finanzielle Mittel» überwinden kann.

Von **exklusiver Distribution** spricht man dann, wenn ein einziger Absatzmittler in einer Region oder Branche für das eigene Unternehmen tätig ist.

Es ist die Distributionsform, die dem eigenen Vertrieb am nächsten kommt. Sie baut auf eine enge Zusammenarbeit zwischen Hersteller und Absatzmittler, beispielsweise weil viel technisches Wissen vom Verkäufer verlangt wird. Sie ist zu empfehlen, wenn der Kunde das angebotene Produkt sucht, und er sich nicht scheut, zu einem ihm unbekannten, oder gar unerwünschten Absatzmittler zu gehen, um das Produkt zu erwerben.

> Der Verkauf von Automobilen erfolgt vielfach über exklusive Distribution. Weitere Produktbeispiele mit meistens exklusiver Distribution sind Werkzeug- und Landwirtschaftsmaschinen, teure Modeartikel oder Produkte, die viel Know-how erfordern, so etwa spezielle Verbindungselemente.

Im Zusammenhang mit der exklusiven Distribution spricht man auch von vertikaler Kooperation. Damit will man ausdrücken, dass Produzent und Absatzmittler so eng zusammenarbeiten, dass sie wie «aus einem Guss» handeln. Meistens erfordert dies eine zweiseitige Exklusivität: der Absatzmittler erhält die exklusiven Vertriebsrechte in seinem Gebiet, und er verpflichtet sich im Gegenzug, in seinem Sortiment kein Konkurrenzprodukt zu führen.

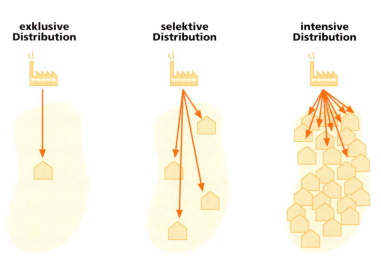

Exklusive, selektive und intensive Distribution

In einer **selektiven Distribution** sind nur wenige, speziell ausgewählte  Absatzmittler für das eigene Unternehmen tätig.

Die selektive Distribution kann die Folge einer selektiven Marketingstrategie sein. Der Produzent wählt nur Absatzmittler, die dem Charakter seines Produkts entsprechen, und mit der Art, wie er es im Markt präsentieren will (zum Beispiel durch Serviceleistungen) harmonieren.

Selektive Distribution liegt aber auch vor, wenn mit wenigen Absatzmittlern bereits eine genügende Marktabdeckung erreicht wird. Dies gilt beispielsweise für Produkte mit einer gewissen Bekanntheit wie Fahrradmarken, Haushaltsgeräte, Werkzeuge oder Personal Computer. Der Kunde verlangt nach der entsprechenden Marke und sucht sich den Absatzmittler, der diese führt. Allerdings ist der Kunde nicht bereit, einen beliebig großen Suchaufwand zu betreiben.

> Die Elmex-Zahnpasta wurde zu Beginn nur von Apotheken und Drogerien vertrieben. Man wollte damit den Gesundheitsaspekt besonders herausstreichen, die karieshemmende Wirkung von Fluor. Erst später wurde sie auch in weiteren Geschäften eingeführt.
> Ähnliche Überlegungen wurden für die Kindernahrungsmittel Galactina oder das isotonische Getränk Isostar angestellt, als man sich entschloss, diese Produkte vorerst nur in Drogerien zu verkaufen. Auch die in Reformhäusern angebotenen Produkte nutzen das Prinzip der selektiven Distribution, um sich von ähnlichen Produkten abzuheben.

Bei der **intensiven Distribution** will man so viele Absatzmittler wie möglich zur Förderung des Produktes einschalten. Man sucht eine möglichst breite Marktabdeckung, da man weiß, dass der Marktanteil direkt von der erreichten Distribution abhängt.

Man geht davon aus, dass bei intensiv distribuierten Produkten häufig Spontankäufe stattfinden. Diese Art der Distribution ist bei alltäglichen Gebrauchsartikeln üblich. Sie kann kontraproduktiv wirken, wenn ein Produkt spezielle Dienstleistungen seitens des Absatzmittlers benötigt, zum Beispiel eine Reparatur oder Installationsanweisung. Erhält der Kunde sie nicht, wird er das Produkt kein zweites Mal kaufen.

Oft sieht man, dass Unternehmen in der Phase des Marktaufbaus vorerst mit Absatzmittlern zusammenarbeiten, aber später an eine direkte Marktbearbeitung denken. Es werden beispielsweise die folgenden Überlegungen angestellt.

◆ **Zugang zu Marktkenntnissen:** Der Absatzmittler kennt in der Regel den Markt und seine Kunden, was bei einem neu auftretenden Unternehmen meistens nicht der Fall ist. Es hofft daher, durch die Zusammenarbeit von den Marktkenntnissen des anderen profitieren zu können.

◆ **Wesentlich kleineres Risiko:** Absatzmittler werden in der Regel aufgrund der erreichten Umsätze bezahlt; die Distributionskosten sind somit variabel. Die Kosten für eine eigene Verkaufsorganisation würden jedoch auch bei nur kleinen Umsätzen anfallen; sie sind fix.

◆ **Geringere Distributionskosten:** Bei kleinem Absatzvolumen sind die Distributionskosten eines Dritten normalerweise geringer, weil er seine Organisation (Verkäufer, Transportflotte, Lager) auch mit anderen Produkten auslasten kann.

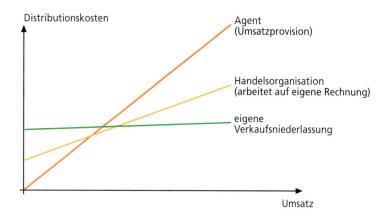

Distributionskosten bei verschiedenen Distributionsformen

Absatzmittler wissen um die Gefahr, eines Tages nicht mehr benötigt zu werden, und unternehmen alles, um sich rechtzeitig abzusichern: Verträge werden mit entsprechenden Klauseln versehen, die Marktstellung wird so aufgebaut und etabliert, dass die Auftraggeber mit der Leistung zufrieden sind und keinen Grund sehen, die Zusammenarbeit aufzulösen.

### Einzelne Absatzmittler evaluieren

Die Qualität dieses letzten, aber wesentlichsten Schritts hängt stark von den geleisteten Vorarbeiten ab. Je genauer die anzustrebende Belieferungsleistung definiert wurde, desto ausgefeilter sind die Kriterien für die Bewertung der Absatzmittler. Bevor man im Detail evaluiert, trifft man meist eine Vorauswahl. Möglicherweise geht man dabei von gewissen Kriterien aus, die der künftige Absatzmittler in jedem Fall erfüllen muss. Dabei lässt man sich aber nicht nur von den eigenen Zielen leiten, sondern berücksichtigt auch die Konkurrenzsituation.

> Ursprünglich gab es in der Schweiz drei Hersteller von gestrichenen grafischen Papieren: Biberist, Cham und Tenero. Biberist besaß eine eigene Papiergroßhandlung. Cham verkaufte Kleinmengen (bis etwa 2 t) direkt und zugleich auch über den Papiergroßhandel. Tenero verkaufte Kleinmengen nur über den Papiergroßhandel. Mit dem Zusammenschluss von Cham und Tenero stellte sich die Frage der optimalen Distributionsform: entweder eine eigene Papiergroßhandlung (die Möglichkeit zum Erwerb war vorhanden) oder Lieferung direkt und über den Papiergroßhandel oder Lieferung ausschließlich über den Papiergroßhandel. Cham-Tenero entschied sich für Letzteres, insbesondere aus die Konkurrenzsituation betreffenden Überlegungen heraus. Man vertraute darauf, den etablierten Papiergroßhandel auf seine Seite zu bringen, wenn man sich eindeutig zu einer Kooperationsstrategie bekennen würde. Dies wirkte sich dann auch rasch und äußerst positiv auf das Ergebnis des Papierverkaufs aus; trotz der nicht konkurrenzfähigen, da viel zu kleinen Papiermaschine gelang es Cham-Tenero, sie bis in die 90er Jahre in Betrieb zu halten. Die gestrichenen grafischen Papiere leisteten einen wichtigen Ergebnisbeitrag während der schwierigen Zeit der Umstellung von Massenpapieren auf technische Spezialpapiere.

Bei der Evaluation von Absatzmittlern geht man von den Leistungskriterien aus. Je nach Marketingstrategie und Distributionspolitik wird man sie unterschiedlich gewichten, wie die folgende Grafik zeigt.

| Absatzmittler 1 | Gewichtungsfaktor | Beurteilungsskala 1 2 3 4 5 6 7 8 9 10 | Wert |
|---|---|---|---|
| Auswahl der zu erreichenden Kunden | 0,3 | | 1,5 |
| Ausmaß der Serviceunterstützung | 0,1 | | 0,8 |
| Produktverfügbarkeit und Lieferleistung | 0,2 | | 0,8 |
| Ausmaß der Verkaufsunterstützung | 0,15 | | 0,75 |
| Distributionskosten | 0,25 | | 2,25 |
| Total | 1,00 | | **6,1** |

Mögliche Leistungskriterien zur Evaluation von Absatzmittlern

Eventuell wird man einzelne der aufgelisteten Kriterien noch weiter unterteilen. Möglicherweise wird man aber auch völlig andere Kriterien wählen, zum Beispiel die Differenzierung von der Konkurrenz.

In der Praxis stellt man fest, dass die Evaluation selten sehr detailliert erfolgt – sei es, weil man gar nicht so viele Alternativen besitzt, oder sei es, weil die Unterschiede zwischen den Absatzmittlern von vornherein derart offensichtlich sind, dass eine detaillierte Evaluation überflüssig ist, oder sei es, dass Faktoren den Ausschlag geben, die nur schwer mit einer Kriterienliste erfasst werden können.

Die folgende Checkliste für die Beurteilung von Absatzmittlern spiegelt diesen Gedanken teilweise wider. Man erkennt, dass Qualität sowie Leistungs- und Kooperationsbereitschaft mit bewertet werden.

*Checkliste für die Beurteilung von Absatzmittlern*

**Verkaufsleistung**
- Verfügt der Absatzmittler über ein geeignetes und gut geschultes Verkaufsteam?
- Hat er ein Verkaufstrainingsprogramm? Kann der Lieferant daran teilnehmen?
- Verhält sich der Absatzmittler marketingorientiert? Sind die Außendienstmitarbeiter motiviert und fähig, das Produkt zu vertreiben?
- Werden die Außendienstler die Produkte auch dann noch unterstützen und fördern, wenn sie wenig Umsatz bringen?
- Dringen sie bis zu den Kunden, den jeweiligen Geschäftsführern und beratenden Ingenieuren, durch oder verhandeln sie nur mit Einkaufsagenten?
- Decken sie das gewünschte Territorium zur Gänze ab?

**Kooperationshaltung**
- Wird der Absatzmittler die Wünsche der Kunden und Erkenntnisse über die Notwendigkeit von Produktanpassungen an den Hersteller weiterleiten?
- Ist er an einer engen Zusammenarbeit interessiert?
- Wird er die Führungskräfte des Herstellers zu Aussprachen und Verkaufszusammenkünften willkommen heißen?
- Wird er Verkaufsförderungsmaterial akzeptieren und es auch gemäß dem Marketingprogramm einsetzen?

**Serviceleistung**
- Ist der Kundenservice des Absatzmittlers im Markt bekannt und welchen Ruf hat er?
- Werden Serviceleistungen rasch und effizient erbracht?
- Wie leistungsfähig ist der Service?

**Sortenprogramm**
- Sind Produkte vorhanden, die ins Programm passen und die eigene Linie komplementieren?
- Werden Konkurrenzprodukte im Sortiment geführt?

**Administrative Leistung**
- Hat der Absatzmittler eine gut trainierte und effiziente Organisation?
- Ist er bereit, eine kompetente Führungskraft zu bestimmen, die sich für das Produkt verantwortlich fühlt und sich darauf konzentriert?
- Werden Mengenziele akzeptiert und Anstrengungen unternommen, diese zu erreichen?
- Hat man den Mut zu einer strikten Preispolitik, auch wenn der Konkurrenzkampf einmal hart sein sollte?
- Werden Reklamationen rasch und unkompliziert abgewickelt?

**Allgemeines**
- Wird der Absatzmittler von Kunden respektiert?
- Wie steht es um das durchschnittliche Ausbildungsniveau seines Personals?
- Ist er angemessen finanziert?
- Wird Gewinn erzielt? Sind die notwendige Ausrüstung und Möglichkeiten vorhanden, um die geplante Produktlinie aufnehmen zu können?

# Führung von Absatzmittlern

> Im Winter 1979/80 fiel in den Vereinigten Staaten sehr wenig Schnee. Die Einzelhändler hatten daher im Frühling 1980, als sie die neuen Ski- und Winterprodukte für die nächste Saison bestellen sollten, riesige Mengen von Skiausrüstungen vorrätig. Deshalb ermunterten die Hersteller mit Rabatten von bis zu 15 % zu Frühbestellungen. Die Einzelhändler hatten aber auch große Liquiditätsschwierigkeiten. Salomon, der französische Hersteller von Skibindungen und Skischuhen erkannte die schwierige Situation seiner Absatzmittler und änderte umgehend seine Lieferpolitik: Die Frist für Bestellungen mit Rabatt wurde bis zur Jahresmitte ausgedehnt, wobei die Auslieferung bis zum Ende des Jahres gestaffelt erfolgen konnte und man Zahlungsziele bis teilweise Ende Februar des Folgejahres gewährte. Geze, Boster & Cie., ein anderer Skibindungs-Hersteller, reagierte auf den Schneemangel so, dass er den Händlern eine «Nicht-Schnee-Versicherung» anbot, die insbesondere dabei half, das Liquiditätsproblem zu lösen.[1]

Im Beispiel wird das Verhalten zweier Hersteller beschrieben, die sich um die Lösung der Probleme ihrer Absatzmittler bemühen. Ein solches Engagement ist leider nicht die Regel. Im Gegenteil: Man vernimmt immer wieder, wie wenig sich die in einem Distributionskanal verflochtenen Unternehmen um die Probleme der anderen kümmern, obwohl sie doch auf deren Leistungen angewiesen sind.

Vielen Absatzmittlern ist es gleichgültig, von wem sie ihre Produkte erhalten und an wen sie sie verkaufen. Das kann zwar jahrelang gut gehen, aber bei unerwartet auftretenden Marktstörungen erweist es sich als unzweckmäßig. Niemand kann optimal reagieren, wenn er die Bedürfnisse seiner Partner nicht kennt. Ziel der folgenden Ausführungen ist es daher zu zeigen, wie ein Unternehmen eine funktionierende Partnerschaft mit Absatzmittlern am besten aufbaut.

## Rollen klar definieren

Ein Hersteller kann die Vermarktung seiner Güter nicht unbesehen den Absatzmittlern überlassen. Wenn er seine grundlegenden Marketingvorstellungen verwirklichen will, dann muss er die Leistung der Mittler

---

[1] Siehe Stern/Ansary, *Marketing Channels*, S. 31.

beeinflussen. Er muss sich aber auch darüber im Klaren sein, dass die Absatzmittler nie all seinen Anregungen folgen werden; sie haben eigene Ziele und wollen ihre Eigenständigkeit behalten. Spätere Enttäuschungen und Differenzen lassen sich daher am besten vermeiden, wenn Aufgaben und Erwartungen von Anfang an klar definiert und abgesprochen werden. Diese Vereinbarungen sollten – je nach dem Ausmaß der Zusammenarbeit – die im Folgenden aufgeführten Elemente beinhalten.

◆ **Produkte:** Alle Produkte, für die der Absatzmittler zuständig ist, werden namentlich festgehalten. Will der Hersteller einzelne Produkte selbst oder durch einen anderen Kanal vertreiben, so ist das ebenfalls abzusprechen und am besten schriftlich zu fixieren. Immer wieder stellt man fest, dass die Absatzmittler verärgert sind, wenn die Hersteller später Großmengen oder technisch anspruchsvolle Produkte direkt an Kunden des Absatzmittlers liefern.
Der Absatzmittler sollte auch über die Produktpolitik des Herstellers orientiert sein. Er muss wissen, ob er Spezialanfragen, die Produktmodifikationen bedingen, weiterleiten soll.

◆ **Region:** Bei einer exklusiven Zusammenarbeit muss das Tätigkeitsgebiet des Absatzmittlers spezifiziert werden. Dabei ist auch zu klären, wie man sich verhalten will, wenn ein Absatzmittler aus seinem Gebiet in die Region eines anderen hineinliefert. Dies gilt auch, falls über Drittinstanzen geliefert wird.

◆ **Lagerhaltung:** Die Lagerhaltung einzelner Produkte sollte mit dem Absatzmittler besprochen werden. Bei finanziellen Engpässen wird der Hersteller dem Absatzmittler möglicherweise ein Konsignationslager[1] zugestehen. Das Verhalten bei Preisschwankungen kann ein weiterer Punkt der Vereinbarungen sein. Eventuell ist der Hersteller nämlich bereit, Lagerverluste infolge von Preisrückgängen selbst zu tragen oder dem Absatzmittler bei Preiserhöhungen noch eine bestimmte Menge der Produkte zum alten Preis zu liefern.

◆ **Service:** Bei langlebigen Investitions- und Konsumgütern muss meistens über die Servicefrage entschieden werden. So ist zu klären, wer abgegebene Garantieversprechungen erfüllt oder ob der Hersteller bereit ist, die vom Absatzmittler benötigten Service-Einrichtungen zu

---

[1] Dabei handelt es sich um ein Lager, über das der Absatzmittler zwar verfügen kann, das aber bis zum Verkauf Eigentum des Herstellers bleibt.

finanzieren. Oft trifft man auch Vereinbarungen über die Schulung von Servicepersonal des Absatzmittlers durch den Hersteller.

- **Preise:** Der Absatzmittler muss über die Preispolitik des Herstellers orientiert sein. Hinsichtlich der Fragen, wie groß die Marge des Absatzmittlers sein und in welchem Ausmaß sie der Nachfragesituation angepasst werden sollte, muss Übereinstimmung herrschen. Bei Konsumgütern muss auch das Aktionsverhalten abgesprochen werden. Wie wird etwa gewährleistet, dass ein Einzelhändler billiger eingekaufte Sonderverkaufswaren nicht als Normalwaren verkauft?

- **Kommunikation:** Die Zuständigkeit für die Ausarbeitung von Katalogen, Verkaufsunterlagen, lokalen Werbeaktionen oder Ausstellungen muss festgelegt werden. Sofern der Absatzmittler dafür verantwortlich ist, muss die Art und die Höhe der Entschädigung vereinbart werden. Das gleiche gilt für persönliche Verkaufsaktivitäten und für die technische Verkaufsunterstützung, die meistens vom Hersteller kommen muss.

- **Abwicklung und Administration:** Auf diesem Gebiet muss eine ganze Reihe von Fragen geklärt werden, damit die Zusammenarbeit funktioniert und nicht zu Auseinandersetzungen führt. Wie soll das Bestellwesen ablaufen? Mit welchen Lieferfristen kann oder muss der Absatzmittler rechnen? Auf welche Liefermengen kann er sich verlassen? Wie rasch reagiert der Hersteller bei Spezialaufträgen? Wie schnell werden Offerten erstellt? Wie werden Reklamationen erledigt? Ist die Erarbeitung von jährlichen Umsatzzielen vorgesehen? Sollen kontinuierliche Leistungsbesprechungen durchgeführt werden?

- **Konkurrenzprodukte:** Möglicherweise wird erwartet, dass der Absatzmittler in seinem Sortiment keine Konkurrenzprodukte führt. Dies ist ein sehr wichtiger Punkt, der auf keinen Fall im Zusammenarbeitsvertrag fehlen darf. Er sollte so eindeutig formuliert werden, dass es später zu keinen Auseinandersetzungen kommen kann.

- **Vertragsdauer, Erneuerungsprozedere, Kündigung:** Bei der Festlegung dieser Punkte wird man auf die gesetzlichen Vorschriften einzelner Länder abstellen. In jedem Fall sollte die Frage der Vertragsauflösung eindeutig geregelt sein; insbesondere sollte feststehen, welche Auflösungsentschädigung der Hersteller dem Absatzmittler gegebenenfalls zu zahlen hat (zum Beispiel eine Jahresentschädigung).

Die obige Auflistung ist nicht vollständig. Sie soll jedoch zeigen, an wie viele Punkte und Details gedacht werden muss, wenn man eine möglichst unproblematische Zusammenarbeit aufbauen will.

### Machtverhältnisse verstehen

Beim Aufbau von Absatzkanälen sollten sich alle Beteiligten über die Machtverhältnisse Gedanken machen. Möglicherweise hat eines der darin verflochtenen Unternehmen eine überragende Machtposition; sie kann sehr nützlich sein, wenn sie zugunsten einer funktionierenden Kooperation eingesetzt wird. Sind alle Teilnehmer etwa gleich stark, steht oder fällt die Zusammenarbeit mit der Einsicht der Beteiligten. Das bedeutet erst recht, dass die Spielregeln und die Rollenverteilung von Anfang an möglichst präzise festgelegt werden müssen. Bei der Beurteilung der Machtverhältnisse unterscheidet man die folgenden fünf Aspekte.

◆ **Entlöhnungs-Macht:** Es kann sein, dass der Absatzkanalbeteiligte A dem Beteiligten B eine Entschädigung verspricht, wenn er eine bestimmte Leistung erbringt. A besitzt dann eine gewisse Macht über B.

- **Vertragsmacht:** Vertragliche Vereinbarungen können einen Beteiligten an den Absatzkanal binden. So wird sich ein Absatzmittler etwa an die vereinbarten Aussagen über die Produkte halten müssen. Der Hersteller übt daher eine gewisse «vertragliche Macht» aus.

- **Macht des Know-how:** Der Hersteller hat meistens das bessere technische Know-how, was das Produkt anbelangt, und der Absatzmittler hat das bessere Know-how, wenn es um Kunden, Konkurrenten und Marktverhältnisse geht.
  Falls das technische Wissen für die Vermarktung entscheidend ist, werden die Absatzmittler den Instruktionen des Herstellers folgen. Letzterer kann dann über sein Know-how, das er dem Absatzmittler ja auch ohne Weiteres vorenthalten könnte, eine gewisse Macht ausüben.

- **Referenzmacht:** Einzelne an einem Absatzkanal beteiligte Unternehmen suchen die Zusammenarbeit mit einem anderen, weil sie ein Interesse daran haben, dessen Namen als Referenz zu verwenden.

> Ein Weinhersteller ist eventuell sehr daran interessiert, dass seine Kleinmarke im Speisewagen der Bahn oder in Flugzeugen ausgeschenkt wird. Ein Modehersteller ist möglicherweise bereit, ungünstige Bedingungen zu akzeptieren, um seine Produkte in einem bekannten Modehaus anbieten zu können. Er kann die betreffende Firma später als Referenz angeben.

- **Macht durch Bestrafung:** Absatzkanalbeteiligte haben oft die Möglichkeit, andere Beteiligte unter Druck zu setzen. Ein Einzelhändler kann einem Lieferanten gute Präsentationsplätze vorenthalten oder dessen Produkte ungünstig im Regal platzieren. Umgekehrt kann ein Lieferant die Auslieferung von Produkten verzögern, die Offerten unvollständig ausarbeiten oder sich nicht die nötige Zeit für die technische Verkaufsunterstützung nehmen.
  Dies alles sind jedoch «negative Steuerungselemente, die die Zusammenarbeit belasten.

Die Zusammenarbeit in einem Absatzkanal funktioniert in der Regel besser, wenn ein Beteiligter dank seiner Machtposition die Führung übernimmt. Voraussetzung ist dabei allerdings, dass er seine Macht zugunsten der Kooperation und nicht zu seinem eigenen Vorteil einsetzt.

> Mattel war in den USA lange der führende Spielzeughersteller. Einzelne seiner Spielzeuge waren sehr gefragt (etwa die Barbie-Puppen); die Einzelhändler mussten sie einfach im Sortiment führen. Mattel machte sich diesen Umstand zunutze und zwang die Händler, auch weniger gefragte Artikel an Lager zu nehmen. Er nützte seine Machtposition aus, um den Umsatz anzukurbeln. Doch im Lauf der Zeit kamen andere Spielzeughersteller in Mode. Dies war die Gelegenheit für die Einzelhändler, sich an Mattel zu rächen. Viele verzichteten ganz auf das Mattel-Sortiment, andere führten nur noch einzelne Produkte. Die meisten förderten den Verkauf der Mattel-Spielzeuge überhaupt nicht. Die Auswirkungen auf Mattel waren dramatisch. Innerhalb von zwei Jahren musste die Firma Verluste von US$ 25 Mio. beziehungsweise US$ 30 Mio. einstecken; nur mit Mühe konnte ein Konkurs abgewendet werden.[1]
>
> Heute sind Barbie-Puppen wieder sehr gefragt und Mattel hat die Krise gut überstanden. Doch jetzt weiß das Unternehmen, wie wichtig die Pflege der Absatzmittler ist.

### Partnerschaften entwickeln

Gemeinsames Ziel aller Absatzkanalbeteiligten sollte es sein, beim Endkonsumenten die größtmögliche Wirkung zu erzielen, und zwar zu vernünftigen Kosten und so, dass jeder Beteiligte eine ausreichende Rendite erzielen kann. Dies setzt voraus, dass die Marketingstrategie für das Produkt stimmt und dass die einzelnen Beteiligten nicht in Versuchung kommen, ihre Renditen auf Kosten anderer zu erhöhen. Das Gelingen hängt letztendlich von der Einsicht ab, dass jedes Mitglied seine spezifische Funktion hat und dafür angemessen entschädigt werden sollte.

Für den Aufbau einer Partnerschaft innerhalb eines Absatzkanals benötigt man zwei bis drei Jahre. Solange dauert es einfach, bis das gegenseitige Vertrauen gefestigt ist. Die folgenden Angaben können wesentlich dazu beitragen, den Partnerschaftsgedanken zu verwirklichen.

◆ **Gemeinsame Ziele und Budgets aufstellen:** Ein Absatzmittler kann zwar ohne Budget leben, aber für den Hersteller ist dies im Allgemeinen unmöglich. Die Produktionsmenge muss geplant, Verkaufs- und Werbeanstrengungen rechtzeitig konzipiert und gemeinsame Aktivitäten abgesprochen werden. Bei gut funktionierenden Absatzkanälen kann man daher immer wieder feststellen, dass in dem gemeinsam

---

[1] Siehe Myers, *Marketing*, S. 452.

erarbeiteten Budget nicht nur Umsatzziele, sondern auch konkrete Maßnahmen enthalten sind (geplante Werbe- und Verkaufsförderungsaktionen – was, wann, durch wen –, Schulungs- und Informationsveranstaltungen, Veränderungen im Abwicklungsprozedere). Absatzmittlern fällt es oft schwer zu verstehen, warum der Hersteller ein solches Maßnahmenbudget wünscht, denn ihr Denken ist kurzfrist orientiert und sie handeln flexibel. Umgekehrt ist der Hersteller in der Regel gezwungen, seine Ressourcen den einzelnen Absatzkanälen frühzeitig zuzuteilen. Tut er dies nicht, ist er später oft nicht in der Lage, den Absatzmittler zu unterstützen.

◆ «Zwei-Weg-Kommunikation» etablieren: Hersteller erwarten oft, dass sie über alle Aktivitäten und Maßnahmen, die ihre Absatzmittler planen, orientiert werden. Sie verlangen daher Besuchsberichte, Mitteilungen über Konkurrenzaktivitäten, Übersichten über Geschäftsabschlüsse, Aufstellungen über Reklamationen und vieles mehr. Dies alles geschieht aus dem verständlichen Wunsch heraus, die Marktverhältnisse genau zu kennen.
Andererseits gerät dabei oft in Vergessenheit, dass auch der Absatzmittler Informationen braucht: über Produktions- und Lieferengpässe, Produktmodifikationen und -neuentwicklungen, personelle Umbesetzungen in Bereichen der Zusammenarbeit, geplante nationale Werbeaktionen, Erkenntnisse aus anderen Märkten (zum Beispiel hinsichtlich des Konkurrenzverhaltens, der Wirkung neuartiger Verkaufsmaßnahmen und der Resultate von Marktbefragungen).
Ob eine «Zwei-Weg-Kommunikation» klappt, hängt stark von den involvierten Personen ab. Es ist wichtig, dass man sich regelmäßig trifft. Gemeinsame Kundenbesuche, gegenseitiger Erfahrungsaustausch oder gemeinsame Schulungstage tragen dazu bei, die Probleme der anderen Seite zu verstehen und lösen zu helfen.

> Ein mittelgroßer schweizerischer Maschinenhersteller war erstaunt, dass seine Vertretung für Süd- und Mitteldeutschland keinen höheren Umsatz erwirtschaftete. Als man die Situation im Zuge der Erarbeitung eines Marktschließungskonzepts untersuchte, teilte der Vertreter mit, er habe in den letzten zwei Jahren keinen Kontakt mit dem Hersteller gehabt und keine Werbe- und Verkaufsunterlagen erhalten; auch würden seine Anfragen nur schleppend beantwortet! Er habe sich daher mehr auf andere Produkte konzentriert. Dies alles war dem Maschinenhersteller nicht bewusst, als er sich negativ über seine Vertretung äußerte.

◆ **Unterstützung sicherstellen:** Alle Absatzkanalbeteiligten haben immer wieder die Möglichkeit, ihre Partner zu unterstützen – allen voran natürlich der Hersteller, dessen Organisation normalerweise größer, vielseitiger und auch finanziell besser gerüstet ist. Sein Personal dürfte auch besser ausgebildet und daher in der Lage sein, sich mit den Problemen der Absatzmittler auseinanderzusetzen.

Der Hersteller hat meist ein größeres Interesse an der Wahrnehmung der verschiedenen Aufgaben als die Absatzmittler. Liegt die Macht innerhalb des Absatzkanals in erster Linie beim Hersteller, kann er entsprechende Aktivitäten durchsetzen. Ist das nicht der Fall, kann es vorkommen, dass ein Hersteller seine Produkte eher *dem* Absatzmittler und als *durch* den Absatzmittler verkauft. Dieser Zustand entspricht jedoch nicht dem langfristigen Interesse des Herstellers.

### Leistung evaluieren

Alle Absatzkanalbeteiligten wollen von Zeit zu Zeit die Leistung der anderen evaluieren. Dies gilt vor allem für die Unternehmen, die auf andere Kanäle oder Lieferquellen ausweichen können. Für eine solche Evaluation gibt es verschiedene Möglichkeiten.

◆ **Grad der Zielerreichung:** Dies ist die beste «Messlatte», vor allem, wenn die Ziele gemeinsam festgelegt wurden. Jeder ist motiviert, das Ziel zu erreichen, und daher auch selbst daran interessiert zu erkennen, wo, wann und warum es zu Abweichungen vom Ziel kommt.

◆ **Vergleich mit Vergangenheit:** Bei konstanten Umfeld- und Marktverhältnissen liefert der Vergleich mit der Vergangenheit brauchbare Leistungsaussagen. Bei starken Veränderungen kann ein solcher Vergleich jedoch höchstens Ausgangspunkt einer Diskussionsrunde, aber kein Leistungsmaßstab sein.

◆ **Vergleich mit anderen Absatzmittlern:** Der Vergleich verschiedener Absatzmittler im Maßstab eins zu eins gibt selten ein wahres Leistungsbild ab, weil die Marktverhältnisse (Marktpotenzial, Konkurrenzaktivitäten) einzelner Regionen in der Regel zu unterschiedlich sind. Trotzdem ist ein Vergleich empfehlenswert. Möglicherweise bearbeiten die Verkäufer des einen Absatzmittlers den Markt ganz anders als die eines anderen oder der eine bietet eine Dienstleistung an, die der andere nicht offeriert.

◆ **Vergleich mit Kennzahlen:** Sofern Kennzahlen existieren, lohnt es sich, die Leistung mit ihnen zu vergleichen. Hier sind insbesondere Aussagen und Zahlen zur Produktivität (Lagerumschlag, Transportkosten pro Kilometer, Lagerpersonal pro umgesetzte Volumeneinheit, Gehalt und Spesen von Reisenden, Anzahl der Außendienstmitarbeiter im Verhältnis zu der der Innendienstmitarbeiter) von Bedeutung.

Die Bewertung von Leistungen ist nur insoweit sinnvoll, als miteinander darüber gesprochen wird. Nur dann lassen sich Verbesserungen erzielen und nur dann ist gewährleistet, dass die verschiedenen Teilnehmer des Distributionskanals ihre Vorstellungen gegenseitig besser kennenlernen und verstehen.

## Konflikte lösen

Viele Anlässe haben zu Konflikten geführt. Es ist daher erstaunlich, wie gut trotzdem immer wieder innerhalb der Absatzkanäle zusammengearbeitet wird. Allerdings treten Konflikte oft nicht an die Oberfläche und sind somit für Außenstehende nicht oder nur schwer zu erkennen. Häufige Ursachen von Konflikten werden im Folgenden genannt.

◆ **Nicht komplementäre Ziele:** Der Hersteller hegt zwar den Wunsch, dass sein Absatzmittler mehr Produkte an Lager nimmt, ist aber nicht bereit, ihm eine höhere Marge zuzugestehen. Auch kann es sein, dass er eine Hochpreispolitik, der Absatzmittler hingegen eine Billigpreispolitik verfolgt.

◆ **Bevorzugung einzelner Absatzmittler:** Beispielsweise hat der eine Absatzmittler eine bessere Beziehung zum Hersteller oder er ist gar finanziell mit ihm verflochten. Auch kann ein Absatzmittler einen bestimmten Lieferanten einem anderen vorziehen.

◆ **Missachtung von Randbedingungen:** Dies ist dann der Fall, wenn ein Absatzmittler beispielsweise mehr verkauft, als hergestellt werden kann, oder wenn er Liefertermine verspricht, die von vornherein unrealistisch sind. Der Hersteller ist seinerseits eventuell gar nicht in der Lage, die nötige technische Verkaufsunterstützung zu leisten, oder er will nicht auf den vom Absatzmittler ausgehandelten Preis eingehen.

◆ **Ungenügende Kommunikation:** Immer wieder kommt es zu Auseinandersetzungen, weil zu wenig kommuniziert wird. Der Hersteller sieht beispielsweise, dass die Zahl der Bestellungen zurückgeht, und meint, dies sei die Folge ungenügender Verkaufsaktivitäten. Der Absatzmittler jedoch weiß aufgrund seiner Kenntnisse des Markts, dass die vom Hersteller verfolgte Preispolitik für den Rückgang verantwortlich ist.

Es lassen sich viele Konflikte vermeiden, wenn bereits bei der Besprechung einer Zusammenarbeit eine Übereinkunft hinsichtlich der Ziele und Aufgaben der Teilnehmer erarbeitet wird. Da sich aber Markt und Umfeld kontinuierlich verändern, kommt es trotzdem zu Auseinandersetzungen. Die folgenden Anregungen skizzieren Möglichkeiten der Lösung oder wenigstens Entschärfung von Konflikten.

◆ **Bezugspersonen:** Unternehmen bauen oft spezielle Bezugspersonen auf, die im Konfliktfall dabei behilflich sein sollen, die Differenzen zu bereinigen. In der Lebensmittelindustrie ist es beispielsweise üblich, dass ein Hersteller eine Kontaktperson mit der Aufgabe betraut, die Wünsche und Bedürfnisse seiner größten Absatzmittler ausfindig zu machen, grundlegende Ziele und Maßnahmen des Herstellers zu kommunizieren und dafür zu sorgen, dass mögliche Konfliktherde beseitigt werden, noch ehe sie zum Ausbruch kommen. Solche Bezugspersonen müssen über dem täglichen Geschäft stehen, die Gesamtzusammenhänge erfassen können und – nicht zuletzt dank ihrer Integrität – Zugang zu den obersten Führungskräften haben.

◆ **Personalaustausch:** Mit einem Personalaustausch zwischen Absatzkanalbeteiligten soll bezweckt werden, sich besser kennenzulernen. Ein Großanbieter, zum Beispiel ein Stahlwerk, offeriert seinen Händlern ein Trainingsprogramm für jüngere Mitarbeiter. Neben dem Ausbildungsziel steht aber der Wunsch, beim Geschäftspartner jemanden zu haben, der sich für den Anbieter einsetzt.

◆ **Gemeinsame Teilziele:** Gemeinsame Teilziele verringern die Gefahr von Konflikten. Solche Teilziele könnten sein: Wie kann man der Konkurrenz den Hauptkunden abjagen? Wie gelingt es, die Lieferfrist um 30 % zu reduzieren?

Für die Konfliktlösungen zwischen Hersteller und Absatzmittler ist oft ein Schiedsgericht vorgesehen. Man sollte es aber nur in Notfällen anrufen. Es ist nämlich möglich, dass die verbindliche Konfliktlösung des Schiedsgerichts einen der Partner zu etwas zwingt, das er im Grunde gar nicht will; dies ist dann keine gute Voraussetzung für die weitere Zusammenarbeit.

Einzelne Hersteller bedienen sich einer «Zuckerbrot und Peitsche»-Methode. Sie bieten zwar einerseits Anreize wie höhere Handelsmargen, Spezialprämien, Werbe- und Displaynachlässe, drohen aber andererseits etwa mit dem Abbruch der Beziehungen, der Reduktion der Serviceleistungen, verzögerten Lieferungen oder kleineren Margen. Das ist keine Methode, um eine langfristige Partnerschaft aufzubauen. Sie entspringt kurzfristigem Denken und dürfte nur dann funktionieren, wenn der Hersteller eine wesentlich größere Machtposition innehat als der Absatzmittler. Die Konflikte werden auf diese Weise nur unterdrückt oder verdrängt, aber nicht gelöst.

Der Aufbau eines partnerschaftlichen Absatzkanals erfordert Zeit, Geduld und finanzielle Mittel. Die Unternehmen ziehen es daher vor, anstehende Konflikte zu lösen, statt die Beziehung beim ersten «Sturmwind» abzubrechen. Dennoch gibt es Situationen, in denen ein Bruch unvermeidlich ist.

In der Praxis ergeben sich häufig unschöne Auseinandersetzungen zwischen Herstellern und Absatzmittlern, wenn die Zusammenarbeit modifiziert wird. Es ist daher ratsam, die Bedingungen für die Auflösung eines Vertrags bereits bei dessen Abschluss festzuhalten.

Konflikte lösen oder Konflikte vermeiden?

# Physische Distribution

Stehen die Absatzkanäle einmal fest, so gilt es, die Produkte durch sie hindurch zu schleusen. Bei den folgenden Ausführungen über die Warenverteilung geht es nicht um die Frage, ob die Transporte mittels firmeneigener Lastwagen oder über ein Speditionsunternehmen abgewickelt werden sollten oder ob die Lagerbewirtschaftung Aufgabe der Verteilzentren des Herstellers oder die des Absatzmittlers ist. Hier ist lediglich von Interesse, wie sichergestellt werden kann, dass die richtige Produktmenge zur richtigen Zeit an den richtigen Ort gelangt, beziehungsweise welche Grundüberlegungen bei der Konzeption der Warenverteilung gemacht werden.

 Die physische Distribution befasst sich mit allen Lager- und Transportaktivitäten (inklusive der Steuer- und Kontrollmechanismen), die nötig sind, um das Produkt zum Kunden zu befördern. Der Begriff ist gleichbedeutend mit dem Ausdruck Distributions- oder Absatzlogistik.

Die insgesamt bei der physischen Distribution anfallenden Kosten sind von Unternehmen zu Unternehmen sehr verschieden. Bei Produkten mit hoher Wertschöpfung liegen sie in der Regel bei wenigen Prozenten und bei solchen mit kleiner Wertschöpfung bei 15 bis 20 % vom Umsatz. Dies hängt zum Beispiel davon ab, ob die Produkte weltweit oder nur lokal und ob sie per Luftfracht oder per Post versandt werden.

Die physische Distribution ist nicht nur im Hinblick auf die anfallenden Kosten beachtenswert. Von der Art, wie sie konzipiert und abgewickelt wird, hängen die Belieferungsleistungen ab. Je schneller die Belieferung erfolgen soll, desto höher sind normalerweise die Kosten. Stets muss das Optimum im Verhältnis der Kosten zu den Leistungen gesucht werden.

So wird der für den Transport Verantwortliche stets versuchen, die LKWs beziehungsweise die Spediteure möglichst gut auszulasten. Tendenziell wird er daher die Kunden weniger oft, dafür aber mit größeren Mengen anfahren wollen. Dieses Ziel stimmt aber in der Regel nicht mit der von den Kunden gewünschten Auslieferung «just in time» überein. Man darf daher die Optimierung nicht allein dem Transportbeauftragten überlassen.

Die Lösung der Optimierungsproblematik ist schwierig. Man geht meistens so vor, dass man zuerst die von den Kunden gewünschte Lieferleistung definiert und dann hinterfragt, ob die dafür anfallenden Kosten gerechtfertigt sind.

Immer wieder kann man feststellen, dass sowohl durch Veränderungen in der Infrastruktur (weniger oder mehr Lagerhäuser, andere Transportmittel) als auch durch besseres Management der physischen Distribution (Auftragsabwicklung, Lagerbewirtschaftung, Transportmitteleinsatz) die Lieferleistungen verbessert und Kosten eingespart werden können. Die damit in Zusammenhang stehenden Schlagworte wie «Eurologistik» und «Supply-Chain-Management» wurden bereits erläutert.

### Infrastruktur festlegen

Meistens steht der Produktionsstandort eines Unternehmens fest. Er kann sich aufgrund technischer Erfordernisse ergeben (Rohstoffvorkommen beim Bergwerk, Vorhandensein von Energie beim Aluminiumwerk, einfache Transport- und Umlademöglichkeit bei Zugang zum Meer oder bei Eisenbahnanschluss). Auch die Eignung der Arbeitskräfte für bestimmte Tätigkeiten hat dazu geführt, dass sich ganze Industriezweige in einzelnen Regionen stärker entwickelt haben als in anderen (so die Chemie im Raum Basel oder die Werbebranche in der Region Zürich).

Es können aber auch die von Regierungen und öffentlichen Körperschaften gewährten offenen und verdeckten Subventionen (verbilligte Bauplätze, Investitionshilfen, Finanzierungsgarantien oder Steuervorteile) standortentscheidend sein. Wenn an solchen Orten darüber hinaus das Lohnniveau tief ist, entscheidet sich ein Unternehmen möglicherweise dafür, seine Produktion dorthin zu verlagern und den Nachteil der Distanz zum Absatzmarkt (Transportkosten, möglicherweise auch Zölle, längere Reaktionszeit) in Kauf zu nehmen; das kommt zum Beispiel in der Bekleidungs- und Schuhindustrie häufig vor.

In manchen Fällen kann auch die Nähe zu einem anderen Unternehmen, das zum Beispiel für eine starke Frequentierung sorgt, standortentscheidend sein.

> **Konkurrenz oder Zusammenarbeit?**
>
> Ein gewissenhafter junger Bursche führte vor dem Eingang einer Großbank einen Zeitungsstand. Eines Tages kam einer seiner Freunde vorbei und bat ihn um ein Darlehen von fünf Dollar.
> «Es tut mir leid, aber ich kann dir das Geld nicht geben. Weißt du, ich habe ein Abkommen mit der Bank.»
> «Du und ein Abkommen mit der Bank? Wie meinst du das?»
> «Siehst du, das ist so: Ich gebe keine Darlehen und die Bank verkauft keine Zeitungen. Das ist wirklich eine gute Vereinbarung! Es tut mir ja sehr leid für dich, aber ich habe Verpflichtungen.»
>
> *Aus «Bits & Pieces», Mai 1999, S. 19*

Von gegebenen Produktionsstandorten ausgehend, muss die physische Distribution zwei Hauptprobleme lösen: Sie muss Anzahl und Ort der Lager bestimmen sowie Art und Umfang der Transporteinrichtungen festlegen.

◆ **Anzahl und Standort der Lager:** Die Anzahl der Lagerhäuser hängt von den angestrebten Auslieferungszeit und von der Distanz zwischen Produktionsstätte und Kunde ab. Je mehr Lagerhäuser aber eingerichtet werden, um so größer werden die Lagerkosten pro Stück. In Letzteren sind die pro Mengeneinheit höheren Kosten für die Räumlichkeiten und für die im Verhältnis höheren Sicherheitsbestände enthalten. Der notwendige Lagerbestand in einem Zentrallager ist infolge des «Gesetzes der großen Zahl» immer kleiner als die Summe der notwendigen Lagerbestände in mehreren dezentralen Lagern.

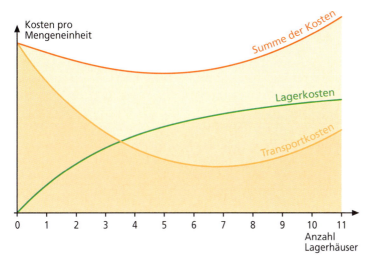

Lager- und Transportkosten in Abhängigkeit von der Anzahl der Lagerhäuser

Interessant an dieser schematischen Darstellung ist der Verlauf der Transportkosten. Sie nehmen pro Mengeneinheit bis zu einem bestimmten Punkt ab, dann aber wieder zu. Dies hängt mit der Auslastungsmöglichkeit der eingesetzten Transportmittel zusammen, wie man aus der folgenden Prinzipskizze erkennt.

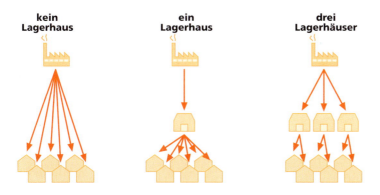

Transportkosten in Abhängigkeit von der Anzahl der Lagerhäuser (man vergleiche die Summenlänge der eingezeichneten Verbindungslinien)

Die Frage nach Anzahl und Standort der Lagerhäuser darf nicht nur im Hinblick auf die Kosten angegangen werden. Vielmehr muss auch die Opportunität, der Umsatzausfall, mit berücksichtigt werden. Es ist nämlich anzunehmen, dass bei größeren Distanzen zwischen Lager und Kunden die Belieferungsleistung ein wenig abnimmt, so dass der Umsatz darunter leidet, insbesondere wenn innerhalb weniger Stunden geliefert werden soll.

Kosten und Standort von Lagerhäusern werden auch dadurch beeinflusst, ob das Lager im Besitz des betreffenden Unternehmens ist oder ob es einem Dritten gehört. Bei einem eigenen Lager fallen vor allem fixe und bei einem fremden variable Kosten an. Die Lagerevaluation hängt aber auch davon ab, ob in einem bestehenden Lager noch Kapazität vorhanden ist oder ob ein neues Lager gebaut werden muss.

◆ **Art und Umfang der Transporteinrichtungen:** Es gibt sehr viele Transportmöglichkeiten mit unterschiedlichen Charakteristika.

- **Eisenbahn:** Sie wird in erster Linie bei großen Mengen und weiten Distanzen (ganze Wagenladungen) benützt. Sie ist in der Regel ein kostengünstiges und umweltfreundliches Transportmittel. Die Einsatzplanung liegt nicht in der Kontrolle des Unternehmens. Ein Bahnanschluss beim Produzenten sowie beim Kunden ist meistens Voraussetzung, um kostengünstiger als mit Lastwagen transportieren zu können. In der Schweiz wird die Eisenbahn auch für den Stückguteinsatz benützt (Cargo-Domizil, 24-Stunden-Service).

- **Lastwagen:** Er ist ein schnelles, zuverlässiges und flexibles Transportmittel, und zwar bei einer günstigen Kostensituation. Er gestattet eine Tür-zu-Tür-Lieferung. Rund 60 % der Kosten sind fix; deshalb ist die Steuerung der Auslastung wichtig.

- **Schiff:** Es ist zwar ein langsames, aber außerordentlich günstiges Transportmittel bei sehr langen Distanzen und sehr großen Mengen (meistens Gattungsware wie Kohle, Weizen, Stahl). Es setzt einen Wasserweg voraus und erlaubt selten eine Tür-zu-Tür-Lieferung. Die Lieferfristen unterliegen starken Schwankungen (Wetter, Eis, Wasserstand) und lassen sich daher nicht genau planen.

- **Flugzeug:** Es ist ein sehr schnelles, teures und in der Regel zuverlässiges Transportmittel, das sich für mittlere und lange Distanzen eignet. Sein Einsatz ist gut zu planen und kann sich auch lohnen, wenn dadurch ganze Lagerhäuser eingespart werden.

- **Pipeline:** Sie ist ein spezielles Transportmittel für Gase und Flüssigstoffe (Ölpipeline).

- **Elektronik:** Dienstleistungen werden zunehmend auf elektronischem Weg transportiert (Telefax, Videophone, Videotext).

- **Computer:** Dank E-Mail und Internet sind ganz neue Möglichkeiten entstanden, die eine gezielte, schnelle und billige Distribution digitalisierbarer Güter und Dienstleistungen erlaubt.

Die Post wurde nicht mit aufgeführt, da sie selbst ein Transportunternehmen ist. Dank ihrer Schnelligkeit und Zuverlässigkeit wird die Post bei Speditionsmengen bis zu 20 kg sehr häufig eingeschaltet.

Die Optimierung der physischen Distribution erfordert meistens eine Betrachtung des Gesamtsystems nach Anzahl und Ort der Lager, Transportmittel und dem Management dieser Einrichtungen.

> Leica Geosystems ist führend, wenn es um Gesamtlösungen auf dem Gebiet der Aufnahme räumlicher Daten für die globale Vermessung, Kartographierung und Positionierung geht. Mit insgesamt elf eigenen Verkaufsgesellschaften wird der europäische Markt abgedeckt. 1998 erkannte das Unternehmen, dass es bei einer Zusammenfassung der regionalen Lager in einem einzigen Auslieferungszentrum den Lagerbestand je nach Produktgruppe um 10 bis 25 % reduzieren und zudem die Verfügbarkeit wesentlich verbessern konnte. Die Außendienstmitarbeiter reklamierten jedoch mit dem Hinweis, die Transportkosten würden steigen, und sie befürchteten, dass die technische Auslieferungsqualität infolge der Konfiguration im anonymen und weit entfernten Auslieferzentrum abnehmen würde.
> Um dem Argument der schlechteren Qualität entgegen zu wirken, wurde ein System entwickelt, mit dem Bestellungen mittels eines Variantenkonfigurators unmissverständlich und «online» in das Auslieferungszentrum übermittelt werden. Dank der seit 1993 möglichen EU-Verzollung[1] und des Einsatzes eines Kurierdienstes konnte die Lieferleistung bei nur leicht erhöhten Gesamttransportkosten aufrecht erhalten werden. Die Lagerhaltungskosten konnten jedoch drastisch gesenkt werden.

Hat man die Lagerorte und die Art der Transportmittel gewählt, geht es um den konkreten Einsatz der Transportmittel. Man will sie optimal auslasten und die gewünschten Liefertermine einhalten. Sollen die Fahrzeuge feste Routen fahren oder sollen sie, je nach Situation, flexibel eingesetzt werden? Wann und in welcher Reihenfolge sollen die Fahrzeuge beladen werden? Sollen Expressfahrzeuge eingesetzt werden? Aus Kosten- und Umweltgründen versucht man, Leerfahrten so weit wie möglich zu vermeiden.

---

[1] Mit der EU-Verzollung fallen nicht mehr für jede einzelne Sendung Zollabwicklungskosten an, sondern es ist eine geringe Gebührenpauschale pro Tag und Einfuhrland fällig. Mehrere Einzelsendungen, die direkt an den Endkunden gehen, verursachen daher beim grenzüberschreitenden Warenverkehr die gleichen Kosten, die auch eine Massensendung an eine einzige Verkaufsgesellschaft verursachen würde.

In der Praxis finden sich immer wieder ganz unterschiedliche Lösungen für solche Probleme, selbst innerhalb der gleichen Branche. Das zeigt, welch individuellen Charakter die einzelnen Situationen haben und dass die physische Distribution nicht überall optimal ist, auch wenn es heute Modelle gibt, die Antworten bereithalten.

### Auftragsabwicklung rationell gestalten

Die Abwicklung eines Auftrags läuft beinahe immer nach den gleichen Gesetzmäßigkeiten ab. Umso erstaunlicher ist es, dass es immer wieder Unternehmen gibt, die Schwierigkeiten mit der rationellen Abwicklung ihrer Aufträge haben.

Abwicklung eines Auftrags

Die Auftragsabwicklung ist heutzutage weitgehend automatisiert; meist werden Standardsoftware-Programme eingesetzt, bei denen Absatz und Materialwirtschaft aufeinander abgestimmt sind. Auch Bestellungen mittels E-Mail oder über das Internet sind im Zunehmen begriffen. Dadurch kann die Auftragsabwicklung noch stärker rationalisiert werden. Der Auftrag kommt elektronisch herein, die Bonität des Bestellers wird über die Kreditkartennummer automatisch überprüft, die Lieferbereitschaft mittels einer internen Datenbank gecheckt und alle erforderlichen Papiere werden ausgedruckt. Nur der physische Warenfluss muss teilweise noch von Menschenhand abgewickelt werden.

**Lagerbewirtschaftung optimieren**

> Ein Großhändler hat bei einem Umsatz von nicht ganz sFr. 21 Mio. Waren im Wert von knapp sFr. 16 Mio. am Lager. Der Lagerumschlag ist mit 0,9 etwa halb so groß wie der des größten Konkurrenten. Der Lagerplatz ist außerordentlich knapp; Nachschubmengen (etwa 40 % des Gesamtlagers) befinden sich an einem anderen Ort. Die Platzprobleme sind groß und haben dazu geführt, dass bei den schnelldrehenden A-Artikeln die größten Stock-out-Probleme und damit Lieferschwierigkeiten bestehen. Das Unternehmen strebt eine 100-prozentige Lieferbereitschaft für Großkunden an und lagert deshalb die dafür disponierten Jahresmengen separat.

Dieses Beispiel aus den frühen 90er Jahren repräsentiert nicht den Alltag. Es illustriert aber, was alles schief gehen kann, wenn das Lagermanagement betriebswirtschaftliche Überlegungen nicht beachtet. Gerät ein Lager «außer Rand und Band», ist das meistens auf den Wunsch der Verantwortlichen nach Umsatzwachstum und damit nach hoher Lieferbereitschaft, auf die Absicht, Gewinne als stille Reserven im Lager verstecken zu können, oder auf die Hoffnung auf Lagergewinne infolge steigender Einkaufspreise zurückzuführen.

Die Lagerbewirtschaftung will optimale Lagermengen zur Befriedigung der künftigen Nachfrage bereitstellen. Sie bestimmt, wann und welche Mengen wieder nachzubestellen sind. Die Lösung dieser Optimierungsaufgabe hängt im Wesentlichen von drei Faktoren ab: Erstens von den Lagerhaltungskosten, zweitens von den Lagerbestellungskosten und drittens von den Stock-out-«Kosten»[1]. Diese drei Faktoren sind ge-

---

[1] Stock-out-«Kosten» sind eigentlich keine Kosten. Zu ihnen gehört nämlich der Nutzen, der ausbleibt, wenn nicht geliefert werden kann.

geneinander abzuwägen. Das ist keine leichte Aufgabe; viele Parameter spielen mit.

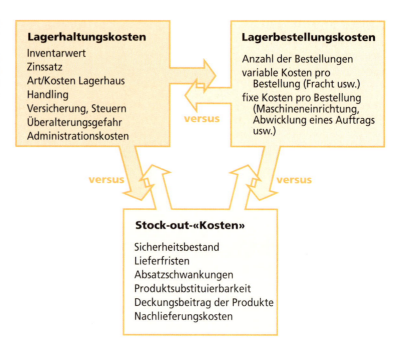

Faktoren, die sich auf die Aufwendungen für Lagerhaltung und Lagerbestellung sowie auf die Stock-out-«Kosten» auswirken[1]

In der Praxis sieht man leider immer wieder, dass bei diesem Optimierungsproblem das ganze Feld der Stock-out-«Kosten» vernachlässigt wird. Es wird nur mit Lagerhaltungs- und Lagerbestellungskosten optimiert. Man geht also davon aus, dass die Nachfrage bekannt ist, konstant bleibt und keine Schwankungen aufweist. Meistens wird auch angenommen, die Kosten für eine zusätzliche Bestellungs- und für eine zusätzliche Lagereinheit seien unabhängig von der Größe der Bestellung.

Wir halten es mit IBM, die ihren Händlern nach einem gründlichem Studium der Lagerhaltungsproblematik empfahl, die klassische Andlerformel[2] nicht mehr zu verwenden! Heute muss sich jedes Lagermanagement über die zu erwartende Nachfrage und ihre Schwankungen Gedanken machen. Ob sie aus der Vergangenheit abgeleitet werden kann oder jedesmal neu prognostiziert werden muss, sei dahingestellt.

---

[1] Siehe Stern/Ansary, *Marketing Channels*, S. 175.

[2] Optimale Bestellmenge = $\sqrt{\dfrac{2 \times \text{Jahresnachfrage} \times \text{Kosten pro Bestellung}}{\text{Lagerkosten pro Mengen- und Zeiteinheit} \times \text{Länge der Planungsperiode}}}$

> Ein Unternehmen wollte seinen Belieferungsgrad für B-Produkte von 95 % auf 96 % und für A-Produkte von 98 % auf 99 % anheben. Seine Modellrechnung ergab, dass es dazu den Lagersicherheitsbestand für die B-Produkte um 6 % und den für die A-Produkte um 14 % anheben musste. Man verzichtete aber darauf, weil man erkannte, dass die Stock-out-«Kostenverringerung» weniger ausmachte als die Steigerung der Lagerhaltungskosten.

Vor über 20 Jahren wurden vier Indikatoren benannt, die anzeigen, wann eine gründliche Überprüfung der Lagerbewirtschaftung angebracht ist.[1] Wir führen sie hier an, auch wenn sie aufgrund der heutigen Verhältnisse eigentlich verschärft werden müssten.

- **Zu kleiner Lagerumschlag:** Fertigproduktelager sollten sich in den meisten Gesellschaften sechs bis zwölf Mal pro Jahr umsetzen. Ausnahmen gelten für spezielle Produkte. Wird ein Umschlag von sechs nicht erreicht, so ist häufig die Überwachung der Lagerbestände ungenügend.

- **Schlechter Kundenservice:** Mit einem Lagerbestand, der ungefähr zwei Monatsumsätzen entspricht, sollte ein Belieferungsgrad von 99 % und mit einem Lagerbestand, der etwa einem Monatsumsatz entspricht, ein Belieferungsgrad von 90 % erreicht werden. Werden diese Zahlen nicht erreicht, so sind entweder die falschen Produkte am Lager oder die Lager falsch platziert. Mitunter liegt es an beiden Faktoren.

- **Verschiebung zwischen Lagerhäusern:** Solche Verschiebungen verlangen doppeltes Handling. Sie sind daher nur in Ausnahmesituationen sinnvoll.

- **Spezialsendungen:** Ein System, das immer wieder auf Eilzustellungen und Ähnliches ausweichen muss, hat ebenfalls grundlegende Fehler. Die Kosteneinsparungen sind beträchtlich, wenn diese Fehler korrigiert und die teuren Spezialsendungen vermieden werden können.

Die genannten Indikatoren stammen aus den USA. In Europa sind die Lagerumschläge in der Regel kleiner. Mit zunehmender Globalisierung haben sich die europäischen Unternehmen aber so angepasst, dass die Richtlinien auch hier angewendet werden können.

---

[1] Siehe Oversman/Scrudder, «A Remedy for Maldistribution», in: *Business Horizons*, Nr. 19/1974, S. 72.

# Zusammenfassung

Die Distributionspolitik befasst sich mit der Verteilung der Erzeugnisse. Ziel ist es, dass die Kunden das gewünschte Produkt zur richtigen Zeit, in der gewünschten Menge, zum richtigen Preis und am gewünschten Ort erhalten.

Bei der direkten Distribution gelangt das Produkt vom Produzenten direkt zum Kunden. Bei der indirekten Distribution steht zwischen dem Produzenten und dem Kunden der Absatzmittler als verbindendes Organ. Er verbessert die Marktübersicht, übt eine Sortierfunktion aus und automatisiert den Austauschvorgang.

Absatzmittler können in vielen Formen auftreten: als Kommissionäre, Agenten, Groß- oder Einzelhändler. Wichtig für die Auswahl sind der physische Warenfluss, der Informations- und der Geldmittelfluss sowie die Eigentumsverhältnisse.

Die Distributionsformen befinden sich heute im Umbruch. Tendenziell wird heute eher direkt distribuiert (zum Beispiel über das Internet). Distributionskanäle werden zunehmend parallel genutzt und die Warenverteilung wird überregional optimiert (Eurologistik). Die Lagerbewirtschaftung umfasst die gesamte Wertschöpfungskette (Supply-Chain-Management).

Die Aufgabe, eine Distributionspolitik zu wählen, stellt sich bei der Lancierung neuer Produkte und bei der Überprüfung der bestehenden Distributionskanäle. Als Vorgehen drängt sich zunächst eine Festlegung der Belieferungsleistung auf, die sich aus den Kaufcharakteristika der Kunden und der Marketingstrategie des Unternehmens ergibt. Im Hinblick auf die Belieferungsleistung sollten fünf Aspekte beachtet werden: Anzahl der Zielkunden, Ausmaß der Serviceunterstützung, Produktverfügbarkeit und Lieferleistung, Ausmaß der Verkaufsunterstützung sowie die entstehenden Kosten.

Generelle Möglichkeiten bei der Wahl der Distributionspolitik sind eine exklusive, eine selektive und eine intensive Distribution. Der letztgenannte Vertriebsweg wird vor allem für alltägliche Produkte, die spontan gekauft werden, gewählt. Je spezieller ein Produkt ist und je mehr Serviceleistungen die Kunden dafür benötigen, umso selektiver erfolgt die Distribution; vielleicht ist sie sogar exklusiv.

Die Auswahl der Absatzmittler erfolgt nach Leistungskriterien und oft mit Hilfe von Checklisten.

Auch Absatzmittler müssen geführt werden. Das Ziel ist dabei der Aufbau einer funktionierenden Partnerschaft. Zu diesem Zweck müssen die Rollen der einzelnen Partner möglichst präzise definiert werden, beispielsweise anhand der Fragen: Welche Produkte, Kunden und Regionen werden bearbeitet? Welche Lager- und Serviceleistungen werden erbracht? Wie funktioniert die Abwicklung und Administration? Welche Informationen werden ausgetauscht?

Der Aufbau einer Partnerschaft dauert in der Regel zwei bis drei Jahre. Gemeinsames Ziel sollte immer sein, beim Endkonsumenten die größtmögliche Wirkung zu erzielen; dabei darf nur so viel an Kosten entstehen, dass jeder Partner eine vernünftige Rendite erzielen kann. Gemeinsam aufgestellte Budgets, eine «Zwei-Weg-Kommunikation» und im Voraus vereinbarte Maßnahmen zur gegenseitigen Unterstützung tragen dazu bei, dieses Ziel zu erreichen.

In der Distribution gilt die folgende Aussage in besonderem Maß: «Eine Kette ist nur so stark wie ihr schwächstes Glied.» Große Schwierigkeiten bereitet die Evaluation der Leistungen der einzelnen, am Vertriebskanal beteiligten Firmen. Dennoch sollte sie von Zeit zu Zeit durchgeführt werden.

Konflikte treten in einem Absatzkanal immer wieder auf. Durch die Bestimmung einer Bezugsperson, den Austausch von Personal und gemeinsam erarbeitete Teilziele können sie vernünftig gelöst werden, so dass kein Schiedsgericht angerufen oder Druck ausgeübt werden muss.

Die physische Distribution beschäftigt sich mit dem Problem, wie die Produkte zum Kunden gelangen. Im Hinblick auf die Infrastruktur treten zwei Hauptprobleme auf: Anzahl und Ort der Lagerhäuser sowie Art und Umfang der Transporteinrichtungen. Die bereitgestellte Infrastruktur sollte durch effiziente Auftragsabwicklung und optimale Lagerbewirtschaftung so intensiv wie möglich genutzt werden.

# Kommunikationsmix

In den vorangegangenen Kapiteln wurde die Frage behandelt, wie ein Unternehmen sein Gesamtangebot konzipiert, welche Absatzkanäle es wählt und welche Konditionen es anbietet. Nun geht es um das letzte Element im Marketingmix, nämlich um die Frage, wie der Marketingmitarbeiter seine potenziellen Kunden auf die Produkte aufmerksam macht, wie er sie informiert, überzeugt und schließlich zum Kauf motiviert.

Im heutigen Käufermarkt genügt es nicht länger, lediglich ein gutes Produkt zu entwickeln, die dazu passenden Konditionen festzulegen und die entsprechende Absatzmethode auszuwählen. Vielmehr muss ein Unternehmen seinen potenziellen Kunden auch mitteilen, zu welchen Bedingungen und an welchen Orten sie sich ein bestimmtes Gut beschaffen können.

Die Kommunikation wurde als Hilfsmittel für den Verkauf bereits eingesetzt, bevor sich die Idee des Marketing durchsetzte. Die ersten Werbeinserate und Plakate erschienen bereits zu Beginn des 18. Jahrhunderts.

Englische Nähmaschinenwerbung aus dem Jahr 1873 und ein Plakat der Taverne du Pélican Blanc, Genf, aus dem Jahr 1893

Damals konzentrierte man sich auf die Mitteilung, welche Güter zu welchen Konditionen zur Verfügung standen. Erst später begann man, die Aufmerksamkeit potenzieller Kunden mit Hilfe verschiedener Anreize, zum Beispiel mit dem Gratisausschank von Erfrischungsgetränken, zu wecken.

Mittels Massenproduktion und effizienter Distribution kann es gelingen, die Kosten eines Produkts drastisch zu senken. Um die großen Mengen jedoch zu verkaufen, muss die Nachfrage nach den Produkten systematisch aufgebaut werden. Dabei müssen die größere Distanz zu den Konsumenten und die zunehmende Zahl der potenziellen Kunden berücksichtigt werden. Zudem ist mit einem intensiveren Wettbewerb und selektiveren Kunden zu rechnen.

Dies alles erfordert immer bessere Kommunikationsprogramme, damit die Kunden auch wirklich erreicht werden können. Das Internet stellt eine ausgezeichnete Möglichkeit dar, weltweit billig und effizient zu kommunizieren. Dieses Kommunikationsinstrument hat die Wirtschaftswelt in kürzester Zeit erobert.

Je mehr darüber hinaus Produktinnovationen ausbleiben, desto ähnlicher werden die Produkte einander, auch weil die Hersteller praktisch mit identischen Methoden fertigen. Der Konkurrenzkampf verschiebt sich daher von der Produktqualität zum Service, zur Distribution und insbesondere zur Kommunikation.

Die Kommunikationswelt zeigt sich immer wieder von einer neuen Seite. Neue Mittel werden kreiert und mit noch ausgefeilteren Methoden und Techniken wird versucht, die Werbebotschaft an die potenziellen Kunden zu bringen. Kommunikation hat sehr viel mit Psychologie, Einfühlungsvermögen, Kreativität, Überzeugungskraft, kurz, mit den verschiedensten Fähigkeiten und Eigenschaften zu tun.

Auch die Verantwortlichen von privaten und öffentlichen Non-Profit-Organisationen haben die Bedeutung der Kommunikation erkannt. Durch veränderte soziale Bedürfnisse, zunehmende Konkurrenz aus anderen Sektoren und schwindende finanzielle Mittel sind die Mitarbeiter von Non-Profit-Organisationen gezwungen, um das Überleben ihrer Organisationen zu kämpfen.

> Das St. Luke's Hospital in den USA führt, um auf höhere Patientenzahlen zu kommen, am Abend erlaubte Glücksspiele durch, an denen sich alle – mit Ausnahme der Herzpatienten – beteiligen dürfen. In Ländern mit einer Freiwilligen-Armee werden Ausbildungs- und Karrieremöglichkeiten angeboten, um qualifiziertes Personal zu gewinnen.

Viele kleinere und mittlere Gesellschaften, aber auch Institutionen gemeinnütziger oder öffentlicher Art, betrachten die Kommunikation nach wie vor als das zentrale Element des Marketing. Sie denken zudem vor allem an Werbung und Verkaufsförderung, weniger an den persönlichen Verkauf und die Publizität. Das ist ein untrügliches Zeichen dafür, dass sie den Sinn eines in sich geschlossenen Marketingmix noch nicht erkannt haben und sich im Wesentlichen verkaufs- und produktionsorientiert verhalten.

Die vielen Kommunikationsausprägungen werden normalerweise in die vier bereits erwähnten Gruppen gegliedert.

◆ **Werbung:** Jede Form nicht-personaler Förderung von Produkten oder Ideen, wobei der an der Förderung Interessierte seinen Namen bekannt gibt. Die Werbung nimmt vielerlei Formen an und benützt viele Medien (Zeitungen, Fernsehen, Internet, Plakate, direkte Zusendungen, Broschüren, Flugblätter).

◆ **Persönlicher Verkauf:** Persönliches Gespräch mit dem potenziellen Käufer mit dem Ziel eines Kaufabschlusses. Das Produkt wird vorgestellt und seine Vorteile dargelegt.

◆ **Publizität, Public Relation:** Nicht-personale, kostenlose Anregung der Nachfrage. Hier wird eine wichtige Nachricht oder eine Neuigkeit in den Medien (etwa in Form einer Pressemitteilung) oder auf einer Bühne bekannt gemacht.

◆ **Verkaufsförderung:** Kurzfristige Anreize, die zum Kauf eines Produkts führen sollen. Eigentlich zählt dazu alles, was nicht als Werbung, persönlicher Verkauf oder Publizität klassiert werden kann: Gutscheine, Prämien, Wettbewerbe, Rabattmarken, Gratismuster, Vorführungen, Degustationen, Kaufnachlässe, Treue- und andere Boni, Sonderangebote.

Die Gesamtheit der oben genannten Mittel bezeichnet man als **Kommunikationsmix.** Damit ist angedeutet, wie wichtig auch die Beziehung dieser Elemente untereinander ist.

In diesem ersten von drei Kapiteln über Kommunikationspolitik betrachten wir zuerst den Kommunikationsprozess. Anschließend wird hinterfragt, wie man den Kommunikationsmix, das heißt das Verhältnis der einzelnen Kommunikationsinstrumente untereinander, festlegt.

## Kommunikationsprozess

Das unten abgebildete Kommunikationsmodell zeigt, wie eine Botschaft von einem Sender zum Empfänger gelangt. Je nach Übermittlungskanal (Fernsehen, Außendienstmitarbeiter, Versandkatalog, Zeitungsinserat, Fachartikel, Messestand, Telefonverkäufer) wird die Botschaft mehr oder weniger stark chiffriert und entsprechend dechiffriert. Aber auch die anderen Kommunikationselemente, die der Reihe nach besprochen werden, haben ihre Eigenheiten.

Klassisches Kommunikationsmodell

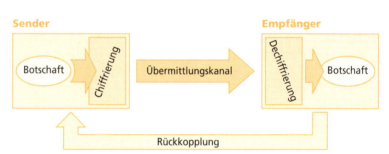

- ◆ **Sender:** Ein positives Image des Senders verbessert die Wirkung der Botschaft. Es ist auch ein Unterschied, ob eine Botschaft vom Leiter eines Unternehmens, von einem Außendienstmitarbeiter oder von einer Sekretärin ausgegeben wird. Je besser das Image der «sendenden» Person und ihrer Umgebung ist, desto aufmerksamer wird der Empfänger zuhören. Je mehr die Aufrichtigkeit des Senders angezweifelt wird, umso skeptischer bewertet der Empfänger die Botschaft.
Bevor man daher eine Botschaft formuliert und einen Übermittlungskanal wählt, wird man sich über das Image des Senders Gedanken machen. Wenn es gelingt, in den Augen potenzieller Kunden als zuverlässiges, verantwortungsbewusstes, dynamisches und entwicklungsfreudiges Unternehmen dazustehen, kommt eine ausgesendete Botschaft besser an und zeigt größere Wirkung.

> Die Schweizerischen Bundesbahnen (SBB) geraten als möglicher Privatisierungskandidat immer mehr unter Erfolgsdruck. Um ihr Image aufzubessern, stecken die SBB einige Mittel in die Werbung. Die Kampagne «SBB CFF FFS, Bern» der Werbeagentur McCann-Erickson wurde sogar am New-York-Festival mit Gold ausgezeichnet.

**Die Bahn fährt jetzt alle 30 Minuten nach Zürich.**

Jederzeit ankommen. SBB CFF FFS

Aus der
SBB-Werbung

◆ **Botschaft:** Bei der Botschaft bedeutet weniger meistens mehr, denn mit einer Werbebotschaft kann nur eine begrenzte Zahl von Zielen vermittelt werden. Die Unternehmen beschränken sich daher oft auf die Präsentation der entscheidenden Wettbewerbsvorteile ihres Produkts, also auf das, was ihren besonderen Artikel vor allen anderen auszeichnet.

◆ **Chiffrierung:** Jede Botschaft wird so ausgestaltet, dass der Empfänger sie richtig versteht. Sie wird aber selten wortwörtlich übermittelt. Zum Beispiel wird es keine Werbung geben, die lautet: «Wir sind eine trendige Firma!» Vielmehr will man erreichen, dass der Kunde diese Schlussfolgerung selbst zieht, eventuell aufgrund eines ganz besonders poppigen Werbespots.
Die Botschaft muss von den Empfängern zudem in einem Minimum an Zeit verstanden werden; Bilder, Schlagworte sowie kurz und prägnant formulierte Aussagen sind hier am wirkungsvollsten und führen am ehesten zum Ziel.
Die Chiffrierung wird natürlich von Fachleuten vorgenommen: Bei der Werbung von einer Werbeagentur und beim persönlichen Verkauf von einem Außendienstmitarbeiter. Die «kreativ» chiffrierte Botschaft soll positiv auffallen und vom Konsumenten richtig «entziffert» werden. Wenn darüber hinaus noch Sympathie, Dynamik, breite Aufmerksamkeit und Interesse erzeugt werden, dann ist das nur von Vorteil.
Eine Botschaft wird umso besser verstanden, je mehr sie auf die Persönlichkeit des Zielkunden ausgerichtet ist. Wenn man einen rational abwägenden Fachmann ansprechen möchte, wird die Chiffrierung wahrscheinlich viel weniger ins Emotionale gehen, als wenn ein neues Parfüm Anklang finden soll.

◆ **Übermittlungskanal:** Die Wahl des Übermittlungskanals will gut überlegt sein. Den Kanal legt man vor der Chiffrierung fest. Seine Auswahl ist vor allem deshalb eine sehr schwierige Aufgabe, weil die betriebswirtschaftliche Kosten-Nutzen-Relation quantitativ höchstens geschätzt, niemals aber gemessen werden kann.

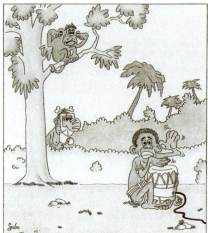 

Die Unternehmer lassen sich bei dieser Wahl vornehmlich von ihrer Erfahrung leiten. Sie orientieren sich aber auch an der Konkurrenz.

◆ **Dechiffierung:** Man kann nie sicher sein, wie der Empfänger dechiffriert. Auch wenn man ihn gut kennt, ist dies noch keine Garantie dafür, dass er die Botschaft so versteht, wie sie gemeint ist. Dies gilt auch für den persönlichen Verkauf, wenn der Außendienstmitarbeiter dem Empfänger gegenübersitzt.

◆ **Empfänger:** Der Empfänger und sein Verhalten sind Ausgangspunkt jeder Kommunikation. Neben seinen Wünschen und Bedürfnissen muss man aber auch seiner Aufnahmebereitschaft für die Botschaft Rechnung tragen beziehungsweise beachten, wie groß seine Kaufbereitschaft ist. Wenn etwa Adidas mit bekannten Sportlern für Sportartikel wirbt, so geschieht dies aus der Erkenntnis, dass die Zielkunden für diese Art der Werbung ganz besonders empfänglich sind. Moderne Kommunikationsforschung beschäftigt sich mit der Frage, wie ein potenzieller Kunde zu einem Kaufabschluss gebracht wird. Dabei unterscheidet man fünf Stadien der Kaufbereitschaft.

*Fünf Stadien der Kaufbereitschaft werden unterschieden*

1. Das Produkt ist dem Käufer unbekannt. Er weiß gar nicht, dass dieses Produkt überhaupt existiert.

2. Das Produkt ist dem Käufer bekannt. Er hat aber kein besonderes Interesse daran.

3. Das Produkt wird vom Kunden begutachtet. Er interessiert sich dafür und erkundigt sich danach.

4. Der Kunde ist von dem Produkt überzeugt. Er kennt dessen Eigenschaften und Vorteile.

5. Der Kunde kauft das Produkt.

Jeder, der in der Kommunikation tätig ist, muss sich überlegen, welche Kaufbereitschaft die potenziellen Kunden erreicht haben und in welcher Weise die Botschaft, die Chiffrierung und der Übermittlungskanal dazu beitragen, den Kunden eine oder mehrere Stufen weiter in Richtung Kaufabschluss zu bringen.

◆ **Rückkoppelung:** Durch eine Rückkoppelung wird der Erfolg kontrollierbar. Kommunikation ist nie eine Einwegübermittlung; es interessiert, ob die Botschaft angekommen ist, damit die Chiffrierung nötigenfalls modifiziert werden kann. Die Rückkoppelung ist beim persönlichen Verkauf viel direkter und unmittelbarer als bei der Werbung.

Im Marketing lässt sich der Erfolg einer Einzelmaßnahme selten genau bestimmen, da der Kausalzusammenhang praktisch nie isoliert werden kann. Es gibt immer viele Einflüsse, die gleichzeitig wirken. Dies gilt ganz besonders für die Rückkoppelung in der Kommunikation.

> «Der liebe Gott hört deine Gebete bestimmt nicht», meinte ein Zwölfjähriger zu seiner Schwester, «denn die Puppe, die du dir so sehnlich gewünscht hast, hast du weder zu Weihnachten, noch zu deinem Geburtstag, noch zu Ostern bekommen. Der liebe Gott hört dich bestimmt nicht.» – «O doch», reagierte die Fünfjährige, «er hört mich sehr genau und antwortet auch. Das Dumme ist nur, dass er immer wieder ‹Nein› sagt!»
>
> *Aus «Bits & Pieces», Februar 1999, S. 21*

# Planung der Kommunikation

Die Gestaltung und die Harmonisierung der Kommunikationsinstrumente gehören zu den wichtigsten Kommunikationsaufgaben. Jedes Unternehmen versucht, seinen eigenen Stil zu entwickeln und sich dadurch im Markt zu profilieren. Kommunikation ist nämlich weit mehr als das bloße Verteilen von Botschaften an die Zielkunden.

Zugleich ist daran zu denken, dass ein Unternehmen nicht nur mit den Abnehmern und Absatzmittlern kommuniziert, sondern auch mit Lieferanten, Aktionären, Medien, Finanzinstitutionen, Behörden, Gewerkschaften und Interessenverbänden sowie mit internen Gruppen, der Unternehmensspitze, dem mittleren Kader, Angestellten, Arbeitern und der Betriebskommission.

Die folgenden Ausführungen über die verschiedenen Planungsphasen sind zwar allgemeingültig, die Beispiele und Gedanken beschäftigen sich jedoch mit der Kommunikation mit dem Kunden und mit denen, die ihn beeinflussen.

## Ziele mit Marketingstrategie in Übereinstimmung bringen

Für die Planung einer wirksamen Kommunikation geht man von den Zielkunden aus. Es interessiert, wo und wie sich Zielkunden informieren, wie sie die Informationen verarbeiten, welche Vorstellungen sie von dem Unternehmen und seinen Produkten haben und wie sie die Konkurrenzprodukte einschätzen. Je mehr man über die passive und aktive Informationssuche des Kunden weiß, desto einfacher ist die anschließende Bestimmung des am besten geeigneten Kommunikationsverfahrens.

Man wird sich auch fragen, welche Reaktion die Kommunikation beim Kunden auslösen soll. Zwar ist letzten Endes die Kaufaktion das Ziel, aber die Konsumenten durchlaufen – wie wir gesehen haben – eine Serie von «Kaufbereitschaftsstadien», die bei der Erarbeitung der Kommunikationsziele mit berücksichtigt werden.

Schließlich wird ein Unternehmen seine Ziele so setzen, dass sie mit seiner Marketingstrategie übereinstimmen. Es ist beispielsweise für die Kommunikation ein großer Unterschied, ob mit einem Produkt eine «Pull-Strategie» oder eine «Push-Strategie» verfolgt wird.

 Bei der Pull-Strategie sollen Konsumenten das Produkt kennen und nach dem Produkt verlangen, es «zu sich ziehen».

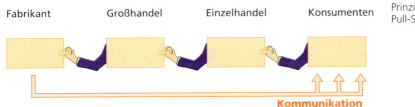

Prinzip der Pull-Strategie

Eine Pull-Strategie zielt direkt auf eine Steigerung der Nachfrage ab. Sie wird häufig für Konsumgüter angewendet, die im Einzelhandel gekauft werden (Markenartikel). Sie wird aber auch für Investitionsgüter mit Markencharakter benützt. Der Schwerpunkt der Kommunikation liegt bei der Werbung, weniger bei der Verkaufsförderung.

Bei der **Push-Strategie** «stößt» der Produzent das Produkt in den Absatzkanal zum Absatzmittler und unternimmt alles, damit der Mittler das Produkt weiter zum Konsumenten «stößt».

Prinzip der Push-Strategie

Eine Push-Strategie will das Angebot so attraktiv machen, dass der Konsument fast automatisch zugreifen muss. Der Schwerpunkt der Kommunikation liegt hier beim persönlichen Verkauf und bei der Verkaufsförderung. Der Außendienstmitarbeiter, aber auch der Verkäufer im Groß- und Einzelhandel sollen den potenziellen Abnehmer zum Kauf bewegen.

Diese Strategie wird sowohl von Investitionsgüterherstellern, die ihre Vertreter aussenden, als auch von Konsumgüterfabrikanten, deren Verkäufer intensive Beziehungen zum Handel pflegen oder gar direkt zu den Konsumenten geschickt werden, angewendet. Mit Verkaufsförderungsanreizen, die man stets bei einer Push-Strategie einsetzt, wird zudem versucht, den Absatzkanal zu «füllen».

In der Praxis ist die Meinung verbreitet, beide Strategien würden parallel zum Einsatz kommen. Bei genauerer Betrachtung zeigt sich dann allerdings, dass der Schwerpunkt stets und eindeutig entweder bei «Push» oder bei «Pull» liegt. Ein Sowohl-als-auch-Vorgehen gibt es eigentlich nicht.

Kombination von Pull und Push

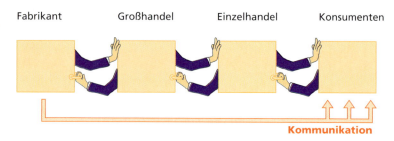

## Mitteleinsatz auf die zu erreichenden Ziele abstimmen

Welche Mittel soll ein Unternehmen nun in die Kommunikation insgesamt stecken und wie sind diese Mittel anschließend auf die einzelnen Kommunikationsinstrumente zu verteilen? Diese beiden Fragen sind sehr schwierig zu beantworten, da man die Wirkung einer bestimmten Kommunikationsform nie genau beurteilen kann.

Vielfach stellt man in der Praxis fest, dass die Unternehmen dieses Budgetierungs- und Verteilungsproblem sehr einfach lösen. Sie stellen lediglich fest, welche Geldmittel nach Abzug aller Kosten zur Verfügung stehen, und bestimmen dann das Kommunikationsbudget. Sie gehen also vom erwarteten Unternehmensergebnis aus und kümmern sich nicht um den Zusammenhang zwischen Umsatz und Kommunikation. Erst wenn sie erfahren, dass in der Vergangenheit oder im Vergleich zur Konkurrenz zu wenig Mittel für die Kommunikation zur Verfügung standen oder stehen, sehen sie möglicherweise die Notwendigkeit, die Wirksamkeit der von ihnen gewählten Kommunikationsinstrumente zu beurteilen.

Andere Unternehmen wiederum bestimmen einen durchschnittlichen Umsatzprozentsatz, den sie für Kommunikationszwecke bereitstellen.[1] Sie überlassen es dann dem Marketing, diesen Prozentsatz auf die verschiedenen Produkte und Instrumente zu verteilen. Mitunter wird der etablierte Prozentsatz über Jahre hinweg nicht verändert, vielfach auch dann nicht, wenn neue Kommunikationsbedürfnisse entstanden sind, das heißt, wenn zum Beispiel viele neue Produkte eingeführt werden, ungenützte Kapazitäten vorhanden sind oder gegen ein neues Konkurrenzprodukt kommuniziert werden soll.

---

[1] Meistens ohne persönlichen Verkauf, da die dadurch entstehenden Kosten ja aufgrund der Anzahl der Mitarbeiter gegeben sind.

> Das jährliche Werbebudget von Ford soll viele Jahre lang stets etwa US$ 40 Mio. betragen haben. Dann kam eine spezielle Arbeitsgruppe zu dem Schluss, dass man künftig pro Auto nur noch US$ 17 für Werbung ausgeben solle, und zwar, weil auch der große Konkurrent General Motors nur so viel ausgebe. Diese Empfehlung führte dann allerdings dazu, dass man begann, die Wirksamkeit der Kommunikation genauer zu analysieren.

Unternehmen, die ihre Kommunikationsbeträge mit den Zielen abstimmen, gehen in der Regel vom einzelnen Kommunikationsinstrument aus. Sie fragen sich, welche Mittel notwendig sind, um Werbeziele oder persönliche Verkaufsziele zu erreichen. Das gesamte Kommunikationsbudget wird dann anhand der Summe der einzelnen Beträge bestimmt. Ist der so entstehende Gesamtbetrag zu hoch, wird das Ganze überarbeitet.

Theoretisch verfährt eine Gesellschaft am besten, wenn sie den für die einzelnen Kommunikationsinstrumente gültigen Zusammenhang zwischen Umsatz und Kommunikationsausgaben ermittelt. Dann kann das Optimum bestimmt werden. Großunternehmen haben teilweise Untersuchungen in dieser Richtung durchgeführt (etwa Procter & Gamble); sie fanden die in der Grafik dargestellten typischen Beziehungen.

Mögliche Beziehung zwischen den Ausgaben für ein einzelnes Kommunikationsinstrument und seiner Wirkung

Die S-förmige Kurve für die Werbung besagt, dass sich Werbeausgaben erst ab einem bestimmten Betrag lohnen. Man sieht auch, dass ab einer bestimmten Außendienstgröße der Marginalnutzen eines weiteren Verkäufers sinkt. Bei der Verkaufsförderung kann sich bereits ein kleiner Betrag sehr positiv auf den Umsatz auswirken. Letzteres ist allerdings stark von der Art der Verkaufsförderung abhängig. Im Beispiel wurde angenommen, bei einer Sonderpreisaktion seien stets Konsumenten vorhanden, die nach einer günstigen Einkaufsmöglichkeit Ausschau halten.

Dies alles ist aber weitgehend Theorie, da der Zusammenhang zwischen Umsatz und Kommunikationsbudget nie genau eruiert werden kann. Das Ergebnis hängt auch vom Kommunikationsmix ab, lässt sich doch feststellen, dass die Gesamtauswirkung verschiedener Kommunikationsmittel oft größer ist als die Summe der einzelnen Auswirkungen.

**Mixwahl auf Marktverhältnisse ausrichten**

Bei der Planung der Kommunikation wird man nie stur in der Reihenfolge «Ziele setzen – Budget bestimmen – Mix wählen» vorgehen können. Wie so oft in der Betriebswirtschaft, geht man auch hier iterativ vor. Mit anderen Worten: Man wird das Gesamtbudget ändern, wenn der gewünschte Kommunikationsmix es erforderlich macht, oder man wird die Ziele je nach den Chancen der einzelnen Kommunikationsinstrumente modifizieren.

Bei der Festlegung des Kommunikationsmix, also bei der Frage, wie die gesamten Kommunikationsmittel auf Werbung, Verkaufsförderung und persönlichen Verkauf aufgeteilt werden sollen, wird man auch auf die im Folgenden genannten Marktverhältnisse achten.

◆ **Spezifische Marktsituation:** Die folgenden Beispiele machen deutlich, wie wichtig für ein Unternehmen die Kenntnis der Marktsituation ist, wenn es um Werbung, Verkaufsförderung oder persönlichen Verkauf geht.

- **Ungenügende Bekanntheit:** Nur 40 % der Marktteilnehmer kennen das Produkt; ein Drittel von ihnen sind Erstkäufer, von denen 80 % mit dem Produkt zufrieden und 20 % von ihm enttäuscht sind. Wegen des ungenügenden Bekanntheitsgrads ist anzunehmen, dass das Werbeprogramm (Wahl der Medien, Art der Botschaft oder Intensität) zu schwach war. Die hohe Zufriedenheitsrate weist darauf hin, dass der Umsatz bei besserer Bekanntheit stark gesteigert werden kann. Kommunikationsziel: Erhöhung des Bekanntheitsgrads. Wichtigstes Kommunikationsmittel: Werbung.

| Kundenpotenzial 100% | Produkt bekannt | Produkt probiert | Wiederkäufer | Produkt ist zu wenig bekannt |
|---|---|---|---|---|
| | 40% | 13% | 10% | |

- **Zu wenig Erstkunden:** 90 % der Marktteilnehmer kennen das Produkt. Von ihnen hat ein Drittel das Produkt ausprobiert. 50 % der Erstkunden sind mit dem Produkt zufrieden. Weitere Anstrengungen zur Steigerung der Bekanntheit sind hier nicht angebracht. Die 10 %, die noch nicht erreicht worden sind, nehmen kaum etwas zur Kenntnis und sind nur mit sehr großem Aufwand zu erreichen. Auch wenn die Zufriedenheitsrate ein wenig zu denken gibt, liegt der Hauptansatzpunkt für eine Umsatzsteigerung in der Erhöhung der Anzahl der Erstprobierenden. Kommunikationsmittel: Verkaufsförderung, zum Beispiel kostenlose Proben, Coupons.

| Kundenpotenzial 100% | Produkt bekannt | Produkt probiert | Wiederkäufer | Zahl der Erstkunden ist zu klein |
|---|---|---|---|---|
| | 90% | 30% | 15% | |

- **Unzufriedene Kunden:** 80 % der Marktteilnehmer kennen das Produkt, 60 % von ihnen haben das Produkt ausprobiert, von denen wiederum 80 % von dem Produkt enttäuscht sind. Werbeintensität und Werbebotschaft genügen. Das Produkt ist bekannt. Auch die Probierrate ist recht gut, aber die Zahl enttäuschter Kunden ist sehr hoch. Das ist nicht die Folge mangelnder Kommunikation, sondern das Resultat von nicht erfüllten Werbeversprechen oder Erwartungen. Die Kunden stellen fest, dass zum Beispiel das Preis-/Leistungsverhältnis ungenügend ist. Der Hauptansatzpunkt liegt hier nicht in der Kommunikation, sondern in einer Verbesserung der Produktqualität, in der Preisbildung oder bei den nicht eingehaltenen Versprechungen.

Zu hohe Zahl unzufriedener Kunden

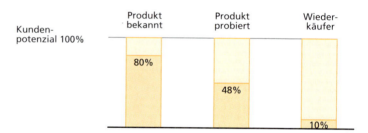

In der Konsumgüterindustrie werden bei der Einführung neuer Produkte die Faktoren Bekanntheit, Erstkunden und Wiederkäufer eigentlich stets getrennt voneinander betrachtet. Aus einer derartigen Klassifizierung lässt sich sehr viel ablesen.

◆ **Produkttyp:** Die Anzahl der potenziellen Käufer ist bei einem Konsumgut normalerweise größer als bei einem Investitionsgut. Bei letzterem spielt sich der Kaufprozess mehr nach rationellen Kriterien ab. Zudem besteht bei den im Allgemeinen langlebigen Investitionsgütern in der Regel ein größeres Erklärungsbedürfnis als bei Konsumgütern; man denke nur an komplizierte und kostspielige Produktionsanlagen.
Dieser Umstand bringt es mit sich, dass beim Konsumgut in der Regel ein relativ größerer Werbeaufwand getrieben wird als beim Investitionsgut. Das Umgekehrte gilt für den persönlichen Verkauf. Ganz anders verhält es sich bei der Verkaufsförderung und bei der Publizität: Diese beiden Faktoren sind ziemlich unabhängig davon, ob es sich um ein Konsumgut oder um ein Investitionsgut handelt. Die folgende Grafik zeigt die durchschnittliche Erfahrung.

Möglicher Kommunikationsmix bei Konsum- und Investitionsgütern[1]

◆ **Kaufbereitschaft des Kunden:** Solange der Kunde noch nichts von einem bestimmten Produkt weiß, fördert die Werbung dessen Bekanntheit. Wünscht der Konsument mehr über das Produkt zu erfahren, informiert er sich. Um den Kunden zu überzeugen und ihn zu einer Bestellung zu bewegen, setzt man dann den persönlichen Verkauf ein. Publizitätsmaßnahmen wirken vor und nach dem Kaufentschluss. Schließlich möchte der Kunde auch in der Zeit nach dem Kauf die Gewissheit haben, ein gutes Produkt zu besitzen.

> Der berühmte Filmproduzent Cecil B. DeMille war mit einer seiner monumentalen Filmszenen beschäftigt. Elf Filmkameras waren an verschiedenen Orten aufgestellt worden und über 300 Schauspielerinnen und Schauspieler übten den Ablauf seit mehreren Tagen. Eine bestimmte Szene wurde bereits zum vierten Mal abgedreht und alle waren der Meinung, jetzt müsse es einfach klappen. Die Sonne stand tief am Himmel und das Licht war gerade richtig, als DeMille das Zeichen zur Aufnahme gab.
> Hunderte von Soldaten stürmten den Berg hinunter, ebenso viele kämpften sich in der Gegenrichtung vor und zahlreiche Sklaven schleppten große Felsblöcke zu dem Platz, an dem ein Monument errichtet werden sollte.

---

[1] Publizität wurde als kostenloses Kommunikationsinstrument beschrieben. Ausgaben in diesem Bereich ergeben sich aber zum Beispiel, wenn Journalisten eingeladen werden oder andere Formen der Beeinflussung von Meinungsträgern zum Einsatz kommen.

> Die Hauptdarsteller wurden aus nächster Nähe gefilmt, obwohl ihre Worte im Lärm der Schlacht fast untergingen.
> 20 Minuten dauerte die Szene, alles lief perfekt. DeMille strahlte über das ganze Gesicht, als er laut «Schnitt» rief. «Das war wunderbar», meinte er zu der erleichterten Assistentin. Zufrieden blickte er in Richtung des Kamerateams, um herauszufinden, ob auch dort alles rund gelaufen war. Glücklich winkte er dem Chef des Teams zu, der auf der Spitze des Hügels postiert war.
> Der winkte zurück, nahm das Megaphon zur Hand und rief: «Wir sind jetzt bereit, Cecil. Du kannst loslegen!»
> *Aus «The Best of Bits & Pieces», S. 28f.*

◆ **Produktlebenszyklus:** In der Einführungsphase eines Produkts sind die Ausgaben, gemessen am Umsatz, relativ hoch und konzentrieren sich vor allem auf Werbung und Verkaufsförderung. In der Wachstumsphase baut man teilweise auf die Mund-zu-Mund-Propaganda, so dass Werbung und Verkaufsförderung wieder mehr in den Hintergrund treten – es sei denn, das Unternehmen wolle seinen Marktanteil ausbauen.
Im Reifestadium wird die Werbung noch weiter zurückgeschraubt; die Verkaufsförderung zielt auf den Zwischenhandel und weniger auf die Konsumenten. Im Stadium des Rückgangs versucht das Unternehmen, den Gewinn zu erhalten, und es reduziert die Kommunikationsmittel generell.
Natürlich können die Maßnahmen im Einzelfall stark variieren. So sind beispielsweise bei Produktmodifikationen in der Wachstums- und Reifephase häufig vermehrte Werbeanstrengungen erforderlich.

◆ **Verfügbare Mittel:** Ein großzügiges Kommunikationsbudget ermöglicht dem Unternehmen beispielsweise die Finanzierung längerer Werbespots in den Medien oder sogar den Einsatz von bekannten Persönlichkeiten (zum Beispiel Cindy Crawford für Omega oder Boris Becker für AOL). Bei beschränkten Mitteln muss sich das Unternehmen auf den persönlichen Verkauf oder auf eine gemeinsame Werbung mit den Absatzmittlern konzentrieren. Der persönliche Verkauf ist, gemessen an den Kunden, die man damit erreicht, zwar recht teuer, dafür aber von Anfang an wirksam.

◆ **Umfeldbedingungen:** Der Kommunikationsmix verändert sich mit den Umfeldbedingungen. Wenn die Konkurrenz ein neues Produkt lanciert oder spezielle Aktionen durchführt, muss auch der Kommunikationsmix neu überdacht werden. Aber auch die gesamtwirtschaftlichen Verhältnisse, die allgemeine politische Denkhaltung oder Modetrends beeinflussen die Wahl der Kommunikationsinstrumente.

Die einzelnen Kommunikationsinstrumente müssen gut aufeinander abgestimmt sein. Wenn beispielsweise ein neues Produkt lanciert wird, ist es zweckmäßig, das Interesse der Kunden durch Werbung zu wecken, um dann mit dem eigenen Verkaufspersonal gezielt nachzufassen. Eventuell kann das Ganze mit Hilfe der Verkaufsförderung ganz besonders attraktiv gestaltet werden.

1996 lancierte Swisscom den Internet-Provider «the blue window». Die Swisscom wollte frühzeitig am rasch wachsenden Internet-Providermarkt teilnehmen und einen möglichst großen Marktanteil erreichen. Blue window bot nicht nur den Internet-Zugang, sondern auch Dienstleistungen wie Nachrichten, Einkaufsmöglichkeiten und ein elektronisches Telefonbuch an. Neben der Werbung auf Telefonrechnungen, Plakaten und in Zeitungen richtete Swisscom blue-window-Verkaufsstände ein, die Internet-Anschlüsse auf der Strasse verkauften. Damit erreichte blue window innerhalb von zwei Jahren einen Marktanteil zwischen 35 und 40 %.

Ab 1997 kamen immer mehr Provider auf und bekämpften sich vor allem über den Preis.

Anfang 1999 war der Preiskampf derart intensiv geworden, dass Sunrise, einer der größten Konkurrenten von Swisscom, den Internet-Zugang sogar gratis anbot. Im Herbst 1999 konterte Swisscom mit Freeway. Freeway garantiert nicht nur den kostenlosen Internet-Zugang, sondern ist auch sehr einfach zu installieren. Die Einführung von Freeway wurde von einer intensiven Werbekampagne im Fernsehen, auf Plakaten und in Zeitschriften begleitet.

# Zusammenfassung

Kommunikation hat seit eh und je innerhalb des Marketing große Bedeutung gehabt. Schon immer haben die Produzenten wissen wollen: «Welche Botschaft soll der Sender dem Empfänger übermitteln?», oder: «Wie soll die Botschaft chiffriert und dechiffriert werden?» Die Komplexität des Kommunikationsprozesses wurde jedoch erst erkannt, als man begann, ihn gezielt zu erforschen. So weiß man heute, wie wichtig das Image des Senders ist, damit eine Botschaft vom Empfänger überhaupt akzeptiert wird. Diese Erkenntnis ist sicher mit ein Grund, warum Unternehmen heutzutage immer häufiger versuchen, die scheinbare Neutralität und Objektivität der Publizität für ihre eigenen Zwecke zu gebrauchen.

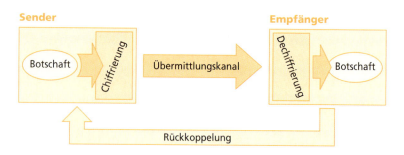

Mittels der Kommunikation möchte man die Aufmerksamkeit der Kunden für ein Produkt wecken, die Kunden über das Produkt informieren, sie von ihm überzeugen und sie zum Kauf motivieren. Um dies zu erreichen, werden in der Hauptsache vier Kommunikationsinstrumente eingesetzt: Werbung, persönlicher Verkauf, Publizität und Verkaufsförderung.

Bei der Planung des Kommunikationsmix geht man zuerst vom Zielkunden aus und klärt ab, was er schon weiß und wie er sich informiert. Dann überlegt man, welche Reaktion man bei ihm auslösen möchte. Generell unterscheidet man zwischen einer «Pull»- und einer «Push»-Strategie. Mit Hilfe der «Pull»-Strategie soll das Verlangen nach einem Produkt in der Weise geweckt werden, dass der Kunde nach ihm sucht. Mit Hilfe der «Push»-Strategie soll der Kunde zum Kauf bewegt werden, indem die Produkte so stark in und durch den Absatzkanal «gestoßen» werden, dass der Kunde unweigerlich von ihnen Notiz nehmen muss.

Es ist schwierig, den für die Zielerreichung nötigen Kommunikationsaufwand abzuschätzen, weil das Verhältnis von Umsatz und Aufwand nicht linear und nur selten kausal erkennbar ist. Erfahrungswerte und Vergleiche mit der Konkurrenz spielen daher bei der Festlegung des Budgets eine wichtige Rolle. Unternehmen testen meistens verschiedene Varianten, um mehr über die Wirkung ihrer Kommunikationsvorhaben zu erfahren.

Die Kommunikation richtet sich nach den Marktverhältnissen. Bei niedrigem Bekanntheitsgrad wird mehr für Werbung und Publizität ausgegeben. Bei einer kleinen Anzahl von Erstkunden wird die Verkaufsförderung forciert. Für unterschiedliche Produkttypen sind unterschiedliche Kommunikationsformen angebracht. Werbung und Publizität eignen sich eher für ein Konsumgut als für ein technisches Investitionsgut. Bei Letzterem ist man mit einer guten Produkterklärung und persönlichem Verkauf meist erfolgreicher. Für ein neues Produkt lohnen sich höhere Kommunikationsausgaben eher als für ein reifes Produkt, bei dem man die Marge durch eine Verringerung des Kommunikationsaufwands stützt. Umfeldeinflüsse, Modeströmungen, Politik, Konkurrenz und Gesamtwirtschaft sind ebenfalls bei der Festlegung des Kommunikationsmix zu berücksichtigen.

Da sich Markt und Umfeld ständig verändern und man dank neuer Erfahrungen den Kommunikationsmix stets weiter optimieren kann, wird er immer wieder überprüft und angepasst. Die Wirkung der Kommunikation wird selten ausschließlich anhand des Umsatzes kontrolliert, da er noch anderen Einflüssen unterliegt. Es ist wichtiger sicherzustellen, dass die Botschaft vom Kunden so verstanden wird, wie sie gemeint ist, und dass sie die gewünschte Reaktion auslöst.

# 10

# Werbung und Verkaufsförderung

In den beiden Kapiteln über Kommunikationsinstrumente behandeln wir der Reihe nach die Instrumente Werbung, Verkaufsförderung, Publizität und den persönlichen Verkauf. Wir halten uns damit an die klassische Gliederung, auch wenn heutzutage sehr viele Kommunikationsformen existieren, die nicht in dieses Schema passen. Zu den neuen Formen gehören Sponsoringmaßnahmen, die mehr mit Publizität und weniger mit Werbung zu tun haben, oder von Journalisten verfasste Fachartikel, die als versteckte Werbung einzustufen sind.

## Werbung

«Werbung ist weder Unterhaltung noch eine Form der Kunst, sondern vielmehr ein Medium der Information. Ich möchte nicht, dass Sie eine Anzeige von mir als ‹kreativ› bezeichnen, sondern sie so interessant finden, dass Sie das Produkt kaufen. Wenn Äschines sprach, sagten alle: ‹Wie gut er reden kann.› Aber nachdem Demosthenes gesprochen hatte, sagten sie: ‹Lasst uns gegen Phillipp marschieren.›» (David Ogilvy)

Das englische Wort für Werbung, «advertising», stammt vom lateinischen *advertere,* das «aufmerksam machen» bedeutet. Werbung fördert die Bekanntheit und die Bedeutung eines Angebots, indem sie Informationen über das gesamte Leistungspaket und dessen Umgebung übermittelt. Sie trägt daher wesentlich dazu bei, dass ein Produkt ein spezielles Profil erhält und sich von den Konkurrenzprodukten abhebt.

Ziel der Werbung ist aber letzten Endes – wie es auch im obigen Zitat von Ogilvy zum Ausdruck kommt – die Steigerung von Umsatz und Gewinn. Es wird also versucht, den potenziellen Käufer und seine Beeinflusser anzusprechen und zu überzeugen. Die Werbung soll positive Impulse zugunsten eines bestimmten Angebots auslösen.

Der Werbung kommt nicht nur betriebswirtschaftlich, sondern auch volkswirtschaftlich große Bedeutung zu. Gemäß einer amerikanischen Statistik[1] entwickelten sich die Werbeausgaben seit Beginn dieses Jahrhunderts praktisch parallel zum Bruttosozialprodukt.

Aus der folgenden Tabelle geht hervor, wie sich die Werbeausgaben zwischen 1994 und 1998 entwickelt haben und wie die einzelnen Medien daran partizipierten. Die Zeitungswerbung absorbiert fast die Hälfte aller Werbeausgaben, hat aber Anteile an Fernsehen und Radio verloren. Das Radio konnte seine Brutto-Werbeeinnahmen von 1994 bis 1998 um 41,9 % steigern, wobei die Zunahme im Jahr 1998 am größten war.

Brutto-Werbeaufwendungen in der Schweiz[2]

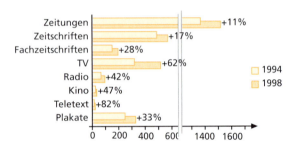

Die Werbeaufwendungen sind in den letzten Jahren um 6 bis 10 % pro Jahr gestiegen, obwohl das Bruttoinlandsprodukt kaum zugenommen hat.

Werbeausgaben nach Branchen: Die 20 werbeintensivsten Branchen der Schweiz im Jahr 1998

| | Branche | Werbeausgaben in Mio. sFr. |
|---|---|---|
| 1 | Automarkt | 351,6 |
| 2 | Zeitungsverlage | 229,2 |
| 3 | Handel / Großverteiler | 225,7 |
| 4 | Finanzwirtschaft | 162,2 |
| 5 | Reisen / Hotels / Sanatorien | 130,5 |
| 6 | Telekommunikation | 127,4 |
| 7 | Dienstleistung | 124,0 |
| 8 | Bekleidung / Wäsche | 115,0 |
| 9 | Haus / Einrichtung | 110,4 |
| 10 | Zeitschriftenverlage | 110,3 |
| 11 | Industrie / Verbände | 93,2 |
| 12 | Versicherungen | 86,8 |
| 13 | EDV Hard-/Software | 82,3 |
| 14 | Tabakwaren | 69,4 |
| 15 | persönlicher Bedarf | 62,8 |
| 16 | TV / Radio / Film | 56,5 |
| 17 | Schokolade / Süßwaren | 53,8 |
| 18 | OTC-Pharma-Produkte | 52,8 |
| 19 | Nahrungsmittel / Fertigspeisen | 52,0 |
| 20 | alkoholfreie Getränke | 50,1 |

[1] Siehe Pope, *The Making of Modern Advertising*.
[2] Siehe Köhler, *Jahrbuch Marketing Kommunikation 1999*, S. 228; die Zahlen verstehen sich ohne die Kosten zur Herstellung der Inserate oder Werbefilme.

Seit Jahren liegt die Schweiz bei den Werbeausgaben pro Kopf hinter den USA an zweiter Stelle. Diese «Reihenfolge» sagt aber nicht sehr viel aus, da sich unter anderem der Branchenmix stark auf die Zahlen auswirkt. Allerdings gibt es Länder wie Deutschland, in denen traditionell und unabhängig vom Branchenmix weniger als in den USA oder in der Schweiz geworben wird.

Die auffälligste Veränderung zeigte 1998 die Telekommunikationsbranche; sie rückte von Platz 22 auf Platz 6 vor. Im Zuge der Liberalisierung des Telekommunikationsmarkts wollten sich viele neue Anbieter profilieren und Kunden gewinnen.

Die Art der Werbung hat sich im Lauf der Zeit stark gewandelt. Früher stand die Information über das eigentliche Produkt im Vordergrund, heute sind es mehr der Kunde in seiner Alltagssituation und seine Zufriedenheit. Früher wurde eher nüchtern und sachlich geworben, heute drückt die Werbung auch Gefühle aus oder bringt den Beobachter zum Schmunzeln.

Werbung von Nivea aus dem Jahr 1937 und aus den 90er Jahren

Gewandelt haben sich aber auch die eingesetzten Werbeträger. Parallel zur Entwicklung unserer Informationsgesellschaft sind neue Kommunikationsmittel entstanden. Heute konkurrieren die traditionellen Medien wie Fernsehen, Radio, Zeitung, Plakate oder direkte Postsendungen mit Lokalradios und -fernsehen, Videokassetten, Teletext, Videotext, Internet und E-Mail; je nachdem ergänzen sie einander auch. Man geht daher davon aus, dass die Werbeausgaben weiterhin steigen werden.

☞ Unter **klassischer** oder **traditioneller Werbung** versteht man die unpersönliche Kommunikation in bekannten Medien wie Presse, Internet, Plakat, Radio, TV usw., die offen als Werbung deklariert wird.

☞ Als **unkonventionelle Werbung** bezeichnet man die Kommunikation mit Medienträgern, die nicht für die Werbung «geschaffen» wurden. Die Werbung ist dabei oft gar nicht als solche deklariert (beispielsweise beim Sponsoring, beim Product Placement oder in Memberclubs).

Da im Zentrum dieses Kapitels mehr die Werbeplanung als die einzelne Werbeart steht, möchten wir über Letztere lediglich ein paar Erkenntnisse äußern.

◆ **Sponsoring:** Ein Unternehmen unterstützt ein kulturelles, soziales oder sportliches Ereignis finanziell, und zwar mit dem Ziel, dass sein Name oder einzelne seiner Marken positiv mit der betreffenden Veranstaltung in Verbindung gebracht werden.
Mit dem Sponsoring möchte der Sponsor eine Aufwertung seines Image erreichen. Gesponsert werden zum Beispiel Sonderkonzerte mit zahlreichen Stars, Radio- oder TV-Sendungen, Kunstausstellungen, Sportveranstaltungen oder Berühmtheiten aus dem Sport. Interessant sind vor allem Veranstaltungen, die größere Massen mobilisieren, wie zum Beispiel Theater oder Rock-Konzerte. Der Anteil des Sponsoring am Werbemix nimmt stetig zu, vor allem im Bereich der elektronischen Medien. Hier wird die Grenze zwischen Sponsoring und klassischer Werbung immer unschärfer.
Sportsponsoring ist wohl das bekannteste Sponsoring. Man versteht darunter alle Aktivitäten, mit denen einzelne Sportler, Mannschaften oder Veranstaltungen unterstützt werden. Vor Jahren sponserte die UBS das Siegesboot von Pierre Fehlmann an der Weltumseglungsregatta. Obwohl sich die Kosten für diese Aktion auf eine zweistellige Millionensumme beliefen, soll sie sich mehr als gelohnt haben.

◆ **Product Placement:** Ein Markenprodukt wird gezielt in die Handlung eines Spielfilms eingebaut. Damit soll zwischen dem Konsumenten und der verwendeten Marke eine Beziehung innerhalb eines ganz bestimmtem sozialen Umfelds geschaffen werden. Das Produkt wird auf diese Weise als eine selbstverständliche Gegebenheit hingestellt und wirkt dadurch sehr glaubwürdig. Zudem assoziiert der Zuschauer das Produkt mit der im Film gezeigten Umgebung, wodurch es einen emotionalen Imageschub erhält.

Für die Einführung des BMW Z3, des ersten Sportwagens der Marke BMW, wurde das Image und das Prestige von James Bond genützt. So fuhr der neue James Bond, Pierce Brosnan, mit seinen Verfolgern nicht nur rasant, sondern auch mit einer gewissen Klasse um die Wette. Innerhalb kürzester Zeit war der Z3 allgemein bekannt und verkaufte sich ganz nach den Wünschen des Unternehmens.

**Beispiele für Product Placements in neuen Kinofilmen**
(aus *Neue Zürcher Zeitung* vom 29. Februar 2000)

| Filmtitel | Produkt / Marke |
|---|---|
| *Blues Brothers 2000* | «Ray Ban»-Sonnenbrillen |
| *Deconstructing Harry* | Volvo |
| *Deep Impact* | Victorinox |
| *Goldeneye* | BMW, Omega |
| *Jurassic Parc 1* | Apple-Computer |
| *Jurassic Parc 2* | Mercedes 4WD |
| *Men in Black* | «Ray Ban»-Sonnenbrillen |
| *Mission Impossible* | BMW, Mercedes |
| *The Saint* | Nokia-Handy |
| *Tomorrow Never Dies* | Avis Rent a Car; BMW Auto & Motorrad; Brioni-Maßanzug; Ericsson-Handy; L'Oréal-Make-up; Omega-Uhr; Smirnoff-Wodka; Visa-Kreditkarte |

Sport-Sponsoring der UBS

Die klassische Werbung wird auch in Zukunft dominieren, weil die Möglichkeiten der unkonventionellen Werbung beschränkt sind. So ist eine eigentliche Markenprofilierung mit unkonventioneller Werbung allein kaum realisierbar.

Bis jetzt wurde von der direkten Kundenansprache noch nicht gesprochen. Sie war auch in den statistischen Tabellen nicht enthalten; sie dürfte aber in der Schweiz rund 35 bis 50 % der genannten Werbeausgaben ausmachen.

 Unter Direct Mail oder Direktwerbung versteht man die Zusendung einer adressierten Werbebotschaft.

Direktwerbung wird vor allem bei bestehenden Kunden eingesetzt. Man kennt die Adressen und oft ist ohnehin ein Versand nötig, etwa um eine Rechnung zuzustellen; die nicht unbeträchtlichen Versandkosten für die Werbung lassen sich so einsparen.

Direktwerbung wird aber auch bei potenziellen neuen Kunden angewendet, insbesondere wenn sie gezielt angegangen werden können (die Diplomanden einer Hochschule, die Mitglieder eines Sportclubs, einer Partei oder einer Vereinigung). Müssen Adressen zuerst gekauft werden, so kann dies recht teuer werden: sFr. 2 pro Adresse sind keine Seltenheit.

Die heutigen Möglichkeiten der Datenspeicherung und -aufbereitung haben immer mehr dazu geführt, dass aus dem «Direct Mail» ein «Direct Marketing» geworden ist.

 Unter Direct Marketing versteht man Marketing mit Hilfe eines direkten, interaktiven Kontakts zum Kunden.

Nötig ist dabei neben Kundenadressen eine Fülle von individuellen Kundendaten (Konsumgewohnheiten, Lebensverhältnisse, soziales Umfeld), dank denen ein Angebot so maßgeschneidert werden kann, dass es genau zu dem betreffenden Kunden passt. Aufgrund des direkten Kontakts kann man dann auch überprüfen, ob die Marketingmaßnahmen erfolgreich waren. Die so entstehende Erfolgskontrolle schließt eine Lücke, die von den Kommunikationsverantwortlichen seit eh und je als störend empfunden wurde.

Die Kundendaten werden im Lauf der Zeit akkumuliert oder von Unternehmen erworben, die sie professionell sammeln und an interessierte Firmen weiterverkaufen. Es ist allerdings zu hoffen, dass das Datenschutzgesetz einem wild wuchernden Handel mit Kundendaten einen Riegel vorschiebt.

Auf jeden Fall wird sich das «Direct Marketing» rasch weiterverbreiten. Die technischen Möglichkeiten der Datensammlung und Übermittlung scheinen grenzenlos: Chipkarte im Einzelhandel, Verfolgung von Internetkontakten, zunehmende Vernetzung entlang der Wertschöpfungskette, Registrierung von Mobiltelefongesprächen. Das Direct Marketing entspricht dem Wunsch der Kunden nach Befriedigung ihrer individuellen Wünsche. Das ist in zunehmendem Maß mit Kosten möglich, die aus Kundensicht durchaus vertretbar sind; deshalb bahnt sich hier eine gewaltige Veränderung an.

Vom Massen- zum Individualmarketing

Bereits heute kann ein Kunde seine Körpermaße abspeichern, Anzüge virtuell anprobieren und sie dann maßgeschneidert im Internet bestellen, er kann seine Küche, ja sein ganzes Haus aus einzelnen Teilen individuell zusammenstellen. Die Zeit wird kommen, da der Kunde seine individuellen Fußmasse abspeichert und mit der neusten Schuhmode per Mausklick verbindet, virtuell begutachtet und dann seine Schuhbestellung auf elektronischem Weg aufgibt.
Ähnliches ist in der Touristik sowie im Finanz- und Versicherungsgeschäft zu erwarten. Aber auch die Automobilindustrie wird erleben, wie der Kunde die Karosserie und die Innenausstattung seines Fahrzeugs am Bildschirm zusammenstellt. Zuerst wird dies wohl nach dem Baukastenprinzip geschehen, aber später werden wohl ganz individuelle Daten und Wünsche zu einer geeigneten Kombination und Bestellung führen. Man kann sich gut vorstellen, dass aufgrund der persönlichen Konstellation – inklusive der individuellen Genstruktur – Ernährungs-, Ausbildungs-, Arzneimittel-, Sport- und Ferienprogrammvorschläge die Basis für Aufträge abgeben könnten.

Die zu erwartende Entwicklung wird wohl dazu führen, dass die Werbung und der Zugang zu den Informationen noch wichtiger werden. Zugleich aber wird der Kunde immer kritischer, was wiederum die

Anforderungen an «gute Werbung» ansteigen lassen wird. Die Werbeempfänger werden viel selektiver vorgehen und nur noch einen Teil der auf sie einströmenden Werbung aufnehmen. In dem wachsenden Kommunikationswettbewerb werden sich die Unternehmen noch mehr auf fest umrissene Ziele und damit auf eine viel direktere Kundenansprache konzentrieren. Die Bedeutung der Werbeplanung, die im Folgenden Schritt für Schritt betrachtet wird, nimmt folglich weiter zu.

Ablauf der Werbeplanung

### Werbeziele quantifizieren

Die spezifischen Werbeziele ergeben sich aus der Marketingstrategie und den daraus abgeleiteten Kommunikationszielen. Werbeziele können direkter oder indirekter Natur sein.

◆ **Direkte Werbeziele:** Sie beschreiben die Aktion, die vom Zielkunden erwartet wird, zum Beispiel der Besuch eines Messestands, das Einsenden eines Coupons, der Kauf eines Produkts, die Teilnahme an einem Wettbewerb, der kostenlose Anruf bei einer Telefonnummer, die Bestellung einer Broschüre oder eines Katalogs. Je größer die Bedeutung der Werbung im Kommunikationsmix ist, um so direkter sind die Werbeziele.
Direkte Werbeziele kommen im Einzelhandel besonders häufig vor. Mit der Werbung sollen die Kunden in den Laden gebracht werden. Meistens wird dabei eine spezielle Verkaufsförderungsaktion angekündigt.
Aber auch bei den Investitionsgütern sind die Werbeziele oft direkter Natur. Beispielsweise will man potenzielle Käufer ausfindig machen, die der Außendienst besuchen kann, oder man lädt seine Kunden an einen Messestand ein.

◆ **Indirekte Werbeziele:** Es sind Ziele, die nicht zu einer bestimmten Aktion führen. Sie haben eher unterstützenden Charakter. Sie machen den Umworbenen eventuell auf nur ein Produkt aufmerksam; sein Interesse soll geweckt werden. Sie sollen helfen, den Zielkunden auf eine höhere Kaufbereitschaftsstufe zu bringen. Es kann aber auch sein, dass das generelle Image der Gesellschaft gefördert werden soll, um die Umworbenen für andere Kommunikationsformen «empfänglicher» zu machen.

Werbung der schweizerischen Milchproduzenten

Die Milchkuh «Lovely» triumphiert über den roten Stier, also über das Symbol des bekannten Energy Drinks «Red Bull». Damit wird indirekt die Partygeneration angesprochen: junge Leute, die sich sonst kaum mit dem althergebrachten Image der Milch – ländlich, behäbig, rückständig – anfreunden würden. Die Organisation der schweizerischen Milchproduzenten wirbt seit einiger Zeit auf diese Weise für Milch und Milchprodukte. Mit der Darstellung von Lovely bei verschiedenen Sportarten oder sogar auf dem Mond («Muuhn Walker») will die Werbung ein junges, sportliches, aber auch ein gesundheits- und naturbewusstes Publikum ansprechen.

Werbeziele können nicht immer in direkte oder indirekte unterteilt werden, da oft mehrere Ziele gleichzeitig verfolgt werden. Trotzdem ist die Unterscheidung zweckmäßig, hilft sie doch, das primäre Ziel einer Werbung zum Ausdruck zu bringen.

Werbeziele sollen die Werbeplanung zweckmäßig ausrichten. Ziele wie «das Markenimage verbessern» oder «die Distribution ausdehnen» sind daher viel zu allgemein formuliert. Gut formulierte Werbeziele sollten drei Kriterien genügen.

- ◆ **Werbeempfänger festlegen:** Je spezifischer die Werbeziele sind, um so effizienter kann die anschließende Werbeplanung durchgeführt werden. Bei der Zielsetzung sollten daher die Werbeempfänger definiert werden.

- ◆ **Kommunikationsaufgabe charakterisieren:** In den meisten Fällen übernimmt die Werbung nur einen Teil der gesamten Kommunikationsaufgabe. Aus dem Werbeziel muss daher hervorgehen, welche Rolle die Werbung übernehmen soll: Soll sie Aufmerksamkeit wecken? Soll sie eine positive Grundstimmung schaffen? Soll sie dazu beitragen, dass die Kunden dem Unternehmen treu bleiben? Soll sie über einen spezifischen Produktvorteil informieren? Soll sie auf einen Besuch des Außendienstes vorbereiten? Darüber hinaus ist es erstrebenswert, die Intensität der Werbung zu beschreiben; dies kann allerdings auch bereits aus dem Werbeziel hervorgehen.

- ◆ **Resultate quantifizieren:** Nur wenn die Ziele quantifiziert werden, lässt sich der Erfolg beurteilen. Zusätzlich zwingt die Quantifizierung dazu, sich über das Werbeziel wesentlich intensivere Gedanken zu machen, als dies bei einer unverbindlichen Aussage wie «Mithilfe bei der Umsatzausdehnung» der Fall wäre.

> «30 % aller Hausfrauen im Raum Basel sollen innerhalb von zwölf Monaten aussagen, dass Pick Pay der billigste Markenartikel-Discounter ist.»
>
> «50'000 Neukunden im Raum Zürich sollen im Jahr 2001 kontinuierlich einen Teil ihrer Lebensmittel über E-Commerce und Hauslieferung beziehen.»

Werbeziele, die die drei genannten Kriterien erfüllen, sind nicht leicht zu erarbeiten, vor allem dann nicht, wenn die Werbung indirekt wirken soll. Trotzdem lohnt es sich, nach solchen Zielen zu streben. Der folgende, gelungene Werbespot von Volkswagen zeigt, wie problemlos auf die sich hinter der Werbung verbergenden Ziele geschlossen werden kann.

Werbespot von Volkswagen aus der Zeit des «Käfers»[1]

Sie sehen eine Wagenkolonne mit Trauergästen. In den verschiedenen Wagen sitzen die Erben.
Sprecher: «Ich, Maxwell E. Snavely, verfüge im Vollbesitz meiner geistigen und körperlichen Kräfte das Folgende:

Meiner Frau Rose, die das Geld ausgab, als gäbe es kein Morgen, hinterlasse ich 100 Dollar und einen Kalender ...
Meinen Söhnen, die jeden Cent, den ich ihnen gab, für verrückte Autos und flotte Frauen verwendeten... hinterlasse ich 50 Dollar in 10-Cent-Stücken.

Meinem Geschäftspartner Jules, dessen Motto lautete: ‹Ausgeben, ausgeben, ausgeben!›, hinterlasse ich nichts, nichts, nichts. Und meinen Freunden und Verwandten, die nie den Wert eines Dollars zu schätzen wussten, hinterlasse ich ... genau einen Dollar.

Meinem Neffen Harold schließlich, der zu sagen pflegte: ‹Ein gesparter Pfennig ist ein verdienter Pfennig›, und mich wissen ließ: ‹Donnerwetter, Onkel Max, es lohnt sich wirklich, einen Volkswagen zu fahren!›, hinterlasse ich mein gesamtes Vermögen in Höhe von 100 Milliarden Dollar.»

## Werbebudget nach Zielen richten

Grundsätzlich umfaßt das Werbebudget alle Kosten, die in direktem Zusammenhang mit der Planung, Durchführung und Kontrolle eines Werbekonzepts stehen, das heisst die Planungskosten, die Kosten für die Gestaltung, die Produktion, die eigentliche Werbekampagne und die anschließende Erfolgskontrolle.

Gemäß unseren Ausführungen über den Kommunikationsmix sollte das Werbebudget immer zugleich mit dem ganzen Kommunikationsbudget bestimmt werden. In der Praxis ist dies aber oft nicht der Fall. Man argumentiert, der Außendienst sei bereits vorhanden und es genüge daher, sich zu überlegen, wieviel das Unternehmen im kommenden Geschäftsjahr für Werbung und Verkaufsförderung ausgeben könne.

---

[1] Siehe Ogilvy, *Ogilvy über Werbung*, S. 110.

Aus diesem Grunde beschreiben wir die am häufigsten angewendeten Methoden.

◆ **Restbetrag:** Das Werbebudget wird nach dem zu erwartenden Ergebnis bestimmt und man will wissen, wie viel man für die Werbung zur Verfügung haben wird. Leider führt diese Methode zu einem willkürlichen und fluktuierenden Werbebudget, was eine langfristige Marktentwicklungsplanung erschwert. Zudem wird in schlechten Zeiten an der Werbung gespart, statt sie zu intensivieren.

◆ **Umsatzprozentsatz:** Der Umsatz wird nicht als Ergebnis, sondern als Ausgangspunkt der Werbung betrachtet, das heißt, die Höhe des Budgets wird prozyklisch und nicht antizyklisch, wie meistens gefordert, festgelegt. Sinkt der Umsatz, so sinken auch die Ausgaben für die Werbung und umgekehrt.

◆ **Betrag pro Produkteinheit:** Wo die Produkteinheiten im Zentrum der Marketingüberlegungen stehen, wird der Werbebetrag pro Einheit als Budgetkriterium benützt (Franken pro Auto, Rappen pro Liter Bier). Im Grunde genommen handelt es sich aber um die gleiche Methode wie die, die sich auf den Umsatz bezieht.

◆ **Konkurrenzvergleich:** Das Werbebudget richtet sich nach den Werbeausgaben der Konkurrenten. Allerdings bleiben so die verschiedenen Stärken und Schwächen des eigenen Produkts im Vergleich zur Konkurrenz unberücksichtigt. Anzunehmen ist, dass der Werbefranken des Konkurrenten daher besser angelegt ist als der eigene. Im Grunde genommen nimmt man an, dass die Handlungsweise der Konkurrenz auch für das eigene Unternehmen richtig ist.

◆ **Entsprechende Ziele und Aufgaben:** Der Werbende formuliert zuerst seine Werbeziele. Darauf basierend werden die Aufgaben beschrieben, deren Lösung zur Erreichung der Ziele führen soll. Erst jetzt schätzt man die Kosten, die für die Erledigung der Aufgaben anfallen. Die Summe dieser Kosten bestimmt die Höhe des Budgetantrags.
Diese Methode erfreut sich zwar wachsender Beliebtheit, sagt allerdings nichts darüber aus, ob die Ziele die zu ihrer Umsetzung notwendigen Kosten rechtfertigen. Trotzdem kann man diese Methode mit Fug und Recht als den besten der zur Verfügung stehenden Ansätze bezeichnen: sie ist systematisch aufgebaut und außerdem begründbar.

◆ **Optimierungsmodelle:** In neuester Zeit wurden verschiedene Entscheidungsmodelle für die Festlegung des Werbebudgets vorgeschlagen. Allen Modellen ist der Versuch eigen, das Verhältnis von Werbeausgaben zum Umsatz als Entscheidungsbasis heranzuziehen. Die Relation wird dabei analytisch, empirisch oder aufgrund von Erfahrungswerten bestimmt.

Die Festlegung des Werbebudgets gibt in der Praxis immer wieder Anlass zu Diskussionen. Die Werbeverantwortlichen haben Mühe, die Wirkung ihrer Ausgaben zu belegen, und ihre Chefs kennen die Überlegungen rund um die Werbung zu wenig.

Beachtet man das Ausmaß, das die Werbekosten annehmen können, wird der Wunsch, vermehrt Einblick in die Wirksamkeit der Werbung zu erhalten, nur zu verständlich.

| Rang | Unternehmen | Werbeaufwand |
|------|-------------|--------------|
| 1 | Migros, Zürich | 156,5 |
| 2 | Coop, Basel | 136,2 |
| 3 | Swisscom, Bern | 67,3 |
| 4 | Amag, Schinznach | 39,7 |
| 5 | Procter & Gamble, Genf | 37,9 |
| 6 | Philip Morris, Lausanne | 31,9 |
| 7 | Opel (Suisse), Biel | 30,6 |
| 8 | Media Markt, Geroldswil | 24,9 |
| 9 | Effems, Zug | 24,8 |
| 10 | Fust, Oberbüren | 24,4 |

«Hitparade» der werbe-intensivsten Unternehmen der Schweiz 1998 (in Mio. sFr.)[1]

## Werbebotschaft durch den Fachmann gestalten

Die Werbebotschaft, ausgedrückt durch Text, Bild, Bewegung und Ton, ist das zentrale Element in der Werbung. Sie enthält die eigentliche Aussage, die man dem Konsumenten übermitteln will.

Um Aufmerksamkeit zu erzeugen, muss die Werbung faszinieren. Dazu braucht sie eine gewisse Tiefe und muss klar kommuniziert wer-

---

[1] Siehe Köhler, *Jahrbuch Marketing Kommunikation 1999*, S. 225.

den. Damit sie glaubhaft und verkaufsfördernd ist, bedarf es meist auch rationaler Argumente, damit der Verbraucher die Kaufentscheidung legitimieren kann.

Die Botschaft enthält somit einen rationalen Teil, dessen sachliche Informationen zu kognitiven, also bewusst wahrgenommenen Vorgängen führen. Sie enthält aber auch einen emotionalen Teil, der affektiv wirken soll. «Kaufentscheide werden emotional gefällt und rational begründet», sagt eine alte Verkäuferweisheit.

Die Formulierung der Botschaft ist sowohl vom Leistungsprogramm als auch vom jeweiligen Werbeziel abhängig. Die mit Emotionen arbeitende Werbung dominiert tendenziell im Bereich der Konsumgüter; demgegenüber führt die Investitionsgüterindustrie eher rationale Werbeargumente ins Feld.

Ebenso wichtig wie der Werbeinhalt ist das Gestaltungskonzept; es soll starke Reize erzeugen, die aktivieren und auf das Gefühlsleben einwirken. Über «Brücken» kann es besonders gut gelingen, Werbebotschaften zu vermitteln.

> Die neue Kampagne von Toblerone 1999 setzt auf «Bridging». Verschiedene Sujets wurden bezüglich ihrer «Brückenwirkung» von Toblerone getestet; das «Sydney Opera House», aber auch das «Matterhorn» schneiden besonders gut ab, letzteres allerdings eher bei älteren Testpersonen.
> (Vgl. Pietsch, «Werbung baut Brücken», in: *IHA – GfM News,* 1/99, S. 32f.)

Findige Werbefachleute benutzen verschiedene Methoden, um Werbeappelle zu kreieren. Etliche von ihnen gehen auf induktive Weise vor; sie sprechen mit den Abnehmern, um Ideen zu sammeln.

Zunehmendes Interesse finden heute aber auch deduktive Ansätze. Man überlegt beispielsweise, welche Art von «Belohnung» der Käufer sucht. Der Käufer kann von einem Angebot vier mögliche Belohnungen erwarten: rationale, sensorische und soziale Belohnungen sowie eine Bestätigung seines Ichs. Man überlegt, wann er diese Belohnung erhalten soll: während der Verwendung, als Nebenprodukt der Verwendung oder nach Abschluss der Verwendung. Daraus ergeben sich zwölf Varianten für die zu konzipierende Werbebotschaft. Der Werbeappell «macht die Wäsche weißer» stellt eine rationale Belohnung in Aussicht, die nach Abschluss der Produktverwendung eintreten soll. Ein Appell wie «Gefühl der großen weiten Welt» verspricht eine sensorische Belohnung, die man während der Verwendung des Produkts erhält. Eine Aussage wie «bargeldlos einkaufen» impliziert eine rationale Belohnung, ist aber je nach Person auch eine Bestätigung des Ich.

Bevor der Fachmann seine Werbung kreiert, wird er vom Werbenden zuerst eine Beschreibung der Botschaft und der gewünschten Wirkung beim Zielempfänger verlangen. Erst dann macht er sich an die Gestaltung und entwickelt Stil, Ton, Formulierung und Form.

◆ **Stil:** Es sind verschiedene Ausführungsstile denkbar. Einige davon sind hier aufgelistet.

- **Lebensstil:** Der junge, erfolgreiche Typ, der ein BMW-Cabriolet fährt und Bekleidung von Versace trägt.

- **Stimmung:** Marlboro-Country mit Bezug auf Freiheit, Natur und Abenteuer.

- **Musik:** Junge, glückliche Leute, die am Strand auf einer Party tanzen, singen und Bacardi trinken.

- **Wissenschaftliche Beweisführung:** Tests, die beweisen, dass das neue Ariel die Wäsche wirklich «weißer macht».

- **Persönliche Empfehlungen:** Boris Becker, der sein Geld von der Commerzbank verwalten lässt; Cindy Crawford, die eine Uhr von Omega trägt; Ralph Schumacher, der aus einem Fiat-Multipla steigt.

Der Werbestil kann sehr unterschiedlich sein

◆ **Ton:** Eine Werbebotschaft kann in verschiedenen Tonarten übermittelt werden; zum Beispiel in Superlativen, einem positiven Ton – wie etwa bei «Carlsberg, probably the best beer in the world» – oder mittels eines schon fast erniedrigenden Slogans wie in der Werbung für den berühmten «hässlichen Käfer» von VW.

◆ **Formulierung:** Die Werbebotschaft kann beispielsweise in Form einer Nachricht, eines Befehls oder einer Frage formuliert werden. Die Botschaft kann direkt sein oder lediglich angedeutet werden.

> Interessant sind die Formulierungslösungen der Fluglinien, die ihre Flugzeuge als sicher anpreisen müssen, ohne explizit die Sicherheit als ein Problem zu erwähnen:
>
> - «Der freundliche Himmel von United.» (United)
> - «Die Flügel des Menschen.» (Eastern)
> - «Auch an Bord werden sie gut bedient.» (Swissair)

◆ **Form:** Formelemente wie Größe und Farbe können wesentlich zur Wirkung beitragen. Großformatige Anzeigen fallen mehr auf, aber nicht unbedingt in einem Ausmaß, das die Mehrkosten rechtfertigt. Dasselbe gilt für farbige Anzeigen im Vergleich zu schwarz-weißen.

◆ **Aufhänger:** Große Bedeutung hat der sogenannte Aufhänger. Dank ihm kann der Empfänger den Sender der Botschaft identifizieren; zugleich wird mit ihm eine Basisaussage gemacht. Mit dem Produkt Michelin beispielsweise verbinden viele Konsumenten das bekannte Michelin-Männchen. Auch Werbung mit starken Aussagen wirkt weltweit – wie etwa die von L'Oréal mit berühmten Models und dem Spruch: «Weil ich es mir wert bin», oder die von Nestlé: «Have a Break, have a KitKat», oder die von Ford: «Ford – die tun was.»

Es gibt kein Patentrezept für erfolgreiche Werbung, aber es gibt gewisse Faustregeln. So stehen heute beispielsweise die Gestaltungselemente Neuheit, Schönheit, Erotik, Provokation, Einfachheit, Ehrlichkeit, Humor, Menschlichkeit im Vordergrund.[1] Werbeleute müssen sich auch darüber im Klaren sein, in welchen ethischen Dimensionen sie arbeiten. Nicht ganz ungefährlich ist die Verwendung erotischer Werbung. Stehen erotische Motive in keinem direkten Bezug zum Produkt, ist mit Kritik zu rechnen. Diese Werbung verfehlt die gewünschte Wirkung, da der Botschaftsempfänger keine Assoziation zwischen dem erotischen Motiv und dem Werbeobjekt entwickelt.

Erotische Motive müssen einen Bezug zum Produkt haben[2]

## Werbemedien nach Wirkung aussuchen

Steht die Werbebotschaft fest, so muss sie in geeigneter Form an den Empfänger gebracht werden. Dazu dienen die Werbemedien: Zeitun-

---

[1] Siehe Köhler, *Jahrbuch Marketing Kommunikation 1999*, S. 48ff.
[2] Siehe Huber, *Image*, S. 231, 237f.

gen, Zeitschriften, Plakate, Fernsehen, Radio und direkte Zusendungen via Fax, E-Mail oder Post. Die folgende Tabelle gibt eine Übersicht über die verschiedenen Medienträger mit ihren Vor- und Nachteilen.

Vor- und Nachteile verschiedener Werbemedien

| Medium | | Vorteile | Nachteile |
|---|---|---|---|
| Zeitungen | | aktuell, flexibel; lokale Marktabdeckung; hohe Glaubwürdigkeit; gute Annahme | wenig intensive Ansprache; schlechtes Druckbild; Exemplar wird nur von ein bis zwei Personen oberflächlich gelesen; meistens kurze Wirkungsdauer |
| Zeitschriften | | selektiv; hohe Glaubwürdigkeit; Prestige; gutes Druckbild; langlebig; wird von mehreren Personen gelesen; mittlere Wirkungsdauer | lange Voranmeldezeit; eventuell kleinere Auflage als bei einer Zeitung; keine Möglichkeit, die Platzierung der Anzeige zu beeinflussen |
| Radio | | hohe geographische und demographische Streuung; gute Kontaktwahrscheinlichkeit; niedriger Preis | nicht visuell; eher flüchtiger Kontakt zum Kunden; kurze Wirkdauer; nur einmal nutzbar |
| Fernsehen | | bewegte Bilder; Kombination von Bild und Ton; große Reichweite; hohe Kontaktwahrscheinlichkeit | hohe Kosten; eher flüchtiger Kontakt zum Kunden; geringe Selektivität; kurze Wirkungsdauer |
| Direct Mail | | sehr selektiv; flexibel; persönliche und intensive Ansprache; messbare Wirkung | relativ hohe Kosten; oft geringe Glaubwürdigkeit; isolierte Einzelinformation |
| Plakate | | flexibel; hohe Wiederholungswerte; je nach Standort sehr viele Kontakte; niedrige Kosten; Wirkungsdauer einer Anzahl von Aushängen steuerbar | keine Selektivität; begrenzte Gestaltungsmöglichkeiten (Bild/Farbe, wenig Text); eher schwache Ansprache |
| Internet | | große geographische und demographische Reichweite; Anzahl der Kontakte evaluierbar; gewisse Selektion möglich; Zukunftsmarkt; bewegte Bilder; eher niedrige Kosten | Kunde wird Selektion steuern können; kurze Wirkungsdauer; nur einmal nutzbar |

Für die Wahl der Werbemedien sind die Anzahl der Kontakte zu den Zielgruppenmitgliedern, die Kosten pro Kontakt und die durch die Medienwahl ausgelöste Wirkung entscheidend.

◆ **Anzahl der Kontakte:** Die Anzahl der Kontakte ergibt sich aus der Reichweite des Werbeträgers und den Nutzungsgewohnheiten der Empfänger.

- **Reichweite:** Sie wird gemessen, und zwar als «Anzahl der Leser pro Nummer» (Zeitung), «Anzahl der Hits pro Seite» (Internet), «Anzahl der Zuschauer pro Sendung» (TV) oder «Anzahl der Besucher pro Woche» (Kino). Oft findet man auch Differenzierungen, die dem Zielgruppengedanken näher kommen, so etwa «Anzahl der Besucher pro Woche im Alter von 18 bis 25 Jahren».

- **Nutzungsgewohnheiten:** Sie werden beispielsweise als «Wahrscheinlichkeit, dass eine bestimmte Zeitungsseite aufgeschlagen wird», oder als «Anteil der aufgeschlagenen Seiten im Verhältnis zur Gesamtseitenzahl» gemessen. Man will verdeutlichen, wie viele Personen mit der Werbung in Kontakt kommen könnten.

Eine gute Grundlage für die Berechnung der Anzahl der Medienkontakte liefert die Mediastudie der AG für Werbemittelforschung. Sie ermittelt jährlich aktuelle Daten über die Leser von Zeitungen und Zeitschriften, über Fernsehzuschauer, über Kinobesucher und über die Hörer von Lokalradios. Dieses Instrument ermöglicht eine realistische Einschätzung der Kontaktchancen von Inseraten, Werbefernsehblöcken, Kino- und Lokalradiospots.

◆ **Kosten der Kontakte:** Es hat sich der sogenannte Tausenderpreis, also die Kosten für tausend Kontakte, als Maßstab eingebürgert.

$$\text{Tausenderpreis} = \frac{\text{Preis pro Inseratenseite} \times 1000}{\text{Reichweite} \times \text{Nutzungsgewohnheit}}$$

Zu beachten ist allerdings, dass der Tausenderpreis nur dann ein Kriterium für den Medienvergleich ist, wenn sich Reichweite und Nutzungsgewohnheiten auf die Zielgruppe beziehen. Diese Voraussetzung ist oftmals nicht gegeben.

◆ **Wirkung aufgrund der Medienwahl:** Die Werbewirkung wird mit dem Divisor «Nutzungsgewohnheit» zwar teilweise, aber nicht zur Gänze berücksichtigt. Man weiß, dass eine Anzeige in der Zeitschrift «Time» zwar wahrgenommen, aber viel weniger angeschaut und registriert wird als eine in der Zeitschrift «Vogue». Unseres Wissens wurden solche Unterschiede jedoch noch nie in einer allgemein anwendbaren Formel und wissenschaftlich fundiert festgehalten.

Bei der Wahl von Medien[1] entscheidet man sich oft für eine Kombination mehrerer Mediengattungen. Man will die Vorteile der verschiedenen Medien nutzen und stimmt sie geschickt aufeinander ab, und zwar auch im Hinblick auf den zeitlichen Ablauf. In der Praxis wählt man den Weg der Medienkombination aber meist aus einer gewissen Unsicherheit heraus, denn man weiß nicht, welches Medium am besten geeignet ist. Die Folge ist eine Zersplitterung der Kräfte, die Frequenz pro Medium sinkt und die Penetration der Werbebotschaft wird schlechter.

### Steuerung der Werbeimpulse produktspezifisch festlegen

Eine Werbebotschaft bleibt umso eher im Gedächtnis haften, je länger sie präsentiert und je häufiger sie wiederholt wird. Die Erinnerung an eine Botschaft nimmt aber im Lauf der Zeit ab. Eine neue Botschaft wird rascher erfasst, wenn Teile von ihr – etwa der Slogan – bereits bekannt sind. Es gilt das Prinzip: «Wo etwas ist, kommt mehr dazu.» Die Meinung, eine häufige Wiederholung von Werbebotschaften führe zu negativen Reaktionen, konnte empirisch nicht belegt werden. Vielmehr scheint es so zu sein, dass Vertrautheit Sympathie bewirkt – auch im Bereich der Werbung.

Verschiedentlich wurde versucht, auf die Werbung bezogene Lern- und Vergessenskurven empirisch zu ermitteln. Man wollte wissen, ob wenige, aber dafür intensive Werbeimpulse besser seien als zahlreiche, aber nur wenig intensive Werbungen. Eine klassische Untersuchung, die später sowohl bestätigt als auch widerlegt wurde, verglich die Werbewirkung einer auf 13 Wochen konzentrierten Aussage mit der einer gleichmäßig über ein ganzes Jahr verteilten.

---

[1] Als **Intermediaplanung** bezeichnet man den Vergleich der verschiedenen Mediengattungen und die Bestimmung des optimalen Medienmix. Bei der effektiven Wahl des konkreten Mediums innerhalb seiner Gattung spricht man dann von **Intramediaplanung**. Medienagenturen haben sich auf diese Fragestellung spezialisiert. Die professionelle Gestaltung der Werbung nimmt dann eine Werbeagentur vor.

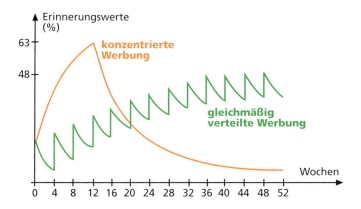

Erinnerungswert von konzentrierter Werbung und gleichmäßig verteilter Werbung[1]

Die Untersuchung spricht für eine gleichmäßige Streuung der Werbemittel über eine längere Zeit. Allerdings könnte es sein, dass im Fall der konzentrierten Werbung die anfänglich hohe Konzentration viele potenzielle Kunden zu Probekäufen animiert. In der Praxis kommen drei verschiedene Verteilungsmuster vor.

◆ **Gleichmäßige Verteilung:** Die pro Monat angestrebte Zahl der Kontakte variiert nur sehr wenig. Für Produkte, die am Markt etabliert sind und deren Nachfrage im Lauf des Jahres kaum schwankt, wählt man dieses Muster (etwa für Zigaretten, Waschmittel, Tierfutter und Kosmetikprodukte).

Gleichmäßige Werbeausgaben pro Periode

◆ **Wellenartige Verteilung:** Perioden mit intensiver Werbung wechseln mit Perioden ohne Werbung. Für Produkte mit starken Nachfrageschwankungen wählt man diese Verteilung (etwa für Ferienreisen oder saisonabhängige Artikel wie Gartenmöbel). Aber auch Investitionsgüter fallen oft in diese Kategorie, beispielsweise indem man

---

[1] Siehe Zielske, *The Remembering and Forgetting of Advertising*, S. 239ff.

Kommunikationsschwerpunkte setzt, möglicherweise im Zusammenhang mit einer Messe oder mit dem bevorstehenden Besuch eines Außendienstmitarbeiters.

Konzentrierte Werbeausgaben

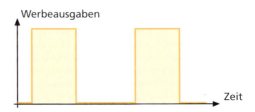

> Ein Einzelhändler will einen Vorsaison-Ausverkauf von Skiausrüstungen bekanntgeben. Er weiß, dass sich nur bestimmte Personen für diese Nachricht interessieren. Darüber hinaus weiß er, dass die Zielkäufer die Botschaft lediglich ein- oder zweimal zu vernehmen brauchen, um zu entscheiden, ob sie an dem Angebot interessiert sind. Das Ziel besteht deshalb nicht in einer Maximierung der Wiederholung, sondern der Reichweite. Der Werbende beschließt, die Botschaften auf die Ausverkaufstage zu konzentrieren und sie zu verschiedenen Tageszeiten über das Lokalradio zu senden, damit nicht immer dieselben Empfänger erreicht werden. Er wählt also eine stark konzentrierte Werbung.

◆ **Pulsierende Verteilung:** Bei einer kontinuierlichen Werbebasis werden periodische Werbestöße vermittelt. Diese Variante findet man oft bei unbekannten Produkten und bei solchen mit Nachfrageschwankungen (etwa bei Automobilen, Bier, alkoholfreien Getränken oder Kleidern).

Pulsierende Werbeausgaben

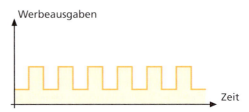

Im Medienzeitplan wird anschließend festgehalten, wann und in welchen Medien im kommenden Jahr für ein Produkt geworben werden soll.

| Medium | Jan | Feb | März | April | Mai | Juni | Juli | Medienzeitplan |
|---|---|---|---|---|---|---|---|---|
| Fernsehen | ■ | | | | ■ | | | |
| Frankfurter Allg. Inserat A Inserat B | ■ | ■ | ■ | ■ | ■ | ■ | ■ | |

## Werbewirkung stets kontrollieren

> «Bei jedem Werbefranken sind 50 Rappen eigentlich unnötig ausgegeben», heißt es immer wieder, «das Problem ist nur, dass man nicht weiß, um welche 50 Rappen es sich handelt.»

Die Erfolgskontrolle stellt fest, inwieweit die angestrebten Werbeziele erreicht wurden. Das Problem der Erfolgsmessung von Werbemaßnahmen ist das Grundproblem der Werbung. Dies kommt auch im oben angeführten Stoßseufzer der Werbetreibenden zum Ausdruck.

Man unterscheidet üblicherweise zwischen ökonomischen und nichtökonomischen Werbewirkungen.

◆ **Werbeerfolg:** Eine ökonomisch positive Wirkung auf Größen wie Umsatz oder Marktanteil bezeichnet man als Werbeerfolg. Dabei steht der Umsatz als Maßgröße meistens im Vordergrund. Da die Werbung nur eines von mehreren Marketinginstrumenten ist, lässt sich ihre Wirkung kaum isoliert messen. Direkte Werbeformen wie Werbebriefe und Coupon-Anzeigen lassen sich in ihrer Erfolgswirksamkeit zwar etwas besser, aber immer noch nicht vollkommen abschätzen; vielleicht erwirbt mancher Werbeempfänger das Produkt auch ohne die Rücksendung seiner Antwort. Es kann aber auch sein, dass er sich mit zeitlicher Verzögerung zur Reaktion entschließt.

Mit Hilfe von Testmärkten werden die unmittelbaren Verkaufswirkungen bestimmter Werbeformen ermittelt. In verschiedenen Testmärkten werden zur gleichen Zeit unterschiedliche Werbemaßnahmen durchgeführt und die Wirkungen miteinander verglichen. Unterschiedliche Ausgangslagen werden bei der Interpretation selbstverständlich berücksichtigt. Der Vergleich von Testmarktresultaten erlaubt in der Regel aber keine Aussage über den langfristigen Werbeerfolg. Allerdings können aus Zeit- und Betriebsvergleichen von Werbe- und Verkaufszahlen vorsichtige Rückschlüsse auf die Effizienz der Werbung gezogen werden.

◆ **Werbewirkung:** Die nicht-ökonomischen Auswirkungen bezeichnet man eher als Werbewirkung. Soll ein Werbemittel eine bestimmte Wirkung erzeugen, so muss zunächst ein Kontakt zwischen dem Werbemittel und den Umworbenen hergestellt werden. Man spricht in diesem Zusammenhang von einem Berührungserfolg. Er kann zum Beispiel mittels einer Augenkamera gemessen werden, die die Blicke beim Zeitungslesen aufnimmt, oder es werden die Einschaltzeiten von Radio- und Fernsehgeräten registriert. Ob sich jemand im Zimmer befindet beziehungsweise ob jemand zuhört, bleibt offen.

$$\text{Berührungserfolg} = \frac{\text{Zahl der Werbeberührten}}{\text{Zahl der Werbegemeinten}}$$

Die Chance, dass ein potenzieller Kunde die Werbung auch tatsächlich zur Kenntnis nimmt und positiv auf sie reagiert, steigt, je exakter die Werbung auf ihn zugeschnitten ist und je mehr er sich angesprochen fühlt.

DoubleClick ist ein amerikanisches Werbeunternehmen, das sich auf Internetwerbung spezialisiert hat. Die Basis für eine präzise Kundenansprache ist ein genaues Kundenprofil. DoubleClick registriert die Besucher von Internet-Seiten, deren Werbepacht sie übernommen haben. Willigt der Benutzer in die Registrierung ein, folgt ihm DoubleClick durch das ganze Internet. Auf diese Weise entstehen genaue Benutzerprofile von Millionen von Internet-Benutzern. Die Datenbank von DoubleClick wird immer präziser und umfangreicher; das Unternehmen setzt sie dann ein, um dem Benutzer nur die Werbung zu präsentieren, die ihn auch wirklich interessiert. Wenn jemand regelmäßig in Sportmagazinen Beiträge über das Tauchen und Angebote für Ferien in der Karibik liest, zeigt ihm DoubleClick Werbung für Tauchferien in der Karibik.
Der Inserent kann bei DoubleClick zwischen verschiedenen Benutzerprofilen auswählen. Je enger die Zielgruppe gefasst wird, desto höher wird der Nutzen pro Kontakt und somit auch der Preis pro Leserkontakt. Die Treffsicherheit der Werbung kann dank der modernen Technologie und dank umfangreichen Datenbanken massiv verbessert werden.

Mit anderen Verfahren wird die Wirkung der Werbung auf das Gedächtnis erfasst. Beim Wiedererkennungsverfahren wird eine bereits gelesene Zeitschrift nochmals mit dem Tester durchgegangen; dabei wird festgestellt, ob eine Anzeige auch tatsächlich wahrgenommen wurde. Beim Erinnerungstest hingegen fragt man – mit oder ohne Hilfe von Anzeigenelementen – nur nach der Gedächtniswirkung.

$$\text{Erinnerungserfolg} = \frac{\text{Zahl der Werbeerinnerer}}{\text{Zahl der Werbeberührten}}$$

Mittels des Kauferfolgsverfahrens schließlich stellt man fest, inwieweit eine Werbeaktion auch einen Kaufimpuls ausgelöst hat.

$$\text{Kauferfolg} = \frac{\text{Zahl der Bestellungen}}{\text{Zahl der Werbegemeinten}}$$

Sämtliche Verfahren unterstellen eine positive Korrelation mit dem Verkaufserfolg. Dieser Zusammenhang ist jedoch nicht immer nachzuweisen, meistens deshalb nicht, weil zu viele andere Faktoren die Kaufentscheidung mit beeinflussen.

Die Werbeerfolgskontrolle ist nach wie vor problematisch, da die Beziehung zwischen Werbung und Kaufentscheidung sehr komplex ist. Die Zeitverschiebung und viele andere Einflüsse lassen eine exakte, von den anderen Marketinginstrumenten isolierte, quantitative Messung der Werbewirkung nicht zu. Trotzdem ist die Suche nach Kontrollmöglichkeiten notwendig, vor allem in der Konsumgüterindustrie, die sehr hohe Beträge für die Werbung ausgibt.

Der große Vorteil von direkten Ansprachen ist die unmittelbare

An welche Marke erinnert Sie diese Abbildung? Natürlich an Johnny Walker-Whisky!

Erfolgskontrolle; durch den direkten Kontakt zum Kunden kann dessen Reaktion mindestens teilweise festgestellt und ausgewertet werden.

> Ein Elefant fragte einen Löwen: «Warum brüllst du dauernd so laut?» – «Ich bin der König», antwortete der, «und ich will, dass es alle wissen.»
> Ein Hase, der das Gespräch zufällig mithörte, war von dieser Aussage sehr beeindruckt. Als er am nächsten Tag einen Fuchs sah, beschloss er, die Strategie des Löwen auszuprobieren. Als der Hase aber das Brüllen des Löwen imitieren wollte, kam nur ein Zischen in einer hohen Stimmlage. Das erregte die Aufmerksamkeit des Fuchses. Der sprang auf den Hasen zu und bevor dieser überhaupt realisierte, was geschah, hatte der Fuchs ihn auch schon gepackt. Und die Moral von der Geschichte: Werbung lohnt sich nur, wenn Aussage und Inhalt einander entsprechen.
>
> *Frei übersetzt aus «The Best of Bits & Pieces», S. 1*

## Verkaufsförderung

Verkaufsförderung (Sales Promotion) und Merchandising sind jetzt ziemlich genau 50 Jahre alt. Es sind amerikanische Erfindungen, die sich aber auch bei uns durchgesetzt haben.

 Unter **Merchandising** versteht man die Produktpflege am Verkaufspunkt, auch **POS, Point of Sale,** genannt. Dazu gehören Vorgänge wie das Auffüllen von Regalen, die Platzierung im Regal, die Überwachung von Verfalldaten, die Preisauszeichnung, die Nachbestellung von Produkten, Sonderplatzierungen und der Verkauf von Zusatzprodukten, die nichts mit dem ursprünglichen Produkt zu tun haben, zum Beispiel Kugelschreiber, Golfmützen oder T-Shirts. Merchandising ist Teil der Verkaufsförderung.

> Die Merchandising-Artikel von Roland Garros, dem Grand Slam-Tennisturnier in Paris, haben schon Kultstatus erlangt. Die Plakate mit dem Logo und einem jährlich wechselnden Sujet, das von einem Künstler speziell für diese Veranstaltung kreiert wird, haben Sammlerwert, und der Erwerb eines T-Shirts, eines Pullovers, einer Schirmmütze oder eines Regenschirms ist praktisch für jeden Besucher ein Muss.

Die Verkaufsförderung nimmt eine Stellung zwischen Werbung und persönlichem Verkauf ein; sie unterstützt die Bemühungen des persönlichen Verkaufs mit stimulierenden Maßnahmen. Während der persönliche Verkauf und die Werbung jedoch in erster Linie Routinecharakter besitzen, sind «Sales Promotions» stets etwas Besonderes. Sie wiederholen sich nicht, wirken überwiegend kurzfristig und lösen zusätzliche Anreize aus.

Die Verkaufsförderung zielt vor allem auf die treuen Verwender anderer Marken und auf die gewohnheitsmäßigen Markenwechsler ab. Da beide Zielgruppen ihre Gewohnheiten nur selten ändern, erreicht die Verkaufsförderung hauptsächlich Sofortverkäufe und rasche Umsatzsteigerungen.

Verkaufsförderungsaktionen bieten meistens einen Preisanreiz und sprechen somit preisbewusstere Käufer an. Letztere gehören im Allgemeinen eher zu den Markenwechslern, so dass Verkaufsförderung tendenziell die Markentreue abbaut. Allzu viele Sonderaktionen für eine Marke beeinflussen jedoch das Image ungünstig; die Käufer beginnen die auf diese Weise beworbenen Produkte als «billig» einzustufen. Als Faustregel gilt, dass das Image einer Marke gefährdet ist, wenn sie zu mehr als 30 Prozent über Sonderpreise verkauft wird. Marketingverantwortliche, die ein neues Produkt über intensive Verkaufsförderung in den Markt «hineinpushen», müssen sich daher darüber im Klaren sein, dass sie anschließend länger brauchen werden, um treue Stammkunden für den Artikel zu gewinnen.

So kann eine Sonderaktion aussehen

## Bedeutung nimmt zu

Die Bedeutung von «Sales Promotions» nahm im Vergleich zu anderen Kommunikationsmitteln in den letzten Jahrzehnten fast kontinuierlich zu.

Verschiedene Ursachen sind für diese Entwicklung verantwortlich: unausgelastete Produktionskapazitäten bei den Herstellern, eine zunehmende Anzahl von Neuprodukteinführungen, kurzfristiges Erfolgsdenken der Unternehmer, eine hohe Zahl von Selbstbedienungsläden, die zu Impulskäufen einladen, wachsendes Preisbewusstsein der Konsumenten und die abnehmende Wirkung der klassischen Werbung.

Aggressiv auftretenden Handelsorganisationen ist es zudem immer wieder gelungen, von den Herstellern spezielle Vergünstigungen zu erhalten, die als Verkaufsförderung betrachtet werden müssen. Beispiele dafür sind Investitionszuschüsse, Beiträge zu den Werbekosten, Lieferung von Geschäftseinrichtungen, Miete von Regalflächen, Durchführung der Regalpflege durch den Lieferanten.

Immer mehr Warengruppen leiden unter der «Aktionitis». Viele Hausfrauen kaufen ihre Zahnpasta, ihr Waschmittel oder Haarshampoo nur dann, wenn diese Artikel zu Sonderpreisen angeboten werden. Nur jedes dritte Waschmittel wird heute noch zum normalen Richtpreis gekauft. Beim löslichen Kaffee wurde zwar der Richtpreis in den letzten Jahren laufend erhöht, doch der von den Käufern bezahlte Preis sank.

Wegen solcher Tendenzen behaupten manche, der Kulminationspunkt der Verkaufsförderung sei vielerorts überschritten, speziell im Konsumgüterbereich. Wir sind jedoch der Meinung, dass die Verkaufsförderung in gesättigten Märkten eine große Bedeutung behalten und im direkten Kampf um die Zielgruppen als wichtige Maßnahme weiterhin eingesetzt werden wird.

> Denner, der bekannteste Lebensmitteldiscounter in der Schweiz, entschied Mitte der 90er Jahre, die für Kundenzustrom sorgenden Sonderpreise durch dauerhafte Tiefpreise zu ersetzen. Er baute auf die Überlegung, dass viele seiner Kunden ihr stetiges Ausschauhalten nach Gelegenheitseinkäufen satt hatten und dauernde Tiefpreise bevorzugen würden. Auch seinen Hauptkonkurrenten Pick Pay versuchte er für eine solche Politik zu gewinnen. Doch Pick Pay verstärkte seine Sonderpreispolitik sogar noch, als bei Denner die Umstellung auf Tiefpreise erfolgte. Ob Denners Verlust von Marktanteilen eine Folge dieser Umstellung ist oder ob es andere Ursachen dafür gibt (Sortimentsverkleinerung, Führungsprobleme), kann ein Außenstehender kaum beurteilen.

**Variantenreichtum ist immens**

Verkaufsförderungsmaßnahmen können verschieden gruppiert werden. Meistens werden sie, dem Ziel entsprechend, in handels-, konsumenten- und verkaufspersonal-orientierte Förderung unterteilt.

◆ **Handelsorientierte Verkaufsförderung:** Darunter fallen Aktionen, mit denen die Absatzmittler dazu gebracht werden sollen, sich im Rahmen ihrer Möglichkeiten für das Produkt zu verwenden. Dazu gehören Maßnahmen, die den Hineinverkauf in den Markt (dealer promotion), und solche, die den Abverkauf aus dem Markt (merchandising) beeinflussen.

- **Händlerwettbewerbe:** Händler und ihre Verkäufer werden durch Prämien dazu veranlasst, während einer bestimmten Periode besondere Anstrengungen für den Verkauf der Sonderpreisprodukte zu unternehmen. Herausragende Verkaufsleistungen des Händlerpersonals werden belohnt.

- **Preisreduktion oder Rabatte:** Zeitlich begrenztes Angebot für den Einkauf zu reduzierten Preisen oder für Naturalrabatt anstelle von Preisreduktionen.

- **Aktionsspezifische Händlerberatung:** Beratung, Ausbildung und Schulung des Händlerpersonals im Hinblick auf spezifische Probleme im Zusammenhang mit Aktionen und Neueinführungen.

- **Sonderpreisspezifische Unterstützung am Verkaufsort**: Das Zurverfügungstellen von Displaymaterialien, Verkaufsshows, Bild- und Tonkassetten sowie der Einsatz von Hostessen, Vorführdamen und Damen, die Passanten zum Ausprobieren einladen.

- **Merchandising (Entlohnung des Händlers für nicht routinemäßige Verkaufsbemühungen):** Entgelt für das Zurverfügungstellen eines Raums beziehungsweise eines zweiten Verkaufsplatzes, Entgelt für den Aufbau und das laufende Nachfüllen des Displaymaterials.

- **Kooperative Werbung:** Abgabe eines Werbekostenzuschusses. Als Gegenleistung übernimmt der Händler die Werbekosten für das Produkt, zum Beispiel ein Inserat in einer lokalen Zeitung.

Unter dem Druck mächtiger Handelsorganisationen sind die Zuschüsse und Leistungen der Hersteller an ihre Absatzmittler wirklich variantenreich geworden. Werbekostenzuschüsse erreichen teilweise eine Größenordnung von mehreren Umsatzprozenten und werden von den Herstellern oft als Teil der Handelsmarge betrachtet.

> Procter & Gamble beurteilt heute die verschiedenen Handelsorganisationen nur noch anhand der Netto-Nettopreise. Die in der unterschiedlichsten Art gewährten Rabatte, Zuschüsse, Sonderpreise und Entschädigungen werden von den offiziellen Preisen subtrahiert. Die so entstehende Differenz ist Basis der Preispolitik im Markt. Es interessiert P & G nur noch wenig, wie die Handelsorganisation zu diesen Netto-Nettopreisen kommt. Ob sie sie in Form von Mengenrabatten, als Werbekostenzuschüsse, als dauernde Einkaufstiefpreise oder wie auch immer beziehen will, ist zweitrangig.

◆ **Konsumentenorientierte Verkaufsförderung:** Sie weckt die Aufmerksamkeit für ein Produkt und will den Konsumenten dazu bringen, das Produkt kennenzulernen. Sie wird heute nicht mehr allein von Seiten des Herstellers, sondern ebenso oft vom Handel selber, in Absprache mit dem Hersteller, initiiert.

- **Vorführungen:** Demonstration und Erklärung der Verwendung oder Wirkung eines Produkts; Symposien und Tagungen für Konsumenten.

- **Bemusterungen:** Kostenloses Probieren von Gebrauchsgütern, Verteilung von Kostproben in Läden und Haushalten.

- **Rückerstattungsangebot:** Rückerstattung bei Unzufriedenheit.

- **Temporäre Preisermäßigung:** Einführungspreise, Multipacks, «Mehr Inhalt zum gleichen Preis»-Angebote, kostenlose Versicherungen oder kostenloser Service.

- **Wettbewerbe:** Verlosungen, Gewinnspiele, Leistungswettbewerbe.

- **Gutscheine:** Möglichkeit, ein weiteres Produkt günstig zu kaufen.

- **Zugaben:** Packung mit Zweitnutzen, Sammelmarken, Kinderspielzeug.

- **Zusatzleistungen:** Temporäre zusätzliche Dienstleistungen wie das Eingravieren eines Monogramms. Auch hier ist die Variantenvielfalt nahezu grenzenlos.

In den letzten Jahren wurden konsumentenorientierte Aktionen immer öfter mit einem speziellen Ereignis (Fußballweltmeisterschaft, Winterolympiade, Auftritt eines Pop Stars, Uraufführungen eines neuen Musicals) verbunden.

◆ **Mitarbeiterorientierte Verkaufsförderung:** Diese dient in erster Linie dazu, den eigenen Verkaufsstab zu motivieren und zu schulen.

- **Wettbewerbe:** Die Verkaufsförderungsorgane sollen dazu bewogen werden, ihre Leistungen während einer bestimmten, im voraus genau festgelegten Periode zu steigern. So werden zum Beispiel Umsatzwettbewerbe, Platzierungswettbewerbe (Anzahl der Sonderplatzierungen) und Akquisitionswettbewerbe (Anzahl der Neukunden) durchgeführt.

- **Prämien:** Eine zusätzliche finanzielle Vergütung, zum Beispiel eine temporäre Erhöhung der Provision oder des Bonus pro Neuakquisition, bei besonderen Leistungen.

- **Verkaufsförderungskonferenzen:** Thema dieser Zusammenkunft kann die Vorstellung des Sonderangebots, die Präsentation neuer Produkte oder ein sonderpreisspezifisches Training sein.

Die mitarbeiterorientierte Verkaufsförderung kann vom Hersteller wie auch vom Absatzmittler initiiert werden.

Diese drei Arten von Verkaufsförderungsmaßnahmen werden oft kombiniert eingesetzt. So ist es gebräuchlich, den Absatzmittlern bei der Neueinführung eines Produkts einen Einführungsrabatt zu gewähren, den Konsumenten über eine Sonderplatzierung oder einen Wettbewerb zu interessieren und das eigene Verkaufspersonal so zu schulen, dass es das Produkt optimal präsentieren kann.

Die Übersättigung der Konsumenten mit «Spezialangeboten» hat dazu geführt, dass die Verkaufsförderungsmaßnahmen immer konzentrierter, immer spezieller oder immer noch ausgefallener geworden sind. Der Schritt zur Organisation spezieller Veranstaltungen war insofern vorgezeichnet.

Unter Eventmarketing versteht man die Konzeption, Gestaltung, Organisation und Durchführung spezieller Veranstaltungen zwecks Förderung der Bekanntheit und des Absatzes eines Produkts oder einer Dienstleistung.

Von Eventmarketing spricht man etwa dann, wenn Red Bull zu einem Wettbewerb einlädt, an dem die Teilnehmer mit selbstgebastelten Flugapparaten von einem Turm springen, wenn die Vereinigung Schweizer Tourismus mitten in London einen Hügel mit Kunstschnee aufbaut und zum Probeskifahren einlädt, wenn der Künstler Luginbühl zum Millleniumswechsel eine Riesenplastik verbrennen lässt, wenn in Berlin das neue Parlamentsgebäude mit Tüchern verhüllt und zwei Wochen lang als Kunstwerk präsentiert wird, wenn das Schweizer Fernsehen eine Besteigung der Eigernordwand in allen Details und rund um die Uhr filmt und in der ganzen Welt verbreitet oder wenn Microsoft zum Firmenjubiläum eine Ausgabe der Zeitung *Times* kauft und in London kostenlos verteilen lässt.

Events müssen aber nicht nur solche Großereignisse sein. Auch Veranstaltungen im kleinen Rahmen können durchaus wirkungsvoll sein. Zum Beispiel kann ein Autor den Buchhändlern seinen neuesten Roman während einer Schifffahrt vorstellen oder ein Treuhandbüro die Kunden zu einem ausgedehnten Abendessen mit anschließender Podiumsdiskussion oder Unterhaltung einladen. Eigen ist solchen Veranstaltungen, wie allen anderen Verkaufsförderungsmaßnahmen auch, eine durchdachte Planung und eine gut organisierte Durchführung. Das Event soll ja positive Reaktionen und Erinnerungen bewirken – alles andere wäre kontraproduktiv.

Die Verkaufsförderung wird vor allem für Konsumgüter eingesetzt und hat hier einen gewissen Reifegrad erreicht. Dennoch kommt auch der Investitionsgüterverkäufer nicht darum herum, sich mit diesem Phänomen des Marketing auseinanderzusetzen. Man denke nur an die vielen Fachmessen und Wettbewerbe oder vergegenwärtige sich all die Kundentagungen, Seminare und Ausbildungshilfen, die immer wieder angeboten werden.

### Zuordnung von Veranstaltungen zu Produkten ist schwierig

Die Unternehmen bestimmen im Rahmen der Jahresplanung, wann und was mit einem Sonderevent gefördert werden soll. Meistens wird pro Zeitabschnitt nur eine einzige Sonderaktion lanciert. Zum einen hat dies mit den internen Ressourcen zu tun, zum anderen aber auch mit der begrenzten Aufnahmefähigkeit bei Absatzmittlern und Kunden, bei Händlern auch mit dem beschränkten Ausstellungsplatz.

Sondermaßnahmen werden in der Regel mit dem Absatzmittler unter Berücksichtigung seiner Verkaufsförderungsbemühungen abgestimmt. Bittet er den Hersteller um Unterstützung, was häufig der Fall ist, so ist die Koordination einfach durchzuführen. In Märkten mit großen und starken Handelsorganisationen, zum Beispiel dem Lebensmittelhandel, werden Aktionen heute meistens partnerspezifisch festgelegt. Die begleitende Werbung präsentiert dann nicht primär das Produkt, wie dies traditionell der Fall war, sondern den Handelspartner.

Während sich früher Sonderveranstaltungen im Drei-, Vier- oder Sechs-Wochen-Rhythmus ablösten, dauern sie heute meistens nur noch eine, eventuell zwei Wochen. Trotz dieser kürzeren Intervalle ist der Wettbewerb unter den Product Managern intensiv, wenn es um die Frage geht: «Wer führt wann welche Aktion durch?» Diese Auseinandersetzung erfolgt aber glücklicherweise nicht unter Zeitdruck, sondern im Rahmen der Budgetierung. Trotzdem besteht nicht immer die Gewähr, dass die einzelnen Aktionen und Events zweckmäßig auf die eigenen Produkte verteilt werden.

Nach unserer Erfahrung werden die Sonderveranstaltungen in der Regel zu gleichmäßig auf die verschiedenen Produkte verteilt. Dies hat mit der Schwierigkeit zu tun, den Wert einer Aktion für die verschiedenen Produkte abzuschätzen. Es ist aber auch die Folge eines mehr oder weniger stark ausgeprägten «demokratischen» Führungsstils, der die Beteiligten tendenziell gleichmäßig berücksichtigt.

Die verschiedenen Produkte eines Herstellers profitieren meistens in ganz unterschiedlicher Weise von der Verkaufsförderung. Sowohl die Sensitivität des Kunden als auch der spezifische Nutzen für das Unternehmen sind von Produkt zu Produkt verschieden.

- ◆ **Attraktivität von Aktionen aus Marktsicht:** Diese Optik hat mit dem Charakter eines Produkts aus der Sicht der Kunden zu tun. Kriterien sind die Folgenden.

  - **Ausmaß der Impulskäufe:** Je eher die Kunden ein Produkt spontan kaufen, umso besser reagieren sie auf Spezialangebote.

  - **Preissensitivität der Kunden:** Je sensitiver die Kunden auf Preisnachlässe reagieren, umso eher werden sie sich von Sonderpreisen zum Kauf animieren lassen.

- **Anzahl der wechselnden Kunden:** Je mehr Kunden beim Kauf ihre Bezugsquelle wechseln, umso größer ist die Chance, diesen Umstand durch Verkaufsförderung nutzen zu können.

- **Marktwachstumspotenzial:** Je größer das Potenzial ist, umso eher sind Aktionen zu seiner Erschließung angebracht.

Diese Kriterien überlappen sich teilweise. Sie sind kaum mathematisch zu erfassen. Märkte, in denen Spezialangebote häufig vorkommen, genügen meistens mehreren dieser Kriterien.

◆ **Attraktivität von Aktionen aus Unternehmenssicht:** Hier geht es um den Charakter eines Produkts aus der Sicht des Unternehmens. Die Kriterien hierfür sind im Folgenden aufgelistet.

- **Bekanntheit:** Ein noch wenig bekanntes Produkt profitiert viel mehr von Aktionen als ein etabliertes. Für Markenartikel findet man daher, im Vergleich zu ihrem Volumen, relativ wenig Aktionen.

- **Marktposition:** Bei einem kleinem Marktanteil wird die Position eines Produkts mit Hilfe von Spezialangeboten eher verbessert werden können als bei einem hohen Marktanteil.

- **Aktivitäten der Wettbewerber:** Falls ein Wettbewerber besondere Aktivitäten entwickelt, um seine Position zu verbessern, zum Beispiel durch die Lancierung neuer Produkte, wird man umso eher mit einer gezielten Reaktion antworten.

- **Deckungsbeitragsmarge:** Je größer sie ist, umso größer ist in der Regel auch die Chance, dass sich die Aktion günstig auf das Produktergebnis auswirkt.

Auch diese Kriterien sind Hilfsmittel und stellen keine absoluten Maßstäbe dar.

Wenn die beiden Betrachtungsweisen in der Form einer Matrix dargestellt werden, ergibt sich ein recht gutes Beurteilungswerkzeug. Vor Jahren haben wir dieses Instrument im Rahmen eines Beratungsprojekts für die große Produktpalette von Nestlé Deutschland verwendet. Die folgende Darstellung ist ein Auszug daraus.

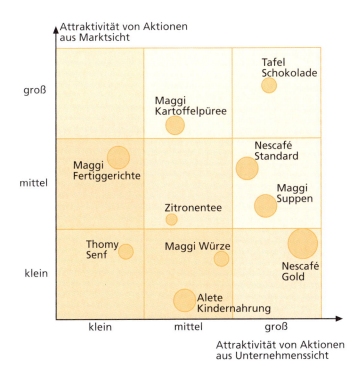

Beurteilung der Förderungsbedürfnisse von Nestlé-Produkten (Auszug aus einer internen, nicht veröffentlichten Untersuchung)

Intensiv sind die Diskussionen, die eine solche Beurteilung auslösen kann. Sie helfen aber, die Auseinandersetzung über die Zuteilung von Aktionen unter den Product Managern zu versachlichen.

Das Portfolio müsste eigentlich um einen weiteren Parameter ergänzt werden; man sollte die Produkte nicht allein, sondern pro Verkaufskanal betrachten. Ein Produkt wie Kartoffelpüree wird in einem Discountkanal stärker von Aktionen «leben» als bei einem durchschnittlichen Lebensmitteldetaillisten.

## Aktionsplanung ist notwendig

Die Planung einer jeden Verkaufsförderungsaktion beginnt mit der Zielsetzung. Erst danach werden Budget und Gestaltung bestimmt.

◆ **Festlegung des Ziels:** Ziele für Verkaufsförderungsaktionen werden oft sehr allgemein formuliert. Beispiele: Distributionsausweitung, höhere Bevorratung des Handels (Einkauf), Verkaufsforcierung, Erschließung eines neuen Absatzkanals, Blockieren der Konkurrenz im Handel, Förderung der Bekanntheit, Vergrößerung der Anzahl der Erstkunden usw.

Ziele sollten jedoch viel präziser definiert werden. Dies setzt in der Regel voraus, dass man die verschiedenen Käuferschichten kennt und weiß, wie man voraussichtlich an sie herankommt. Wenn beispielsweise die Käufertreue im Markt generell gering ist, so wird versucht, den Käufer zu veranlassen, möglichst viel auf einmal einzukaufen. Ein Multipackangebot könnte die Konsequenz sein. Es dauert dann nämlich lange, bis der Konsument wieder einkauft und die Marke wechseln kann.

◆ **Bestimmung des Budgets:** Grundsätzlich sollte überlegt werden, welche Mittel notwendig sind, um die gesetzten Ziele zu erreichen. Dies findet man in der Praxis, wie bereits bei der Werbung ausgeführt, aber nicht allzu häufig. Unternehmen gehen in der Regel eher von Erfahrungswerten aus. Erfolgreiche Aktionen werden in ihrer Art oft wiederholt, eventuell auch von der Konkurrenz kopiert.

◆ **Gestaltung:** «Bei der Wahl der Verkaufsförderung sollte man der Langeweile, der Trivialität, der Phantasielosigkeit und dem Mittelmaß den Kampf ansagen.» Dies klingt zwar sehr gut, hilft dem Praktiker aber wenig bei der Suche nach Wegen, sich vom Mittelmaß abzuheben.

Das bewährteste Vorgehen ist, wenn sich eine Gruppe kreativer Personen intensiv und detailliert mit der Zielgruppe, auf die die Verkaufsförderung gerichtet sein soll, auseinandersetzt. Eventuell lohnt es sich auch zu beobachten, wie in andern Branchen und Ländern Verkaufsförderung betrieben wird, und zu eruieren, ob einzelne Ideen übernommen werden können.

◆ **Durchführung:** Eine gut geplante Verkaufsförderungsaktion wird praktisch immer mit entsprechenden Werbemaßnahmen kombiniert. Man will den Kunden auf die Aktion aufmerksam machen. Eine gute Koordination hinsichtlich Zeitpunkt und Intensität setzt Erfahrungen voraus; so gilt es etwa zu verhindern, dass immer noch geworben wird, obwohl die Aktionsprodukte bereits verkauft sind, oder dass die Aktionsprodukte nach Abschluss der Werbung auf dem üblichen Platz im Regal zu finden sind und immer noch zum Sonderpreis verkauft werden.

> Wie positiv sich die kontinuierliche Auseinandersetzung mit dem Kunden auf das Geschäft auswirken kann, zeigt die älteste Verkaufsförderungsinstitution von Mövenpick – der «Wein des Monats». Die Grundidee war, die Probe eines köstlichen Weins, den es sonst nur flaschenweise gibt, glasweise zu ermöglichen. Aus dieser Grundidee heraus hat sich die Öffnung von speziellen Weinprobiergaststätten, den sogenannten «Caveaux» ergeben. Der Konsument kann viele Flaschenweine (darunter immer wieder neue Sorten) glasweise bestellen und Kleinigkeiten dazu essen. Die Gaststätten wirken offen, zugänglich, kommunikativ, gesellig. Sie verkörpern den Luxus und das Image eines guten Weins, ohne dass es gleich eine ganze Flasche und ein weiß gedeckter Tisch sein müssen. Das Konzept soll sehr erfolgreich sein.

## Erfolgskontrolle bringt Erkenntnisse

Nur weil die Sonderpreisware verkauft wurde, muss eine Verkaufsförderungsaktion für den Markenartikelverantwortlichen noch lange kein Erfolg gewesen sein. Damit Verkaufsförderungsaktionen aber erfolgreich geplant und durchgeführt werden können, ist eine Erfolgskontrolle unumgänglich. Nur so kommt man zu gesichertem Wissen über Verkaufsförderungsaktionen. Ziel muss es sein, Erfahrungen zu sammeln, die weitere Aktionen wirksam machen.

Die Aussage, die ganze Aktionsware sei verkauft worden, genügt meistens nicht. Der Hersteller erwartet normalerweise, dass sich der Marktanteil während der Aktion stark erhöht, unmittelbar danach zwar unter den ursprünglichen Wert sinkt, sich aber längerfristig positiv entwickelt.

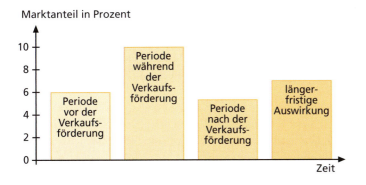

Erwartete Auswirkung einer Verkaufsförderungsaktion auf den Marktanteil[1]

---
[1] Siehe Kotler, *Marketing Management*, S. 558.

Diese Entwicklung tritt aber nicht immer ein. Insbesondere ist damit zu rechnen, dass die Konkurrenz tätig wird. Ein Beispiel dafür sind die Aktionen von Maggi und Knorr in der Schweiz, die sich zeitlich meistens abwechseln und weitgehend kompensieren. Wenn der eine mit Aktionen arbeitet, muss der andere fast unweigerlich nachziehen, will er nicht ins Hintertreffen gelangen.

Das folgende Beispiel zeigt die Marktanteilsentwicklung eines neuen Lebensmittelprodukts, das mit äußerst intensiver Verkaufsförderung in den Markt «geboxt» wurde (drei große Aktionen pro Jahr). Man erkennt, dass zwar in einzelnen Perioden die erwähnte ideale Wirkung eintrat, sich aber in anderen Perioden überhaupt keine Wirkung zeigte (etwa in der Mai/Juni-Aktion). Insgesamt gelang es jedoch, den Marktanteil von 4 % auf über 8 % zu erhöhen, wozu die Verkaufsförderungsaktionen sicher beigetragen haben.

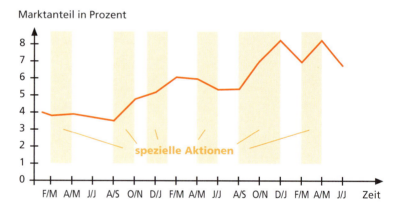

Beziehung zwischen Marktanteil und Verkaufsförderungsaktion für ein neues Produkt

Eine Verkaufsförderungsaktion zielt primär immer auf neue Käufer. Wenn sich die bisherigen Käufer einer Marke bei der Aktion nur einfach mit billiger Ware eindecken, dann wird Geld verschenkt. Nachhaltigen Gewinn bringt eine Verkaufsförderungsaktion erst dann, wenn sich Neukäufer zu Dauerkäufern entwickeln.

Die Verkaufsförderung ist für den verantwortlichen Product Manager wirklich eine Gratwanderung zwischen kurzfristigem Umsatzgewinn und nachhaltigem Ausbau der Machtposition. Da sie meistens recht teuer ist (Produktion einer speziellen Verpackung, Preisnachlass, Bekanntmachung in Medien), darf sie nicht dem Zufall überlassen werden. Dies kann so weit gehen, dass der Verantwortliche vorab prüft, ob eine «Traumreise in die Karibik» auch wirklich eine Reise wert ist.

## 10 Werbung und Verkaufsförderung

# Zusammenfassung

Auch die Werbung zielt auf eine Steigerung des Umsatzes und auf eine Erhöhung des Gewinns ab. Zusätzlich dient sie aber in besonderer Weise der Profilierung des Angebots im Markt. Dies gilt vor allem für die klassische Werbung, die im Vergleich zu neueren Werbeformen (Sponsoring, Product Placement, Videotext, Internet) nach wie vor überragende Bedeutung besitzt.

Unter Direct Marketing versteht man Marketing mit Hilfe eines direkten, interaktiven Kontakts zum Kunden. Dieser Begriff geht weit über «direkte Werbung» hinaus, wenn auch letztere meist Teil des Direct Marketing ist. Basis des direkten Kundenkontakts ist stets eine Datenbank, die es ermöglicht, den einzelnen Kunden individuell anzusprechen. Dank dieser Möglichkeit wird sich das Marketing immer mehr in Richtung eines «individualisierten» Marketing entwickeln. Die Märkte werden noch stärker segmentiert und die Produkte werden noch individueller ausgestaltet, ohne dass damit größere Kostensteigerungen einhergehen.

Bei der Festlegung des Werbebudgets sollten die zu erreichenden Ziele berücksichtigt werden. Weil es aber schwierig ist, den Werbeerfolg zu messen, werden in der Praxis leider oft etwas fragwürdige Methoden angewendet, zum Beispiel werden Ergebnis- oder Umsatzprozente und Konkurrenzvergleiche als Ausgangspunkt verwendet.

Für die Gestaltung der Werbebotschaft wird meistens ein Fachmann zugezogen. Er wird auch bei der Medienwahl ein gewichtiges Wort mitreden, da sie eine Rückwirkung auf Stil, Ton, Form und Aufhänger der zu kommunizierenden Botschaft hat.

Der Medienzeitplan legt fest, wie sich die Werbeanstrengungen über eine bestimmte Zeitperiode hinweg verteilen sollen. Man spricht von gleichmäßiger, wellenartiger oder pulsierender Verteilung. Die Überlegungen, die dabei angestellt werden, dienen auch der anschließenden Kontrolle der Werbewirkung.

Die Verkaufsförderung hat sich stark entwickelt. Sie wurde so vielschichtig und so variantenreich, dass eine geordnete Klassierung schwerfällt. Die traditionelle Gliederung in handels-, konsumenten- und verkaufsmitarbeiterorientierte Förderung ist nach wie vor zweckmäßig, auch wenn die Zuweisung ab und zu fragwürdig erscheint. Aktionen werden zunehmend konzentrierter und ausgefallener; sie entwickeln sich teilweise zu richtiggehenden «Events». Die Intensität der Verkaufsförderung hängt einerseits von der Wirksamkeit am Markt ab, zum Beispiel von der Preisempfindlichkeit der Kunden oder vom Ausmaß ihrer Impulskäufe; sie hat andererseits aber auch mit den spezifischen Gegebenheiten in einem Unternehmen zu tun, beispielsweise mit der Höhe der Deckungsbeitragsmarge sowie mit der Bekanntheit und der Marktposition des Produkts.

Aktionen werden zunehmend absatzkanalspezifisch durchgeführt. Im Hinblick auf die Planung und Durchführung von Verkaufsförderungsaktionen muss darauf geachtet werden, dass sie mit entsprechenden Werbeanstrengungen koordiniert und anschließend auf ihren Erfolg hin kontrolliert werden.

11

# Public relations und persönlicher Verkauf

Das Schwergewicht in diesem zweiten Kapitel über Kommunikationsinstrumente liegt zwar auf dem persönlichen Verkauf, der in vielen Branchen für die Kommunikation entscheidend ist, aber die Publizität hat in den letzten Jahren auch an Bedeutung gewonnen, weil die Öffentlichkeit viel mehr am Wirtschaftsgeschehen interessiert ist als früher. Man denke nur an Großfusionen, die Börsenentwicklung, soziale und umweltpolitische Probleme, neue Produktkreationen oder das Leben von Wirtschaftskapitänen.

## Public Relations

Es überrascht nicht, dass sich vor allem Unternehmen, die in besonderem Maß der öffentlichen Kritik ausgesetzt sind, verstärkt um Publizität bemühen. Dazu gehören Banken, Versicherungen, Fluggesellschaften, Unternehmen der Mineralöl-, Automobil- und chemischen Industrie, aber auch all jene Institutionen, die sich in Staatsbesitz befinden oder privatisiert wurden, die Elektrizitätswirtschaft, die Telekommunikation, die Post und die Eisenbahn.

Heutzutage muss jedes Unternehmen die Öffentlichkeitsarbeit im Auge haben. Allzu zahlreich sind die Möglichkeiten, dass Unvorhergesehenes eintritt und man unvorbereitet einer öffentlichen Diskussion gegenübersteht. Man denke nur an dramatisch sinkende Betriebsergebnisse, an eine größere Anzahl von Entlassungen, an Unfälle im Betrieb, an Produkthaftungsfälle und an Insidergeschäfte.

Öffentlichkeitsarbeit darf aber nicht nur defensiv oder vorbeugend betrieben werden. Im Gegenteil – positive Publizität stimmt das Umfeld eines Unternehmens günstig und schafft die Basis für ein erfolgreiches Wirken. Dies gilt nicht nur für den Verkauf, sondern auch für die Finanzinstitutionen, für den Arbeitsmarkt, für die Lieferanten oder den Verkehr mit Behörden. Publizitätsmaßnahmen spiegeln die Aussage wider: «Tue Gutes und rede darüber.»

1990 feierte die Deutsche Bundespost ihr 500jähriges Jubiläum. Zugleich wurde das Unternehmen organisatorisch in die drei Einheiten Deutsche Post, Deutsche Telekom und Postbank aufgeteilt. Zusätzlich erfolgte die Verschmelzung mit der ehemaligen Post der DDR.

Unter dem Motto «modern und bürgernah» wurden in einer breit angelegten Kampagne 40 nationale und 900 überregionale Aktionen durchgeführt, so etwa der Festakt in der Beethovenhalle in Bonn, die Ausgabe einer Jubiläumsbriefmarke, ein Geschenk in limitierter Auflage, die Dekoration der Postämter, Sportveranstaltungen, lokale «Tage der offenen Tür», Flüge mit Postflugzeugen, Ausstellungen, Wettbewerbe, Sternfahrten mit Postkutschen, Expertengespräche, Plakatkampagnen oder ein «Dankeschön»-Geschenk an die Mitarbeiter. Dies alles kostete DM 25 Mio.

Die Resonanz war gewaltig. Allein die 900 dezentralen Veranstaltungen zählten 5,8 Mio. Besucher. 4400 Berichte erschienen in Zeitungen und Zeitschriften, und zwar in insgesamt 329 Mio. Exemplaren. 85 % der Gesamtbevölkerung wurden bis zu 18 Mal erreicht. Im Fernsehen wurde insgesamt 833 Minuten lang gesendet, was – über normale Werbeetats finanziert – rund DM 110 Mio. gekostet hätte.

(Quelle: Kalt/Steinke, *Erfolgreiche PR,* S. 103–115)

Die Begriffe Publizität, Öffentlichkeitsarbeit und Public Relations (PR) werden heute praktisch synonym verwendet; jedoch weist der Ausdruck «Publizität» eigentlich mehr auf die kostenlose Nachrichtenverbreitung durch die Medien hin, der Begriff Public Relations betont eher die im Vorfeld stattfindenden Aktivitäten des Unternehmens. In der Praxis setzt sich immer mehr der aus den USA kommende Begriff Public Relations beziehungsweise das Kürzel PR durch.

**Public Relations** bedeutet für ein Unternehmen, sein Erscheinungsbild in der Öffentlichkeit positiv darzustellen, sein Image zu pflegen beziehungsweise aufzuwerten und auf Meinungen und Äußerungen im Umfeld zu reagieren und einzuwirken.

Mit der PR-Arbeit will man Vertrauen und Wohlwollen gegenüber einem Unternehmen und seinen Produkten hervorrufen. Dies erreicht man in erster Linie über die Information der Öffentlichkeit. Die Art und Weise, wie man informiert, kann sehr unterschiedlich ausfallen, wie am Beispiel der Deutschen Post gut erkennbar ist.

PR-Aktionen werden häufig auch als kooperative Maßnahmen einer ganzen Branche wahrgenommen. Die Pharmaindustrie wirbt mit der Aussage «Pharma-Forschung ist teuer. Aber ein Menschenleben ist unbezahlbar» für eine bessere Akzeptanz der Branche. Man kann sich allerdings fragen, ob solche Maßnahmen nicht besser – anders als es in der einschlägigen Literatur dargestellt wird[1] – als Werbung statt als PR bezeichnet werden sollten.

Mit der Idee von der Corporate Identity wird der PR-Gedanke weiter entwickelt, wobei auch hier die Abgrenzung zu Werbung schwierig ist.

Unter **Corporate Identity** versteht man das einheitliche visuelle Erscheinungsbild eines Unternehmens oder einer Unternehmensgruppe; optisch gleiche Elemente, etwa ein Logo oder bestimmte Farben, finden sich auf Briefköpfen, Firmengebäuden oder Fahrzeugbeschriftungen.

Die Corporate Identity dient der Glaubwürdigkeit und bewirkt die schnelle Wiedererkennung und Identifikation eines Unternehmens (analog der Markenbildung). Sie ist damit ein wichtiger Teil wirkungsvoller PR-Arbeit.

Public Relations und Werbung dienen im Wesentlichen dem gleichen Zweck, nämlich der positiven Darstellung des Unternehmens sowie sei-

---

[1] Siehe Schmalen, *Kommunikationspolitik*, S. 216.

ner Produkte und Leistungen. Während die Werbung direkt dem Produktverkauf hilft, will man mit Public Relations vor allem Verständnis für und Vertrauen in das Unternehmen schaffen; sie wirken also indirekt verkaufsfördernd. Trotzdem ist auch das Endziel der PR materiell, denn dank einer positiven Einstellung der Öffentlichkeit sollen die unternehmerischen Ziele leichter erreicht werden.

Wir wollen nun der Reihe nach fragen, welche Instrumente der PR-Fachmann besitzt, worauf er beim Einsatz achtet und wie er die Wirksamkeit erkundet.

### Instrumente sind zahlreich

Angesichts der heutigen Informationsflut stellt sich die Frage, welche Nachrichten überhaupt von wem aufgenommen werden. Beschränkt sich ein Unternehmen auf die Veröffentlichung seiner Geschäftsergebnisse, so werden damit lediglich die Aktionäre, unter Umständen auch die Finanzinstitutionen, auf jeden Fall aber nur ein verhältnismäßig kleiner Teil der Öffentlichkeit erreicht. Die für ein Unternehmen relevante Öffentlichkeit besteht aber auch aus Konsumenten, Absatzmittlern, Mitarbeitern, überbetrieblichen Institutionen, staatlichen Instanzen, Lieferanten, Kreditgebern und Medien, also aus vielen unterschiedlichen Gruppen. Je nach Art des Unternehmens hat der eine oder andere Kreis besondere Bedeutung.

Die Presse hat starken Einfluss auf die Meinungsbildung in der Öffentlichkeit. Die Beziehung zu ihr sollte daher von allen Unternehmen gepflegt werden, und zwar ganz unabhängig davon, ob es sich um einen Produktions- oder Dienstleistungs-, einen Groß- oder Kleinbetrieb handelt. Ähnliches gilt – zumindest im Großunternehmen – für die elektronischen Medien Fernsehen und Radio. Auch führende Persönlichkeiten – etwa aus einer für ein Unternehmen wichtigen Gruppe oder jemand, der leitend in der Ausbildung tätig ist – sind für PR-Aktivitäten interessant.

Bei der Pflege der öffentlichen Meinung ist zudem die Beziehung zwischen Arbeitergeber und Arbeitnehmer zu beachten. Die internen PR, Teil der Human Relations, dienen der Verbesserung des Betriebsklimas. Dazu gehört auch die Pflege der Beziehungen zu sozialen Gruppen außerhalb des Unternehmens, denen eigene Arbeitnehmer angehören.

Die Heterogenität der Adressaten und die Phantasie der PR-Verantwortlichen führt dazu, dass sich eine breite Palette von PR-Instrumenten entwickelt hat. Die wichtigsten sind im Folgenden aufgeführt.

◆ **Geschäftsberichte:** Im Vordergrund stehen Finanzinformationen, die vermehrt durch die Fachpresse einer breiteren Öffentlichkeit zugänglich gemacht werden. Zur Förderung der Aussagekraft erstellen einzelne Presseorgane jährlich eine «Rangliste» hinsichtlich der Qualität der Geschäftsberichte größerer Unternehmen. Heute stehen die meisten Berichte auf hohem Niveau; darum werden nun «Ranglisten» über die den Geschäftsberichten beiliegenden Umweltberichte erstellt. Darin informieren Unternehmen beispielsweise über den Verbrauch von nicht erneuerbaren Ressourcen und Maßnahmen zu ihrer Reduktion, über die Rücknahme und Wiederverwertung ihrer Produkte.

◆ **Firmenreportage:** Mit einer sachlich informierenden Reportage kann sich ein Unternehmen als innovativ oder erfolgreich profilieren.

◆ **Fachartikel:** Fachartikel bieten eine ideale Möglichkeit, Fachleuten ein Produkt oder Verfahren genau zu beschreiben. Wichtig ist, dass er lesergerecht geschrieben ist, sich nicht in unwichtigen Details erschöpft, sondern das Wesentliche praktisch und interessant schildert, aufgelockert und verdeutlicht mit Fotos, Grafiken und repräsentativen Zahlen.

◆ **Interviews:** Interviews bieten einem Unternehmen – konfrontiert mit den kritischen Fragen eines Redakteurs – die Möglichkeit, sich sowie seine Produkte und Dienstleistungen darzustellen. Die Angst, dabei den Informationsvorsprung zu verlieren, ist meistens unbegründet, da in einem Interview selten Zeit für detailliertere Information besteht.

◆ **Presseinformation:** Eine ganze Palette von Themen bietet sich für Presseinformationen an, so etwa neue Produkte oder Verfahren, größere Exporterfolge, Großaufträge und Jubiläen. Hier muss allerdings zielgruppengerecht gearbeitet werden. Der wahllose Versand an die gesamte Presse ist nur kostenintensiv und wenig erfolgreich.

◆ **Pressekonferenzen:** Eine hervorragende Möglichkeit, sich aus besonderem Anlass der Presse zu präsentieren, bietet die Pressekonferenz. Es muss ein wichtiges Ereignis bevorstehen – etwa ein Neubau, eine Gebäudeerweiterung, ein Jubiläum, eine neue, technisch besonders interessante Anlage –, um die Journalisten zu einem Besuch des Unternehmens einzuladen. Die Pressekonferenz ist mit aller Sorgfalt vorzubereiten, die Mitarbeiter sind zu informieren und eine ausführliche Dokumentation mit Fotos ist für die Pressevertreter bereitzustellen.

Weitere Möglichkeiten für PR-Maßnahmen sind Betriebsbesichtigungen, das Ausschreiben von Wettbewerben, die Unterstützung öffentlicher Forschungsprojekte, Spenden an gemeinnützige Institutionen, die Herausgabe von Werkzeitschriften und Jubiläumsschriften sowie das Sponsoring kultureller und sportlicher Ereignisse.

Ohne hier nochmals auf das Sponsoring eingehen zu wollen, sei darauf hingewiesen, dass Non-Profit-Organisationen beim Erfinden von Ereignissen, die ihnen finanzielle Mittel bringen, sehr kreativ sein können. Da gibt es Jubiläumsfeiern, Kunstausstellungen, Versteigerungen, Konzerte, Gewinnspiele, Bücherverkauf, Backwarenverkauf, Wettbewerbe, Tanzveranstaltungen, Festessen, Jahrmärkte, Modeschauen, Partys an ungewöhnlichen Orten, Telefonaktionen, Flohmärkte, Reisen und vieles andere mehr.

### Gründliche Vorbereitung ist entscheidend

Publizitätsmaßnahmen lassen sich viel weniger gut kontrollieren und steuern als Werbemaßnahmen. Eine unabhängige Berichterstattung setzt voraus, dass ein Journalist objektiv berichtet und seine eigene Meinung hintanstellt. Für Letzteres gibt es jedoch keine Gewähr; deshalb müssen PR-Maßnahmen äußerst gründlich vorbereitet werden. Schlechte Publizität ist in der Regel schädlicher, als gute nützlich ist.

Welche Ereignisse werden von den Presseleuten vor allem aufgenommen und kommentiert?

- ◆ **Grad der Neuheit:** Je neuer und ungewöhnlicher ein Produkt ist, desto eher wird die Mitteilung von den Journalisten aufgenommen.

- ◆ **Bedeutung für die Öffentlichkeit:** Je mehr Personen von dem Ereignis angesprochen werden und betroffen sind, desto größer ist die Chance, dass es die entsprechende Beachtung in der Presse erhält.

Welche Ereignisse sollen aus unternehmerischer Sicht zu öffentlichen Mitteilungen führen?

- ◆ **Stimulus für das Unternehmen:** Presseberichte über ein neues Produkt unterstützen die Einführung. Die Einkäufer sind bereits vororientiert und der Verkäufer hat bereits einen Aufhänger für sein Verkaufsgespräch: «Wie Sie wahrscheinlich in der gestrigen Tagesschau gesehen haben, ist es unserem Unternehmen gelungen ...»

◆ **Verbesserung der Glaubwürdigkeit:** Eine Botschaft gewinnt durch die Publizität an Glaubwürdigkeit. Für das Publikum wirkt eine Mitteilung im redaktionellen Teil der Zeitung objektiver, als wenn sie in Form eines Werbeinserats verbreitet wird.

◆ **Erreichen von Konstanz:** Ereignisse, die zu einer gewissen Berichterstattungskonstanz führen, schaffen eine vertrauensvollere Grundstimmung, als wenn nur sporadisch und immer wieder über anderes berichtet wird. Die Reportage darf allerdings nicht langweilig wirken, will man das Image von träge, konservativ und altmodisch vermeiden.

Auf Papieren der Zanders Feinpapiere AG lassen Kreative ihrer Phantasie gern freien Lauf. Marken wie Chromolux oder Ikono sind zu einem Begriff geworden und werden überall auf der Welt bedruckt.
Seit bald 40 Jahren gibt es den Zanders-Kalender. Er wurde ursprünglich als einfaches Kundengeschenk zum Jahreswechsel konzipiert; heute ist er ein Markenzeichen – weltweit bekannt, von Sammlern begehrt und vielfach ausgezeichnet. Er wird jedes Jahr von Künstlern in immer anderer Konzeption entwickelt. Gleich bleiben nur die hohe Qualität, der Name Zanders und der jährliche Erscheinungstermin.

Publizität ist im Vergleich zur Werbung kostengünstig. Daher versuchen auch kleine Unternehmen, davon zu profitieren. Auch ist die Versuchung groß, Medien und freischaffende Berichterstatter mit Kundengeschenken zugunsten des eigenen Unternehmens zu beeinflussen. Oft steht der Leser daher unter dem Eindruck, dass die Ereignisschilderung mehr aus der Feder des Unternehmens und nicht aus der des zeichnenden Journalisten stammt.

Public Relations sind heute für viele Unternehmen unumgänglich geworden. Je nach Größe des Unternehmens ist es sinnvoll, einen oder mehrere Mitarbeiter oder sogar eine ganze Abteilung mit dieser Aufgabe zu betrauen. Wie bei allen anderen Kommunikationsmitteln ist auch bei PR-Maßnahmen eine Voraussetzung für den Erfolg, dass die Verantwortlichen klare Ziele vor Augen haben, beispielsweise: «Unser Unternehmen soll mindestens sechsmal jährlich in einer positiven Art in einer der folgenden Tageszeitungen … erwähnt werden.»

### Wirksamkeit durch Befragungen überprüfen

Es ist sehr schwierig, den Erfolg von PR-Maßnahmen zu erfassen, besonders wenn auch andere Kommunikationsmittel eingesetzt werden. Im Vordergrund stehen die im Folgenden genannten beiden Methoden.

- **Erscheinungshäufigkeit:** Es wird festgestellt, wie oft beispielsweise Pressecommuniqués durch Zeitungen, Radio und Fernsehen verbreitet wurden. Die Häufigkeit des Erscheinens mag zwar ein Hinweis auf das Interesse der Medien sein, doch kann damit noch keine Aussage über die Aufnahmebereitschaft des Publikums gemacht werden. Die Erfahrung zeigt nämlich, dass Pressecommuniqués umso weniger Verbreitung finden, je stärker das Interesse aufgrund anderer Berichterstattungen in den betreffenden Medien absorbiert wird. Die Erscheinungshäufigkeit ist somit noch kein ausreichender Indikator für die Penetration der Information bei der Zielgruppe. Diesen Sachverhalt bezeichnet man auch als Streuverlust.

- **Gezielte Befragungen:** Mit Hilfe von Befragungen wird untersucht, welche und wie viele Konsumenten beispielsweise das Produkt infolge von PR-Maßnahmen besser kennen. Dies setzt meistens voraus, dass mittels einer Befragung vor der Durchführung der PR-Aktion der Kenntnisstand ermittelt wird. Das Ganze wird daher teuer und lohnt sich nur bei größeren und wichtigen PR-Aktionen.

Eher selten wird der Zusammenhang zwischen Umsatz und Gewinn und den PR-Aktivitäten gesucht. Da PR-Aktivitäten eher langfristig wirken, werden ökonomische Auswirkungen selten erkannt.

Eine gute Berichterstattung ist meistens das Resultat jahrelanger Bemühungen um den Aufbau guter Beziehungen zu den Medienvertretern. Kennen die Presseleute das Unternehmen und das Produkt seit Jahren, können sie genauer berichten, als wenn sie beispielsweise in einer Krisensituation erstmals mit den Gegebenheiten konfrontiert werden.

## Persönlicher Verkauf

Der Verkauf ist das ursprüngliche Kommunikationsinstrument. Vor der Erfindung der Druckerpresse erfolgte die Information ausschließlich von Mensch zu Mensch. Die Wirkung des direkten Kontakts ist in der Regel auch heute noch größer als die eines unpersönlichen Mediums. Die zunehmende Anonymisierung der Großunternehmen hat zudem die Stellung der Außendienstmitarbeiter gestärkt. Oftmals sind die Verkäufer die einzigen Repräsentanten, mit denen der Kunde in persönlichen Kontakt tritt. Der persönliche Verkauf gehört nicht nur zu den wichtigsten, sondern auch zu den kostspieligsten Instrumenten der Absatzpolitik. Dies gilt insbesondere bei Produkten, die einer Erklärung bedürfen oder die voraussetzen, dass man auf spezifische Kundenbedürfnisse eingeht, etwa beim Bau von Spezialanlagen. Auch in der Pharmaindustrie ist der Außendienst das wichtigste Kommunikationsinstrument: Rund 15 bis 20 % vom Umsatz werden dafür aufgewendet.

> Gemäß einer Untersuchung[1] bei 14 schweizerischen Pharmaunternehmen entfallen 60 % der Kommunikationsanstrengungen auf den Außendienst, 25 % werden für klassische Werbung und 15 % für Kongresse, Symposien und Weiterbildung aufgewendet.

Besuche bei Kunden sind teuer. Je nach Art des Verkäufers und der Besuchsdauer muss mit Kosten von über sFr. 100 pro Besuch gerechnet werden.[2] Die Unternehmen sind daher sehr darauf bedacht, den Verkauf optimal zu konzipieren und zu führen. Diese Aufgabe wird im Folgenden etwas genauer betrachtet.

### Aufgaben sind zahlreicher als man denkt

Der persönliche Verkauf umfasst eine Reihe von Aktivitäten; wenn der Verkauf einer Leistung nicht gelingt, waren alle vorangegangenen Tätigkeiten fast wertlos (Suche nach Marktnischen, Planung eines neuen Produkts, Produkteinführung oder die Erschließung von Distributionskanälen). Hauptziel des persönlichen Verkaufs ist daher der Verkaufsabschluss.

Die Aufgaben des persönlichen Verkaufs werden von der Art des Kunden, der angebotenen Leistung und der Verkaufssituation bestimmt. Grundsätzlich lassen sich fünf Aufgabengruppen unterscheiden.

♦ Informationsgewinnung:
 - über den Kunden (Umsatz, Tätigkeitsfeld, Kundenbedarf, Einkaufsgewohnheiten),
 - über die Konkurrenz (Produktvorteile aus Kundensicht, Marketingmaßnahmen, Image, Preis),
 - über die Absatzmittler und Marktbeeinflusser.

♦ Informationsübermittlung:
 - direkt (zum Beispiel Orientierung über neue Produktentwicklungen, Änderungen in den Marketingmaßnahmen, Vorstellen neuer Verkaufsmitarbeiter),
 - indirekt (Imagebildung, Kundenpflege).

---

[1] Siehe Seemann, *Planung des persönlichen Vertriebs im Pharmamarketing*, S. 45.
[2] Geht man für einen Außendienstmitarbeiter von Jahreskosten in Höhe von sFr. 120'000 (inklusive Spesen und Sozialleistungen) und 800 Kundenbesuchen pro Jahr (vier Besuche pro Tag an 200 Tagen) aus, so ergeben sich sFr. 150 pro Besuch.

◆ **Verkaufsunterstützung:**

- Beratung und Instruktion künftiger Benützer,
- Orientierung und Schulung von Absatzmittlern,
- Durchführung von Demonstrationen und Verkaufsveranstaltungen.

◆ **Erzielung von Kundenaufträgen:**

- Kontaktaufnahme und Erfassen der Bedürfnisse,
- Abgabe eines Kostenvoranschlags,
- Verhandlungen über die Offerte,
- Vertragsabschluss,
- Überprüfung der Kundenzufriedenheit.

◆ **Logistische Aufgaben:**

- Auslieferung von Produkten (zum Beispiel Frischdienst),
- Erledigung oder Weiterleitung von Reklamationen.

Zum persönlichen Verkauf zählen auch die telefonischen Kontakte. Sie dienen der Vorbereitung von persönlichen Gesprächen; in manchen Fällen wird der Kontakt mittels des Telefons fortgesetzt. Der Telefonverkauf hat in den letzten Jahren stark an Bedeutung gewonnen. Er ist in der Regel zwar weniger wirksam als ein Besuch beim Kunden, aber sowohl für den Anbieter als auch für den Kunden billiger. Der Telefonverkauf wird weiter zunehmen. Die jüngsten Verkaufswerkzeuge heißen Call Center, Direct Marketing und Video Phone.

---

Der führende schweizerische Händler für Werkzeuge – die Firma Brütsch-Rüegger AG – hat vor Jahren den persönlichen Verkauf drastisch reduziert und durch Telefonverkauf ersetzt. Heute finden Kundenbesuche nur noch auf Wunsch statt.
Der Normalverkauf wird schriftlich oder am Telefon abgewickelt. Mit Katalogen und Direct Mails werden die Kunden orientiert und laufend über Neuheiten informiert. Das Unternehmen hat das breiteste Sortiment, viele Exklusivvertretungen und im Werkzeugversandhandel einen Marktanteil von über 30 % – damit ist es fast doppelt so groß wie der nächstgrößere Konkurrent.
Die Konzentration auf den Telefonverkauf hat sich nicht negativ auf den Geschäftsgang ausgewirkt; Brütsch-Rüegger soll zu den renditestärksten Unternehmen der Branche gehören.

### Verkäuferpersönlichkeit ist stark produktabhängig

Der Zigarren rauchende, pikante Geschichten erzählende, sich sofort als Freund anbiedernde Verkäufertypus gehört der Vergangenheit an. Der heutige Verkäufer ist gut auf seine Aufgabe vorbereitet, fachlich versiert und hat eine klare Vorstellung von dem, was er erreichen will. Je nach Aufgabenstellung und Umfeld lassen sich verschiedene Verkaufsarten und damit Verkäufertypen unterscheiden.

- **Schwergewicht «Warenverteilung»:** Normalerweise sind Verkauf und Warenverteilung getrennt. Die beiden Aufgaben sind so verschieden, dass dieselbe Person selten beides gleich gut macht. Mögliche Ausnahmen sind in diesen Bereichen zu finden: Lieferdienst für Frischprodukte, Auslieferung von Getränken, Anlieferung von gängigem Verbrauchsmaterial und Bestellungsannahme.
  Zuverlässigkeit und Hilfsbereitschaft kennzeichnen den «Verkäufer mit Warenverteilung».

- **Schwergewicht «Entgegennahme von Bestellungen»:** Der Kunde weiß bereits, was und wie viel er will. Beispiele dafür sind der Kauf einer Eintrittskarte für das Kino, der Kauf von standardisierten Produkten wie Benzin, Heizöl, Milch, Butter, Papier und Büromaterial oder der Kauf von Markenartikeln.
  Meistens kommt der Kunde zum Verkäufer und verlangt nach dem gewünschten Artikel. Der Verkäufer hat hier eher eine dienende Funktion. Er macht allenfalls Vorschläge, ist aber kaum in der Lage, den Kunden mit überzeugenden Argumenten zum Kauf eines bestimmten Artikels zu bewegen.
  Bei der Entgegennahme von Bestellungen führt der «Verkäufer» oft zusätzliche Tätigkeiten für den Kunden aus, beispielsweise stellt er Verkaufsständer auf, führt Produktdemonstrationen durch, nimmt genau Maß, montiert das bestellte Produkt, pflegt die Verkaufsregale oder zeichnet Einzelhandelsware mit Preisen aus.

- **Schwergewicht «aktives Einholen von Bestellungen»:** Der Kunde benötigt zwar grundsätzlich ein ihm bekanntes Produkt, muss aber im Einzelfall zunächst im Detail davon überzeugt werden, beispielsweise von einer Verkäuferin im Schuhladen, in der Weinhandlung, an einer Fernseh- und Radioausstellung oder vom Lebensmittelverkäufer, der den Einzelhändler zuerst für die Aufnahme eines bestimmten Artikels oder die Platzierung eines Produkts, für das eine Sonderaktion stattfindet, gewinnen muss. Aber auch der Verkäufer von Standardmotoren, bekannten Apparaten oder normierten Steuereinrichtungen fällt in diese Kategorie. In solchen Bereichen ist die Aufgabe zwar anspruchsvoller, denn es gilt, den Kunden zu überzeugen, doch das Produkt steht fest und ist dem Kunden bekannt, so dass die verkäuferischen Anforderungen immer noch begrenzt sind.

◆ **Schwergewicht «Verkauf von Neuheiten»:** Der Verkäufer muss den Kunden zuerst vom Produkt überzeugen, da sich der Interessent möglicherweise gar nicht darüber im Klaren ist, welche Vorteile das neue Produkt mit sich bringt. Das gilt beispielsweise für Standardsoftware, Werkzeugmaschinen oder Anteile an Anlagefonds. Die Verkaufsaufgabe setzt meistens voraus, dass man die Bedürfnisse des Kunden kennt.

◆ **Schwergewicht «Problemlösung»:** Der Kunde hat ein Problem, meist technischer Natur, aber er kennt keine geeignete Lösung. Der Verkäufer ist selbst ein Fachmann oder ein Techniker und berät den Kunden bei der Lösung des Problems.
Sehr oft arbeiten in solchen Situationen zwei Personen zusammen: Der eigentliche Verkäufer, der den Kontakt herstellt und die Beziehung zum Kunden pflegt, und der für das spezifische Problem zuständige Fachmann, der die technischen Fragen beantworten kann. Aber auch in diesem Fall muss der Verkäufer über gute technische Grundkenntnisse verfügen, denn nur dann wird er vom Kunden als Gesprächspartner akzeptiert und nur dann kann er sich im eigenen Unternehmen an den richtigen Fachmann wenden und ihn zum Kunden bringen.

Die verschiedenen Verkaufsarten verlangen ganz unterschiedliche Verkäuferpersönlichkeiten, und zwar sowohl in Bezug auf das allgemeine Ausbildungsniveau als auch im Hinblick auf die Führung der Verkaufsgespräche.

Den «geborenen Verkäufer» gibt es nicht, den «stets erfolglosen Verkäufer» auch nicht. Die vielen Mythologien rund um den «erfolgreichen Verkäufer» konnten nie belegt werden – wahrscheinlich deshalb nicht, weil das Zusammenspiel von Produkt, Kundenbedürfnis, involvierten Personen (Käufer, Verkäufer, auf die Entscheidung Einfluss nehmende Personen) und das Umfeld (Werbung, Verkaufsförderung, Konkurrenzaktivität) so komplex ist, dass keine allgemein gültigen Rückschlüsse möglich sind.

> «Nein, schon seit einiger Zeit hatten wir keinen mehr», meinte eine angehende Verkäuferin zur Kundin.
> «Nein, aber so etwas!», empörte sich der Verkaufsleiter, der zufällig vorbei ging und die Bemerkung hörte. «Wir haben den Artikel bestimmt an Lager. Entschuldigen Sie bitte, wenn ich störe, aber die junge Dame ist noch nicht lange bei uns. Daher kennt sie sich mit unserer Lagerhaltung noch nicht so gut aus und weiß nicht, wie rasch wir Sie bedienen können. Wenn Sie nach dem Mittagessen nochmals bei uns vorbeikommen würden, halten wir das Gewünschte für Sie bereit. Was war es also, das wir schon so lange nicht mehr hatten?» – «Regen!», entgegnete die Kundin.
>
> *Aus «More of The Best of Bits & Pieces», S. 117*

Basierend auf ihrem berühmten «Managerial Grid» haben Blake/Mouton auch einen «Grid For Sales Excellence» entwickelt, der je fünf Verkäufer- und Kundentypen unterscheidet, und zwar nach dem Ausmaß ihrer Sach- beziehungsweise Personenorientierung.

Verkäufertypen in «Grid for Sales Excellence»[1]

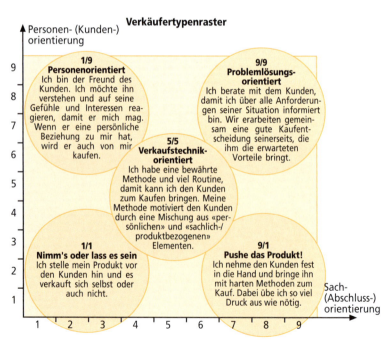

---

[1] Kotler/Bliemel, *Marketing Management*, S. 1071.

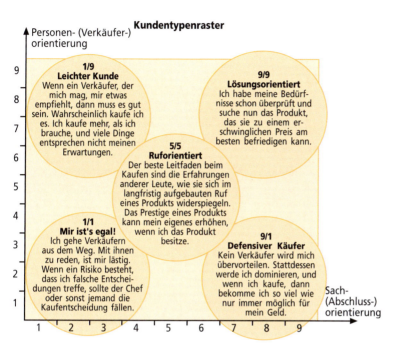

Kundentypen in «Grid for Sales Excellence»

Betrachtet man die unterschiedlichen Typen, dann kann man sich sehr gut vorstellen, dass ein extrem personenorientierter Verkäufer mit einem stark sachorientierten Kunden nicht zu Rande kommt, selbst wenn Produkt, Kundenbedürfnisse, Sachkenntnisse und Fähigkeiten der Beteiligten grundsätzlich stimmen. Der 1/9-Verkäufertyp sucht ja die persönliche Beziehung und möchte auf die Gefühle und Interessen des Kunden reagieren. Doch der 9/1-Käufer sieht nur das Preis-Leistungs-Verhältnis und beurteilt es aus rein technischer Sicht.

Ein Verkaufserfolg ist aber auch von der Sympathie und dem während der Verkaufsverhandlungen entstandenen Vertrauen abhängig. Einzelne Untersuchungen[1] zeigen, dass ein Erfolg um so eher erzielt wird, je mehr sich die Persönlichkeitsmerkmale von Verkäufer und Käufer entsprechen (Ähnlichkeitshypothese), je besser Glaubwürdigkeit und Image des Verkäufers sind und je mehr es gelingt, den Käufer zu einer positiven Selbstdarstellung zu veranlassen.

---

[1] Sehr bekannt ist die Untersuchung von F. B. Evans in der Lebensversicherungsbranche. Er fand nämlich heraus, dass bei ähnlichen Charakteristiken von Käufer und Verkäufer (Alter, Größe, Statur, Ausbildung, Einkommen usw.) die Chance für einen Versicherungsabschluss steigt *(American Behavioral Scientist,* 4/63, S. 78). Die Untersuchung wurde von Weitz (Weitz, «Effectiveness in Sales Interactions»; in: *Journal of Marketing Research,* Winter 1981, S. 85 bis 103) dann allerdings bemängelt.

## Verkaufsprozess beginnt mit der Vorbereitung

Der Versuch, ein Walzwerk zu verkaufen, mag Monate oder Jahre beanspruchen, der eines Hausierers an der Tür wird kaum länger als 20 Minuten dauern; trotzdem erkennt man viele Gemeinsamkeiten bei diesen so verschiedenen Verkaufsarten. Der im Folgenden dargestellte Verkaufsprozess gilt für beide, auch wenn er je nach der spezifischen Verkaufssituation modifiziert werden muss.

◆ **Phase 1 – Kundenidentifikation:** Da sich die Marktverhältnisse laufend ändern, muss jeder Verkäufer ständig nach neuen Abnehmern Ausschau halten. Bei allen in Frage kommenden Abnehmern wird er sich fragen, welches Kaufpotenzial sie besitzen, welche Konkurrenzprodukte sie vielleicht schon verwenden und welche Verkaufschancen für ihn bestehen. Die Kundenidentifikation geht aber noch weiter. Es gilt herauszufinden, wer beim potenziellen Abnehmer über den Einkauf entscheidet. Beispielsweise ist es unökonomisch, die einzelnen Läden einer Kaufhauskette aufzusuchen, wenn die Entscheidung über die Produktaufnahme in der Zentrale gefällt wird.

◆ **Phase 2 – Verkaufstaktik:** Je nach Art des Kunden wird die einzuschlagende Taktik gewählt. Will man sich beim ersten Besuch auf die Ermittlung der Kundenbedürfnisse konzentrieren? Will man direkt zu einem Abschluss kommen oder will man zunächst nur das eigene Unternehmen, eventuell ein neues Produkt oder eine spezifische Aktion präsentieren?
Entscheidend ist die Auseinandersetzung mit den Kundenbedürfnissen und mit der Art und Weise, wie man gedenkt, sie zu befriedigen. Man verkauft einem Kunden nicht die nutzbringende Anwendung des Produkts, sondern die Idee, die den Vorteil bringt und letztlich zur Herstellung des Wirtschaftsguts geführt hat.

> «Verkauf mir keine Kleider – verkauf mir nettes Aussehen, modischen Chic.
> Verkauf mir keine Möbel – verkauf mir ein gemütliches, sauberes Heim, in dem ich mich wohl fühlen kann.
> Verkauf mir keine Dinge – verkauf mir Ideen, Gefühle, Gewinn und Sicherheit.»
>
> *Aus Meffert, «Marketing – Einführung in die Absatzpolitik», S. 450*

Erst wenn der Verkäufer versteht, dass er keine Gegenstände verkauft, sondern die Ideen, die dahinterstehen, erst wenn er die Technik des Verkaufs von Vorteilen beherrscht, kommt er dem wichtigen «Ja», dem Abschluss des Kaufvertrags, ein ganz erhebliches Stück näher. Der gute Verkäufer ist sich dessen bewusst, dass die Kunden vielschichtige Bedürfnisse besitzen und daher vermehrt nach Systemen und Kundendiensten und weniger nach einem isolierten Produkt Ausschau halten.

◆ **Phase 3 – Kontakt herstellen:** Jetzt gilt es, die Aufmerksamkeit und das Interesse des Kunden zu gewinnen. Dazu gibt es verschiedene Techniken. Beispielsweise kann der Verkäufer gleich mit den Produktvorteilen beginnen, sich und die Gesellschaft vorstellen oder dem potenziellen Kunden das Produkt präsentieren. Je nach der Beziehung zum Kunden, der Art des Produkts und des Verkaufsumfelds empfiehlt sich die eine oder andere Vorgehensweise. Da der Verkäufer die Kundenbedürfnisse ja zunächst nur ungenau kennt, wird er frühzeitig versuchen, mit beiläufigen Fragen Näheres zu erfahren.

◆ **Phase 4 – Präsentation:** Jetzt muss die Zwei-Weg-Kommunikation einsetzen. Der Verkäufer macht auf die Vorteile des Produkts aufmerksam. Gleichzeitig registriert er alle Reaktionen, Bedenken und Einwände und überlegt gut, wie er darauf antworten will. Falls keine Reaktionen kommen, so erzeugt er sie mit entsprechenden Fragen. Immer ist er bemüht, den Kunden und seine möglichen Kaufmotive kennenzulernen. Aus Erfahrung weiß er, dass Kunden ihre innersten Bedenken oft nicht verraten und dann mit oberflächlichen Einwänden argumentieren. Bei gutem Gesprächsverlauf kann der Verkäufer testen, ob Kaufbereitschaft vorhanden ist, etwa indem er eine nebensächliche Frage zum gewünschten Liefertermin stellt.

◆ **Phase 5 – Verkaufsabschluss:** Diese Phase wird vom guten Verkäufer nur eingeleitet, wenn die Kundenbedürfnisse durch das Produkt abgedeckt werden. Wenn ein wesentlicher Einwand bestehen bleibt, so verhält sich der Verkäufer ruhig, dankt dem potenziellen Kunden für das Gespräch und lässt so die Möglichkeit für einen nächsten Besuch offen. Dieses Verhalten und die anschließende Analyse der Gründe des Misserfolgs sind zweckmäßiger, als den Kunden mit wenig Aussicht auf Erfolg zu einem Verkaufsabschluss zu bewegen. Falls die Chancen jedoch gut sind, wird versucht, dem Kunden die Entscheidung zu erleichtern. Hierfür bieten sich verschiedene Techniken an.

- **Alternativtechnik:** Man veranlasst den Kunden, sich für die eine oder andere Alternative zu entscheiden, wobei aber beide aus Sicht des Verkäufers positiv zu werten sind.

- **Dringlichkeitstechnik:** Man macht den Kauf dringlich und teilt mit, dass man trotz langer Lieferzeiten bei sofortiger Auftragserteilung eine kürzere Lieferfrist für das Produkt durchsetzen könne, oder aber, dass man zur Zeit noch einen günstigeren Einführungspreis einräumen könne.

- **Lieferbedingungstechnik:** Man tut so, als ob das Produkt gekauft wäre, und fragt nach Adresse, Liefertermin, Menge, Farbe, Verpackungsart usw.

- **Abschlusstechnik:** Man übergibt dem Kunden den Kugelschreiber, damit er den Kaufvertrag unterzeichnet oder händigt ihm Dokumente oder Schlüssel als physisches Zeichen für den Verkaufsabschluss aus.

- **Projektionstechnik:** Man führt dem Kunden nochmals so konkret wie möglich vor Augen, welche nützlichen Leistungen das Produkt erbringt und wie vorteilhaft sich sein Einsatz auf die Geschäftstätigkeit oder auf die Freizeit auswirken wird.

Versagt die eine Technik, so führt oft eine andere zum Abschluss. Doch die Anwendung mehrerer Techniken kann negativ wirken, da sich der Interessent möglicherweise manipuliert vorkommt.

---

Ein junger Psychologiestudent benützte seinen Militärdienst dazu, um eine Theorie auszutesten. Als Küchengehilfe verteilte er am Ende der Essensausgabe Aprikosen.
Zuerst fragte er die vorbeikommenden Soldaten einzeln: «Du willst wahrscheinlich keine Aprikosen mehr?», und 90 % der Vorübergehenden nahmen keine mehr.
Dann versuchte er es mit einer positiven Fragestellung: «Du willst sicher noch ein paar Aprikosen zum Dessert?» Etwa 50 % antworteten: «Ja, gerne, eigentlich schon.»
Und dann testete er noch ein drittes Vorgehen: «Willst Du eine oder zwei Aprikosen?» 40 % nahmen eine und 50 % zwei Aprikosen – und das, obwohl diese Früchte bei den Soldaten nicht allzu beliebt waren.

◆ **Phase 6 – Follow-up:** Neben den jetzt einzuleitenden administrativen Aufgaben, wie dem Ausfüllen des Bestellformulars und der Vereinbarung des nächsten Besuchstermins geht es um Zweierlei.

- **Auswertung:** Der Besuch wird genau analysiert. Warum war der Besuch erfolgreich beziehungsweise warum nicht? Welche Folgerungen ergeben sich für ähnliche Kunden und für diesen Kunden?

- **Erfüllung:** Dabei geht es darum, dass die Liefertermine eingehalten werden, der Kunde das Produkt richtig einsetzt, er nötigenfalls geschult wird und anderes. Ein Follow-up-Gespräch ist auch immer eine gute Gelegenheit, um künftige Bedürfnisse kennenzulernen.

Ziel des Follow-up ist die Sicherstellung und Überprüfung der Kundenzufriedenheit. Natürlich wird sie bei einem billigen Produkt nicht mit der gleichen Gründlichkeit erfolgen wie bei einem teuren.

«Nur Kleinlichkeit kann glauben, dass der unmittelbare, sofortige Verkauf eines Gegenstands der ganze Geschäftszweck ist.» Dieser Satz wurde bereits vor etwa 100 Jahren niedergeschrieben, aber er ist heute aktueller denn je. Er besagt, dass der Aufbau einer langfristigen Geschäftsbeziehung wichtiger ist als ein Verkaufsabschluss um jeden Preis.

Die Aussage: «Gute Verkäufer sind wie gute Köche. Sie verstehen es, Appetit anzuregen, selbst wenn der Käufer nicht hungrig ist», ist mehr falsch als richtig: Ein guter Koch muss daran interessiert sein, dass sich der Gast nach dem Essen wohl fühlt und das Restaurant gerne wieder aufsucht.

## Verkaufsorganisationen müssen wirtschaftlich sein

In der Praxis findet man die verschiedensten Verkaufsorganisationen. Kriterium für die richtige Wahl ist die Differenz aus Deckungsbeitrag und Kosten, die sich bei Wahl einer bestimmten Organisationsalternative ergibt. So kann eine regionale Gliederung für die Besuchskosten günstig sein, da die Fahrzeiten der Außendienstmitarbeiter kurz sind. Umgekehrt ist der einzelne Außendienstmitarbeiter eventuell nicht in der Lage, über die ganze Produktpalette so gut informiert zu sein, dass er auf die Fragen der Kunden stets fundiert antworten kann. Der Umsatz und damit der Deckungsbeitrag werden kleiner, so dass möglicherweise eine produktbezogene Verkaufsorganisation zweckmäßiger ist.

◆ **Gebietsbezogene Gliederung:** Der Verkäufer besucht in seinem Verkaufsgebiet alle Kunden und vertreibt alle Produkte eines Unternehmens. Diese Organisationsform ist dann zweckmäßig, wenn die Produkte nicht erklärungsbedürftig sind, es sich nur um ein kleines Sortiment und eine relativ einheitliche Kundenstruktur handelt. Enge Produktverwandtschaft und eine geringe Zahl von Kunden begünstigen diese Organisationsform – Letzteres, weil die unproduktiven Reisezeiten so am wenigsten ins Gewicht fallen.

Regionale Gliederung

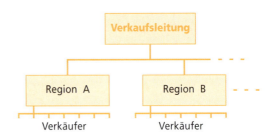

◆ **Kundenbezogene Gliederung:** Die Verkäufer spezialisieren sich auf bestimmte Kunden, beispielsweise auf Kunden innerhalb einer Branche. Diese Organisation ist vor allem bei erklärungsbedürftigen Produkten und einem breiten Sortiment anzutreffen. Je mehr sich die Bedürfnisse der verschiedenen Kundengruppen voneinander unterscheiden, umso eher wird diese Form gewählt.

Gliederung nach Kundengruppen

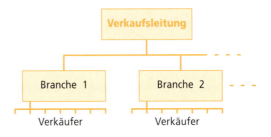

◆ **Produktbezogene Gliederung:** Der Verkäufer spezialisiert sich auf bestimmte Produktgruppen, die ähnliche Eigenschaften aufweisen. Diese Form empfiehlt sich vor allem beim Verkauf ganzer Systeme und Anlagen (System-Selling), bei einer großer Anzahl von Kunden sowie bei überzeugungsbedürftigen Produkten.

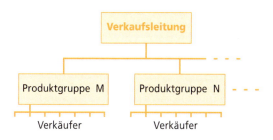

Gliederung nach Produktgruppen

- **Funktionale Gliederung:** Die Aufgaben des Verkaufs sind vielfältig und erfordern ganz unterschiedliche Fähigkeiten: Außendienst, Verkauf, Verkaufsförderer, Merchandiser, Demonstrationspersonal, Verkaufsinnendienst, technische Verkaufsunterstützung. Eine funktionale Gliederung wird umso eher gewählt, je mehr das Produkt maßgeschneidert wird, je vielfältiger die Verkaufstätigkeiten und je ausgedehnter die nötigen Verhandlungen sind.

Funktionale Gliederung

- **Eigener Verkauf – externer Verkauf:** Der interne Verkaufsstab besteht aus Mitarbeitern, die ganztägig oder auf Teilzeitbasis ausschließlich für die Organisation arbeiten und ein Gehalt beziehen. Der externe Verkaufsstab besteht aus Vertretern, Verkaufsagenten, Maklern usw., die auch für andere Organisationen arbeiten und auf Kommissionsbasis, in Abhängigkeit von ihrer Verkaufsleistung, bezahlt werden.[1]

In der Praxis kommen diese Organisationsformen nie in ihrer Reinform vor. Zwischen Außen- und Innendienst wird praktisch immer unterschieden. In entlegeneren Regionen lohnt es sich meistens weniger, mit einem eigenen Verkauf zu operieren; also setzt man einen Vertreter ein.

---

[1] Siehe Meffert, *Marketing – Einführung in die Absatzpolitik,* S. 450.

Je intensiver die Marktdurchdringung ist, desto eher kann man sich einen produkt- oder kundenbezogenen Verkauf erlauben, aber denkbar ist auch eine grundsätzlich regionale Organisation, von der einzelne Produkte ausgenommen und produktbezogen vertrieben werden.

Wie groß sollte ein Verkaufsstab sein? Sollen alle potenziellen Kunden besucht werden oder nur die größeren?

In der Theorie ist diese Frage einfach zu beantworten: Wenn die zusätzlichen Kosten für einen weiteren Verkäufer kleiner sind als der durch ihn erzeugte zusätzliche Deckungsbeitrag, ist er einzustellen. In der Praxis lässt sich aber nie genau ermitteln, wie viel zusätzlichen Deckungsbeitrag ein weiterer Verkäufer bringt. Aus diesem Grund wird meistens ein anderes Bestimmungsverfahren angewendet. Man geht davon aus, dass das Unternehmen aufgrund seiner Erfahrungen die nötige jährliche Anzahl von Besuchen bei den verschiedenen Kunden kennt. Da es zugleich weiß, welche Besuchsleistung ein Außendienstmitarbeiter pro Jahr durchschnittlich erbringt, lässt sich errechnen, wie groß der Außendienst bei einer bestimmten Anzahl von Kunden sein muss.

Die beste Methode dürfte eine kombinierte Vorgehensweise sein. Zuerst wird aufgrund der Arbeitslast die Größe des Außendienstes bestimmt. Dann fragt man, wie groß der infolge des Verkaufsbesuchs im kleinsten Geschäft erzielte Umsatz sein müsste, damit sich der Aufwand lohnt, und dann, ob der ermittelte Prozentsatz realistisch ist.

---

Ein Unternehmen möchte den Besuchsrhythmus der Außendienstmitarbeiter überprüfen. Es stellt fest, dass ein Besuch durchschnittlich sFr. 120 kostet, wobei diese Zahl nur wenig mit der Kundengröße zusammenhängt. Auch der Verkaufsanteil des Unternehmens in Höhe von 1,5 % vom Gesamtumsatz all seiner Kunden ist praktisch unabhängig von der Kundengröße. Die Verkaufsmitarbeiter besuchen die Kunden im unten angegebenen Rhythmus.

| Umsatz pro Kunde und Jahr in DM | Besuchs-rhythmus | Anzahl der Besuche pro Jahr | Kosten pro Jahr |
| --- | --- | --- | --- |
| DM 0,4 bis 1,0 Mio. | alle 8 Wochen | 6 | DM 720 |
| DM 1,0 bis 2,0 Mio. | alle 4 Wochen | 12 | DM 1'440 |
| über DM 2,0 Mio. | jede Woche | 50 | DM 6'000 |

Mit Hilfe der durchschnittlichen Deckungsbeitragsmarge von 38 % lässt sich errechnen, wie hoch der vom Verkäufer erwirkte Umsatzanteil sein muss, wenn sich sein Besuch lohnen soll.

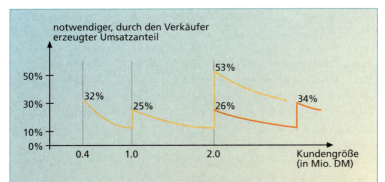

Zwar war man der Meinung, dass die Wirkung eines Besuchs bei Großkunden höher war als bei Kleinkunden (mehr Merchandising), doch glaubte man nicht an die 53 %. In der Folge wurde eine neue Kundenkategorie von DM 2 bis 3 Mio. definiert; diese Kunden wurden alle zwei Wochen besucht (in der Graphik mit einer roten Linie dargestellt).

Die von einem Außendienst vorzunehmende Marktbearbeitung hängt stark von den Produkten und dem Tätigkeitsprofil ab, so dass von verschiedenen Unternehmen im selben Markt ganz unterschiedliche Marktabdeckungen und Besuchsfrequenzen gewählt werden. Angesichts der gravierenden Veränderungen in der Distribution lohnt es sich aber, den Einsatz des Außendienstes von Zeit zu Zeit zu untersuchen und eventuell durch geeignete Tests zu überprüfen, beispielsweise indem in zwei vergleichbaren Regionen mit ganz unterschiedlichen Besuchsleistungen operiert wird. Unbedingt sollte man sich die Frage stellen, ob Besuche durch Telefonanrufe ersetzt werden können, besonders wenn keine Merchandisingaktivitäten nötig sind. Geht man davon aus, dass ein Außendienstmann pro Tag vielleicht vier bis acht Besuche schafft, so sind es beim Telefonverkäufer pro Tag 20 bis 30 Anrufe: Es liegen also eine ganz unterschiedliche ökonomische Situationen vor.

Die Zuteilung einzelner Verkaufsgebiete auf die Außendienstmitarbeiter ist eine Frage der Arbeitslast und des Umsatzpotenzials. Man ist bestrebt, die Gebiete möglichst gleichmäßig auf die Verkäufer zu verteilen, damit ihre Leistungen vergleichbar sind.

## Verkaufsführung ist mehr als «Zeitmanagement»

«Sales Management» wird von der American Marketing Association wie folgt definiert: «The planning, direction, and control of personal selling, including recruiting, selecting, equipping, assigning, routing, supervising, paying and motivating as these tasks apply to the personal salesforce.» Verkaufsführung ist eine vielschichtige Aufgabe; die Aspekte, die unter den Begriff «Führung» fallen, werden hier nicht besprochen. Uns geht es um die Ziele, die dem Außendienst vorgegeben werden, und die Indikatoren, an denen seine Leistung kontrolliert wird.

Je nach Art der Verkaufsaufgabe und je nach Unternehmen wird dem einzelnen Reisenden mehr oder weniger genau vorgeschrieben, was er zu tun hat. Dies ist hauptsächlich bei großen Außendiensten der Fall, wenn die Verkaufstätigkeit ziemlich standardisiert abläuft. Die Steuerung konzentriert sich dann meistens auf ein effizientes «Zeitmanagement». Entscheidend ist die Zeit, die der Verkäufer produktiv mit dem Kunden verbringt, und dass er diese Zeit bei den richtigen Kunden einsetzt.

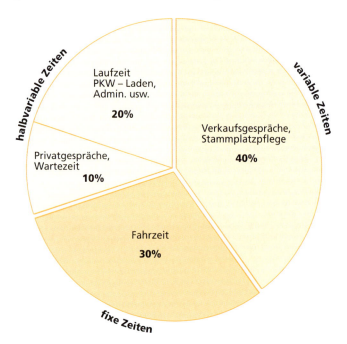

Mögliche Zeiteinteilung eines Lebensmittelverkäufers

Es gibt Unternehmen, in denen nur 15 % der Zeit produktiv verwendet werden. In diesem Fall wäre Telefonverkauf wohl wirtschaftlicher.

Viele Unternehmen schreiben dem Reisenden detailliert vor, welche Kunden er in welcher Reihenfolge besuchen muss, in welcher Art er das Verkaufsgespräch abwickeln soll und wo er sich gegebenenfalls um spezielle Aktionen kümmern muss. Diese Planung wird ihm wöchentlich in

Form eines EDV-Ausdrucks zugestellt. Nach erfolgtem Besuch schreibt er einen kurzen, standardisierten Besuchsbericht, den er an die Zentrale sendet, wo der Bericht ausgewertet und mit der Planung verglichen wird.

Das folgende Beispiel eines Lebensmittelverkäufers geht von einer durchschnittlichen Kontaktzeit von 25 Minuten pro Besuch aus. Diese Zeit variiert je nach Verkaufsförderungsaktion von Besuchsperiode zu Besuchsperiode – im Unterschied zur durchschnittlichen Zeit, die der Reisende für Fahrten und Administratives benötigt (rund 30 Minuten pro Besuch). Die rechnerisch daraus abgeleitete Besuchsvorgabe von sieben bis neun Besuchen pro Tag berücksichtigt, dass der Reisende ab und zu ein Geschäft zweimal anfahren muss, weil sein Gesprächspartner abwesend oder anderweitig beschäftigt ist.

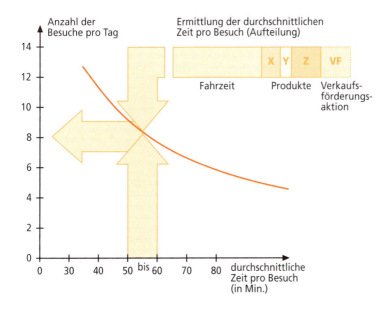

Planung der Besuchsleistung eines Lebensmittelverkäufers

Es gibt eine Anekdote über einen Verkäufer, der tatsächlich der Meinung war, pro Tag nicht mehr und nicht weniger als genau zwölf potenzielle Kunden besuchen zu müssen. Eines Tages befand er sich um 16.45 Uhr gerade im Gespräch mit dem elften potenziellen Kunden, der zunehmendes Interesse an den Produkten des Unternehmens zeigte. «Erzählen Sie mir mehr, junger Mann», meinte der potenzielle Käufer. «Es tut mir leid», erwiderte der Reisende, «ich habe nur noch 15 Minuten Zeit und muss jetzt meinen letzten Kundenbesuch machen.»

Neben dem «Zeitmanagement» wird der Außendienst auch nach Umsätzen und Kosten geführt und kontrolliert. Oft besitzt der Reisende eine bestimmte Verkaufsvorgabe, von deren Erreichung möglicherweise seine Provision abhängt. Gelegentlich verfügt er auch über ein Spesenbudget, aus dem er Einladungen und kleinere Kundengeschenke bestreiten kann. Die in der Praxis am meisten angewendeten Leistungsindikatoren sind die hier aufgelisteten.

1. Durchschnittliche Anzahl von Besuchern pro Tag.

2. Durchschnittliche Besuchszeit pro Kontakt.

3. Durchschnittlicher Umsatz pro Besuch (Budgetabweichung).

4. Durchschnittliches Preisniveau (Budgetabweichung).

5. Durchschnittliche Bewirtungsspesen pro Besuch.

6. Anzahl der Bestellungen pro 100 Besuche.

7. Anzahl der neuen Kunden pro Periode.

8. Anzahl der entgangenen Kunden pro Periode.

9. Ausmaß der Stockouts in Prozent.[1]

Viele Unternehmen schreiben dem Verkauf die wichtigste Rolle bei der Erzielung von Umsätzen zu. Genau dies besagt das häufig zitierte Statement: «Im Einkauf liegt der halbe Gewinn, im Verkauf der ganze.» Die Überprüfung dieser Aussage ist jedoch schwierig und von Unternehmen zu Unternehmen würden sich ganz unterschiedliche Resultate ergeben.

Ein neu eingestellter Verkäufer wollte seinem Vorgesetzten erklären, warum er so wenig Erfolg habe. «Wissen Sie, Sie können zwar ein Pferd zur Tränke führen, aber zum Trinken können Sie es nicht zwingen.»
«Es zum Trinken zwingen?», entgegnete der Verkaufsmanager. «Meinen Sie das wirklich ernst? Ihre Aufgabe ist eine völlig andere: Sie müssen das Pferd durstig machen!»
*Aus «Bits & Pieces», Dezember 1997, S. 621*

---

[1] Diese Zahl gibt an, in wie viel Prozent aller Einzelhandelsgeschäfte das Produkt nicht vorrätig war.

## 11 Public relations und persönlicher Verkauf 437

Im Verkauf liegt der ganze Gewinn

# Zusammenfassung

Die Publizität gewinnt zunehmend an Bedeutung. Besonders Unternehmen, die der öffentlichen Kritik in vermehrtem Maß ausgesetzt sind, haben entdeckt, wie wichtig es ist, die Beziehungen zur Öffentlichkeit und den verschiedenen Medien zu pflegen. Heute sind es nur noch wenige Unternehmen, die die Öffentlichkeitsarbeit völlig vernachlässigen. Publizität darf nicht nur als reine Defensivmaßnahme in Krisensituationen verstanden werden – das Wohlwollen der Öffentlichkeit ist in jedem Fall erwünscht.

Traditionelle Maßnahmen sind zum Beispiel Pressekonferenzen, Pressecommuniqués, Geschäftsberichte, Schaffung einer Corporate Identity oder Interviews. Immer mehr kommen auch neuartige PR-Formen auf: Stiftung eines Preises, Unterstützung öffentlicher Forschungsprojekte, Spenden an gemeinnützige Institutionen, Einladungen an die Medienvertreter zu Besichtigungen im Ausland.

Während man mittels der «Public Relations» ein Unternehmen in der Öffentlichkeit positiv darstellen möchte, bezieht sich der Begriff «Publizität» eher auf das Resultat solcher Bestrebungen, die erzeugte Meinung. Beide Begriffe werden aber meist synonym verwendet.

Wichtig bei PR-Maßnahmen ist eine gründliche Vorbereitung. Für die Presse sind besonders neuartige Produkte oder Ereignisse interessant, die einen großen Teil der Öffentlichkeit betreffen – für ein Unternehmen sind es hingegen die Berichterstattungen, die einen Stimulus für ein neues Produkt liefern und die Glaubwürdigkeit der Firma verbessern oder dem Erreichen einer konstanten Medienpräsenz dienen.

Die Wirksamkeit von PR-Maßnahmen lässt sich zum Beispiel durch die Auswertung der Erscheinungshäufigkeit in den Medien, aber auch durch Befragungen überprüfen.

Der persönliche Verkauf ist ein teures Kommunikationsinstrument und wird daher stets zielgerichtet eingesetzt. Es dient primär dem Verkaufsabschluss, kann aber auch Aufgaben wie Informationsgewinnung, Informationsübermittlung oder Aufgaben aus der Logistik übernehmen.

Je nach Produkt und Kundschaft werden unterschiedliche Verkäuferpersönlichkeiten eingesetzt. Nachdem sie die Aufmerksamkeit und das Interesse eines Kunden geweckt haben, präsentieren sie ihr Angebot und versuchen, einen Abschluss zu erzielen. Anschließend überprüfen sie, ob der Kunde mit dem Angebot zufrieden ist.

Üblicherweise lässt sich ein Verkaufsprozess in sechs Phasen unterteilen. Die ersten beiden finden vor dem eigentlichen Verkaufsgespräch statt: Identifizierung der Kunden und Auswahl der anzuwendenden Verkaufstaktik. Erst dann wird der Kontakt hergestellt und das Produkt präsentiert. Im Idealfall führt dies zu einem Verkaufsabschluss. Das Follow-Up schließlich beendet den Verkaufsprozess.

Verkaufsorganisationen müssen wirtschaftlich sein. Dies gilt sowohl für die Festlegung der Größe als auch für die Wahl der organisatorischen Gliederung, das heißt für die Frage, ob der Verkauf regional, produktbezogen, nach Kundengruppen oder funktional gegliedert werden soll.

Verkaufsführung ist eine anspruchsvolle Aufgabe. Neben den eigentlichen Führungsaufgaben wie Auswahl, Schulung und Motivation von Mitarbeitern wird der Verkaufsmanager wichtige Verkaufsgespräche selber aktiv unterstützen wollen. Für die Überwachung und Steuerung seines Teams benützt er Leistungsindikatoren, die aufgrund der spezifischen Gegebenheiten festgelegt werden. Bei standardisierten Verkaufsgesprächen und großen Außendiensten werden EDV-gestützte Informationssysteme für diese Aufgabe eingesetzt.

# Teil III

# Marketingspezialgebiete

# Einleitung Teil III

Mitunter habe ich den Eindruck, dass einzelne Autoren über «Maschinen» verfügen, mit deren Hilfe sie immer wieder neue Begriffe kreieren. Da wird von modularem Marketing, von Bottom-up-Marketing, von Zeitmarketing, von vertikalem Marketing, von Ökomarketing, von High-Speed-Marketing, von Erlebnismarketing und vielem mehr gesprochen.

Das von einer gewissen Aura umgebene Wort «Marketing» wird dabei ziemlich verunglimpft und es besteht die Gefahr, dass dieser packende Ausdruck an Kraft verliert und man seiner im Lauf der Zeit überdrüssig wird. Das ist sehr, sehr schade.

Wenn wir hier von Spezialgebieten sprechen, denken wir nicht an solche Wortschöpfungen, die mehr verwirren als bereichern. Wir denken vielmehr an Gebiete, die seit eh und je zum Marketing gehören, in der Regel aber einen Fachspezialisten erfordern, wenn man sie bearbeiten will.

Wir sprechen von Marktforschung, von Konsumentenverhalten und von internationalem Marketing.

Mit unseren Ausführungen zu diesen drei Spezialgebieten wollen wir dem Anwender so viel Wissen vermitteln, dass er in einer gegebenen Situation beurteilen kann, ob er die Unterstützung eines Fachmanns benötigt. Zugleich soll er in der Lage sein, den Spezialisten wirkungsvoll einzusetzen und zu überwachen.

In Kapitel 12 werden der Ablauf eines Marktforschungsprojekts und die in der Praxis häufigsten Untersuchungsmethoden erläutert. Das Augenmerk gilt dabei primär den Vor- und Nachteilen verschiedener Vorgehensweisen und weniger dem Detailwissen, das für den Einsatz der diversen Methoden nötig ist.

Jede Marktforschung soll zu repräsentativen Aussagen führen. Sie muss daher den Gesetzen der Statistik gehorchen. Doch weil diese Gesetze in der Praxis mitunter – auch vom Fachmann – verletzt werden, stellen wir die wichtigsten Stichprobenverfahren vor und schildern, wie die Stichprobengröße bestimmt wird. Allerdings gehen wir nicht allzu sehr ins Detail, haben doch viele unserer Leser eine technische Grundausbildung.

> Ein Großteil der Schweizer Bevölkerung war darüber empört, dass die Staaten der Europäischen Union zu Beginn des Jahres 2000 auf die Bildung der umstrittenen konservativen Regierung in Österreich mit Sanktionen reagierten. Man fragte sich in der Schweiz, ob der gegenüber der Europäischen Union entstandene Unmut Einfluss auf die im Mai 2000 stattfindende Abstimmung über die bilateralen Abkommen mit der EU haben würde.
> Die zwei größten Sonntagszeitschriften ließen entsprechende Umfragen durchführen und publizierten sie sofort. Die *SonntagsZeitung* behauptete, der Anteil der Befürworter in Höhe von 63 % im Dezember 1999 sei auf 57 % zurückgegangen, und sah die Annahme der Abkommen durch die Schweizer Bürger in Gefahr.
> Die Umfrage des *Sonntags-Blick* ergab einen Anstieg der Befürworter auf 73 %. Am folgenden Montag griff der aus dem gleichen Verlagshaus stammende *Blick* die Umfrage der *SonntagsZeitung* an und bezeichnete sie als «Pfusch», da in der Umfrage auch Ausländer und Minderjährige befragt worden seien.

Auf Kapitel 12 folgt ein Zwischenkapitel mit dem Titel «Marketing und Intuition». Dieses Kapitel liegt uns ganz besonders am Herzen. Wir sind nämlich der Ansicht, dass es den ausschließlich rational handelnden Marketingfachmann gar nicht gibt. Marketingprobleme sind immer vielschichtig und meistens so komplex, dass sich eine optimale Lösung mit reiner Logik allein kaum finden lässt: Erfahrung und Intuition gehören daher zum Rüstzeug des Marketingfachmanns.

Die Erforschung des Kauf- und Konsumverhaltens ist bei Konsumgütern wichtiger als bei Investitionsgütern. Viele Erkenntnisse treffen aber auf beide Güterarten zu, denn schließlich ist es immer ein Mensch, der entscheidet.

In unseren Ausführungen in Kapitel 14 stellen wir die Kaufentscheidung ins Zentrum. Wir untersuchen, welche Einflüsse sich prägend auf sie auswirken und wie sie zustande kommt. Dabei möchten wir den Leser dafür sensibilisieren, sich intensiv mit dem Verhalten von Zielkunden auseinander zu setzen.

Die Verhaltenswissenschaften spielen generell eine wichtige Rolle. Sie belegen empirisch, dass es Gesetzmäßigkeiten im sozialen Leben gibt. Und da sich die Träger der gesellschaftlichen Macht – Politiker, Marketingfachleute, Public-Relations-Berater, Medienfachleute, Wirtschaftskapitäne usw. – solcher Erkenntnisse bedienen wollen, bemühen sie sich um die Erarbeitung entsprechender Sozialtechniken. Es ist daher nicht erstaunlich, dass die Verhaltensforschung zunimmt. Das folgende Beispiel, bei dem es um die Reaktion der Leser auf die Berichterstattung in unterschiedlichen Medien geht, will solche Erkenntnisse illustrieren.

> Angenommen, alle Medien (Fernsehen, Radio, Zeitungen) würden zwar über das gleiche Ereignis berichten, allerdings in sich widersprechender Form. 63 % aller Jugendlichen und jungen Erwachsenen, so ergab die Untersuchung, würden dann der Fernsehberichterstattung glauben. Nur 19 % würden den Zeitungsberichten und nur 17 % dem Radio glauben. Für Studenten jedoch, eine Untergruppe der Untersuchten, ist die Zeitung glaubwürdiger als das Fernsehen.[1]

Der Begriff «internationales Marketing» wird sehr unterschiedlich interpretiert und weckt unterschiedliche Vorstellungen. Einige denken dabei vor allem an den Export der eigenen Produkte und an all jene Aktivitäten, die dabei anders sind als beim Verkauf im Inland. Andere wiederum sehen vor allem die Kombination von Gegebenheiten im Vordergrund, die in einzelnen Ländern oder Regionen so spezifisch sind, dass sie von dem dort tätigen Marketingmanager berücksichtigt werden müssen.

Im Kapitel 15 geht es zum einen um die Sensibilisierung für die zum Teil beträchtlichen Unterschiede zwischen verschiedenen Ländern und Regionen und zum anderen wird erläutert, welche Überlegungen bei einem Einstieg in fremde Märkte angestellt werden müssen und wie sich das entsprechende Marketing von den Aktivitäten im Inland unterscheidet. Auf die Charakteristika der einzelnen Weltregionen wird nicht eingegangen.[2]

Mit den drei Kapiteln «Marktforschung», «Konsumentenverhalten» und «internationales Marketing» ist der Teil «Marketingspezialgebiete» im Grunde abgeschlossen, denn das folgende Kapitel 16 «Marketing und Ethik» kann kaum als Spezialgebiet bezeichnet werden. Im Gegenteil, jeder Marketingverantwortliche wendet moralisch-ethische Wertmaßstäbe an, wenn er den Begriff «Marketing» umfassend interpretiert und dadurch langfristig erfolgreich sein will.

---

[1] Siehe Kroeber-Riel, *Konsumentenverhalten*, S. 643.
[2] Siehe dazu beispielsweise Bennett, *International Marketing*, S. 157 bis 258; dort werden die Regionen Nord- und Südamerika, China, Indien und Südostasien, Japan und Ozeanien, Afrika und der mittlere Osten sowie Europa beschrieben.

# 12

# Marktforschung

Die Marktforschung gehört überall zu den Wachstumsbranchen. Der weltweite Umsatz stieg 1996 im Vergleich zum Vorjahr um satte 11 % auf insgesamt Euro 8,7 Mrd. Davon entfallen 45 % respektive rund Euro 4 Mrd. auf Europa. Während im Konsumgütersektor am meisten für externe Marktforschung ausgegeben wird, ist ihr Anteil bei den Dienstleistungen noch gering. Da die Liberalisierung der Post und der Telekommunikation noch nicht in allen Ländern stattgefunden hat, wird hier auch ein unterproportionaler Anteil für Marktforschung eingesetzt.

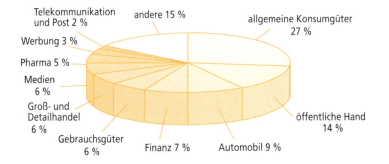

Marktforschung in Europa nach Branchen[1]

Die Marketingphilosophie verlangt, dass sich der Marketingverantwortliche ständig mit dem Verhalten der Marktteilnehmer auseinandersetzt. Er wird beispielsweise fragen: «Wie reagieren die Kunden auf die geplante Werbeaktion?» – «Wie wird die neue Verpackung beurteilt?» – «Wie schätzen die Kunden das Image des Unternehmens ein?» – «Weshalb ist der Marktanteil in der Region X rückläufig?»

Der Markt ist zu groß, als dass sich der Marketingverantwortliche ohne systematische Untersuchungen ein objektives Bild machen könnte. Trotzdem ist immer wieder festzustellen, dass Einzelne aus persönlichen Erfahrungen Schlüsse für die Gesamtheit der Zielkunden ziehen. Der Marketingfachmann sollte daran denken, wie gefährlich dies sein kann.

---

[1] Quelle: IHA 1998.

Damit soll nicht gesagt sein, dass Erfahrung und Intuition im Marketing nicht zählen. Im Gegenteil, der erfolgreiche Marketingverantwortliche kann dank dieser Eigenschaften sehr schnell Hypothesen aufstellen, die sich anschließend durch eine gezielte Untersuchung bestätigen, korrigieren oder verwerfen lassen.

Das Arbeiten mit Hypothesen hat sich im Marketing bestens bewährt. Die Anwendung eines eindimensional aufgefassten Problemlösungszyklus (Problem analysieren, Zielsetzung bestimmen, Lösungsalternativen aufstellen und bewerten) führt nämlich nur selten zum Ziel. In der Regel sind zu viele Einflüsse am Werk, die Zusammenhänge zu komplex und die Ziele oft zu umfangreich, als dass ein solches Lösungsprozedere – bei vertretbarem Aufwand – zu brauchbaren Resultaten führen könnte.

**Marktforschung** dient der systematischen Beschaffung, Verarbeitung und Analyse von Daten zum Zweck der Beantwortung von Marketingfragen.

Auch die Marktforschung muss betriebswirtschaftlich begründet sein. Man kann also nicht jedes einzelne Problem mit Hilfe einer speziellen Marktuntersuchung lösen. Die Praxis zeigt, dass die Unternehmen wesentliche Fragen primär bei größeren Veränderungen gründlich untersuchen lassen (beispielsweise bei der Modifikation eines Produkts oder bei der Erschließung einer neuen Kundengruppe). Bei unwesentlichen Fragen gehen sie von angenommenen Lösungen aus, arbeiten damit und prüfen durch Beobachtung, ob ihre Annahmen zweckmäßig waren oder geändert werden müssen.

Marktforschung wird in großen Unternehmen intensiver betrieben als in kleinen. Letztere haben dank ihrer überschaubaren Größe in der Regel einen besseren Einblick in den Markt und deshalb sinkt die Fehlerquote.

Bei der Durchführung von Marktforschungsprojekten arbeitet man oft mit Marktforschungsunternehmen zusammen. Diese Institute und Firmen verfügen über das notwendige Spezialwissen und setzen in der Regel Arbeitskräfte ein (Studenten, Hausfrauen), die billiger sind als die eigenen Mitarbeiter (zum Beispiel Außendienstleute). Trotzdem muss der Marketingverantwortliche über die Abwicklung von Marktforschungsprojekten im Bilde sein, um den Marktforschungsspezialisten zielgerichtet einsetzen und so erhebliche Untersuchungskosten einsparen zu können. Auch lassen sich dann die Arbeitsweise und der Fortschritt des Projekts besser überwachen.

Bei der Formulierung eines Marktforschungsauftrags spricht man von **Briefing**.[1] Man orientiert den Marktforscher über das Problem, definiert das Ziel der Untersuchung und übergibt ihm alle vorhandenen Informationen. Termine und Budgetrahmen werden ebenfalls besprochen.

Die folgenden Ausführungen vermitteln jenes Basiswissen über Marktforschung, das der Marketingfachmann mindestens benötigt. Die Gliederung entspricht dem Ablauf eines Marktforschungsprojekts.

Ablauf eines Marktforschungsprojekts

# Problemformulierung

Je präziser ein Problem definiert ist, desto zielgenauer kann geforscht werden. Dieser Grundsatz gilt bei Marktforschungsproblemen vor allem in Situationen, die so undurchschaubar und nebulös sind, dass es die Aufgabe der Marktforschung ist, das Problem zunächst einmal besser kennen zu lernen und dann erste Lösungsansätze zu erarbeiten.

«Ein gut definiertes Problem ist bereits zur Hälfte gelöst.» Der Marketingverantwortliche sollte alles unternehmen, um dem Marktforschungsspezialisten das Problem möglichst klar und umfassend schildern und es auch mit quantitativen Angaben belegen zu können. Die Erfahrung zeigt zudem, dass es sich bereits in dieser ersten Phase lohnen kann zu überlegen, welche Resultate und Antworten das geplante Marktforschungsprojekt bringen wird. Man kann sich fragen, ob die Verantwortlichen ihr Handeln dann nämlich auch wirklich nach dem Resultat der Marktforschung ausrichten werden. Kann diese Frage nicht mit «Ja» beantwortet werden, muss das Projekt grundsätzlich in Frage gestellt werden.

---

[1] Das Wort wird aber auch in anderem Zusammenhang gebraucht, zum Beispiel bei der Vergabe eines Werbeauftrags.

> Ein schweizerisches Unternehmen fertigt Formteile und Gehäuse aus Polyurethan, und zwar nach Kundenspezifikation. Als Nebenprodukt werden aus dem gleichen Werkstoff Platten in verschiedenen Dicken gefertigt. Diese Platten werden vor allem im Modellbau und als Testmaterial für das CNC-Fräsen eingesetzt. Als die Firma Anfang der 90er Jahre mit der Produktion dieser Platten begonnen hatte, war sie damit in Preis und Qualität auf dem Markt führend. 1998 war man der Meinung, immer noch das beste Produkt zum günstigsten Preis anzubieten. Eine Umfrage bei anderen Anbietern zeigte aber sofort, dass dem nicht mehr so war. Das Unternehmen war auf dem ursprünglichen Stand stehengeblieben, die Konkurrenzprodukte waren qualitativ eher besser und zudem billiger.[1]

## Sichtung von Sekundärdaten

Die Theorie unterscheidet zwischen Primär- und Sekundärmarktforschung oder, wie man auch sagt, zwischen «Feldforschung» und «Schreibtischforschung».

☞ In der Sekundärmarktforschung (Schreibtischforschung) werden Daten gesammelt, verarbeitet und analysiert, die ursprünglich für andere Zwecke als den nun verfolgten erhoben wurden.

☞ Als Primärmarktforschung (Feldforschung) bezeichnet man die Erhebung, Verarbeitung und Analyse von Daten, die mit Hilfe von Befragungen, Experimenten oder Beobachtungen eigens für das aktuelle Marktforschungsprojekt gesammelt werden.

Diese Gliederung orientiert sich an der Art, wie die Daten erhoben werden. Sie richtet sich nicht danach, auf welche Weise die Daten aufbereitet und verdichtet, wie die Datenbeziehungen hergeleitet oder wie die Daten ausgewertet werden. Vor einer Primärmarktforschung sollte man immer zuerst das bereits vorhandene Datenmaterial sichten. Auch wenn damit keine umfassende Analyse möglich ist, kann man doch Hinweise für die Problemeingrenzung erhalten. Falls später noch eine Primärforschung durchgeführt wird, kann sie zielgerichteter, rascher und kostengünstiger abgewickelt werden.

---

[1] Nicht veröffentlichte interne Untersuchung.

Die Sekundärmarktforschung wird meistens von internen Mitarbeitern durchgeführt. Diese Personen kennen das vorhandene Datenmaterial und können daher das spezifische Problem schneller eingrenzen als der Außenstehende.

Es gibt kaum ein Unternehmen, das nicht über eine Fülle von internen Berichten und externen Angaben verfügt. Die folgenden Beispiele für interne und externe Quellen illustrieren die Vielzahl der vorhandenen Informationen.

◆ **Interne Quellen:** Die folgenden Berichte sind in praktisch allen Unternehmen vorhanden.

- **Rechnungswesen:** Kosten und Leistungsdaten, Angebots- und Umsatzstatistik, Lagerstatistik, Vertriebserfolgsanalyse nach Verkäufern, Kunden und Branchen.

- **Einzelberichte:** Besuchsberichte des Außendienstes, spezielle Untersuchungsberichte wie Qualitätsvergleiche, Marktforschungsberichte, Reklamationsstatistiken.

- **Kundenkartei (Datenbank):** Kundenname, Adresse, Branche, Betriebsgröße, Kaufverhalten, Entscheidungsvorgang, abgeschlossene Geschäfte, durchgeführte Besuche.

> Migros verfügt dank des neu eingeführten Cumulus-Systems über eine riesige interne Kundenkartei. Mit ihrer Hilfe wird es möglich, individuelle Werbeschriften gezielt zu versenden. Die Daten lässt sich Migros 1 % vom Umsatz kosten. Für diesen Betrag erhält der Kunde Vergünstigungen, wenn er seine Einkäufe registrieren lässt. Bei der Datennutzung soll auf den persönlichen Datenschutz geachtet werden.

◆ **Externe Quellen:** Der Umfang der externen Quellen war stets groß, heute sind sie aber dank nahezu unbegrenzter Speichermöglichkeiten und der Internet-Technologie viel leichter zugänglich als früher.

- **Publikationen:** Solche von staatlichen Institutionen, beispielsweise den Bundesämtern oder der Nationalbank, von Wirtschaftsinstitutionen wie Handelskammern und Industrieverbände, privaten Markt- und Absatzforschungsinstituten, internationalen Organisationen und Finanzgesellschaften.

- **Allgemeine Schriften:** Fachliteratur, Zeitungen und Zeitschriften, Nachschlagewerke und Adressbücher, Firmenveröffentlichungen, Untersuchungen von Beratern, Medien.

- **Direkte Konkurrenzinformationen:** Kataloge, Patentschriften, Warentestberichte.

- **Datenbanken:** Firmenprofile, Marktstudien, Marktprognosen, Herstellernachweise, Forschungsberichte, Haushalte, Endkonsumenten, Medien. Datenbanken haben die höchsten Zuwachsraten. Viele sind auch auf CD-ROM verfügbar.

Die Sekundärmarktforschung hat vor allem dank der vielen externen Quellen heute Hochkonjunktur.

Nach wie vor sind es nur wenige Unternehmen, die Sekundärdaten formalisieren, sie also mit Hilfe eines Marketinginformationssystems aufbereiten. Ziel eines solchen Systems ist die Erfassung und Ordnung der für häufige Marketingentscheidungen normalerweise benötigten Daten. Dadurch sollen die Verantwortlichen ihre Probleme rascher und mit weniger Aufwand lösen können.

Der Aufbau eines guten Marketinginformationssystems ist schwierig. Entweder sind die Daten für anstehende Marketingentscheidungen unzureichend, oder das ständig notwendige «up-dating» ist sehr teuer. Allerdings verbilligen moderne Datenbanken heute die Datenverwaltung.

Die Arbeit mit Sekundärdaten lässt sich nicht schematisieren, denn allzu unterschiedlich sind die einzelnen Situationen, was die Problemstellung, die Problemwichtigkeit und das vorhandene Datenmaterial angeht. Trotzdem sollte es eigentlich immer gelingen, das Umfeld des Problems so zu erfassen, dass eine exakte Problembeschreibung möglich wird und zumindest Lösungshypothesen formuliert werden können.

## Setzen von Zielen

Es lohnt sich, die Ziele einer Primärmarktforschung immer schriftlich festzuhalten – nicht nur wenn man mit einem Marktforschungsinstitut zusammenarbeitet, sondern auch wenn das Projekt von internen Mitarbeitern durchgeführt wird (zum Beispiel Befragung von Kunden durch den Außendienst).

> **Problem:** Das Management von Pick Pay, einer Lebensmitteldiscountkette, stellte fest, dass der Umsatz in der Filiale Unterengstringen im Vorjahr stagniert hatte, obwohl alle übrigen Geschäfte in Zürich eine Umsatzzunahme zwischen 2 und 11 % aufwiesen.
> **Analyse der Sekundärdaten:** Sie ergab, dass die durchschnittliche Zahl der Kunden in Unterengstringen im Vorjahr um 7 % zurückgegangen war; dieser Rückgang konnte aber teilweise durch einen höheren Umsatz pro Kunde kompensiert werden. Der Warengruppenmix entwickelte sich im Rahmen der übrigen Filialen. Das Verhältnis von Aktionsumsatz zu Normalumsatz verlagerte sich leicht in Richtung Normalumsatz. Es fand keine Eröffnung eines neuen Ladens in der Nähe der Pick-Pay-Filiale in Unterengstringen statt. Der verantwortliche Filialleiter sagte, dass die Konkurrenz im vergangenen Jahr aktiver geworden sei und die Kundschaft mit speziellen Aktionen auf sich aufmerksam gemacht habe.
> **Zielsetzung:** Es ist abzuklären, ob die Kundenfrequenz durch eine Intensivierung der lokalen Werbung und durch einzelne, auf Unterengstringen beschränkte Aktionen mindestens wieder auf das alte Niveau angehoben werden kann. Die für das kommende Jahr geplante generelle Pick-Pay-Aktionspolitik wird auch in Unterengstringen durchgeführt. Die Maßnahmen für Unterengstringen sind daher auf die nationalen Aktionen abzustimmen und als einmalige Sondermaßnahmen zu gestalten.
> Die Kosten für Primärmarktforschung und Sondermaßnahmen sollten maximal 50 % des dadurch erzielten Zusatzgewinns ausmachen. Die Untersuchung ist in den beiden Folgemonaten abzuschließen.

An diesem Beispiel erkennt man, wie das Problem dank Sekundärdaten eingeengt und die Primärmarktforschung mit Hilfe einer Zielsetzung definiert wird. Die Zielsetzung ist so spezifisch, dass die Vorgehensweise für die Durchführung des Projekts daraus abgeleitet werden kann. Sie gibt zugleich Auskunft über Kostenrahmen und Zeitplan.

Ziele sind nicht sakrosankt. Es kann sehr wohl vorkommen, dass sie beim Studium der zu wählenden Forschungsmethode neu definiert werden müssen. Dies war beispielsweise auch im Fall der Pick-Pay-Filiale Unterengstringen so. Man entschloss sich, statt einer Kundenbefragung gleich einen Test mit Hilfe einer Sonderaktion zu machen.

> **Neue Zielsetzung:** Mit Hilfe einer «Sonderaktion Unterengstringen», für die ein Betrag von sFr. 50'000 budgetiert wird, soll abgeklärt werden, um wie viel und wie anhaltend die Kundenfrequenz gesteigert werden kann. Aus diesen Zahlen ist dann abzuleiten, ob sich der Aufwand für die Sonderaktion gelohnt hat und wie oft solche Sonderaktionen nötig sind, um die durchschnittliche Zahl der Kunden wieder auf das alte Niveau zu bringen. Die Abklärungen sind in den nächsten drei Monaten abzuschließen.

Die Formulierung eines Ziels kann auch zu der Erkenntnis führen, dass sich eine spezielle Marktforschung nicht lohnt, etwa weil die Zeit zur Durchführung fehlt, weil die Untersuchungskosten im Vergleich zu den erwarteten Resultaten zu hoch sind, weil das Problem noch zu wenig spezifiziert und das Ziel daher viel zu vage ist oder weil man einen Konkurrenten nicht auf eine Neuigkeit aufmerksam machen will. Marktforschungsprojekte eignen sich generell in folgenden Situationen.

◆ **Informationsmanko:** Die für eine wichtige Marketingentscheidung notwendigen Informationen sind unvollständig oder zweifelhaft.

◆ **Neuigkeit:** Eine neue Verhaltenweise soll im Hinblick auf die Reduktion des Risikos bereits im Vorfeld überprüft werden. Beispiele: Einführung eines neuen Produkts, Wahl neuer Absatzwege, erhebliche Preisänderungen, neuartige Kommunikationsformen.

◆ **Unbekannte Gründe für Entwicklungen:** Es zeichnen sich wichtige Entwicklungen ab, deren Ursachen im Dunkeln liegen. Beispiele: rückläufiger Marktanteil, abnehmende Distribution, Erfolg eines neuen Konkurrenzprodukts, aber auch starke Umsatzzunahme beim eigenen Produkt.

Wie viel darf ein Marktforschungsprojekt kosten? Dies ist zwar eine wichtige Frage, doch gibt es darauf keine allgemeingültige Antwort – es sei denn, man wäre mit folgender Aussage zufrieden: «Die Kosten eines Marktforschungsprojekts sollten nie größer sein als der potenzielle Nutzen, den man aus der durch sie gewonnenen Zusatzinformation zieht.» Wird beispielsweise der Wert einer geplanten Werbekampagne auf sFr. 200'000 geschätzt und ihre Wirksamkeit kann dank der Marktforschung um maximal etwa 5 bis 10 % gesteigert werden, so darf die Marktuntersuchung nicht mehr als sFr. 10'000 bis 20'000 kosten – ein Betrag, der für ein gründliches Marktforschungsprojekt sicher zu klein wäre.

Beispiele für Marktforschungsprojekte und ihre Kosten (laut Angaben IHA, GfM)

1. Ein Unternehmen hat durch Mailings einem kleinen Teil seiner Zielgruppe ein neues Haushaltsgerät angeboten und verkauft. Nach ungewöhnlich vielen Reklamationen soll eine Blitzumfrage Aufschluss über die möglichen Probleme geben. Die Durchführung einer landesweiten Mailing-Aktion hängt von den Ergebnissen der Befragung ab.

   **Methode:** telefonische Befragung (15 Minuten, 2 offene Fragen)
   **Sample:** Zufallsauswahl
   **Umfrage:** 300 Interviews
   **Gesamtdauer:** 1,5 Wochen
   **Kosten:** sFr. 16'800 (sFr. 56 pro Telefoninterview)

2. Ein Schweizer Sportmagazin hat sein Gestaltungskonzept überarbeitet und erscheint in etwas veränderter Form. Mit einer Befragung sollen Informationen zur Zeitschrift generell und zu den Änderungen erhoben werden. Darüber hinaus soll das Freizeitverhalten (Sportarten) der Leser ermittelt werden.

   **Methode:** schriftliche Befragung
   **Sample:** alle Leser des Sportmagazins
   **Umfrage:** 1500 Fragebögen
   **Gesamtdauer:** 7 Wochen
   **Kosten:** sFr. 22'500 (sFr. 15 pro Fragebogen)

3. Einem bekannten Dienstleistungsunternehmen fehlen Daten über seine Position im Markt (Bekanntheit, Image, Kundenstruktur, Stärken und Schwächen). Die Basis-Image-Studie soll Grundlagen für künftige strategische Entscheidungen liefern.

   **Methode:** persönliche Befragung (30 Minuten, 3 bis 4 offene Fragen)
   **Sample:** Frauen / Männer (15 bis 74 Jahre), repräsentativ für die Schweiz
   **Umfrage:** 800 Interviews
   **Gesamtdauer:** 12 Wochen
   **Kosten:** sFr. 66'000 (sFr. 82 pro Interview)

## Wahl der Marktforschungsmethode

Die Primärmarktforschung sammelt Daten bei Personen, die als Informationsträger interessant sind. Je nach Befragungszweck können dies Endverbraucher, Konkurrenten, Zwischenhändler, Fachpersonen oder auch Meinungsbilder sein.

Bei der Datensammlung unterscheidet man zwischen Befragung, Test und Beobachtung.

Die wichtigsten Marktforschungsmethoden[1]

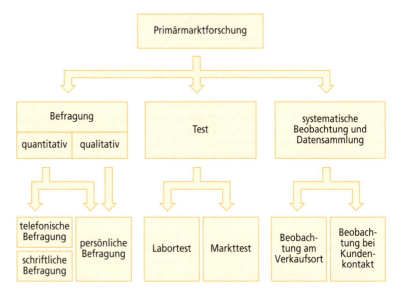

Die Befragung ist die am häufigsten verwendete Erhebungsform; sie wird persönlich, telefonisch oder schriftlich durchgeführt.

Neben diesen eigentlichen Marktforschungsmethoden gibt es drei Sonderformen: Omnibusumfragen, Panels und Gruppendiskussionen.

Sonderformen der Befragung und Beobachtung

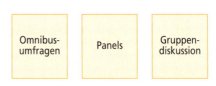

---

[1] Siehe *Die Orientierung*, Nr. 67, S. 10.

## 12 Marktforschung

Im Folgenden werden zuerst die drei Arten der Befragung – mündlich, telefonisch, schriftlich – betrachtet. Dann werden der Test, die Beobachtung und die Sonderformen beschrieben.

### Persönliche Befragung: Situationsgerecht interviewen

Bei der persönlichen Befragung besteht zwischen Interviewer und Interviewtem ein persönlicher, physischer Kontakt. Der Interviewer kann so auch durch Beobachtung weitere Informationen gewinnen. Spontane Antworten beispielsweise decken Meinungen und Einstellungen auf.

Zu den Nachteilen der mündlichen Befragung gehört der Interviewereinfluss, der unter Umständen zu stark verzerrten Ergebnissen führen kann. Möglicherweise ist dem Befragten die Person des Interviewers sympathisch oder unsympathisch oder der Interviewer muss einzelne Fragen unter Zeitdruck behandeln. Um solche störenden Einflüsse zu vermeiden, müssen die Interviewer nicht nur systematisch geschult, sondern auch laufend kontrolliert werden.

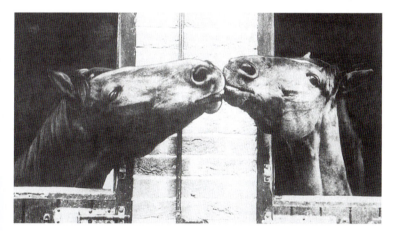

Interviewtechnik

Man unterscheidet folgende Arten der Interviewtechnik.[1]

◆ **Standardisiertes Interview:** Der Wortlaut und die Reihenfolge der Fragen sind für alle Interviews genau festgelegt. Die Aufgabe des Interviewers beschränkt sich auf das Vorlesen der Fragen und das genaue

---

[1] Siehe Thommen, *Betriebswirtschaftslehre*, S. 208ff.

Festhalten der Antworten. Er hat keinen unmittelbaren Einfluss auf den Inhalt des Gesprächs. Der Vorteil des standardisierten Interviews liegt demzufolge auch in der Möglichkeit, die Antworten zu vergleichen. Außerdem kann die Befragung ohne weiteres durch Personal durchgeführt werden, das nicht besonders qualifiziert ist.

Auszug aus einem Fragebogen[1]

|  |  | Antwort | weiter bei Frage Nr. |
|---|---|---|---|
| **8** | Wie viele Offerten sind – auch telefonisch – im Zusammenhang mit dieser Investition eingeholt worden? | | |
| | – keine Offerte | 1 | 12 |
| | – 1 Offerte | 2 | 9b |
| | – 2 Offerten | 3 | |
| | – 3 Offerten | 4 | |
| | – 4 Offerten | 5 | |
| | – 5 Offerten | 6 | 9a |
| | – anderes: ................ | | |
| | – weiß nicht / keine Antwort | | 10 |
| **9a** | Sind zur Offertstellung nur sogenannte «Hauslieferanten» eingeladen worden, oder sind auch neue Lieferanten einbezogen worden? | | |
| | – nur Hauslieferanten | 1 | |
| | – auch neue Lieferanten | 2 | |
| | – anderes: ................ | 3 | |
| | – weiß nicht / keine Antwort | | 10 |
| **9b** | Ist zur Offertstellung ein sogenannter «Hauslieferant» eingeladen worden oder ist ein neuer Lieferant einbezogen worden? | | |
| | – Hauslieferant | 1 | |
| | – neuer Lieferant | 2 | |
| | – anderes: ......... | 3 | |
| | – weiß nicht / keine Antwort | | 10 |
| **10** | Ist dem/den Offertsteller(n) die Möglichkeit zu einem Angebot eingeräumt worden? | | |
| | – ja | 1 | |
| | – nein | 2 | |
| | – anderes: ................... | 3 | |
| | – weiß nicht / keine Antwort | | 11/12 |

---

[1] Interne, nicht veröffentlichte Untersuchung der IHA zur Abklärung des Entscheidungsverhaltens von Führungskräften beim Kauf von Investitionsgütern.

◆ **Strukturiertes Interview:** Das Interview basiert auf einem Fragenkatalog, der lediglich als Leitfaden dient. Hier spielt, wie beim nicht strukturierten Interview, das Problem der Beeinflussung durch die persönliche Art und Ausstrahlung des Interviewers eine Rolle.

◆ **Nicht strukturiertes Interview:** Der Befrager hält sich lediglich an ein bestimmtes Thema. Vorteil dieser Methode ist, dass auf Umwegen Informationen gewonnen werden, an die man bei einem strukturierten Vorgehen in der Regel nicht herankommt. Beispiele: Höhe des Einkommens, Parteizugehörigkeit, Gewohnheiten. Würde man direkt danach fragen, so würde sich der Interviewte brüskiert fühlen.

> Ein bekanntes und immer wieder herangezogenes Beispiel, das die Problematik von Motivforschung und indirekter Fragetechnik aufzeigt, ist eine im Jahr 1949 durchgeführte Befragung der Nestlé über die Meinung der Konsumenten zum Instantkaffee. Nestlé hatte damals große Probleme, Fertigkaffee einzuführen. Direkte Befragungen ergaben Antworten wie: «Mir behagt der Geschmack nicht», oder «Der Geschmack ist zu schwach.» Solche Antworten wurden am häufigsten gegeben, obwohl der Instantkaffee von Fachleuten weder als zu schwach noch als eigenartig im Geschmack beurteilt worden war. Daher schöpfte man den Verdacht, die Befragten hätten die wahren Gründe nicht nennen wollen. Man versuchte deshalb, auf indirektem Wege zum Ziel zu kommen.
> Zwei Einkaufslisten wurden vorbereitet, die bis auf ein Detail identisch waren: Die eine enthielt Nescafé, die andere Maxwell (gemahlenen Bohnenkaffee). Diese Liste wurde einer Auswahl von 100 Personen gezeigt, wobei jede Person nur eine der beiden zu Gesicht bekam. Die Versuchspersonen hatten dann die Aufgabe, in kurzen Sätzen eine Beschreibung der Hausfrau zu machen, deren Einkaufszettel sie vor sich hatten. Das Resultat dieser Erhebung lautete unter anderem folgendermaßen:
> - 48 % der Versuchspersonen beschrieben die Nescafé-Frau als faul, aber nur 4 % die Maxwell-Frau.
> - 48 % beschrieben die Nescafé-Frau als unfähig, die Haushaltsausgaben richtig zu planen, und nur 12 % die Maxwell-Frau.
> - 4 % beschrieben die Nescafé-Frau als sparsam, 16 % die Maxwell-Frau. 12 % fanden die Nescafé-Frau verschwenderisch, 0 % die Maxwell-Frau.
>
> Aus der Untersuchung wurde abgeleitet, dass Hausfrauen den Gebrauch von löslichem Kaffeepulver anstelle von gemahlenem Bohnenkaffee als Zeichen von Faulheit und schlechter Haushaltsführung empfinden. Die Maßnahmen von Nestlé zielten in der Folge darauf ab, dieses Image mittels Werbung und Produktgestaltung zu korrigieren.[1]

---

[1] M. Haire, «Projective Techniques in Marketing Research», in: *Journal of Marketing*, 4/50.

◆ **Tiefeninterviews:** Die Motivforschung hat auch andere Techniken entwickelt, um die Beweggründe eines Informanten, die ihm oft selbst nicht bewusst sind, kennen zu lernen. Die Versuchsperson wird vor eine Aufgabe oder ein Problem gestellt und aus ihrer Reaktion werden Rückschlüsse auf ihr Verhalten, ihre Persönlichkeitsstruktur, ihre Einstellung und ihre Motive gezogen. Die folgenden psychologischen Tests werden am häufigsten angewendet.[1]

- **Satzergänzungstest:** Hier bittet man die Person, begonnene Sätze zu vervollständigen.

- **Wortassoziationstest:** Damit will man herausfinden, welche Vorstellungen ein Konsument mit einem bestimmten Wort oder Namen verbindet.

- **Zuordnungstest:** Bei diesem Test wird gefragt, welche Begriffe oder Worte einem Produkt zugeordnet werden.

- **Profilaufnahme:** Der Befragte soll beurteilen, wo zwischen zwei konträren Bewertungen das Produkt wohl am ehesten liegt.

Beispiel für einen Profiltest: «guter» Weißwein[2]

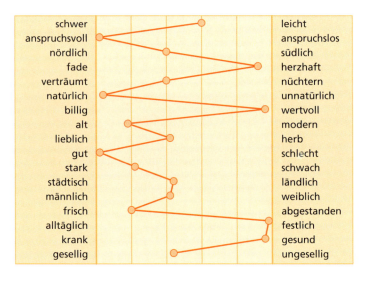

---

[1] Siehe auch nächstes Kapitel über Konsumentenverhalten.
[2] Nicht veröffentlichte Untersuchung, Nestlé, Deutschland.

Satzergänzungs-, Wortassoziations- und Zuordnungstests sind Instrumente der Verhaltensforschung. Sie werden vor allem im Zusammenhang mit Konsumgütern eingesetzt. Profilaufnahmen findet man eher bei der Beurteilung von Investitionsgütern.

Bei persönlichen Befragungen wird immer öfter ein Laptop eingesetzt. Alle Fragen erscheinen auf dem Bildschirm und die Antworten werden direkt eingegeben; dies erleichtert die spätere Auswertung.

Persönliche Befragungen ermöglichen vertiefte Einblicke in die Denk- und Handlungsweisen von Kunden. Schriftliche Befragungen bleiben meist viel mehr an der Oberfläche.

## Schriftliche Befragung: Mit kleinem Rücklauf rechnen

Bei der schriftlichen Befragung erhält der zu Befragende einen Fragebogen, den er selbst ausfüllt. In der Regel werden die Fragebogen per Post versendet. Da die Rücklaufquoten meist eher niedrig sind (etwa 10 bis 20 %), fallen zwar die Versandgebühren stark ins Gewicht, doch sind sie meist niedriger als die Personalkosten bei einer mündlichen Befragung.

> Bei einer schriftlichen Befragung von Absolventen einer Privatschule (Musikakademie Luzern) fiel die extrem hohe Rücklaufquote von 65 % auf. Wir konnten feststellen, dass die meisten der Befragten außerordentlich positive Erinnerungen an die Schule hatten. Viele lobten das familiäre Klima, die gute Atmosphäre und äußerten sich anerkennend über das Gelernte.

Bei der schriftlichen Befragung kann es Probleme geben, etwa unklare oder missverstandene Fragen, Beeinflussung durch Dritte, Mangel an Spontaneität. Trotzdem werden schriftliche Befragungen häufig durchgeführt, denn sie sind kostengünstig und leicht zu realisieren. Eine Beeinflussung durch den Interviewer ist ausgeschlossen. Die Auswahl der Interviewten ist gezielt, nicht zufällig wie bei der Passantenbefragung.

Fragebogen können offene oder geschlossene Fragen enthalten. Bei der offenen Frage überläßt man dem Beantworter die Formulierung der Antwort, so dass der persönlichen Entfaltung mehr Raum gegeben ist. Man muss dann aber auch mit ausufernden Antworten rechnen. Die Auswertung solcher Antworten ist sehr schwierig und sollte im Voraus überlegt werden. Als Antworten bei geschlossenen Fragen sind Alternativen (ja – nein) oder die Wahl einer von mehreren Antworten sinnvoll.

Im einfachsten Fall ersetzt der PC mit Internet-Zugang den Fragebogen des Interviewers. Die Fragen erscheinen auf dem Bildschirm und die Antworten werden vom Befragten über die Tastatur eingegeben. Bei der Videotextbefragung erscheint die Frage im Fernsehbild. Die Antwort wird via Telefonleitung an den Marktforscher übermittelt.

Übersicht über schriftliche Frageformen und Messniveaus[1]

| Frage | Antwortmöglichkeiten | Frageform | Messniveau (Skalentyp) |
|---|---|---|---|
| Hören Sie gerne Musik? | ☐ ja  ☐ nein | Ja/Nein-Frage | Nominalskala |
| Ich höre gerne Musik, weil ich … | ☐ mich dabei entspannen kann<br>☐ dabei besser arbeiten kann<br>☐ dabei träumen kann | Alternativfrage | Nominalskala |
| Welche Art von Musik hören Sie am liebsten? Vergeben Sie für die vier Stile je einen Rang. (1 = am liebsten) | ....... klassische Musik<br>....... Schlager<br>....... Unterhaltungsmusik<br>....... Experimentalmusik | Zuordnung von Rängen | Ordinalskala |
| Klassische Musik ist … | ☐ unangenehm<br>☐ angenehm | Skalierungsfrage (semantisches Differenzial) | Intervallskala (mit angegebener Maßeinheit) |
| Wie alt sind Sie? | ....... Jahre | Skalierungsfrage | Nominalskala |

## Telefonische Befragung: Einfache Fragen stellen

Diese Methode ist die schnellste Art der Konsumentenbefragung. Zwischen dem Interviewer und der Auskunftsperson besteht aber eine räumliche Distanz. Das birgt die Gefahr, dass der Interviewte das Gespräch jederzeit unterbrechen kann. Manche Konsumenten lehnen es ab, einem Befrager zu antworten, wenn sie ihn nicht sehen können. Der Anrufer weiß auch nicht, ob er stört und daher eventuell oberflächliche Antworten erhält. Deshalb sollte man darauf achten, nur wenige und leicht verständliche Fragen zu stellen, die sich kurz und rasch beantworten lassen.

---

[1] Siehe Nieschlag/Dichtl/Hörschgen, *Marketing*, S. 114.

Die Kosten pro Befragten sind bei der telefonischen Befragung höher als bei der schriftlichen. Von Vorteil sind jedoch die größere Flexibilität und die bessere Kontrolle über die Stichprobenauswahl. Außerdem können unverständliche Fragen erläutert oder unklare Antworten durch eine Gegenfrage geklärt werden. Die Antwortrate ist tendenziell höher als beim Versand von Fragebogen. Zudem können auch Personenkreise befragt werden, die sonst nur schwer zu erreichen sind, andere Kreise hingegen überhaupt nicht. Die Befragung ist zeitlich begrenzt, da ein Angerufener sich im Durchschnitt kaum länger als 20 Minuten Zeit nimmt.

Welche Befragungsart ist in einer bestimmten Situation am zweckmäßigsten?

Grundsätzlich gilt: Je niedriger die Kosten pro Befragung sein sollen, desto einfacher und klarer muss die Fragestellung und desto unpersönlicher wird die Befragung sein. Weitere Details gehen aus der folgenden Tabelle hervor: Ein Pluszeichen deutet auf ein positives, ein Minuszeichen auf ein negatives Element hin.

|  | Befragung | | | |
| --- | --- | --- | --- | --- |
|  | schriftlich | mündlich | telefonisch | computergestützt |
| Kosten | + | − | ○ | + |
| Zeit | − | − | + | ○ |
| Rücklaufquote | − | + | ○ | − |
| Qualität | − | + | ○ | − |
| Repräsentanz | ○ | + | + | − |

Übersicht über die wichtigsten Befragungsarten[1]

Wenn Umfragen von internem Personal durchgeführt weden, muss man den Nachteil in Kauf nehmen, dass die Befragten – wegen der aufgrund der Geschäftsbeziehung bestehenden Interessenlage – häufig keine objektive Auskunft geben. Es kann auch sein, dass der Befrager an bestimmten Antworten mehr interessiert ist als an anderen und deshalb dazu tendiert, die Befragten auf die von ihm gewünschte Antwort hinzulenken.

Ist eine weitgehende Neutralität der erhobenen Daten von Bedeutung, so empfiehlt sich unbedingt die Einschaltung eines Marktforschungsinstituts.

---

[1] In Anlehnung an Kamenz, *Marketingforschung*, S. 90.

### Tests: Repräsentative Anordnung wählen

Beim Test wird durch spezielle Vorkehrungen eine Situation geschaffen, in der sich vermutete kausale Zusammenhänge zwischen zwei oder mehr Faktoren durch Veränderung der Testgröße überprüfen lassen.

Dazu ist neben der «Experimentalgruppe» E stets eine «Kontrollgruppe» K erforderlich, damit man weiß, welche Veränderung auch ohne Experiment eingetreten wäre. Zu diesem Zweck vergleicht man jeweils die Ausgangssituation 0 mit der Situation nach Test 1; $(E_1 - E_0) - (K_1 - K_0)$ entspricht dann dem Einfluss der Testgröße.

Test-Versuchs-
anordnung

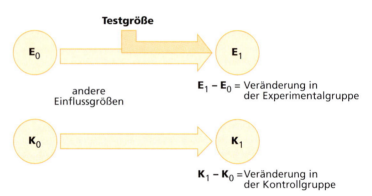

Bei der Versuchsanordnung ist darauf zu achten, dass die beiden Gruppen gleich zusammengesetzt sind, denn sonst könnten sie unterschiedlich auf Veränderungen reagieren.

Sehr realitätsnah sind sogenannte Feldexperimente, insbesondere Markttests. Hier wird in einem geographisch überschaubaren und gut abgrenzbaren Teilmarkt zum Beispiel ein neues Produkt oder ein einzelnes Element eines Marketingmix (etwa eine Werbekampagne) vor dem endgültigen Einsatz erprobt. Je nach Testziel spricht man von Produkttest, Preistest, Werbemitteltest oder Test des Konsumentenverhaltens. Beim Feldtest kann es auch vorkommen, dass man sich auf einzelne Geschäfte beschränkt (Store-Test).

> Der Discounter Pick Pay will feststellen, ob der von ihm gewählte Zwangsablauf im Laden aufgehoben werden soll. Deshalb werden drei Filialen umgebaut. Die in diesen Filialen in den folgenden zwölf Monaten erreichten Resultate werden denjenigen dreier Vergleichsfilialen gegenübergestellt.

Ein Test kann aber auch im Labor durchgeführt werden, zum Beispiel indem einer Anzahl von Personen Jogurts mit neuartigen Geschmacksrichtungen im Blindtest zum Probieren gegeben werden, indem in einem Raum Produkte zum Preis X, in einem anderen aber zum Preis Y angeboten werden, indem die Produkte auf der linken Seite des Verkaufslokals in einem Regal und auf der rechten Seite gesondert platziert werden.

Tests liefern oft die wertvollsten Informationen. Hauptnachteile sind: Zeitaufwand und Kosten, die eigenen Ziele werden der Konkurrenz offengelegt, fehlende Erklärungen für die Ursachen der Resultate, Möglichkeit der Ausstrahlung auf andere Produkte und Märkte. Für einen Markttest in der Konsumgüterindustrie muss mit einer Dauer von etwa drei Monaten gerechnet werden.

Da heute keine strikt regionale TV-Werbung mehr existiert, gibt es praktisch keine geschlossenen Teilmärkte mehr, in denen ein repräsentativer Markttest möglich wäre. Die führenden Marktforschungsinstitute unterhalten daher sogenannte Mini-Testmärkte.

In solchen Testmärkten werden den beteiligten Haushalten eigene Werbeeinspielungen über den TV-Kabelanschluss und eine spezielle Empfangsbox übermittelt; die Adressaten erhalten spezielle Printmedien und finden in den Supermärkten die zu testenden Spezialangebote. Über eine Haushalts-Identifikationsmarke werden die Einkäufe dieser Haushalte genau erfasst; über Telemeter wird ermittelt, welche Werbesendungen sie anschauen und mittels Befragungen versucht man, ihr Verhalten zu ergründen. Die Kosten für einen solchen Mini-Markttest liegen etwa bei sFr. 150'000 bis 200'000.

---

An einem eiskalten, schneereichen Sonntag im Februar erreichten nur der Pfarrer und ein Bauer die Kirche. Der Pfarrer meinte: «Ja, dann werde ich wohl heute keine Predigt halten.»
Etwas verärgert bemerkte der Bauer: «Wenn bei mir zur Fütterungszeit nur eine einzige Kuh erscheint, dann füttere ich eben diese eine!»
Durch diese Bemerkung fühlte sich der Pfarrer aufgerufen, seine Pflicht zu tun, und er hielt eine ordentliche Predigt. Beim Verlassen der Kirche schüttelte er dem Bauer die Hand und fragte: «Nun, wie habe ich meine Sache gemacht?»
«Ganz gut», antwortete der Bauer, «aber wenn bei mir nur eine einzige Kuh zum Fressen kommt, überschütte ich sie nicht mit dem Heu für die ganze Herde!»

*Aus «Bits & Pieces», Februar 1999, S. 14*

## Beobachtung: Eher verdeckt durchführen

Die Beobachtung wird seltener verwendet als Befragung und Test. Ihr Hauptnachteil ist, dass nur festgestellt werden kann, was sichtbar ist. Man gewinnt daher keinen Einblick in «subjektive Sachverhalte» (Einstellungen, Wünsche, Wissen). Zudem hat man vielfach Mühe, mehrere Dinge, die sich gleichzeitig ereignen, zu registrieren.

Der Vorteil der Beobachtung liegt darin, dass keine wechselseitige Beeinflussung von Informationsgeber und -sammler stattfindet, dass die Auskunftsbereitschaft des Untersuchungsobjekts nicht erforderlich ist und dass keine ungenauen Informationen aufgrund falscher Antworten entstehen.

Beobachtungen werden offen oder verdeckt durchgeführt. Da die aufschlussreichsten Beobachtungen gemacht werden können, wenn sich die Versuchspersonen unbeobachtet glauben und somit spontan handeln, bevorzugt man verdeckte Beobachtungen. Dafür werden öfters von einer Seite her durchsichtige Spiegel oder Videokameras verwendet. Dabei ist jedoch besonders auf den Persönlichkeitsschutz zu achten!

Man unterscheidet zwischen Labor- und Feldbeobachtungen, je nachdem wo die Beobachtung durchgeführt wird:

◆ **Laborbeobachtungen:** Sie finden unter künstlich geschaffenen Bedingungen in eigens dafür eingerichteten Räumen von Marktforschungsinstituten statt. Günstig sind hierbei die weitgehende Isolierbarkeit und Kontrollierbarkeit der zu untersuchenden Faktoren; nachteilig ist jedoch, dass sich die Probanden ihrer Eigenschaft als

Testperson bewusst sind und sich daher mitunter atypisch verhalten. Im Gegensatz zum Labortest findet aber kein Kontakt zwischen Beobachter und Versuchsperson statt.

◆ **Feldbeobachtung:** Hier wird das Verhalten des Käufers, zum Beispiel vor einem Einkaufsregal in einem Selbstbedienungsladen, registriert, aber auch die Reaktionen auf bestimmte Argumente bei direkten Kundenkontakten in einem Verkaufsgespräch werden beobachtet.

Von teilnehmender Beobachtung spricht man, wenn der Beobachter selber eine aktive Rolle im Geschehen übernimmt. Er kann beispielsweise als Kunde auftreten und sich von einem Verkäufer beraten lassen; er beobachtet dabei, wie gut der Verkäufer ihm das Produkt erklären kann und welche Verkaufsargumente er findet.

Viele Beobachtungen finden im normalen Alltag statt. Auch sie liefern wichtige Informationen, haben aber den Nachteil, dass das Resultat oft subjektiv eingefärbt ist.

### Panels: Für Leistungsbeobachtung verwenden

Externe Marktforschungsinstitute führen teilweise auch standardisierte Untersuchungen durch, die sie dann an verschiedene ineressierte Unternehmen verkaufen. Solche «Standardangebote» gehen zwar nicht auf spezifische Bedürfnisse oder Problemstellungen eines Unternehmens ein, haben andererseits aber entscheidende preisliche Vorteile. Sie können einmalig oder mehrmals durchgeführt werden. Im zweiten Fall spricht man von Panels.

Ein *Panel* ist ein bestimmter, gleichbleibender Kreis von Auskunftspersonen, die über einen längeren Zeitraum hinweg fortlaufend oder in gewissen Abständen im Prinzip über den gleichen Gegenstand befragt werden.

Ein Panel ermöglicht eine dynamische Betrachtung des Markts, indem man die Ergebnisse einer abgelaufenen Periode (Monat, Jahr) mit denen früherer Perioden vergleicht. Auch das Bundesamt für Statistik führt in diesem Sinne Panels. Die oft über mehrere Jahre hinweg erhobenen Statistiken können einem Unternehmen aufschlussreiche Informationen bieten. Unter den Panels unterscheidet man das Handels- und Verbraucherpanel.

◆ **Handelspanel:** Das bekannteste dieser Panels ist das Einzelhandelspanel von Nielsen für Nahrungs- und Genussmittel. In der Schweiz werden in 250 Lebensmittelgeschäften Einkäufe, Verkäufe, Lagerbewegungen und das Preisniveau erfasst. Allerdings werden Migros und Warenhäuser nicht berücksichtigt. Daneben gibt es je nach Land spezielle Panels, zum Beispiel für Apotheken, Drogerien, Ärzte, den Elektrofachhandel oder den Großhandel generell.

Während die Mitarbeiter der Marktforschungsinstitute früher die in der Stichprobe enthaltenen Organisationen aufsuchten und ihre Daten vor Ort erfassten, ist diese Arbeit heute dank der Scanningkassen und der automatisierten Lagerbewirtschaftung um vieles einfacher.

Die folgende Grafik ist ein Auszug aus einem Nielsen-Einzelhandelspanel. Im oberen Teil wird gezeigt, welche Angaben gemacht werden. Im unteren Teil wurden die restlichen Produkte des Markts weggelassen.

Auszug aus einem Nielsenpanel[1]

| 1 | 2 | 3 | 4 | 5 | 6 | 7 | 8 | 9 | 10 | 11 | 12 | 13 | 14 |
|---|---|---|---|---|---|---|---|---|---|---|---|---|---|
| | Verkäufe | | Einkäufe | Lager | | % Distribution | | | | Durchschnitte | | Forwardstocks | Sonderplatzierung |
| **Produkte** | 1000 sFr. | Menge | Menge | Menge | Bevorratung (Mt) | führend | ausverkauft | einkaufend | verkaufend | Lager | Preis | Menge | Menge |
| | % Anteil | % Anteil | % Anteil | % Anteil | | führend | ausverkauft | einkaufend | verkaufend | Monatsabsatz | Einkäufe | Anteil | % vom Forwardstock |
| | | | | | | | | | | | | führend | ausverkauft |
| **Warengruppe X** (in 1000 kg) | | | Total Schweiz | | | | | | | 7600 | 100% | | |
| | | | | | | | | | | | | Geschäfte | |
| Total Markt | 1377 100% | 70,4 0% | 65,9 0% | 31,5 0% | 0,9 | 93 99 | 2 1 | 74 94 | 92 99 | 4,6 5,0 | 19,6 5,9 | - 28,4 2 | 1,6 6% 3 |
| Produkt A | 168 12% | 9,9 4% | 9,1 4% | 3,4 1% | 0,7 | 42 73 | 11 7 | 27 65 | 42 73 | 1,4 1,5 | 17,0 2,2 | - 3,2 11 | 0 - - |
| Produkt B | 148 11% | 7,9 2% | 5,4 8% | 3,1 5% | 0,8 | 16 44 | 2 6 | 12 36 | 16 44 | 2,8 3,2 | 18,8 3,0 | - 2,9 2 | 0,01 - - |
| ... | | | | | | | | | | | | | |

[1] *Nielsen Marketing Research, Nielsen Index Information,* 1988.

◆ **Haushalts- oder Verbraucherpanel:** Grundlage ist eine schriftliche Befragung. Die Firma IHA führt das bekannteste Haushaltpanel in der Schweiz. 2'250 Haushalte, die nach dem Stichprobenverfahren ausgesucht wurden, führen über die Einkäufe regelmäßig Tagebuch. Darin werden Produkte, Verpackungsgrößen, Preise und Einkaufsort festgehalten. In regelmäßigen Abständen werden diese Bücher ausgewertet. Aus den Ergebnissen eines Haushaltspanels lassen sich Informationen über das Kaufverhalten, die Mengen und die Verbrauchsausgaben für bestimmte Warengruppen und deren Marktanteile gewinnen. Dabei werden diese Daten vom Träger des Haushaltspanels in der Regel nach regionalen Gebieten, Berufen, Gemeindegrößenklassen, Haushaltsgrößen, sozialen Schichten, Einkommensgruppen usw. aufbereitet und in einem Zeitvergleich fortgeschrieben.

**Körperpflegemittel**
Form. W6/1-99

Montag, 10. Jan 1999 bis Sonntag 16. Jan 1999
Rücksendung: Montag, 17. Jan 1999

Ausschnitt aus dem von einem Haushalt auszufüllenden Fragebogen[1]

| Einzutragende Warengruppen | Marke bitte der Packung entnehmen (auch Eigen- oder Handelsmarken) | Nähere Angaben über das Produkt | | | | Anz. Pack. | Anz. Stück pro Pack. | Inhalt in dl Gewicht in g pro Stück | Preis pro Pack. | Datum des Einkaufs | Wo gekauft? (z.B. Migros, Coop-City, Waro, Familia, Drogerie) |
|---|---|---|---|---|---|---|---|---|---|---|---|
| | | Duschbad | Crèmebad | Ölbad | Schaumbad | andere Bäder | | | | | |
| Badezusätze (Schaum, Crème, Öl, Tabletten, Salz ...) | Duftnote oder Farbe | ☐ | ☐ | ☐ | ☐ | | | | | | |
| | | ☐ | ☐ | ☐ | ☐ | | | | | | |
| Duschprodukte | | ☐ | ☐ | ☐ | ☐ | | | | | | |

Bei den Verbraucherpanels treten als besondere Probleme die sogenannte Panelsterblichkeit und der Paneleffekt auf.

- **Panelsterblichkeit:** Die Anzahl der am Panel beteiligten Haushalte verringert sich, da bestimmte Teilnehmer ihre Mitarbeit einstellen; es muss durch die Aufnahme strukturgleicher Haushalte für Ersatz gesorgt werden, denn ansonsten wird die Repräsentanz eines solchen Panels fragwürdig.

- **Paneleffekt:** Die Teilnehmer ändern unter dem Einfluss der Panelteilnahme ihr Verhalten, meistens unbewusst. Sie schenken den im

---

[1] Fragebogen aus einem IHA-Haushaltspanel.

Panel erwähnten Marken mehr Aufmerksamkeit, werden preisbewusster und beachten die Werbung für bestimmte Produkte stärker als der Durchschnitt der Bevölkerung. Daher wird jedes Jahr ein Teil der Haushalte ausgewechselt; die Dauer der Teilnahme an einem Haushaltspanel wird auf drei bis fünf Jahre begrenzt.

Es gibt auch Panels für Verbraucher vor dem Endkonsumenten, zum Beispiel für Handwerksbetriebe, Baufirmen und andere Gewerbezweige. Die Datenerfassung und -zusammenstellung entspricht jener der Endverbraucherpanels.

Die in Einzelhandels- und Haushaltspanels enthaltenen Informationen überlappen und ergänzen sich.

Gegenüberstellung von Händler- und Haushaltspanel[1]

Wie bedeutsam Panels sind, zeigt die Tatsache, dass viele Hersteller von Markenartikeln bis zu 50 % ihres Marktforschungsbudgets für den Erwerb von Paneldaten ausgeben. Dabei werden sowohl Verbraucher- als auch Handelspanels benützt.

### Omnibusumfrage: Kosten teilen

Bei Omnibusumfragen wird der Vorteil der Panels (billige Daten) mit den Vorteilen einer eigenen Umfrage (individuelle Fragestellung) gekoppelt. Unternehmen mit ähnlichen Kundenstrukturen und/oder mit ähn-

---

[1] Kühn, «Marketingmix», in: *Die Orientierung*, Nr. 83/1984.

lichen Problemstellungen tun sich zusammen, um eine Umfrage durchzuführen. Dabei kann jeder Teilnehmer seine eigenen Fragen anbringen. Die hohen Kosten, die von der Anzahl der Fragen unabhängig sind, können so aufgeteilt werden.

Manchmal startet ein Großunternehmen eine Umfrage, und kleinere Firmen dürfen sich anhängen. Es gibt aber auch Marktforschungsinstitute, die neutrale Omnibusumfragen anbieten. Meistens hat man dann einen Satz gemeinsamer und einzelne getrennte Fragen.

## Gruppendiskussionen: Qualitative Erkenntnisse erarbeiten

Gruppendiskussionen dienen, wie die bereits erwähnten Tiefeninterviews und die psychologischen Tests, der qualitativen Marktforschung. Während beim Tiefeninterview nur eine Person vom Interviewer befragt wird, sitzen jetzt mehrere Personen in einer Gruppe zusammen. Dadurch wird der Einfluss des Interviewers kleiner und gruppendynamische Prozesse kommen in Gang.

Die Diskussion ist, je nach Zielsetzung, mehr oder weniger deutlich strukturiert. Eventuell übernimmt ein Mitglied verdeckt eine kontradiktorische Rolle, um Reaktionen der Befragten zu provozieren.

Die Auseinandersetzung mit dem Thema ist in der Regel sehr intensiv und vielschichtig. Das Gespräch lässt sich schnell durchführen, kann aufgezeichnet und beliebig oft abgehört werden und ist relativ kostengünstig. Je nach Zielsetzung können Spezialisten und Experten zusammengerufen werden.

Die Hauptnachteile von Gruppendiskussionen sind die Interpretationsschwierigkeit, die fehlende Repräsentanz und die schwer einschätzbare Relevanz der Argumente. Das Resultat ist stark von der Qualität der Moderation abhängig.

Gruppendiskussion

## Spezifizierung der Daten

In diesem Abschnitt wird gezeigt, wie ein Fragebogen ausgearbeitet wird. Die Überlegungen gelten für die persönliche, telefonische und schriftliche Befragung. Sie haben auch Gültigkeit, wenn Informationen durch Beobachtung gesammelt werden. Der Unterschied besteht lediglich darin, dass die durch Beobachtungen gewonnenen Daten einfacherer Natur sind. Die Entwicklung eines Fragebogens verläuft in sieben Schritten.

Schritte bei der Entwicklung eines Fragebogens

### Gesuchte Informationen notieren

Oft ist es uns schon passiert, dass wir bei der Auswertung einer Marktbefragung sagten: «Oh, hätten wir doch danach gefragt, ob …» Es lohnt sich, gleich zu Beginn gründlich zu überlegen, welche Daten bei der Befragung gesammelt werden sollen. Eine Nachbefragung ist nämlich zeit- und kostenintensiv.

Normalerweise notieren wir zuerst recht willkürlich eine Reihe von Wünschen, Antworten und Resultaten, um aus allen möglichen Blickrichtungen sinnvolle Daten spezifizieren zu können. Die so erstellte Liste ist in der Regel unvollständig und meistens sehr lang. Als nächstes überlegen wir daher, welche Angaben wirklich nötig und welche zu eliminieren sind. Dies ist nicht immer ganz einfach: Man hofft vielleicht, dass der Interviewer mit einer Fangfrage unerwartete Informationen zutage fördert. Das Ziel ist eventuell nicht präzise genug formuliert, was den Fragebogen eher umfangreich weden lässt. Man sagt sich, es sei besser, jetzt eine Frage zu viel, als später eine Antwort zu wenig zu haben.

Wenn dieser schwierige Schritt der Eliminierung getan ist, bemühen wir uns um die Vervollständigung und Abrundung der Daten. Dabei hilft die Auseinandersetzung mit der Frage: «Welche Analysen und Auswertungen werden gewünscht?» Die Schritte «Welche Daten?» und «Welche Analysen?» laufen bei der Entwicklung eines Fragebogens am besten parallel ab. Nur so kann gewährleistet werden, dass ein mit der Zielsetzung kohärentes Kosten-/Nutzenverhältnis entsteht.

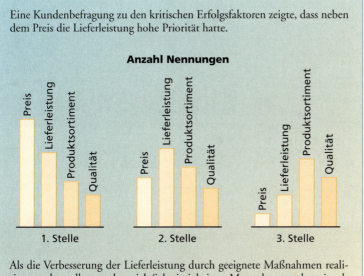

Eine Kundenbefragung zu den kritischen Erfolgsfaktoren zeigte, dass neben dem Preis die Lieferleistung hohe Priorität hatte.

Als die Verbesserung der Lieferleistung durch geeignete Maßnahmen realisiert werden sollte, ergaben sich Schwierigkeiten. Man erkannte, dass einzelne Kunden unter Lieferleistung die Zeitspanne zwischen Bestellung und Auslieferung verstanden. Andere beurteilten die Lieferzuverlässigkeit, also die Einhaltung von versprochenen Terminen oder Mengen. Dritte dachten an die Vermeidung von Transportbeschädigungen, an die Einhaltung von Anliefervorschriften oder gar an den administrativen Teil der Belieferung.

Marktforschungsresultate sollten irgendwann zu Maßnahmen führen. Wir haben uns daher auch angewöhnt zu fragen, welche Maßnahmen aufgrund einer möglichen Antwort eingeleitet würden. So gelingt es meistens, die Fragebogen, die in der Regel zu viele oberflächliche Fragen enthalten, inhaltlich konkreter und detaillierter zu gestalten.

## Notwendige Analysen entwerfen

Sollen Daten nach statistischen Regeln oder nur summarisch ausgewertet werden? Soll der qualitative Unterschied zwischen zwei Produkten als Verhältniszahl angegeben oder mit Eigenschaftswörtern beschrieben werden? Welche und wie viele Variablen sollen miteinander in Verbindung gebracht werden?

Diese Art von Fragestellungen bis hin zu einem ersten Entwurf von gedachten Auswertungen helfen in dieser Phase sehr. Dabei sollte man sich von drei Prinzipien leiten lassen, die leider in der Praxis viel zu wenig beachtet werden.

◆ **Korrektheit:** Die aus einzelnen Daten gezogenen Schlüsse müssen korrekt sein.

> Es kann falsch sein, wenn aus dem Ansteigen der Personalfluktuation geschlossen wird, dass die Zufriedenheit am Arbeitsplatz gesunken sei. Es könnte ja sein, dass die Arbeitsmarktsituation insgesamt angespannter ist und die Fluktuation in der ganzen Industrie zugenommen hat oder dass die Mitarbeiter zwar mit ihrer Tätigkeit sehr zufrieden, aber durch einen Bericht über Gesundheitsgefährdung am Arbeitsplatz verunsichert sind.

◆ **Zuverlässigkeit:** Die aus einzelnen Daten gezogenen Schlüsse müssen verlässlich sein. Wenn beispielsweise eine zweite, vergleichbare Messung durchgeführt wird, müssen die Resultate denen der ersten ähnlich sein. Die folgende Darstellung der Treffgenauigkeit eines Gewehrs soll dies illustrieren. Das alte Gewehr ist ungenau, die Treffer verteilen sich ganz zufällig über die Scheibe. Das neue Gewehr ist zuverlässiger. Es ist zunächst allerdings noch nicht genau justiert, also noch unkorrekt.

Unterschied zwischen unzuverlässig, zuverlässig und korrekt[1]

altes, unzuverlässiges Gewehr     neues, schlecht justiertes Gewehr     neues, gut justiertes Gewehr

◆ **Empfindlichkeit:** Die zu sammelnden Daten müssen auf die gesuchten Aussagen empfindlich reagieren. Es nützt nichts, wenn Daten gesammelt werden, um bestimmte Schlussfolgerungen ziehen zu können, wenn sie dann letztlich doch nichts aussagen.

---

[1] Siehe Churchill, *Basic Marketing Research*, S. 326.

> Ein Lebensmittelhersteller testete drei Monate lang in verschiedenen Regionen zwei verschiedene Werbeprogramme. Die Umsatzentwicklung in den Regionen verlief jedoch so ähnlich, dass daraus keine Rückschlüsse auf die Qualität der Werbeprogramme möglich waren.
> Man konnte nur folgern, dass entweder die Werbeprogramme gleich gut waren oder die Testdauer zu knapp angesetzt wurde oder dass mit Hilfe einer Kundenbefragung über die einzelnen Werbeprogramme eine bessere Aussage möglich gewesen wäre.

Die Frage nach der späteren Auswertung führt unweigerlich zur Frage, wie die Antworten der Befragten gewichtet werden sollen. Hier gibt es viele Möglichkeiten, auf die im übernächsten Abschnitt teilweise eingegangen wird.

## Genaue Fragestellung formulieren

Die Art der Fragestellung hat großen Einfluss auf die Antwort. Daher ist sie unbedingt auf das Ziel der Befragung auszurichten. So kann man etwa auf die Frage: «Warum fuhren Sie mit dem ICE nach Basel?» ganz verschiedene Antworten bekommen. «Ich fuhr mit dem Zug, weil das Auto in der Werkstatt war.» – «Ich fuhr nach Basel, um dort meine Cousine zu treffen.» – «Ich fuhr mit dem ICE, weil er ohne Halt fährt und fünf Minuten schneller ist als der Schnellzug.» Wäre gefragt worden: «Als Sie mit dem Zug nach Basel fuhren, warum nahmen Sie da den ICE?», wären alle Antworten eindeutig ausgefallen.

Man muss auch daran denken, dass Befragte selbst dann antworten, wenn sie die betreffende Materie gar nicht kennen. Das bedeutet, dass die Fragen auf den Wissensstand der Befragten abzustimmen sind.

In der Regel beantworten Interviewte Fragen, die ihre Privatsphäre betreffen, nur zurückhaltend. Es lohnt sich daher, eher mit Indizien zu arbeiten. Statt nach dem Jahreseinkommen zu fragen, kann man eine Tabelle mit Einkommenskategorien vorlegen, in der der Befragte die entsprechende Kategorie ankreuzt.

## Mögliche Antworten durchdenken

Bei der Erstellung des Fragebogens sollte man sich stets vor Augen halten, welche Antworten wohl gegeben werden. Dies gilt ganz besonders bei offenen Fragestellungen, wenn der Interviewte in seiner Antwort nicht eingeengt wird. Antworten auf offene Fragen sind meistens individuell ausformuliert und daher viel schwieriger zu analysieren. Die Auswertung erfordert mehr Zeit und oft ist die Interpretation mühsam. Man weiß nicht genau, was gemeint ist. Geschlossene Fragen führen zu eindeutigeren Antworten, vermitteln aber einen weniger tiefen Einblick. Neben Ja/Nein- und Multiple-Choice-Antworten werden vielfach Skalierungen benützt, um eine stärkere Nuancierung herauszuarbeiten.

Mögliche Skalierung einer Befragung

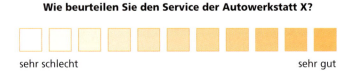

An obigem Beispiel erkennt man, dass die Gründe für den möglicherweise schlechten Service nicht aufgedeckt wurden. Wenn anschließend mit einer Multiple-Choice-Frage versucht wird, diese Gründe zu eruieren, so heißt das nicht, dass alle Gründe erfasst werden.

## Klare Wortwahl treffen

> Ein Dominikaner und ein Jesuit diskutierten, ob es eine Sünde sei, gleichzeitig zu beten und Pfeife zu rauchen. Da sie uneinig waren, beschlossen sie, ihre Oberen zu befragen. Nach einer Woche begegneten sie sich wieder. Der Dominikaner fragte: «Was hat dein Vorgesetzter gesagt?» Der Jesuit antwortete, er habe gesagt, es sei in Ordnung, gleichzeitig zu beten und Pfeife zu rauchen. «Das ist ja interessant! Mein Vorgesetzter meinte genau das Gegenteil», eiferte sich der Dominikaner.
> «Was hast du ihn denn gefragt?», wollte der Jesuit wissen.
> «Oh, ich habe ihn gefragt, ob es erlaubt sei, wenn ich beim Beten eine Pfeife rauche.»
> «Aha, das ist es also», erwiderte der Jesuit, «ich habe nämlich gefragt, ob ich auch beim Pfeifenrauchen beten dürfe!»
>
> Aus Sudman/Bradburn, «Improving Interview Method», S. 1

Die Anekdote zeigt, wie sehr die Formulierung einer Frage die Antwort beeinflussen kann. Eine schlechte Wortwahl kann zu Unklarheiten und Missverständnissen führen. Es sollten daher bei der Formulierung der Fragen die folgenden Kriterien beachtet werden.

◆ **Einfache Sprache:** Fragen sollten auf Anhieb verstanden werden, und zwar auch von ungebildeten oder nicht mit der Materie vertrauten Interviewkandidaten. Vielfach fällt es dem den Fragebogen Ausarbeitenden schwer, seine Überlegungen in so einfache Fragen zu kleiden, dass jedermann sie eindeutig versteht. Auf fachspezifische Ausdrücke, technischen Jargon oder nicht geläufige Fremdwörter ist zu verzichten.

◆ **Kurze Sätze:** Fragen sollten möglichst kurz sein. Lange Sätze sind nicht nur mühsam zu verstehen, sondern müssen oft zwei- oder dreimal wiederholt werden. Viele Interviewte haben nämlich Mühe, sich längere Fragen zu merken. Lange Sätze sind zudem ermüdend, so dass der Interviewte möglicherweise die Befragung abbricht.

◆ **Spezifische Fragen:** Allgemeine Fragen sind zu vermeiden, denn die Antworten darauf sind meistens nichtssagend. Ausdrücke wie «normalerweise», «grundsätzlich», «öfters», «in der Regel», «mehr oder weniger», «auf welche Art und Weise» sind zu verschwommen und wirken unpräzise.

◆ **Eine Frage pro Mal:** «Finden Sie den neuen BMW komfortabel und leise?» Auf was soll der Befragte nun antworten? Besser wäre es hier, zwei Fragen zu stellen, eine nach dem Komfort, die andere nach dem Lärmpegel.

◆ **Keine Suggestivfragen:** «Meinen Sie nicht auch?», «Sind Sie einverstanden mit …?» oder «Würden Sie nicht auch sagen, dass …?», sind Bemerkungen, die suggestiv wirken. Es besteht die Gefahr, dass die Antworten nicht objektiv sind.

Bei der Ausarbeitung eines Fragebogens die richtigen Worte zu wählen ist aufwendig. Der erste Entwurf taugt in der Regel noch nicht, da der Verfasser zu sehr an die gewünschten Daten denkt und sich zu wenig mit der Person des Interviewten auseinandersetzt.

> Nicht jedermann ist von Natur aus einfühlsam, wie aus der folgenden Geschichte über einen Prediger aus Kansas hervorgeht.
>
> Auf der Rückkehr von einem Besuch in Neu-England traf ein Pfarrer auf dem Bahnhof ein Mitglied seiner Gemeinde. Er fragte den Mann: «Wie geht es denn so zu Hause?»  ➡

> «Traurig, sehr traurig», klagte der Mann, «ein Wirbelsturm hat mein Haus weggefegt.» – «Das überrascht mich gar nicht», entgegnete der Prediger mit finsterer Miene. «Erinnern Sie sich, wie ich Sie manchmal wegen Ihres Lebenswandels gewarnt habe? Strafen für Sünden sind unumgänglich!» – «Der Sturm hat auch Ihr Haus zerstört, Herr Pfarrer.» – «Tatsächlich, hat er das? Ja, ja, Gottes Wege sind unergründlich.»
>
> *Aus «Bits & Pieces», Dezember 1999, S. 4*

**Natürliche Fragebogenstruktur wählen**

Üblicherweise wird zuerst mitgeteilt, warum eine Befragung durchgeführt wird, welche Vorteile man sich davon verspricht und warum gerade die Person X befragt wird. Mit dieser Einleitung will man sicherstellen, dass sich der Befragte wohl fühlt und bereit ist, auf die Fragen zu antworten.

Die nächste Serie von Fragen soll abklären, ob der Interviewte überhaupt die richtige Person für die Befragung ist. Hat er wirklich schon einen Fiat Panda gefahren, trinkt er regelmäßig Kaffee zum Frühstück, bestehen Regelungsprobleme in seiner Produktion oder hat er sich schon Gedanken über Automatisierungsmaßnahmen gemacht?

Danach kann eine Serie sogenannter «Anwärmfragen» kommen, beispielsweise: «Seit wie vielen Jahren trinken Sie Kaffee zum Frühstück?» – «Wie präzise arbeitet die Geschwindigkeitsregelung Ihrer Maschine?» – «Wann haben Sie den ersten Schweißroboter eingesetzt?» Damit will man auf die nun folgenden Schlüsselfragen vorbereiten, die in der Regel sehr spezifisch und direkt sind: «Welches Regelungsaggregat benützen Sie?» – «Warum arbeiten Sie mit dem Schweißroboter von ABB?»

Zum Abschluss folgt meistens noch eine Serie von Fragen, die mit dem Interviewten, seinem Unternehmen, seinem Charakter und seiner Denkweise zu tun haben. Dies erlaubt eine individuelle Auswertung.

Auf dem Fragebogen sollten der Name des Interviewers, Ort, Zeit und Unterschrift festgehalten werden. Dies vereinfacht bei Unklarheiten spätere Rückfragen.

Es lohnt sich zu überlegen, wie der Fragebogen optisch gestaltet werden soll: Farbgebung, Hinweise darauf, welche Fragen bei einer bestimmten Antwort übersprungen werden, eine übersichtliche Anordnung und andere Elemente sind nützlich, damit das Interview rasch abgewickelt werden kann. Vorteilhaft ist es auch, den Eindruck zu vermitteln, es handle sich um einen kurzen und präzisen Fragebogen.

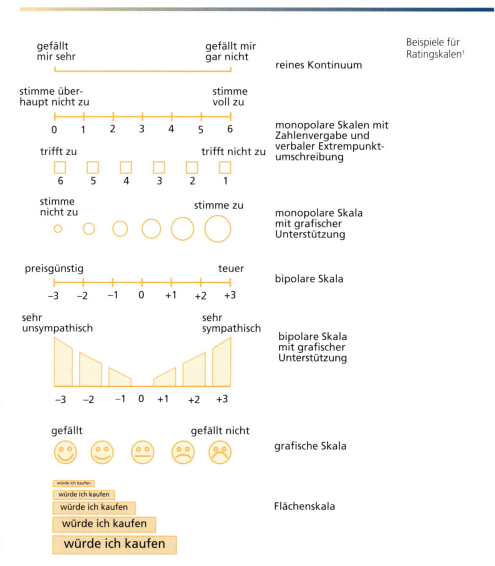

Beispiele für Ratingskalen[1]

## Gründliche Überprüfung sicherstellen

Jeder Fragebogen sollte ausgetestet werden. Oft sind Fragen unklar, werden falsch verstanden, braucht man zur Beantwortung wesentlich mehr

---

[1] Siehe Berekoven/Eckert/Ellenrieder, *Marktforschung*, S. 199.

Zeit als veranschlagt, bestehen Lücken, sind Fragen zu allgemein. Dies alles kann bei einem Probelauf aufgedeckt werden.

Der Fragebogen sollte nicht nur mit einer einzelnen Person getestet werden – besser sind 10 bis 50 Personen, je nach Dimension der Hauptumfrage, damit ein Mini-Abbild der tatsächlichen Befragungspopulation entsteht. Es lohnt auch, diese Antworten vorab auszuwerten, denn viele Probleme (zum Beispiel fehlende Zusatzinformationen oder falsch verstandene Fragen) treten erst dann zutage, wenn mit den erfragten Daten gearbeitet wird.

## Stichprobenwahl

Meistens besteht der Markt aus so vielen Teilnehmern, dass auch mit einer großen Erhebung bei weitem nicht alle Informationsträger befragt, beobachtet oder gar getestet werden können. Meistens genügt es aber, wenn unter Beachtung bestimmter Auswahlregeln eine beschränkte Anzahl von Versuchspersonen ausgewählt wird. Stimmt die Struktur dieser Gruppe oder Stichprobe mit der sämtlicher Informationsträger überein, so können die gewünschten Informationen durch die Teilerhebung gewonnen werden.

 Die Übereinstimmung zwischen Stichprobe und Grundgesamtheit bezeichnet man als Repräsentanz.

Grundsätzlich ist jede Aussage einer Teilerhebung mit einem Fehler behaftet, den man durch geschickte Stichprobenwahl möglichst klein zu halten versucht. Dabei spielen der Umfang und die Zusammensetzung der Erhebung eine wesentliche Rolle. Die Größe der Stichprobe hängt von drei Faktoren ab.

◆ **Gewünschte Fehlertoleranz:** Je kleiner ein möglicher Fehler sein soll, umso größer muss die Stichprobe sein.

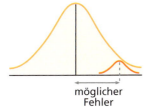
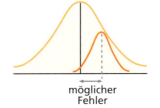

Mögliche Fehlaussagen werden durch eine Vergrößerung der Stichprobe kleiner

◆ **Eintretenswahrscheinlichkeit:** Die Eintretenswahrscheinlichkeit gibt an, mit welcher Sicherheit ein bestimmter Fehler nicht überschritten wird. Je größer sie sein soll, desto größer muss auch die Stichprobe sein.

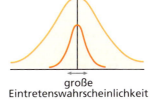

Eine Vergrößerung des Stichprobenumfangs erhöht die Eintretenswahrscheinlichkeit[1]

◆ **Verteilung der effektiven Merkmale in der Grundgesamtheit:** Je unterschiedlicher die Grundgesamtheit bezüglich der gesuchten Aussage ist, umso größer muss die Stichprobe sein, um die gewünschte Relevanz zu erreichen.

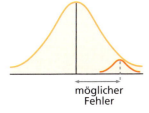
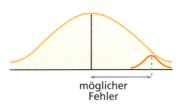

Bei breiterer Verteilung der Grundgesamtheit nimmt die Wahrscheinlichkeit einer Fehlaussage zu

Es haben sich verschiedene Auswahltechniken entwickelt, von denen die fünf gebräuchlichsten die einfache Zufallswahl, die geschichtete Auswahl, die Quotenauswahl, die Klumpenauswahl und das Konzentrationsverfahren sind.

---

[1] Die Eintretenswahrscheinlichkeit wird durch die Standardabweichung charakterisiert. Die Definition folgt im Abschnitt «Datenanalyse».

## Einfache Zufallswahl: Repräsentativ und teuer

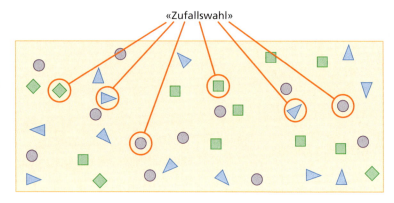

Einfache Zufallsauswahl aus der Grundgesamtheit

Diesem Vorgehen liegt das Modell der Urnenauswahl zugrunde: Alle Elemente der Grundgesamtheit werden durchnummeriert, anschließend wird mit einer Zufallszahlentabelle die Stichprobeneinheit bestimmt. Jedes einzelne Element, aber auch jede Kombination von Elementen der Grundgesamtheit hat die gleiche Chance, in die Auswahl zu gelangen.

Der Zeit- und Kostenaufwand bei diesem Verfahren ist vergleichsweise hoch, da ein vollständiges Verzeichnis der Grundgesamtheit vorliegen muss. Das Verfahren basiert auf wahrscheinlichkeitstheoretischen Überlegungen und erlaubt eine exakte Berechnung des Zufallsfehlers. Es wird vor allem dann eingesetzt, wenn die Grundgesamtheit recht homogen ist.

## Schichtung: Schichtenhomogenität entscheidet

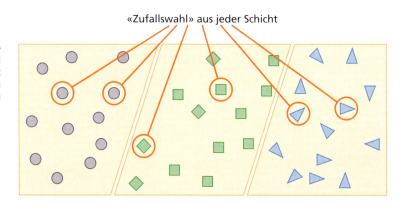

Einfache Zufallsauswahl aus möglichst homogenen Schichten

Die Grundgesamtheit wird nach einem Kriterium in möglichst homogene Teilgesamtheiten zerlegt. Daraus wird je eine einfache Zufallsauswahl getroffen. Bei diesem Verfahren sind die Kriterien entscheidend, nach denen die Grundgesamtheit erschöpfend in eine Anzahl homogener Schichten aufgeteilt wird. Bei einer Einzelhandelsbefragung wäre das Kriterium beispielsweise der Umsatz des Geschäfts oder die Zugehörigkeit zu einer Gesellschaftsgruppe.

Je stärker die Mittelwerte der einzelnen Schichten bezüglich des Untersuchungsmerkmals voneinander differieren, desto besser ist der Schichtungseffekt. Bei gleicher Stichprobengröße wird dann die Genauigkeit im Vergleich zur einfachen Auswahl größer; umgekehrt genügt eine kleinere Stichprobe, um die gleiche Genauigkeit zu erreichen; das spart Kosten. Der Stichprobenumfang wird im allgemeinen proportional zum Umfang der Schichten aufgeteilt.

## Quotenauswahl: von Quotenmerkmalen abhängig

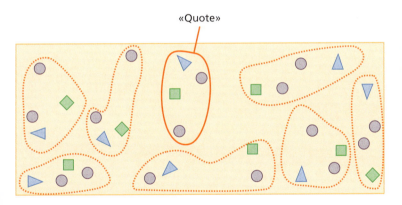

Quotenauswahl berücksichtigt Merkmale nach ihrem Mengenanteil

Im Gegensatz zur Schichtenauswahl wird bei der Quotenauswahl der mengenmäßige Anteil einer bestimmten Merkmalsgruppe mit berücksichtigt. Es erhöht die Repräsentanz der Teilauswahl, wenn die Verteilung bestimmter Merkmale in der Teilauswahl mit der Verteilung dieser Merkmale in der Grundgesamtheit übereinstimmt. Angenommen, das Geschlecht sei ein wichtiges Unterscheidungsmerkmal: Falls in der Grundgesamtheit zum Beispiel 48 % Männer und 52 % Frauen vertreten sind, wird sichergestellt, dass sich auch die Teilauswahl nach diesem Verhältnis zusammensetzt. Bedingung ist selbstverständlich, dass die entsprechenden Quotenmerkmale in der Grundgesamtheit bekannt sind. Als Quotenmerkmale werden daher leicht feststellbare soziodemographische Gegebenheiten wie Beruf und Alter verwendet.

Das Quotenauswahlverfahren wird häufig angewendet. Die Kosten sind kleiner als bei der Zufallsauswahl. Die Repräsentanz der Aussage hängt aber weitgehend von der Wahl der Merkmale ab, denn typische Merkmale wie Geschlecht, Alter, Einkommen, Bildung, Zivilstand sind nicht *a priori* auch für die Untersuchung relevant.

## Klumpenauswahl: selten repräsentativ

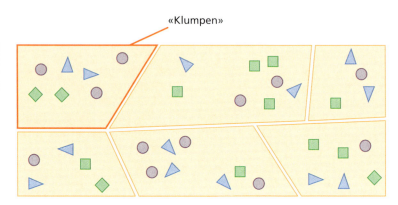

Klumpen sind Elemente mit natürlicher Anhäufung

Bei diesem Verfahren teilt man die Grundgesamtheit in kleinere Untergruppen (Klumpen) auf. Sollen beispielsweise Personen untersucht werden, so kann es sich bei den Untergruppen um Haushalte, Regionen oder Betriebe handeln. Anschließend werden einzelne Klumpen ausgewählt, die dann vollständig in die Erhebung einbezogen werden. Der Interviewer erhält zum Beispiel die Anweisung: «5. Strasse rechts, alle Haushalte interviewen.»

Dieses in der Praxis häufig angewendete Verfahren ist wegen der Weg- und Zeitersparnis verhältnismäßig wirtschaftlich. Auch ist die Auswahlbasis oft einfach zu beschaffen (zum Beispiel eine Liste von Betrieben statt einer Liste mit den Beschäftigten). Der Nachteil liegt darin, dass die Klumpen im Hinblick auf den Untersuchungsgegenstand meistens homogener als die Grundgesamtheit und somit weniger repräsentativ sind; dies führt zum Klumpeneffekt. Allerdings liefert dieses Verfahren bei gleichen Kosten oft bessere Ergebnisse als die einfache Auswahl, da mit gleichem Aufwand eine viel größere Stichprobe für die Befragung ausgewertet werden kann.

## Konzentrationsverfahren: selten repräsentativ

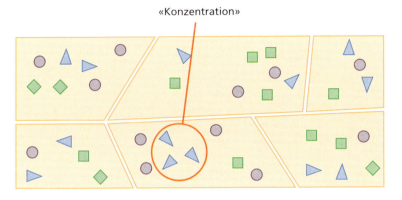

Konzentration schließt gewisse Elemente aus

Darunter fallen Verfahren, bei denen man sich absichtlich auf einen Teil der Grundgesamtheit konzentriert. Beispielsweise beschränkt man sich bei Investitionsgütern auf die wenigen Großbetriebe (A-Kunden) und vernachlässigt die vielen Kleinbetriebe (B- und C-Kunden), oder man beschränkt sich auf Städte, die als typisch für das ganze Land angesehen werden.

Der Schwachpunkt dieses Verfahrens liegt auch hier bei der Entscheidung, was als wesentlich oder typisch gelten soll. Vorteile sind die schnelle Durchführung und die geringen Kosten.

Konzentrationsverfahren

## Durchführung der Feldarbeit

Je besser die Feldarbeit geplant, organisiert und geführt wird, desto größer ist die Chance, dass die Marktforschung die gesuchten Resultate liefert. Dies gilt insbesondere bei mündlichen Befragungen. Hier erledigt eine größere Anzahl von Beschäftigten – oft Teilzeitangestellte, Studenten oder Hausfrauen – die Feldarbeit. Sind sie mit der Arbeit wenig vertraut, so müssen sie überwacht werden. Marktforschungsinstitute planen ihre Feldarbeit ungefähr so, wie im Folgenden beschrieben.

- **Einfachste Abwicklung:** Der Interviewer muss klare und einfache Anweisungen darüber erhalten, wie die zu Befragenden auszuwählen, die Kontakte herzustellen, die Interviews durchzuführen sind und wie er sich bei unerwarteten Reaktionen zu verhalten hat.

- **Gründliches Austesten:** Auf die Notwendigkeit, den Fragebogen auszutesten, wurde bereits hingewiesen. Zusätzlich wird auch die geplante Abwicklung getestet und nötigenfalls modifiziert.

- **Zielgerichtete Auswahl der Interviewer:** Die Art der Interviewer hängt mit der Art der Untersuchung zusammen. Standardisierte und allgemein verständliche Marktforschung stellt keine besonderen Ansprüche an die Person des Interviewers. Je offener die Fragen sind, je mehr auf den Interviewten eingegangen werden soll und je größer das notwendige Fachwissen ist, umso sorgfältiger müssen die Interviewer ausgesucht werden.

- **Genaue Instruktion:** Die Interviewer werden sehr genau und umfassend über ihre Arbeit und die in sie gesetzte Erwartung instruiert. Der Fragebogen und die Abwicklung werden im Detail erläutert. Zusätzlich werden alle möglichen «Was, wenn ...»-Fragen besprochen.

> Was mache ich, wenn die zu befragende Person ...
> – nicht zu Hause ist?
> – sich weigert, interviewt zu werden?
> – das Interview plötzlich abbricht?
> – einzelne Fragen nicht beantwortet?
> – für das Interview nicht geeignet ist?
> – eine Entschädigung für das Interview erwartet?
> – eine zweite Person zum Interview mitbringt?

◆ **Gewissenhafte Überwachung:** Die Feldarbeit muss im Interesse der Einhaltung der geplanten Fristen und Kosten, aber auch im Hinblick auf die Ziele überwacht werden (Anzahl der Interviewten, Inhalt und Qualität der Aussagen). Der für die Überwachung Zuständige wird die eingereichten Fragebogen begutachten und einzelne Interviews an Ort und Stelle kontrollieren.

Handelt es sich um größere Marktforschungsprojekte, so stellen die Institute sehr detaillierte Arbeitspläne auf; sie sind zum Teil so umfassend, dass eigentliche Netzpläne entstehen.

Beispiel für den Arbeitsablauf und den Zeitaufwand in Tagen für eine direkte Befragung (mündlich, persönlich, 800 Personen) durch ein Marktforschungsinstitut. (Quelle: IHA)

| | | Tage | |
|---|---|---|---|
| **Problemstellung / Auftrag** | | | |
| 1. | Problemdefinition | 2 | |
| 2. | Briefing | 3 | |
| 3. | Offerte | 2 | |
| 4. | Auftragserteilung | 3 | **10 Tage** |
| **Vorbereitung / Planung** | | | |
| 5. | Fragebogenerstellung und Freigabe durch den Auftraggeber | 3 | |
| 6. | Durchführung von Testinterviews | 2 | |
| 7. | Überarbeitung und endgültige Abfassung des Fragenkatalogs | 2 | |
| 8. | Auswahl der Interviewpartner | 2 | |
| 9. | Instruktion der Interviewer | 1 | **10 Tage** |
| **Feldbefragung** | | | |
| 10. | Durchführung der Interviews | 20 | **20 Tage** |
| **Datenerfassung / Analyse** | | | |
| 11. | Dateneingabe | 4 | |
| 12. | Datenauswertung, Analyse | 3 | |
| 13. | Dateninterpretation | 5 | **12 Tage** |
| **Ergebnis / Bericht** | | | |
| 14. | Abfassen des schriftlichen Berichts | 6 | |
| 15. | Verteilung des Berichts und Präsentation der Ergebnisse | 2 | **8 Tage** |

Die Qualität der Marktforschung kann wesentlich gesteigert werden, wenn im Voraus an mögliche Fehlerquellen gedacht wird. Der häufigste Fehler bei Befragungen entsteht, wenn die ausgewählten Personen gar nicht antworten, sei es, weil sie nicht erreicht werden oder weil sie sich weigern zu antworten. Oft antwortet eine ganz bestimmte Gruppe von Menschen nicht: Sie fehlt in der Auswertung völlig und damit ist die Umfrage nicht mehr repräsentativ. So erreicht man zum Beispiel bei einer Telefonumfrage tagsüber nur Hausfrauen und Angestellte, während die Meinungen von Handwerkern oder Studenten viel seltener in die Umfrage einfließen.

 Als **Rücklaufquote** bezeichnet man das Verhältnis von Rückmeldungen zur Anzahl der etablierten Kontakte. Kontakte, die als für das Interview ungeeignet eingestuft wurden, werden nicht berücksichtigt.

Bei schriftlichen Befragungen ist die Rücklaufquote in der Regel besonders klein. Sie kann verbessert werden, wenn bei Personen, die nicht reagierten, nochmals nachgefragt wird, oder wenn im Voraus die genaue Anschrift telefonisch abgeklärt und der Fragebogen angekündigt wird.

Viele Adressaten erreicht man beim ersten Anruf nicht. Bei mündlichen Befragungen werden daher oft Interview-Termine per Telefon vereinbart, oder die anzusprechenden Personen werden zuerst mit einem Schreiben auf das Interview und das kommende Telefonat aufmerksam gemacht.

## Datenanalyse

Die gewonnenen Daten müssen so aufbereitet werden, dass damit rationell gearbeitet werden kann. Auf die folgenden Punkte ist zu achten.

◆ **Datenüberprüfung:** Die eingereichten Fragebogen werden auf Vollständigkeit, Antwortkonsistenz, Lesbarkeit und Korrektheit überprüft und wenn möglich mit Hilfe von Rückfragen korrigiert. Wenn beispielsweise der Interviewte 14 Jahre alt ist und bei einer späteren Frage angibt, er sei Porschefahrer, kann etwas nicht stimmen.

◆ **Datencodierung:** Die Auswertung geschieht heute in der Regel mittels PC. Die Daten müssen daher formal so aufbereitet werden, dass sie im Computer gespeichert werden können. Die Daten werden codiert, was in der Praxis meistens parallel zur Entwicklung des Fragebogens geschieht. Es werden zum Beispiel Einkommens- oder Alterskategorien gebildet.

◆ **Dateneingabe:** Moderne Computerprogramme suchen nach erfolgter Eingabe selbstständig nach Datenfehlern und zeigen sie an, beispielsweise wenn ein Fragebogen unvollständig ausgefüllt ist oder einzelne Antworten «aus der Reihe tanzen» (etwa ein unwahrscheinlich hohes Einkommen angegeben wird).

Die eigentliche Datenanalyse beginnt meistens mit Tabellenkalkulationen. Die Antworten auf eine Frage werden in einer Tabelle festgehalten. Stellt man die Resultate grafisch dar, so erhält man schneller einen Überblick über die Antwortenverteilung:

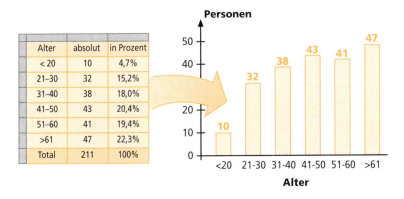

Altersverteilung der interviewten Personen

Ab und zu begnügen sich Marktforscher damit, nur einzelne Fragen auszuwerten. In der Regel gibt dies aber nicht den gewünschten Einblick in das Datenmaterial. Meistens müssen Beziehungen zwischen mehreren Variablen hergestellt werden. Dabei ist zu bedenken, dass die Repräsentanz dann sehr schnell abnimmt.

> Aus der folgenden Tabelle geht hervor, dass aus der Gruppe der 21- bis 30-jährigen nur gerade eine Person ein Einkommen von mehr als sFr. 60'000 hat. Die nähere Untersuchung der Angaben dieser einen Person dürfte daher kaum allgemein gültige Schlüsse zulassen. Wenn also nach den Ursachen der Einkommenshöhe von jungen Erwachsenen gesucht wird, muss die Stichprobe viel größer gewählt werden.

| Alter | Einkommensniveau (in sFr.) | | | | | Total |
|---|---|---|---|---|---|---|
| | < 40'000 | 40'001 – 50'000 | 50'001 – 60'000 | 60'001 – 70'000 | 70'001 – 80'000 | |
| 20 | 9 | 1 | – | – | – | 10 |
| 21 – 30 | 8 | 18 | 5 | 1 | – | 32 |
| 31 – 40 | – | 5 | 15 | 14 | 4 | 38 |
| 41 – 50 | – | 4 | 11 | 20 | 8 | 43 |
| 51 – 60 | – | 2 | 9 | 23 | 7 | 41 |
| > 61 | 10 | 19 | 8 | 4 | 6 | 47 |
| Total | 27 | 49 | 48 | 62 | 25 | 211 |

Oft werden Durchschnittszahlen berechnet. Zum Beispiel fragt man: «Welchen Betrag geben Sie wöchentlich für Lebensmittel aus?» Neben der Durchschnittszahl dürfte auch interessieren, wie sich die Antworten verteilen respektive wie hoch genau dieser Durchschnittswert ausfällt. Dazu wird meistens die sogenannte Standardabweichung herangezogen.

 Die Standardabweichung σ berechnet sich wie folgt:

$$\sigma = \sqrt{\frac{\Sigma (x - \mu)^2}{n - 1}}$$

x = Einzelwert
μ = Durchschnittswert
n = Anzahl der Nennungen

Sofern die Einzelwerte normal um den Durchschnittswert herum verteilt sind, liegen 68 % aller Werte innerhalb plus/minus einer Standardabweichung, sogar 95 % aller Werte innerhalb plus/minus zwei Standardabweichungen.

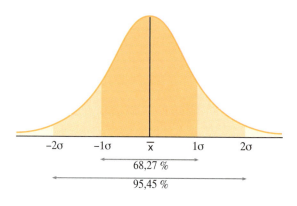

Normalverteilung und Definition der Standardabweichung

Beziehungen zwischen Variablen werden meistens mit Hilfe von Korrelationsanalysen untersucht. Der Korrelationskoeffizient gibt an, wie stark die Korrelation zwischen zwei Variablen ist; maximal beträgt er 1. Von einer starken Korrelation spricht man, wenn der Koeffizient > als etwa 0,8 ist, von einer mäßigen Korrelation spricht man bei einem Koeffizienten zwischen 0,4 und 0,8; und von einer schwachen Korrelation bei einem Koeffizienten zwischen 0,2 und 0,4.

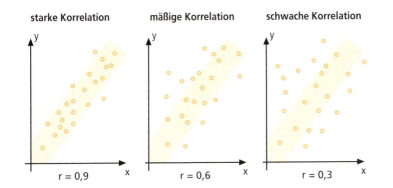

Korrelationsanalysen

Korrelationsanalysen werden häufig angewendet. Sie dürfen aber nicht zu dem Schluss verleiten, bei einer starken Korrelation sei mit Sicherheit die Ursache für eine Verhaltensweise entdeckt worden. Die Analyse zeigt lediglich eine enge Beziehung zwischen zwei Größen, der Grund für diese Beziehung kann aber immer noch im Dunkeln liegen.

Bei der Analyse von Daten werden oft auch Hypothesen benützt. Man stellt eine Hypothese auf, zum Beispiel: «Das Einkommen nimmt mit zunehmendem Alter zu», und prüft anschließend, inwieweit die These stimmt.

**These:** Der Preis als Entscheidungsfaktor hat beim Kauf von Investitionsgütern im Fabrikationsbetrieb eine größere Bedeutung als im Dienstleistungsunternehmen.

**Auswertung:** 29 % aller befragten Fabrikationsunternehmen bezeichneten den Preis als wichtiges Kriterium, bei den Dienstleistungsbetrieben waren es nur 23 % und bei den Handelsbetrieben gerade nur 20 %.[1]

---

[1] IHA-Studie über das Einkaufsverhalten von Führungskräften, 1987.

## Bericht erstatten

Immer wieder fehlen in den Berichten von Marktforschungsinstituten die notwendigen Schlussfolgerungen. Der Leser erhält zwar eine Fülle von Daten vorgesetzt, hat aber große Mühe, die für ihn relevanten Folgerungen daraus zu ziehen. Dies hängt möglicherweise damit zusammen, dass die Ziele der Marktforschung nicht präzise genug formuliert wurden. Der Marktforscher präsentiert daher möglichst viele Daten und überlässt dem Leser die Interpretation. Ein vollständiger Bericht setzt sich aus den im Folgenden genannten Teilen zusammen.

- **Zusammenfassung:** Der Marktforscher stellt seine wichtigsten Erkenntnisse in Form einer Zusammenfassung an den Anfang des Berichts. Um dies tun zu können, ist er gezwungen, die entscheidenden Schlussfolgerungen zu ziehen und sie dem Auftraggeber in Kurzform zu präsentieren.

- **Ausgangslage:** Die Ausgangslage schildert das Problem, die Überlegungen, aufgrund derer eine Primärerhebung durchgeführt wurde, die Ziele des Projekts und eventuell die Lösungshypothesen, von denen ausgegangen wurde.

- **Methode:** Auch wenn dieser Teil des Berichts etwas technisch ist, darf er nicht weggelassen werden. Hier wird gesagt, warum eine Untersuchung zum Beispiel als Telefonbefragung durchgeführt wurde, wie die Stichprobe und ihre Größe bestimmt wurde, wie die Interviewten ausgesucht und welche Fragen gestellt wurden. Die Aussagen sollten so detailliert sein, dass der Auftraggeber jederzeit überprüfen kann, ob die Regeln der Statistik eingehalten wurden.

- **Erkenntnisse:** Dies ist der längste Berichtsteil. Er umfasst die Analyse des Datenmaterials und die daraus gewonnenen Erkenntnisse.

- **Anhang:** Um die Länge des Teils «Erkenntnisse» zu beschränken, werden oft weniger wichtige Analysen, Berechnungen oder Tabellen in einem Anhang zusammengestellt.

Mit Hilfe von Grafikprogrammen ist es heute besonders einfach, die Erkenntnisse aus einer Untersuchung so darzustellen, dass sie der Leser schnell erfasst.

An einer großen Universität machte ein Professor für Betriebswirtschaftslehre mit seiner Klasse einen Test.

Die Prüfung war in verschiedene Sektionen gegliedert, wobei die Fragen jeder Sektion wiederum in drei Kategorien mit unterschiedlichem Schwierigkeitsgrad eingeteilt waren.

Der Professor wies die Studenten an, je eine Aufgabe aus jeder Sektion zu wählen. Die Fragen der ersten Kategorie waren die anspruchsvollsten und wurden mit 50 Punkten bewertet, die etwas weniger schwierigen der zweiten Kategorie mit 40 Punkten und die leichtesten der dritten Kategorie nur mit 30 Punkten.

Als die Aufgaben gelöst und alle Prüfungsblätter eingesammelt worden waren, bekamen die Studierenden, die sich für die schwierigsten Fragen entschieden hatten, die beste Note, die mit den 40-Punkte-Fragen eine gute und schließlich die mit den einfachen Fragen eine befriedigende Note. Ob die Antworten richtig oder falsch waren, wurde überhaupt nicht berücksichtigt.

Verständlicherweise waren die Studenten ziemlich verwirrt. Sie fragten den Professor, wie er denn die Prüfungsergebnisse bewertet habe.

Der lehnte sich gelassen zurück und antwortete mit einem Schmunzeln: «Ich habe nicht Ihr Wissen, sondern Ihre Zielsetzung bewertet.»

*Aus «Bits & Pieces», November 1999, S. 8*

# Zusammenfassung

Marketingverantwortliche sind immer wieder mit Marktforschungsfragen konfrontiert. In der Regel versuchen sie zuerst, ihr Problem mit Hilfe von Sekundärdaten besser einzugrenzen. Ist dies geschehen, kann anschließend das Primärmarktforschungsprojekt viel gezielter angegangen werden.

Vor einer Primärerhebung werden die Ziele am besten schriftlich festgehalten. Darüber hinaus sollte man überlegen, ob sich der Aufwand überhaupt lohnt. Ob Daten mittels Befragungen, Tests oder Beobachtungen gesammelt werden, hängt einerseits von der Art des Problems, andererseits von den Kosten- und Zeitverhältnissen ab. Für alle Testverfahren gelten die gleichen Überlegungen, und zwar unabhängig davon, ob die Befragung per Telefon, durch den Versand von Fragebögen oder in Form persönlicher Interviews durchgeführt werden soll. Mit psychologischen Tests werden die Motive für ein bestimmtes Verhalten ergründet.

Spezialisierte Unternehmen, in der Schweiz beispielsweise Nielsen, führen periodische Markterhebungen zugunsten vieler Unternehmen durch. Dadurch können Daten über die Entwicklung von Preisen, Marktanteilen, Distribution, Stock-Outs usw. zu vertretbaren Kosten gesammelt werden. Je nach dem Ort der Datenerhebung unterscheidet man zwischen Handels- und Haushaltspanel.

Bei der Ausarbeitung eines Fragebogens sollte man frühzeitig überlegen, wie die gesammelten Daten analysiert und ausgewertet werden. Dies trägt dazu bei, die drei Grundprinzipien «Korrektheit», «Zuverlässigkeit» und «Empfindlichkeit» zu erfüllen und Nachbefragungen zu vermeiden. Das ermöglicht eine rationellere Auswertung, da die Datensammlung bereits im Hinblick auf die gewünschten Ergebnisse vorgenommen wird. Die Erfahrung zeigt immer wieder, dass die Fragebögen modifiziert werden, nachdem man sie getestet hat.

Die Bestimmung von Auswahlkriterium und Größe der Stichprobe ist ein spezielles Problemfeld. Je repräsentativer die Befragung sein soll – das heißt, je exakter die Übereinstimmung von Stichprobe und Grundgesamtheit sein soll –, desto teurer wird in der Regel die Durchführung. Die fünf gebräuchlichsten Stichprobenverfahren sind die einfache Zufallsauswahl, die geschichtete Auswahl, die Quotenauswahl, die Klumpenauswahl und das Konzentrationsverfahren. Die beiden letztgenannten Verfahren sind selten repräsentativ.

Die eigentliche Feldarbeit muss gründlich vorbereitet und die mit der Durchführung Beauftragten müssen gut instruiert und zweckmäßig überwacht werden, damit sie effizient und korrekt arbeiten.

Auswertungen erfolgen heute mit Hilfe von EDV-Systemen beziehungsweise Computerprogrammen. Durchschnittswerte werden durch die Berechnung der sogenannten Standardabweichung aussagekräftiger. Korrelationsanalysen decken Beziehungen zwischen Variablen auf. Allerdings ist zu bedenken, dass die Repräsentanz der Stichprobe sehr schnell abnimmt, wenn Mehrfachkorrelationen gebildet werden.

# Marketing und Intuition

In Hotels der Vereinigten Staaten wird der 13. Stock vielfach als 14. gezählt. Gastgeber versuchen in der Regel zu vermeiden, dass 13 Personen an einem Tisch sitzen. Als ich früher noch Handball spielte, trug ich nie das Trikot mit der Nummer 13. Einer unserer Mitspieler «musste» während der ganzen Saison stets in den gleichen, ungewaschenen und überdies schwarzen Socken spielen …

> «Es wird allgemein vermutet, dass die Angst vor der 13, auch Triskaidekaphobie genannt, ihren Ursprung im Abendmahl hat … Der Verräter Judas war der 13. Teilnehmer jenes verhängnisvollen Passahfestes. Dass ein Freitag, der auf den 13. Tag des Monats fällt, als besonderer Unglückstag betrachtet wird, könnte daher rühren, daß Jesus an einem Freitag am Kreuz starb.
> Eine weniger bekannte, aber durchaus glaubwürdige Ursache für die Angst vor der Dreizehn hat mit der nordischen Göttin Freyja zu tun. Nach ihr ist der Freitag benannt und dieser Tag war ihr ebenso heilig wie die Zahl Dreizehn. Da die frühen Christenmissionare das Heidentum mit allen Mitteln auszurotten versuchten – besonders, wenn es der matriarchalischen Tradition verhaftet war – wandte sich ihre ganze Abneigung gegen diese bedeutende nordische Göttin und die ihr geweihten Symbole.
> Die Abneigung gegen die Dreizehn beschränkte sich aber keineswegs nur auf den christlichen Bereich. Selbst in der nordischen Mythologie stand man der Zahl zwiespältig gegenüber. Nach einer alten Legende hielten zwölf Götter ein Festmahl ab, vergaßen jedoch Loki, den Gott des Schalks wie des Feuers und der Vernichtung, einzuladen. Der hinterhältige Gott platzte – als Dreizehnter – in die Tafelrunde und spielte den Anwesenden einen bösen Streich, der mit dem Tod eines Gastes endete. Verblüffend ähnlich klingt eine griechische Sage: Zwölf Bewohner des Olymps kamen zusammen, ohne Eris, die Göttin der Zwietracht, einzuladen. Aus Zorn warf sie einen goldenen Apfel mit der Inschrift «Für die Schönste» in den Kreis der Götter und Göttinnen. Der Streit darüber, welcher Göttin diese Ehre gebühre, führte letztlich zum Ausbruch des Trojanischen Krieges.
> Die Numerologen des Altertums verachteten die Dreizehn, weil sie über die Zwölf, die alles Vollkommene verkörperte, hinausging. Sowohl die alten Römer als auch verschiedene Sekten in Indien hielten die Dreizehn für eine Unglückszahl.»
>
> *Aus Time-Life-Bücher, «Geheimnisse des Unbekannten», S. 108*

Es heißt, dass sich viele indische und japanische Geschäftsleute eine bestimmte Zeit des Tages reservieren, um in einer kurzen Meditation Kraft für Entscheidungen zu schöpfen, die nicht allein rationales Denken erfordern, sondern auch intuitives Wissen verlangen. Dieser Aspekt kam in unseren bisherigen Ausführungen eindeutig zu kurz, obwohl er – im Marketing generell und insbesondere bei strategischen Fragen – von großer Bedeutung ist.

Gerade in unserer hoch technisierten Welt neigt man dazu, sich allzu sehr auf rationale Überlegungen zu verlassen. In einer Zeit, in der es möglich ist, bei einer Entscheidung das Verhältnis von Risiko und Gewinn «per Knopfdruck» auf der Tastatur eines Rechners zu kalkulieren, werden rational nicht fassbare Komponenten wie Intuition und Instinkt immer mehr in den Hintergrund gedrängt.

In vielen Situationen genügt logisches und rational-empirisches Denken aber nicht. Oft sind die Einflussfaktoren so zahlreich und so komplex, dass wir auf die Aktivierung der rechten Gehirnhälfte angewiesen sind, wollen wir die Gegebenheiten ganzheitlich erfassen. Viele erfolgreiche Führungskräfte halten daher eine Entscheidung dann für richtig, wenn sowohl Logik als auch Intuition dafür sprechen. Sie verlassen sich weder allein auf das eine noch auf das andere. In einer Untersuchung über die Intuition bei Managern meint Isenburg, dass die besten Manager ihre Probleme gründlich durchdenken, sehr detailliert analysieren und zugleich instinktiv nach abgerundeten Lösungen suchen.[1] Die Zahlen sollten dabei stets als Basis dienen. Es kommt aber auch häufig vor, dass Manager intuitiv eine Entscheidung fällen und im Nachhinein noch eine Rechtfertigung anhand des Zahlenmaterials suchen. Es ist allerdings klar, dass diese Zahlen dann subjektiv geschönt sein können.

> Vor etwa 15 Jahren beschloss die Mövenpick-Kette, eine Ice-Cream-Fabrik für den eigenen Bedarf zu bauen. Berater und Konsumforscher wurden hinzugezogen. Die Resultate der verschiedenen Überlegungen waren eindeutig: Die Konsumenten suchten zur Zeit der Sport- und Gesundheitswelle ein kalorienarmes und billiges Eis, zumal «frozen yoghurt» in den Vereinigten Staaten jenerzeit bereits zwei Jahre lang im Schlager gewesen war.
> Der Gründer der Firma Mövenpick, Ueli Prager, konnte sich jedoch mit den Resultaten seiner Berater nicht anfreunden. Er beobachtete eine Konditorei in Zürich, die sich bei Schlemmern eines hervorragenden Rufs erfreute. Das Besondere waren dort die großen Portionen mit viel Sahne.

---

[1] Isenburg, «How ManagersThink,», in: *Harvard Business Review*, Nov./Dez. 1984.

> Für Prager war klar, dass Mövenpick sich von anderen Eisherstellern abheben müsse und dass Ice Cream in erster Linie ein Genuss sein solle – genau wie die Desserts in der Konditorei. Er entschied sich daher für eine Produktphilosophie, die seinen Beratern widersprach; sie lautete: reich, cremig, von appetitanregendem Geschmack und mit profiliertem, starkem Aroma. Mövenpick-Eis gilt heute in Europa als eine der besten Ice Creams, und es sind mittlerweile etwa 200 Rezepte erarbeitet und getestet worden.[1]

Oft werden aus Erfindergeist neue Produkte entwickelt, bei denen man mit sehr wenig intuitivem Denken schon im Vorfeld hätte bemerken müssen, dass sie keine Zukunft haben. Die Erfinder und Ingenieure lassen sich oft zu sehr von den technischen Möglichkeiten verleiten.

> Im Badewannenkatalog der Firma American Standard wird das Modell «Ambiance 2500», Preis: US$ 30'000, wie folgt beschrieben:
>
> «Mikroprozessorgesteuertes Überwachungssystem mit TV/Intercom/Videokamera ... Fernbedienung für fünf Anwendungen und Beleuchtung ... Raumtelefon ... Schaltstelle für Stereoanlage ... Anzeige für den Wasserstand, Zeitprogrammierung für die Wannenfüllung, Programmierung für die Wassertemperatur ... Alle Einrichtungen können vom Badezimmer und von einem anderen Raum aus gesteuert werden.»[2]

Ist das wirklich die Badewanne der Zukunft? Sagt uns unser Gefühl nicht, dass hier etwas nicht stimmt? Liegt die Zukunft wirklich in der Fortschreibung der Vergangenheit, wie es hier durch zunehmende Automatisierung, Steuerung und Überwachung zum Ausdruck kommt?

Winston Churchill meinte bereits: «Um die Welt zu ruinieren, genügt es, wenn jeder seine Pflicht tut.» Er wies mit dieser Aussage darauf hin, wie notwendig Persönlichkeiten sind, die es fertig bringen, den Pfad der Gewohnheit zu verlassen und neue Wege einzuschlagen.

Diese Wege zu finden ist um so wichtiger, je turbulenter, riskanter, komplizierter und zeitsensibler sich ein Problem zeigt. Zwar macht auch in einer solchen Situation die Erhebung von Daten noch kaum große Mühe, doch in eine Notlage geraten wir vielleicht, wenn wir die Resultate interpretieren müssen. Unser eindimensionales, kausales Denken

---

[1] Siehe Bechtler, *Management und Intuition: U. Prager, Gespür oder Strategie? Courage oder Größenwahnsinn?*, S. 295ff.
[2] Siehe Wüthrich, *Neuland des strategischen Denkens.*

bringt uns nämlich oft nicht weiter. Die intuitive Suche nach einer Lösung aber kann zu einer plötzlichen Eingebung, einer Vision führen. Sie stellt sich unseres Erachtens um so eher ein, je länger und intensiver wir uns mit einem Problem befasst haben. Wir glauben nicht daran, dass Visionen quasi «vom Himmel fallen», auch wenn dies im Einzelfall durchaus so empfunden wird.

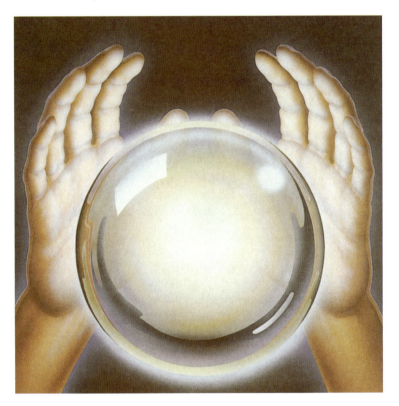

Spitzensportlern dient das Training ebenso als Basis, wie bei wirtschaftlichen Entscheidungen die Zahlen als Grundlage dienen. Die Intuition hilft dann, im Wettkampf zur richtigen Zeit das Richtige zu tun. So erwirbt sich der Tennisspieler durch das sture Training von Hunderten von Schlägen eine solide Grundlage; im Spiel darf er aber unter keinen Umständen diese Sturheit beibehalten. Es gilt vor allem, schnell zu reagieren und – je nach Situation – eben auch einmal einen Schlag nicht «nach dem Lehrbuch» zu spielen. Die schnellen und intuitiv richtigen Handlungen erfolgreicher Sportler belegen immer wieder, dass rigoroses

Training und reiche Erfahrung die Intuition fördern. «Die besten Spieler behaupten, dass sie am meisten leisten, wenn sie gar nicht daran denken, Leistung erbringen zu müssen. Spitzenathleten besitzen eine Art mentale Kraft, die sie wissen lässt, dass sie einen guten Pass schlagen oder ein besonderes Spiel gewinnen werden. Vieles davon beruht auf Zuversicht und gründlicher Vorbereitung.»[1]

> Sony verdankt den Erfolg des Walkman der Überzeugung und Beharrlichkeit von Akio Morita, dem Mitbegründer des Unternehmens. Eines Tages brachte nämlich sein Partner Masaru Ibuka mit bekümmertem Gesicht ein Stereo-Tonbandgerät mitsamt Kopfhörer ins Büro. Ibuka erklärte, er höre sehr gerne Musik, wolle aber auch niemanden dabei stören. Da er nicht den ganzen Tag zu Hause bleiben könne, nehme er eben das Gerät zur Arbeit mit, obwohl es viel zu schwer sei.
> Morita wusste um die Vorliebe junger Leute, immer und überall Musik zu hören, und die Idee des Walkman nahm nach den Bemerkungen Ikubas bei ihm Gestalt an. Morita wies die Ingenieure an, aus dem «Pressman», einem zuverlässigen kleinen Kassettenrecorder, den Aufnahmeteil samt Lautsprecher auszubauen und durch einen Stereoverstärker zu ersetzen. Mit dem Hinweis auf die vielen Stereo-Kassettengeräte in den Autos entkräftete er das Argument der Ingenieure, ein Produkt ohne Aufnahmeteil lasse sich nicht verkaufen. Morita war im Gegenteil davon überzeugt, den Walkman millionenfach verkaufen zu können, und setzte den Verkaufspreis so niedrig an, dass das Gerät für junge Leute erschwinglich war. Nach einigen Detailverbesserungen sowie Erweiterungen der Grundausstattung (zweiter Kopfhöreranschluss, zuschaltbares Mikrofon) war Morita überzeugt, ein hervorragendes Produkt geschaffen zu haben.
> Nachdem sich anfänglich auch die Marketingabteilung skeptisch gab, übernahm Morita die persönliche Verantwortung für das Projekt. Die Produktidee setzte sich bekanntlich durch und der Walkman war von Anfang an ein grosser Erfolg.[2]

Es verwundert nicht, wenn Unternehmen heute mehr und mehr versuchen, innerhalb der Firma ein Umfeld zu schaffen, das den Mitarbeitern einen gewissen Freiraum für Innovationen bietet. Innovationen, beispielsweise im Marketingbereich, setzen voraus, dass sich das betreffende Unternehmen gründlich mit dem Markt, der Konkurrenz und den Möglichkeiten, die mit den vielen Marketinginstrumenten geboten sind, auseinander setzt.

---

[1] Siehe Rowan, *Spitzenleistungen durch intuitives Management*, S. 58, 63.
[2] Siehe Morita, *Made in Japan*, S. 139ff.

# 14

# Konsumentenverhalten

Die Ausrichtung sämtlicher Tätigkeiten auf die Befriedigung von Kundenbedürfnissen setzt ein tieferes Verständnis für den Käufer und sein Verhalten voraus; dazu gehören auch potenzielle Käufer, deren Bedürfnisse unter Umständen erst geweckt werden müssen.

> Ein amerikanischer Schuhhersteller schickte einen seiner Außendienstmitarbeiter auf eine große Südseeinsel, um festzustellen, ob dort ein Markt für Schuhe vorhanden sei. Der Vertreter kehrte enttäuscht zurück und meldete: «Die Leute laufen barfuß herum. Es gibt keinen Markt.»
> Ein zweiter Mitarbeiter wurde auf die Insel gesandt. Der telegrafierte sofort zurück: «Großartiger Markt! Die Leute tragen keine Schuhe.»

Noch vor 20 Jahren waren die Begriffe «Konsumentenverhalten» und «Konsumentenforschung» wenig bekannt. Sie erlangten Mitte der 60er Jahre einige Bedeutung, als sich die empirische Marktforschung etablierte und die Erforschung des Konsumentenverhaltens zu ihrem vorrangigen Anliegen machte. Diese Entwicklung verlief parallel zum Bestreben, sich verstärkt von den Konkurrenten abzuheben und sich auf eine bestimmte Zielgruppe zu konzentrieren.

Die Konsumentenverhaltensforschung befasst sich mit der Frage, wie die Konsumenten Entscheidungen über ihre Ressourcen (Geld, Zeit, Energie) fällen.

Die individuelle Konsumentenforschung beantwortet, wenn es beispielsweise um den Kauf von Zahnpasta geht, die folgenden Fragen: Wozu braucht der Konsument Zahnpasta? Um seine Zähne vor Karies zu schützen. Welche Marke kauft er? Blend-a-med. Warum kauft er sie? Er glaubt, dass dieses Produkt seine Zähne besser schützt als die Konkurrenzprodukte. Wie kauft er sie? Bar oder mit Coupons. Wann kauft er sie? Wenn er seine Lebensmitteleinkäufe tätigt. Wo kauft er sie? Im Supermarkt. Wie oft kauft er sie? Etwa alle drei Wochen.

Neben den Fragen, wie und warum der Konsument Entscheidungen trifft, wird auch untersucht, wie er das gekaufte Gut verwendet und wie er es nach dem Kauf beurteilt. Die Zufriedenheit des Konsumenten kann nach dem Kauf weitreichende Konsequenzen nach sich ziehen. Wenn jemand beispielsweise mit dem gerade gekauften Auto nicht zufrieden ist, weil die Ersatzteile schwer zu beschaffen sind, dann wird er das seinen Freunden und Bekannten mitteilen und ihnen vom Kauf dieses Autos abraten. Umgekehrt macht ein zufriedener Kunde Gratiswerbung; man spricht dann von Mund-zu-Mund-Reklame.

Eine letzte, aber weniger zentrale Fragestellung lautet: Wie verfügt die Einzelperson beziehungsweise die Organisation über das gekaufte Gut? Wird das Gut nach Gebrauch aufgehoben, weggeworfen, verkauft, ausgeliehen, weiterverarbeitet oder vermietet? Die Beantwortung solcher Fragen liefert Hinweise auf das Potenzial der künftigen Nachfrage nach dem Produkt.

Im Zentrum der Konsumentenverhaltensforschung steht die Kaufentscheidung, also die Frage, warum ein Konsument sich schließlich für eine Geschirrspülmaschine der Marke Miele und gegen eine der Marke Elektrolux entscheidet. Dahinter steht ein außerordentlich komplexer Vorgang. Es genügt nämlich nicht, nur die beiden Angebote mit den Individualbedürfnissen des Käufers zu vergleichen, vielmehr muss man sich auch mit zahlreichen externen Einflussfaktoren auseinandersetzen – mit Meinungen von Nachbarn und Familienmitgliedern oder mit der Einstellung der Gesellschaft zu einem deutschen respektive schwedischen Produkt.

«Verhaltensforschung»

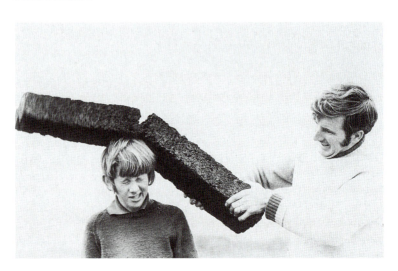

Es wurden daher verschiedene theoretische Modelle entwickelt. Sie tragen zwar dazu bei, das Käuferverhalten zu verdeutlichen, sind aber keineswegs so stringent, dass der sich darauf abstützende Marketingmanager stets die «richtigen» Marketinginstrumente konzipieren kann. Das folgende, einfache Entscheidungsmodell soll helfen, die Komplexität des Konsumentenverhaltens darzustellen, und zugleich als Raster für den Aufbau der folgenden Ausführungen benutzt werden.

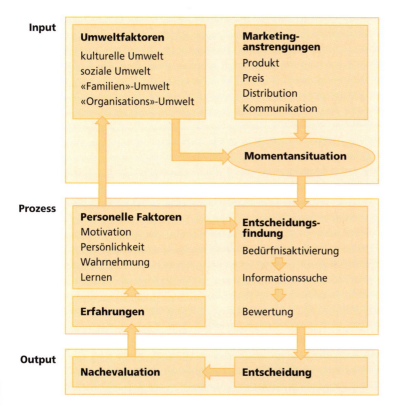

Der Prozess der Kaufentscheidung und die ihn beeinflussenden Faktoren[1]

Bevor externe Einflüsse besprochen werden, ist noch auf drei wichtige Punkte in der Konsumentenverhaltensforschung hinzuweisen.

◆ **Mehrdimensionale Erklärungen:** Es wäre schön, wenn dem Verhalten eines Konsumenten stets eine eindeutige und klare Ursache zugrunde liegen würde. Dann könnte man die entsprechenden Marke-

---

[1] Siehe Schiffman/Kanuk, *Consumer Behavior*, S. 656.

tingmaßnahmen optimal darauf ausrichten. Dies ist aber sehr selten der Fall. Der Entschluss, ein Flugticket nicht mehr bei Swissair zu kaufen, lässt sich in den seltensten Fällen nur auf eine schlechte Erfahrung mit dem Service oder der Unpünktlichkeit zurückführen. Vielleicht ist das Gefühl der Sicherheit gestört. Vielleicht werden die Kooperationsvereinbarungen mit zweitrangigen Gesellschaften missbilligt, vielleicht liegt es am Flugplan, vielleicht hat sich ein Bekannter, der bei Swissair arbeitet, abfällig über die Gesellschaft geäußert. Dazu kommt, dass die Ursache für bestimmte Verhaltensweisen von einer Person zur anderen verschieden sein können.

- ◆ **Objektive Meinungsbildung:** Jeder von uns fühlt sich als Käufer und jedem fällt es besonders leicht, das eigene Verhalten zu ergründen. Besonders Führungskräfte, die von sich selbst überzeugt sind, schließen von sich auf die Allgemeinheit. Dies ist aber sehr gefährlich, da das eigene Verhalten natürlich ganz erheblich vom durchschnittlichen Verhalten der untersuchten Zielgruppe abweichen kann.

- ◆ **Richtige Fragen stellen:** Alle Menschen sind verständlicherweise bestrebt, möglichst viele Regeln und Verhaltensgrundsätze in die Berufslaufbahn mitzunehmen. Marketinginstrumente sind nun aber stets situationsspezifisch einzusetzen. Es ist daher gefährlich, wenn ein spezifisches Verhaltensmuster auf eine andere Situation übertragen wird. Was für den einen Anbieter gut ist, ist für den anderen Anbieter noch lange nicht ebenso vorteilhaft. In der Verhaltensforschung ist es wichtiger, die richtigen Fragen zu stellen, als von vornherein anzunehmen, man kenne die richtigen Antworten.

Nach diesen Vorbemerkungen beginnen wir nun mit der Beobachtung des Umfelds des Konsumenten.

## Umfeldeinflüsse

Das Umfeld beeinflusst das Verhalten eines Konsumenten auf vielfältige, oft kaum erkennbare Art: Einflüsse aus Politik, Ökonomie, Kultur, Technologie, Ökologie oder aus dem sozialen Bereich wirken auf dem Weg über Gesetzgeber, Berufsgruppen, Finanzinstitute, Lieferanten, Kunden, einzelne Personen, Gewerkschaften, Vereine, soziale Institutionen und

Informationsmedien auf den Einzelnen ein. Es wird daher gar nicht möglich sein, all diese Einflüsse in ihren unterschiedlichen Ausprägungen zu erfassen. Deshalb erwähnen wir hier die generell wichtigsten.

## Kulturelles Umfeld ist nicht global

Jede Gesellschaft entwickelt als Teil ihrer Kultur kollektive Wertsysteme oder Normen, die innerhalb bestimmter, noch tolerierter Abweichungen ein konformes Verhalten der Gesellschaftsmitglieder festlegen. So glauben viele Menschen in Zentraleuropa, dass es gut sei zu arbeiten, zu heiraten, für karitative Zwecke zu spenden und ehrlich zu sein.

Der Mensch, als Neugeborener kulturell noch neutral, erlernt diese Einzelheiten im Verlauf seiner Kindheit durch Sozialisierung. Wenn jemand einen Fotoapparat kauft, weiß er, wozu der Apparat dient. Er ist in der Lage, Gebrauchsanweisungen zu lesen. In seiner Gesellschaft ist es normal, Fotoapparate zu benutzen. In einer anderen kulturellen Umgebung, zum Beispiel in einem abgelegenen Teil Afrikas, hat eine Kamera wenig Bedeutung, sie ist vielleicht nur eine unverständliche Kuriosität.

Das Interesse des Konsumenten an verschiedenen Gütern wird also offensichtlich durch Nationalität, Religion, Rasse und geographische Herkunft beeinflusst, kurz, durch die Kultur, der er angehört.

Es ist allerdings nicht etwa so, dass kulturelle Unterschiede nur zwischen Industriestaaten und Entwicklungsländern oder zwischen unterschiedlichen Rassen und Religionen bestehen. Es können auch markante Differenzen innerhalb der westlichen Industriestaaten zutage treten. Es wurde zum Beispiel festgestellt, dass in Italien die Meinung, ein Haus müsse dreimal wöchentlich geputzt werden, viermal häufiger vertreten ist als in den USA. Daraus wird ersichtlich, dass sich nicht jedes Produkt für globales Marketing eignet, auch wenn heute eine generelle Tendenz zur Globalisierung besteht.

Als der US-Hersteller Campbell seine Büchsensuppen in Großbritannien einführte, wurden sie sehr wenig gekauft. Das Unternehmen stellte dann fest, dass die englische Hausfrau es nicht gewohnt war, eine Fertigsuppe zu kaufen, zu der man nur noch Wasser hinzufügen musste. Der Konsument hatte das Gefühl, er erhalte zu wenig Suppe fürs Geld, und griff daher nicht zur kleineren Büchse. Erst als Campbell das Produkt an die englische Gewohnheit anpasste, das heißt, die Büchse vergrößerte und das Konzentrat mit Wasser verdünnte, begann sich das Produkt durchzusetzen.

> Ein Waschmittelhersteller benützte eine amerikanische Werbebildreihe im mittleren Osten. Auf dem ersten Bild sah man schmutzige Kleider, dann das Waschmittel und danach die strahlend sauberen Kleidungsstücke. Diese Reihe erschien in vielen Tageszeitungen, bis man realisierte, dass der Araber von rechts nach links liest und die Werbung ihm daher signalisierte, dass das Waschmittel saubere Kleidungsstücke schmutzig macht.[1]

Sicher gibt es Firmen, die ihre Marken sehr erfolgreich auf der ganzen Welt gleich positioniert haben (Marlboro, Kodak, Colgate, Palmolive, Parker Pen, Sony, Coca-Cola, McDonald's, Chanel). Es ist aber falsch, daraus abzuleiten, der globale Ansatz sei generell richtig. Wir vertreten die Ansicht, dass es Aufgabe des Marketing ist, dem Konsumenten ein maßgeschneidertes und zugleich für den Hersteller rentables Leistungspaket anzubieten. Wenn kulturelle, soziale, psychologische oder andere entscheidende Faktoren von Region zu Region stark variieren, wird sich das globale Angebot schlechter durchsetzen als das individuelle.

Der Verhaltensforscher unterscheidet nicht nur zwischen verschiedenen Kulturen, sondern auch zwischen unterschiedlichen Subkulturen. Er meint damit, dass beispielsweise der Appenzeller nicht mit dem Walliser, der Deutschschweizer nicht mit dem Westschweizer, der schwarze nicht mit dem weißen Einwohner von London, der Pensionär nicht mit dem Teenager verglichen werden kann. Vielfach sind es solche Untergruppen, die es dem Marketingfachmann erst ermöglichen, den Markt zu gliedern und sein Angebot so zu positionieren, dass es den Bedürfnissen der einzelnen Gruppen möglichst genau entspricht.

Im Lauf der Zeit verändert sich das kulturelle Umfeld. Dies geschieht zwar langsam, aber trotzdem sollte der Marketingfachmann auch langsame Veränderungen möglichst frühzeitig erkennen. Er kann damit – den Tendenzen folgend – sein Produkt früher als die Konkurrenz neu positionieren oder als erster ein entsprechend neues Produkt im Markt lancieren. Wegen der durchwegs feststellbaren abnehmenden Lebensdauer von Produkten ist ein Unternehmen gezwungen, seine Neuheiten möglichst früh anzubieten; daher wird dieser Aspekt immer wichtiger.

 Unter **Diffusion** versteht man die Art und Weise, wie sich eine Innovation im Markt und in der Gesellschaft durchsetzt.

---

[1] Siehe Wilkie, *Consumer Behavior*, S. 133.

Grundsätzlich kann man davon ausgehen, dass sich eine Diffusion nie automatisch ergibt. Auch wenn etwas Neues und Fortschrittliches vorliegt, muss es sich zuerst gegen die vielen festgefahrenen Gewohnheiten durchsetzen. Im Idealfall gelingt es, die Frühaufnehmer in einem Markt für das Neue zu gewinnen.

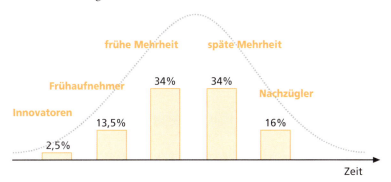

Die Aufnahme einer Innovation bei den verschiedenen Konsumentengruppen[1]

Nach einem zögerlichen Anlauf akzeptieren zunehmend mehr Personen die Innovation; ihre Anzahl erreicht einen Höhepunkt, da immer weniger Personen das Produkt ignorieren können, und nimmt dann wieder ab. Die Frühaufnehmer sind für den Diffusionsprozess wichtiger als die kleine Kategorie der Innovatoren. Die Frühaufnehmer sind in der Regel viel besser in ihrer sozialen Umgebung verankert und wirken so als Meinungs- und Stimmungsmacher – dies im Unterschied zu den Innovatoren, die eher eigenwillige Charaktere aufweisen, aber für die Ingangsetzung des Diffusionsprozesses benötigt werden.[2]

> Als der Triathlonsport seinen Anfang nahm, erklärte man die ersten Teilnehmer für verrückte Spinner. Schon bald wurde er zum anerkannten Ausdauersport; heute gilt er bereits als Volkssport. Viel mehr neue Anhänger wird er jedoch nicht gewinnen, ist er doch wegen seiner extrem hohen körperlichen Anforderungen für einen Großteil der Bevölkerung ungeeignet. Während die «Innovatoren» sich bereits wieder nach neuen Herausforderungen umsehen, wechseln gewisse Nachzügler wohl erst später.

Die für ein neues Produkt Verantwortlichen bemühen sich oft, analog zur obigen Grafik, die Entwicklung eines neuen Markts zu prognostizie-

---

[1] Siehe Rogers, *Diffusion of Innovations*, S. 262.
[2] Siehe Kotler, *Marketing Management*, S. 358.

ren. Dies erscheint zwar wegen der Annahme einer Normalverteilung rudimentär, ist aber in Ermangelung besserer Erfahrungswerte vielfach die einzig mögliche Vorgehensweise.

Die Kurve ergibt sich aus der Annahme, dass jede Person das Produkt nur einmal kauft; sie stellt also die Entwicklung der Erstkäufe dar. Wollte man das gesamte Marktvolumen darstellen, so müsste man daher auch eine Kurve für die Wiederbeschaffung prognostizieren.

## Soziales Umfeld hat große Auswirkung

Ein Experiment in Chicago zeigte den Einfluss des sozialen Umfelds sehr deutlich. Die Bürger eines Stadtkreises wurden in vier Gruppen eingeteilt: (A) die Kontrollgruppe, die nicht speziell bearbeitet wurde; (B) die Informationsgruppe, an die eine direkte Einladung erging, sich an einer allgemein bekannt gemachten Blutspendeaktion zu beteiligen, wobei mit Aussagen über den Bedarf an gespendetem Blut, über die Ungefährlichkeit für den Spender usw. für das Mitmachen geworben wurde; (C) die Vereinheitlichungsgruppe, deren Teilnehmer durch einen persönlichen Anruf eines bekannten Stadtkreisbürgers auf die Spendeaktion hingewiesen wurden und (D) die kombinierte Gruppe, die sowohl die direkte Einladung als auch den Telefonanruf erhielt. Von der Kontrollgruppe spendeten 2 %, von der Informationsgruppe 4 %, von der Vereinheitlichungsgruppe 7 % und von der kombinierten Gruppe 22 % Blut. Mit anderen Worten: Die sachliche Aufklärung in Verbindung mit dem «sozialen Druck» seitens eines Bürgers, nicht abseits zu stehen, hatte die größte Auswirkung.[1]

Abgesehen von den «Einsiedlern» tritt so ziemlich jede Person mit anderen Personen und Gruppen in Kontakt. Die Beeinflussung durch Freunde, Verwandte, Mitbürger, Nachbarn, Experten und andere Bezugsgruppenangehörige ist daher bei der Kaufentscheidung mit zu beachten. Auf die beiden wichtigen der vielen Bezugsgruppen, mit denen sich ein Konsument sozialisieren kann, «Familie» und «Organisation eines Unternehmens», wird erst in den nächsten beiden Abschnitten eingegangen.

Der Marketingfachmann gliedert den Markt oft nach sozialen Schichten. Diese Gruppierung ist besonders bei Produkten wie Kleidung, Möbeln, Freizeitaktivitäten oder Autos sinnvoll, also bei Produkten, die mit der Zugehörigkeit zu einer sozialen Klasse korrelieren.

---

[1] Siehe B. Abrams, «Marketing» in: *Wall Street Journal*, 9/83.

**Soziale Klassen** sind relativ homogene und beständige, hierarchisch geordnete Gruppen einer Gesellschaft, deren Mitglieder durch ähnliche Wertvorstellungen, Lebensstil, Interessen und Verhaltensweisen verbunden sind.

Personen innerhalb einer sozialen Klasse tendieren zu Verhaltensweisen, die sich ähnlicher sind als die Verhaltensweisen, die Angehörige verschiedener Klassen an den Tag legen.

Die Zugehörigkeit zu einer sozialen Klasse wird nicht durch ein einziges Kriterium bestimmt, sondern ist das Ergebnis einer gewichteten Bewertung mehrerer Faktoren wie Beruf, Einkommen, Vermögen, Ausbildung, Wertvorstellungen. Soziale Klassen bilden eher ein Kontinuum als scharf voneinander getrennte Einheiten, so dass eine gewisse Klassendurchlässigkeit festgestellt werden kann.

Mitglieder einer sozialen Klasse oder einer anderen Gruppierung – Kirche, Verein, Schule – verhalten sich oft mit ihresgleichen konform. Dies gilt besonders, was außergewöhnliche Produkte angeht, Luxusartikel beispielsweise, deren Verwendung in der Öffentlichkeit beachtet wird; es gilt viel weniger für alltägliche Artikel, die unauffällig sind.

Falls man Produkte verstärkt einem Bezugsgruppeneinfluss aussetzen will, kann man absatzpolitische Maßnahmen wählen, die die soziale Auffälligkeit des Produkts erhöhen, beispielsweise die Wahl der Farbe (Marlboro-Rot) oder den Aufbau eines speziellen Image (Cartier-Schmuck, Hermes-Seide). Das wohl wichtigste Beispiel dafür sind Kleidungsstücke. Die Art der Kleidung, die man kauft, wird stark von Bezugsgruppen beeinflusst. Dabei setzt jede Subkultur der Gesellschaft (Teenager, Bankiers, Künstler, Punks, Arbeiter) ihre eigenen Normen fest, die sehr eng definiert sein können; beispielsweise kann man sich einen Bankier in «Punker-Kleidung» nicht vorstellen und eine Geschäftsfrau wird ihre Kunden kaum in Jeans empfangen.

Um den Einfluss der sozialen Umgebung für die Produktbeurteilung der Konsumenten auszunutzen, lassen sich folgende Techniken in Werbung und Verkauf anwenden.

◆ **Hinweise auf «die Mehrheit»:** In einer wenig differenzierten Form appelliert man an das Bedürfnis nach sozialem Vergleich und sozialer Anpassung. Man baut dadurch beim Konsumenten Unsicherheiten bei der Beurteilung der sozialen Qualität eines Produkts ab. Begriffe wie «meistverbreitet», «etabliert», «erprobt», «getestet» werden verwendet. Allerdings kann ein solch undifferenzierter Hinweis auf die Mehrheit auch seine Nachteile haben. Er ist beispielsweise für exklusive Produkte, also gerade für die Artikel, die unter starkem Bezugsgruppeneinfluss stehen, nicht geeignet.

◆ **Hinweise auf qualifizierte Bezugsgruppen und -personen:** Man benützt den Fachexperten, den Filmstar, eine bestimmte Berufsgruppe oder den Spitzensportler, um auf ein Produkt aufmerksam zu machen (zum Beispiel isst Michael Schuhmacher Corn Flakes zum Frühstück, Martina Hingis fährt einen Opel).

◆ **Einschaltung von Meinungsführern einer Zielgruppe:** Der Kommunikationsprozess verläuft nicht «einstufig». Zunächst geht der Informationsfluss vom werbenden Unternehmen über die Massenmedien zu verschiedenen Meinungsführern. Diese geben die Informationen an Freunde, Kollegen, Bekannte und damit an potenzielle Kunden weiter. Der Marketingfachmann versucht daher herauszufinden, welche persönlichen Merkmale mit der Rolle des Meinungsführers verbunden sind, und entwickelt so Botschaften, die mit großer Wahrscheinlichkeit von diesen Personen aufgenommen und weitergegeben werden. Dies kann bis zur direkten Einschaltung solcher Personen gehen, wie das folgende Beispiel zeigt.

> Adidas sponsert nicht nur Spitzensportler, sondern auch Trainer und Ausbilder, die als Meinungsführer starken Einfluss auf die künftigen Kunden ausüben. So hat Adidas mit diversen Großclubs in der Schweiz einen Vertrag, der zum Teil darauf basiert, dass die Trainer mit Adidas-Artikeln ausgerüstet werden; oft ist die Bedingung enthalten, dass diese Artikel auch während der Trainingsstunden getragen werden.

Das Beispiel illustriert nicht nur den Einfluss von Meinungsmachern, sondern auch die Auswirkung von Mund-zu-Mund-Reklame. Diese Art der Kommunikation kann enorm wirkungsvoll sein, und zwar im positiven wie auch im negativen Sinn. Viele Unternehmen mussten ihre Marketingaktivitäten schon ändern, weil sie sich gegen eine unfundierte Gerüchtewelle nicht wehren konnten. Die Mund-zu-Mund-Reklame ist sehr wirkungsvoll. Die Gründe dafür sind wahrscheinlich die im Folgenden genannten.

◆ **Vertrauen:** Oft fragt man einen Freund oder Bekannten um Rat, wenn man sich bei der Wahl eines Produkts nicht schlüssig ist, und kauft dann das, was die Vertrauensperson empfiehlt.

◆ **Glaubwürdigkeit:** Mund-zu-Mund-Werbung basiert in der Regel darauf, dass der «Werbende» das Produkt persönlich getestet hat, was die Glaubwürdigkeit erhöht.

◆ **Skepsis:** Man verdächtigt den Verkäufer oft, dass er das Produkt nur empfiehlt, weil er darauf eine besondere Provision hat. Dieser Aspekt entfällt bei der privaten Mund-zu-Mund-Werbung.

Wenn der Marketingfachmann daher sein Produkt durch Mund-zu-Mund-Werbung bekannt machen will, wird er aus seiner Zielgruppe primär die sozial gut integrierten Personen ansprechen, besonders natürlich wiederum die Meinungsführer. Die Aufgabe, diese Personen ausfindig zu machen, ist aber nicht leicht. Meist stehen Konsumenten unter dem Einfluss mehrerer Bezugsgruppen. Es ist Aufgabe der verhaltensorientierten Marktforschung, die relative Wirksamkeit mehrerer Bezugsgruppen zu bestimmen, um dann solche Bezugsgruppen und -personen zu identifizieren, die man am besten für die Beeinflussung der Konsumenten benutzen kann. Dabei muss daran gedacht werden, dass eine Person zwar für das eine Produkt meinungsführend sein, für das andere aber gerade das Gegenteil bewirken kann.

## «Familien»-Umfeld wirkt noch lange nach

Von allen Bezugsgruppen spielt die Familie zweifellos die nachhaltigste Rolle bei der Beeinflussung der Wertvorstellungen eines Individuums. Von der Familie werden meistens die Einstellung zu Religion, zu Politik und Wirtschaft, den Fragen der Leistung, des Selbstwerts und der Liebe übernommen. Auch wenn der Käufer gar keine oder nur eine geringe Interaktion mit seiner Familie hat, kann sich ihr Einfluss in seinem Unterbewusstsein stark festsetzen. Dies wird verständlich, wenn man daran denkt, dass ein heranwachsendes Kind rund 18 Jahre lang das Konsumverhalten seiner Eltern beobachtet, miterlebt, kopiert, diskutiert und selber ausprobiert.

> Die meisten jungen Leute benutzen das gleiche Waschmittel, das bereits ihre Mutter gebraucht hat. Angesichts der riesigen Auswahl an Waschmitteln verliert man leicht den Überblick. Da ist man froh, wenn man auf etwas Altbewährtes zurückgreifen kann.
>
> In den USA gibt es rund 600 verschiedene Anbieter von Autohaftpflichtversicherungen. Eine Studie[1] zeigte aber, dass trotzdem 40 % aller Policen bei der Versicherung abgeschlossen wurde, die schon der Vater hatte. Bei den 20- bis 30-jährigen lag die Zahl sogar bei 65 %.
>
> Maggi hat in Deutschland einen viel höheren Marktanteil als Knorr – dies im Unterschied zur Schweiz. Ein Grund für diesen Unterschied – die Produkte sind ja in den beiden Ländern die gleichen – dürfte daher kommen, dass Maggi sich vor rund 40 Jahren in der BRD das Ziel setzte, jedes deutsche Schulkind solle einmal eine Maggi-Fabrik besucht und ein Gratismuster mit nach Hause genommen haben.

Solche Beispiele zeigen, wie wichtig es für den Marketingfachmann ist, den Entscheidungsprozess in der Familie zu verstehen und die Produkte an ganze Familien und nicht nur an einzelne Konsumenten zu vertreiben.

Früher war man der Meinung, dass sich die Ehefrau grundsätzlich nur um die Haushaltsartikel der Familie kümmere und der Ehemann über alle wichtigen, größeren Anschaffungen bestimme. Diese Meinung ist heute aber längst überholt. Man weiß, dass der Entscheidungsprozess in einer Familie äußerst komplex ist und alle Facetten wie Rollenspiel, gegenseitige Rücksichtnahme, Suche des größten gemeinsamen Nenners,

---

[1] Siehe Wilkie, *Consumer Behavior*, S. 182.

Nachgeben um des Friedens willen, Durchsetzen der eigenen Meinung unter Zuhilfenahme von Tricks, «Wie du mir, so ich dir»-Haltungen, umfasst. Es ist daher schwierig, irgendwelche grundlegenden Charakteristiken abzuleiten. Dazu kommt, dass man mit diesem Thema in der heutigen Zeit der Emanzipation sehr sorgfältig umgehen muss.

Trotzdem kann ein gewisses Grundmuster festgestellt werden, wenn auch die Streubreite immer größer wird.

◆ **Einfluss des Ehemanns:** Er ist stärker, wenn es um Gebrauchsgüter, die außerhalb des Hauses benutzt werden (Auto, Rasenmäher), oder um technisch komplexe Produkte (Schlagbohrmaschine) geht.

◆ **Einfluss der Ehefrau:** Er dominiert bei Kaufentscheidungen für Gebrauchsgüter und Produkte, die im Haus benutzt werden (Kleidung und Nahrungsmittel, aber auch Kosmetikprodukte für Männer sollen zu 70 % von den Ehefrauen gekauft werden).

◆ **Gemeinsame Entscheidung:** Über Produkte für die gemeinsame Nutzung und mit größerer Bedeutung (Haus, Einrichtungen, Reisen) wird eher gemeinsam entschieden.

Auch Kinder beeinflussen Familienentscheidungen. Typische Produkte, für die sich kleinere Kinder engagieren, sind Süßigkeiten und Spielzeuge, aber auch Besuche in Fastfood-Restaurants. Die vom Kind geäußerten Präferenzen werden vor allem durch Werbung, Verkaufsförderung und Klassenkameraden beeinflusst. «Dabei sein» und «mitreden können» ist bei Kindern sehr wichtig. Auf Kinder wirken vor allem belohnende Elemente wie beigefügte Abziehbilder und Plastikfiguren, wie man sie häufig in den Frühstücksflockenpackungen findet.

Gemeinsame Entscheidungen

Wichtig für den Marketingfachmann ist aber auch, an welche Art von Familie er ein Produkt absetzen will. Für viele Produkte eignet sich der sogenannte Familienzyklus zur Segmentierung oder Positionierung.

◆ «Vorfamilie»: Weil beide Partner verdienen und den Kinderwunsch hinauszögern, entsteht eine äußerst kaufkräftige Zielgruppe. Die sogenannten Dinkys (double income no kids yet) legen Wert darauf, nach außen hin Reichtum und Status zu zeigen, was sich vor allem beim Kauf von Autos und Kleidung bemerkbar macht. Sie suchen meist nach schicken Kleinwagen, die «in» sind und einen gewissen Status demonstrieren. Sie legen aber weniger Wert auf Komfort und Sicherheit. Diese Phase im «Familienzyklus» dehnte sich in den letzten Jahren sehr aus, weil immer später geheiratet wird und Kinder eher spät dazu kommen.

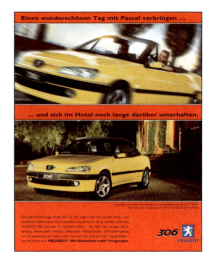

Normale Haushaltsartikel sollen nicht nur ihre Grundfunktion erfüllen, sondern gestylt und dem Stil der Wohnungseinrichtung angepasst sein. Deutlich wird das an den immer zahlreicher werdenden Spezialgeschäften (Kitch'n Cook, Sibler in Zürich). Man legt mehr Wert auf Design und Marke als auf Praktikabilität und lange Lebensdauer. Der Preis spielt eine untergeordnete Rolle, es sei denn, er gelte als Indikator für Exklusivität. Bei den Lebensmitteln sind Kleinpackungen und Schnellgerichte besonders beliebt.

◆ Jungfamilie: Das Paar ist verheiratet und hat ein kleines Kind. Das Familienbudget dient in erster Linie dem «Nestbau». Die Aufwendungen für Freizeit und Restaurantbesuche gehen zugunsten der Haushaltseinrichtung deutlich zurück. Die finanzielle Situation wird etwas angespannt, vor allem, wenn ein Lohn wegfällt. Der Rückgang des Einkommens lässt aber nicht ohne weiteres Schlüsse auf das Ausgabenniveau zu, denn in dieser Phase ist der Druck zum Geldausgeben besonders groß, für die Ernährung und Ausbildung der Kinder, für eine größere Wohnung oder ein sichereres Auto. Die Familien tendieren zu höherer Verschuldung und Ratenzahlung, was den Kredit- und Leasingmarkt aufblühen lässt. Im Lebensmittelbereich sind jetzt Großpackungen gefragt. Im Bereich Sport und Freizeit versucht man, Familien mit den sogenannten Freizeitparks anzusprechen.

◆ **Vollfamilie:** Die Kinder sind zwar noch zu Hause, aber in ihrer Entwicklung fortgeschritten und beginnen, sich allmählich von zu Hause zu lösen. Das Einkommen hat sich stark verbessert und wird unter Umständen sogar durch Kinder entlastet, die in der Lehre sind. Langfristige Konsumgüter werden vermehrt als Ersatz für ältere Geräte benötigt oder es werden Zweitartikel (Auto, Stereoanlage) für die Gattin oder die Kinder gekauft. Für Freizeit und Urlaub wird mehr Geld ausgegeben und das Streben nach Qualität ist größer.

◆ **«Nachfamilie»:** Diese Phase ist durch das «leere Nest» oder sogar durch den Tod eines Partners gekennzeichnet. Die Konsumbedürfnisse nehmen wieder ab und das Ausgabenbudget reduziert sich beträchtlich. Die große Bedeutung dieser Bevölkerungsgruppe liegt vor allem in ihrem ständigen Anwachsen und der hohen potenziellen Kaufkraft. Der «Seniorenmarkt» macht beispielsweise in der Touristikbranche bereits einen wichtigen Teil des Gesamtmarkts aus, nicht zuletzt weil diese Gruppe auch außerhalb der Feriensaison oder während der Woche reisen kann.

Trotz zunehmender Scheidungsraten und alternativer Gesellschaftsformen ist anzunehmen, dass die Familie für das Marketing von großer Bedeutung bleibt. Es könnte sogar sein, dass die Familie als ruhender Pol innerhalb sozialer und technologischer Veränderungen für das Kind in Zukunft noch wichtiger werden wird.

## «Organisations»-Umfeld beachten

Die Ausführungen galten bis jetzt primär dem Endkonsumenten, also dem Käufer, der Produkte für den Eigenbedarf erwirbt. Neben diesen Endkonsumenten gibt es aber Organisationen, die Güter kaufen, um sie für ihre Zwecke zu verwenden. Unternehmen, öffentliche Verwaltungen und andere Institutionen (Krankenhäuser, Sportvereine, Kirchen, Museen) erwerben Rohstoffe, Geräte, Gebäude, Dienstleistungen und vieles mehr. Der Käufer handelt jetzt zugunsten oder im Auftrag seiner Organisation, die das Produkt für die Weiterverarbeitung oder den Weiterverkauf benötigt; sie hat daher einen wesentlich größeren Einfluss auf das Kaufverhalten, als wenn ein Endkonsument etwas zur Befriedigung seiner Bedürfnisse kauft. Der Marketingfachmann darf daher nicht nur auf die persönlichen Motive des Einkäufers achten, sondern muss auch die Ziele und Motive der «Organisations»-Umwelt mit berücksichtigen.

Am Entscheidungsprozess sind in der Regel mehrere Personen beteiligt; die Entscheidungsträger repräsentieren dabei meist unterschiedliche Verantwortungsbereiche. Sie vertreten somit auch verschiedene Ansichten, die es zu berücksichtigen gilt.

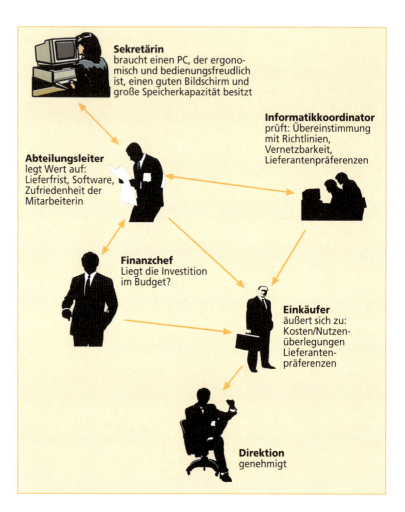

Möglicher Entscheidungsprozess in einer Organisation beim Kauf eines PCs

In der Theorie geht man davon aus, dass der Einkauf bei Organisationen rationaler abläuft als bei Einzelpersonen. Man glaubt, dies sei eine Folge des komplizierten Entscheidungsmechanismus und der geringeren Bedeutung der persönlichen Motive. Hauptsächlich dürften die folgenden Punkte die Einkaufsentscheidung in einer Organisation prägen.

◆ **Sachliche Kriterien:** Sehr oft bestehen Richtlinien und Weisungen, eventuell auch Spezifikationen, die erfüllt werden müssen. Im Einkaufsgremium sind verschiedene Spezialisten und Beteiligte vertreten, die sachlichen Kriterien den Vorrang geben. Neben den sachlichen Überlegungen gibt es aber auch «weiche» Faktoren.

◆ **Interpersonale Einflüsse:** Im Einkaufsgremium, das sich etwa aus Verwender, Einkäufer, Beeinflusser, Entscheidungsträger und Controller zusammensetzt, laufen Gruppenprozesse ab. Diese Prozesse können dazu führen, dass nicht das objektiv beste Produkt gekauft wird. Hier wirken Personen mit unterschiedlichem Status und Einfühlungsvermögen, mit Überredungskünsten und unterschiedlicher Autorität in mannigfacher Weise auf den Entscheidungsprozess ein.

◆ **Organisatorische Umstände:** Die offizielle, aber auch die inoffizielle Hierarchie hat einen wesentlichen Einfluss auf die Einkaufsentscheidung. Sehr oft stellt man fest, dass Untergebene das tun, was ihren Vorgesetzten gefällt, und nicht das, was nach objektiven Kriterien das Optimum wäre.

◆ **Beziehungen, Gegengeschäfte:** Wo Personen über unterschiedlichen Einfluss verfügen, spielen Beziehungen eine wichtige Rolle, auch wenn dies den Beteiligten auch nicht immer bewusst ist. Beziehungen helfen oder zwingen zu bestimmten Entscheidungen. Oft findet auch ein Gegengeschäft nach dem Motto statt: «Wenn du bei mir einkaufst, dann gebe ich dir bei nächster Gelegenheit einen Auftrag.»

◆ **Individuelle Faktoren:** Alle Marketinganstrengungen sind letztlich auf das Individuum ausgerichtet. Der Marketingfachmann muss sich daher um die psychologischen Merkmale des industriellen Einkäufers kümmern. Er versucht, die Präferenzen und das Entscheidungsverhalten zu ermitteln. Alter, Einkommen, Ausbildung, Position, Kompetenz, Persönlichkeit und Risikofreudigkeit des Einkäufers beeinflussen die Kaufentscheidung.

Die Bedeutung solcher Umstände variiert von Produkt zu Produkt. Bei einem Erstkauf wird sicher gründlicher evaluiert als bei einem Wiederkauf, der möglicherweise als einfacher Routinevorgang von der Einkaufsabteilung abgewickelt wird. Der Marketingfachmann wird daher vor dem Verkauf an Organisationen die Entscheidungswege und -träger, Belohnungssysteme usw. analysieren. Wegen der in der Regel komplexeren Mechanismen richtet er seine Kommunikationsmittel auf verschiedene Personen aus und seine Argumentation enthält vermehrt rationale Elemente.

> Die amerikanische Hospital Supply Corporation verkauft Wegwerfkittel für Chirurgen an Krankenhäuser. Sie versucht festzustellen, wer vom Krankenhauspersonal an der Kaufentscheidung mitwirkt. Als Beteiligte an der Entscheidung werden der Einkaufsverantwortliche, der Verwalter des Operationsraums und die Chirurgen identifiziert. Jeder von ihnen spielt eine ganz andere Rolle. Der Einkauf untersucht, ob es für das Krankenhaus zweckmäßiger ist, Wegwerfkittel oder wiederverwendbare Kittel zu benutzen. Wenn die Analyse ergibt, dass Wegwerfkittel vorteilhafter sind, dann vergleicht der Verwalter des Operationsraums konkurrierende Produkte und Preise und trifft eine Auswahl. Dieser Administrator berücksichtigt die Saugfähigkeit der Kittel, die antiseptischen Eigenschaften, das Design sowie die Kosten und wählt üblicherweise die Marke aus, die diesen Erfordernissen am besten entspricht. Schließlich beeinflussen die Chirurgen die Entscheidung, wenn sie später ihre Zufriedenheit oder Unzufriedenheit mit der gewählten Marke zum Ausdruck bringen.[1]

## Marketinganstrengungen

Das Kaufverhalten einer Person wird auch durch die Marketinganstrengungen der verschiedenen Anbieter beeinflusst. Ihnen waren die Kapitel 5 bis 11 gewidmet, so dass wir uns hier kurz fassen.

Je besser das Gesamtangebot auf die Bedürfnisse und Wünsche des Konsumenten abgestimmt ist, desto eher kommt ein Kauf zustande. Die meisten der Marketinginstrumente sind auf den durchschnittlichen Käufer der Zielgruppe ausgerichtet; eine weitere Individualisierung ist meist nicht möglich. Die Ausnahme bildet vor allem der persönliche Verkauf. Der Verkäufer kann auf den Kunden eingehen und ihm zeigen, dass er seine Bedürfnisse versteht und ein entsprechendes Angebot hat.

Konsumentenverhaltensforschung beschäftigt sich daher auch mit dem Einfluss, den der Verkäufer auf den Konsumenten ausübt. Dabei wurde allgemein festgestellt, dass sowohl Fachwissen als auch positive

---

[1] Siehe Kotler/Armstrong, *Marketing*, S. 271.

Beziehungselemente sich günstig auf den Kaufabschluss auswirken. Das folgende Beispiel ist zwar bereits 14 Jahre alt, wegen seiner Klarheit und Aussagekraft wollen wir aber trotzdem nicht darauf verzichten.

> In einem Schallplattengeschäft wurde folgender Versuch gemacht: Eine Verkäuferin hatte die Aufgabe, ein Plattenpflegeset zu verkaufen. Bei einem Fünftel der Kunden (Kontrollgruppe) erfolgte kein Verkaufsgespräch, das Set war einzig in einem Verkaufsständer an der Kasse platziert. Bei den restlichen vier Fünfteln fand ein Verkaufsgespräch statt, und zwar entweder mit nur wenig fachlicher Information (es wird gesagt, dass …, ich weiß nicht, ob es stimmt, aber nach der Beschreibung sollte das Set die Schallplatten schonen und es kostet ja nur …) oder mit fundierter Sachkenntnis (dieses Set reinigt die Schallplatten, indem es mit einer Mischung von … angereichert ist, die den Staub aus den einzelnen Rillen …). Zugleich variierte die Verkäuferin die Elemente ihrer Beziehung zum Kunden. Einmal ging sie auf die gekaufte Schallplatte ein und bemerkte eventuell, sie höre oft die gleichen Lieder, ein anderes Mal bemerkte sie, dass sie zwar eine andere Art von Musik bevorzuge, dem Käufer aber trotzdem viel Spaß mit seiner Platte wünsche. Das Resultat war wie folgt:
> – 13 % der Kunden kauften das Set ohne ein Verkaufsgespräch.
> – 13 % der Kunden kauften das Set, wenn wenig Fachwissen und wenige Beziehungselemente aus dem Verkaufsgespräch hervorgingen.
> – 30 % der Kunden kauften das Set, wenn sie nur wenig Fachinformation bekamen, aber viele Beziehungselemente im Spiel waren.
> – 53 % der Kunden kauften das Set, wenn sie viel Fachinformation bekamen, aber nur wenige Beziehungselemente im Spiel waren.
> – 80 % der Kunden kauften das Set, wenn sowohl viel Fachwissen als auch viele Beziehungselemente das Verkaufsgespräch prägten.[1]

Diese Unterschiede beim Verkaufserfolg sind enorm, dürfen aber sicher nicht verallgemeinert werden. Sie zeigen jedoch, wie groß die Chancen sein können, die das persönliche Verkaufsgespräch bietet.

Entscheidungen zum Kauf von Konsumgütern fallen oft erst am Verkaufspunkt («point of sale» oder POS). Eine neuere Veröffentlichung besagt, es seien sogar 67,2 %.[2] Die Forschung beschäftigt sich daher auch mit der Frage, wie sich visuelle (Auge), auditive (Gehör) und zunehmend auch olfaktorische (Geruch) Reize auf das Kaufverhalten auswirken.

Waren, die in Regalen des Einzelhandels auf Augenhöhe platziert sind, erhalten 35 % mehr Aufmerksamkeit als solche, die tiefer stehen. Die Verdoppelung der «Facings» (Oberfläche) im Laden von zwei auf

---

[1] Siehe Wilkie, *Consumer Behavior*, S. 214.
[2] Siehe *Journal of Marketing*, 1999, S. 202.

vier soll die Aufmerksamkeit um 34 % erhöhen.[1] Produkte werden im Regal viel häufiger vertikal als horizontal angeordnet, seit man erkannt hat, dass diese Anordnung positivere Impulse bewirkt.

Anordnung der Produkte im Regal

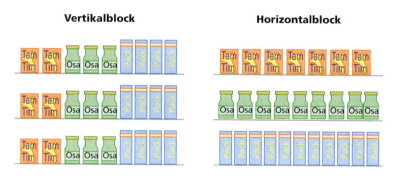

## Momentansituation

«Nächsten Freitag gehe ich zu einem Fest. Ich glaube, ich sollte noch zum Friseur oder was meinst du? Was soll ich anziehen? Findest du das rosarote Kleid passend? Schön wäre natürlich das dunkle, das wir kürzlich im Schaufenster von H & M angeschaut haben! Es kostet nur sFr. 145 ...»

Wir alle sind ständig Einflüssen und Ereignissen ausgesetzt, die in einer Momentansituation von außen auf uns wirken und nicht vom Produktangebot ausgehen. Die Untersuchung solcher vorübergehenden externen Beeinflussungen ist für den Verhaltensforscher besonders schwierig. Es gibt deshalb relativ wenige und zum Teil sich widersprechende Untersuchungen. Man weiß aber, dass die zu einem bestimmten Zeitpunkt gegebenen wirtschaftlichen Verhältnisse, besondere klimatische Gegebenheiten (Regen für Schirmkäufe, Hitze für Eiscremekäufe) oder besondere Geschenkanlässe (Weihnachten, Geburtstag, Muttertag) Auslöser für eine veränderte Kaufbereitschaft sind.

Schwierig zu erfassen sind jedoch all jene Individualbedürfnisse, die die Kaufbereitschaft ungeplant und unregelmäßig beeinflussen. Der

---

[1] Siehe *Marketing News*, Nr. 22, 7/83.

Marketingfachmann wird sich daher, wenn es um ein bestimmtes Produkt geht, primär mit jenen Momentansituationen befassen, die einer gewissen Gesetzmäßigkeit folgen.

# Persönliche Faktoren

Man mag einwenden, angesichts der Verschiedenheit der einzelnen Individuen sei es kaum möglich, allgemein gültige Aussagen zu machen. Dies ist auch nicht unser Ziel. Vielmehr soll gezeigt werden, wie menschliche Bedürfnisse entstehen und wie sich die Einstellung aufgrund von Erfahrungen entwickelt; die Kenntnis des menschlichen Verhaltens hilft dem Marketingfachmann, seine Mittel im Einzelfall gezielter einzusetzen.

### Motivationselemente sind zahlreich und oft unbewusst

Als Motivation bezeichnet man die Antriebskraft, die ein Individuum zu einer Aktion treibt. Diese Kraft wird durch eine innere Spannung erzeugt, die das Resultat unbefriedigter Bedürfnisse ist. Letztere können bewusster oder unbewusster Natur sein. Die Menschen möchten solche Spannungen abbauen. Die Motivation ist daher immer zielgerichtet. So wird das Individuum beispielsweise durch das Streben nach Prestige und Einfluss aktiviert und zu entsprechenden Handlungen angetrieben, was durch den Eintritt in einen exklusiven Club oder den Kauf eines Motorbootes zum Ausdruck kommen kann.

Individuen kennen ihre physischen Bedürfnisse in der Regel besser als ihre psychischen. Sind wir hungrig, durstig oder müde, so merken wir dies im Normalfall. Das Streben nach Beziehungen und Anerkennung ist hingegen oft unbewusster Natur. Bedürfnisse ändern sich mit der Zeit, meistens parallel zur Entwicklung des Individuums. Ist ein Ziel erreicht, so entsteht ein neues Bedürfnis. Man spricht in diesem Zusammenhang oft von einer Bedürfnishierarchie.

Am bekanntesten ist die Bedürfnishierarchie von Maslow. Er unterscheidet fünf Elementarbedürfnisse, wie in der Grafik dargestellt.

Bedürfnishierarchie von Maslow[1]

Maslow, der seine Motivationstheorie bereits in den 40er Jahren entwickelte, stellte dazu die folgenden «Regeln» auf.

◆ **Bedürfnisse:** Die Bedürfnisse des Menschen innerhalb einer Hierarchie sind von unterschiedlichem Rang.

◆ **Hierarchie:** Der Mensch versucht, die wichtigsten Bedürfnisse zuerst zu befriedigen. Physiologische Bedürfnisse haben Vorrang.

◆ **Befriedigung:** Gelingt es dem Menschen, ein wichtiges Bedürfnis zu befriedigen, so wirkt es eine Zeitlang nicht mehr als Motivator.

---

[1] Siehe Zimbardo, *Psychologie*, S. 415.

◆ **Neuorientierung:** Die Person wendet dann ihre Aufmerksamkeit dem nächstwichtigen Bedürfnis zu.

Bedürfnisse werden oftmals zur Positionierung eines Produkts benutzt, etwa indem die Werbung auf ein wichtiges Bedürfnismerkmal der Zielgruppe ausgerichtet wird.

> Pepsi-Cola als Getränk für die junge Generation: Die Pepsi-Werbung zeigt oft junge Menschen in Gruppen, die gemeinsam etwas unternehmen, sich vergnügen und dabei Pepsi trinken. Hier wird das Bedürfnis nach Beziehung und Freundschaft angesprochen. Da in unserer Gesellschaft die physiologischen Bedürfnisse und der Wunsch nach Sicherheit weitgehend erfüllt sind, kommt die nächsthöhere Stufe zum Tragen.

In Überflussgesellschaften verspricht die Werbung in wachsendem Maß nicht mehr Befriedigung der Grundbedürfnisse, sondern emotionale Zusatzerlebnisse, die mit dem eigentlichen funktionellen Konsum des Produkts wenig oder nichts mehr zu tun haben. Bei vielen Gütern wird der emotionale Zusatznutzen sogar zum vorrangigen Grund für die Wahl einer bestimmten Marke. In Drittweltländern wird daher oft anders geworben, zum Beispiel mit dem Preis-Leistungs-Verhältnis.

Die Vermittlung spezifischer emotionaler Produkt- und Markenerlebnisse ist also ein wichtiges Ziel des Marketing geworden. Sie hilft, die emotionale Bindung der Konsumenten an einen Anbieter zu verstärken. Zugleich fördert sie die Segmentierung des Markts, was im Interesse des Marketingverantwortlichen ist, denn nun kann er das Produkt besser profilieren und von dem der Konkurrenz abheben.

Der Marketingfachmann prüft, welche Bedürfnisse und Emotionen er in den Vordergrund stellen will: Soll der Mikrowellenofen als Schnellbackofen für die berufstätige Hausfrau präsentiert werden oder als sicherer Backofen für jedermann, als Statussymbol einer modernen Küche oder als soziales Gerät, das es der Hausfrau ermöglicht, sich mehr ihren Gästen zu widmen? Ist die neueste Kaffeemaschine wirklich ein Statussymbol und sind die passend dazu kreierten Tassen tatsächlich etwas so Besonderes, dass man sie gerne für Gäste benützt?

In die gleiche Richtung zielen Anstrengungen, die einen Zusatznutzen vermitteln. Eine Großbank stellt ihre Schaufenster karitativen Organisationen zur Verfügung, ein Großhändler übernimmt eine Defizitgarantie für eine Veranstaltung, eine Plakatgesellschaft schreibt an zehn Schulen für Gestaltung einen Wettbewerb für ein Jubiläumsplakat aus.

Die beiden Sieger des Plakatwettbewerbs «100 Jahre APG» (Januar 2000)

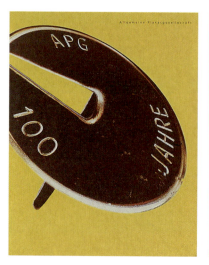

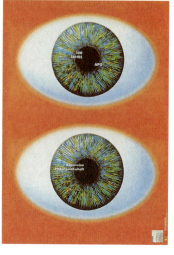

**Susanne Tatovsky, Bern**
*Schule für Gestaltung Bern*

Die historische Heftzwecke ist im Zusammenhang mit dem Jubiläum sofort erkennbar und baut zwischen 1900 und 2000 eine visuelle Brücke. Symbolisch erkennbar wird auch, was damit «befestigt» wird: Information – die primäre Aufgabe jedes Plakats.

**Johanna Guyer, Zürich**
*Hochschule für Gestaltung und Kunst Zürich*

Die Arbeit fasziniert und ist ungemein plakativ, «springt» buchstäblich ins Auge des Betrachters, dramatisiert. Von Auge zu Auge: ein Plakat, das den Mechanismus der visuellen Kommunikation auf das Wesentliche verkürzt – und damit unter die Haut geht.

## Gruppierung anhand von Persönlichkeitsmerkmalen wird für Positionierung genutzt

Viele Untersuchungen zielten darauf ab, allgemein gültige Zusammenhänge zwischen bestimmten Persönlichkeitsmerkmalen und dem Konsumentenverhalten aufzuzeigen, meistens leider mit nur mäßigem Erfolg.

> Im Zusammenhang mit Persönlichkeitsmerkmalen stellt sich immer wieder die Frage, welche Merkmale genetisch verankert sind und welche sich erst durch Umwelteinflüsse gebildet haben. Nur letztere können mittels Werbung beeinflusst werden. Dieser Thematik geht die Zwillingsforschung nach. In einem Experiment (siehe Zimbardo, *Psychologie*, S. 119) wurden getrennt aufgewachsene eineiige Zwillinge untersucht.

14 Konsumentenverhalten 527

> Erstaunlicherweise weisen die Zwillinge sehr viele Gemeinsamkeiten auf, die man eher Umwelteinflüssen zugeschrieben hätte, zum Beispiel ähnlich gebaute Häuser. Man kann also auch gewisse Produktvorlieben nur bedingt beeinflussen.

Hauptgrund für die unbefriedigenden Untersuchungsresultate sind die zahlreichen anderen Einflüsse, die stets mit im Spiel sind und sehr unsystematisch auftreten können. Trotzdem beeinflussen Persönlichkeitsmerkmale das Konsumverhalten so stark, dass sich der Marketingfachmann wohl oder übel mit ihnen auseinander setzen muss. Im letzten Jahrzehnt ist es üblich geworden, demographische Merkmale (Alter, Beruf, Einkommen, Zivilstand) mit psychographischen Eigenschaften (Lebensstil, Interesse, Meinungen) in Beziehung zu setzen. Erstere erlauben, eine Personengruppe objektiv und messbar zu bestimmen, während letztere zeigen, wie diese Gruppe angesprochen werden soll.

Psychographische Untersuchungen werden heute dazu benutzt, ein Produkt im Markt zu positionieren und anschließend zielgerichtete Werbemaßnahmen zu konzipieren. In Europa hat die Gesellschaft für Marketing (GfM) 1989 eine Einteilung der Konsumenten in 16 sozio-kulturelle Typen publiziert, und zwar im Hinblick auf eine Öffnung der EU und den verstärkten länderübergreifenden Einsatz elektronischer Medien. Die Studie basiert auf einer Erhebung bei 24'000 Personen und wurde in 15 Ländern durchgeführt.

Die sogenannten 16 Euro-Styles (Quelle: GfM-Geschäftsbericht 1989, S. 9)

> Die Molkerei Toni überprüfte die Positionierung ihrer Birchermüesli mittels einer Euro-Styles-Analyse. Interessanterweise wurden zwei Cluster von Intensiv-Usern identifiziert, die an den beiden Polen Wert- und Güterorientierung positioniert waren. Es waren vor allem die «Rocker» und die «Abgekoppelten» sowie die «Alternativen», die das Müesli kauften.
> Erste konkrete Konsequenzen dieser Resultate führten zu einem neuen Werbeauftritt, in dem der Schwerpunkt auf die als Potenzial erkannten bewegungs- und güterorientierten Eurostyles-Typen gelegt wurde («Angeber» und «Karrieremacher»).[1]

Demoscope untersucht seit 25 Jahren die Wertvorstellungen der schweizerischen Bevölkerung. Unter dem Stichwort «Weg der Schweiz» wird gezeigt, wie sich die Einstellungen im Lauf der Jahre verändert haben. Die ziemlich konservativen und nach innen gekehrten Schweizer der 70er Jahre sind heute viel progressiver und viel stärker nach außen orientiert.

«Der Weg der Schweiz» von 1974 bis 1998[2]

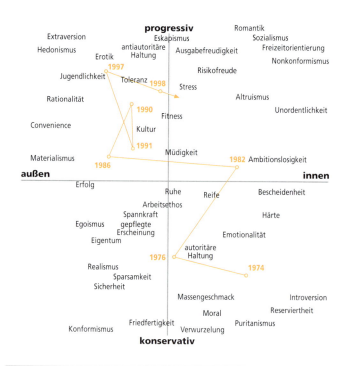

---

[1] HA, GfM-News, 2/94.
[2] Die Demoscope-Untersuchung basiert auf 34'000 Interviews, die im Lauf der Jahre durchgeführt wurden (siehe *Index Compact*, 2/99, Seite 26f).

Marketingfachleute fragen sich immer wieder, ob sie ihr Produkt an die in der Zielgruppe vertretenen Einstellungen anpassen sollen oder ob sie lieber versuchen sollten, diese Einstellungen zu verändern. Letzteres ist in der Regel sehr schwierig, da die Einstellung einer Person zu einer bestimmten Persönlichkeitsstruktur gehört, die sich im Lauf der Zeit gebildet hat. Es gibt aber einzelne Ausnahmen, die zeigen, dass sich die erheblichen Kosten eines Versuchs, bestehende Einstellungen zu ändern, bezahlt machen können.

> Als die Firma Honda in den amerikanischen Motorradmarkt einstieg, sah sie sich vor eine wichtige Entscheidung gestellt. Sie konnte entweder ihre Motorräder an eine kleine Gruppe bereits Interessierter verkaufen oder versuchen, die Zahl der Motorradinteressenten zu erhöhen. Letztere Vorgehensweise hätte erhebliche Kosten verursacht, da es viele Menschen gab, die Motorrädern gegenüber negativ eingestellt waren; sie brachten sie mit schwarzen Lederjacken, Klappmessern und Kriminalität in Verbindung. Honda entschied sich trotzdem für die zweite Möglichkeit und startete eine groß angelegte Kampagne mit dem Slogan: «Du triffst die nettesten Leute auf einer Honda.» Die Kampagne zahlte sich aus und viele Leute bekamen eine neue Einstellung zu Motorrädern.[1] Allerdings waren es die kleinen 90-ccm-Motorräder (Supercub), die Honda lancierte, und nicht die schwereren Maschinen, die erst später dazu kamen.

## Mit individuellen Wahrnehmungen rechnen

Menschen reagieren und handeln aufgrund dessen, was sie wahrnehmen. Die Wahrnehmung kann stark von dem abweichen, was objektiv tatsächlich vorhanden ist. Das Einkaufsverhalten wird nun aber nicht von einer objektiven, sondern von der subjektiv wahrgenommenen Produktqualität, nicht von objektiven, sondern von subjektiv wahrgenommenen Einkaufsbedingungen bestimmt.

Die grundlegende Konsequenz für das Marketing liegt demnach auf der Hand: Es genügt nicht, objektive Leistungen anzubieten – sofern es so etwas überhaupt gibt –, sondern es muss vor allem dafür gesorgt werden, dass die Leistungen von der Umwelt, und letztlich vom Konsumenten, wahrgenommen werden.

---

[1] Siehe Kotler, *Marketing Management*, S. 155.

> In einem Selbstbedienungsladen wurden identische Kartoffelchips in zwei verschiedenen Packungen angeboten. Die eine bestand in einer leicht zu öffnenden, aus fettabweisendem Papier hergestellten Tüte, die andern in einer Polyvinyltüte, die sich nur mühsam mit den Zähnen aufreißen ließ. Die Kunden wurden gefragt, welche Chips ihnen besser schmeckten. Dazu mussten sie beide Tüten selber öffnen, was bei der Polyvinyltüte große Probleme verursachte; oft fielen die Chips auf den Boden. Trotzdem erklärten 93% der Konsumenten, die Chips aus der Polyvinyltüte seien knuspriger und geschmacklich besser! Die Chips waren genau gleich und erst unmittelbar vor dem Test in die beiden Tüten abgefüllt worden.[1]

Konsumenten sind permanent einer Fülle von Informationen ausgesetzt, die sie mit Hilfe der fünf Sinne teilweise auch wahrnehmen. Generell kann dabei gesagt werden, dass wir umso aufmerksamer werden, je größer der Unterschied zwischen zwei Informationen ist. Diese Erkenntnis wird vom Marketingfachmann in zweierlei Hinsicht verwertet. Zum einen nutzt er den Unterschied als Differenzierungsmerkmal, indem er das neue Produkt von seinem früheren Angebot oder von dem eines Wettbewerbers so markant abhebt, dass es registriert wird, und zum anderen als Anpassungschance; Veränderungen nimmt er nur allmählich und langsam vor, damit sie dem Konsumenten nicht auffallen.

Die Entwicklungsstadien der Coca-Cola-Flasche seit 1894

Die Aufnahme von Informationen erfolgt nicht nur selektiv, sondern sie ist auch eine individuelle Angelegenheit; dabei hängt nicht nur die Auswahl, sondern auch die Registrierung und Interpretation stark von den einzelnen Menschen ab.

◆ **Selektive Aufmerksamkeit:** Die meisten der vielen auf uns einströmenden Stimuli werden ausgesiebt. Oft werden nur Stimuli wahrgenommen, die für ein gerade aktiviertes Bedürfnis relevant sind. Will

---

[1] Siehe Kroeber-Riel, *Konsumentenverhalten*, S. 316ff.

man sich beispielsweise ein Auto kaufen, nimmt man in verstärktem Maß Werbung für Fahrzeuge wahr. In einem Fotogeschäft nimmt der Kunde eher die Fotoapparate wahr als die ebenfalls dort erhältlichen Radios, weil er nicht erwartet hatte, Radios zu sehen. Wir steuern die Selektion auch in einem uns genehmen Sinn. So registriert der starke Raucher Artikel über den Zusammenhang zwischen Rauchen und Lungenkrebs viel weniger und zitiert vorwiegend die wenigen Beispiele, die für das Gegenteil sprechen.

Untersuchungen haben auch gezeigt, dass die Platzierung für das Wecken von Aufmerksamkeit wichtig ist. So werden Anzeigen, die auf der oberen Hälfte einer Seite platziert sind, besser wahrgenommen als andere. Auf einer Doppelseite wird die rechte Seite bevorzugt.

Kontraste, Bewegungen und Farbveränderungen fallen besonders auf. Die Wirkung von Farbe ist in der Werbeforschung schon seit langem bekannt. Bereits 1919 fand man heraus, dass bunte Schaufenster um 73 % häufiger betrachtet werden als einfarbige. Man weiß allerdings noch nicht, ob die Farbe die Einstellung und somit die Kaufentscheidung eines Konsumenten beeinflusst. Die Verwendung von Farben in Anzeigen ist nicht mehr so teuer wie früher, daher sind sie heute viel weiter verbreitet.

- ■ Blau ist die mit Abstand beliebteste Farbe. Es ist die Lieblingsfarbe von 40 % der Männer und 38 % der Frauen.
- ■ Rot wird von 20 % der Männer und Frauen als beliebteste Farbe angegeben.
- ■ Anschließend folgt Grün (je 12 %).
- ■ Braun ist die mit Abstand unbeliebteste Farbe. 29 % der Frauen und 24 % der Männer geben Braun als die Farbe an, die sie am wenigsten mögen.[1]

◆ **Selektive Zusammenfügung**: Die verschiedenen Stimuli werden nicht einzeln, sondern als Ganzes wahrgenommen. Die einzelnen Stimuli werden zu einer Gestalt zusammengefügt, damit man besser mit der Information umgehen kann. Wenn man ein Bild betrachtet, so tastet der Blick die Vorlage zwar in unregelmäßigen Sprüngen ab; das Bild wird aber als Ganzes wahrgenommen.

Ebenso verhält es sich, wenn man einen Parkplatz für sein Auto sucht. In Sekundenbruchteilen werden die Größe der Parklücke, das vordere

---

[1] Siehe Heller, *Wie Farben wirken*.

und hintere Auto, die Höhe des Randsteins und die Einfahrtmöglichkeiten geprüft. Durch Bilder vermittelte Informationen haben generell eine größere Chance, aufgenommen zu werden, als Textinformationen.

> Vor einigen Jahren testete Sunlight in Baltimore ein neues Spülmittel. Plastikflaschen wurden per Post verschickt. Sie waren gelb und zeigten ein auffallendes Bild mit Sonne und Zitrone. Damit wollte man signalisieren, dass das Mittel mit Zitronensaft angereichert worden war.
> Zur Überraschung aller geschah es, dass einige Testpersonen das Mittel tranken, weil sie wegen des Bildes meinten, die Flasche enthalte ein neues Zitronengetränk. Glücklicherweise hatte dies keine gravierenden Folgen. Die Gesellschaft verteidigte sich mit dem Hinweis, auf der Flasche sei angegeben, dass es sich um ein Spülmittel handle.[1]

Dieses Zusammenfügen der Stimuli zu einem Ganzen ist aber von Person zu Person verschieden. Was die einen noch als Hintergrund betrachten und daher nur verschwommen wahrnehmen, tritt für andere bereits deutlich in den Vordergrund. Werbefachleute überlegen sich daher sehr genau, wie sie ihre Botschaft übermitteln und wie sie sicherstellen können, dass ihre zentrale Aussage nicht durch Zusatzinformationen oder eine ergänzende «Hintergrundstimmung» verwischt wird.

◆ **Selektive Interpretation:** Die Interpretation subjektiv aufgenommener Stimuli hängt stark von den Erfahrungen, Erwartungen, Interessen und Bedürfnissen eines Menschen ab. Während der Konsument in der Regel von einem Mannequin erwartet, dass es gut aussieht, lässt er sich von einer mütterlich wirkenden Frau eher beraten, wenn es um Mikrowellenherde geht.
Viele Konsumenten bringen Preis und Qualität miteinander in Beziehung. Sie meinen, dass bei einem höheren Preis auch die Qualität besser sei. Eine Untersuchung zeigte jedoch, dass diese positive Korrelation nur bei 51 % aller unter die Lupe genommenen Produkte vorlag. In 35 % der Fälle konnte keine Beziehung ausgemacht werden und in 14 % der Fälle hatte man es sogar mit einer negativen Korrelation zu tun.[2]

---

[1] Siehe Wilkie, *Consumer Behavior*, S. 394.
[2] Siehe *Journal of Consumer Affairs*, 1977.

14 Konsumentenverhalten 533

> Diverse Blindtests ergaben, dass der Konsument oft nicht zwischen zwei ähnlichen Produkten unterscheiden kann, wenn er weder Marke, Farbe noch sonstige Unterschiede sieht. Viele Coca-Cola-Fans hatten zwar bei einem Blindtest den Konkurrenten Pepsi bevorzugt, als sie dann aber wieder die Marken sahen, wollten sie nur noch ihr Coca-Cola.

Andere Konsumenten wiederum korrelieren das Image eines Absatzmittlers, ihre Meinung von einem Produzenten, ihre Ansicht über eine Marke oder das Bild, das sie sich von sich selber machen, mit dem aufgenommenen Stimulus.

> Das Waschmittel «Cheer» von Procter & Gamble wurde als nichts Besonderes angesehen, obwohl es für stark verschmutzte Wäsche angepriesen wurde. Dann färbte man das Pulver blau, erwähnte dies aber in der Werbung nicht. Die Farbänderung wurde so positiv aufgenommen und mit der Aussage «für sehr schmutzige Wäsche» in Zusammenhang gebracht, dass das Waschmittel dann zu einem Riesenerfolg wurde.

Der Leser mag jetzt den Eindruck gewonnen haben, als sei es gar nicht möglich, ein Produkt effizient auf eine Zielgruppe hin zu positionieren. Wie die Geschichte erfolgreicher Marketingfirmen zeigt, ist der Erfolg aber doch nicht vom Zufall abhängig. Allerdings erinnern wir daran, dass das erfolgreiche Produkt nicht allein von der Kommunikation lebt. Produkt-, Preis- und Distributionspolitik sind ebenfalls Elemente, die der versierte Marketingfachmann einsetzt.

Ein häufig zu wenig beachtetes stilistisches Mittel ist die Schrift. Die Wahl der Schriftform sollte in engem Zusammenhang mit der Nachricht stehen, die zu übermitteln ist. Jeder Schrifttyp erzeugt beim Betrachter eine andere Stimmung: Eine runde Schrift drückt Eindrücke wie «lebendig, verträumt, ruhig» aus, während sich mit einer eckigen Schrift Assoziationen wie «würdevoll, ernst, sachlich, seriös» verbinden. Fettgedruckte Schriften vermitteln Eindrücke wie «traurig, würdevoll, dramatisch». Einfach verzierte Schriften wecken Vorstellungen wie «lebhaft, zündend, emporstrebend».

Das deutsche Versandhandelsunternehmen Quelle startete mit einem neuen Firmenlogo in dieses Jahrtausend. Man möchte mit dem neuen Erscheinungsbild zeitgemäß und international wirken.
Die Hand des früheren Logos wird nicht mehr verwendet; man setzt nun allein auf den dynamischen Schriftzug. Moderne Großbuchstaben vermitteln ein klares, kompaktes Markenbild in der Form eines Rechtecks. Kontinuität ist gewährleistet, weil die Grundfarbe Blau beibehalten wurde. Sie soll die Seriosität, Vertrauenswürdigkeit und Zuverlässigkeit der Marke unterstreichen. Das neue «Quelle-Q» und auch der rote Punkt verweisen auf das Internet. Der Versandhandel verlagert sich in Richtung E-Commerce; mit der neuen Gestaltung des Logos will sich Quelle auch in diesem Bereich positionieren.

## Mit positiven Stimuli den Lernvorgang unterstützen

Das Verhalten von Konsumenten ist stark von angesammelten Erfahrungen und erworbenem Wissen geprägt. Dieser Sammelvorgang oder Lernprozess wurde daher stets ins Zentrum der Verhaltensforschung gestellt. Man hoffte, allgemeine Gesetzmäßigkeiten des Verhaltens ableiten und eventuell sogar Verhaltensvorhersagen machen zu können.

Der Lernprozess ist jedoch sehr komplex und von vielen individuellen Faktoren geprägt, etwa inneren Antrieben oder äußeren Reizen. Aber auch der eigentliche Lernvorgang spielt sich nicht immer gleich ab. Einerseits lernen wir durch Erfahrung, andererseits aber auch durch die mentale Tätigkeit, durch das Zusammentragen von Informationen und das Ziehen von Schlussfolgerungen.

◆ **Lernen durch Erfahrung:** Je mehr positive Erfahrungen der Kunde mit einem Produkt macht, umso größer ist die Chance, dass er wieder das gleiche Produkt kauft, wenn erneuter Bedarf entsteht. Hohe Produktqualität fördert die Kundentreue.

> Es war einer der schrecklichsten Tage meines Lebens: Die Waschmaschine streikte, das Telefon läutete ohne Unterlass, ich hatte Kopfschmerzen und der Briefträger brachte obendrein eine Rechnung, die ich nicht bezahlen konnte. Kurz vor dem Zusammenbruch hob ich mein einjähriges Kind in seinen Hochstuhl, legte meinen Kopf auf die Essfläche und weinte. Ohne ein Wort zu sagen, nahm mein Sohn seinen Schnuller aus dem Mund und steckte ihn in meinen.
>
> *Aus «Bits and Pieces», April 1999, S. 2*

Wenn zudem das Produkt mit einer gut erkennbaren Markenbezeichnung versehen ist, entsteht mitunter eine Loyalität, die im Wettbewerb nur schwer zu brechen ist. Das Prinzip kann jedoch auch in umgekehrter Richtung wirken. Man sollte also nicht mit allzu vollmundigen Versprechungen falsche Hoffnungen wecken und dadurch Unzufriedenheit provozieren.

Der Konsument registriert nicht nur die technische Qualität, sondern auch das ganze Produktumfeld (Service, Werbung, Beratung, Design). Die Unternehmen bemühen sich daher, den positiven Eindruck des eigentlichen Produkts zu verstärken. So ist es in Hotels üblich, dem Gast mit einer Schokolade oder einer Frucht «Gute Nacht» zu wünschen, und Stewardessen, die nicht lächeln, sind fast undenkbar.

> Gerald J. Gorn beschreibt, wie Hintergrundmusik im Einzelhandel als Kaufstimulus wirken kann.
> Zuerst wurde festgestellt, dass sich Studenten gegenüber blauen und beigen Kugelschreibern «neutral» verhalten. Dann wurde erforscht, dass die betreffenden Studenten eine bestimmte Filmmusik eindeutig ostindischer Musik vorziehen. Es wurden vier Gruppen gebildet und allen wurde gesagt, dass eine Agentur die Musik für einen Werbespot für Kugelschreiber aussuche. Zwei Gruppen wurde nun ein Werbeinserat für Kugelschreiber gezeigt, während im Hintergrund die als positiv taxierte Filmmusik gespielt wurde. Eine Gruppe sah in dem Inserat einen beigen, die andere einen blauen Kugelschreiber. Die anderen beiden Gruppen sahen dann beide Werbebilder, mit dem Unterschied, dass die ostindische Musik gespielt wurde. Die Kugelschreiberfarbe wurde nie erwähnt. Danach wurden die Studenten gebeten, die Musik zu bewerten. Zum Dank für ihre Arbeit konnten die Studenten anschließend einen Kugelschreiber in der Farbe ihrer Wahl mitnehmen.
> Welche Farbe wurde nun gewählt? Studenten, die die Anzeigen betrachteten, als die positiv taxierte Filmmusik abgespielt wurde, wählten im Verhältnis 3 zu 1 jene Farbe, die sie auf der Anzeige sahen. Studenten, die die Anzeigen betrachteten, als die negativ taxierte ostindische Musik abgespielt wurde, wählten im Verhältnis 2,5 zu 1 die Farbe, die nicht auf ihrer Anzeige war. Als man die Studenten fragte, warum sie gerade diese Farbe gewählt hatten, erwähnten nur 2 % die Musik als Grund. Etwa die Hälfte sagte, diese Farbe gefalle ihnen einfach besser. Die restlichen konnten für ihre Wahl keinen Grund angeben.[1]

◆ **Positive Stimulierung:** Diese «Art des Lernens» wird vom Marketingfachmann ausgenützt, indem er seine Werbung mit etwas verbindet, das positive und starke emotionale Stimuli beim Konsumenten auslöst. So wird beispielsweise das Produkt mit einem anderen, etablierten Produkt in Beziehung gebracht, etwa durch Verwendung der gleichen Marke, durch Verbundaktionen oder durch gleiches Design. Andere Arten der positiven Stimulierung gelingen, indem man bekannte Persönlichkeiten einsetzt (so werben zum Beispiel beliebte Schauspieler für bestimmte Produkte) oder indem eine als positiv geltende Geste, zum Beispiel «Have a Coke and a Smile», oder eine als sympathisch eingestufte Zeichentrickfilmfigur mit dem Produkt in Verbindung gebracht wird.

Ab und zu werden auch negative Stimuli benützt. So zeigt beispielsweise ein Hersteller von Schmerztabletten das vor Qual verzerrte Ge-

---

[1] Siehe Gorn, «The Effects of Music in Advertising on Choice Behaviour», in: *Journal of Marketing*, 1982, S. 94ff.

sicht einer Migränepatientin. Ein Hersteller von Mundwasser zeigt in der Werbung die abweisende Haltung einer Frau gegenüber einem Mann mit Mundgeruch. Generell versucht man aber, ohne solche negativen Stimuli auszukommen.

◆ **Mentales Lernen:** Wir lernen nicht nur, indem wir positive oder negative Erfahrungen sammeln; wir lernen auch kognitiv, indem wir Informationen sammeln, sie verarbeiten und unsere Schlussfolgerungen speichern. Dieser Verarbeitungs- und Speicherungsprozess beginnt bereits im Kindesalter; Kleinkinder nehmen vor allem Bildinformationen auf und speichern das Gesehene sehr unkritisch.
Unternehmen möchten stets erfahren, was die Konsumenten über ihre Produkte wissen. Spezielle Marktuntersuchungen sollen darüber Aufschluss geben, was Verbraucher beispielsweise von einer Werbekampagne aufgenommen und reproduzierbar gespeichert haben. Aus solchen Untersuchungen geht hervor, dass in der Regel von gedruckter Werbung mehr Details im Gedächtnis bleiben als von Fernseh- oder Radiowerbung und dass die Informationen meistens durch die Persönlichkeit des Konsumenten gefärbt wiedergegeben werden.
Normalerweise meint man, dass Konsumenten sich vor allem merken, welchen Nutzen ein Produkt bietet, und sich weniger an seine Merkmale erinnern. Diese Annahme wird aber durch keine Untersuchung bestätigt. Es scheint auch, dass viele Konsumenten die Produktcharakteristika nicht automatisch mit dem entsprechenden Nutzen in Verbindung bringen. Deshalb wird empfohlen, diese Verbindung in Werbebotschaften besonders zu betonen.

Je nach der Bedeutung, die ein Produkt für den Konsumenten hat, setzt er sich intensiv oder nur flüchtig mit den Informationen über das Produkt auseinander. Je intensiver diese Auseinandersetzung ist, desto stärker wird die linke Gehirnhälfte gebraucht, also der Teil des Gehirns, der für das Lesen, Sprechen und die rationale Informationsverarbeitung zuständig ist. Es wird daher gesagt, dass gedruckte Werbung sich vor allem für Produkte eignet, mit denen sich der Konsument intensiv auseinandersetzen soll. Andererseits eignet sich Fernseh- und Radiowerbung angeblich vor allem für Produkte, die spontan gekauft werden, also Artikel, bei denen sich ein passiver Lernprozess auf die Kaufentscheidung auswirken kann.
Der Konsument soll daher durch das sogenannte «Conditioning» wiederholt positiven Stimuli ausgesetzt werden, damit ein möglichst gutes Bild entsteht. Man sagt daher auch, dass Fernseh- und Radiowerbung

eher auf die rechte Gehirnhälfte gerichtet ist, also auf jenen Gehirnteil, der emotionale, intuitive und impulsive Reaktionen herstellt. Fernsehwerbung soll daher wirksamer sein, wenn die Spots von kurzer Dauer sind, dafür aber öfter wiederholt werden. Sie soll vorzugsweise mit positiv wirkenden Bildern einen emotional ansprechenden, möglichst nachhaltigen Eindruck vermitteln, und weniger detaillierte Produktinformationen liefern.

Forschungen zeigen allerdings auch, dass die beiden Gehirnhälften nicht unabhängig voneinander funktionieren.[1]

Beim Lernen entsteht beim Konsumenten eine bestimmte Einstellung zu einem bestimmten Angebot. Diese Einstellung kann sich spezifisch auf ein Produkt, eine Marke, einen Hersteller, einen Absatzmittler oder auch auf ein bestimmtes Marketinginstrument, zum Beispiel einen Verkäufer, beziehen. Die Marktforschung versucht daher herauszufinden, welche Einstellung die Konsumenten gegenüber einem Angebot haben.

Anstrengungen zur Veränderung einer negativen Einstellung führen aber nicht sofort zum Erfolg. Es ist generell einfacher, eine positive Konsumenteneinstellung hervorzurufen, als eine negative zu korrigieren.

---

[1] P. L. Katz, «Critique of split brain theorie«, in: *Journal of Advertising research*, 5/83.

# Entscheidungsfindung

> «Was soll ich zu Mittag essen?» – «Soll ich mit der Straßenbahn fahren oder bei diesem schönen Wetter lieber zu Fuß gehen?» – «Welchen Film wollen wir uns heute anschauen?»

Täglich sind wir mit solchen und ähnlichen Fragen konfrontiert. Die Art, wie wir sie lösen, hängt nicht nur von der Fragestellung, sondern auch in hohem Maß von uns selber ab. Das im Folgenden dargestellte Grundschema der Entscheidungsfindung wird deshalb im Einzelfall nur angewendet, soweit es nötig und sinnvoll ist. Je wichtiger die Entscheidung, um so gründlicher gehen wir in der Regel bei der Informationssuche und -bewertung vor. Je mehr Erfahrung wir im betreffenden Bereich haben, um so routinierter fällen wir unsere Entscheidung. Die ökonomisch veranlagte Person wendet andere Bewertungsregeln an als der emotionsbetonte Mensch.

Phasen einer Entscheidung

Das Modell zeigt, dass der Entscheidungsprozess lange vor dem Kauf beginnt und noch geraume Zeit nach dem Kauf weiterwirkt. Es trifft also vor allem auf Produkte zu, die weniger impulsiv gekauft werden.

## Bedürfnisse aktivieren

Wenn der Konsument vor einem Problem steht, versucht er es zu lösen; in ihm entsteht das Bedürfnis, das Problem zu beseitigen. Die Witterung beispielsweise hat großen Einfluss auf den Absatz verschiedener Produkte. In milden Wintern werden weniger Winterartikel verkauft; bei Temperaturen über 30 °C schnellt der Verkauf von Badeanzügen, Eiscreme oder kühlen Getränken in die Höhe.

Bedürfnisse, die latent bereits vorhanden sind, können auch von außen aktiviert werden. Der auf seinen Abflug wartende Flugpassagier benutzt die Gelegenheit, den im Schaufenster ausgestellten Aktenkoffer zu erwerben. Das frisch verheiratete Paar geht auf das Angebot des Versicherungsagenten ein und schließt eine Hausratsversicherung ab.

Für den Marketingfachmann ist es von großer Bedeutung zu wissen, ob bei seinem Zielpublikum bereits ein Bedürfnis nach seinem Produkt existiert oder ob er das Bedürfnis erst aktivieren muss. Im zweiten Fall ist es für ihn wichtig, die Faktoren und die Situationen zu verstehen, die gewöhnlich das Problembewusstsein beim Konsumenten auslösen.

### Informationssuche unterstützen

Stellt der Konsument fest, dass er zu wenig weiß, um eine Kaufentscheidung fällen zu können, beginnt er, Informationen zu sammeln. Zunächst versucht er sich zu erinnern, welche Erfahrungen er mit diesem oder jenem Produkt gemacht oder was er darüber gehört hat; er hat Informationen aufgenommen, bevor eine Entscheidung anstand. Dann fängt er an, externe Quellen ausfindig zu machen, die ihm Informationen liefern können. Externe Informationen können auf verschiedenste Art an den Konsumenten herangetragen werden (Bekannte, Werbung, Fachhandel, Massenmedien, Publikationen). Der relative Einfluss dieser Informationsquellen variiert von Entscheidung zu Entscheidung und von Käufer zu Käufer.

Die einen Kaufinteressenten informieren sich durch Fachzeitschriften, bei Freunden und Bekannten oder anhand zahlreicher Ladenbesuche. Andere informieren sich im voraus wenig und besuchen nur gerade einen Laden. Die Konsumenten informieren sich also ganz verschieden; darum ist es für das Unternehmen wichtig, seine Zielkunden gut zu kennen. Die Gefahr ist sonst groß, dass die Kommunikationsmittel wirkungslos verpuffen. Oft werden die Konsumenten daher befragt, wie sie zum erstenmal von diesem Produkt gehört haben und welche Bedeutung sie den einzelnen Informationsquellen beimessen.

### Bewertung des Konsumenten verstehen

Wie wählt der Konsument nun zwischen den Marken aus, die er bei der Informationssuche kennengelernt hat? Der Bewertungsprozess läuft bei jedem Menschen anders ab und variiert auch je nach der Kaufsituation. Man kann jedoch davon ausgehen, dass der Kunde das Produkt als Bündel von Produkteigenschaften betrachtet. Dazu gehören unter anderem Qualität, Verpackung, Preis und Lieferbarkeit.

Diesen Eigenschaften wird je nach Konsument oder Produkt unterschiedliche Bedeutung beigemessen. Außerdem wird der Konsument wahrscheinlich jeder Marke eine Anzahl von Eigenschaften zuordnen. Es kann durchaus sein, dass er das Image verschiedener Marken vergleicht. Die Marke ist vor allem bei Produkten wichtig, deren Qualität von außen nicht oder nur schwer zu beurteilen, aber dennoch sehr wesentlich ist, bei Sonnenbrillen beispielsweise. Untersuchungen zeigen, dass der Konsument primär mit den folgenden drei Entscheidungsregeln operiert.

◆ **Kompensationsregel:** Jede Produkteigenschaft erhält zuerst eine Gewichtung. Dann werden die gesamten Eigenschaften für jede Marke bewertet. Die Summe der gewichteten Bewertungen entscheidet, welche Marke gekauft wird.

|  | Gewicht | Marke A | Marke B | Marke C |
|---|---|---|---|---|
| Preis | 8 | 2 (16) | 8 (64) | 10 (80) |
| Qualität | 10 | 10 (100) | 7 (70) | 7 (70) |
| Design | 5 | 8 (40) | 6 (30) | 6 (30) |
| Lieferfrist | 4 | 5 (20) | 10 (40) | 8 (32) |
| TOTAL |  | 176 | 204 | 212 |

Das Beispiel zeigt, wie aufwendig dieses Vorgehen und wie problematisch das Resultat ist. Eine kleine Änderung der Gewichtungsfaktoren führt sofort zu anderen Ergebnissen. Bei der Anwendung dieser Entscheidungsregel sollte man daher am Schluss unbedingt fragen, wie sich das Resultat ändern würde, wenn andere Faktoren und Gewichtungen gewählt worden wären (Sensitivitätsanalyse).

◆ **Prioritätsregel:** Hier ist die Gewichtung der Eigenschaften das Entscheidende. Der Konsument beachtet nur die für ihn wichtigste Eigenschaft und wählt dann das Produkt, das diesbezüglich am besten abschneidet. Erst wenn zwei Produkte bezüglich dieser einen Eigenschaft als gleich gut bewertet werden, wird die nächstwichtige Eigenschaft zur Bewertung herangezogen.

◆ **Mindestanforderungsregel:** Es kommen nur Marken für die Evaluation in Betracht, die bestimmte Mindestanforderungen erfüllen. Ein Produkt etwa, das einen bestimmten Preis überschreitet, wird von vornherein nicht in die Entscheidung mit einbezogen.

In der Praxis werden solche Regeln jedoch selten strikt angewendet. Es kann sein, dass jemand mit der Mindestanforderungsregel beginnt und so einen Teil der in Frage kommenden Produkte eliminiert. Dann fährt er im Sinne der Kompensationsregel fort, stellt dabei jedoch sehr schnell fest, dass die Qualität durch verschiedene Parameter beschrieben wird, die er im Grunde genommen auch wieder einzeln gewichten müsste. Dann fällt es ihm schwer zu beurteilen, wie er zum Beispiel das Design im Verhältnis zum Preis gewichten sollte. Und schlussendlich erhält er ein Resultat, das nicht seiner Vorstellung von den Marken oder früher gemachten Erfahrungen entspricht, so dass er nochmals von vorne beginnt ...

## Kaufentscheidung analysieren

Im Allgemeinen kauft der Konsument das Produkt, das ihm am meisten zusagt. Doch können zwei Störungen zwischen die Kaufabsicht und die Kaufentscheidung treten. Als erstes sind hier die Einstellungen und Meinungen anderer Personen zu nennen, die einen gewissen Einfluss auf den Kaufwilligen haben. Zweitens könnte eine unerwartete Situation eintreten, die das Kaufverhalten in eine andere Richtung lenkt. Unter Umständen trifft der Kaufwillige auf einen unsympathischen Verkäufer oder aus irgend einem Grund hat er einen schlechten Eindruck von dem Geschäft, das er aufgesucht hat. Vielleicht aber kommt er nach reiflicher Überlegung doch noch zu dem Schluss, dass er sich den Kauf eigentlich gar nicht leisten kann.

Die Entscheidungsfreude wird in großem Ausmaß von dem Risiko mitbestimmt, das mit dem Kauf verbunden ist. Dieses Risiko variiert mit dem Geldbetrag, der für das Produkt auszugeben wäre, mit der Unsicherheit hinsichtlich der Produkteigenschaften und mit dem Selbstvertrauen des Konsumenten. Ein unsicherer PC-Neuling wird wohl kaum einen gebrauchten PC kaufen, auch wenn er ihn zu einem Viertel des Neupreises erwerben könnte, denn er ist einfach nicht in der Lage, das Risiko realistisch einzuschätzen.

Der Konsument entwickelt routinierte Verfahren zur Risikoreduktion. Zum Beispiel schiebt er eine Entscheidung auf oder er sammelt zusätzliche Informationen und bildet Präferenzen zugunsten bekannter Marken. («Wähle IBM, dann machst du keinen Fehler.»)

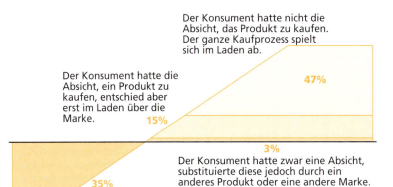

Der Entscheidungsprozess beim Kauf von Supermarkt-Produkten

Produkte des täglichen Bedarfs wie Brot, Milch, Eier, Reis, Gemüse, Salat, Kindernahrung werden eher geplant gekauft als Produkte wie Kaffee, Tiefgefrorenes, Süßsaures, Delikatessen, Vorspeisen oder Spirituosen, die nur gelegentlich benötigt werden. Für den Marketingfachmann bedeutet dies, dass Produkte der zweiten Art viel stärker auf Verkaufsförderung und Werbung reagieren.[1]

## Bewertung nach dem Kauf nicht vergessen

Ob der Konsument nach dem Kauf mit dem Produkt zufrieden oder von ihm enttäuscht ist, hängt von dem Verhältnis ab, das zwischen den Erwartungen des Konsumenten und der von dem Produkt tatsächlich erbrachten Leistung besteht. Wenn das Produkt den Erwartungen entspricht, ist der Konsument zufrieden, andernfalls ist er unzufrieden.

Wenn der Verkäufer die Produktqualitäten übertrieben dargestellt hat, können die Erwartungen des Konsumenten nicht erfüllt werden. Ein unzufriedener Kunde wird das Produkt nicht nochmals kaufen und er wird seinen Freunden und Kollegen Negatives über das Produkt berichten. Es ist zudem bekannt, dass unzufriedene Kunden ihre Meinung

---

[1] Siehe Wilkie, *Consumer Behavior*, S. 538ff.

stärker streuen als zufriedene Kunden. Dies kann, einzelnen Untersuchungen zufolge, ein Verhältnis von 2 zu 1 ausmachen.

Der Marketingfachmann ist daher bestrebt, Unzufriedenheit zu vermeiden, vor allem natürlich dann, wenn er mit einer langen Produktlebensdauer und vielen Kaufwiederholungen rechnet. Er sorgt dafür, dass folgende Punkte beachtet werden.

- ◆ **Vor- und Nachteile des Produktes ehrlich darstellen:** Langfristig ist es kontraproduktiv, wenn Produkteigenschaften so dargestellt werden, dass der Konsument übergroße, unrealistische Erwartungen hegt.

- ◆ **Richtige Produktverwendung sicherstellen:** Viele Konsumenten schätzen das Produkt nicht richtig ein und sind enttäuscht, wenn sie das Resultat sehen. Mit klaren, einfachen und getesteten Gebrauchsanweisungen oder noch besser Produkten, die keine falsche Verwendung zulassen, können solche Unstimmigkeiten vermieden werden.

- ◆ **Garantieversprechen abgeben und einlösen:** Garantieversprechen stoßen natürlich auf ökonomische Grenzen. So kann ein Autohersteller kaum eine Rostgarantie für zehn Jahre abgeben, wenn diese Leistung von etwa 10 % aller Autobesitzer in Anspruch genommen würde. Wesentlich ist aber nicht nur die Garantie, sondern besonders auch die Art, wie sie geleistet wird.
Das Marketing kann bei der Erledigung von Garantien viel über die Konsumenten erfahren, zum Beispiel über Produktverwendung, Bedürfnisse, Konkurrenzprodukte. Es sollte diese Chance nützen.

- ◆ **Konsumenten nach dem Kauf betreuen:** Hier denken wir nicht nur an Serviceleistungen, die der Konsument nach dem Kauf benötigt, etwa die Lieferung von Ersatzteilen, die Durchführung von Reparaturen oder das Anlernen von neuen Mitarbeitern. Wir denken auch an andere Möglichkeiten wie die Zusendung von Informationen, zum Beispiel über neue Einsatzgebiete für das Produkt, die freiwillige und spontane Auskunftsbereitschaft, zum Beispiel über Produktverwendung und Komplementärartikel, oder die Einladung zu Informations- und Erfahrungsaustauschseminaren.

Die Einsicht, dass die Beziehung zum Kunden mit dem Kauf nicht beendet ist, hat sich heute im Marketing durchgesetzt. Die Betreuung nach dem Kauf wird heute sogar als Chance gesehen, denn es ist in der Regel einfacher, einen Kunden zu halten, als der Konkurrenz einen Kunden abspenstig zu machen.

> Ein Zauberer arbeitete auf einem Kreuzfahrtschiff. Er hatte einen Papagei, der ihm seine Kunststücke immer ruinierte, indem er mittendrin ausplauderte, wie sie funktonierten: «Die Karte ist in seinem Ärmel», oder: «Er hat eine Taube in seiner Tasche», oder: «Er hat es durch ein Loch in seinem Hut verschwinden lassen.»
> Eines Tages bekam das Schiff ein Leck und sank. Der Zauberer und der Papagei fanden sich zusammen in einem Rettungsboot wieder. Mehrere Tage lang rührte sich der Papagei nicht und starrte bloß den Zauberer an. Am vierten Tag sagte der Papagei: «Okay, ich gebe es auf. Was hast du mit dem Schiff gemacht?»
>
> *Aus «Bits and Pieces», Januar 2000, S. 6*

# Zusammenfassung

Eine Kaufentscheidung zu analysieren ist eine komplexe Aufgabe. Das Kaufverhalten schwankt je nach den Einflüssen aus dem Umfeld und der augenblicklichen Verfassung des Entscheidenden. Je nach der sozialen Schicht und je nach den Nachwirkungen der Erziehung fallen die Kaufentscheidungen anders aus.

Das Käuferverhalten wird auch von kulturellen Werten beeinflusst – Werten, die national verschieden sind. In Organisationen wird beim Kauf von Investitionsgütern auf rationalere Weise entschieden. Meistens sind mehrere Personen am Entscheidungsprozess beteiligt. Auf den potenziellen Kunden prasseln die Marketingmaßnahmen aller Anbieter ein. Auch davon lässt er sich beeindrucken, denn schließlich sucht er das für ihn optimale Produkt.

Selbst wenn es dem Verhaltensforscher gelingen würde, all diese Elemente zu erfassen, hätte er mit der Schwierigkeit zu kämpfen, die in einem bestimmten Moment wirksamen Einflüsse so klar darzustellen, dass der Marketingfachmann seine Erkenntnisse nutzen kann.

Bei dieser Suche nach den Faktoren, die bei einer Kaufentscheidung den Ausschlag geben, kommt das Individuum ins Spiel, das eine eigene Persönlichkeitsstruktur besitzt. Allerdings gibt es immer wieder auch Gruppen von Individuen, die ein bestimmtes Produkt aus den gleichen Motiven heraus kaufen. Deshalb konnte sich der Grundgedanke der Typologisierung von Konsumenten (zum Beispiel nach den Euro-Styles) durchsetzen.

Diese Typen oder Kategorien von Konsumenten repräsentieren aber immer durchschnittliche Erkenntnisse; im Einzelfall können sie falsch sein. Man denke nur daran, dass Wahrnehmungen und deren Interpretation stets subjektiv sind.

Trotz dieser Vielfalt von Aspekten muss sich der Marketingfachmann mit dem Konsumenten und seinem Entscheidungsverhalten auseinandersetzen. Je mehr er darüber erfährt, desto genauer kann er eine spezifische Zielgruppe ins Visier nehmen und seine Marketingmittel konzipieren. Die Schwierigkeit der Aufgabe darf nicht dazu verleiten, dass man sich ihrer nicht annimmt. Weiß man beispielsweise, dass ein Großteil der Zielkunden schriftliche Informationen wünscht, so kann man sich darauf einstellen. Weiß man, dass ein Lebensmittelprodukt vorwiegend impulsiv gekauft wird, so versucht man, es im Einzelhandel auf Augenhöhe und mit reichlich Facing-Fläche zu präsentieren.

Schließlich kümmert sich das Marketingunternehmen auch nach dem erfolgten Verkauf um die Kunden. Je zufriedener sie sind, umso eher werden sie auch weiterhin die gleichen Produkte kaufen. Wo aber Unzufriedenheit herrscht, besteht Anlass, die Maßnahmen zu überprüfen und zu versuchen, den Kunden doch noch auf irgendeine Weise zu befriedigen.

# 15

# Internationales Marketing

Die internationale Verflechtung der Wirtschaft wird immer enger. So stieg der schweizerische Güterexport von sFr. 22,1 Mrd. im Jahr 1970 auf sFr. 114,4 Mrd. im Jahr 1999; heute beträgt er mehr als ein Viertel des Bruttosozialprodukts.

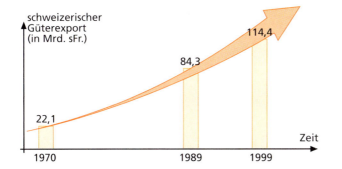

Entwicklung des schweizerischen Güterexports[1]

Die WTO (World Trade Organisation) ist die Nachfolgeorganisation des 1947 ins Leben gerufenen GATT (General Agreement on Tariffs and Trade). Alle Industriestaaten und insgesamt 116 Nationen haben den Vereinbarungen zugestimmt, so dass sich 90 % des Welthandels nach WTO-Regeln abspielen. Diese basieren auf folgenden drei Grundsätzen.

◆ **Keine Diskriminierung:** Alle WTO-Länder wenden unter sich die gleichen Importregeln an; allerdings sind Freihandelsräume zulässig und für Entwicklungsländer sind Spezialabkommen möglich.

◆ **Vorrang der Konsultation:** Auseinandersetzungen sollen durch Konsultation und nicht durch Handelskampf beigelegt werden. Länder, die durch Dumpingpreise[2] bedroht sind, können sich jedoch mit Importzöllen auf den entsprechenden Produkten wehren.

---

[1] Staatssekretariat für Wirtschaft, Eidgenössisches Volkswirtschaftsdepartement, *Außenwirtschaftliche Entwicklungen 1999*, S. 4.
[2] Als Dumping gilt jeder Preis, der unter dem im Inland gemachten Preis für ein Produkt liegt.

◆ **Keine Mengenbeschränkungen:** Importmengen dürfen nicht beschränkt werden. Dies gilt allerdings nicht für Entwicklungsländer, nicht für Agrar- und Fischereiprodukte und auch nicht, falls ein Land mit seiner Zahlungsbilanz in Schwierigkeiten gerät.

Die Uruguay-Runde beschloss 1993, die Zölle bis zum Ende des Jahres 1999 um durchschnittlich weitere 40 % abzubauen, was das Welthandelsvolumen um US$ 250 Mrd. erhöhen sollte. Zusätzlich wurde auch der Abbau von Subventionen für Agrarprodukte um 36 % vereinbart. Die im Jahr 1999 in Seattle durchgeführte Verhandlungsrunde brachte keine Resolution zustande, vor allem deshalb nicht, weil sich die Entwicklungsländer und die ärmeren Länder gegen das forsche WTO-Tempo wehrten.

Trotzdem konnten die Zölle seit 1947 um rund 80 % abgebaut werden, was eine Voraussetzung für die stürmische Entwicklung des Welthandels war. Allerdings spielt sich der internationale Güteraustausch primär zwischen Südostasien, Nordamerika und Europa ab, was die folgende Darstellung veranschaulicht.[1]

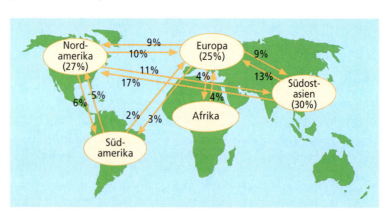

Anteile von Länderregionen am gesamten Welthandel (1992)

In den letzten Jahren haben die Diskussionen über die gesellschaftlichen Folgen der Internationalisierung der Weltwirtschaft stark zugenommen. Kritische Stimmen sprechen gar von einer «Globalisierungsfalle», die dazu führe, dass künftig die gesamte Produktivleistung der Welt von rund 20 % der vorhandenen Arbeitskräfte erbracht würde. Ein empirischer Nachweis für eine solche Aussage fehlt allerdings.

---

[1] Siehe Backhaus/Büschken/Voeth, *Internationales Marketing*, S. 22.

Die Entwicklung des internationalen Handels verläuft nicht gleichmäßig. So führte beispielsweise die große Rezession 1974/75 nicht nur zu einer vorübergehenden Abflachung des Welthandels, sondern auch zu länderspezifisch protektionistischen Tendenzen. Ein sich um Internationalität bemühendes Unternehmen sieht sich daher stets mit neuen Situationen konfrontiert, die sich im Laufe der Zeit völlig unerwartet ändern und von Branche zu Branche und von Land zu Land verschieden sind.

Die westeuropäische Textil- und Bekleidungsindustrie versuchte, die Lohnkostennachteile im Vergleich zu billigeren Produktionsstandorten durch kapitalintensive Produktionsformen auszugleichen. Nach dem Motto «teure Maschinen gegen billige Löhne» wurde intensiv investiert. Trotzdem ist es nicht gelungen, die Kostennachteile wettzumachen, primär weil ostasiatische Anbieter auch auf modernere Herstellungsverfahren setzten und investierten.

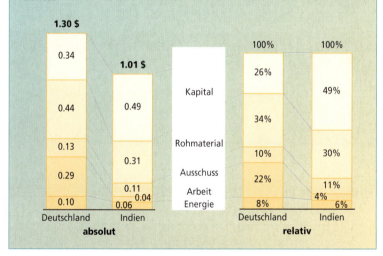

Produktionskostenvergleich zwischen Deutschland und Indien für 1 Yard Stoff[1]

Ziel dieses Kapitels ist es, Grundüberlegungen und Vorgehensweisen beim Aufbau von Internationalität aufzuzeigen. Dabei verzichten wir auf das generelle Aufrollen der Marketingkonzeption, denn unter dem Gesichtspunkt der Internationalität unterscheidet sie sich nicht von unseren bisherigen Ausführungen. Einzig die Analyse von Umweltgegebenheiten muss vielleicht noch gründlicher erfolgen als im Heimmarkt. Vieles ist im Ausland anders als zu Hause, so dass noch weniger von Bekanntem ausgegangen werden darf.

---

[1] Siehe Backhaus/Büschken/Voeth, *Internationales Marketing*, S. 27.

> Italien ist ein Land, in dem Dosensuppen eindeutig abgelehnt werden. Trotzdem versuchte Campbell, dort Dosensuppen zu verkaufen – vergeblich. Als italienische Hausfrauen gefragt wurden, ob sie eine Heirat ihres Sohnes mit einer Frau, die Dosensuppen kocht, als wünschenswert ansähen, lautete die Antwort in 99 % der Fälle: «Nein.»
>
> Johnson & Johnson musste feststellen, dass sich das Baby-Puder in Japan nicht verkaufen ließ, weil die Hausfrauen dort fürchteten, dass der feine Puderstaub durch die ganze Wohnung fliegen und sich auf den blankpolierten Möbeln festsetzen würde.

Bei einer Expansion ins Ausland geht es immer um drei Fragenkreise: Wie werden potenzielle Märkte identifiziert? Mit welchen Strategien will man in einen Markt eindringen? In welchem Ausmaß sollen die Marketinginstrumente an lokale Verhältnisse angepasst werden? Die folgenden Ausführungen gehen diesen Fragen nach.

## Marktwahl

Viele Unternehmen benutzen ausländische Märkte quasi als «Ventil». In Zeiten schlechter Auslastung werden zusätzliche Mengen – oft mit Grenzkosten kalkuliert – auf einem fernen Markt abgesetzt. Dieser Markt wird möglichst so gewählt, dass Überschussmengen nicht in den eigenen Markt zurückfließen können und die ferne Konkurrenz nicht mit gleicher Waffe zurückschlagen kann. Solche eher operativen Entscheidungen erfordern andere Überlegungen, als wenn es darum geht, sich aus strategischen Gründen langfristig im Ausland zu engagieren. Bei den folgenden Ausführungen gehen wir von letzterem Fall aus.

### Motive für die Expansion ins Ausland ergründen

Die Sicherung des Absatzes und die Ausnutzung von Kostenvorteilen sind die Hauptgründe, um im Ausland tätig zu werden. Immer mehr geht es auch um die rasche Amortisation der zunehmend größeren Forschungs- und Entwicklungsinvestitionen für neue Produkte.

Die Ergründung der Motive, die zur Expansion ins Ausland führen, ist für eine Vorselektion der in Frage kommenden Märkte wichtig. So führt etwa die Suche nach Produktionskostenvorteilen unwillkürlich zum Ausschluss von Ländern, die höchstwahrscheinlich größere Produktmodifikationen verlangen. Das Ziel, den eigenen Ausstoß durch Eroberung ausländischer Märkte verdoppeln zu können, sagt viel über die Marktgröße, die im Ausland gesucht wird, aus.

Die Motive können aber auch externer Natur sein, etwa Steueranreize der öffentlichen Hand im Ausland, die Beobachtung des Erfolgs eines Konkurrenten, ein über Jahre abzuwickelnder Auftrag oder ein gesicherter Zugang zu ausländischen Rohstoffen. Es können aber auch Motive ganz anderer Art vorliegen. So wurden schon Auslandinvestitionen getätigt, nur weil ein Manager gerne in das betreffende Land reiste oder die Gattin des Inhabers von dort stammte. In solchen Fällen wird die Evaluation der in Frage kommenden Märkte natürlich sehr schwierig beziehungsweise unmöglich; die Motive der Expansion bleiben im Dunkeln.

## Mögliche Länder evaluieren

Unternehmen, Forschungsinstitute und staatliche Instanzen haben «Kriterienkataloge» entwickelt, um Länder zu beurteilen. Bekannt ist neben anderen der sogenannte BERI-Index (Business Environment Risk Index), der von der Universität Delaware in den USA erarbeitet wurde. Die darin enthaltenen 15 Kriterien werden unterschiedlich gewichtet.

| Bewertungskriterien für den BERI-Index | Gewichtung |
|---|---|
| politische Stabilität | 3,0 |
| Wirtschaftswachstum | 2,5 |
| Währungskonvertibilität | 2,5 |
| Arbeitskosten und Produktivität | 2,0 |
| Verfügbarkeit von kurzfristigen Krediten | 2,0 |
| Verfügbarkeit von langfristigen Krediten | 2,0 |
| Haltung gegenüber ausländischen Investoren und Gewinntransfer | 1,5 |
| Privatisierungsgrad | 1,5 |
| Inflation | 1,5 |
| Zahlungsbilanz | 1,5 |
| bürokratische Hindernisse | 1,5 |
| Durchsetzbarkeit vertraglicher Vereinbarungen | 1,0 |
| Verkehrs- und Kommunikationsinfrastruktur | 1,0 |
| Qualität des einheimischen Managements und der Partner | 1,0 |
| Zuverlässigkeit der Dienstleistungen und der einheimischen Partner | 0,5 |
| **Total** | **25,0** |

Kriterien für den Beri-Index
(Quelle: BERI S.A., *Summary of Historical Ratings Research Package 1999*)

Für die Einstufung der einzelnen Länder werden Fachleute aus zahlreichen Ländern eingesetzt, die ihre Ergebnisse zusammentragen und den interessierten Unternehmen zugänglich machen. Dies geschieht oft mit Hilfe eines Diagramms, das neben der BERI-Risikoskala auch das Wachstum des Bruttosozialprodukts zeigt. Man erhält so eine Darstellung, die neben dem Risiko auch ein Indiz für die Attraktivität eines Landes ergibt. Die folgende Darstellung zeigt einen Auszug der Einstufung aus dem Jahr 1997.

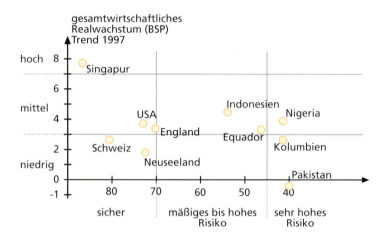

Einstufung ausgewählter Länder nach BERI 1997 (Quelle: Beri S.A., *Summary of Historical Ratings Research Package*, 1997)

Solche generellen Beurteilungskataloge geben sicher eine nützliche erste Übersicht. Sie sagen aber noch zu wenig über die spezifischen Marktverhältnisse aus. Beispielsweise kann man sich gut vorstellen, dass ein Textilunternehmer in Pakistan eine Produktionsstätte aufbaut, obwohl dieses Land nach BERI unattraktiv ist und darüber hinaus ein sehr hohes Risiko birgt.

Die Beurteilung der Marktverhältnisse muss unternehmens- beziehungsweise produktspezifisch erfolgen. Im Vordergrund der Einschätzung stehen etwa die folgenden Größen.

◆ **Marktpotenzial:** Das Marktpotenzial wird unter Zugrundelegung publizierter Daten geschätzt und eventuell mit einer eigenen Primärerhebung ergänzt. Allerdings ist die Marktforschung im Ausland schwieriger als im Inland: In ärmeren Ländern sind publizierte statistische Daten häufig unzuverlässig, und die potenziellen Käufer sind eventuell nicht gewohnt, sich für Interviews zur Verfügung zu stellen. Auch muss damit gerechnet werden, dass möglicherweise instabile

Regierungs- und Währungsverhältnisse sowie eine labile Gesetzgebung unerwartete Änderungen im Markt auslösen.

◆ **Marktanteil:** Es muss abgeschätzt werden, wie der potenzielle Kunde auf das Angebot eines Importeurs im Vergleich zu dem der inländischen Konkurrenz reagieren wird. Abgesehen von den Vorurteilen gegenüber ausländischen Firmen können Hindernisse in Gestalt von Quoten, Zolltarifen, Steuern, Sonderbedingungen oder sogar Boykottmaßnahmen auftreten.

◆ **Kosten und Gewinne:** Je nach Markteinstieg müssen die entstehenden Kosten geschätzt werden, zum Beispiel jene für Transport, Zoll, Versicherung, örtliche Verkaufsanstrengungen und Werbung. Werden im Ausland Produktionsanlagen errichtet, so sind die am geplanten Standort herrschenden Verhältnisse in Bezug auf Steuern, Lohngefüge, Rohstoff- und Energiekosten, Arbeitsproduktivität usw. zu eruieren.

◆ **Kapitalrentabilität:** Sie wird nach dem Investitionsrechnungsverfahren ermittelt; Einnahmen und Ausgaben werden für die Zukunft geschätzt. Die anzustrebende Rentabilität muss so groß sein, dass das Risiko und die Unsicherheitsfaktoren abgedeckt sind.

Als Resultat der Evaluation der in Frage kommenden Länder sollte zumindest eine Vorauswahl entstehen. Danach kann sich die eigentliche Wahl auf wenige Märkte konzentrieren.

## Eigentliche Marktwahl treffen

Das betriebswirtschaftlich entscheidende Kriterium für eine Auslandstätigkeit ist die Kapitalrentabilität. Sie ist meistens schwierig zu berechnen, denn man muss von vielen angenommenen Zahlen ausgehen, etwa von Marktanteil, Produktionskosten und Realisierungszeiten.

Wir sind daher der Ansicht, dass sich die für Strategiefragen übliche Portfoliomethode auch für die eigentliche Marktwahl eignet. Die beiden Parameter «eigene Stärken im Vergleich zu den im betreffenden Markt operierenden Konkurrenten» und «Marktattraktivität» sind die Hauptkriterien. Das in den einzelnen Märkten zu erzielende Gewinnpotenzial, etwa für die nächsten zehn Jahre, und die notwendigen Investitionen können als weitere Größen ins Diagramm aufgenommen werden.

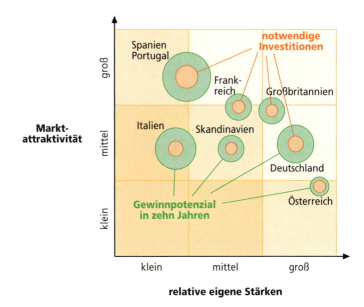

Beurteilung europäischer Länder für die Produktion von glasfaserverstärkten Kunststoffrohren[1]

## Strategien für den Markteinstieg

Die Wahl der Einstiegsstrategie ist von großer Bedeutung und bestimmt weitgehend die Risiken, die ein Unternehmen eingeht. Zugleich kann sie Rückwirkungen auf das bestehende Geschäft haben. So könnte sich etwa die Kapazitätsauslastung infolge einer ausländischen Produktionsstätte verschlechtern. Einstiegsstrategien haben in der Regel zwei Komponenten, die beide mit den Faktoren «Zeit» und «Risiko» zu tun haben.

◆ **Anzahl gleichzeitig erschlossener Länder:** Je wichtiger es ist, sich möglichst schnell im Ausland zu etablieren und der Konkurrenz zuvor zu kommen, umso eher will man gleichzeitig in mehrere Länder vordringen («Sprinkler-Strategie»). Dieses Vorgehen setzt hohe finanzielle und personelle Ressourcen voraus. Das Risiko ist groß, da man keine Zeit hat, die Erfahrungen aus einem Land auf andere Länder zu übertragen. Unternehmen wählen daher oft eine sogenannte «Wasserfall-Strategie», bei der ein Land nach dem anderen angegangen wird.

[1] Interne, unveröffentlichte Untersuchung aus dem Jahr 1989 für einen Hersteller in der Schweiz.

> Clear Channel ist der weltweit führende Anbieter von Außenwerbeflächen. Das Unternehmen entschloss sich 1998, nach Europa zu expandieren. Die Akquisition von More Group Plc in Großbritannien war der erste Schritt. Als man daraufhin Avenir Havas Media in Frankreich übernehmen wollte, reagierte J. C. Decaux, der größte europäische Anbieter, sehr schnell und überbot das Angebot der Amerikaner. Seit jenem Zeitpunkt haben sich die Expansionsanstrengungen der beiden Großen intensiviert. Jeder will dem anderen zuvorkommen. Clear Channel dürfte sich innerhalb eines Jahres an rund 20 Plakatwerbungsgesellschaften und Lokalradios, davon ein Großteil in Europa, beteiligt haben. In der Schweiz erwarb Clear Channel die Plakanda AG; umgekehrt beteiligte sich J. C. Decaux mit 30 % an der Marktführerin Affichage Holding S.A. und strebt die Übernahme an.

◆ **Investitionsintensität im Land:** Je attraktiver ein Land ist und je mehr das Geschäft von einer Produktionsstätte vor Ort abhängt, umso eher wird man sich nicht mit einem reinen Export in das betreffende Land begnügen. Je größer umgekehrt die Investitionen sind, umso höher ist das Risiko und umso eher wird man – unter Beachtung der Zeitverhältnisse – ein stufenweises Vorgehen wählen, so dass man die spezifischen Gegebenheiten allmählich kennenlernen kann. Der angestrebte Endzustand ist meist von Land zu Land verschieden. In großen Gebieten wird man vielleicht mit eigenen Produktionsstätten operieren, in fernen Regionen werden eventuell Lizenznehmer aufgebaut und in Ländern, in denen man sich kaum aus eigener Kraft durchsetzen kann, wird mit Dritten ein Joint Venture eingegangen.

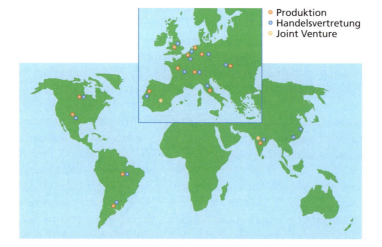

Weltweite Präsenz von «Rieter»

In der Praxis begegnet man allen Vorgehensweisen. Die Unternehmen wägen stets Zeitverhältnisse, Risiken, Gewinnpotenzial und Ressourcen ab, wenn sie ihre internationale Expansionsstrategie festlegen.

Die folgenden Ausführungen beschreiben die klassischen fünf Markteinstiegsstrategien und ihre Vor- und Nachteile.

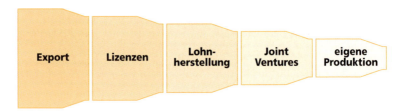

In der Theorie wird oft von einem stufenweisen Vorgehen gesprochen. Man beginnt mit dem Export, vergibt später eine Lizenz, lässt die Produkte in Lohnarbeit herstellen usw. Dazu ist aber viel Zeit nötig, so dass man dieses sukzessive Vortasten nur selten wählt. Unternehmen beginnen zwar vielleicht mit dem Export, gehen dann aber direkt zur eigenen Produktionsstätte oder zu einem Lizenzabkommen über. Letzteres mündet vielleicht noch in ein Joint Venture mit dem Lizenznehmer, ist vielfach aber bereits der angestrebte Endzustand.

### Export birgt wenig Risiken

Der Export ist die einfachste Möglichkeit, um Beziehungen zu einem ausländischen Markt aufzunehmen. Der Einstieg via Export erfolgt in der Regel mit minimalen Veränderungen von Produktlinie und Organisation. Die Investitionen sind klein oder sogar unnötig. Der Export ist zeitlich gut überschaubar und trägt dazu bei, die vorhandenen Kapazitäten auszulasten. Das Risiko ist minimal.

 Von **direktem Export** spricht man, wenn der Erzeuger seine Leistungen in eigener Regie im Ausland vermarktet. Ob er dabei an den Endabnehmer absetzt oder an vorgelagerte Stufen, spielt keine Rolle.

Sofern der personelle Aufwand für den direkten Export klein sein soll, werden nur wenige Verkäufer eingesetzt. Sie bearbeiten dann ein beschränktes und möglichst nahe gelegenes Marktgebiet. Möglicherweise arbeiten sie mit einem oder mehreren Absatzmittlern zusammen, die den betreffenden Markt kennen. Wird Hilfe bei Werbung, Kreditgewährung oder im Bereich Logistik benötig, so werden dafür auch andere Abteilungen des Unternehmens herangezogen.

Im Lauf der Zeit wächst das kleine Export-Verkaufsteam. Es stellt sich dann die Frage, ob die Gründung einer eigenen Verkaufsfiliale im Ausland sinnvoll ist. Eine solche Filiale ist häufig auch für die Lagerhaltung, die Distribution und die Absatzförderung zuständig. Gleichzeitig dient sie als Kundendienstzentrum oder als Ausstellungsstätte.

Das Sulzer-Servicecenter in Houston, Texas, ist auf Wartungsarbeiten und Rebuilding von Turbokompressoren spezialisiert

Der Export über das Internet dürfte sich vor allem dort durchsetzen, wo wenig Aktivitäten vor Ort vonnöten sind; dieser Fall liegt dann vor, wenn das Produkt dem Kunden bekannt ist und wenn durch seinen Erwerb keine Serviceleistungen fällig werden, die eine physische Präsenz beim Kunden erforderlich machen.

Je mehr sich die Kunden zudem an das World Wide Web gewöhnen und je mehr telefonische und elektronische Kontakte ähnliche Reaktionen wie ein persönlicher Besuch auslösen, umso weniger wird für das Exportgeschäft noch eine eigenständige Organisation im Ausland benötigt werden.

Da die Entwicklungen und Neuerungen im Umfeld des elektronischen Datenverkehrs mit der Bildung größerer Wirtschaftsräume einhergeht (EU, NAFTA), ist bereits abzusehen, dass in solchen Regionen nicht mehr nur auf einzelne Länder begrenzte, sondern überregionale Organisationen wirken werden.

> Die europäische Tochter von PE Biosystems, die als Zulieferer von Systemlösungen (Instrumente, Chemikalien, Software) für die Forschung im Life-Science-Bereich tätig ist, hat sich organisatorisch bereits an den EU-Binnenmarkt angepasst: Es gibt keine Ländergesellschaften mehr und die Produktgruppenverantwortlichen wickeln ihr Geschäft europaweit ab.
> Nach wie vor gibt es in den einzelnen Ländern zwar Verkaufsspezialisten, die ihre Kunden persönlich betreuen, aber immer mehr wird ihre Aktivität durch den Einsatz von Telemarketing und E-Commerce unterstützt und ergänzt. Das Unternehmen ist heute so strukturiert, dass man sich dieser stärker werdenden Tendenz problemlos anpassen kann.
> Interessant ist auch die Tatsache, dass dieses High-Tech-Unternehmen kein eigentliches Headquarter in Europa besitzt. Das Führungsteam operiert dezentral aus Frankfurt, Paris, London, Stockholm und Rotkreuz (Schweiz).

 Von **indirektem Export** spricht man, wenn der Erzeuger seine Leistungen einem im Inland domizilierten Exporteur überträgt, der sie über die Grenzen bringt.

Beim indirekten Export ist der Abstand zwischen dem Hersteller und dem ausländischen Kunden noch größer; Informationen über Marktgegebenheiten fließen eventuell nur spärlich oder sind «einseitig gefiltert». Andererseits braucht sich das eigene Unternehmen nicht um die Verkaufs- und Geschäftsabwicklung zu kümmern. Auch das Debitorenrisiko wird an das Handelshaus abgetreten.

Exporthäuser fordern in der Regel das Alleinvertriebsrecht für ein bestimmtes Gebiet. Sie werden daher vor allem gewählt, wenn ein direkter Export wegen politischer Gegebenheiten, großer Distanzen, Kosten und anderer Risiken im betreffenden Land nicht in Frage kommt. Länder wie Mittelamerika, Afrika, Südasien oder Japan werden oft indirekt bearbeitet. Möglich sind auch Exportkooperationen; kleinere und mittlere Unternehmen schließen sich in geeigneten Marktbearbeitungsinstitutionen zusammen.

Die Überwachung des Absatzmarktes ist beim Export eingeschränkt, besonders beim indirekten. Es ist daran zu denken, dass das importierende Unternehmen im Vergleich zu der im Land selbst produzierenden Firma tendenziell benachteiligt ist, und zwar nicht nur wegen der Entfernung zum Markt, sondern auch aufgrund der verbreiteten Neigung, inländische Produkte den ausländischen vorzuziehen.

In jedem Fall spricht das geringe Risiko für die Wahl des Exports als Markteinstieg, vor allem dann, wenn das Umsatzpotenzial im Auslandsmarkt im Vergleich zur notwendigen Produktionskapazität klein ist.

## Lizenzvergabe verlangt wenig Kapital

Bei der Lizenzvergabe erhält ein ausländischer Hersteller (Lizenznehmer) das Recht, Know-how des Lizenzgebers in einem bestimmten Rahmen zu nutzen. Das Nutzungsrecht kann sich auf ein Herstellungsverfahren, ein Warenzeichen, ein Patent oder auf Geschäftsgeheimnisse irgendwelcher Art beziehen. Als Entschädigung bezahlt der Lizenznehmer dem Lizenzgeber eine Gebühr, die meistens auf einen Prozentsatz des von ihm erreichten Umsatzes festgelegt wird.

Die Lizenzvergabe ist in der Regel zeitlich befristet. Der Lizenznehmer verfügt aber nach Ablauf der Zeit über das mit der Lizenz verbundene Know-how. Falls die Lizenz einmal nicht mehr erneuert werden sollte, sucht er unter Umständen nach Wegen, um seine Tätigkeit dennoch fortführen zu können; eventuell fertigt er – ungeachtet der rechtlichen Konsequenzen – ein modifiziertes Produkt oder er gibt das Know-how an ein mit ihm insgeheim liiertes Unternehmen weiter.

Es kommt auch vor, dass der Lizenznehmer über eine günstigere Kostenstruktur verfügt als der Lizenzgeber. Dann besteht die Gefahr, dass er selbst seine Produkte auf dem Markt des Lizenzgebers abzusetzen versucht und so zu einem gefährlichen Konkurrenten wird. Vielfach wird daher das Tätigkeitsgebiet des Lizenznehmers im Lizenzvertrag geographisch begrenzt. Es ist jedoch schwer zu verhindern, dass ein geschickter Exporteur die Produkte trotzdem im Heimatland des Lizenzgebers vertreibt. Er erkennt ja, dass sich dort infolge des Preisgefälles für ihn Verkaufschancen bieten.

Lizenzgeber wissen, dass die Marktkräfte oft stärker sind als rechtliche Vorschriften. Sie sind daher bestrebt, gewisse Anreize zu schaffen, damit ihre Lizenznehmer größere Vorteile in der korrekten Erfüllung als in der Umgehung des Lizenzvertrags sehen. Das beste Mittel dazu dürfte darin bestehen, einen Know-how-Vorsprung gegenüber den Lizenznehmern aufrecht zu erhalten.

◆ **Weiterentwicklungen:** Lizenzgeber sind bestrebt, ihre Produkte ständig weiter zu entwickeln, ihre Herstellungsverfahren zu verbessern und Rationalisierungsmöglichkeiten aufzuspüren. Von den so gewonnenen Verbesserungen profitieren sie zuerst selber; später lassen sie auch ihre Lizenznehmer daran teilhaben.

Gibt es bei einem Lizenznehmer eine interessante Neuentwicklung, so kann auch der Lizenzgeber versuchen, sie aufzugreifen, an die eigenen Bedürfnisse zu adaptieren und sogar seinen anderen Lizenznehmern gegen Entgelt zugänglich zu machen.

◆ **Zurückbehaltung von Know-how:** Es wird oft vereinbart, dass der Lizenznehmer ein Schlüsselteil des Produkts vom Lizenzgeber zukaufen muss. Das mit der Lizenz verbundene Know-how bleibt auf diese Weise in der Hand des Gebers und die Gefahr, sich einen Konkurrenten aufzubauen, ist weniger groß.

> Rund 60 % aller in Malaysia gefahrenen Personenwagen stammen von Proton, dem inländischen Autoproduzenten, der mit einer Lizenz von Mitsubishi produziert. Die Lizenz enthält allerdings die Klausel, dass der Motor von Mitsubishi zugekauft werden muss. Proton ist mit dieser Klausel jedoch immer weniger zufrieden, denn zum einen bezahlt man für den Motor einen recht hohen Preis, zum anderen entspricht er nicht dem Stand der Technik. Petronas, die heutige Muttergesellschaft von Proton, hat daher vor Jahren Anstrengungen eingeleitet, um zu einem eigenen Motor zu kommen. Die Gründung der Sauber Petronas Engineering AG dient diesem Zweck, und das Engagement von Petronas als Hauptsponsor des Formel I-Teams Sauber-Petronas soll diese Anstrengungen auch imagemäßig unterstützen.

Eine spezielle Form der Lizenzvergabe stellt das Franchising dar. Es ist im Grunde genommen eine Kombination aus Lizenzvergabe und strategischer Allianz.

 Beim Franchising übergibt der Franchisegeber ein Standardpaket an den Franchisenehmer. Das Paket umfasst neben dem Produkt- und Führungs-Know-how auch die Erlaubnis zur Benutzung des Erscheinungsbilds. Letzteres wird vom Franchisegeber mittels Werbung und Verkaufsförderung grenzüberschreitend und intensiv gefördert. Der Franchisenehmer seinerseits stellt Marktkenntnis, Kapital und Management zur Verfügung.

Internationales Franchising findet man in verschiedenen Branchen, beispielsweise bei der Autovermietung (Hertz, Avis), bei Schnellverpflegungsstätten (McDonald's, Burger King, Pizza Hut, Häagen-Dazs), bei Personalvermittlungen (Manpower, Adecco), in der Hotellerie (Holiday Inn), bei Süßgetränken (Fanta, Sprite) und in der Bekleidungsbranche (Benetton).

> Coca-Cola International hat Franchising-Kontrakte mit Abfüllbetrieben in über 135 Ländern; dazu gehören auch Länder wie China und Russland. Der Franchisenehmer profitiert davon, das Erscheinungsbild von Coca-Cola (Flaschenform, Schriftzug) und das eigentliche Geschmackskonzentrat verwenden zu können. Merchandisingartikel (T-Shirts, Badetücher usw.), die durch intensive Werbekampagnen unterstützt werden, werden ihm von Coca-Cola zur Verfügung gestellt. Umgekehrt muss der Abfüllbetrieb nicht nur die Franchise-Gebühr bezahlen, sondern sich auch dem einheitlichen Management und Marketingsystem unterwerfen. Er muss zulassen, dass Coca-Cola-Mitarbeiter periodisch und unangekündigt bei ihm auftauchen und prüfen, ob er sich an die von Coca-Cola vorgegebenen Marketingregeln hält (Erscheinungsbild, Qualität).

Franchising ist im Grunde genommen eine ideale Kombination von zentralem Know-how, zentral genutzter Economy of scale (Werbung) und dezentraler, individuell motivierter Ausführung. Der dem Franchisegeber verbleibende Kapitalanteil ist zudem gering, weil der Franchisenehmer in der Regel einen großen Teil der notwendigen Kapitalien aufzubringen hat. Die weltweite Expansion durch Franchising erfolgt viel rascher, da die Risiken geringer sind und das lokale Know-how durch das vor Ort tätige Unternehmen beigebracht wird. Benetton beispielsweise begann 1969 mit der Eröffnung des ersten Geschäftes in Paris seine internationalen Aktivitäten; 15 Jahre später kontrollierte das Unternehmen 4000 Geschäfte in 60 Ländern.

Die Franchisegebühr besteht in der Regel aus einem Down-Payment (eine einmalige, feste Anzahlung) und einer umsatzabhängigen Royalty (eine jährlich zu entrichtende Umsatzprämie). Zusätzlich können Spezialvereinbarungen im Franchisevertrag enthalten sein, zum Beispiel über eine exklusive Territorialnutzung.

> Es gibt über 25'000 McDonald's-Restaurants in 115 Ländern. Sie werden zu 80 % im Franchisingvertrag geführt. In der Schweiz werden die Franchisenehmer zuerst neun Monate lang geschult, und sie müssen rund sFr. 1 Mio. an Kapital aufbringen, davon 40 % aus eigenen Mitteln. McDonald's hilft bei der Standortauswahl und der Planung der Restaurants. Die Umsatzprovision beträgt 5 %. Im Gegenzug sorgt McDonald's für das nationale und internationale Marketing und öffnet dem Franchisenehmer den Zugang zum zentralen Beschaffungssystem.

Lizenzvereinbarungen sind ab und zu mit Management-Kontrakten verbunden. Der Lizenzgeber verpflichtet sich, das Management des lokalen Betriebs zu übernehmen, mitunter bis zu dem Zeitpunkt, an dem es von einer lokalen Führungsmannschaft übernommen werden kann.

Die Auswahl der Lizenznehmer ist nicht leicht. Als Kriterium genügt es nämlich nicht, dass der Lizenznehmer in der Lage sein muss, das notwendige Kapital aufzubringen. Management-Fähigkeiten, vor allem im Marketing, und insbesondere lokale Marktkenntnisse müssen dazukommen. Das weltweite Image eines Lizenzgebers kann nämlich infolge schlechter Produktqualität oder ungenügender Kundendienste sehr schnell leiden.

## Lohnherstellung erlaubt raschen Markteinstieg

Möglicherweise will ein Unternehmen das Marketing selbst in der Hand behalten, ohne in eine eigene Produktionsstätte zu investieren. Anstelle einer Lizenzvereinbarung lässt es daher seine Produkte im Lohn durch ein ausländisches Unternehmen fertigen. Dieses Vorgehen ist günstig, wenn die Herstellung des Produkts nach Zeichnungen und Anleitungen ohne große Probleme möglich ist.

> Als Procter & Gamble seine Seifen im italienischen Markt einführen wollte, hatte das Unternehmen mit der Konkurrenz von Colgate und Unilever zu rechnen, die beide bereits Fuß gefasst und eigene Produktionsstätten in Italien errichtet hatten. Procter & Gamble entschloss sich daher zum Abschluss von Lohnherstellungsverträgen, um rasch einsteigen und sich schnell Marktanteile sichern zu können.[1]

---

[1] Siehe Kotler, *Marketing Management*, S. 702.

Der Nachteil der Lohnherstellung besteht darin, dass man auf mögliche Gewinne aus der Produktion verzichten muss. Andererseits erhält das Unternehmen die Chance, den Markt schnell und mit wenig Risiko zu penetrieren. Zudem kann immer die Möglichkeit bestehen, sich später am lokalen Hersteller zu beteiligen oder mit ihm ein Joint Venture zu gründen.

## Joint Ventures vereinfachen Marktzugang

Als Joint Venture bezeichnet man ein Unternehmen, das von zwei oder mehreren gleichwertigen Partnern für ein spezifisches Vorhaben gegründet wird.

Eine solche Partnerschaft setzt keine gleichen Kapitalanteile voraus. Sehr oft findet man sie in nationalistisch geprägten Ländern, in denen das Gesetz eine fremdländisch beherrschte Produktions- und eventuell auch Handelsgesellschaft verbietet, zum Beispiel in Indien, Nigeria, Russland, China oder Venezuela.

Meistens will der Gesetzgeber damit erreichen, dass durch das Joint Venture ausländisches Know-how auf inländische Gesellschaften übertragen wird. Für den ausländischen Partner, der das Know-how einbringt, kann dies den Vorteil haben, dass er das inländische Marktwissen nutzt und sich den Marktzugang erleichtert. Zugleich reduziert er seine Investitionen und damit das Risiko.

Das Hauptproblem von Joint Ventures ist die Gefahr von Auseinandersetzungen zwischen den Partnern. Kulturelle Unterschiede, Verständigungsschwierigkeiten, divergierende finanzielle Ziele und verschiedene Führungsmentalitäten bergen ein großes Konfliktpotenzial.

Zur Reduktion von Konflikten in einer 50-zu-50-Partnerschaft gibt es verschiedene Wege.

◆ **Stimmrechtsaktien:** Der ausländische Partner erhält Aktien mit einem größeren Stimmrecht als der inländische.

◆ **Management-Vertrag:** Der ausländische Partner übernimmt die volle Führungsverantwortung und wird dafür finanziell entschädigt.

◆ **Einseitiges Know-how:** Die inländische Hälfte der Beteiligung wird von einer Stelle gehalten, die kein Interesse am Management hat, zum Beispiel von einer Bank oder Versicherungsgesellschaft.

◆ **Lokale Kleinaktionäre:** Die inländische Beteiligung wird auf viele Kleinaktionäre verteilt.

◆ **Verantwortungstrennung:** Das Joint Venture wird in eine Produktions- und eine Marketinggesellschaft aufgeteilt. Der lokale Partner besitzt zum Beispiel bei der Produktionsgesellschaft 49 % und bei der Marketinggesellschaft 51 % der Aktien.

◆ **Verwaltungsratsmehrheit:** Es wird vertraglich fixiert, dass das ausländische Unternehmen stets mehr als die Hälfte aller Verwaltungsräte stellt.

Ideal ist es immer, wenn die Partner ihr jeweiliges Know-how komplementär einbringen. Beispielsweise steuert der erste das technische Know-how, der zweite den lokalen Marktzugang und der dritte die finanziellen Mittel bei.

In einer empirischen Studie wurden neu gegründete, in der USA tätige Joint Ventures befragt, an denen je ein deutscher und ein amerikanischer Partner beteiligt waren. Dabei zeigte sich die Komplementarität sehr deutlich: Die deutschen Partner wollten primär den amerikanischen Markt erschließen, die US-Partner suchten den Zugang zum technischen Know-how.

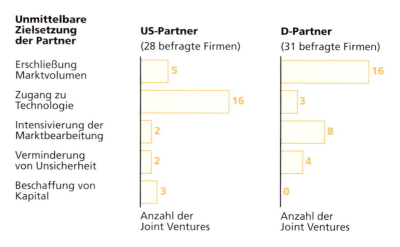

Hauptziele von in den USA tätigen deutsch-amerikanischen Joint Ventures[1]

[1] Siehe Zielke, *Erfolgsfaktoren internationaler Joint Ventures*, S. 169.

## Eigene Produktionsstätte bietet Gewinnpotenzial

Die Unternehmen investieren in freundlichen Märkten, um Kostenvorteile zu nutzen, um von dem lokal vorhandenen technischen Know-how zu profitieren, um rasch auf Kundenwünsche reagieren zu können oder um in den Genuss von Regierungssubventionen zu kommen.

Aufgrund von Zollvorschriften, Normenregelungen, administrativen Auflagen und nicht zuletzt angesichts einer möglicherweise stark nationalistisch gefärbten Mentalität kann die Errichtung eines eigenen Betriebs aber auch der einzige Weg sein, sich den Zugang zum ausländischen Markt zu öffnen.

> BMW produzierte bis zu Beginn der 90er Jahre ausschließlich in Deutschland (von einem kleinen Montagewerk in Südafrika abgesehen). 1992 wurde aber schließlich ein Werk in South Carolina (USA) errichtet. Damit wurde BMW zu einem lokalen Hersteller für den NAFTA-Raum, profitierte von den dort im Vergleich zu Deutschland tieferen Lohnkosten und erhielt überdies vom Staat South Carolina Steuervergünstigungen in Höhe von US$ 150 Mio.

Die Entscheidung, eine eigene Produktionsstätte im Ausland zu errichten, verlangt von allen Verantwortlichen eine maximale Identifikation mit dem Projekt; die erforderlichen Kapitalien müssen aufgebracht werden, das Management muss sich Zeit für die Expansionspläne nehmen und der Know-how-Fluss an die ausländische Produktionsstätte muss gewährleistet sein. Die im Vergleich zum Inlandgeschäft höheren Risiken lassen sich nur durch ein entsprechendes Gewinnpotenzial rechtfertigen.

Zu den Risiken gehören unter anderem ein ungenügendes Ausbildungsniveau der ausländischen Mitarbeiter, eine geringere Leistungsbereitschaft der Angestellten und Arbeiter, Sprach- und Kulturprobleme oder mangelnde Marktkenntnisse. Aber auch die lokale Finanzierung kann Probleme verursachen; man denke beispielsweise nur an die Höhe des Zinssatzes. Die erfolgreiche Bewältigung solcher Schwierigkeiten und das Erzielen guter Gewinne bedeutet in einzelnen Ländern aber noch nicht, dass diese Gewinne auch in vollem Umfang an die ausländische Muttergesellschaft transferiert werden können. Insbesondere in kapitalschwachen Entwicklungsländern kann die Auflage bestehen, dass die Gewinne teilweise im Land bleiben und dort reinvestiert werden müssen.

International operierende Unternehmen haben stets nach Wegen wie den folgenden gesucht, um die im Ausland erzielten Gewinne zumindest teilweise zu repatriieren – oft sogar an der Grenze der Legalität.

- **Management Fee:** Verrechnung von hohen Management Fees und anderen Gebühren an die ausländische Tochtergesellschaft.

- **Darlehen:** Gewährung eines Darlehens zu einem über dem marktüblichen liegenden Zinssatz.

- **Transferpreis:** Lieferung von Waren an die ausländische Tochter zu überhöhten Preisen.

- **Schuldübernahme:** Die Tochter übernimmt die Dividendenzahlungen ihrer ausländischen Mutter an Aktionäre, die ihren Wohnsitz im Land der Tochter haben.

- **Dreiecksgeschäfte:** Abkommen mit einem befreundeten Lieferanten in einem Drittland: Dieser beliefert die Tochter zu überhöhten Preisen und bezahlt die Differenz zum normalen Preisniveau auf ein speziell dafür eingerichtetes Konto im Drittland.

Es ist auch zu bedenken, dass der Wert von Investitionen in fremden Ländern durch eine Abwertung der Währung rasch abnehmen kann.

> Einen besonders krassen Fall erlebte die heutige Bon-Appetit-Gruppe mit ihrer Mehrheitsbeteiligung am größten Einkaufszentrum in Moskau (Umsatz rund sFr. 100 Mio.). Die *Neue Zürcher Zeitung* berichtete am 23. Juni 1996: «Die Schweizer Behörden haben bei der russischen Regierung wegen eines ungewöhnlichen Falles von Mafia-Drohungen gegen Schweizer Geschäftsleute interveniert. Wie ein persönlicher Mitarbeiter von Bundesrat Koller am Freitag zu einer Mitteilung des Schweizer Fernsehens bestätigte, war das schweizerisch-russische Einkaufszentrum Sadko Ziel der Attacke. An einer Sadko-Verwaltungsratssitzung trat ein unbekannter Mann als Vertreter des russischen Joint-Venture-Partners Beriozka auf und verlangte, für einige zehntausend Dollar die Mehrheit an dem Gemeinschaftsunternehmen übernehmen zu können. Dabei habe der von andern Männern begleitete Unbekannte unverhüllt Drohungen gegen die Schweizer Sadko-Manager und ihre Familien geäußert.» In langwierigen und mühsamen Gesprächen gelang es dem Management schließlich – auch dank der Unterstützung durch die Behörden –, die Bedrohung abzuwenden.

# Marktanpassung

Unternehmen haben unterschiedliche Auffassungen darüber, inwieweit sie ihre Marketingprogramme an die Gegebenheiten ausländischer Märkte anpassen sollen. Die einen gestalten ihre Angebote so kundennah, dass sie den Bedürfnissen der Konsumenten in den einzelnen Märkten maximal entsprechen. Die anderen verkaufen ihre Produkte in nahezu unveränderter Weise weltweit. Sie entwickeln «Weltmarken» und nennen sich «Global-Marketer».

**Globalmarketing:** Statt sich um die Unterschiede zwischen den Märkten zu kümmern, verkauft das global orientierte Unternehmen ein mehr oder weniger identisches Produkt auf die gleiche Art und Weise an alle Kunden. Die Vorteile dieser Strategie sind ihm wichtiger als die eventuellen Nachteile einer nicht optimalen Marktausrichtung.[1]

Manche Marketingspezialisten vertreten die Ansicht, dass maßgeschneiderte Marketingprogramme viel wirksamer sind. Man solle «global den-

---

[1] Siehe Kotler/Armstrong, *Marketing,* S. 701.

ken, doch lokal agieren». Eine zu starke Standardisierung könne ein Unternehmen in eine schwächere Position gegenüber jenen Wettbewerbern manövrieren, die sich maximal auf die Kunden ausrichten. Die Vertreter dieser Richtung sind also für einen Mittelweg zwischen globalem und differenziertem Vorgehen.

Im internationalen Marketing ist die Frage nach dem Ausmaß der Marktanpassung entscheidend. Sie kann nicht generell beantwortet werden – wie viele Fragen in der Betriebswirtschaft. Sie muss für jedes Produkt und für jeden Markt gesondert untersucht werden.

Ein international tätiges Unternehmen kann nicht für alle Länder stets umfassend über Bräuche, Normen und Vorschriften im Bilde sein. Es muss sich hinsichtlich der Anzahl der zu beobachtenden Märkte und der Analysentiefe beschränken. Primär werden daher die Unterschiede zum Heimmarkt erfasst; sie können im sozio-kulturellen, im politisch-gesetzlichen, im volkswirtschaftlich-demographischen, im wirtschaftlich-technologischen oder im eigentlichen Marktbereich liegen.

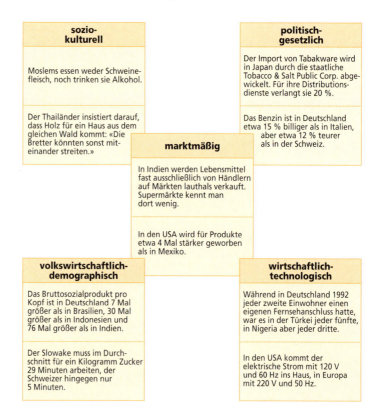

Unterschiedliche Umweltfaktoren in einzelnen Ländern

Diese Beispiele deuten an, dass die Unterschiede zwischen den einzelnen Ländern enorm sein können. Darum sahen viele Unternehmen früher im Ausland eher Probleme. Dies hat sich aber geändert; die Prozesse der Weltwirtschaft laufen einheitlicher ab, die internationale Kommunikation hat sich verbessert und die Wirtschaftsräume werden zunehmend größer und ähnlicher. Der Trend zur Globalisierung ist zwar nicht überall gleich stark ausgeprägt, aber deutlich erkennbar.

> Black & Decker produzierte zu Beginn der 80er Jahre seine elektrischen Heimwerkzeuge noch länderspezifisch. In Italien wurden die Geräte für den italienischen Markt, in England jene für Großbritannien und in den USA die amerikanischen hergestellt.
> Der japanische Konkurrent Makita kam als erster mit einem globalen Produkt auf den Markt – ohne Rücksicht auf den Wunsch der Amerikaner nach leichten oder den der Deutschen nach starken Geräten. Dank der Standardisierung waren die Produkte so billig, dass sie immer mehr in die Phalanx von Black & Decker einbrachen. Black & Decker musste reagieren und bietet heute auch global eine standardisierte Produktreihe an.

Globale Anbieter schätzen die Kostenvorteile der Standardisierung höher ein als die Umsatzchancen durch Differenzierung. Mit ihrem Angebot zielen sie auf den Durchschnittskunden, von dem sie annehmen, dass er überall mehr oder weniger die gleichen Bedürfnisse hat.

Lokal nötige Anpassungen erfolgen zuerst bei den weniger kostenintensiven Marketinginstrumenten, also mehr beim Preis und in der Distribution und weniger beim Produkt und in der Werbung.

Grundsätzlich kann man fünf verschiedene Anpassungsstrategien unterscheiden, je nach den Instrumenten, bei denen die Anpassungen vorgenommen werden.

| Bereich der Anpassung | Strategie | | | | |
| --- | --- | --- | --- | --- | --- |
|  | A | B | C | D | E |
| Produktpolitik | nein | nein | nein | nein | ja |
| Kommunikationspolitik | nein | nein | nein | ja | ja |
| Distributionspolitik | nein | nein | ja | ja | ja |
| Preispolitik | nein | ja | ja | ja | ja |

Streng genommen sollte man nur Strategie A als globale Marketingstrategie bezeichnen. Da aber Preisanpassungen in einzelnen Absatzmärkten wenig internen Aufwand verursachen und damit kaum kostenwirksam sind, wird meistens auch Strategie B – oft sogar auch Strategie C – als global angesehen. Strategie C erfordert Anpassungen der Distribution. Dies ist meistens notwendig, da die Marktkanäle von Land zu Land variieren. Das liegt einerseits an physischen Gegebenheiten (Lager, Transporteinrichtungen), die mit der Landestopographie zusammenhängen, und andererseits an den Absatzmittlern. Beispielsweise bieten Händler in einem Land Serviceleistungen an, die in einem anderen Land vom Hersteller erbracht werden.

Man spricht nicht mehr von globalen Strategien, wenn Anpassungen in der Kommunikation, im Produkt oder in beiden gemacht werden. Die folgenden Beispiele zeigen zwei Strategien dieser Art. Das zweite Beispiel ist besonders interessant, zeigt es doch den eher seltenen Fall, dass Anpassungen in der Produktpolitik ohne entsprechende Änderungen in der Kommunikation erfolgen.

> Identische Trockensuppen werden von verschiedenen Herstellern wie Knorr und Maggi auf der ganzen Welt vertrieben. In Europa werden sie als «fertige Suppe» angeboten, in den USA als «Sauce» und in Brasilien als «Suppenbestandteile». Die brasilianische Hausfrau würde als faul taxiert, wenn sie eine «fertige» Suppe servieren würde. Es ist ihre Aufgabe, eine eigene Suppe mit Gewürzen und Zutaten selber anzurichten.
>
> Die Zusammensetzung des Benzins ist von Land zu Land verschieden. Sie hängt von klimatischen, topographischen und gesetzlichen Verhältnissen ab. Die Werbung ist aber identisch: Esso beispielsweise verwendet auf der ganzen Welt den «Tiger im Tank».

Welche Faktoren beeinflussen das Ausmaß der in einem Land notwendigen Marktanpassungen? Wann sind kleine, wann sind große Anpassungen sinnvoll?

- ◆ **Für kleine Anpassungen** sprechen die folgenden Überlegungen.

  - **Kostenvorteile:** Sie sind weitgehend vom Verhältnis zwischen fixen und variablen Kosten abhängig. Fixe Kosten gibt es vor allem in der Produktion und in der Werbung; je bedeutsamer sie sind, desto eher treten «Economy of scale»-Effekte auf.

- **Preissensitivität:** Je stärker der Preis eine Kaufentscheidung beeinflusst, desto eher lohnt es sich, die Kostenvorteile der Standardisierung an den Kunden weiterzugeben. Aufgrund der immensen Verbesserung der Kommunikationsnetze (zum Beispiel des Internet) ist es heute möglich, Produkte aus verschiedenen Herstellungs- oder Verkaufsländern zu vergleichen und das zu kaufen, was den eigenen Bedürfnissen am besten entspricht. Es entsteht somit ein großer internationaler Preisdruck, vor allem für standardisierte Produkte. Dies heißt, dass die Anbieter ihren Umsatz vermehrt über das Volumen und weniger über den Preis generieren müssen.

- **Ausstrahlungseffekt:** Ein standardisiertes Erscheinungsbild hat eine intensive Ausstrahlung. Je wichtiger die Ausstrahlung für den Markterfolg ist und je grenzüberschreitender sie wirkt, umso weniger sind sichtbare Anpassungen zu empfehlen.

- **Know-how-Transfer:** Er ist bei einem standardisierten Produkt wesentlich einfacher. So können Personen problemloser von einem Land in ein anderes versetzt und Leistungen von Tochtergesellschaften einfacher miteinander verglichen werden.

Globale Märkte weisen meistens mehrere dieser Charakteristika auf. Man denke nur an die Märkte für Cola-Getränke, Rauchwaren, Parfüms, Unterhaltungselektronik, Personenwagen, Baumaschinen oder Flugzeugmotoren.

◆ **Für größere Anpassungen** sprechen andererseits die folgenden Gegebenheiten.

- **Marktsegmentierung:** Je stärker ein Markt segmentiert und je lukrativer einzelne Segmente sind, desto besser sind Unternehmen beraten, ihr Angebot durch gezielte Anpassungen «maßzuschneidern».

- **Innovation:** Das Bestreben, sich maximal auf die Wünsche der Kundschaft einzustellen, fördert die Innovation. Märkte mit tendenziell kürzerer Lebensdauer werden daher eher differenziert angegangen. Es ist allerdings heute für praktisch jedes Unternehmen überlebenswichtig, sich laufend um die Erarbeitung neuer Produkte zu kümmern, denn neben dem großen internationalen Verdrängungskampf werden auch die Produktlebenszyklen immer kürzer.

- **Konfliktvermeidung:** Je stärker ein Angebot standardisiert ist, desto größer die Gefahr, dass die im Ausland tätige Tochter selbstständig Anpassungen an den Markt vornehmen will. Sie sieht ja die anders gearteten Marktbedürfnisse und hat Mühe, die «sture» Standardisierungshaltung der Mutter zu verstehen. Konflikte zwischen Mutter und Tochter werden daher eher vermieden, wenn sich das Unternehmen marktspezifisch verhält.

Beispielsweise sind die Angebote von Versicherungen und Banken oder von Lebensmittel- und Möbelherstellern noch stark lokal geprägt, obwohl man auch hier die Tendenz zur Globalisierung erkennt.

Für manche Unternehmen ist die Internationalität nach wie vor ein «Bonus für das Heimgeschäft». Eigentlich wollen sie gar nicht international tätig sein. Sie exportieren zwar, um «für alle Fälle dabei zu sein», sind ihrem Charakter nach aber keine «internationalen Marketer».

Viele internationale Unternehmen wie Unilever, Philips, Nestlé, Siemens, Roche, Electrolux und IBM prüfen sehr sorgfältig, wie einheitlich ihre Marketingstrategie sein soll. Nestlé etwa strebt einheitliche Qualität, Markenbildung, Beschriftung und Verpackung an; über Werbung wird eher dezentral entschieden. ABB sagt sogar, man sei keine «multinationale», sondern eine «multilokale» Gesellschaft. Man will damit ausdrücken, dass man sich stets lokalen Märkten und Gegebenheiten anpasst.[1]

---

[1] Siehe Weinhold-Stünzi, *Marketing in 20 Lektionen*, S. 543.

## Produkt wird eher im erweiterten Bereich angepasst

Das Produkt besteht aus einem ganzen Bündel von Leistungen. In Kapitel 5 wurde dieses Bündel in «Kernprodukt», «formales Produkt» und «erweitertes Produkt» unterteilt. Will ein Hersteller sein Produkt an verschiedene Marktgegebenheiten anpassen, versucht er stets, die Modifikationen von «außen nach innen» vorzunehmen. Es fällt ihm leichter, seine Serviceleistungen (zum Beispiel Garantien) zu adaptieren als Änderungen in der Qualität vorzunehmen. Auch eine Verpackungsvariante ist leichter zu realisieren als die Kreation zusätzlicher Produkteigenschaften.

Oft müssen Hersteller aber ins «Innere» eines Produkts eingreifen. Manchmal genügen dazu allerdings «Länderausrüstungspakete», die im Baukastenprinzip mit dem Grundprodukt kombiniert werden.

> «Länderausrüstungspakete» werden in der Automobilindustrie seit Jahren verwirklicht. Je nach den gesetzlichen Vorschriften (Sicherheit, Emission) und den Marktbedürfnissen (automatisches Getriebe, Klimaanlage, Farbe) werden länder- und kundenspezifische Autos verkauft.

Die Anpassung der Produktpolitik darf nicht ausschließlich aus Marktsicht betrachtet werden. Ein Unternehmen kann Produkte auch vereinfachen, weil im Ausland die Facharbeiter fehlen, oder die Arbeitskräfte sind so billig, dass maschinelle durch manuelle Arbeit ersetzt wird.

Immer wieder kommt es auch vor, dass die Produkte in verschiedenen Regionen zwar identisch, im Markt aber anders positioniert sind. Dies kann eine Folge der von Land zu Land anderen lokalen Konkurrenz oder historisch bedingt sein. Früher oder später stellt sich eventuell die Frage, ob eine Umpositionierung und damit Angleichung an andere Regionen erfolgen soll. Dies erfordert aber meistens einen großen Werbeaufwand und ist in der Regel aus Marktsicht sehr heikel, man möchte seine angestammten Kunden nicht verlieren. Unternehmen tun sich daher mit Umpositionierungen von erfolgreichen Produkten meistens sehr schwer.

> Der weltweit führende Bierhersteller Anheuser-Busch verfolgt im Prinzip eine globale Strategie. Seine führende Biermarke «Budweiser» ist in den USA die «Königin der Biere». Als solche konkurriert die Marke nicht mit Importbieren wie Heineken, Löwenbräu und Corona. Umgekehrt wird «Bud» in Europa als amerikanisches Bier positioniert, dessen Zielkunden junge Bierkonsumenten sind, die ein leichtes Bier verlangen.

### Preise werden meistens lokal modifiziert

Die Preise lassen sich von allen Marketinginstrumenten am einfachsten differenzieren. Die Unternehmen sind daher im internationalen Geschehen preispolitisch sehr flexibel. Dies ist aber auch notwendig, wenn man an die vielen Einflüsse auf das Preisniveau im Ausland denkt.

- **Inflation:** Die Inflationsraten variieren von Land zu Land sehr stark. In den westlichen Industrieländern betragen sie wenige Prozente, in Ländern wie Brasilien, Argentinien, Israel, Jugoslawien oder Thailand können sie auch bei 20 oder gar 100 % liegen. Dies erfordert Preisanpassungen unter Berücksichtigung der lokal üblichen Zahlungsusanzen.

- **Preiseskalation:** Exporte werden zum Teil durch Zölle, höhere Transportkosten, Versicherungen, kostspieligere Verpackungen und den Einsatz von zusätzlichen Absatzmittlern verteuert. Letztere kalkulieren ihre Marge meistens als prozentualen Zuschlag auf ihren Einstandspreis, was dazu führt, dass das bereits teurere Produkt nochmals und dazu noch geometrisch weiter verteuert wird. Der für den Endkonsumenten gültige Preis muss daher im Ausland viel stärker beobachtet und gegebenenfalls beeinflusst werden als im Inland.

- **Kartelle und Absprachen:** Sie sind in den Industriestaaten verboten, in vielen anderen Ländern aber immer noch Usus. Oft hat der ausländische Anbieter Mühe, die Regeln hinter den Absprachen zu erkennen. Ein falsches Verhalten kann dazu führen, dass die etablierten Anbieter eine gemeinsame Front gegen den Neuling bilden.

- **Wechselkurse:** Sofern es gelingt, für ein Exportgeschäft in der eigenen oder zumindest in einer harten Währung zu fakturieren, ergeben sich keine Probleme. Andernfalls wird man sich gegen Kursschwankungen absichern wollen. Man kann die Devisen auf den Zahlungstermin verkaufen und die Differenz zwischen Tages- und Termindevisenkurs in den Preis einkalkulieren oder versuchen, Waren in der jeweiligen Fremdwährung einzukaufen. In einzelnen Ländern besteht auch die Möglichkeit, sich gegen Kursänderungen zu versichern (Schweiz: Exportrisikogarantie).

- **Exportfinanzierung:** Großaufträge für Entwicklungsländer können oft nur noch mit Finanzierungshilfen abgeschlossen werden. Die Länge der Kreditfristen, die Höhe der Verzinsung und der Tilgungsraten sind oft wichtiger als der eigentliche Produktpreis. Mit Hilfe von Banken und staatlicher Unterstützung (Zinsverbilligung, Bürgschaften, Risikoversicherung) werden solche Finanzierungen ermöglicht. Die Unternehmen, die in Ländern mit einer großzügigen Drittweltpolitik ansässig sind, haben hier einige Vorteile.

- ◆ **Steuern und Tarife:** Diese sind von Land zu Land so verschieden, dass sie stets unter marktpolitischen Überlegungen in die Preisgestaltung einfließen müssen.

- ◆ **Dumping:** Dumping-Praktiken sind sehr umstritten. Sie treten primär in großen, weit entfernt liegenden Märkten und bei freier Kapazität auf. Die Anwendung setzt eine elastische Nachfrage voraus, da aufgrund des Tiefpreises die abgesetzte Menge zunehmen soll. Hauptnachteil ist die unkontrollierte Preispolitik, die im betreffenden Land entsteht und eventuell auf andere Länder übergreift.

Die Preispolitik muss auf spezielle Elemente Rücksicht nehmen. Oft gibt die Muttergesellschaft einen zentralen Grundpreis vor und überläßt es dem Management vor Ort, den tatsächlichen Endverbraucherpreis festzulegen.

## Liefer- und Zahlungsbedingungen sind vielfach speziell

Die Konditionenpolitik berücksichtigt die von der Internationalen Handelskammer herausgegebenen Lieferklauseln. Geregelt werden die Zeit und der Ort der Warenübernahme, das Umtauschrecht, Konventionalstrafen, die Bezahlung von Frachten, Versicherungen und Mindermengenzuschlägen, die Zahlungsweise, Zahlungsabwicklung und Zahlungssicherheit.

Im internationalen Zahlungsverkehr lassen sich die folgenden Formen unterscheiden.

- ◆ **Vorauszahlung:** Die Lieferung erfolgt erst nach Zahlungseingang. Dies kommt jedoch selten vor.

- ◆ **Offene Rechnung:** Beide Parteien bleiben flexibel, die eine bezüglich der Lieferung, die andere bezüglich der Zahlung. Das Risiko ist für beide entsprechend hoch.

> In der Schweiz ist es üblich, Rechnungen innerhalb von 30 Tagen zu bezahlen. In Italien oder Frankreich ist es allerdings üblich, dass Rechnungen frühestens nach 60 Tagen bezahlt werden – meistens dauert es jedoch sogar 90 Tage.

- **Dokumenteninkasso:** Der Käufer erhält Fracht- und Zolldokumente; er kann die Ware aber erst übernehmen, wenn er die Zahlung geleistet hat.

- **Dokumentenakkreditiv:** Die Bank des Käufers verpflichtet sich, die Ware zu bezahlen, sobald der Beweis erbracht ist, dass sie ordnungsgemäß abgeschickt wurde. Der Verkäufer reicht also, wenn er die Ware auf den Weg bringt, die entsprechenden Dokumente bei der Bank des Käufers ein und wird von ihr bezahlt. Die Bank selber belastet das Konto des Käufers. Der Lieferant ist damit von der Zahlungsfähigkeit des Abnehmers unabhängig.

- **Kompensationsgeschäfte:** Länder mit hohem Leistungsbilanzdefizit oder ständiger Devisenknappheit versuchen, ihre Importe mit eigenen Rohstoffen oder Agrarprodukten zu bezahlen.

> Thailand führte 1995 ein Gesetz ein, demzufolge bei größeren Importen 20 bis 50 % des Kontraktwertes durch lokale Produkte kompensiert werden müssen. Als die thailändische Regierung im darauf folgenden Jahr acht F/A-18-Kampfflugzeuge für US$ 578 Mio. kaufte, wurden 80 % der Summe bar und der Rest in Keramik-, Holz-, Gummi- und Lebensmittelprodukten bezahlt. Der Flugzeughersteller McDonnell-Douglas verkaufte diese Produkte größtenteils in Thailand selber, den Rest international mit Hilfe eines japanischen Handelshauses.[1]

Das internationale Handelsgeschäft kennt eine Reihe von Begriffen; die folgende Darstellung geht von einem Hersteller aus, der die Ware per Bahn, Lastwagen oder Schiff an die Grenze oder ans Domizil des Kunden liefert. Die Begriffe charakterisieren stets, wann Kosten und Gefahren vom Verkäufer auf den Käufer übergehen.

---

[1] Siehe Bennett, *International Marketing,* S. 132.

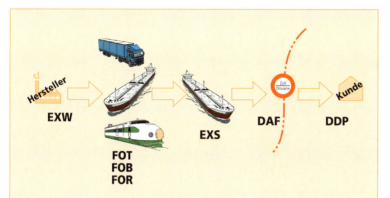

Kosten- und Gefahrenterminologie im internationalen Handel

- **EXW (Ex Works):** Die Güter werden in der Produktionsstätte des Verkäufers abgeholt. Der Käufer übernimmt Kosten und Gefahren ab hier.

- **FOB (Free on Board), FOR (Free on Rail), FOT (Free on Truck):** Der Verkäufer arrangiert alles bis zur Verladung auf ein Schiff, die Bahn oder einen LKW. Der Ort der Verladung wird definiert, zum Beispiel FOB Amsterdam. Wenn es heißt «FAS Amsterdam» (Free Alongside Ship) reicht die Verantwortung des Verkäufers nur bis zum Schiffsquai; die Verladung auf das Schiff ist nicht inbegriffen.

- **EXS (Ex Ship):** Der Verkäufer übernimmt auch noch den Transport bis zum genannten Hafen. Die Entladung verantwortet der Käufer, sonst hätte die Bedingung EXQ (Ex Quay) gelautet.

- **DAF (Delivered at Frontier):** Der Verkäufer ist bis zur Grenze des Käuferlandes verantwortlich. Jenseits der Grenze ist der Käufer zuständig.

- **DDP (Delivered Duty Paid):** Der Verkäufer liefert ans Domizil des Kunden und trägt die Kosten und Gefahren. Dies entspricht dem Begriff «Franco Domicile».

- **CIF (Cost, Insurance, Freight):** Der Verkäufer übernimmt die Kosten für Transport, Versicherung und Zoll bis zum Ort der Übergabe.

- **C & F (Cost and Freight):** Der Verkäufer bezahlt Transport und Zoll bis zum Ort der Übergabe. Die Versicherung ist Sache des Käufers.

- **CPT (Carriage Paid To):** Der Verkäufer bezahlt den Transport bis zum Bestimmungsort. Der Käufer trägt aber alle Gefahren, sobald der Transporteur die Ware übernommen hat.

- **CIP (Carriage and Insurance Paid):** Zusätzlich zu CPT trägt der Verkäufer auch die Versicherungskosten.

## Absatzmittler werden noch gründlicher evaluiert

Die Wahl der Distributionspolitik ist in einem fremden Markt von großer Bedeutung. Erstens sind die Distanzen groß und damit ist die Überwachung aus dem Heimland schwierig; zweitens besitzt jedes Land spezifische Absatzkanalstrukturen, die es zu respektieren gilt.

> In Ländern wie Italien und Marokko führen Handelshäuser sehr schmale, in anderen Ländern, zum Beispiel in Finnland, sehr breite Sortimente. Die Größe von Handelshäusern variiert zwischen dem japanischen Giganten Mitsukoshi mit 100'000 Kunden täglich und den etwa 3'000 Einmann-Verkaufsbuden in Ibadan, Nigeria.[1]
>
> Procter & Gamble verkauft in den westlichen Industriestaaten seine Seifen, Windeln usw. in großen Mengen über den Groß- und Einzelhandel. Auf den Philippinen und im Iran verkaufen die Procter & Gamble-Reisenden die gleichen Produkte an der Haustür der Konsumenten.[2]

Die Vorgehensweise bei der Wahl der Distributionsform und die Führung von Absatzmittlern ist grundsätzlich im Ausland nicht anders als im Inland. Angesichts der nicht so gut bekannten Verhältnisse hat die sorgfältige Evaluation möglicher Absatzmittler jedoch noch höhere Bedeutung, vor allem dann, wenn die Zusammenarbeit exklusiv sein soll.

Immer wieder sind Unternehmen mit der Leistung ihres ausländischen Agenten unzufrieden. Sie möchten daher die Zusammenarbeit beenden. In den USA ist die Auflösung des Zusammenarbeitsvertrags unproblematisch. In anderen Ländern, wie etwa in Deutschland, ist damit zu rechnen, dass dem Agenten zum Beispiel eine Jahresentschädigung ausbezahlt werden muss; es gibt dort gesetzliche Vorschriften zum Schutz von Agenten und Vertretern.

Ausländische Anbieter stehen mitunter vor blockierten Absatzkanälen. Die inländische Konkurrenz hat sich eventuell so breit etabliert, dass der Handel keinen weiteren Lieferanten mehr aufnehmen will. Es kann auch Absprachen zwischen inländischen Herstellern und dem Handel geben, die verhindern, dass ein ausländisches Produkt aufgenommen wird. Möglich ist außerdem, dass die in Frage kommenden Absatzmittler von der Konkurrenz übernommen wurden oder finanziell mit ihr liiert sind.

---

[1] Siehe Kotler, *Marketing Management*, S. 694.
[2] Siehe Cateora, *International Marketing*, S. 409.

Blockierte Absatzkanäle lassen sich aufbrechen, dies kostet aber meistens Zeit und Geld. Die United Fruit Company konnte in Europa erst Fuß fassen, als sie einzelne Händler übernahm. Andere Anbieter mussten überhöhte Margen bezahlen, damit der Einzelhandel ihre Produkte aufnahm. Der Verkauf an staatliche Organisationen wird gelegentlich über staatliche Einkaufsagenturen abgewickelt.

Die physische Distribution ist beim Export sehr aufwendig. Es sind Verpackungs-, Transport-, Versicherungs-, Zoll-, Dokumentations- und Einfuhrprobleme zu lösen. Dies erfordert ein so spezifisches Wissen, dass am besten ein internationales Transportunternehmen mit der gesamten Abwicklung betraut wird.

> Ein amerikanischer Hersteller von Golfbällen entschloss sich, seine Produkte nach Japan zu exportieren. Statt der in Amerika gebräuchlichen Sechser- und Zwölfer-Verpackungen wählte er eine Vierer-Verpackung. Man meinte, Japaner würden die kleinere Packung bevorzugen, weil das Golftraining in Japan oft in eigens dafür eingerichteten Häusern und nicht auf dem Golfplatz stattfindet. Bälle gehen also seltener verloren. Das Exportgeschäft war wenig erfolgreich. Die daraufhin durchgeführte Untersuchung ergab, dass in Japan die Zahl Vier als «Zahl des Todes» betrachtet wird.[1]

Andere Länder, andere Sitten

---

[1] Siehe Cundiff/Hilger, *Marketing in the International Environment*, S. 464.

Teil III – Marketingspezialgebiete

## Voll standardisierte Kommunikation ist sehr selten

Standardisierte Kommunikation findet man am ehesten im Bereich der Werbung, am wenigsten im Gebiet der Verkaufsförderung. Dies ist aus verschiedenen Gründen verständlich. Werbekosten gehören größtenteils zu den Fixkosten und lassen daher «Economy of scale»-Effekte entstehen. Die Werbebotschaft ist meistens einfach und wird vor allem durch Bilder ausgedrückt; sie eignet sich daher eher für unterschiedliche Kulturen. Auch die Ausstrahlung der Werbung ist intensiver und langanhaltender als die einmalige, für eine bestimmte Situation kreierte Verkaufsförderung.

Coca-Cola, McDonald's, Shell, Esso oder Marlboro benutzen weltweit die gleichen Werbebotschaften. Hilti, Mercedes, IBM, Chanel, Ford, Nestlé, Anheuser-Busch bauen weltweit auf die immer gleichen

Schrift und Produktsymbol sind bei Hilti stets identisch

Werbeelemente (Schriftzug, Farbkombinationen, Logo, Verpackungsform). ABB, Levi's oder General Electric legen ihre Werbung lokal fest. Welche Überlegungen sprechen für eine Anpassung der Werbemaßnahmen an lokale Verhältnisse beziehungsweise für eine Standardisierung?

◆ **Für lokale Werbung** sprechen vor allem die folgenden drei Faktoren.

- **Medienmix:** Die Bedeutung der einzelnen Medien ist von Land zu Land verschieden. In den westlichen Staaten haben die wichtigsten Tageszeitungen Auflagen von weit über 100'000. In vielen Ländern ist die Presse noch dermaßen zersplittert, dass die größten Zeitungen Auflagen von unter 50'000 haben (zum Beispiel im Libanon oder in der Türkei).

- **Gesetzliche Auflagen:** In vielen Ländern wird die Werbung durch gesetzliche Auflagen reguliert. In Deutschland beispielsweise ist vergleichende Werbung untersagt. In einzelnen Ländern des Nahen Ostens (teilweise auch Europas) ist es verboten, für Zigaretten, Alkohol, Pharmazeutika und Süßwaren zu werben. In Österreich sind je nach Bundesland Steuern zu bezahlen, die bis zu 30 % der Werbekosten ausmachen können.

- **Kulturelle Unterschiede:** Sie können von Region zu Region sehr groß sein. Die Farbe Weiß wird in Europa mit Reinheit, in Asien oft mit dem Tod in Verbindung gebracht.

> Eine Fluggesellschaft verlor einmal beinahe ihre Landeerlaubnis in Saudi-Arabien, weil sie in ihrer Werbekampagne eine hübsche Hostess abbildete, die einer Gruppe von Passagieren Champagner einschenkte. Diese Anzeige wurde als «äußerst skandalös» beurteilt.[1]

◆ **Für standardisierte Werbung** haben die Autoren Meffert und Althans die folgenden fünf Thesen aufgestellt.[2]

- **Eindeutige Verwendung:** Je «eindeutiger» ein Gut hinsichtlich der Verwendung ist, um so einheitlicher kann der Informationsgehalt der Werbebotschaft von Land zu Land gehalten werden.

---

[1] Siehe Allivine, Marketing Principles and Perspectives, S. 539.
[2] Siehe Meffert/Althaus, *Internationales Marketing*, S. 136.

- **Neuartigkeit:** Je neuartiger ein Gut für ein Land im Vergleich zu anderen Ländern ist, desto unterschiedlicher muss von Land zu Land die Werbebotschaft gestaltet werden.

- **Anzahl der Verwendungen:** Je mehr verschiedene Verwendungsmöglichkeiten ein Produkt bietet, desto größer ist die Wahrscheinlichkeit, dass in den verschiedenen Märkten unterschiedliche Werbebotschaften eingesetzt werden müssen.

- **Reifegrad:** Je verbreiteter eine Produktkategorie in den jeweiligen Ländern ist, desto differenzierter muss von Land zu Land geworben werden, damit man sich gegenüber der Konkurrenz abheben kann.

- **Originalität:** Je mehr das Gut eine weltweit einzigartige Originalität oder Spezialität darstellt oder darstellen soll, desto einheitlicher kann die Werbebotschaft in den einzelnen Ländern gestaltet werden.

Ende der 80er und Anfang der 90er Jahre schlossen sich viele Werbeagenturen international zusammen. Dies dürfte primär eine Reaktion auf den Wunsch vieler global operierender Gesellschaften gewesen sein, mit einer weltweit tätigen Werbeagentur zusammenzuarbeiten. Sie hofften, spezifisches lokales Wissen optimal mit globalem Denken verbinden zu können.

Nach wie vor gibt es aber auch weltweit tätige Konzerne, die lieber mit einzelnen Agenturen vor Ort zusammenarbeiten. Die Koordination übernehmen sie entweder selber oder sie wird durch eine im Heimatland tätige Agentur geleistet. Sie hoffen, auf diese Weise lokale Gegebenheiten besser berücksichtigen zu können.

Die im persönlichen Verkauf tätigen Mitarbeiter werden länderspezifisch ausgewählt. Man will damit erreichen, dass die Verhandlungstechniken auf kulturelle Besonderheiten abgestimmt sind. Lediglich im Investitionsgüterbereich kann das fachliche Wissen so entscheidend sein, dass eine länderübergreifende Verkäuferschulung sinnvoll ist.

Wir haben bereits darauf hingewiesen, dass Verkaufsförderungsmaßnahmen in der Regel lokal konzipiert werden. Allerdings können bestimmte Displays oder Werbebeigaben, zum Beispiel T-Shirts, global konzipiert und eingekauft werden. Im Rahmen der Verkaufsförderung haben internationale Messen und Ausstellungen große Bedeutung. Hier können nicht nur viele Kontakte geschlossen werden, oft wird auch viel verkauft. Die für die Repräsentation notwendigen Kosten lassen sich zudem auf mehrere Länder verteilen.

Die Methoden der Public Relations werden international angewendet. Gerade in fremden Ländern kann durch PR-Aktionen die Einstellung der Kundschaft zum ausländischen Anbieter positiv beeinflusst werden.

> Südamerikaner bevorzugen es, bei geschäftlichen Besprechungen ganz dicht beieinander zu sitzen oder zu stehen – tatsächlich beinahe Nase an Nase. Der amerikanische Manager weicht zurück, während der Südamerikaner immer dichter heranrückt. Beide beenden beleidigt das Gespräch.
>
> Japaner sagen in direkten Gesprächen nur selten «Nein». Der Ausländer ist frustriert und weiß nicht, woran er eigentlich ist. Amerikaner kommen rasch zur Sache; japanische Manager finden das anstößig.[1]

---

[1] Siehe Kotler/Armstrong, *Marketing*, S. 692.

# Zusammenfassung

Will ein Unternehmen international tätig werden, so muss es seinen Weg selber optimieren. Zuerst werden mögliche Zielländer evaluiert. Experten beurteilen Kriterien wie politische Stabilität, wirtschaftliche und finanzielle Rahmenbedingungen oder Nationalisierungsbestrebungen. Den Markt zu prüfen bleibt Aufgabe des Unternehmens. Die definitive Wahl wird oft mit Hilfe der Portfoliotechnik vorgenommen; die Attraktivität eines Landes und die vom Unternehmen auszuspielenden Stärken werden im Vergleich zu den dort bereits tätigen Konkurrenten bewertet.

In seiner Einstiegsstrategie legt das Unternehmen fest, wie es das Geschäft im fremden Markt betreiben will. Vielleicht beginnt es mit dem Export, vergibt eine Lizenz oder lässt seine Produkte vorerst im Lohn herstellen. Dies alles sind Strategien, die wenig Kapital erfordern und daher keine großen Risiken darstellen. Bei bekannten und wenig Beratung bedürfenden Produkten wird sich immer mehr auch der Export über das Internet durchsetzen.

Internationales Franchising ist eine besondere Form einer Lizenzvereinbarung. Der Franchisegeber ist allerdings viel stärker involviert, denn er behält Aufbau und Management des Erscheinungsbildes selbst in der Hand.

Größer werden die Risiken, wenn mit einem lokalen Partner ein Joint Venture eingegangen oder sogar eine eigene Produktionsstätte errichtet wird. Beim Joint Venture bringt der lokale Partner meistens den Zugang zum Markt ein. Die hohen finanziellen Risiken, die beim Bau einer eigenen Produktionsstätte entstehen, lassen sich nur durch ein entsprechend hohes Gewinnpotenzial rechtfertigen.

Bei der Wahl des Marketingprogramms geht man normalerweise von Lösungen für den Heimmarkt aus. Man legt fest, inwieweit das Programm an die Gegebenheiten des fremden Landes anzupassen ist. Ein global operierendes Unternehmen lässt nur wenig Anpassungen zu. Sein Ziel ist es, weltweit mit dem gleichen Erscheinungsbild zu operieren und durch Standardisierung von Kostenvorteilen zu profitieren.

Der Schlüssel bei der Festlegung der Marketingmaßnahmen ist die länderspezifische Umweltanalyse. Sie durchzuführen ist eine umfassende und aufwendige Arbeit, die einige Gründlichkeit erfordert, denn viel hängt von ihrer Zuverlässigkeit ab.

> Als wir noch klein waren, machte sich unsere Großmutter ständig Sorgen, uns könne auf dem kurzen Weg zwischen ihrem und unserem Haus etwas passieren. «Tragt immer einen Stein in eurer Tasche», riet sie uns jedes Mal, wenn wir uns auf den Heimweg machten. «Wenn euch jemand belästigt, könnt ihr einen Stein durch die nächste Fensterscheibe werfen, dann wird jemand das Geräusch hören und euch zu Hilfe kommen.»
> Wir gaben ihr murmelnd unser Einverständnis, trugen aber nie einen Stein mit uns herum. Dann geschah es eines Tages doch – jemand warf einen Stein durch Großmutters Fensterscheibe.
> «Nun? Bist du hinausgegangen, um zu sehen, ob jemand Hilfe braucht?», fragte mein Bruder. «Natürlich nicht», antwortete meine Großmutter. «Warum sollte ich jemandem helfen, der mir einen Stein durch die Fensterscheibe wirft?»
> 
> *Aus «Bits & Pieces», April 1999, S. 20*

Modifikationen der Strategie des Heimmarktes erfolgen primär beim Preis und bei der Distribution, weniger beim Produkt selbst oder bei der Werbung. Muss das Produkt abgeändert werden, so geschieht dies vorzugsweise im erweiterten Produktbereich. Preispolitik, Liefer- und Zahlungskonditionen, die Wahl von Absatzmittlern, Verkaufsförderungsaktionen und die Selektion von Außendienstmitarbeitern sind in der Regel länderspezifisch ausgerichtet.

# 16

# Marketing und Ethik

Sehr viel wird heute von Ethik gesprochen, und zwar nicht nur im Zusammenhang mit dem Marketing, sondern auch im Zusammenhang mit Politik, Medizin, Informatik, Militär und Wirtschaft. Warum ist dies so? Handelt es sich um eine der vielen Modeerscheinungen oder zeichnen sich Veränderungen ab, die zu einer vermehrten Auseinandersetzung mit moralischen Werten führen?

Beides trifft zu. Einerseits war das Marketing stets mit der Frage nach Glaubwürdigkeit konfrontiert, so dass der heute verstärkten Diskussion daher wohl auch ein gewisser Modecharakter zukommt; andererseits sind Umwälzungen erkennbar, die die Erörterung ethischer Fragen rechtfertigen. Wir denken an den zunehmenden Konzentrationsprozess in der Wirtschaft und an die damit gestiegene Verantwortung der Großunternehmen, an den mitunter recht sorglosen Umgang mit Umwelt und Ressourcen und an die Erkenntnis, dass sie geschont werden müssen. Dazu kommt die rasche und weltweite Verbreitung von Nachrichten über Ereignisse, die sofort die Frage nach der Verantwortung stellen. Schließlich meinen wir, dass auch die Spannung zwischen dem Shareholder-Value-Denken und der sozialen Shareholder-Value-Verantwortung das Thema «Ethik» noch mehr in den Vordergrund gerückt hat, als es bisher der Fall war.

> Im März 2000 kündigten die Deutsche Bank und die Dresdner Bank etwas vorschnell ihren Zusammenschluss an. Durch die Fusion sollten die nötigen Eigenmittel für die internationale Expansion zusammengetragen und Euro 2,9 Mrd. jährlich eingespart werden. Innerhalb von wenigen Stunden nach der Bekanntmachung der Fusion stieg der Aktienkurs der Allianz Versicherung, die große Beteiligungen an den beiden Banken hielt, um 20 %. Verlierer war die Belegschaft – denn man wollte 16'000 Stellen abgebauen.
>
> Wie der Zusammenschluss von Bankgesellschaft und Bankverein zur UBS zeigte, können neben den Shareholdern auch Dritte zu den Gewinnern gehören. Aus Protest gegen die Schließung von Filialen und den Stellenabbau wechselten 1998 viele Schweizer Kunden zu Regional- und Kantonalbanken.

«Handle so, wie es dir dein Gewissen sagt.» Dieser Satz wird oft als ethische Leitlinie zitiert. Die Deutung des Begriffs «Gewissen» jedoch fällt bei unterschiedlichen Menschen – aus religiösen, erzieherischen oder kulturellen Gründen – ganz verschieden aus. Der Terrorist, der aus innerer Überzeugung handelt, oder der Kriegsgegner, der niemals in einer Munitions- oder Waffenfabrik arbeiten würde, sind lebendige Beispiele dafür. Es genügt daher nicht, wenn man «ethisches Handeln» mit «Handeln nach dem eigenen Gewissen» gleichsetzt. Dies wird auch verständlich, wenn man bedenkt, wie unterschiedlich ethische Grundsätze, die bei uns allgemein anerkannt sind, in der übrigen Welt interpretiert werden. Solche Grundsätze sind das Recht auf Leben, auf die Achtung der Menschenwürde, auf Leben in Freiheit, auf die Gleichbehandlung der Menschen oder das Bemühen um die Förderung des Gemeinwohls.

Es erhebt sich daher die Frage, wer die ethischen Standards aufstellen soll. Velasquez[1] schlägt vor, der Einzelne möge sich eine Reihe von Fragen stellen, wenn er sich in einer moralisch heiklen Situation befindet.

◆ **Soziale Gerechtigkeit:** Wird die Aktion soziale Vorteile eher fördern und soziale Nachteile eher verringern?

◆ **Moralische Werte:** Stimmt die Aktion mit den moralischen Werten der dadurch Betroffenen überein?

◆ **Allgemeine Gerechtigkeit:** Führt die Aktion zu einer gerechten Verteilung von Vor- und Nachteilen?

Allerdings sagt auch Velasquez, dass es dem Individuum zu überlassen sei, wie es etwa eine Aktion beurteilt, die zwar sozial vorteilhaft ist und mit den moralischen Werten der Betroffenen in Einklang steht, aber zu einer ungerechten Verteilung allgemeiner Vorteile führt.

Im Allgemeinen kann man sich wohl an die Bibel halten: «Behandelt die Menschen so, wie ihr selbst von ihnen behandelt werden wollt.»

Im Streben nach ethischen Grundsätzen darf man nicht vergessen, dass «unsere freie Marktwirtschaft in Verbindung mit einer Wettbewerbsordnung und einer sozialpolitischen Komponente die besten Ergebnisse für den Bürger und Verbraucher gebracht hat, besonders wenn man Werte wie Freiheit und Wohlstand in der Werteskala hoch ansiedelt. Unser marktwirtschaftliches System hat auch die Vorausset-

---

[1] Siehe Velasquez, *Business Ethics*, S. 13ff.

zungen geschaffen und für das nötige Kleingeld gesorgt, damit ein soziales Netz für die Schwachen und Benachteiligten aufgebaut werden konnte.»[1] Etwas provozierend sagt Helmut Maucher, dass dieses Wirtschaftssystem, gemessen an den Ergebnissen für den Menschen, an sich ethisch sei, und der Unternehmer, der systemkonform sein Bestes gebe, daher auch moralisch und ethisch im objektiven Sinn handle.

In unserem Gesellschaftssystem wird mit dem Streben nach Rentabilität der Kapitalgewinn im Vergleich zum Arbeitslohn immer wichtiger. Dadurch werden viele Reiche immer reicher, viele Arme immer ärmer. Deshalb empfinden viele Menschen die Entlassung von Arbeitenden zur Gewinnsteigerung als unethisch. Die Frage ist nur, ob man durch Entlassungen nicht eher die verbleibenden Arbeitsplätze rettet als unrentable abschafft! Eine unrentable Firma kann längerfristig nicht überleben.

> Zu denken geben allerdings Situationen, in denen Inhaber ein Unternehmen nicht nur schlecht führen, sondern sich zugleich exzessiv bereichern. Und wenn sich ihr Verhalten – was eher die Regel ist – erst nach einiger Zeit in roten Zahlen niederschlägt und es ihnen vielleicht noch gelingt, die Firma zu veräußern, dann werden sie höchstens ein paar negative Medienkommentare erdulden müssen. Ihre Nachfolger werden dann versuchen, das Unternehmen zu Lasten des Staates (Arbeitslose) und eventuell zu Lasten der Fremdkapitalgeber (Schuldenerlass) zu sanieren.

Trotzdem: Schütten wir das Kind – unser Wirtschaftssystem – doch nicht mit dem Bad aus! Nehmen wir Abstand von Forderungen wie «vernünftige Preise», «Verzicht auf aggressive Konkurrenzstrategien», «keine aufschluckenden Kooperationen», «Mäßigung im Wachstum» usw. Meistens wären diese Forderungen, so global und allgemein formuliert, in Einzelfällen auch aus ethischer Sicht falsch. Wie viele Unternehmen wurden schon durch eine Übernahme gerettet? Wer bestimmt denn, was ein «vernünftiger» Preis ist? Was ist eine «aggressive», was eine «akzeptable» Konkurrenzstrategie?

In den folgenden Ausführungen zeigen wir, dass Marketinggrundsätze und -richtlinien mit ethischen Grundvorstellungen übereinstimmen. Sicher gibt es immer wieder Missbräuche und Auswüchse; doch es wäre falsch, aus solchen Gegebenheiten abzuleiten, die Grundidee des Marketing sei insgesamt überholungsbedürftig.

---

[1] Siehe Maucher, *Marketing ist Chefsache*, S. 115.

## Verantwortungsvolle Marketingphilosophie

Marketing als Führungsprinzip verlangt die Ausrichtung sämtlicher unternehmerischer Tätigkeiten auf den Kunden und seine Bedürfnisse. Sofern das auch die Beachtung moralisch-ethischer Werte betrifft, muss sich das im Sinn des Marketing geführte Unternehmen danach richten.

Kaufen Kunden aber ein energiesparendes Gerät, obwohl es teurer ist? Sind gewinnstrebende Organisationen so einsichtig, dass sie Rohstoffe nur von Unternehmen beziehen, die ihre Umweltschutzprobleme gelöst haben? Wenn dem so wäre, dann würden ohne gesetzlichen Druck und seit eh und je nur Autos gefahren, die mit Katalysator ausgerüstet sind, dann hätten Industrien in allen Teilen der Welt ihre Abwässer geklärt, ihre Rauchgase gereinigt, ihre Lärmemissionen verringert. Und kein Politiker, der wieder gewählt werden möchte, würde sich mit zweifelhaften Wahlkampfspenden profilieren. Es gäbe keine schwarzen Konten und der einzelne Bürger würde all seine Ersparnisse deklarieren.

Man muss also feststellen, dass die moralisch-ethischen Wünsche der Kunden nicht so ausgeprägt sind, dass sie das Handeln im Marketing diktieren. Zum Teil übernimmt das Gesetz die moralisch-ethische Verantwortung. Würde der Mensch stets und ausschließlich ethisch handeln, wären Gesetze nicht nötig.

Leider unterscheiden sich die Interessen des Einzelnen, der im Wettbewerb mit anderen steht, oft von den Interessen der Gemeinschaft als Ganzes. Das einzelne Unternehmen würde durchaus seine ökologischen Auflagen erfüllen, wenn es der Konkurrent, der vielleicht noch dazu im Ausland sitzt, auch tun würde. Unterschwellig könnte allerdings auch die Haltung mitspielen, dass die Luft ja bereits reiner wäre, wenn zuerst die Konkurrenten ihre Maßnahmen einleiten würden. Eventuell ließen sich dann die eigenen Investitionen sogar vermeiden.

> «Eine empirische Studie versuchte, das Verhalten von Trittbrettfahrern nachzuweisen und führte dazu folgendes Experiment durch: Ein Autobus blieb im Schlamm stecken, die Insassen wurden aufgefordert zu helfen, den Bus zu befreien. Es war Nacht, und man sah nicht, wie stark andere Mitfahrer mitzogen oder mitschoben. In elf von zwölf Versuchsgruppen haben sich die Teilnehmer mit etwa 40 bis 60 % ihrer Kräfte eingesetzt, um den Bus aus dem Schlammloch zu befreien. Eine einzige Gruppe schaffte es nicht, den Autobus aus dem Dreck zu stoßen. Im Nachhinein zeigte es sich, dass es sich um lauter (nutzenmaximierende) Ökonomiestudenten handelte.» (Quelle: Etzoni, *The Moral Dimension*, S. 62.)

Wenn die Unternehmen jedoch erkennen, dass die Kunden moralisch-ethische Kriterien bei Kaufentscheidungen berücksichtigen, kann sich das «Trittbrettfahren» sehr schnell ändern. Der Erfolg des «Toni-Joghurt im Glas», der Verzicht vieler Konsumenten auf den Kauf von Aerosol-Sprühdosen oder der Rückgang von Aluminium als Verpackungsmaterial zeigen ein Umdenken, das vielleicht etwas spät kommt, aber von den Unternehmen verstanden wird.

Viele Unternehmen beginnen dieses Umdenken auch als Chance zu sehen. So lancierte Volkswagen im Jahr 1999 als erster Automobilhersteller ein Serienauto, dass weniger als 3 l Kraftstoff auf 100 km verbraucht.

Im VW Lupo 3L TDI wurden besonders leichte Werkstoffe eingesetzt, um das Gewicht niedrig zu halten; der Pumpendüsen-Diesel-Motor wurde eigens für dieses Modell entwickelt. Wegen der aufwendigen Bauweise ist der Preis des Lupo 3L höher als der anderer Autos der gleichen Größe; er wurde daher nur in kleinen Stückzahlen verkauft. Volkswagen profitierte vor allem vom Image, in Sachen Umweltbewusstsein und Technologie an der Spitze zu stehen.
Die Konkurrenten reagierten auf den 3-l-Volkswagen, indem sie ähnliche Produkte ankündigten und die Marschtabellen ihrer Entwicklungsabteilungen für noch umweltfreundlichere Technologien wie zum Beispiel Brennstoffzellen veröffentlichten.

Die Erfahrung zeigt, dass erfolgreiche Unternehmen meistens ethische Grundsätze respektieren. Peters und Watermann führen in ihrem

Bestseller *In Search of Excellence* viele Beispiele an. Auch J. P. Thommen zitiert eine empirische Untersuchung, derzufolge die Gewinnzunahme bei 26 amerikanischen Unternehmen, die seit über einer Generation einem ethischen Verhaltenskodex nachleben, weit über dem Durchschnitt lag.[1] Hat dies damit zu tun, dass Mitarbeiter sich besser auf Werte einstellen, die ihren persönlichen Vorstellungen entsprechen? Oder liegt es daran, dass solche Unternehmen Fähigkeiten entwickelten, die den «billigen» Eigenschaften des «Trittbrettfahrers» überlegen sind? Was immer es sein mag, viele Beispiele belegen, dass Marketingorientierung und moralisch-ethische Verhaltensnormen durchaus in Einklang miteinander stehen können.

Die Kunst des Marketing kann in der Schaffung von substanziellen und anhaltenden Wettbewerbsvorteilen bestehen, die sich aus ethischen Grundsätzen ergeben. So werden Produkte lanciert, die aus Abfallmaterialien gefertigt werden, oder man wendet Herstellungsverfahren an, die keine gefährlichen Stoffe mehr benötigen. Produkte werden so konstruiert, dass ihre Entsorgung problemlos funktioniert.

Über solche Innovationen muss der Konsument informiert werden. Erst wenn er sie kennt und sie aufgrund seiner eigenen moralisch-ethischen Wertvorstellungen auch respektiert, stellt sich der gesuchte Wettbewerbsvorteil ein. Hier liegt noch ein großes Betätigungsfeld für den Kommunikationsverantwortlichen, besonders dann, wenn die «Ethikinvestition» zu einem höheren Preis für den Kunden führt. Im Bereich der Landwirtschaft scheint sich dieses Prinzip bereits etabliert zu haben (Biofleisch, Biogemüse).

Soll nun aber der Staat eine ethische Grundordnung erlassen? Wenn ja, wie will er sie dann durchsetzen? Es ist unrealistisch zu glauben, der Staat wäre dazu in der Lage. Wer würde denn eine solche Grundordnung festlegen? Wie würde sichergestellt, dass diese Grundordnung auch in andern Ländern gilt? Wer würde kontrollieren, dass die Personen und Stellen, die mit der Überwachung betraut wären, sich auch wirklich entsprechend verhielten? Eine Bürokratisierung sondergleichen wäre wahrscheinlich die Folge.

Es scheint daher viel sinnvoller, an die Berechtigung von moralisch-ethischen Werten im Wirtschaftsleben zu glauben und sie als natürlichen Teil der Marketingidee zu betrachten. Als Konsequenz müssten dann Führungskräfte auch im Hinblick auf ihre ethische Grundeinstellung beurteilt werden. Dabei könnten die Medien eine sehr wichtige Aufgabe übernehmen.

---

[1] Siehe Thommen, *Betriebswirtschaftslehre,* Band 1, S. 54.

# Kundenorientierte Produktpolitik

Jede unternehmerische Tätigkeit ist mit Risiken behaftet. Die Führungskräfte fragen sich daher ständig, welche Risiken sie eingehen wollen.

◆ **Fabrikationsrisiken:** Sie können sich auf die eigenen Mitarbeiter auswirken, wenn sie zum Beispiel mit giftigen Stoffen hantieren müssen oder einer sonstigen Unfallgefahr ausgesetzt sind.

◆ **Investitionsrisiken:** Werden erwartete Erträge nicht erreicht, müssen solche Risiken von Aktionären und Gläubigern getragen werden.

◆ **Produktrisiken:** Sie können die Konsumenten gefährden.

Wie zahlreich und vielfältig die Risiken für Kunden sind, zeigen die vielen Meldungen über Unfälle mit elektrischen Apparaten, mit Maschinen, bei Installationen, bei falscher Verwendung von Arzneien oder bei Nichtbeachtung von Vorschriften. In diesem Abschnitt fragen wir daher, welche Produktverantwortung der Hersteller trägt, und zwar nicht aus rechtlicher Sicht, sondern aus Sicht des Marketing.

Mit dem Verkauf eines Produkts wird zwischen dem Hersteller und dem Kunden ein Vertrag geschlossen. Dieser Vertrag ist nur dann gültig, wenn beide Parteien wissen, worauf sie sich einlassen, und zwar in einer Weise, die keine Fehlinterpretation zuläßt.

> Kennen Sie die Geschichte vom Autofahrer, der einen Zettel unter den Scheibenwischer eines geparkten Autos klemmte? Die Nachricht, die er darauf hinterließ, lautete: «Ich habe soeben Ihr Auto beschädigt. Die Leute, die den Unfall sahen, beobachten mich. Sie denken, ich hinterlasse soeben meinen Namen und meine Adresse. Das tue ich aber nicht.»
>
> *Aus «Bits & Pieces», März 1999, S. 6*

Zusätzlich verlangt der Vertrag natürlich, dass das Produkt den darin festgehaltenen Ausführungen entspricht.

◆ **Produkt entspricht den Versprechungen:** Das Marketing will den Kunden zufriedenstellen, denn der Produzent ist daran interessiert, dass der Käufer sich lobend über das Produkt äußert und wieder danach fragt, wenn erneuter Bedarf entsteht. Der Hersteller muss sich daher zu Produktlebensdauer, Betriebskosten im Einsatz, Störanfälligkeit, Reparatur- und Servicediensten oder Sicherheitsrisiken äußern. Die Zufriedenheit des Kunden nach dem Kauf kann sogar so wichtig sein, dass sich der Anbieter mit seinen Aussagen über das Produkt eher vorsichtig zurückhält.

> Ein Unternehmen stand kurz vor dem Konkurs, und die Gläubiger hatten jegliches Vertrauen in die Unternehmensführung verloren. Hauptgrund dafür war, dass die Führung in den letzten Jahren ständig von Verbesserungen und Resultatsaussichten sprach, ohne dass davon auch nur im geringsten etwas eingetreten wäre. Im Nachhinein waren die Gläubiger der Ansicht, dass diese Versprechungen nur darauf abzielten, weitere Kredite zu erhalten. Das Verhältnis war so angespannt, dass die Gläubiger auch dann nicht an den Turn-around glaubten, als er sich bereits abzuzeichnen begann.

- **Produkt entspricht den Erwartungen:** Aus Sicht des Marketing ist die Erwartungshaltung des Kunden für die spätere Zufriedenheit entscheidend, nicht etwa die Aussage des Herstellers. Dies bedeutet, dass der Hersteller unter Umständen auch auf Schwächen oder Nachteile eines Produkts aufmerksam machen muss, wenn anzunehmen ist, dass der Kunde nicht damit rechnet.

- **Produktaussagen sind auf den Kunden abgestimmt:** Auch korrekte Aussagen sind nur dann genügend, wenn der Kunde sie vollumfänglich versteht. In der Regel weiß der Hersteller ja wesentlich mehr über sein Produkt als der Kunde. Der Hersteller hat daher die Pflicht, sich so zu verhalten, dass der Kunde mit dem Produkt zufrieden ist. Dies kann bedeuten, dass der Hersteller zu Beginn den Produkteinsatz begleitet, klar und verständlich auf etwaige Gefahren hinweist oder anhand von Beispielen demonstriert, welche Vor- und Nachteile mit einem Produkt verbunden sind. Er darf sich also nicht damit entschuldigen, er hätte gedacht, der Kunde sei informiert.

Die Forderungen des Marketing gehen weit über die juristische Produkthaftpflicht eines Herstellers hinaus. Dies setzt allerdings ein tief verwurzeltes Marketingverständnis voraus, verbunden mit hohen ethischen Grundsätzen. Beispiele aus der Praxis zeigen, wie sehr sich diese Grundhaltung auf die Dauer auszahlt, auch wenn dies aus kurzfristiger Sicht nicht so scheint.

Im September 1982 wurde bekannt, dass in Chicago sieben Menschen nach Einnahme des Schmerzmittels «Tylenol» starben, das, wie sich später herausstellte, mit Zyanid versetzt worden war. Tylenol war in den USA das meistverkaufte rezeptfreie Schmerzmittel mit einem Anteil von etwa einem Drittel des Gesamtmarktes. Es war deshalb nicht erstaunlich, dass diese Meldung sowohl in den Medien als auch in der Bevölkerung große Beunruhigung hervorrief und der Umsatz dieses Produkts schlagartig zurückging. Sofort nach Bekanntgabe der ersten Informationen setzte die Herstellerfirma Johnson & Johnson ein Exekutivkomitee ein, das die Glaubwürdigkeit der Firma wahren sollte. Das Komitee beschloss, am Produkt grundsätzlich festzuhalten, und leitete sofort drei Maßnahmen ein:

◆ Werbespots für diese Produktgruppe wurden gestrichen und über die Medien wurde mitgeteilt, dass Johnson & Johnson alles unternehmen werde, um eine möglichst sichere Verpackung zu entwickeln. Gleichzeitig wurde ein gebührenfreies Krisentelefon für Verbraucher eingerichtet.

◆ Brieflich wurden die Mitarbeiter und die Pensionierten von Johnson & Johnson gebeten, sich für ihre Firma einzusetzen.

◆ Mitarbeiter sprachen mit Abgeordneten in Washington, um unter anderem ein bundesweites Gesetz zu erlassen, das Fälschungen von Medikamenten als Schwerverbrechen einstuft.

Ende 1982 besuchten über 2000 Verkäufer der Firma Ärzte und medizinische Institutionen und warben um ihre Unterstützung bei der Wiedereinführung des Produkts in der neuen, sichereren Packung. Mit einem Dreifach-Sicherheitsverschluss entsprach diese Packung als erste vollumfänglich den neuen Vorschriften der «Food and Drug Administration»; dies brachte der Firma zugleich einen Wettbewerbsvorteil gegenüber der Konkurrenz. Mit Gutscheinen wurde außerdem zum Kauf des Produkts angeregt.
Es gelang Johnson & Johnson, seine Glaubwürdigkeit und das Vertrauen der Kunden wieder zu gewinnen. Dies zeigte auch eine Umfrage drei Monate nach den Vorfällen. 93 % der Öffentlichkeit glaubten, dass Johnson & Johnson seine Verantwortung gut oder sogar sehr gut wahrgenommen habe. Auch das Vertrauen der Konsumenten stieg. Bereits in der Mitte des folgenden Jahres hatte Tylenol über 90 % des früheren Marktanteils zurückgewonnen.[1]

Der Gedanke der Verantwortung des Herstellers könnte nun noch weiter ausgeführt werden. Beispielsweise könnte man ihn in die Pflicht nehmen, aus eigenem Antrieb auf die Herstellung von Zigaretten wegen

---

[1] Siehe Thommen, *Betriebswirtschaftslehre*, Band 1, S. 51ff.

des Krebsrisikos, auf den Verkauf von Christbaumkerzen wegen der Brandgefahr, auf den Ausschank alkoholischer Getränke und auf anderes mehr zu verzichten. Er dürfte nur noch Produkte herstellen oder vertreiben, die gänzlich dem Wohl der Gesellschaft dienen.

Kotler spricht in diesem Zusammenhang von einem «gesellschaftsfreundlichen Marketing».[1] Dessen Hauptaufgabe wäre es, die Bedürfnisse und Wünsche der Zielmärkte festzustellen und die Lebensqualität des einzelnen Konsumenten wie auch der Gesamtgesellschaft zu verbessern.

Ganz unmündig sind die Produktanwender nun jedoch auch wieder nicht. Man kann sich fragen, ob der Maßstab, der zur Bewertung der Gesellschaftsfreundlichkeit angewendet würde, für alle Konsumenten der richtige wäre. Wie immer dürfte die Wahrheit irgendwo in der Mitte liegen. Unternehmen sollten dort eine gesellschaftliche Verantwortung übernehmen, wo der vollständig informierte und mündige Konsument nicht in der Lage ist, diese Verantwortung selber zu erkennen oder wahrzunehmen.

Als Stephan Schmidheiny beschloss, keine Asbestfasern mehr in seinen Eternit-Werken einzusetzen, handelte er im Sinne des gesellschaftsfreundlichen Marketing. Zugleich dachte er daran, einem gesetzlichen Verbot zuvorzukommen und unter Umständen zu erwartende teure Haftpflichtklagen zu vermeiden.

Als Gottlieb Duttweiler sich gegen den Verkauf von Alkohol und Zigaretten beim größten schweizerischen Einzelhändler Migros entschied, tat er dies aus einem tiefem ethischen Verständnis heraus. Zugleich förderte er aber auch das Image seiner Genossenschaft, primär für den Konsumenten da zu sein. Selbstloses ethisches Verhalten wirkt wahrscheinlich umso besser, je weniger es wirtschaftlichen Prinzipien entgegenläuft.

## Faire Preispolitik

Adam Smith (1723 bis 1790) gilt als «Vater der freien Marktwirtschaft». Nach seiner Auffassung müssen die Marktteilnehmer frei sein, ihre Interessen zu verfolgen; dies führe automatisch zu einer Verbesserung des allgemeinen Wohlstands. Es sei so, als werde dies von einer unsichtbaren Hand gelenkt. In einer freien Marktwirtschaft erfolge die Verteilung von Produktionsmitteln und Gütern automatisch so, dass der größtmög-

---

[1] Siehe Kotler, *Marketing Management*, S. 37ff.

liche Nutzen für die Gemeinschaft daraus entstehe. Voraussetzung sei, dass die vielen Anbieter und Nachfrager aus freiem Willen entscheiden können. Das Gesetz der freien Preisbildung respektive der Wettbewerb zwischen Anbietern und Nachfragern müsse ungehindert funktionieren.

Zur Zeit von Adam Smith hatten die Unternehmen meist weniger als zehn, selten aber mehr als 100 Mitarbeiter. Viele kleine Hersteller und Kleinhändler warben damals um die Gunst der Konsumenten. Es wurde primär regional operiert. Internationale Verflechtungen waren unbedeutend. Der Markt dieser Kleinunternehmer war daher auch kleiner. Trotzdem spielte der freie Wettbewerb besser als heute, da viele Industrien von wenigen Anbietern beherrscht werden. Auch auf der Abnehmerseite waren damals keine Konzentrationen feststellbar.

Die «unsichtbare Hand» von Adam Smith, die automatisch das ethische Grundgesetz «Förderung des Gemeinwohls» erfüllt, setzt einen frei spielenden Wettbewerb voraus. Wir untersuchen daher nun, was den freien Wettbewerb einschränkt, inwiefern dadurch moralisch-ethische Wertvorstellungen verletzt werden und ob dies mit der Marketingauffassung übereinstimmt.

## Ausnützung von Monopolsituationen vermeiden

In einer Monopolsituation funktioniert das Gesetz von Angebot und Nachfrage nicht automatisch. Der Monopolist kann seine Marktstellung ausnützen und Preise verlangen, die höher sind als unter dem Konkurrenzdruck im freien Markt. Er erzielt auf diese Weise Gewinne, die ihm im Sinne der freien Marktwirtschaft eigentlich nicht zustehen.

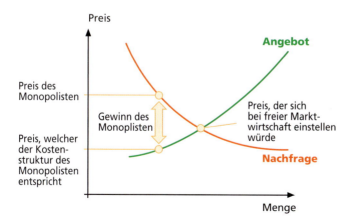

Angebot und Nachfrage in einem monopolistisch beherrschten Markt

Diese Situation entsteht aber nur bei Produkten mit relativ fixer Nachfrage (Zucker, Milch). Auch bei staatlichen Monopolbetrieben, beispielsweise bei der Bundesbahn, ist die Nachfrage zum Teil fix (Pendler, Nicht-Autofahrer). Der Preis kann daher fast beliebig gewählt werden, solange kein Konkurrent mit billigeren Angeboten in den Markt einsteigen kann.

Unternehmen, die überdurchschnittliche Profite erzielen, sollten ihre Gewinne benützen, um entweder in neue Tätigkeitsgebiete zu investieren oder um ihr angestammtes Gebiet zu verbessern, zum Beispiel durch die Entwicklung neuer Herstellungsverfahren, eine Erweiterung der Produktpalette, eine Verbesserung der Lieferleistung, das Gewähren zusätzlicher Serviceleistungen. Falls dies geschieht, kann von einer unethischen Geschäftseinstellung eigentlich nicht gesprochen werden, da die erhöhte Gewinnmarge dazu dient, die Konkurrenzfähigkeit in einem neuen oder im angestammten Gebiet zu fördern.

Die Erfahrung zeigt aber, dass nicht alle Unternehmen so denken. Oft stellt man fest, dass eine gute Gewinnsituation dazu verführt, etwas mehr zu administrieren, etwas gemächlicher zu produzieren, bei Lohngesprächen etwas generöser zu sein – kurz, etwas «Fett anzusetzen» und somit an Konkurrenzfähigkeit einzubüßen. Die Angebotskurve wird somit nach oben verschoben und reduziert das zusätzliche Gewinnpotenzial des Monopolisten. Aus seinen Produktionsfaktoren holt er nicht mehr das heraus, was er unter Konkurrenzdruck herausholen könnte. Es kommt zu einer gewissen Verschleuderung von Ressourcen.

Zugleich wächst die Gefahr, dass Neuanbieter mit neuen Produktionslösungen oder effizienteren Kostenstrukturen die Lage erkennen und in den Markt drängen. Der etwas «träge» gewordene Monopolist hat dann Mühe, das Steuer herumzureißen. Zudem sind die bisher von ihm abhängigen Kunden schnell gewillt, den Neuanbieter zu berücksichtigen. Dies erschwert die Verteidigung der Marktstellung noch mehr.

Monopolisten sind daher gut beraten, wenn sie ihre Vorzugsstellung (etwa dank einer patentierten Erfindung) nicht zu Lasten der Kunden ausnützen. Sie sollten ihre Preispolitik langfristig planen. Die Kunden sollten im Sinn der Marketingidee erkennen, dass auch der Exklusivanbieter die langfristige Zusammenarbeit mit ihnen sucht.

Unternehmen sollten einsehen, dass das Wohl und Gedeihen ihrer Kunden langfristig auch ihnen zugute kommt. Je effizienter ihre Kostenstrukturen sind, je mehr sie sich um neue Lösungen für ihre Kunden bemühen, umso kleiner ist die Gefahr, dass der Markt später zu einem Neuanbieter hintendiert.

In Investitionsgüterbranchen versuchen die Nachfrager manchmal, sich durch Kooperationen gegen die Anbietermacht zu schützen. Einkaufsvereinbarungen oder gar Zusammenschlüsse sind mögliche Folgen. Auch der Aufbau eigener Produktionsstätten oder die Lancierung von Eigenmarken gehören zu den Reaktionen. Oft kommt es dann zu einem Machtausgleich zwischen der Anbieter- und der Abnehmerseite; wenn sich die Machtbalance zur Abnehmerseite verschiebt, kann dies wieder zu Konzentrationsanstrengungen auf der Anbieterseite führen.

> Das Lebensmittelgeschäft zeichnet sich durch enorme Konzentrationen auf Hersteller- und Abnehmerseite aus. Heute stehen sich Giganten wie Nestlé, Unilever, Procter & Gamble auf der einen und Gruppen wie Metro, Carrefour und Walmart auf der anderen Seite gegenüber.

## Marktverhalten nicht durch Absprachen fixieren

Reine Monopolsituationen sind eigentlich selten. Viel öfter stellt man fest, dass sich drei, vier oder mehr Anbieter um die Gunst des Kunden bemühen. Trotzdem kann der freie Wettbewerb auch in oligopolistischen Märkten eingeschränkt sein. In der Regel ist es für einen Neuanbieter viel schwieriger, in einen Markt einzudringen, in dem die beherrschenden Unternehmen bereits über einen Anteil von etwa 20 % und mehr verfügen. Leider gibt es auch immer wieder Absprachen (etwa den Vitaminskandal um Roche) oder ein «stilles Einvernehmen», die die freie Regulierung von Angebot und Nachfrage über den Preis beeinträchtigen.

- **Preisabsprachen:** In mehr oder weniger geheimen Absprachen werden Preise vereinbart, die höher sind als die marktüblichen Wettbewerbspreise.

- **Preisverständnis:** Wettbewerber richten ihre Preispolitik nach dem führenden Anbieter, der seinerseits das Niveau so festlegt, dass die Wettbewerber keinen Vorteil darin sehen, sich auf einen Preiskampf einzulassen.

- **Mengenabsprachen:** Es wird «still» vereinbart, welche Mengen die einzelnen Anbieter herstellen. Das Marktangebot wird dabei genau so festgelegt, dass ein für alle annehmbares Preisniveau entsteht. Falls einzelne Anbieter mehr als ihre Quote produzieren, zahlen sie denjenigen eine Entschädigung, die ihre Quote nicht erreichen. Solche Quotenregelungen findet man vor allem in Märkten mit Überkapazitäten, beispielsweise bei der OPEC, der Organisation erdölproduzierender Länder. Die Anbieter versuchen auf diese Weise, einen ruinösen Preiswettbewerb zu vermeiden; würden sie nur noch minimale Deckungsbeträge erzielen, ließen sich teure Neuinvestitionen nicht mehr durchführen.

- **Preisbindung:** Ein Hersteller verkauft nur dann an einen Einzelhändler, wenn er mit einem bestimmten Endverkaufspreis einverstanden ist. Dadurch wird die Konkurrenz zwischen den Einzelhändlern ausgeschaltet und der Druck des Endkonsumenten auf den Hersteller, seine Preise zu senken, wird vom Einzelhändler nur in begrenztem Umfang weitergegeben.

Alle diese stillen und offenen Absprachen bekämpft der Gesetzgeber mittels Kartellverboten. Preis- oder Mengenabsprachen zu Lasten der Kunden sind daher nicht nur aus ethisch-moralischen Überlegungen, sondern auch aus rechtlicher Sicht verwerflich.

> In keinem anderen Kanton der Schweiz gibt es so viele Zeitungen wie im Tessin. Die Wettbewerbskommission hegt nun den Verdacht, dass sich die Blätter mittels Preisabsprachen über Wasser halten. Die drei größten Zeitungen haben ihre Verkaufspreise seit 1993 immer gleichzeitig und immer um den gleichen Betrag angehoben.[1]

Es stellt sich die Frage, ob durch solche Absprachen die Fähigkeit verloren geht, sich im Markt durchzusetzen. In abgeschwächter Form gelten etwa die gleichen Überlegungen wie für den «träge» gewordenen Monopolisten – abgeschwächt deshalb, weil die Anbieter in kartellisierten Märkten meistens wachsamer sind als der Monopolist, denn es droht ja immer der Zusammenbruch des Kartells. Es genügt, dass einer der Beteiligten ausschert oder dass aufgrund internationaler Verflechtungen neue Konkurrenzsituationen entstehen.

> Mit der Erklärung der Sibra-Gruppe (1988), sich nicht mehr an die Preisabsprachen des schweizerischen Bierkartells halten zu wollen, brach eines der letzten schweizerischen Kartelle auseinander. Sibra, aber auch Hürlimann, wurden anschließend von dem führenden Anbieter Feldschlössli übernommen, da sie sich im freien Markt nicht durchsetzen konnten. Doch auch Feldschlössli hat heute Mühe, sich im zunehmend internationalisierten Bier-Wettbewerb zu behaupten, und hat daher entschieden, sich einem etablierten Bierhersteller anzuschließen.

Die Idee des Marketing verlangt, dass sich ein Anbieter eine Gruppe von Zielkunden aussucht und für sie ein abgerundetes Leistungspaket in der Weise konzipiert, dass sein Geschäft langfristig rentabel ist. Werden nun durch Absprachen einzelne Elemente des Marketingmix fixiert, so ist die Gefahr groß, dass das angebotene Leistungspaket nicht optimiert wird.

Der Hersteller nimmt dies aber nicht wahr, da er unter dem Schutz des Kartells nach wie vor Gewinn erwirtschaftet. Erst mit einem Zusammenbruch des Kartells beginnt er zu realisieren, dass im Markt nun plötzlich Fähigkeiten gefragt sind, die zu entwickeln er versäumt hat. Diese schmerzliche Erfahrung mussten schon recht viele Unternehmen machen.

---

[1] W. Niederberger, «Tessiner Pressewunder im Visier», in: *Tages-Anzeiger*, Zürich, 14. Juli 1999.

> Das Kartell schweizerischer Papierhersteller begann in den 70er Jahren langsam zu zerbröckeln, als ausländische Anbieter aus der EFTA und später aus den EU-Staaten immer stärker in die Schweiz drängten. Einige Hersteller mussten erkennen, wie schlecht sie sich im freien Wettbewerb behaupten konnten. Sie besaßen praktisch keine Verkaufsmannschaft, hatten die Pflege ihrer Absatzmittler sträflich vernachlässigt und produzierten ihre Qualitäten zeitweise auf Anlagen, die nicht dem neusten Stand der Technik entsprachen. Tiefrote Zahlen und enorme Anstrengungen zur Gesundung einzelner Fabriken waren die Folge. Einzelne (Perlen, Cham-Tenero und Tela) schafften es, andere (Biberist, Utzendorf, Zwingen, Sihl) gingen unter.

### Exklusivvereinbarungen von Fall zu Fall beurteilen

Auch Exklusivvereinbarungen reduzieren den freien Wettbewerb. Ein Hersteller liefert sein Produkt beispielsweise nur unter der Bedingung, dass der Kunde kein Konkurrenzprodukt bezieht. Dies setzt jedoch einen Exklusivitätscharakter des Produkts voraus, da sich der Kunde in der Regel in seinen Entscheidungen nicht derartig binden lässt. Diese Situation ist daher mit einer Monopolstellung vergleichbar.

Zahlreicher sind die Fälle, in denen gegenseitige Exklusivität vereinbart wird. Hersteller und Kunde verpflichten sich, exklusiv miteinander zu arbeiten. Es entsteht eine Art vertraglicher Vertikalisierung. Der freie Wettbewerb verlagert sich vom Hersteller- auf das Kundenprodukt, denn die Konkurrenten des Kunden werden ihre eigenen Lieferanten aufbauen, sobald sie sich vom möglichen Schock, nicht mehr beliefert zu werden, erholt haben.

Vertretungen besitzen oft Exklusivitätsarrangements. Dies kann sehr zweckmäßig und ganz im Sinn der Marketingidee sein, denn der Vertreter identifiziert sich ganz und gar mit dem Herstellerprodukt und ist somit der verlängerte Arm des Produzenten. Der Konkurrent des Vertreters besitzt seinerseits eine Exklusivitätsvereinbarung, so dass beide mit «gleich langen Spießen» kämpfen. Das Ganze dürfte volkswirtschaftlich auch effizient sein: Der Vorteil des freien Wettbewerbs an der Schnittstelle zwischen Hersteller und Vertreter dürfte um vieles kleiner sein als die Reibungsverluste, die an dieser Stelle entstehen würden, wenn der Vertreter seinen Lieferanten für jedes Geschäft frei wählen müsste.

Ins Kapitel «Exklusivität» reihen sich auch jene verwerflichen Geschäftsabschlüsse ein, die nur durch Bestechung zustande kommen. Die für die Einkaufsentscheidung zuständigen Personen erhalten vom Produzenten unter der Hand Geld, das im Preis bereits einkalkuliert wurde. Alles wird vertraulich und meist ohne entsprechende Unterlagen abgewickelt. Man weiß daher auch nicht, in welchem Ausmaß und in welchen Ländern Kaufabschlüsse mit solchen Praktiken getätigt werden.

Schmiergelder sind unethisch und entsprechen nicht der Idee des Marketing. Der Kunde wird dazu verleitet, zu teure Produkte einzusetzen und verliert so mit der Zeit seine Konkurrenzfähigkeit. Zudem besteht keine Gewähr, dass das von ihm eingekaufte Produkt seinen Bedürfnissen am besten entspricht. Es fehlt auch der Druck auf den Hersteller, seine Marketingmittel möglichst kundengerecht zu konzipieren.

Anfang der 90er Jahre versteigerte die Treuhand den maroden ostdeutschen Chemiekonzern Leuna. Um einen Investor anzuziehen, wurde das Unternehmen in einem Paket mit dem ostdeutschen Tankstellennetz Minol verkauft; es wurden zusätzliche Subventionen in Höhe von 38 % des Investitionsvolumens für die Erneuerung der Leuna-Raffinerie zugesagt. Der französische Mineralölkonzern Elf Acquitaine kaufte das Paket für DM 4,8 Mrd. Heute steht in Leuna eine der modernsten Raffinerien Europas.
Was wie ein Beispiel europäischer Zusammenarbeit aussieht, hat allerdings die europäische Politbühne erschüttert. Elf Acquitaine wurde angeklagt, die Investitionsvolumen künstlich aufgebläht zu haben, um mehr Subventionen zu ergattern. Das Stillschweigen der deutschen Politiker soll sich Elf Acquitaine mit Parteispenden von mehr als DM 50 Mio. gesichert haben. Elf Acquitaine war bereits wegen anderer Bestechungsaffären ins Zwielicht geraten. Zwischen 1990 und 1997 sollen sFr. 150 Mio. an Machthaber in Afrika geflossen sein. (Quelle: *Tages-Anzeiger,* Zürich, 1. Februar 2000)

### Manipulation von Kunden stets überprüfen

Es gibt vieles, was als Manipulation gedeutet werden kann. Meistens werden solche Kunden ausgenützt, die sich nicht informieren, die sich keine Zeit für den Vergleich von Angeboten nehmen oder denen die schnelle Kaufabwicklung wichtiger ist als die Suche nach einem besseren Angebot.

- **Lockvogelangebote:** Mit einem besonders günstigen Preis für einen bestimmten Artikel wird der Kunde in den Laden gelockt. Dort hofft man, dass er nicht nur das Lockvogelangebot, sondern auch noch andere Produkte kauft. Oft ist das Lockvogelangebot auch nur in einer ausgefallenen Größe oder in einer wenig gefragten Farbe vorhanden, so dass der Kunde das Angebot mit großer Wahrscheinlichkeit nicht erwirbt. Oder der betreffende Artikel wurde in so kleinen Mengen bestellt, dass das letzte Exemplar «vor einer halben Stunde» verkauft worden war.

- **«Preisgags»:** Statt eines Preises von sFr. 4 wird ein Artikel mit sFr. 3.95 ausgezeichnet. Während die Einzelpackung für sFr. 5 verkauft wird, wird die Doppelpackung für sFr. 9.95 angeboten.

- **Verbundangebote:** Das vom Kunden gewünschte Produkt A, das normalerweise Euro 45 kostet, wird ausschließlich mit dem Produkt B zusammen für Euro 65 angeboten. Dies ist zwar günstig, da B allein sonst Euro 30 kostet. Es gibt jedoch viele Kunden, die nur das Produkt A wünschen.

- **Ausverkaufsangebote:** Durch eine Preissenkung soll der Konsument dazu animiert werden, bei einem besonders günstigen Angebot zuzugreifen. Die zeitliche Beschränkung des Ausverkaufs erschwert zudem den gründlichen Vergleich mit dem Angebot von Konkurrenzunternehmen.

Aus Marketingsicht ist eigentlich nichts gegen solche Angebotspraktiken einzuwenden, solange der Kunde weiß, dass er seinen Nutzen nicht optimiert. In diesem Fall wird er anschließend über seinen Kauf auch nicht enttäuscht sein. Der Kunde kommt sich nicht manipuliert vor. Wurde er aber doch manipuliert, dann fühlt er sich früher oder später irgendwie hintergangen und wird sich von den teilweise sehr plumpen und aus ethischer Sicht meist fraglichen Praktiken distanzieren.

> «Sie haben schon gewonnen. Sie sind unter zehn Teilnehmern als Preisträger ausgewählt worden. Sie müssen nur noch Ihre Gewinnmarke ausschneiden und auf den beiliegenden Rückantworttalon kleben. Wenn Sie Ihren Talon bis Ende des Monats einsenden, nehmen Sie automatisch an einer zusätzlichen Gratisverlosung teil» usw.
> Wie viele solcher Sendungen flattern doch heute in jedes Haus. Man muss nichts bestellen und nimmt trotzdem an der Verlosung teil. Wenn man jedoch wirklich mitmachen will, muss man die Details genau lesen und befolgen. Viele Leute werfen solche Post ungelesen in den Papierkorb. Trotzdem scheint die Zahl der Mitmacher nach wie vor interessant zu sein, denn solche Angebote nehmen weiterhin zu. Mit der Grundidee des Marketing hat diese Art von Lockvogelangebot aber wenig gemeinsam.

Lockvogelangebote

# Kommunikation und Ethik

Kommunikation, insbesondere aber Werbung und Verkaufsförderung, war seit eh und je mit Vorwürfen aus moralisch-ethischer Sicht konfrontiert. Auf der einen Seite wird gesagt, dass Werbung verführerisch wirke, dass sie volkswirtschaftlich nichts bringe, dass sie unwahr sei und die menschliche Intelligenz beleidige. Umgekehrt wird argumentiert, dass sie den Konsumenten informiere, es durch den Gewinn zusätzlicher Kunden erlaube, die Herstellungskosten pro Stück zu senken, und ein Produktimage aufbaue, was sich der Konsument wünsche. Auch werde beim Markenartikel der Kaufakt so effizienter abgewickelt.

Die Wahrheit ist meist schwierig festzustellen. Die Wirkung der Kommunikation ist – wie der Abschnitt über Erfolgskontrolle bei der Werbung zeigt – kaum messbar. Hier geht es um eine Glaubensfrage, die wohl jedes Unternehmen aus seiner Sicht beurteilen muss.

> Die Werbekampagne für die MUBA (Mustermesse Basel) 2000 lief unter dem Motto: «Besuchen Sie die Mutter aller Messen.» Die Reaktion auf die Plakate, die ein Bild des Starfotografen Richard Avedon – eine nackte, schwangere Frau – zeigten, hatte der Veranstalter nicht erwartet. So weigerte sich der MUBA-Partner SBB (Schweizerische Bundesbahnen), die Plakate aufzuhängen. In einigen Kantonen und in Süddeutschland wurde das Bild zensiert. Mancherorts wurden die Plakate sogar systematisch verschmiert oder zerstört.

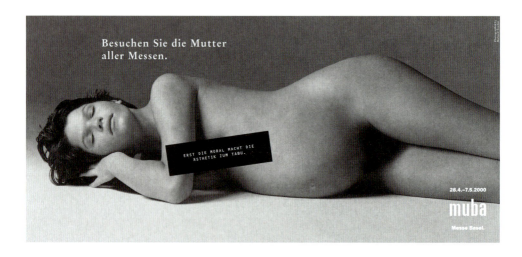

Wir sind der Ansicht, dass Kommunikation sowohl moralisch-ethischen Wertvorstellungen entsprechen als auch im Einklang mit der Marketingidee stehen muss. Daher stellen wir folgende Forderungen an eine gute Kommunikation.

◆ **Möglichst vollständige Informationen:** Die Kommunikation hat eine Botschaft zu übermitteln. Diese Botschaft sollte vom Empfänger so verstanden werden, wie sie gemeint ist. Besteht die Botschaft darin, ein Gefühl oder eine Stimmung zu transportieren, so ist dies akzeptabel. «Vollständige Information» bedeutet nicht, dass viele Worte gemacht werden müssen, sondern nur, dass sie umfassend genug sein muss, um vom Empfänger nicht falsch verstanden zu werden. Dabei ist zu berücksichtigen, dass der Adressat die Botschaft unter Umständen nur flüchtig wahrnimmt und sie vielleicht tatsächlich falsch interpretiert.

- ◆ **Keine «Bluffs»:** Diese Forderung gilt nur, wenn das «Bluffen» nicht Teil der Spielregeln ist. Wer allerdings im Sinn hat, im gedeckten Bazar von Istanbul einen Seidenteppich zu kaufen, muss wissen, dass der Verkäufer erwartet, dass der Kunde mit ihm um den Preis feilscht und auf seine «Bluffs» nicht reagiert. Auch hierzulande gibt es Branchen, in denen Preise ausgehandelt werden (Immobilienmarkt, Autohandel).
Solange jeder weiß, dass «die Suppe nicht so heiß gegessen wird, wie sie gekocht wurde», sind Übertreibungen akzeptabel. Dies gilt in gewissem Maß auch für die Werbung, weil der Kunde davon ausgeht, dass sie tendenziell übertreibt. Die Forderung «keine Bluffs» gilt also für jene Fälle, in denen die Möglichkeit besteht, dass der Kunde den «Bluff» für bare Münze nimmt.

- ◆ **Wahre Aussagen:** Bei dieser Forderung geht es vor allem um den persönlichen Verkauf und weniger um die Werbung, die ja von der Öffentlichkeit kontrolliert wird. Beim persönlichen Verkaufsgespräch ist die Gefahr viel größer, dass der Reisende zu unwahren oder halbwahren Aussagen greift, um möglichst rasch einen Verkaufsabschluss herbeizuführen.

> «Dies ist gerade noch das letzte Kleid in dieser Größe. Wir können es auch nicht mehr nachbestellen.»
> «Heute kann ich Ihnen für dieses Gerät noch einen speziellen Einführungsrabatt geben …»
> «Sie sind der erste Kunde, dem wir dieses neue Produkt anbieten …»
> «Ein anderer Kunde hat bereits sein Interesse an dieser Antiquität angemeldet; wenn Sie sich aber jetzt gleich entscheiden, dann gebe ich sie Ihnen …»

Die Ausführungen zeigten, wie viel in der Kommunikation Ermessenssache ist und wie wenig im Grunde die Auswirkungen von Werbung, Verkaufsförderung, Pressecommuniqués und persönlichen Aussagen erforscht sind. Die Unternehmen sollten sich in der Kommunikation daher von moralischen Werten leiten lassen.

# Durchsetzung ethischer Werte

Die Mitarbeiter eines jeden Unternehmens werden immer wieder mit ethischen Fragen konfrontiert: «Soll ich das Geschenk annehmen? Soll ich mir beim Rundgang durch das Lager des Kunden notieren, wie viele Kisten Material von Konkurrenten stammen? Soll ich im Preisgespräch dem Kunden die eigenen Lohnsteigerungen höher beziffern als sie sind, um meine Preisvorstellungen besser durchsetzen zu können? Soll ich das Angebot eines Lieferanten annehmen, mich minderheitlich an seinem Geschäft zu beteiligen?»

Die Mitarbeiter suchen daher Richtlinien, die ihnen helfen, solche und ähnliche Situationen zu meistern. Sie ziehen es vor, in einer Umgebung mit klaren Spielregeln zu arbeiten. Sie wollen nicht ständig mit sich und ihren Wertvorstellungen im Konflikt leben. Daher suchen sie auch Richtlinien für eine ehrliche und moralisch korrekte Verhaltensweise. Es ist daher Aufgabe jeder Unternehmensführung, entsprechendes Verhalten zu fördern.

Dies kann auf drei Arten geschehen: Durch beispielhaftes Demonstrieren dessen, was erwartet wird; durch die Etablierung ethischer Grundsätze und durch den Erlass von ethischen Richtlinien. Diese Varianten können auch kombiniert werden. So sollte das beispielhafte Vorleben durch die Unternehmensführung eigentlich immer dazugehören. Damit das Ganze keine «Papierübung» bleibt, führen Unternehmen oft spezielle Ausbildungsprogramme für ethisches Verhalten durch. Manchmal wird die Lösung gewählt, im Beförderungs- und Entlöhnungssystem ethisches Verhalten zu berücksichtigen.

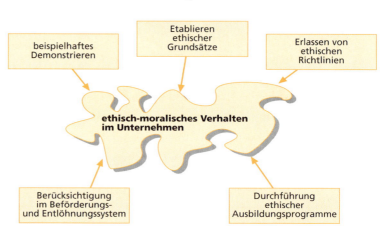

Möglichkeiten der Beeinflussung ethisch-moralischen Verhaltens in einem Unternehmen

Die Selbstregulierung ethischen Verhaltens durch die Wirtschaft hat im Vergleich zur staatlichen Kontrolle viele Vorteile. Die Respektierung ist besser, denn Verhaltensregeln können unternehmensspezifisch aufgestellt werden; die Einhaltung lässt sich direkter überwachen. Zudem entspricht dies eher der westlichen Auffassung von der Aufgabenteilung zwischen Individuum und Gesetzgeber. Voraussetzung ist allerdings, dass Unternehmen ihre Aufgabe erkennen und nicht etwa meinen, sie würden auch langfristig besser fahren, wenn sie sich nicht an moralisch-ethische Werte halten.

Ethische Richtlinien

## Mit gutem Beispiel vorangehen

Alle Untersuchungen zum Thema «Unternehmenskultur» zeigen, wie wichtig das symbolhafte oder vorbildliche Verhalten der obersten Führungskräfte ist, wenn es darum geht, ethische Prinzipien durchzusetzen.

Als **Unternehmenskultur** bezeichnet man das im Laufe der Zeit entstehende Normen- und Wertgefüge, das für das Verhalten von Führungskräften und Mitarbeitern innerhalb eines Unternehmens charakteristisch ist.

> Procter & Gamble ist als marktorientierte Gesellschaft bekannt. Diese Orientierung blickt auf eine lange Tradition zurück. Schon Ende des 19. Jahrhunderts entwickelte sich bei Procter die Einstellung: «Der Kunde ist wichtig.» Procter und sein Nachfolger machten die Erfahrung, dass sich ein vermehrter Einsatz für den Kunden zugleich für das eigene Unternehmen positiv auswirkt. Dies verstärkte natürlich im Lauf der Zeit die Kundenorientierung. Heute ist sie so fest im Unternehmen verankert, dass ein ehemaliger P&G-Mitarbeiter oft Mühe hat, sich in einem Unternehmen zurechtzufinden, das etwa stark kostenorientiert handelt.

Moralisch-ethisches Fehlverhalten entsteht vielfach aus kurzsichtigem Denken. Man will sich beispielsweise unbedingt noch einen großen Auftrag sichern, um das Umsatzbudget zu erreichen, sogar dann, wenn die Gefahr besteht, den Kunden so zu verärgern, dass er seine nächsten Käufe an andere Lieferanten vergibt. Führungskräfte müssen daher immer wieder demonstrieren, dass sie langfristig denken und den anhaltenden, nicht den einmaligen und kurzlebigen Erfolg suchen.

Das beispielhafte Vorleben ethischer Grundsätze kommt insbesondere im Kleinunternehmen zum Tragen. Hier erleben die Mitarbeiter den Chef tagtäglich ganz aus der Nähe. Sie beobachten, wie er denkt, nach welchen Werten er urteilt und wie er handelt. Die Ausstrahlung dieses Chefs, der vielfach ja auch der Inhaber des Unternehmens ist, ist so entscheidend, dass geschriebene ethische Grundsätze überhaupt nichts nützen, wenn er selbst nicht danach lebt. Eine starke, mit viel Charisma ausgestattete Führungspersönlichkeit, die ethisch-moralisches Verhalten vorlebt, ist wahrscheinlich die beste Garantie dafür, dass sich Mitarbeiter gleich verhalten.

> Vor 30 Jahren untersuchte ich in meiner Dissertation die Unfallhäufigkeit in sechs verschiedenen schweizerischen Gießereien. Dabei stellte sich heraus, dass sich in einer Gießerei wirklich deutlich weniger Betriebsunfälle ereigneten als in den anderen, obwohl sie praktisch keine Werbung für Unfallverhütung, keine Wettbewerbe und kaum Schulungskurse durchführte und vergleichsweise wenig Schutzeinrichtungen installiert waren. Der Unterschied war nicht etwa marginal, sondern krass.
> Entscheidend war, dass in der Gießerei der damaligen Escher Wyss (um diese handelte es sich) die Unfallverhütung zu den Aufgaben der Führung gehörte. Man hatte auf allen Führungsstufen den Eindruck, Unfallverhütung sei Teil der Unternehmenskultur. Es war ein menschliches Anliegen der Vorgesetzten, Sicherheit mit erster Priorität zu behandeln.

## Grundsätze etablieren

In vielen Gesellschaften werden ethische Grundsätze etabliert. Sie sind oft Teil des Leitbildes und an die Gegebenheiten des Unternehmens angepasst. Beispielsweise hat das Verhalten den Kunden gegenüber eine hohe Bedeutung und wird daher besonders sorgfältig gepflegt oder die Verantwortung für die Mitarbeiter wird explizit zum Ausdruck gebracht. Andererseits werden vielleicht Verpflichtungen den Aktionären gegenüber nicht erwähnt, da Unternehmensführung und Inhaberschaft identisch sind.

Genügt aber die Etablierung solcher Grundsätze? Ist die Gefahr nicht zu groß, dass die Organisation sie zu wenig beachtet?

Diese Gefahr besteht in der Tat, denn die Grundsätze sind in der Regel sehr allgemein formuliert und können deshalb verschieden interpretiert werden, wie das folgende Beispiel zeigt.

> «Wir wollen primär unseren Kunden mit guter Qualität und gutem Service dienen. Unser Angebot soll innovativ auf die Bedürfnisse unserer Kunden ausgerichtet sein. Wir handeln integer und wollen die Vertrauensbasis zu unseren Kunden nicht verlieren. Wir möchten insbesondere mit Kunden tätig sein, die ihre Verantwortung gegenüber der Gesellschaft im Allgemeinen und gegenüber ihren Mitarbeitern im Speziellen wahrnehmen.»

Diese aus diversen Praxisbeispielen entwickelte Aussage ist zwar klar, aber trotzdem dürfte der Mitarbeiter bei der tagtäglichen Umsetzung einige Schwierigkeiten haben. Wo beginnt und wo endet beispielsweise die Integrität? Wie kann er erkennen, welcher Kunde seine Verantwortung der Gesellschaft und seinen Mitarbeitern gegenüber besser wahrnimmt?

Die Idee solcher Grundsätze besteht nicht darin, alles zu erlauben, was nicht ausdrücklich verboten ist. Vielmehr soll der Mitarbeiter nur solche Handlungen ausführen, die den Grundsätzen nicht nur nach den Buchstaben entsprechen.

Ethische Grundsätze müssen immer von einem demonstrativen Handeln der obersten Führungskräfte begleitet sein. Nur dann besteht die Gewähr, dass die Mitarbeiter sich wirklich danach richten. Dies ist umso eher der Fall, je übersichtlicher und transparenter ein Unternehmen strukturiert ist.

## Richtlinien erlassen

Vor allem multinationale und heterogene Unternehmen haben vor vielen Jahren begonnen, Richtlinien zur Ethik aufzustellen. Heute gibt es praktisch in allen größeren Gesellschaften solche Weisungen. Man hat auch festgestellt, dass ethische Richtlinien sich am besten auf das moralische Verhalten der Mitarbeiter auswirken.[1] Richtlinien können genau auf ein Unternehmen und auf die einzelnen Bereiche zugeschnitten werden; dies ist ein großer Vorteil. Die folgenden Beispiele zeigen das.

◆ **Bereich Verkauf**

- **Fairness:** Sie verlangt, dass man die Vorteile des eigenen Produkts beschreibt, nicht die Nachteile des Konkurrenzprodukts.

- **Geschenke:** «Geschenke an Mitarbeiter von Kunden sind nur dann zulässig, wenn damit nicht die Absicht verbunden ist, den Kunden zu beeinflussen. In jedem Fall sind sie verboten, wenn sie den Betrag von sFr. X übersteigen.»

- **Gegengeschäfte:** «Die Tatsache, dass das eigene Unternehmen Produkte des Kunden einkauft, darf nicht als Verkaufsargument benützt werden (keine Gegengeschäftshaltung).»

◆ **Bereich Werbung**

- **Qualifizierende Werbung:** Jede Werbung, die ein Konkurrenzprodukt negativ qualifiziert, ist unfair und daher unzulässig.

- **Jugendschutz:** «Werbung, die Kinder und Jugendliche zu gemeinen oder gar zu brutalen Handlungen animiert, ist in jedem Fall zu unterlassen.»

- **Wahrheit:** «Werbung darf keine Information enthalten, die aus neutraler und objektiver Sicht als unwahr bezeichnet würde.»

- **Moral:** «Unsere Werbung soll die moralischen Ansichten und ethischen Werte des Publikums nicht verletzen.»

---

[1] Siehe Touche, *Ethics in American Business*.

◆ **Verschiedenes**

- **Vertraulichkeit:** «Vertrauliche oder gar geheime Informationen aus dem Hause eines Konkurrenten dürfen weder erworben noch genutzt werden.»

- **Produktionsverantwortung:** «Produkte sind stets so gründlich zu testen, dass sie auch von ungeübten oder behinderten Kunden gefahrlos eingesetzt werden können.»

- **Machtstellung:** «Die stärkere Position darf weder im Einkauf noch im Verkauf dazu führen, dass der Verhandlungspartner zu einem Vertrag gezwungen wird, den er nach objektiven betriebswirtschaftlichen Kriterien nicht eingehen dürfte.

Einzelne Unternehmen lassen die Einhaltung solcher Richtlinien durch externe oder interne Stellen überprüfen. Die Erfahrung zeigt aber, dass die Durchführung solcher «ethischen Check-ups» – im Unterschied zur Revision der Rechnungslegung – schwierig ist. Es sind zu viele Ermessensfragen dabei und die Überprüfung im Nachhinein ist oft unmöglich.

## Ausbildungsprogramme durchführen

Ausbildungsprogramme, die der Durchsetzung und Erläuterung ethischer Richtlinien oder Grundsätze dienen, sind meist sehr wirkungsvoll. Es können Beispiele aus dem täglichen Leben diskutiert werden, was das Verständnis für die Richtlinien erheblich fördert. Die Mitarbeiter fühlen sich durch solche Kurse normalerweise sehr stark angesprochen; sie verstehen, dass sich die Unternehmensführung ihrer persönlichen Interessenskonflikte annimmt. Außerdem setzen solche internen Seminare kein spezifisches Sachwissen voraus. Dies fördert die Diskussionsfreude der Teilnehmer und stärkt bei geschickter Gesprächsführung auch den «Korpsgeist».

Eine wesentliche Voraussetzung für den Erfolg solcher Ausbildungstage ist allerdings die Anwesenheit von Vertretern des obersten Managements. Sie belegen durch ihre Teilnahme, dass die Umsetzung ethischer Wertvorstellungen ein echtes Anliegen der Führung ist.

Die folgenden zwei Fallbeispiele aus einem Seminar sollen illustrieren, wie vielfältig die Situationen sind, in denen man sich mit moralisch-ethische Fragen konfrontiert sehen kann.

> Der für die Fakturierung zuständige Mitarbeiter Q wird am 10. Dezember vom Verkaufsleiter B mit der Bitte kontaktiert, er möge doch die Fakturen der noch bis Ende des Jahres auszuliefernden Ware erst im Januar erstellen. Das Budget sei nämlich bereits überschritten und man könne gewisse Polster für das nächste Jahr brauchen. Dies sei im Interesse des Unternehmens. Q wisse ja auch, wie sich die Muttergesellschaft immer beschwere, wenn das Unternehmen sein Budget nicht erreiche. Wie reagieren Sie als Q?
>
> Die USA schlossen kürzlich ein Abkommen mit Mexiko. In der Folge wird mexikanisches Schwarzgeld kaum mehr auf amerikanischen Banken angelegt werden. Angesichts dieser Situation beschließt die Geschäftsleitung einer europäischen Bank, eine Niederlassung in Mexiko zu eröffnen. Das Ziel sei sicherzustellen, dass ein Teil der mexikanischen Schwarzgelder den Weg in die eigene Bank finde. Sie wissen von anderen europäischen Banken, dass diese die gleichen Absichten verfolgen. Sie sind mit der Gründung dieser Niederlassung betraut. Was tun Sie?

### Beförderungs- und Entlöhnungssystem überprüfen

Beförderungs- und Entlöhnungssysteme sind in der Regel auf das Erreichen betriebswirtschaftlicher Kennzahlen ausgerichtet. Dies ist verständlich, denn Anreizsysteme steigern die Leistung. Damit handelt man sich aber auch Nachteile ein. Insbesondere über zwei dieser Nachteile sollte man sich im Klaren sein.

◆ **Kurzfristiges Denken:** Anreizsysteme basieren in der Regel auf den gegenwärtig erreichbaren Resultaten. Dies fördert das kurzfristige Denken und unterdrückt Maßnahmen, die sich nur langfristig auswirken. Anreizsysteme laufen daher eigentlich der Marketingidee und dem ethischen Verhalten, die ja beide langfristiges Denken voraussetzen, zuwider.

◆ **Überspringen ethischer Richtlinien:** Je stärker das Anreizsystem ist, umso stärker wird der Einzelne versucht sein, sich über moralisch-ethische Werte hinwegzusetzen. Kann beispielsweise ein Agent auf den Kaufabschluss und damit auf seine Provision verzichten, wenn sein Kunde die Abtretung eines Drittels der Provision zur Bedingung für den Abschluss macht?

Falls solche Tendenzen im Unternehmen spürbar werden, ist zu überlegen, ob Änderungen im Beförderungs- und Entlöhnungssystem angebracht sind. Sehr wirkungsvoll ist es auch, wenn ein langjähriger und fähiger Mitarbeiter nicht zum Prokuristen befördert wird, weil sein ethisch-moralisches Verhalten nicht einwandfrei ist. Ein solches Signal wird intern sofort verstanden, und das angestrebte ethische Verhalten wird auf diese Weise verbessert.

* * *

Mit einer letzten Anekdote möchten wir uns von Ihnen, werter Leser, verabschieden. Wir vermuten, dass es uns nicht immer gelungen ist, die richtige Mischung von Theorie und praktischen Beispielen zu finden. Umso mehr liegt uns daran, alle Leser zu beglückwünschen, die dieses Buch bis zum Schluss durchgearbeitet haben.

> Mein Vater erzählte mir eine wunderbare Geschichte über einen Vater, der seiner jungen Tochter ein Medaillon schenkte und ihr sagte, darin versiegelt befinde sich ein sehr wertvoller Diamant; falls sie eines Tages Not leide, könne sie das Medaillon aufbrechen, den Diamanten verkaufen und so ihre Schwierigkeiten überwinden.
> 
> Die Tochter wurde erwachsen und musste sich in Zeiten schlimmster Armut allein durchschlagen; aber allein schon der Gedanke an den Diamanten, der in dem Medaillon, das sie an einer Halskette trug, sicher aufbewahrt war, verlieh ihr den Mut, weiterzumachen. Viele Jahre später war sie in allen Bereichen des Lebens erfolgreich und musste nicht mehr ums Überleben kämpfen. Ihre Neugier wuchs aber mit der Zeit und sie wollte nun endlich wissen, was der Diamant wirklich wert sei.
> 
> Die Frau brachte ihr kostbares Medaillon zum besten Juwelier ihres Wohnortes, um den Diamanten schätzen zu lassen. Der Juwelier betrachtet das schlichte, unscheinbare Medaillon mit einer gewissen Herablassung, hob den Hammer und zerschlug mit einem schnellen Schlag das Medaillon, das in viele Stücke zersprang. Zum Vorschein kam ein kleines, glänzendes Objekt. Der Juwelier hielt es ans Licht und sagte: «Das ist kein Diamant, meine liebe Dame, sondern nur ein wertloses Stück Glas!»
> 
> Erstaunt über diese Neuigkeit, lachte die Frau, dann weinte sie und schließlich lachte sie wieder. «Nein, mein lieber Herr, das hier ist der wertvollste Diamant der Welt!», antwortete sie und wischte sich die Tränen aus den Augen.
> 
> Ihr Vater hatte ihr einen wahrlich unbezahlbaren Edelstein gegeben – das Geschenk der Hoffnung und des Glaubens, dass ihr nichts zustoßen könne; dafür wird sie ihm immer dankbar sein.
> 
> *Aus «Bits & Pieces», Juni 1998, S. 23*

# Zusammenfassung

Die Marketingidee steht grundsätzlich im Einklang mit und nicht im Gegensatz zu moralisch-ethischen Werten. Im Einzelfall kann es allerdings zu Diskrepanzen kommen, beispielsweise wenn der Kunde die Problematik eines umweltbelastenden Produkts nicht kennt oder den höheren Preis für ein umweltfreundliches Produkt nicht bezahlen will. In solchen Situationen ist zu überlegen, ob es langfristig nicht besser ist, zu einem veränderten Produkt überzugehen, vor allem dann, wenn der Kunde auf sein Verhalten aufmerksam gemacht wird.

Moralisch-ethisches Verhalten und das korrekte Umsetzen der Marketingidee sind kongruent. Dies gilt insbesondere für die Produktpolitik, die verlangt, dass das Produkt auch den subjektiven Erwartungen des Kunden entspricht. Die extreme Forderung eines gesellschaftsfreundlichen Marketing lehnen wir jedoch ab, da wir nicht an dessen Praktikabilität glauben und die Verwender von Produkten nicht als unmündig einschätzen.

Auch in der Preispolitik kann diese Kongruenz festgestellt werden, sofern Preise langfristig festgelegt werden. Dies bedeutet aber auch, dass die oft verlockenden Möglichkeiten von Monopol- oder Konkurrenzabsprachen nicht ausgenutzt werden. Gegen Absprachen, die langfristig dazu führen, dass auch der Kunde davon profitiert, ist nichts einzuwenden.

Die Versuchung, ethische Grundsätze zu verletzen, sind in der Preispolitik größer als in der Produktpolitik; zum Beispiel durch Bestechungen. Manipulationen der Kunden sind abzulehnen, weil sie diesen Tatbestand zunächst nicht durchschauen und später enttäuscht sind.

Ethische Verhaltensregeln sind vor allem in der Kommunikation nötig. Ein Verkäufer lässt sich nämlich ziemlich schnell zu einer unvollständigen oder sogar unwahren Aussage hinreißen. «Bluffs» sind nur dann zulässig, wenn der Kunde weiß, dass sie zum «Verhandlungsspiel» gehören.

Erfolgreiche Unternehmen setzten ethische Werte durch. Sie etablieren bei ihren Mitarbeitern Spielregeln, um moralische Konfliktsituationen weitgehend zu eliminieren. Sie schaffen damit ein Klima des Vertrauens, in dem sich der Mitarbeiter wohl fühlt und selbstsicher handeln kann. Führungskräfte gehen mit gutem Beispiel voran, und sie nehmen sich die Zeit, in Ausbildungsseminarien und Mitarbeitergesprächen konkrete Konfliktsituationen auszudiskutieren. Sie ändern zudem das Beförderungs- und Entlöhnungssystem, wenn es Ursache für unethisches Verhalten ist.

Hoffentlich ist unser Wunsch, Sie beim Lesen ab und zu zum Schmunzeln zu bringen, in Erfüllung gegangen

# Anhang

# Bildnachweis

| | |
|---|---|
| 19 | Bildagentur Baumann, Würenlingen |
| 26 | UPI/Bettman Newsphotos |
| 29 | Nestlé |
| 32 | Coca-Cola |
| 47 | Bildagentur Baumann, Würenlingen |
| 51 | Daimler Chrysler |
| 76 | Karl Baedeker Verlag |
| 83 | Coca-Cola Schweiz (Fanta) |
| 84 | Bildagentur Baumann, Würenlingen |
| 95 | Allsport / Dukas |
| 96 | MCC Smart Gmbh, D-Renningen |
| 99 | Bildagentur Baumann, Würenlingen |
| 111 | Jaguar Schweiz AG / Fiat |
| 122 | Bildagentur Baumann, Würenlingen |
| 127 | Procter & Gamble, Petit-Lancy |
| 131 | Bildagentur Baumann, Würenlingen |
| 141 | Bildagentur Baumann, Würenlingen |
| 148 | Bildagentur Baumann, Würenlingen |
| 160 | Bildagentur Baumann, Würenlingen |
| 168 | Pressestelle ABB Schweiz |
| 185 | Julius Blum GmbH, A-Höchst |
| 186 | Fiat Schweiz |
| 197 | Bildagentur Baumann, Würenlingen |
| 205 | BMW / Apple / B & O / Michel Jordi |
| 207 | W. Kohlhammer |
| 208 | McDonald's / Lacoste / Mercedes Benz / Nike |
| 217 | Swissair |
| 257 | Bildagentur Baumann, Würenlingen |
| 267 | Bildagentur Baumann, Würenlingen |
| 282 | Bildagentur Baumann, Würenlingen |
| 309 | Bildagentur Baumann, Würenlingen |
| 315 | Hauni Maschinenbau AG, Kurt A. Körber, D-Hamburg |
| 336 | Bildagentur Baumann, Würenlingen |
| 342 | Bildagentur Baumann, Würenlingen |

| | |
|---|---|
| 349 | Plakatsammlung Museum für Gestaltung Zürich |
| 349 | Schweizer Hotelplakate 1875 – 1982 (Biregg Verlag AG, Luzern 1982) |
| 353 | McCann-Erickson, Genf |
| 365 | Wirz Werbeagentur AG, Zürich |
| 371 | Beiersdorf AG, Hamburg |
| 373 | UBS |
| 377 | Schweizer Milchproduzenten SMP, Bern |
| 379 | Volkswagen |
| 382 | Jacobs Suchard (Schweiz) AG / Advico Young & Rubicam AG |
| 384 | Ebel SA, La Chaux-de-Fonds / Toyota Schweiz |
| 385 | Pucci, Sulzer Werbeagentur AG, Zürich |
| 393 | Werbeagentur Advico Young & Rubicam AG |
| 395 | Feldschlösschen Getränke AG, Marketing Pepsi, Rheinfelden |
| 412 | Kalt/Steinke, Erfolgreiche PR. |
| 417 | Zanders Feinpapiere AG, D-Bergisch-Gladbach |
| 437 | Bildagentur Baumann, Würenlingen |
| 457 | Bildagentur Baumann, Würenlingen |
| 471 | Bildagentur Baumann, Würenlingen |
| 480 | «Hägar the Horrible», Bulls Pressedienst |
| 485 | Bildagentur Baumann, Würenlingen |
| 500 | «Intuition», Time-Life |
| 504 | Bildagentur Baumann, Würenlingen |
| 515 | Bildagentur Baumann, Würenlingen |
| 516 | Peugeot Schweiz |
| 526 | Allgemeine Plakat Gesellschaft APG |
| 530 | Coca-Cola |
| 534 | Quelle Aktiengesellschaft, D-Fürth |
| 559 | Sulzer AG Winterthur |
| 562 | Sauber Petronas Engineering AG, Hinwil |
| 581 | Bildagentur Baumann, Würenlingen |
| 582 | Hilti AG, FL-Schaan |
| 593 | Amag Automobil- und Motoren AG, Schinznach-Bad |
| 607 | Eigenkreation |
| 608 | Messe Basel – Lang Polycom, Basel |
| 611 | Bildagentur Baumann, Würenlingen |
| 619 | Bildagentur Baumann, Würenlingen |

# Literaturverzeichnis

**A**  Abrams, B.: «Marketing», in: *Wall Street Journal,* 9/83.
Allvine, F.: *Marketing Principles and Perspectives.* 1986.
Anderson, P. M. / Rubin, L. G.: *Marketing Communications.* Englewood Cliffs 1986.

**B**  Backhaus, K. / Büschken, J. / Voeth, M.: *Internationales Marketing.* 2. Auflage, Stuttgart 1998.
Bauer, E.: *Internationale Marketingforschung.* 2. Auflage, München 1997.
Beauchamps, B.: *Ethical Theory and Business.* Englewood Cliffs 1988.
Bechtler, T. W.: *Management und Intuition.* Zürich 1986.
Bennet, R.: *International Marketing.* London 1998.
Bennion, M.: «Segmentation and Positioning in Basic Industrie», in: *Industrial Marketing Management,* Nr. 16/1987.
Berekoven, L. / Eckert, W. / Ellenrieder, P.: *Marktforschung.* Wiesbaden 1993.
BERI-Index: Informationen zur Beschaffung des BERI-Index sind in Bibliotheken erhältlich.
Berry, L. / Parasuraman, A.: *Service Marketing.* Frankfurt/New York 1992.
*Bits & Pieces.* New Jersey, USA. Verschiedene Ausgaben von April 1997 bis Mai 2000. Siehe auch: Gilbert.
Blake, R. / Mouton, J.: *The Grid for Sales Excellence: Benchmarks for Effective Salesmanship.* New York 1976.
Böhler, H.: *Marktforschung.* Stuttgart 1985.
Boone / Kurz: *Contemporary Orary Marketing.* New York 1995.
Buchholz, W.: *Time-to-Market-Management.* Stuttgart 1996.
Buzzell, R. / Gale, B.: *Das PIMS-Programm.* Wiesbaden 1989.

**C**  Cateora, Ph. R.: *International Marketing.* Illinois 1984.
Churchill, Jr. G. A.: *Basic Marketing Research.* New York 1988.
Clark, K. B. / Fujimoto, T.: «Product Development Performance», in: *The World Auto Industry,* Boston 1991.
Cundiff, E. / Hilger, M. T.: *Marketing in the International Environment.* Englewood Cliffs 1988.

**D**  Davidow, W. H.: *High Tech Marketing.* Frankfurt/New York 1986.
Day, G. S.: *Market Driven Stratgegy.* New York 1990.
Dehr, G. / Biermann, T.: *Marketing Management.* München Wien 1998.

– / Donath, P.: *Vertriebs-Management.* München Wien 1999.
Dolan, R. J.: *Managing the New Product Development Process.* New York 1993.
Donaldson, T. / Werhane, P.: *Ethical Issues in Business.* Englewood Cliffs 1988.
Etzioni, A.: *The Moral Dimension –Toward a New Economics.* London 1988. **E**
Falk, B. / Wolf, J.: *Handelsbetriebslehre.* Landsberg 1986. **F**
Fetscherin, A.: *Keine Angst vor Medien.* Zürich 1988.
Firnstahl, T.: «My Employees Are My Service Guarantee», in: *Harvard Business Review,* July/August 1989.
Fopp, L.: *Marketing Praxis.* St. Gallen 1985.
Forster, R.: *Innovation, the Attacker's Advantage.* New York 1986.
Gale, Chr. / Borden, N. / Jeannet J.-P.: *Cases in International Marketing.* Englewood Cliffs 1986. **G**
Gilbert, R.: *More of the Best of Bits & Pieces.* New Jersey, 1997.
–: *The Best of Bits & Pieces.* New Jersey, 1994.
Gorn, G. J.: «The Effects of Music in Advertising on Choice Behavior», in: *Journal of Marketing,* 1982.
Green, P. E. / Tull, D. S.: *Methoden und Techniken der Marketingforschung.* 4. Auflage, Stuttgart 1982.
Haas, R. W.: *Business Marketing.* Cincinnati 1995. **H**
Haire, M.: «Projective Techniques in Marketing Research», in: *Journal of Marketing,* 4/50.
Hansen, H. L.: *Marketing, Text and Cases.* Illinois 1977.
Hart, C. W. L.: «The Power of Unconditional Service Guarantees», in: *Harvard Business Review,* July/August 1988.
Hartley, R. F.: *Management Mistakes.* Canada 1986.
Heller, E.: *Wie Farben wirken.* Hamburg 1995.
Herstatt, J. D.: *Die Entwicklung von Markennamen im Rahmen der Neuproduktplanung.* Frankfurt 1985.
Heskett, J. / Sasser, E. / Hart, C.: *Bahnbrechender Service.* Frankfurt/New York 1991.
Hill, R. / Alexander, R. / Cross, J.: *Industrial Marketing.* Illinois 1975.
Hill, W.: *Marketing.* Bern/Stuttgart 1982.
– / Rieser, I.: *Marketing Management.* Bern 1990.
Huber, K.: *Image.* Landsberg 1987.
Hughes, G. D.: *Marketing Management: A Planning Approach.* Philippines 1978.
Hunziker, E.: «Auslandstrategien», in: *Industrielle Organisation,* BWI, Zürich 1983.

**I** IHA Institut für Marktanalysen AG und GfM Forschungsinstitut der Schweizerischen Gesellschaft für Marketing. Diverse Studien.
Isenburg, D.: «How Managers Think», in: *Harvard Business Review,* 11/12 1984.

**J** Janger, A. R.: *Matrix Organization of Complex Businesses.* 1980.

**K** Kälin, B.: *Konzept eines entscheidungsunterstützten Marketinginformationssystems EMIS.* Dissertation ETH Zürich 1988.
Kalt, G. / Steinke, P.: *Erfolgreiche PR.* Berlin 1992.
Kamenz, U.: *Marktforschung.* Stuttgart 1997.
Köhler, R.: *Jahrbuch Marketing Kommunikation.* St. Gallen 1999.
Koppelmann, U.: *Grundlagen des Produktmarketing.* Köln 1978.
Kotler, Ph.: *Marketing Management, Analyse, Planung und Kontrolle.* Stuttgart 1982.
– *Marketing Management, Analysis, Planning and Control.* Englewood Cliffs 1984.
– / Armstrong, G.: *Marketing, eine Einführung.* Englewood Cliffs 1987.
– / Bliemel, F.: *Marketing Management.* Stuttgart 1995.
Kreilkamp, E.: *Strategisches Management und Marketing.* Berlin 1987.
Kroebel-Riel, W.: *Konsumentenverhalten.* München 1992.
– / Meyer-Hentschel, G.: *Werbung – Steuerung des Konsumentenverhaltens.* Würzburg 1982.

**L** Lambert, D.: *The Distribution Channel Decision.* New York 1978.
Levitt, Th: «Marketing Myopia», in: *Harvard Business Review,* 7/8 1960.
–: «The Globalization of Markets», in: *Harvard Business Review,* 5/6 1983.
Luchs, R. / Neubauer, F.: *Qualitätsmanagement.* Sonderdruck der FAZ 1986.
Luck, D. L. / Rubin, R.S.: *Marketing Research.* Englewood Cliffs 1987.

**M** Magyar, K. M.: *Das Marketing Puzzle.* Rorschach 1985.
Maslow, A. M.: «A Theory of Human Motivation», in: *Psychological Review 1943.*
Maucher, H.: *Marketing ist Chefsache.* Düsseldorf 1993.
Mauser, F.: *Modern Marketing Management.* New York 1961.
Mayer, H. / Däumer, U. / Rühle, H.: *Werbepsychologie.* Stuttgart 1982.
Meffert, H.: *Marketing – Einführung in die Absatzpolitik.* Wiesbaden 1982.
– / Althans, J.: *Internationales Marketing.* Stuttgart 1982.
Morita, A.: *Made in Japan, The Genius behind Sony.* Bayreuth 1986.
Myers, J.: *Marketing.* Singapore 1986.

**N** Nagle, Th. T.: *The Strategy of Tactics of Pricing.* Englewood Cliffs 1987.

Nickels, W. G.: *Marketing Principles.* Englewood Cliffs 1987.
Nieschlag, R. / Dichtl, E. / Hörschgen, H., «Offenbar bestehen Unklarheiten über den Begriff des Marketing», in: *R & D Management,* 5/6 1983.
–: *Marketing.* Berlin 1983.
NTC Publications Ltd., *World Advertising Trends,* Oxfordshire 1999.
Oenicke, J.: *Online-Marketing.* Stuttgart 1996.    **O**
Ogilvy, D.: *Ogilvy über Werbung.* Fankfurt 1983.
Oversman, B. / Scudder, Ch.: «Remedy for Maldistribution», in: *Business Horizons,* 1/1974.
Patti, C. H. / Frazer, C. F.: *Advertising.* New York 1988.    **P**
Pietsch, W.: «Werbung braucht Brücken», in: *IHA GfA News,* 1/99.
Pope, D.: *The Making of Modern Advertising.* New York 1983.
Porter, M.: *Wettbewerbsstrategien.* Frankfurt 1984.
Prager, U.: «Gespür oder Strategie? Courage oder Grössenwahn?», in: Bechtler, T. W.: *Management und Intuition.* Zürich 1986.
Raffée, H. / Wiedmann, K.-P.: *Strategisches Marketing.* Stuttgart 1985.    **R**
Rapp, S. / Collins, T. L.: *Maxi Marketing.* Hamburg 1988.
Reibstein, D. J.: «Criticisms of Marketing», in: *Marketing Concepts, Strategies and Decisions,* Englewoods Cliffs 1985.
Ries, A. / Trout, J.: *Marketing generalstabsmäßig.* Hamburg 1986.
–: *Positionierung, die neue Wettbewerbsstrategie.* Hamburg 1986.
Rogers, E. M.: *Diffusion of Innovations.* New York 1995.
Rowan, C.: *Spitzenleistungen durch intuitives Management.* Düsseldorf 1989.
Rühli, E. / Wehrli, H.-P.: *Strategisches Marketing und Management, Konzeptionen in Theorie und Praxis.* Bern/Stuttgart 1986.
Runyon, K. E.: *Advertising.* 2. Auflage, Ohio 1984.
Schalk, W. / Thoma, H. / Strahlendorf, P.: *Jahrbuch der Werbung 1999.*    **S** Düsseldorf 1999.
Schiffmann, L. / Kanuk, L.: *Consumer Behaviour.* Englewood Cliffs 1987.
Schmalen, H.: *Kommunikationsplanung Werbeplanung.* Stuttgart 1985.
Seemann von, N.: *Planung des persönlichen Vertriebs im Pharmamarketing.* Bern 1995.
Seiler, A.: *Accounting.* Zürich 1998.
   –: *Financial Management.* Zürich 1999.
   –: *Marketing* (alt). 4. Auflage, Zürich 1997.
   –: *Planning.* Zürich 2000.
   –: «Marketing – Impulsgeber für Forschung und Entwicklung», in: *IHA News,* 3/86.
Simon, H. K.: «Strategisches Preismanagement», in: *Thexis,* 1/85.

–: *Preis Management.* 2. Auflage, Würzburg 1992.
Simon H. / Dolan R. J.: *Profit durch Power Pricing.* Frankfurt 1997.
Sonder, W.: *Managing New Product Innovations.* Lexington 1987.
Specht, G.: *Distributionsmanagement.* 2. Auflage, Stuttgart 1992.
SRI International, *VALS-Values and Lifestyles of Americans.* Menlo Park, California (undated).
Stern, L. / Ansary, A.: *Marketing Channels.* Englewood Cliffs 1982.
Sudman, S. / Bradburn, N.: *Improving Interview Method and Questionnaire Design.* San Francisco 1982.

**T** Taylor, J. W.: *Competitive Marketing Strategies.* New York 1985.
Terpstra, V.: *International Marketing.* New York 1987.
Thommen, J. P.: *Betriebswirtschaftslehre.* Band 1, Winterthur 1989.
Time Life Bücher: *Wahrsagungen und Prophezeiungen.* Amsterdam 1989.
Touche, R.: *Ethics in American Business.* New York 1988.
Twedt, W. D. (Ed.): *Survey of Marketing Research.* Chicago 1978.

**U** Urban, G. L. / Hauser, J. R.: *Design and Marketing of New Products.* Second Edition, London 1993.

**V** Velasquez, M. G.: *Business Ethics.* Englewood Cliffs 1988.
Verein Schweizerischer Papier- und Papierstofffabrikanten: *Perspektivstudie.* Basel 1990.

**W** Wagner / Kreuter: «Erfolgfaktoren erfolgreicher Unternehmen», in: *io Management,* Nr. 10 1998.
Wehrli, H.-P.: «Globale Strategien im Kontext von Führung und Organisation», in: *Die Unternehmung,* 3/1988.
Weinhold-Stünzi, H.: *Marketing in 20 Lektionen.* St. Gallen 1988.
Weitz, B. A.: «Effectiveness in Sales Interactions», in: *Journal of Marketing Research,* 1981.
Wiedmann, K. P. / Kreutzer, R.: «Strategische Marketingplanung – ein Überblick», in: Raffée, H. / Wiedmann, K. P.: *Strategisches Marketing.* Stuttgart 1985.
Wilkie, W.: *Consumer Behavior.* Canada 1986.
Wüthrich, E.: *Neuland des strategischen Denkens.* Habilitation, Hochschule St. Gallen 1989.

**Z** Zimbardo, P.: *Psychologie.* Berlin 1999.
Zielke, A. E.: *Erfolgsfaktoren internationaler Joint Ventures.* Frankfurt am Main 1992.

# Firmenverzeichnis

3Com  313
3M  231, 285
7-eleven  171
ABB  20, 164, 167, 179, 208, 271, 574, 582
Adecco  563
Adidas  39, 207, 512
Affichage Holding S.A.  526, 557
Air Canada  20
Aldi  211
Allianz Versicherung  589
Alrodo  295
Amag  381
American Airlines  87
American Express  64, 285
American Standard  499
Anheuser-Busch  167, 575, 582
APG  526, 557
Apple  126, 151, 156, 162, 235
Arrow Electronics  65
Atari  129
Austrian Airlines  20
Avenir Havas Media  557
Avis  169, 185, 373, 563
Bally  311
Bank Bär  151
Bankverein  589
Barco  73
Bayer  164
Benetton  123, 563
Bernie's  123
Biberist  323
BIC  172
Bio Familia  118
Black & Decker  571
Blue Dog  123
Blum  184
BMW  151, 171, 231, 276, 373, 383, 477, 567
Boeing  249

Bon-Appétit-Gruppe  313, 569
Bosshard  115, 211
Brioni  373
British Airways  216, 277
Brütsch-Rüegger AG  42
Bühler  45
Bull  235
Burger King  563
Campbell  507, 552
Canon  276, 288, 317
Carrefour  601
Cartier  511
Caterpillar  115, 292
Cerberus  204, 308
Cham-Tenero  241, 323, 604
Chanel  508, 582
Clear Channel  557
Coca-Cola  31, 83, 126, 207, 507, 530, 533, 536, 563, 582
Colgate  508
Compaq  151, 162, 235
Coop  179, 211, 381
Crossair  179
Daimler-Chrysler  20, 51, 171, 173, 207, 231, 238, 276, 285, 373
Data General  235
Dell  151, 162, 235
Demoscope  529
Denner  396
Deutsche Bank  589
Deutsche Post  412
Diax  277, 293
Distrelec  80, 305
DoubleClick  392
Dresdner Bank  589
Du Pont  283, 285
Eastern Airlines  384
Easyjet  216, 221
Ebel  384

Effems  381
Electrolux  574
Elf Acquitaine  605
Elmex  321
EPA  123
Ericsson  163, 373
Escher Wyss  612
Esso  572, 582
Ex-Libris  146
Feldschlössli  603
Fiat  111, 151, 186, 231
Ford  112, 173, 182, 231, 238, 276, 359, 582
Freixenet  385
Fust  381
Galenica  314
Gatorade  152
General Electric  20, 146, 582
General Foods  267
General Motors  112, 173
Geze  325
Gillette  172
Globus  123, 311
H & M  123, 155, 522
Häagen-Dazs  563
Hamilton-Avnet  65
Heinz  211
Hermes  511
Hero  211
Hertz  169, 563
Hewlett Packard  235
Hilleberg  155
Hilti  582
Holiday Inn  281, 563
Honda  288, 528
Howard Johnson  281
Hügli  318
Hunt-Wesson Food  267
Hürlimann  178
IBM  20, 126, 159, 208, 235, 355, 574, 582
ICL  235
Ikea  157, 286
Intel  280
J. C. Decaux  557
Jaguar  111
Jelmoli  123
Johnny Walker  393
Johnson & Johnson  164, 552, 597

JOOP!  210
Kiener + Wittlin  63, 115
Knorr  318, 406, 514, 572
Kodak  508
Kookai  311
Körber AG  314
Kraft  267
Lacoste  207, 212
Lancester  295
Leica  341
Leuna  605
Levi Strauss  38, 582
L'Oréal  373
Lufthansa  20, 216f.
Maggi  318, 406, 514, 572
Makita  571
Manor  123
Manpower  563
Mattel  330
Maxwell  459
Mazda  288
McDonald's  207f., 267, 508, 563, 564, 582
McDonnell-Douglas  578
McKinsey  20, 208
Media Markt  381
Mercedes  20, 51, 171, 207, 231, 238, 276, 285, 373
Metro  20, 601
Michelin  165
Microsoft  20, 280, 400
Migros  146, 179, 208, 210f., 296, 313, 381, 451, 598
Miller  167, 175
Mitsubishi  562
Mitsukoshi  580
More Group  557
Motorola  163
Mövenpick  208, 405, 498
MUBA  208, 608
Mühlebach-Papier  211
Nabisco  238
NCR  235
NEC  235
Nestlé  20, 44, 164, 179, 211, 403, 459, 574, 582, 601
Nike  207
Nissan  231, 288
Nivea  371

Nokia  163, 373
Novartis  152
Omega  373
Opel  231, 276, 381
Orange  293
Palm  313
Palmolive  508
Parker  508
PE Biosystems  560
People Express  177
Pepsi  126, 157, 207, 238, 395, 525
Perlen  603
Petronas  562
Peugeot  231
Philip Morris  238, 381, 383, 508, 511, 582
Philips  167, 256, 574
Phonak AG  255
Pick Pay  179, 378, 396, 453, 464
Pictet  151
Pizza Hut  563
Plakanda AG  557
Procter & Gamble  20, 33, 209, 211, 218, 267, 285, 359, 381, 398, 533, 564, 580, 601, 612
Proton  562
Quelle  534
Ramada Inn  281
Ray Ban  373
Red Bull  377, 400
Renault  231
Ricoh  276, 288, 317
Rieter  208, 557
Roche  178, 602, 574
Rolex  151
Salomon  39, 325
SAP  208
SAS  20
Sauber  562
SBB  352
Shimano  174
Sibra-Gruppe  603
Siemens  164, 208, 235f., 247, 308, 574
Singapore Airlines  208
SMH  238

Smirnoff  273, 373
Sony  73, 256, 501
Spaghetti-Pot  154
Spar  312
Spengler  123, 152
Stadler  115
Subaru  249
Sulzer  183
Sun Micro Systems  235
Sunlight  532
Swatch  151
Swissair  20, 179, 216f., 221, 384, 506
Swisscom  277, 293, 365, 381
Tela  603
Texas Instruments  146, 162
Thai Airways International  20
Timex  113
Tissot  151
Toni  528
Toshiba  235, 276, 317
Toyota  151, 231, 288, 291, 384
UBS  114, 128, 372, 373, 589
Unilever  574, 601
United Airlines  20, 387
United Fruit Company  581
Universelle  314
Upstart  159
Varig  20
Victorinox  373
Visa  373
VMC  123
Volkswagen  379, 593
Volvo  160, 373
VW  171, 206f., 231
Walmart  601
Wander  152, 129
Wasa  152
Westinghouse  179
WF  123
Wilkinson  172
Xerox  208, 219f., 288, 317
Yes or No  123
Zürcher Kantonalbank  151
Zürich Versicherungen  45
Zweifel  109, 157

# Register

Halbfette Zahlen verweisen auf Definitionen oder Kapitelüberschriften.

## A

Absatzförderung 246
Absatzkanal 82, 330, 404, 581
Absatzmittler **81ff.**, 154, 243, 291, **294ff.**, 304, **308ff.**, **322ff.**, 333, 401, 533, **580**
Absatzweg 303, **306ff.**
Abschöpfung 139, 284
Accountmanager **46**
Act, Clayton 272
  Robinson-Partman 272
  Sherman 271
After-Sales-Umsatz 219
Agent 310, 580
Aktionsplanung **403**
Analyse
  Konkurrenz- 94, 98, 106
  Kunden- 75
  Markt- 106
  morphologische 239
  Ursachen- 92
Analysen **473**
Angebot **262**
Angebotsstruktur 265
Auftragsabwicklung **342**
Ausbildungsprogramme **615**
Außendienst 419
Ausverkauf 606
Auswahlprozess 242

## B

Bedürfnisaktivierung 539
Bedürfnisse 202
Beförderungssystem **616**
Befragung 457ff., **462ff.**
Belieferungsleistung **316**
Beratung 218

BERI-Index 553
Berührungserfolg 392
Bestechung 604
Bestellmenge, optimale 344
Bewertungsprozess **540**
Bibel 590
Bio 594
Brainstorming 239
Break-even 269
Briefing 449
BSP 554
Budget, Werbe- 359, **379**
Buying Center 52

## C

Call Center 43, 51, 421
CBP 243
Chancen 245
Chiffrierung 353
Clayton Act 272
Conditioning 537
Core Benefit Propositions 243
Corporate Identity 413

## D

Datenanalyse **488**
Dechiffrierung 353
Deckungsbeitrag 24, 269
Design **205**
Desinvestitionsstrategie 166
Dezentralisierung 254
Dienstleitungsunternehmen 31
Differenzierung 155
Differenzwert 282
Diffusion 508
Dinky 516
Direct Mail 374

Direct Marketing 374, 421
Direktwerbung 374
Distribution 157, 303, 306, 314, **316ff.**
  exclusive 320
  intensive 321
  physische **336**
  selektive 321
Distributionsformen **303**, **311**
Distributionspolitik **303**
Diversifikation 162
Dokumentakkreditiv 578
Dokumentinkasso 578
Down-Payment 563
Dreiecksgeschäfte 67
Dritte Welt 525
Dumping 549, 576

## E

E-Commerce 312
Economy of scale 73, 211, 269ff., 572
Eigenmarke 211
Eigentumsverhältnisse 309
Einflussfaktoren **261**, 498
Einführung 228, 275
Einkauf 311
Einkommensprofil 265
Eintretenswahrscheinlichkeit 481
Eintrittsbarrieren 97
Einzelhandel 210
Entlöhnungssystem **616**
Entscheidungsfindung 119, 505, **539ff.**
Entwicklung **25**
Entwicklungsländer 507, 549
Erfahrung 540
Erfahrungskurve 23

Erfolgsfaktoren, kritische **92ff.**, 119, 244, **250**
Erfolgskontrolle **405**
Erinnerungserfolg 393
Ersatzteile 219
Erscheinungshäufigkeit 418
Erstkauf 246, 248
Erstkunden 361
Ethik **589ff.**
EU 559, 604
Eurologistik 337
Eventmarketing 400
Exklusivvereinbarungen 604
Expansion 552
Export 549, 558ff.
EXW 579

## F

Fachartikel 415
Fachzeitschrift 540
Facings 521
Familie 516
Farbe 531
Fehlertoleranz 481
Feldarbeit 486
Feldforschung 450
Firmenreportage 415
Follow-up 429
Fragebogen 461, **478**
Fragestellung 475
Franchising 562ff.
Freiheit 590
Frühaufnehmer 249ff., 509
Führungsebene **43**
Führungsphilosophie 19

## G

Garantie 219, 293, 544
GATT 549
Gebrauchsgüter 246
Gehirn 537
Geldmittelfluss 309
Gerechtigkeit 590
Gesamtstrategie **251**
Geschäftsbericht 415
Geschenke 614
Gesellschaft für Marketing 527
Gesetze 271

Gewinnmarge 274
Gewinnpotenzial 567
Gewinnzuschlag **283**
Glaubwürdigkeit 513
Globalisierung 507, 550
Globalmarketing 569
Grundgesamtheit 481
Grundsätze, ethische **613**
Gruppendiskussion 456, **471**
Guerilla-Strategie **176**
Güteraustausch 304

## H

Handelsgesellschaft 565
Handelsmarke 211
Handelspanel 468
Haushaltspanel 469
Hilfsmittel 53
Homogenität 263

## I

Image 123
Import 549
Impulskauf 401
Individualbedürfnisse 504
Industriestaaten 507
Inflation 576
Informationsdienst 217
  -fluss 308
  -quellen 540
  -suche 539, **540**
Infrastruktur **337**
Innovation 169, 252, 509, 553, 573
Installation 217
Instandhaltung 219
Internet 32, 312, 365
Interview 415, 457ff., 486
Intuition **497**
Investitionsgüter 31, **51**, 114, 248, 283

## J

Joint Venture 557ff., **565ff.**
Jugendschutz 614
Just in time 337

## K

Kannibalisationseffekt 291
Kartell 178, 271, 576, 602
Kaufakt 77
Kaufbereitschaft 363
Kaufentscheidung 79, 504ff., 539, 542
Käufermarkt 30
Kaufverhalten 542
Kernprodukt 200
Klasse, soziale 511
Klumpenauswahl 484
Know-how 242, 561ff.
Kommissär 310
Kommunikation 158, **185**, 254, 327, **582**
Kommunikationsbudget 358
  -instrumente 90, 365, 411, 540
  -mix **349**, 360
  -planung **356**
  -prozess **352**
Kompensationsgeschäfte 578
Kompensationsregel 541
Konflikt 574
Konkurrenz **95**, 170, 278, 327
  -analyse **69**, 75ff., 94, 98, 106
  -fähigkeit **94**, 125
  -vergleich 380
  -verhalten 274
Konsumenteneinstellung 538
  -verhalten **503**, 520
Konsumgüter 30, **51**, 114, 248, 283
  -verhalten 527
Kontakte 387
Konzentrationsverfahren 485
Korrelation 491
Kostenstruktur 262, **268ff.**
Kritik **33**
Kultur, Unternehmens- 254
Kunden 75, **119**, 426
  -bedürfnisse **153**, 202, 245, 503
  -bindung **222**, 535
  -kenntnis 96
  -nutzen 274, 283
  -service 345
  -typen 425
  -zufriedenheit **41**, 223

## L

Lager 326ff., **343**
Lebenszyklus 228
Leistung **332**
Leitbild 160
Lernvorgang **535ff.**
Lieferbedingungen 293, 577
Lizenz 557ff., **561**
Lockvogelangebot 290, 606
Lohnherstellung 558, **564**
Loyalität 535
Luxusgüter 265

## M

Machtstellung 615
Machtverhältnisse **328**
Makler 310
Management Fee 567
Management Vertrag 565
Manipulation **606**
Marke **207ff.**, 540
Markenartikel 208, 295
    -bezeichnung 535
    -diversifikation 211
    -image 123
    -name 207, 247
    -zeichen 207
Marketing **19ff.**, **29ff.**, 51
    internationales **549**
Marketinganstrengungen 505, 520
    -instrumente **86**, **191**, 193
    -kontrolle **41**
    -maßnahmen 109
    -mittel **40**
    -mix 72, 110, **182**, 194, 249
    -operativen 194
    -organisation **43**, 46
    -philosophie 240, 447
    -planung 63
    -programm 247
    -strategie **38**, **64**, **109**, **145**, 145, 188, **244**, 356
    -ziele **276ff.**
Markt **291**
    elastischer 263
    Käufer- 30
    mehrstufiger 295
    relevanter 70, 72
    unelastischer 263
    Verkäufer- 29
    vollkommener 263
Marktabdeckung 83
    -analyse 37, **69ff.**, 106
    -anpassung **569**
    -anteil 73, **169**, 555
    -beobachtung **466**
    -chancen 245
    -definitionen 71
    -einstieg **556**
    -erweiterung 163
    -formen 266
    -forschung **447ff.**
    -führer 170, **172**
    -größe **70**, **131**
    -herausforderer 169, **173**
    -kenntnis 567
    -leader **278**, **280**
    -messungen 71
    -mitläufer 170, **280**
    -nachfrage 132
    -nischenstrategie 151
    -penetration 162
    -potenzial 132, 554
    -preis 297
    -risiken 245
    -sättigung 264
    -segmente 72, **110ff.**, 148, 287, 573
    -teilnehmer 265
    -test **464**
    -transparenz 263
    -übersicht 304
    -wahl **552**
    -wirtschaft, freie 598
    -zugang 566
Medien 594
Medienmix 583
Meinungsbildung 506
Melkstrategie 166
Mengenabsprachen 602
Merchandising 394
Merkmalsaufzählung 239
Mindestanforderungsregel 542
Mitteleinsatz **358**
Monopol 265, 266, 599
Motivation **523**
Mund-zu-Mund-Reklame 504, 512ff.
Muttergesellschaft 567

## N

Nachevaluation 505
Nachfrage **262**
    abgeleitete 53
    elastische 53
    flukuierende 54
Nachzügler 509
NAFTA 559
Normen 507

## O

Öffentlichkeitsarbeit 45, 413
Ogliopol 265, 602
Ökologie 506
Omnibusumfrage 456, **470**
Operating-leverage 285
Organigramm 43
Organisationsabläufe 254

## P

Panel 456, **467ff.**
    Handels- 468
    Haushalts- 469
    Verbraucher- 469
Partnerschaft **330**
Patent 561
Penetration 139, 162, 284
Persönlichkeitsmerkmale **526**
PIMS-Datenbank 203
Planung 63
Point of Sale (POS) 394, 521
Positionierung 118, 123, 142, **526**
PR 351, **411ff.**, 45
Präsentation 427
Preis, konkurrenzorientierter **280**
    kostenorientierter **278**
    nachfrageorientierter **280**
    nutzenorientierter **281**
Preisabsprachen 602
    -bildung 89, 263
    -bindung 295, 602
    -differenzierung 89, **286**

-elastizität 117, 264, 280
-empfehlung 295
-entwicklung 89
-festlegung 262
-führung 276
-kompetenzen **297**
-konditionen **88**
-leader 267
-Leistungs-Verhältnis 90, 525
-niveau 265, **274ff.**
-politik 90, **261ff.**, 278, 285, 576
-sensitivität 90, 274, 278, 401, 573
-transparenz 292
-überwacher 272
Pressekonferenz 415
Primärmarktforschung 450, 456
Prioritätsregel 541
Product Placement 372
Produkt 247, 326
    erweitertes 200ff., **215, 575**
    formales **201**
    generisches 210
    Kern- 200
    komplementäres 289
    Substitutions- 265, 290
Produktbegriff **200**
-eigenschaften 540
-einführung **249**
-einsatz **80**
-entwicklung 245
-fluss **81**
-haftpflicht 596
-kenntnis 96
-konzept **243**
-lebenszyklus 238, **274ff.**, 364
-linie **227ff., 288**
-manager **46**
-mix **227**
-orientierung **25**
-politik **199**
    kundenorientierte **595**
-positionierung 118, 244
-qualität **202**
-verwendung 544
Produktion **22**
Produktionsgesellschaft 565
-orientierung **22**, 29
-stätte 557, **567**

Profilaufnahme 460
Prognose **131**
Prototyp 47
Provision, Umsatz- 564
Psychologie **273**
Public Relations 351, **411ff.**
Pull-Strategie 356
Push-Strategie 357

## Q

Qualität **202**
Quotenauswahl 483

## R

Rabatt 292ff.
Rahmenbedingungen **252**
Realisierungsidee 139
Recycling 594
Referenzwert 282
Regalflächen 210
Reife 228, 275
Rentabilität 124, **180, 283,** 555
Repräsentanz 480
Ressourcen 194
Rezession 551
Richtlinien **614**
Risiken 245, 284, 595
    Wechselkurs- 293
    Zahlungs- 293
Robinson-Partman Act 272
Royalty 563
Rückkoppelung 353
Rücklaufkanal 314
Rücklaufquote 461, 486

## S

Sales Management 433
Sales Promotions 396
Satzergänzungstest 460
Schicht 510
Schichtung 482
Schiedsgericht 335
Schreibtischforschung 450
Schrift 534
Schulung 218
Segment, Attraktivität 116
    Markt- 110, 148

relative Stärkenposition 116
    Ziel- 114
Segmentierung 111ff., 142, 287
Segmentstrategie 150
Sekundärdaten **450**
Sekundärmarktforschung 450
Selbstverwirklichung 524
Service 217, 293, 326
Service Recovery 225ff.
Serviceleistungen **87,** 221
Serviceorientierung 220
Shareholder-Value 589
Sherman Act 271
Skimmingstrategie 284
Skonto 292
S-Kurve 359
Smith, Adam 598
Sonderaktion 400
Sortimentserweiterung 163
Sortimentspolitik **199**
Sponsoring 372
Sprinkler-Strategie 556
Standardabweichung 490
Stärken **167**
Steuerbelastung 298
Stichproben **480**
Stimmrechtsaktien 565
Stock-out-Kosten 344
Strategie **160ff.**
    Desinvestitions- 166
    Gesamt- **251**
    Marketing- 145, 188
    Marktnischen- 151
    Melk- 166
    Segment- 150
    Unternehmens- 251
Substitutionsprodukte 80, 265, 290
Subventionen 550
Supply-Chain-Management 54, 313, 337
Synectics 239
Synergie 195
Systemverkauf 201, 220

## T

Tausenderpreis 387
Technologieorientierung **27**
Teilkosten 279

Teilmärkte 286
Testmarkt 248
Tiefeninterviews 460
Time to Market 103, 251, **255**
Timing 249
Transferpreis 297
Transporteinrichtungen 340
Transportkosten 293, 339
Treuebonus 292
Trittbrettfahrer 592ff.
Typen, sozio-kulturelle 527

# U

Überflussgesellschaft 525
Übermittlungskanal 352, 353
Umfeld, Familien- **514**
    Organisations- **517**
    soziales **510**
Umsatzbonus 292
Umsatzprovision 564
Umsetzung 37
Umstands-Faktor 42
Umwelt 341
    -faktoren 505, 570
    -veränderungen **29**
    -verträglichkeit 214
Unternehmenskultur 254, 611
    -philosophie **19ff.**
    -strategie 62, 251
Untersuchung, psychographische 527
Ursachenanalyse 92
Uruguay-Runde 550
UWG 272

# V

Verantwortung 592
Verbraucherpanel 469
Verbundangebote 606
Verhaltensforschung 506, 508

Verkauf 28, **411**, **419**
    persönlicher 411
Verkäufermarkt 29
Verkäufertypen 424
Verkaufsabschluss 427
    -förderung 213, 351, **369**, **394ff.**, 515
        handelsorientierte 397
        konsumorientierte 398
        mitarbeiterorientierte 399
    -führung **433**
    -organisation **429**
    -orientierung **28**
    -persönlichkeit **422**
    -prozess **426**
    -rhythmus **432**
    -stab **432**
    -strategie 109
    -taktik **426**
    -technik **428**
    -unterstützung **421**
Verpackung 213, 247
Verteilungskosten 304
Video Phone 421
Vision 61
Vollkosten 279
Vorauszahlung 577

# W

Wachstum **161**, 228, 275
Wachstumsphase 274
Warenfluss 308
Warenzeichen 561
Wasserfall-Strategie 556
Wechselkurs 576
Welthandel 550
    -marke 569
    -wirtschaft 550
Werbeagenturen 584
    -ausgaben 370
    -botschaft 285, **381**

    -budget 359, **379**
    -erfolg 391
    -impulse **388**
    -medien **385**
    -träger 371, 386
    -wirkung **392**
    -ziele **376**
Werbung 29, 351, **369ff.**, 515, 583
    klassische 372
    traditionelle 372
    unkonventionelle 372
    vergleichende 126
Werte, moralische 589ff.
Wertsysteme 507
Wettbewerb, fairer **271**
    freier 599
    unlauterer 272
Wettbewerbsvorteil **154**, 244
Wiederkauf 246, 248
Wirtschaftlichkeit **245**
Wohlstand 590
Wortassoziationstest 460
WTO 549

# Z

Zahlungskonditionen 261, 293, 577
Zahlungsrisiko 293
Zeithorizont 284
Zentraleinkauf 52
Ziel **129ff.**
    -gruppe 41
    -kunden 72, 109, 153
    -segmente 114
    -setzungen 129
Zoll 293, 550
Zufallswahl, einfache 482
Zuordnungstest 460
Zusammenarbeit **177**
Zuverlässigkeit 225

# Seilers Betriebswirtschaftslehre – komplett in vier Bänden

**Armin Seiler,** ordentlicher BWL-Professor an der Eidgenössischen Technischen Hochschule in Zürich, verfügt über eine langjährige Führungs- und McKinsey-Beratungserfahrung. Er gilt als pragmatischer Experte bei Managementproblemen und ist stark in der Praxis verankert.

Seiler, Armin
**Accounting**
BWL in der Praxis I
3. Auflage 2001,
432 Seiten, gebunden
Fr. 68.– / € 39.50
ISBN 3-280-02642-3

Seiler, Armin
**Financial Management**
BWL in der Praxis II
2. Auflage 2000,
528 Seiten, gebunden
Fr. 79.– / € 44.50
ISBN 3-280-02643-1

Seiler, Armin
**Planning**
BWL in der Praxis III
2000, 476 Seiten, gebunden
Fr. 74.– / € 44.50
ISBN 3-280-02645-8

Seiler, Armin **Marketing**
BWL in der Praxis IV
6. Aufl. 2001, 638 Seiten, geb.
Fr. 88.– / € 49.–
ISBN 3-280-02644-X

**orell füssli** Verlag

## Bestellung

Gerne bestelle(n) ich/wir aus dem Orell Füssli Verlag gegen Rechnung (inkl. Mehrwertsteuer, zuzüglich Versandkosten)

.......... Ex.   Seiler **Accounting** Fr. 68.– / € 39.50
.......... Ex.   Seiler **Financial Management** Fr. 79.– / € 44.50
.......... Ex.   Seiler **Planning** Fr. 74.– / € 44.50
.......... Ex.   Seiler **Marketing** Fr. 88.– / € 49.–

Name, Vorname

Strasse, Nummer

Postleitzahl, Ort

Datum, Unterschrift

Senden oder faxen Sie bitte diese Bestellung an Ihre Buchhandlung oder direkt an

**Orell Füssli Verlag**
Bestellservice, Postfach 364,
CH – 8740 Einsiedeln
Telefax 055 / 418 89 19

**Cornelsen Verlagskontor**
Kammerratsheide 66
D – 33609 Bielefeld
Telefax 0521 / 971 92 91

**Dr. Franz Hain** Verlagsauslieferung
Dr.-Otto-Neurath-Gasse 5
A – 1220 Wien
Telefax 01 / 282 52 82

# Seilers Betriebswirtschaftslehre – komplett in vier Bänden

**Armin Seiler,** ordentlicher BWL-Professor an der Eidgenössischen Technischen Hochschule in Zürich, verfügt über eine langjährige Führungs- und McKinsey-Beratungserfahrung. Er gilt als pragmatischer Experte bei Managementproblemen und ist stark in der Praxis verankert.

Seiler, Armin
**Accounting**
*BWL in der Praxis I*
3. Auflage 2001,
432 Seiten, gebunden
Fr. 68.– / € 39.50
ISBN 3-280-02642-3

Seiler, Armin
**Financial Management**
*BWL in der Praxis II*
2. Auflage 2000,
528 Seiten, gebunden
Fr. 79.– / € 44.50
ISBN 3-280-02643-1

Seiler, Armin
**Planning**
*BWL in der Praxis III*
2000, 476 Seiten,
gebunden
Fr. 74.– / € 44.50
ISBN 3-280-02645-8

Seiler, Armin **Marketing**
*BWL in der Praxis IV*
6. Aufl. 2001, 638 Seiten, geb.
Fr. 88.– / € 49.–
ISBN 3-280-02644-X

**orell füssli** Verlag

## Bestellung

Gerne bestelle(n) ich/wir aus dem Orell Füssli Verlag gegen Rechnung (inkl. Mehrwertsteuer, zuzüglich Versandkosten)

.......... Ex. Seiler **Accounting** Fr. 68.– / € 39.50
.......... Ex. Seiler **Financial Management** Fr. 79.– / € 44.50
.......... Ex. Seiler **Planning** Fr. 74.– / € 44.50
.......... Ex. Seiler **Marketing** Fr. 88.– / € 49.–

Name, Vorname

Strasse, Nummer

Postleitzahl, Ort

Datum, Unterschrift

Senden oder faxen Sie bitte diese Bestellung an Ihre Buchhandlung oder direkt an

**Orell Füssli Verlag**
Bestellservice, Postfach 364,
CH – 8840 Einsiedeln
Telefax 055 / 418 89 19

**Cornelsen Verlagskontor**
Kammerratsheide 66
D – 33609 Bielefeld
Telefax 0521 / 971 92 91

**Dr. Franz Hain** Verlagsauslieferung
Dr.-Otto-Neurath-Gasse 5
A – 1220 Wien
Telefax 01 / 282 52 82

# Seilers Betriebswirtschaftslehre – komplett in vier Bänden

**Armin Seiler,** ordentlicher BWL-Professor an der Eidgenössischen Technischen Hochschule in Zürich, verfügt über eine langjährige Führungs- und McKinsey-Beratungserfahrung. Er gilt als pragmatischer Experte bei Managementproblemen und ist stark in der Praxis verankert.

Seiler, Armin
**Accounting**
*BWL in der Praxis I*
3. Auflage 2001,
432 Seiten, gebunden
Fr. 68.– / € 39.50
ISBN 3-280-02642-3

Seiler, Armin
**Financial Management**
*BWL in der Praxis II*
2. Auflage 2000,
528 Seiten, gebunden
Fr. 79.– / € 44.50
ISBN 3-280-02643-1

Seiler, Armin
**Planning**
*BWL in der Praxis III*
2000, 476 Seiten,
gebunden
Fr. 74.– / € 44.50
ISBN 3-280-02645-8

Seiler, Armin **Marketing**
*BWL in der Praxis IV*
6. Aufl. 2001, 638 Seiten, geb.
Fr. 88.– / € 49.–
ISBN 3-280-02644-X

**orell füssli Verlag**

---

## Bestellung

Gerne bestelle(n) ich/wir aus dem Orell Füssli Verlag gegen Rechnung (inkl. Mehrwertsteuer, zuzüglich Versandkosten)

.......... Ex. Seiler **Accounting** Fr. 68.– / € 39.50
.......... Ex. Seiler **Financial Management** Fr. 79.– / € 44.50
.......... Ex. Seiler **Planning** Fr. 74.– / € 44.50
.......... Ex. Seiler **Marketing** Fr. 88.– / € 49.–

Name, Vorname

Strasse, Nummer

Postleitzahl, Ort

Datum, Unterschrift

Senden oder faxen Sie bitte diese Bestellung an Ihre Buchhandlung oder direkt an

**Orell Füssli Verlag**
Bestellservice, Postfach 364,
CH – 8840 Einsiedeln
Telefax 055 / 418 89 19

**Cornelsen Verlagskontor**
Kammerratsheide 66
D – 33609 Bielefeld
Telefax 0521 / 971 92 91

**Dr. Franz Hain** Verlagsauslieferung
Dr.-Otto-Neurath-Gasse 5
A – 1220 Wien
Telefax 01 / 282 52 82

# Seilers Betriebswirtschaftslehre – komplett in vier Bänden

**Armin Seiler,** ordentlicher BWL-Professor an der Eidgenössischen Technischen Hochschule in Zürich, verfügt über eine langjährige Führungs- und McKinsey-Beratungserfahrung. Er gilt als pragmatischer Experte bei Managementproblemen und ist stark in der Praxis verankert.

Seiler, Armin
**Accounting**
BWL in der Praxis I
3. Auflage 2001,
432 Seiten, gebunden
Fr. 68.– / € 39.50
ISBN 3-280-02642-3

Seiler, Armin
**Financial Management**
BWL in der Praxis II
2. Auflage 2000,
528 Seiten, gebunden
Fr. 79.– / € 44.50
ISBN 3-280-02643-1

Seiler, Armin
**Planning**
BWL in der Praxis III
2000, 476 Seiten,
gebunden
Fr. 74.– / € 44.50
ISBN 3-280-02645-8

Seiler, Armin **Marketing**
BWL in der Praxis IV
6. Aufl. 2001, 638 Seiten, geb.
Fr. 88.– / € 49.–
ISBN 3-280-02644-X

**orell füssli Verlag**

---

## Bestellung

Gerne bestelle(n) ich/wir aus dem Orell Füssli Verlag gegen Rechnung
(inkl. Mehrwertsteuer, zuzüglich Versandkosten)

.......... Ex.   Seiler **Accounting** Fr. 68.– / € 39.50
.......... Ex.   Seiler **Financial Management** Fr. 79.– / € 44.50
.......... Ex.   Seiler **Planning** Fr. 74.– / € 44.50
.......... Ex.   Seiler **Marketing** Fr. 88.– / € 49.–

Name, Vorname

Strasse, Nummer

Postleitzahl, Ort

Datum, Unterschrift

Senden oder faxen Sie
bitte diese Bestellung an
Ihre Buchhandlung
oder direkt an

**Orell Füssli Verlag**
Bestellservice, Postfach 364,
CH – 8840 Einsiedeln
Telefax 055 / 418 89 19

**Cornelsen Verlagskontor**
Kammerratsheide 66
D – 33609 Bielefeld
Telefax 0521 / 971 92 91

**Dr. Franz Hain** Verlagsauslieferung
Dr.-Otto-Neurath-Gasse 5
A – 1220 Wien
Telefax 01 / 282 52 82